YEARBOOK OF UNIVERSITY OF SCIENCE AND TECHNOLOGY BEIJING

北京科技大学年鉴

2011

《北京科技大学年鉴》编辑委员会

中国大百科全书出版社

图书在版编目（CIP）数据

北京科技大学年鉴.2011/《北京科技大学年鉴》编辑委员会编.—北京：中国大百科全书出版社，2011.12

ISBN 978-7-5000-8750-2

Ⅰ.①北… Ⅱ.①北… Ⅲ. ①北京科技大学—2011—年鉴 Ⅳ.①G649.281-54

中国版本图书馆CIP数据核字（2011）第260416号

书　　名：北京科技大学年鉴 · 2011
编　　著：《北京科技大学年鉴》编辑委员会
责任编辑：徐世新
装帧设计：童行侃
标准书号：ISBN 978-7-5000-8750-2
出　　版：中国大百科全书出版社
地　　址：北京阜成门北大街17号　　邮编：100037
网　　址：http: //www.ecph.com.cn　Tel: 010-88390718
图文制作：北京华艺创世印刷设计有限公司
印　　刷：北京旺都印务有限公司
印　　数：1—800
印　　张：29.5
开　　本：787 × 1092　1/16　476千字
版　　次：2011年12月第1版
印　　次：2011年12月第1次印刷
定　　价：80.00元

5月21日，由北京科技大学作为法人单位牵头建设的"重大工程材料服役安全研究评价设施"暨国家材料服役安全科学中心在北京市中关村国家自主创新示范区奠基，中共中央政治局委员、北京市委书记刘淇，中共中央政治局委员、国务委员刘延东，教育部部长袁贵仁，科技部党组书记、副部长李学勇，中共北京市委副书记、市长郭金龙等出席仪式并为项目培土奠基

校党委书记罗维东、校长徐金梧向刘淇、刘延东等领导同志汇报项目建设总体规划

刘淇、刘延东等领导同志发表重要讲话

摄影：田实等

3月15日，中共中央政治局委员、北京市委书记刘淇，中共北京市委副书记、市长郭金龙等领导来校调研

8月25日，中共中央政治局委员、北京市委书记刘淇，中共北京市委副书记、市长郭金龙来校视察2010年北京首届世界武搏会筹备情况

9月2日，中关村科学城首批启动建设项目签约大会在学校隆重举行，中共中央政治局委员、北京市委书记刘淇，中共北京市委副书记、市长郭金龙等领导出席

12月12日，举办庆祝周国治院士从教五十周年暨中国材料名师讲坛第四十三讲学术报告会，全国政协原副主席、中国工程院主席团名誉主席徐匡迪出席大会并致辞

12月8日，举行北京科技大学与钢铁研究总院、北京有色金属研究总院、机械科学研究总院、北京矿冶研究总院联合培养博士研究生协议签字仪式，中国工程院院长周济在签约仪式上作重要讲话

3月10日，由国家煤矿安全监察局组织的“十一五”国家科技支撑计划——“矿用可移动式救生舱关键技术研究”项目验收会暨救生舱技术研讨会在学校召开，国家安监总局副局长杨元元出席会议并现场考察学校“矿用可移动式救生舱”样舱

12月16日，共青团中央书记处第一书记陆昊来校出席中国大学生骨干培养学校活动，并与校长徐金梧会谈

1月22日，召开2010年德育工作会

3月11～18日，召开第七届教代会暨第十五次工代会，第十次党代会二次会议

5月25日，举办学习十七届四中全会精神专题报告

7月1日，召开纪念建党89周年暨深入开展创先争优活动交流表彰会

9月6～7日，召开2010年党委（扩大）会暨处级及以上干部培训会

9月29日，召开2010年研究生教育工作会议

8月18日，举行北京科技大学数理学院、化学与生物工程学院成立暨揭牌仪式

11月8日，成立北京科技大学高等工程师学院

10月31日，举行北京科技大学期货证券研究中心成立暨揭牌仪式

11月22日，由科技部国际合作司主办、学校承办的“国家能源与环境国际科技合作基地”揭牌成立

5月22日，授予英国邓迪大学校长彼得·多恩斯名誉教授称号

6月17日，举办国家“千人计划”入选者庄林忠教授聘任仪式

9月，根据教育部、财政部关于本科教学质量工程建设项目的评审结果，周国治院士负责的《冶金物理化学》课程获“国家精品课程”称号，强文江教授领衔的“材料学教学团队”入选“国家级教学团队”

学校4项科研成果荣获2010年度国家科技进步二等奖，其中作为第一完成单位的有冶金工程研究院徐金梧教授等完成的“宽带钢热连轧生产成套关键技术与应用”、土木与环境工程学院朱维耀教授等完成的“特低渗透油藏有效开发渗流理论和开发方法研究及应用”、土木与环境工程学院吴爱祥教授等完成的“复杂破碎条件下露天-地下联合高效开采关键技术”3项成果

3月26日，与广东省东莞市签署产学研合作协议

5月26日，学校作为中国工业节能减排大学联盟主席单位，同美国劳伦斯·伯克利国家实验室和橡树岭国家实验室联合签署《关于成立工业能源效率大学联盟合作谅解备忘录》

6月17日，与中国铝业公司签署科技合作协议

7月11～18日，举办2010北京科技大学海峡两岸节能减排科技论坛

8月20日，与中国石油管工程技术研究院签订战略合作框架协议

12月8日，与北京汽车股份有限公司签署战略合作框架协议

5月18日，与美国肯特州立大学签署校际合作协议

5月22日，与英国邓迪大学签署信息科学领域研究生双学位合作协议

11月29日，与澳门大学签署校际合作协议

12月2日，与日本冈山理科大学签署校际合作框架协议

11月14～19日，校长徐金梧率领大陆高等教育代表团访问台湾大学等7所台湾知名高校

12月22～28日，校党委书记罗维东率团赴赞比亚进行友好访问

4月16日，举办中国材料名师讲坛第39讲，中国科学院院士葛昌纯作主题报告

7月2～6日，学校机器人代表队参加2010亚太大学生机器人大赛国内选拔赛并获亚军

8月，学生代表获第三届全国大学生节能减排社会实践与科技竞赛特等奖1项，一等奖4项

9月，学生代表队获第五届全国大学生“飞思卡尔”杯智能汽车竞赛全国总决赛特等奖1项

5月，学生代表队在首都高等学校第四十八届学生田径运动会上获得女子铅球等5个项目冠军，两破高校纪录

11月，学生艺术团在第三届北京大学生艺术展演活动中荣获器乐类、声乐类和民乐类一等奖

7月8日，举行北京科技大学2010届学生毕业典礼暨学位授予仪式

9月1日，举行北京科技大学2010级新生开学典礼

11月25日，举办北京科技大学2011届毕业生秋季大型双选会

《北京科技大学年鉴》（2011）编辑委员会

《北京科技大学年鉴》（2011）编辑部

编辑说明

《北京科技大学年鉴》（2011）全面反映了北京科技大学2010年度在学科建设、教学改革、科学研究、人才培养、对外交流、校园建设等各方面的发展进程和最新成就。

《北京科技大学年鉴》（2011）以文章和条目为基本体裁。全书分《特载》、《学校概况》、《机构与干部》、《院系情况》、《教育科学与学科建设》、《科学研究与产业开发》、《科研基地及研发平台》、《管理与服务》、《党建与思想政治工作》、《人物》、《2010年党发校发文件目录》、《2010年大事记》、《2010年毕业生名录》及《附录》等基本栏目。

本年鉴选题的时间范围为2010年1月1日至2010年12月31日，根据实际情况，部分内容在时限上前后略有延伸。

2010年，由学校作为法人单位牵头建设的“重大工程材料服役安全研究评价设施”暨国家材料服役安全科学中心顺利奠基，学校圆满完成第六次人口普查工作，以及首届世界武搏运动会的承办等工作。本年鉴为此设置特载一栏加以记述。

本年鉴收录的各学院的资料基本上按照概况、学科建设、教学改革、科研活动、党建与学生工作等条目编写。收录的各职能部处、直属单位的资料根据各自工作性质和特点，条目及内容安排相对灵活。本年鉴有关统计资料附在相关内容之后。

本年鉴所刊内容由各单位确定专人负责提供，并经本单位负责人审定。

《北京科技大学年鉴》（2011）由北京科技大学党委办公室、校长办公室组织编写，在编写过程中得到了学校领导和全校教职员工的大力支持，在此谨表衷心感谢。

《北京科技大学年鉴》编辑部

2011年6月

目录

特　　载

国家材料服役安全科学中心奠基……(1)

综述……(1)

附录：

校长徐金梧在国家材料服役安全科学中心奠基仪式上的讲话……(2)

项目建设专家委员会名誉主任师昌绪院士在国家材料服役安全科学中心奠基仪式上的讲话……(3)

国家发改委副主任张晓强在国家材料服役安全科学中心奠基仪式上的讲话……(4)

教育部部长袁贵仁在国家材料服役安全科学中心奠基仪式上的讲话……(5)

中共中央政治局委员、北京市委书记刘淇在国家材料服役安全科学中心奠基仪式上的讲话……(5)

中共中央政治局委员、国务委员刘延东在国家材料服役安全科学中心奠基仪式上的讲话……(6)

北京科技大学圆满完成第六次人口普查工作……(8)

北京科技大学首届世界武搏会承办工作……(10)

学校概况

北京科技大学概况……(13)

附录：

二〇一〇年主要工作……(15)

机构与干部

学校领导……(20)

中共北京科技大学第十届委员会常务委员会委员名单……(20)

中共北京科技大学第十届委员会委员名单……(20)

中共北京科技大学纪律检查委员会组成人员名单……(20)
北京科技大学第十五届工会委员会组成人员名单……(21)
共青团北京科技大学第二十二届委员会名单……(21)
学校党群系统组织机构及负责人……(21)
学校行政机构及负责人……(22)
学校直属机构及负责人……(23)
学院行政机构及负责人……(24)
学院（研究院）系、所、中心设置及负责人……(25)

院系情况

土木与环境工程学院……(29)
冶金与生态工程学院……(33)
材料科学与工程学院……(36)
机械工程学院……(40)
信息工程学院……(43)
经济管理学院……(46)
文法学院·马克思主义学院……(49)
数理学院……(53)
化学与生物工程学院……(56)
外国语学院……(58)
高等工程师学院……(61)
管庄校区……(63)
天津学院……(65)
延庆分校……(67)

教育教学与学科建设

本科生教育……(70)
　概况……(70)
　制订2010版本科培养方案……(70)
　教育教学与改革……(70)
　教学奖励……(71)
　课程建设……(71)
　教材建设……(71)

教学督导……(71)
教学质量监控……(71)
免检课堂……(72)
青年教师课堂教学评比奖(QJP)……(72)
实践教学……(72)
科技创新……(72)
成绩管理……(72)
教学管理平台建设……(72)
毕业设计（论文）结业……(72)
校内转专业与免试研究生……(73)
本科生国内外交流……(73)
四六级外语考试……(73)
学科竞赛……(73)
附录：
2010年北京科技大学本科专业目录……(74)
2008～2010学年度“课堂教学质量（学生）评价”各等级比例一览表……(75)
2010学年度课堂教学质量评价平均分对比统计一览表……(75)
2010年获免检课堂资格教师及课程……(76)
第十二届“青年教师课堂教学针对性培养”评比……(80)
本科教学质量年度考察指标……(81)
“十一五”学校规划教材（讲义）完成情况一览表（2010年）……(82)
2010年本科教育教学获奖及立项项目一览表……(82)
2010年北京科技大学各科竞赛获奖结果……(85)
2010年度本科课程表……(95)
研究生教育……(122)
概况……(122)
2010年研究生教育工作会……(122)
国家首批工程科研院和高校联合培养博士研究生试点单位……(122)
招生工作……(123)
2010版研究生培养方案修订工作……(123)
研究生教育发展基金项目……(123)
研究生教务管理……(124)
“国家建设高水平大学公派研究生项目”选拔申报工作……(124)
一级学科博士、硕士授予权自行审核申报工作……(124)

新增硕士专业学位授权审核申报工作…………………………………………(124)
博士生导师队伍建设………………………………………………………………(124)
学位授予工作………………………………………………………………………(124)
全国及北京市优秀博士学位论文…………………………………………………(124)
优博培育基金和学科建设基金评选………………………………………………(125)
实施“211工程”三期创新人才培养项目………………………………………(125)
研究生教育教学成果奖评选工作…………………………………………………(125)
研究生免检课程评选工作…………………………………………………………(125)
研究生学术交流平台项目申报……………………………………………………(125)
相关考务工作………………………………………………………………………(125)
研究生教育基地建设………………………………………………………………(125)
附录：
北京科技大学2010年度研究生免检课程 …………………………………(126)
北京科技大学2010年优秀博士学位论文获得者名单 ……………………(127)
北京科技大学2010年优秀硕士学位论文获得者名单 ……………………(128)
北京科技大学第24届教育教学成果奖（研究生教育类） ………………(130)
高等职业教育…………………………………………………………………………(132)
综述……………………………………………………………………………………(132)
教学工作………………………………………………………………………………(132)
继续教育………………………………………………………………………………(132)
远程与成人教育………………………………………………………………………(132)
非学历教育……………………………………………………………………………(133)
留学生培养及对外汉语教学…………………………………………………………(133)
概况……………………………………………………………………………………(133)
留学生招生工作………………………………………………………………………(133)
留学生培养工作………………………………………………………………………(134)
留学生管理工作………………………………………………………………………(134)
对外汉语教学…………………………………………………………………………(134)
附录：
北京科技大学2010年度留学生情况一览表 ………………………………(135)
体育工作………………………………………………………………………………(135)
概况……………………………………………………………………………………(135)
课程建设………………………………………………………………………………(135)

学科及师资建设……………………………………………………………………(136)
竞技体育……………………………………………………………………………(136)
群众体育活动………………………………………………………………………(136)
附录：
2010年北京科技大学体育代表队主要竞赛成绩……………………………………(136)
北京科技大学田径最高纪录…………………………………………………………(139)
优势学科创新平台项目建设………………………………………………………(141)
概况…………………………………………………………………………………(141)
项目建设成效………………………………………………………………………(142)
项目二期建设………………………………………………………………………(142)
“211工程”建设工作………………………………………………………………(143)
概况…………………………………………………………………………………(143)
过程管理……………………………………………………………………………(143)
建设成效……………………………………………………………………………(143)

科学研究与产业开发

科研工作……………………………………………………………………………(144)
概况…………………………………………………………………………………(144)
科研项目与经费……………………………………………………………………(144)
科研水平与成果……………………………………………………………………(144)
科研基地建设………………………………………………………………………(146)
产学研合作交流……………………………………………………………………(146)
军工科研生产………………………………………………………………………(146)
中央高校基本科研业务费项目……………………………………………………(146)
科技期刊……………………………………………………………………………(146)
人才培育……………………………………………………………………………(147)
科协、学会、学术交流……………………………………………………………(147)
科研管理……………………………………………………………………………(147)
附录：
2010年科研获奖项目一览表…………………………………………………………(148)
2010年科研鉴定项目一览表…………………………………………………………(153)
2010年验收结题项目一览表…………………………………………………………(157)
2010年发明专利申请明细表…………………………………………………………(158)

2010年实用新型专利明细表 …………………………………… (176)
2010年外观设计专利申请明细表 ………………………………… (178)
2010年授权发明专利明细表 …………………………………… (178)
2010年授权实用新型专利明细表 ………………………………… (190)
2010年授权外观设计专利明细表 ………………………………… (192)
2010年国际PCT申请明细表 …………………………………… (192)
2010年计算机软件登记明细表 ………………………………… (193)
2010年科研贡献奖励明细表 …………………………………… (195)
2010年新增科研基地 ………………………………………… (196)
2010年北京科技大学优秀科研成果奖 …………………………… (196)
2010年北京科技大学出版学术专著奖励 ………………………… (196)
2001～2009年北京科技大学SCIE、EI、ISTP在全国高校排序表………… (197)
2009年各单位SCIE、EI、ISTP收录论文统计表……………………… (198)
2009年SCIE论文影响因子排名………………………………… (198)
2009年论文数量第一作者统计 ………………………………… (199)
产业工作…………………………………………………… (200)
概况…………………………………………………………… (200)
经营管理工作………………………………………………… (200)
规范化建设…………………………………………………… (200)
新兴产业技术研究院建设……………………………………… (200)
国家大学科技园……………………………………………… (201)
方兴科技孵化器……………………………………………… (201)
留学人员创业园……………………………………………… (201)
分析检验中心………………………………………………… (201)
技术转移中心………………………………………………… (201)
学生创业中心………………………………………………… (202)
地产开发工作………………………………………………… (202)
物业管理工作………………………………………………… (202)
附录：
北京科技大学企业一览表 ……………………………………… (203)

科研基地及研发平台

“重大工程材料服役安全研究评价设施”暨

"国家材料服役安全科学中心（筹）" ……………… (205)
新金属材料国家重点实验室 ……………… (208)
固体电解质冶金测试技术国家专业实验室
（新能源材料与技术北京市重点实验室） ……………… (212)
国家板带生产先进装备工程技术研究中心 ……………… (214)
教育部金属电子信息材料工程研究中心 ……………… (216)
环境断裂教育部重点实验室 ……………… (217)
北京市先进粉末冶金材料与技术重点实验室 ……………… (221)
北京市腐蚀、磨蚀与表面技术重点实验室 ……………… (225)
高效零件轧制技术研究推广中心（零件近净轧制成形教育部
工程研究中心） ……………… (226)
科技部材料模拟设计实验室 ……………… (227)
北京表面纳米技术工程研究中心 ……………… (228)
生态与循环冶金教育部重点实验室 ……………… (229)
钢铁流程先进控制教育部重点实验室 ……………… (230)
金属与矿冶文化遗产研究国家文物局重点科研基地 ……………… (231)
金属矿山高效开采与安全教育部重点实验室 ……………… (232)
冶金工程研究院（高效轧制国家工程研究中心） ……………… (232)
新材料技术研究院 ……………… (235)
广东研究院 ……………… (238)

管理与服务

发展规划工作 ……………… (240)
概况 ……………… (240)
北京市重点学科增补 ……………… (240)
北京市重点学科中期检查 ……………… (240)
北京市新材料学科群项目 ……………… (240)
本科新专业设置 ……………… (240)
"十二五"教育事业发展规划编制工作 ……………… (240)
人事管理 ……………… (241)
概况 ……………… (241)
岗位聘任工作 ……………… (242)
专业技术职务评聘工作 ……………… (242)

高层次人才引进工作……(242)
高层次人才推评工作……(242)
合同期满人员考核……(242)
师资培养与培训工作……(242)
人力资源管理信息系统建设……(243)
教职工年度考核工作……(243)
研究生助教、助管岗位管理……(243)
博士后科研流动站与博士后管理工作……(243)
社会保障工作……(244)
附录：
北京科技大学在职教授及正高级专业技术职务人员名单……(244)
财务工作……(257)
概况……(257)
总体财务状况……(258)
财务管理……(258)
资产管理……(259)
概况……(259)
实验室管理……(259)
设备管理……(260)
专项建设项目管理……(261)
公房管理……(261)
人防及地下空间管理……(261)
土地管理……(262)
环保与技术安全管理……(262)
其他工作……(262)
附录：
北京科技大学本科实验室一览表……(263)
依托北京科技大学建设的各级科研基地名单……(265)
信息化建设与管理……(267)
概况……(267)
数字化校园建设工作……(267)
网络中心工作……(267)
校园卡管理中心工作……(268)
招生与就业工作……(268)

招生工作……………………………………………………………………………………(268)
就业工作……………………………………………………………………………………(269)
审计工作……………………………………………………………………………………(269)
概况……………………………………………………………………………………(269)
队伍建设……………………………………………………………………………………(270)
主要工作……………………………………………………………………………………(270)
国际及港澳台交流与合作……………………………………………………………………(271)
概况……………………………………………………………………………………(271)
推进国际化进程……………………………………………………………………………(272)
校际交流与合作……………………………………………………………………………(272)
学生国际化培养……………………………………………………………………………(272)
港澳台地区交流……………………………………………………………………………(273)
引智工作……………………………………………………………………………………(273)
出访派出工作………………………………………………………………………………(274)
附录：
北京科技大学2010年度授予外籍及中国台湾地区名誉教授……………………(274)
2010年北京科技大学新增海（境）外合作高校一览表……………………………(274)
2010年北京科技大学续签协议海（境）外合作伙伴一览表………………………(275)
2010年北京科技大学学生海（境）外交流项目一览表……………………………(276)
安全保卫与校园综合治理……………………………………………………………………(278)
概况……………………………………………………………………………………(278)
校园综合治理………………………………………………………………………………(278)
治安防范……………………………………………………………………………………(278)
消防安全……………………………………………………………………………………(279)
安全生产……………………………………………………………………………………(279)
交通安全……………………………………………………………………………………(280)
政保工作……………………………………………………………………………………(280)
保密工作……………………………………………………………………………………(280)
户籍管理……………………………………………………………………………………(280)
科技创安……………………………………………………………………………………(280)
后勤与基建管理……………………………………………………………………………(280)
概况……………………………………………………………………………………(280)
制度建设……………………………………………………………………………………(280)
基建管理……………………………………………………………………………………(281)

后勤管理……(281)
节能管理……(282)
房产管理……(282)
后勤服务……(283)
概况……(283)
党建工作……(283)
财务管理……(283)
创新机制……(284)
精细化管理……(284)
队伍及条件建设……(285)
服务工作……(285)
保障工作……(286)
经营工作……(287)
图书馆……(287)
概况……(287)
文献资源建设……(287)
对外服务……(288)
内部建设……(288)
附录：
2010年各种文献资源的采购情况……(289)
2010年读者服务情况……(289)
2010年网络数据库使用情况……(290)
档案馆……(290)
概况……(290)
内部管理……(291)
综合档案管理……(291)
人事档案管理……(291)
学生档案管理……(291)
业务合作与交流……(291)
现代教育技术中心……(292)
概况……(292)
教学服务工作……(292)
精品课程和申报片制作……(292)
有线电视……(292)

社区卫生服务中心（校医院） …… (293)
概况 …… (293)
医疗服务 …… (293)
健康教育及预防保健 …… (293)
内部建设 …… (294)
体育馆 …… (294)
概况 …… (294)
队伍建设 …… (294)
安全运营 …… (294)
服务校内 …… (295)
对外经营 …… (295)
精彩武搏 …… (295)
附属小学 …… (296)
概况 …… (296)
德育工作 …… (296)
教学工作 …… (297)
附录：
2010年北京科技大学附属小学师生获奖一览表 …… (298)
社区居委会 …… (302)
概况 …… (302)
社区党建 …… (302)
社区服务 …… (302)
社区维稳 …… (302)
社区环境 …… (302)
人口普查 …… (302)
社区共建 …… (303)
特色社区建设 …… (303)
获奖情况 …… (303)
附录：
2010年社区居委会办实事一览表 …… (304)
中国教育经济信息网 …… (306)
概况 …… (306)
项目建设 …… (306)
应用拓展 …… (307)

数据采集…………………………………………………………………………(307)
数据分析…………………………………………………………………………(307)
组织建设…………………………………………………………………………(308)

党建与思想政治工作

组织工作……………………………………………………………………………(309)
概况……………………………………………………………………………(309)
干部工作…………………………………………………………………………(309)
组织工作…………………………………………………………………………(310)
党校工作…………………………………………………………………………(312)
宣传工作……………………………………………………………………………(313)
概况……………………………………………………………………………(313)
理论学习…………………………………………………………………………(313)
新闻宣传…………………………………………………………………………(314)
校刊工作…………………………………………………………………………(315)
网络宣传…………………………………………………………………………(315)
广播电视…………………………………………………………………………(315)
对外宣传…………………………………………………………………………(315)
附录：
北京科技大学2010年1月1日至2010年12月31日对外宣传情况统计表……(316)
纪检监察工作………………………………………………………………………(327)
概况……………………………………………………………………………(327)
党风廉政建设……………………………………………………………………(327)
反腐倡廉宣传教育………………………………………………………………(327)
深入推进廉政风险防范…………………………………………………………(328)
监察工作…………………………………………………………………………(329)
迎接检查…………………………………………………………………………(329)
信访工作…………………………………………………………………………(329)
队伍建设…………………………………………………………………………(330)
统战工作……………………………………………………………………………(330)
概况……………………………………………………………………………(330)
民主党派和党外代表人物工作…………………………………………………(330)
民族宗教工作……………………………………………………………………(330)

港澳台侨工作……………………………………………………………………（331）
自身建设……………………………………………………………………（331）
工会工作……………………………………………………………………（331）
概况……………………………………………………………………（331）
召开双代会……………………………………………………………………（331）
建设教职工之家……………………………………………………………………（332）
师德建设……………………………………………………………………（332）
劳模进校园……………………………………………………………………（332）
文体活动……………………………………………………………………（332）
自身建设……………………………………………………………………（332）
服务教工……………………………………………………………………（333）
其他工作……………………………………………………………………（333）
本科生工作……………………………………………………………………（333）
概况……………………………………………………………………（333）
学生党建……………………………………………………………………（334）
学生教育……………………………………………………………………（334）
学生管理……………………………………………………………………（335）
学生工作队伍建设……………………………………………………………………（337）
学生工作调研与宣传……………………………………………………………………（338）
研究生工作……………………………………………………………………（339）
概况……………………………………………………………………（339）
研究生管理……………………………………………………………………（339）
研究生党建工作……………………………………………………………………（339）
研究生教育……………………………………………………………………（340）
研究生德育工作基层组织建设……………………………………………………………………（340）
科研学术及实践活动……………………………………………………………………（341）
学生工作调研与宣传……………………………………………………………………（341）
中国学位与研究生教育学会德育委员会工作……………………………………………………………………（341）
共青团工作……………………………………………………………………（342）
概况……………………………………………………………………（342）
思想政治教育与组织建设……………………………………………………………………（342）
社会实践与志愿服务……………………………………………………………………（343）
学术科技与创业就业……………………………………………………………………（344）
文化艺术与社团活动……………………………………………………………………（344）

骨干培养与宣传工作……(345)
素质拓展与个性评价……(346)
学生会与研究生会……(346)
离退休干部工作……(347)
概况……(347)
组织及思想建设……(347)
落实两项待遇……(348)
筹建老年大学……(348)
承办北京市教工委大型活动……(349)
日常活动……(349)
交流活动……(349)
工作人员获奖情况……(349)
关心下一代工作委员会……(349)

人　　物

知名专家学者……(351)
人大代表、政协委员……(355)

2010年党发校发文件目录

2010年北京科技大学党发文件目录……(356)
2010年北京科技大学校发文件目录……(357)

2010年北京科技大学大事记

2010年北京科技大学大事记……(361)

2010年毕业生名录

2010年本科毕业生名录……(369)
2010年毕业并获得博士学位的研究生名单……(378)
2010年毕业并获得硕士学位的研究生名单……(382)
2010年获得学位的研究生或毕业的研究生名单……(403)

2010年以同等学历获得硕士学位的在职人员名单 …… (404)
2010年获得硕士专业学位的在职研究生名单 …… (404)

附 录

北京科技大学校董会组成 …… (409)
北京科技大学教育基金会组成 …… (413)
北京科技大学校友会组织机构及人员组成 …… (414)
与北京科技大学建立合作关系的国外及港澳台地区学校、研究机构（113所） …… (415)
与北京科技大学建立全面合作关系的国内政府机关、企事业单位 …… (419)

Specials

Specials on the cornerstone-laying ceremony of the National Center for Materials Service Safety (NCMSS) .... (1)
Overview .... (1)
Appendix:
Speech by President XU Jinwu .... (2)
Speech by Prof. SHI Changxu, Honorary Head of the Expert Board for Project Construction .... (3)
Speech by ZHANG Xiaoqiang, Deputy Minister in charge of National Development and Reform Commission. .... (4)
Speech by YUAN Guiren, Minister of Education .... (5)
Speech by LIU Qi, member of the Political Bureau of the Central Committee of the Chinese Communist Party and secretary of the Beijing Municipal Committee .... (5)
Speech by LIU Yandong, member of the Political Bureau of the Central Committee of the Chinese Communist Party and member of the State Council .... (6)
Successful Completion of the 6th Population Census .... (8)
Work on The first World Martial Expo .... (10)

USTB Survey

USTB: A Brief Sketch .... (13)
Appendix:
Main Efforts in 2010 .... (15)

Organization and Leadership

University Leaders .... (20)
Members of the USTB Standing Committee of the 10th CCPC .... (20)
Members of the USTB 10th CCPC .... (20)
Members of the USTB CCPC Committee for Discipline Inspection .... (20)
Members of the USTB 15th Committee of the Education Union .... (21)

Members of the 22nd Committee of the Youth League ······ (21)

Bodies of Party and Mass Organizations and Their Leaders ······ (21)

University Administrative Bodies and Their Leaders ······ (22)

Organizations Directly under USTB and Their Leaders ······ (23)

School Administrative Bodies and Their Leaders ······ (24)

Departments, Research Centers and Their Leaders ······ (25)

Schools and Departments

School of Civil and Environmental Engineering ······ (29)

School of Metallurgical and Ecological Engineering ······ (33)

School of Materials Science and Engineering ······ (36)

School of Mechanical Engineering ······ (40)

School of Information Engineering ······ (43)

School of Economics and Management ······ (46)

School of Humanities and Social Sciences • School of Marxism ······ (49)

School of Mathematics and Physics ······ (53)

School of Chemical and Biological Engineering ······ (56)

School of Foreign Studies ······ (58)

Senior Engineers' College ······ (61)

Guanzhuang Campus ······ (63)

Tian Jin College ······ (65)

Yanqing Branch School ······ (67)

Teaching and Disciplinary Build-up

Undergraduate Education ······ (70)

Overview ······ (70)

2010 Undergraduate Education Plan ······ (70)

Educational Reform ······ (70)

Teaching Research and Administration ······ (71)

Teaching Awards ······ (71)

Textbook Construction ······ (71)

Teaching Supervision ······ (71)

Teaching Quality Control (71)
Courses Exempt from Examination (72)
Young Teachers Classroom Teaching Contest (72)
Practical Teaching (72)
Scientific & Technological Innovation (72)
Transcript Management (72)
Construction of Teaching Management Platform (72)
Completion of Graduation Projects (Papers) (72)
Transfer of Undergraduate Majors and Recommendation of Graduates (73)
Exchange of Undergraduates to Universities at Home and Abroad (73)
CET-4 and CET-6 Examinations (73)
Disciplinary Contests (73)
Appendix:
USTB 2010 Undergraduate Specialty Catalogue (74)
Table of Ratios of 2008-2010 Academic Year "Classroom Teaching Quality Evaluation" (75)
Table of Average Ratios of "2010 Classroom Teaching Quality Evaluation" (75)
2010 Teachers and Courses Exempt from Examination (76)
The 12th Young Teachers Classroom Teaching Quality Evaluation (80)
USTB "Inspection Indexes of Annual Undergraduate Teaching Quality" (81)
Table of "Eleventh Five-Year Plan" USTB Planning Completion (2010) (82)
Table of 2010 Undergraduate Teaching Prizes and Projects (82)
List of 2010 Undergraduate Disciplinary Contests Prize-winners (85)
2010 Academic Year Undergraduate School Schedule (95)
Graduate Education (122)
General Survey (122)
2010 Graduate Education Meeting (122)
Test Unit for the joint cultivation between Engineering Research Institutes and Universities (122)
Admission (123)
2010 Graduate Education Plan (123)
Graduate Education Development Fund Project Approval (123)
Academic Affairs Management (124)
National Project of Building Advanced Universities State-Funded Study

Abroad of Graduate Students: Application and Selection ········ (124)
Examination and Application of first-class disciplines conferring doctoral and master's degrees ········ (124)
Examination and Application of new programs conferring master's degrees ········ (124)
Graduate Supervisors Team Construction ········ (124)
Degree Conferment ········ (124)
National & Beijing Excellent Ph.D. Dissertation ········ (124)
Excellent PhD Students Cultivation Fund and Discipline Development Fund ········ (125)
The Third Phase of the "211 Projects" Innovative Talents Building ········ (125)
Appraisal and Selection of Graduate Education Prizes ········ (125)
Graduate Courses Exempt from Examination ········ (125)
Application and Selection of Academic Exchanges Platform Program ········ (125)
Tests ········ (125)
Graduate Student Education Base Construction ········ (125)
Appendix:
List of USTB 2010 Graduate Courses Exempt from Examination ········ (126)
List of USTB 2010 Excellent Ph.D. Dissertation Prize Winners ········ (127)
List of USTB 2010 Excellent Thesis for the Master's Degree Prize Winners ········ (128)
USTB 24th "Graduate Education" Prize Winners ········ (130)
Higher Vocational Education ········ (132)
Distance and Continuing Education ········ (132)
Non-Degree Education ········ (132)
Continuing Education ········ (132)
Adult Degree Education ········ (132)
Non-Degree Education ········ (133)
Overseas Students Education and Teaching Chinese As A Foreign Language ········ (133)
Overview ········ (133)
Overseas Students Admission ········ (133)
Overseas Students Education ········ (134)
Overseas Students Administration ········ (134)
Teaching Chinese as a Foreign Language ········ (134)
Appendix:
Statistics of USTB 2010 Overseas Students ········ (135)

Physical Education ······ (135)
A General Survey ······ (135)
Curriculum Construction ······ (135)
Discipline and Faculty Strengthening ······ (136)
Athletic Sports ······ (136)
Mass Competition ······ (136)
Appendix:
Competition Performance of USTB Sports Team in 2010 ······ (136)
USTB Best Records of Track and Field Events ······ (139)
Dominant Discipline Innovation Platform Construction ······ (141)
Overview ······ (141)
Project Implementation Effects ······ (142)
The 2nd Phase Project Implementation ······ (142)
Construction of "211 Project" ······ (143)
A General Survey ······ (143)
Process Management ······ (143)
Project Implementation Effects ······ (143)

Scientific Research and Enterprise Development

Scientific Research ······ (144)
A General Survey ······ (144)
Research Projects and Funds ······ (144)
Research Capabilities and Achievements ······ (144)
Research Base Construction ······ (146)
Enterprise-Academia-Research Cooperation & Exchanges ······ (146)
Military Industry Scientific Research and Production ······ (146)
Operation Expenses for Universities' Basic Scientific Research ······ (146)
Science and Technology Journals ······ (146)
Talents Cultivation ······ (147)
Science and Technology Association/Society Activities ······ (147)
Research Management ······ (147)
Appendix:
List of Awarded Projects in 2010 ······ (148)

List of Appraised Projects in 2010 ······ (153)
List of Projects Accepted and Concluded in 2010 ······ (157)
List of Patents Applied in 2010 ······ (158)
List of Utility Model Patents Applied in 2010 ······ (176)
List of Design Patents Applied in 2010 ······ (178)
List of Patents Authorized in 2010 ······ (178)
List of Utility Model Patents Authorized in 2010 ······ (190)
List of Design Patents Authorized in 2010 ······ (192)
List of PCT Applied in 2010 ······ (192)
List of Computer Software Registration in 2010 ······ (193)
List of Prize-winning Projects in 2010 ······ (195)
Research Bases Added in 2010 ······ (196)
List of USTB Excellent Scientific Payoffs Award Prize-winners in 2010 ······ (196)
List of USTB Award for Academic Dissertations in 2010 ······ (196)
List of USTB Ranking among National Universities and Colleges on Papers Published in SCIE, EI, ISTP between 2001 and 2009 ······ (197)
Table of Papers Published in SCIE, EI, ISTP by All Units in 2009 ······ (198)
Ranking of USTB Papers Published in SCIE in 2009 Impact Index ······ (198)
Table of First Author Papers Published in 2009 ······ (199)

Hi-tech Enterprises ······ (200)
A General Survey ······ (200)
Management and Administration ······ (200)
Standardization Construction ······ (200)
Construction of Emerging Industry Research Institute ······ (200)
Construction of National University Science Park ······ (201)
Fang Xing Science and Technology Incubator ······ (201)
Park for Returnees to Start an Enterprise ······ (201)
Testing and Analysis Service Center ······ (201)
Technology Transfer Center ······ (201)
Student Innovation Center ······ (202)
Real Estate Development ······ (202)
Property Management ······ (202)
Appendix:

List of USTB Enterprises ········ (203)

Scientific Research Base and Research and Development Platform

Major Engineering Materials Service Safety Assessment Facilities ie National Center for Materials Service Safety ········ (205)

State Key Lab of Advanced Metals and Materials ········ (208)

State Specialized Lab of Solid Electrolyte Testing Technology (Beijing Key Lab of New Energy Material and Technology) ········ (212)

National Engineering and Technology Research Center for Advanced Equipment of Plate and Strip ········ (214)

Engineering and Research Center of Metal Electronic Information Materials, MOE ········ (216)

MOE Key Lab of Environmental Fracture ········ (217)

Beijing Key Lab of Powdered Metallurgy Materials and Technology ········ (221)

Beijing Key Lab of Corrosion, Abrasion and Surface Technology ········ (225)

Research and Popularization Center of Efficient Machine Parts Rolling Technology & Machine Parts Near Net Rolling Forming, MOE Key Lab ········ (226)

Material Simulation Design Lab of Ministry of Science and Technology ········ (227)

Beijing Surface Nanometer Technology Engineering Research Center ········ (228)

MOE Key Lab of Ecological and Recycling Metallurgy ········ (229)

Advanced Control of Iron and Steel Process Flow, MOE Key Lab ········ (230)

Cultural Heritage Studies of Metal and Mining & Metallurgy, State Administration of Cultural Heritage Key Base ········ (231)

MOE Key Lab of Metal Mine Efficient Mining and Safety ········ (232)

Engineering Research Institute ········ (232)

New Materials Research Institute ········ (235)

Guang Dong Research Institute ········ (238)

Administration and Service

Development Planning (240)
A General Survey (240)
New Key Disciplines of Beijing Municipality (240)
Mid-term Inspection of Key Disciplines of Beijing Municipality (240)
Beijing New Materials Subject Cluster Project (240)
New Undergraduate Programs (240)
Work on The Twelfth Five-year Educational Development Plan (240)
Personnel Management (241)
A General Survey (241)
Post Assignment (242)
Appointment of Professional and Technical Posts (242)
High-level Talents Recruitment (242)
High-level Talents Recommendation and Evaluation (242)
Assessment of Staff & Faculty for a Full Term (242)
Faculty Building and Training (242)
Construction of Human Resources Management Information System (243)
Annual Evaluation of Staff & Faculty (243)
Post Management of Graduate Teaching Assistants (243)
Management of Post-doc Research Centers and Post-docs (243)
Social Security (244)
Appendix:
List of USTB Professors and Researchers (244)
Financial Management (257)
A General Survey (257)
Overall Financial Affairs (258)
Financial Management (258)
Property Management (259)
A General Survey (259)
Lab Management (259)
Equipment Management (260)

Management of Specially-funded Projects .... (261)
Public House Management .... (261)
Management of Civil Air Defense Works and Underground Space .... (261)
Land Management .... (262)
Environmental Protection and Work Safety Management .... (262)
Others .... (262)
Appendix:
List of USTB Undergraduate Labs .... (263)
List of Scientific Research Bases at all Levels Affiliated to USTB .... (265)
Informationization Construction and Management .... (267)
A General Survey .... (267)
Digital Campus Construction .... (267)
Network Center .... (267)
University Card Management Center .... (268)
Admission and Employment .... (268)
Admission .... (268)
Employment .... (269)
Audit Work .... (269)
A General Survey .... (269)
Team Construction .... (270)
Main Tasks .... (270)
International Exchanges and Cooperation including Hong Kong, Macao and Taiwan .... (271)
A General Survey .... (271)
Promoting the Internationalization Outreach .... (272)
Inter-University Exchanges and Cooperation .... (272)
Internationalization of Students .... (272)
Exchanges with Hong Kong, Macao and Taiwan .... (273)
Talents Attraction .... (273)
Foreign Visits Dispatch .... (274)
Appendix:
List of Foreign (Taiwan) Honorary Professors in 2010 .... (274)
List of Foreign (Overseas) Universities Signing Agreements with USTB in 2010 .... (274)

List of Foreign (Overseas) Universities Renewing
Agreements with USTB in 2010 (275)
List of 2010 USTB Students Overseas Experience and Training Programs (276)
Safety and Campus Comprehensive Management (278)
A General Survey (278)
Campus Comprehensive Management (278)
Safety Precautions (278)
Fire Control (279)
Work Safety (279)
Traffic Safety (280)
Political Investigation (280)
Confidentiality (280)
Household Registration (280)
Safety Measures Provided by New Science and Technology (280)
Rear Services and Basic Construction (280)
A General Survey (280)
Institutional Construction (280)
Basic Construction (281)
Rear Services Management (281)
Energy Saving Management (282)
Real Estate Management (282)
Rear Services Provision (283)
A General Survey (283)
Party Affairs (283)
Financial Management (283)
Innovation System (284)
Fine Management (284)
Team and Environment Construction (285)
Services (285)
Support (286)
Operation (287)
Library (287)
A General Survey (287)
References and Resources (287)

External-oriented Service ………… (288)
Internal Construction ………… (288)
Appendix:
Orders of Various References and Resources in 2010 ………… (289)
Reader's Service in 2010 ………… (289)
Table of Database Use in 2010 ………… (290)
Archives ………… (290)
A General Survey ………… (290)
Internal Management ………… (291)
Management of General Archives ………… (291)
Management of Personnel Files ………… (291)
Management of Student Files ………… (291)
Cooperation and Exchanges ………… (291)
Modern Education Technology Center ………… (292)
A General Survey ………… (292)
Teaching Service ………… (292)
Excellent Courses and Application Materials Recording ………… (292)
Cable Television Network ………… (292)
Community Medical Service Center (USTB Clinic) ………… (293)
A General Survey ………… (293)
Medical Service ………… (293)
Health Education and Preventive Healthcare ………… (293)
Internal Construction ………… (294)
USTB Gymnasium ………… (294)
A General Survey ………… (294)
Team Building ………… (294)
Safety Management ………… (294)
Service Provided for Teachers and Students ………… (295)
Business ………… (295)
Martial Arts Expo ………… (295)
Affiliated Primary School ………… (296)
A General Survey ………… (296)
Moral Education ………… (296)
Teaching ………… (297)

Appendix:

List of Prizes Awarded to Teachers and Students of Affiliated Primary School of USTB, 2010 ······ (298)

Neighborhood Community ······ (302)

A General Survey ······ (302)

Community Party Committee Work ······ (302)

Neighborhood Service ······ (302)

Neighborhood Peace Maintenance ······ (302)

Neighborhood Environment ······ (302)

Population Census ······ (302)

Community Construction with Other Units ······ (303)

Distinctive Community Construction ······ (303)

Prizes and Awards ······ (303)

Appendix:

List of Benefits Brought by the Community ······ (304)

China Educational Information Network ······ (306)

A General Survey ······ (306)

Project Construction ······ (306)

Application and Expansion ······ (307)

Data Collection ······ (307)

Data Analysis ······ (307)

Organization Construction ······ (308)

The CCP Construction and Ideology Education

Organization ······ (309)

A General Survey ······ (309)

Cadres ······ (309)

Organization ······ (310)

Party School ······ (312)

Propaganda and Publicity ······ (313)

A General Survey ······ (313)

Theoretical Study and Education ······ (313)

News Publicity ······ (314)

University Journals ······ (315)

Network Propaganda …… (315)
Radio and TV Broadcasting …… (315)
External Publicity …… (315)
Appendix:
Chart of USTB External Publicity from January 1st, 2010 to December 31st, 2010 …… (316)
Discipline Inspection and Supervision …… (327)
A General Survey …… (327)
Implementation of CCP Work Style and Clean Government Construction …… (327)
Corruption Combating System Construction …… (327)
Clean Government Risk Guard Management …… (328)
Supervision …… (329)
Preparation for Higher Inspection …… (329)
Complaint Letters and Visits …… (329)
Team Building …… (330)
United Front …… (330)
A General Survey …… (330)
Democratic Parties and Non-party Personages …… (330)
Ethnic and Religious Affairs …… (330)
Overseas Chinese Residing in Hong Kong, Macao and Taiwan …… (331)
Team Construction …… (331)
Trade Union …… (331)
A General Survey …… (331)
Party and Faculty Representative Congress …… (331)
Building Teachers' Home …… (332)
Teachers Morality Construction …… (332)
Inviting Labor Models to USTB …… (332)
Recreational Activities …… (332)
Team Construction …… (332)
Servicing the Staff and Faculty …… (333)
Others …… (333)
Undergraduate Students …… (333)
A General Survey …… (333)
Party Work among Students …… (334)

Student Education …… (334)
Student Management …… (335)
Construction of Student Management Personnel …… (337)
Investigations, Surveys and Propaganda to the Outside …… (338)
Graduate Students …… (339)
A General Survey …… (339)
Graduate Student Management …… (339)
Party Work among Graduate Students …… (339)
Graduate Student Education …… (340)
Construction of Graduate Student Management Personnel …… (340)
Construction of Graduate Student Moral Education Organizations
Academic Research and Practice …… (341)
Investigations, Surveys and Propaganda to the Outside …… (341)
Ideological and Political Education Committee of Chinese Society
of Academic Degrees and Graduate Education …… (341)
Communist Youth League …… (342)
A General Survey …… (342)
Ideological Education and Organization Construction …… (342)
Social Practice and Volunteer Activities …… (343)
Scientific and Academic Innovation and Enterprising Education …… (344)
Culture, Arts and Clubs, Associations, and Society Activities …… (344)
Cadremen Cultivation and Publicity …… (345)
Expansion of All-round Development and Personality Evaluation …… (346)
Student Union and Graduate Student Union …… (346)
Management of Retirees …… (347)
A General Survey …… (347)
Organization and Ideological Building …… (347)
Implementation of Two Policies …… (348)
Establishment of University for the Aged …… (348)
Undertaking a Big Event Organized by the Education
Work Committee of Beijing Municipality …… (349)
Daily Activities …… (349)
Exchanges …… (349)
Awards …… (349)

"Caring for the Next Generation" Working Committee ………… (349)

Profiles

Distinguished Experts and Scholars ………… (351)
Representatives to People's Congress and Political Commissars ………… (355)

Catalogue of USTB Party Documents and School Documents in 2010

Catalogue of USTB Party Documents in 2010 ………… (356)
Catalogue of USTB School Documents in 2010 ………… (357)

2010 Chronicle of Major Events

2010 Chronicle of Major Events ………… (361)

Lists of Graduates in 2010

Undergraduates ………… (369)
Ph.D.s ………… (378)
Masters ………… (382)
Graduate Students or Students with Degrees ………… (403)
Masters with Equivalent Qualifications ………… (404)
Masters in Employment ………… (404)

Appendix

Make-up of the USTB School Board ………… (409)
Make-up of the USTB Education Foundation ………… (413)
Organization and Make-up of USTB Alumni Association ………… (414)
Universities and Scientific Research Organizations which have Established Collaboration with USTB from Abroad, Hong Kong, Macao and Taiwan ………… (415)
Government Bodies, Enterprises and Institutions at Home which have Comprehensive Cooperation with USTB ………… (419)

特　　载

国家材料服役安全科学中心奠基

综　述

“十一五”国家重大科技基础设施建设项目之一，由北京科技大学作为法人单位牵头建设的“重大工程材料服役安全研究评价设施”暨国家材料服役安全科学中心，于2010年5月21日上午在北京市中关村国家自主创新示范区奠基。在中央有关领导的殷切关怀下，在教育部、科技部、发改委、北京市及项目各共建、参建单位和社会各界的大力支持下，奠基仪式取得圆满成功，为项目的正式开工建设奠定了良好基础，也为学校赢得巨大社会影响和声誉。

一、奠基仪式的内容与成效

2010年5月21日上午10时，“重大工程材料服役安全研究评价设施”暨国家材料服役安全科学中心奠基仪式在北京市昌平区中关村国家自主创新示范区隆重举行。

中共中央政治局委员、北京市委书记刘淇，中共中央政治局委员、国务委员刘延东，教育部部长袁贵仁，科技部党组书记、副部长李学勇，北京市委副书记、市长郭金龙，国家发展改革委员会副主任张晓强，项目专家委员会名誉主任师昌绪院士，国务院研究室副主任江小娟，北京市委副书记王安顺，北京市委常委、秘书长李士祥，北京市委常委、海淀区委书记赵凤桐，北京市副市长黄卫，工业和信息化部党组成员兼人事教育司司长陈小筑，中国科学院副秘书长邓勇等领导同志出席仪式并为项目培土奠基。

中央有关部门的司局、北京市各委办局、昌平区负责同志和中国科学院金属所、西北工业大学、哈尔滨工业大学等项目共建、参建单位的负责人，北京科技大学校领导、中层干部及国家材料服役安全科学中心（筹）、材料科学与工程学院等师生代表近300人参加仪式。

奠基仪式上，刘淇、刘延东同志分别发表重要讲话，对做好项目建设工作提出殷切希望和明确指示。袁贵仁部长、张晓强副主任和师昌绪院士分别在仪式上致辞，高度评价项目建设意义并提出有关要求和希望。北京科技大学党委书记罗维东主持奠基仪式，北京科技大学校长徐金梧介绍了项目总体情况。

中央电视台、新华社、《人民日报》、《光明日报》等国内十余家主要新闻媒体对奠基仪式盛况进行了采访报道。

二、项目筹建工作回顾

“重大工程材料服役安全研究评价设施”是国家“十一五”期间规划建设的12个重大科技基础设施之一。建设好国家重大科技基础设施项目，对于提升国家的自主创新基础能力、特别是材料科学与工程领域的自主创新基础能力，促进国民经济持续快速发展具有重要意义。同时，这是教育部直属高校承担的第一个国家重大科技基础设施建设项目，建设好“重大工程材料服役安全研究评价设施”，成立国家材料服役安全科学中心，对于巩固和提升北京科技大学在材料科学与工程领域的优势、建设世界冶金和材料教育科研中心、全面推进高水平研究型大学建设的进程具有重要意义。

2007年2月，经过国家科教领导小组审议确定，“重大工程材料服役安全研究评价设施”项目被列入国家高技术产业发展项目计划。同年3月，教育部批复由北京科技大学作为法人单位，会同相关单位共同承担项目的建设任务。2008年4月，项目正式落户北京市昌平区中关村国家工程技术创新基地。中关村管委会将其列入中关村自主创新示范区世界一流研究机构建设的第一个项目。2008年12月，项目可行性研究报告获得国家发改委批复。2009年4月，项目初步设计报告完成，国家发改委正式批复筹建国家材料服役安全科学中心，这是继国家纳米科学中心、中科院强磁场科学中心、上海光源国家科学中心之后第4个获得批准成立的国家科学中心。2009年底，国家材料服役安全科学中心项目的土地、资金以及设计方案等全部得到落实。项目共占地475亩，建设总投资12.5亿元，建成后将达到研究人员（含客座研究员、访问学者、博士后）500人、研究生（含博士、硕士研究生）2000人的规模。

附　录：

校长徐金梧在国家材料服役安全科学中心奠基仪式上的讲话

（根据录音整理）

尊敬的刘淇书记、刘延东国务委员，尊敬的师昌绪院士，各位领导、来宾，老师们、同学们：

今天，我们在这里隆重举行“重大工程材料服役安全研究评价设施”暨国家材料服役安全科学中心奠基仪式。请允许我代表北京科技大学及项目共建、参建单位中科院金属所、西工大、哈工大，对各位领导、嘉宾的到来表示热烈的欢迎！

当前，工程材料的服役安全已成为各个国家在社会发展过程中所面临的重大问题。围绕这一国家重大需求，2005年，我们提出了建设“重大工程材料服役安全研究评价设施”的建议，围绕工程材料服役安全中的重大科学问题，建设大尺度、多场耦合环境的研究试验装置，开展基础和应用基础研究，积累工程材料服役性能数据，建立我国自主的工程材料安全服役标准和规范，为我国重大工程的选材、安全评估与寿命预测提供科学技术支撑。

这一建议，经两院院士充分研究讨论、国务院科教领导小组审议确定，被列入“十一五”国家重大科技基础设施建设项目。2007年2月，国家发改委批复，以北京科技大学作为法人单位，会同中科院金属所、西工大、哈工大等单位共同承担项目的建设任务。2008年12月，国家发改委批复项目可行性研究报告，同时批复筹建国家材料服役安全科学中心。2009年9月，发改委和教育部分别批复项目初步设计概算和初步设计方案。项目落户在北京市昌平区中关村国家工程技术创新基地，被列为中关村国家自主创新示范区第一个世界一流研究机构建设项目。今天，“重大工程材料服役安全研究评价设施”暨国家材料服役安全科学中心正式奠基，标志着该项目已步入全面建设阶段。

回顾几年来的工作，我们深切感受到，项目建设工作的顺利推进，与国家发改委、教育部、科技部、工信部、中科院等各级领导的关心和支持密不可分，特别是与北京市各级领导以及昌平区的大力支持密不可分，与共建、参建单位的精诚合作密不可分。在此，我再次代表北京科技大学和共建单位，向各位领导对项目筹建工作的大力支持表示最衷心的感谢。

建设好、实施好这个项目是实践国家创新体系建设的具体体现，我们深感责任重大、使命光荣。为此，我代表北京科技大学和共建单位郑重承诺，我们将以今天的奠基仪式为新起点，严格按照“团结务实、科学管理、专家决策、集智创新”的工作原则，努力创新项目管理体制，汇聚海内外高端人才，发展新兴交叉学科，高标准、严要求，精益求精，建设好世界一流科学试验设施，争取早日建成国家材料服役安全科学中心，为创新型国家和“创新北京”建设做出新的更大的贡献！

谢谢大家！

项目建设专家委员会名誉主任师昌绪院士在国家材料服役安全科学中心奠基仪式上的讲话

（根据录音整理）

各位领导，各位嘉宾，老师们，同学们：

大家好！刚才听了徐校长的介绍，我感觉到非常欣慰，因为我们努力了6年，终于开了花。首先，请允许我代表项目专家委员会，对“重大工程材料服役安全研究评价设施”暨国家材料服役安全科学中心的奠基表示衷心的祝贺！

作为项目专家委员会主任，我曾经历了“评价设施”从立项到可行性研究的全过程。今天我又高兴地看到，还要建立一个与之相关的“科学中心”，我感到非常的必要。因为这样一来既可以做到解决实际问题，又利于发展理论和培养人才。

众所周知，我国正从一个制造业大国向制造业强国迈进。随着重大工程的不断发展，如何保证其服役安全就成为摆在我们面前的一道难题。我们必须高度重视，否则不可能成为制造业强国。在此，我提两点希望：

第一，北科大及其合作组建单位必须密切合作，同时还要和全国相关的行业保持密切的联系。因为各行业都有类似的机构，如果我们“独善其身”，便很难发挥“国家中心”的作用。要做到这一点，一靠本事，二靠责任心。所谓本事，就是从事这项工作的科技人员和领导干部，必须知识面广而深，并有实践经验。开展密切合作，就是要在整个领域形成一个和谐的集体。因为很多单位都有自己的中心，怎么样通过我们把他们团结在一起，是当前最大的一个问题。我本人从事失效分析、科学设施立项和评审工作已经半个多世纪了，深知学术水平固然很重要，但是公正和责任心是最重要的品质。我们只有做到八个字——实事求是，认真负责，才能使这个中心真正成为一个国家科学中心，否则难以取得公众的信任，“国家中心”很难发挥应有的作用。

第二，要培养人才。因为我们是在教育系统建成的一个中心，因此必须要加强人才的培养，努力提高他们的基础知识以及责任心等品质。

最后，预祝“重大工程材料服役安全研究评价设施”暨国家科学中心早日建成，为我国重大工程设施的安全运行提供技术支持和人才保障。

谢谢大家！

国家发改委副主任张晓强在国家材料服役安全科学中心奠基仪式上的讲话

（根据录音整理）

尊敬的刘淇书记，刘延东国务委员，各位来宾：

大家好！今天我们隆重举行“重大工程材料服役安全研究评价设施”暨国家材料服役安全科学中心的奠基仪式。这是我国在材料科学领域部署的第一个国家重大科技基础设施，也是在国务院批准建设中关村自主创新示范区以来首个落户在示范区的国家重大科技基础设施。我谨代表国家发展改革委员会对项目奠基表示热烈的祝贺！

“重大工程材料服役安全研究评价设施”的建设是提高材料科学原始创新能力的重要举措，也是发挥科技支撑发展作用的重要实践。据统计，我国每年由于工程材料失效造成的经济损失占GDP的5%以上，远远超过由于地震、洪水、干旱等自然灾害造成损失的总和。当前我国正处在现代化建设的关键时期，电力、铁路、石化、大飞机等一批重大工程正在建设之中，对科学评价重大工程材料服役安全提出了前所未有的要求。“重大工程材料服役安全研究评价设施”将建设具有国际一流水平的材料科学大型科研实验装置，通过开展服役性能实验研究，积累相关基础数据，探索材料性能演化规律、损伤失效机理，建立重大工程材料的结构服役安全预测、预告理论与发展，促进形成符合我国国情和发展需求的工程结构材料选材、设计、制造规范和标准体系，为国家重大工程的安全运行提供强有力的科学支撑。

当前，世界新技术革命和产业革命正在孕育。许多国家在积极寻找新的经济增长点，把科技创新作为最重要的着力点，把发展新兴产业作为引领复苏、带动发展的战略举措。按照党中央、国务院的统一部署，我委正会同有关部门抓紧研究制订培育和发展战略性新兴产业和推动自主创新的政策措施，把经济社会发展切实转变到创新驱动的轨道上来。加大重大科技基础设施建设的投入就是其中的一项重要内容。

“十一五”期间，在国务院统一领导下，我委加大投入，安排国家投资60亿元，建设强磁场、海洋科学考察船等12项重大科技基础设施，其中有11个项目已批复立项，大部分开工建设，整体工程进展顺利。同时面向长远，我委正会同有关部门研究制订未来10～20年重大科技基础设施建设规划，以实现持续发展。今后，我委将继续支持重大科技基础设施在北京建设，使北京的创新能力不断提升。

最后，预祝“重大工程材料服役安全研究评价设施”暨国家材料服役安全科学中心建设取得圆满成功！

谢谢大家！

教育部部长袁贵仁在国家材料服役安全科学中心奠基仪式上的讲话

（根据录音整理）

尊敬的刘淇书记，刘延东国务委员，尊敬的师昌绪院士，各位专家，各位领导，同志们：

首先，我代表教育部对“重大工程材料服役安全研究评价设施”暨国家材料服役安全科学中心的奠基表示热烈的祝贺！中央政治局委员、北京市委书记刘淇同志，中央政治局委员、国务委员刘延东同志在百忙中专程出席今天的奠基仪式，并将作重要讲话，充分体现了中央领导同志对高校科研工作的高度重视、对高等教育事业的亲切关怀。教育部将在工作中认真贯彻落实。

借此机会，我代表教育部特别感谢北京市在项目建设用地、配套经费等各个方面给予的全力支持。衷心感谢国家发改委、科技部等部门在项目立项和建设过程中给予的大力指导。衷心感谢共建部门工信部、中科院及有关高校的密切配合。也热切地希望各单位、各部门能够继续给予关心和指导，确保项目顺利建成并发挥更大的作用。

依托大学建设国家重大科技基础设施，是我国大科学工程建设的重要格局之一，也是国家创新体系建设的客观要求。教育部将积极鼓励和全力支持高等学校参与国家重大科技项目和基础设施建设，深入推动高等学校科研方式、人才培养方式转变，促进高校科技创新能力和人才培养能力的提升，努力为创新型国家建设和经济社会发展做出更大的贡献。

最后，祝所有奋战在工程建设第一线的专家、技术和管理人员身体健康、工作顺利，祝工程项目取得圆满成功！谢谢大家！

中共中央政治局委员、北京市委书记刘淇在国家材料服役安全科学中心奠基仪式上的讲话

（根据录音整理）

尊敬的刘延东国务委员，师昌绪院士，同志们：

值此“重大工程材料服役安全研究评价设施”暨国家材料服役安全科学中心开工奠基的喜庆时刻，我代表北京市委、市政府对项目的奠基表示热烈祝贺！向广大的科技人员、工程建设者致以亲切的问候！

“重大工程材料服役安全研究评价设

施”暨国家材料服役安全科学中心是我们国家确立的“十一五”规划建设12个重大科技基础专项设施之一，也是首个在北京落户的国家重大科技基础设施项目。这个项目的开工建设是我国材料科学与工程、安全与技术领域的一件大事，是中关村自主创新示范区第一个世界一流水平研究机构的建设项目，也是首都提升自主创新能力、建设创新型城市的一项重要基础工程。

搞好这个项目对于掌握材料科学领域的核心技术、保障我国经济技术安全，对于改善首都科技基础设施，提升首都自主创新能力，推动经济发展方式转变都具有十分重要的意义。希望北京科技大学等建设、参建单位和有关部门充分认识到该项目建设的重要意义和光荣使命，高效率、高质量、高水平地把这个项目建设好，努力为国家自主创新战略和首都的科学发展服务。

当前，首都经济社会发展进入了一个新的阶段，市委、市政府提出要从建设世界城市的高度加快推进“人文北京、科技北京、绿色北京”建设，不断提高首都科学发展的能力。希望你们以世界一流的标准加快推进这个项目的建设。

第一，要高标准推进项目建设。要瞄准建设具有国际一流水平、面向全社会开放的大型科学研究试验品牌的目标，周密组织、精心设计、精确施工，努力把这个项目做成一个精品项目、示范项目。

第二，要以促进国家科技进步，增强自主创新能力为出发点，积极地创新管理体制和运行机制。要努力创造一个汇聚一流人才的环境，力争能够成为中关村“海归”人才的一个特色园区，能够汇集世界一流的研究人才。以一个全新的类似国际优秀科技园区的条件，不断地开创工程材料服役安全领域创新性的研究，不断拿出世界一流的创新成果，建成世界一流的研究机构。我这句话的意思，就是希望这个研究院所是一个全新机制运行的院所。

第三，要加快成果的转化。服务国家自主创新战略需求，服务国家高端产业的发展，是重大科技项目的最终目的。我们要建立健全促进科技成果转化和产业化的保障机制，加快建立产学研用相结合的创新体系，及时将科技创新的成果转化为现实的生产力，带动首都高端产业的发展，形成科技智力资源集聚北京，服务首都经济社会发展的生动局面。

服务国家重大的科技专项和国家重大的科技基础设施建设，是北京做好“四个服务”的应有之义，也是首都工作的一项重要职责。市委、市政府以及各相关区县和部门要积极主动地帮助中心解决问题，千方百计地做好服务工作，为中心的建设和发展创造更好的环境。

最后，预祝“重大工程材料服役安全研究评价设施”暨国家材料服役安全科学中心建设取得圆满成功！谢谢大家！

中共中央政治局委员、国务委员刘延东在国家材料服役安全科学中心奠基仪式上的讲话

（根据录音整理）

同志们：

今天可以说是烈日当空，骄阳高照。在这样一个热烈的氛围中，“重大工程材料服役安全研究评价设施”暨国家材料服役安全科学中心举行奠基仪式。在此，我代表国务院，对这项国家重大科技基础设施建设项

目的启动实施表示热烈的祝贺！向为之付出辛勤努力的同志们表示亲切的问候！

刚才刘淇同志的重要讲话和晓强、贵仁同志的表态，确实令在场的同志们都感到振奋。特别是90岁高龄的师昌绪院士所做的语重心长的讲话，更体现了老一代科学家的心声。

当今世界，重大科技基础设施在一定程度上代表着国家的科技水平和综合实力。随着人类探索未知世界的逐步深入，科学研究面临的挑战越来越大，对研究手段和研究方法的要求也越来越高，对大科学装置和设施的需求越来越迫切。重大科技基础设施建设将大大地促进相关学科领域的发展，为基础科学前沿领域取得重大进展提供必要条件，为解决经济社会发展中的重大科技问题提供有力的支撑，为聚集和培养大批优秀科技人才提供重要平台。以重大科技基础设施为基础的创新能力建设已经成为决定一个国家竞争力的重要因素。

多年来，党和国家高度重视重大科技基础设施的建设和发展。从20世纪60年代“两弹一星”的成功研制，90年代“北京正负离子对撞机”的建成运行，到“十五”、“十一五”国家重大科技基础设施建设计划的组织实施，国家累计建设了40多项重大科技基础设施，涵盖了物理、天文、地质、海洋、生物、能源、材料等众多领域，对提升我国科技整体水平和促进经济社会发展产生了深刻影响，发挥了重要作用。

“重大工程材料服役安全研究评价设施”是国家重大科技基础设施建设项目之一。该项目围绕着国民经济建设中工程材料安全服役的重大科学问题，通过建设大尺度、多因素耦合的试验研究设施，开展工程材料的基础研究、安全评价和寿命预测，为保障我国重大工程的安全运行、降低经济损失、减少人员伤亡提供强有力的科技支撑。在此基础上组建的国家材料服役安全科学中心，将成为目前世界上规模最大、试验条件最齐全的材料服役安全研究基地。它的建成将大大加快我国独立自主的工程结构材料的选材、设计、制造规范和标准体系建设进程，有利于提升我国材料科学和安全科学的国际影响力，对促进我国科技创新和经济发展将起到重要的作用。在此，我对项目建设提出以下几点希望：

第一，要紧密结合国家重大战略需求，着力提升自主创新能力。项目建设要始终瞄准世界科技的发展前沿，不断提升自主创新能力，掌握一批拥有自主知识产权的前沿技术、高端技术和核心技术。要紧紧围绕国家经济和社会发展的需求，突破国外技术封锁和壁垒，着力解决重大工程材料服役安全问题，对我国重大工程的安全设计和安全评价等提供服务，为大飞机、载人航天和探月工程、大型先进压水堆及高温气冷堆核电站这些重大专项提供有力的支持。

第二，要紧密结合高校改革发展的要求，着力推动一流学科和一流大学的建设。即将实施的《国家中长期教育改革和发展规划纲要》指明了未来10年我国教育改革的目标和方向，提出了要加快建设一流大学和一流学科的重要任务。一流的大学离不开一流的学科支撑，一流学科的形成又依赖于一流的研究设施。像美国的劳伦斯·伯克利国家实验室粒子回旋加速器等大型设施的建成，直接促进了原子弹的发明，奠定了加州大学伯克利分校成为美国乃至世界核物理重要基地的基础；斯坦福大学大型直线加速器中心的建设产生了3位诺贝尔物理奖的获得者，使斯坦福大学粒子物理、生命科学等学科成为世界一流学科。参加项目建设的高校，就是北京科技大学、西北工业大学、哈尔滨工业大学要紧紧抓住重大科技基础设施建设的机遇，与高校科研体制改革相结合，发挥项目建设的引领带动作用，促进科技资源的联合共享，促进学科的交叉融合，提高高校的科研效率和水平，探索出一条重大科技基础设施建设来带动一流学科和一流大学建设之路。

第三，紧密结合人才培养模式创新，着力构筑优秀拔尖创新人才的聚集高地。顺利实施项目建设，关键要靠人才支撑，要把人才培养作为核心任务，通过项目的实施凝聚培养人才，又通过人才的培养来支撑项目的建设。要创新人才培养模式，完善人才评价的激励机制，注重人才梯队建设，鼓励年轻人才承担大任，奖励有重大贡献的科技人员。要以开放合作集聚一流人才，以学科交叉打造一流团队。在关键领域和核心技术研发上形成稳定的攻关队伍，为项目的建设和运行提供强有力的智力支持。

第四，紧密结合区域经济社会发展，着力支撑战略性新兴产业的培育。调整产业结构，转变发展方式，培育战略性新兴产业是当前我国经济社会发展的一项紧迫任务。项目的建设要充分体现公共性、通用性、开放共享的功能，充分体现对新能源、新材料、节能环保、生物医药和高端制造等战略性新兴产业的支撑作用。“重大工程材料服役安全研究评价设施”落户于中关村自主创新示范区，一定要为服务于中关村的园区建设，为北京市的经济社会发展奠定良好的基础。

同志们，国家重大科技基础设施建设，责任重大、任务艰巨，需要多方面的精诚合作和共同努力。刚才刘淇同志讲到，应该建立一个全新的体制机制，我非常赞成。因此我希望在这个项目建设的过程中，要创新、改革科技的体制机制，充分发挥社会主义制度办大事、举国体制的优势，又体现社会主义市场经济体制的活力与效益。国务院有关部门和北京市要加强指导，加大支持力度，加快组织实施。项目承担和共建单位要集中力量、全力以赴、精心组织，高水平高质量地完成建设任务，保障项目建成后能够充分发挥效能。

最后，衷心祝愿项目建设顺利推进，争取早日成为国际一流的科学研究中心，为创新型国家建设和我国的国民经济跨越式发展做出应有的贡献！

谢谢大家！

北京科技大学圆满完成第六次人口普查工作

根据国家普查项目的有关规定，国务院决定于2010年开展第六次全国人口普查。根据学院路地区的实际情况，学院路以东、北四环路以北、志新西路以西、志新路以南地域为北京科技大学人口普查区，普查工作由北京科技大学牵头负责。对此，学校高度重视，通过科学统筹、精心组织和勤奋工作，圆满地完成了第六次人口普查工作的各项任务。

一、高度重视，周密部署，强化全程指导

学校高度重视第六次全国人口普查工作，成立了由武德昆副校长任组长，校办、居委会、宣传部、人事处、学生处、研工部、国际处、保卫保密处、后勤服务集团、离退休干部处、资产管理处、后勤基建管理处、科技产业集团、各学院等有关单位负责人为成员的普查工作领导小组。抽调人员组建人口普查工作办公室，设在居委会；由校办负责人口普查工作的整体协调和督促检查。同时，严格选调和招募205名普查工作人员、普查指导员、普查员、陪调员参与到人口普查工作中，为工作开展提供了有力保障。此外，制定了

《第六次全国人口普查北京科技大学普查区工作方案》（校发[2010]55号），对人口普查工作进行周密部署、全程指导，协调有关工作有序推进。

二、大力宣传，广泛动员，营造良好氛围

为了在全校范围内营造人人关注人口普查的良好氛围，学校将宣传工作贯穿人口普查工作始终。建立学校人口普查工作专题网站，开设“文件方案”、“工作动态”、“知识问答”、“交流园地”等栏目，发布各类信息60余条；在教学区、居民区悬挂横幅20条，在校务公开栏、社区宣传栏、各居民楼宇、各学生宿舍张贴宣传海报和公告200余张；利用校园广播、电视和大屏幕进行十余次宣传；入户前向学生宿舍发送《致全国人口普查住户的一封信》近4000份，同时还通过发送手机短信的方式通知学生干部及所有学生，保证了学生对普查工作的支持与配合。通过上述多种形式，深入宣传了人口普查的重大意义、政策规定和工作要求，加深了学校上下对人口普查工作的了解和认识，为普查工作赢得了理解与支持，保证了人口普查工作的顺利进行。

三、强化培训，落实责任，提高工作水平

学校为每名工作人员编发《工作手册》，并积极组织普查工作人员、普查指导员、普查员和陪调员四类人员参加各种培训，明确普查对象、内容、普查登记、数据汇总等工作要求和注意事项，切实提高工作水平和业务能力。其中，集中参加街道组织的户口整顿和摸底、入户登记及表格填写等业务培训6次，依据学校自身实际情况开展校内培训5次。特别是针对高校学生群体集体户口规模较大的实际情况，由校办牵头组织了2次学生普查工作人员专场培训，第一次是9月8日专题研究部署学校集体户口整顿工作，列举了编制《户主姓名底册》时可能会遇到的各种问题和填写方法；第二次是10月27日针对实际入户开展《如何做一名合格的普查员》的专门培训，对入户时可能遇到的各种情况进行了说明，切实增强了实际操作能力。

同时，为落实责任，不留死角。学校要求每个普查员对自己的普查小区负责，每个指导员要对自己分管的普查员和调查小区负责，在分工负责的基础上，又要相互协助、密切配合，在工作中做到严肃认真、一丝不苟，维护了全校普查工作大局。

四、精心组织，稳步推进，确保工作进度和质量

（一）实地查勘，认真绘制普查小区图

根据上级人口普查工作进度安排，学校稳步推进划分普查小区阶段各项工作，确保各普查小区完整覆盖学校普查地域范围，为普查工作顺利进行开好头。一是对普查区进行实地考查的同时，对普查区打印图中的建筑物进行相应的标绘。二是进行建筑物核查，对127座建筑物的名称、结构、建成年代、建筑物层数（地上、地下）、内部住房单元数、居住户数等信息进行收集整理，填写《建筑物信息一览表》。三是根据普查小区划分原则要求，完成《普查小区清单》、《建筑物拆分清单》和《普查小区划分图》的绘制等工作，共绘制普查小区图78张，划分普查小区26个。

（二）科学统筹，做好户口整顿与摸底工作

户口整顿与摸底工作主要任务是摸清户籍人口、外来人口、常住人口、流动人口、无户口、应销未销户口、出生人口、死亡人口等情况，编制普查小区各户户主姓名底册，供普查登记时参考。8月31日，海淀区人口普查办公室全面部署大专及以上高等院校户口整顿与摸底工作，学校认真研究操作方法和流程，制定了详细的分步推进方案，科学统筹、集中办公，确保了户口整顿与摸

底工作扎实有序开展，为实际入户普查奠定了坚实基础。

户口整顿阶段主要任务是进行户籍人口数据核定。学校人口普查办公室编写了《户籍人口核定数据资料表填表说明》，为保卫保密处户口办户籍人口整顿提供科学指导，并协调教务处、研究生院、就业指导中心、后勤集团学生公寓服务中心、后勤基建管理处职工住房管理科、人事处等部门及时提供学生出国、停休学、退学、延期毕业、就业去向、住宿安排及教职工购房、租房、离职等各类信息，确保户籍人口数据核定详实准确，为后续摸底工作提供准确依据。经过5天的集中办公，共完成公安机关提供的16350条户籍人口信息的摸底核实工作，并编制摸底时不在本户居住的户籍人口（大运村人员、毕业离校人员、校外居住教师）信息1565条。

摸底阶段主要任务是依据户籍信息，以户为单位编制《户主姓名底册》。对此，学校将工作分为居民区和学生宿舍区两个主要部分分头开展，分别由居委会和校办牵头负责。为便于普查员开展实际操作，确保摸底工作"高效率、不返工、零误差"，学校人普办综合考虑学校各种不同类型的复杂情况，分头组织居民区和学生宿舍区普查员开展培训，编写了《北京科技大学户口整顿与摸底工作说明》，对普查对象、普查内容、普查信息登记、户主姓名底册编写、数据汇总等工作要求和注意事项进行了详细说明。同时，学校在居民区和学生宿舍区开辟专门机房为摸底工作提供必要的条件保障，全体普查指导员、普查员集中上岗，全面开展数据审核、信息比对、数据录入和处理工作。由于方法有效、组织有序，学校在学院路街道各高校社区中高效率、高标准率先完成摸底工作，共检索、核对居民各项信息4000余条、学生各项信息共计2万余条；编制《户主姓名底册》29份，为11月份的普查登记工作打下坚实基础。

（三）掌握主动，扎实开展人口普查登记

人口普查的标准时点是2010年11月1日零时。按照要求，要于11月10日前由普查员亲自入户，当面询问、填报调查人口和住户的性别、年龄、民族、受教育程度、行业、职业、迁移流动、社会保障、婚姻生育、死亡、住房情况等信息，完成长表和短表的编制工作。由于时间紧、任务重，学校除进一步组织相关普查人员参加各种培训以外，还结合学校实际情况研究具体操作流程和方法，于工作开始前进行了充分准备。在居民区开展了"长短表练习"、在学生宿舍区采取了依据《户主姓名底册》和各类信息自行编制《信息核实表》提前入户采集信息的方式，掌握工作主动权，为后期入户和长短表编制提供了充分时间。最终，在较短时间内顺利完成了学生宿舍区艰巨的入户普查登记任务，并顺利通过了街道的复查审核。经过普查登记，学校普查区内登记总户数8108户，普查登记人口34787人。

北京科技大学首届世界武搏会承办工作

2010年8月28日至9月4日，2010年北京首届世界武搏运动会（以下简称武搏会）的柔道、柔术、空手道、跆拳道、剑道5个项目在北京科技大学体育馆顺利举行。本次武搏会是继2008北京奥运会、残奥会后北京所承办的规模最大、影响最广的国防体育竞赛，大赛参照2008北京奥运会标准，继续秉持"有特色、高水平"的办赛原则，在武搏会组委会及北京科技大学场馆运行团队领导的严密部署和指挥下，整个赛事得到了世界体育总会、13个国际单项体育协会及国内外各界的高度赞扬，同时也得到了各国参赛队伍的一致好评。作为3个正式比赛场馆之一，北京科技大学体育馆承担了13个比赛项目中的5个项目，成为本届赛会转场次数最多、转场时间最紧、产生金牌最多、赛事组织最严密的比赛场馆，学校各相关部门及场馆运行团队克服了时间紧、任务重等困难，经受住了各种考验，得到了锻炼，积累了经验。中共中央政治局委员、北京市委书记刘淇、中共北京市委副书记、市长郭金龙等领导同志莅临学校体育馆视察指导工作，并对大赛的各项工作给予了肯定。

一、比赛概况

武搏会期间，柔道比赛时间为2010年8月28～29日，为期2天，共进行3个单元的比赛，共有来自30个国家的45名运动员参与奖牌的争夺，产生2枚金牌；柔术比赛时间为8月29～30日，为期2天，进行5个单元的比赛，来自20个国家的60名运动员参与奖牌的争夺，产生了13枚金牌；空手道比赛时间为8月31日至9月1日，为期2天，进行4个单元的比赛，来自34个国家的75名运动员参与奖牌的争夺，产生了10枚金牌；跆拳道比赛时间为9月2日，共进行3个单元的比赛，来自31个国家的59名运动员参与奖牌的争夺，产生8枚金牌；剑道比赛时间为9月3～4日，为期2天，进行4个单元的比赛，来自20个国家的84名运动员参与奖牌的争夺，产生4枚金牌。武搏会期间，本比赛场地共进行了37次颁奖仪式，其中产生金牌37枚，银牌40枚，铜牌54枚，累计奖牌数量为131枚。

二、场馆运行组织

团结高效的场馆运行团队是保证本次竞赛各项工作顺利完成的基础。北京科技大学体育场馆运行团队成立于2010年6月4日，权良柱副校长担任运行团队主任，下设办公室、竞赛处、安保处、媒体运行处、场地器材保障处、外联接待处、医疗处、兴奋剂检测处等9个处室。赛时共有组委会工作人员42人，志愿者176人。队伍建设方面，重点加强领导班子建设，充分发挥党员先锋模范作用，狠抓团队思想作风建设和业务能力建设。为营造和谐向上氛围，增强团队凝聚力，增强使命感、责任感，赛前举行了各种动员会以及培训会。

学校对本次大赛给予高度的重视和支持，体育馆全体员工全身心投入到武搏会工作中，提高了赛事运行工作效率，确保大赛零事故顺利举办。在武搏会团队整体运行计划基础上，北京科技大学体育场馆运行团队遵循“以竞赛为核心、以场馆为基础”的原则，督促各部门根据竞赛工作时间节点，制定赛事的详细运行计划。组织各部门讲解本部门工作任务、工作程序等，使各部门首先从理论上初步明确了赛时运行时各自的职责、资源以及开展工作的政策、程序和预案，为赛事实际运行做好准备。

三、安全办赛工作

按照北京市政府的指示，本着“突出重点、抓住关键”的演练原则，团队开展了以模拟竞赛为核心的实战演练，形成了一个运行流畅的工作体系。实战演练有效地检验了应急预案，进一步整合了部门行动，达到了理顺部门衔接、提高风险防范意识的效果。学校体育馆在武搏会赛前进行了多次设备演练，保障赛时各种设备正常运转。

通过演练，帮助各部门加深了对竞赛流程的了解，增强了部门之间的磨合，使各部门可以高度配合地完成武搏会的各项工作。运行团队制定了详细的应急预案，包括技术官员伤病应急预案，运动员、教练员严重伤病应急预案，器材损毁应急预案，运动员、教练员与技术官员发生冲突应急预案，重要抗议与申诉应急预案，巡视发现场馆电气设施故障、灯光照明出现故障、停电事故应急预案等近20个应急预案，做好应对突发事件的充分准备。

为保证参与武搏会的每一位运动员、教练员、技术官员、赛事工作人员及观众的安全，确保本届武搏会安全零事故运行，各项安全工作严格按照奥运会标准。学校体育馆周边设置了安全隔离区域，在各个安全入口由武警24小时轮岗值班，对人员的出入严格把关，控制无关人员进入体育馆，这是本届武搏会安全工作的第一道保障。赛时运行过程中，对进出体育馆的人员进行严格的安检工作，3个重要出入口分别安装了违禁物品检测设备，并有多名安检员对进入比赛区域的人员进行安全检查，这项工作确保了赛事的正常运行，杜绝了一切违禁物品进入体育馆，安检工作构成了本次武搏会的第二道安全屏障。赛事过程中，消防人员驻扎在体育馆内，两辆消防车随时待命，消防安全工作起到了“防患未然，严控火情”的积极作用，消防安全工作构成了武搏会安全工作的第三道保障。三道安全防护工作确保了武搏会赛事过程安全零事故运行，为所有参与武搏会的人员及学校师生、周边居民提供了安全稳定的环境。

四、属地保障工作

学校各级领导及相关部门在武搏会的赛事活动中发挥了重要的指导、协助作用，为武搏会的成功举办给予了坚实的属地保障支持。

在比赛环境方面，学校积极配合武搏会赛事工作，对校园内外环境着重进行了整治和绿化。为了营造武搏会大赛氛围，学校各条主要街道布置了形象景观，张贴了武搏会宣传海报，悬挂了文明观赛的倡导横幅，让武搏会深入人心，在推动大赛氛围的同时提高了参与人员的整体素质，为圆满完成武搏会赛事工作起到了积极的引导作用。校园环境卫生在武搏会期间也迈上了一个台阶，各级领导、校内师生及前来观赛的观众对校园环境工作给予了肯定，环境的改善同时让校内居民切身感受到了武搏会所带来的积极效用，主动配合武搏会的各项工作，既是武搏会的文明观众，又是周边环境的维护者。学校为了保障武搏会交通便利，特别在赛事期间开放了东北入口，并提供了校园周边交通路标信息指示，为前来体育馆的人员提供了准确的信息和极大的便利。

根据5个竞赛项目的特点，精心布置贵宾接待室，既突出武搏会各项目的特色，又充分展示了中国传统文化，受到贵宾的高度赞扬。武搏会期间，外联接待处在贵宾引领接待及颁奖服务保障等方面提供了优质服务，共接待了包括世界体育总会主席海因·维尔布鲁根、2010年北京首届世界武搏运动会组委会主席刘敬民、蒋效愚等贵宾共计134人次。

五、精彩武搏

通过再次承办国际大型赛事，使全校上下了解并参与赛事活动，开阔了眼界、锻炼了队伍，为今后学校体育馆顺利承接各类大型活动打下了良好的基础。本次大赛促进了体育馆各项工作的快速发展，为体育馆接下来的工作奠定了深厚的经验基础，也为学校体育馆迈向“高校明星体育馆”打下了坚实的基础。在武搏会总结表彰大会上，学校体育馆被2010北京首届武搏会组织委员会授予了“武搏会突出贡献奖”。

学 校 概 况

北京科技大学概况

北京科技大学于1952年由北洋大学等5所国内著名大学的矿冶系科组建而成，现已发展成为以工为主，工、理、管、文、经、法等多学科协调发展的教育部直属全国重点大学，是全国首批正式成立研究生院的高等学校之一。1997年5月，学校首批进入国家“211工程”建设高校行列。2006年，学校成为国家“优势学科创新平台”建设项目试点高校。

建校近60年来，学校逐步形成了“学风严谨，崇尚实践”的优良传统，为社会培养各类人才13万余人，大部分已成为国家政治、经济、科技、教育等领域尤其是冶金、材料工业的栋梁和骨干。党和国家领导人罗干、刘淇、徐匡迪、黄孟复等都曾在校学习，另有31名校友当选为中国科学院或中国工程院院士，一大批校友走上了省长、市长的领导岗位，一大批校友担任鞍钢等国家特大型企业以及北大方正等大型高新技术企业的董事长或总经理。学校被誉为“钢铁摇篮”。

学校位于高校云集的北京市海淀区学院路，占地约80.46万平方米（包括管庄校区），校舍建筑总面积84.49万平方米（包括管庄校区）。学校现有1个国家科学中心(筹)，2个国家重点（专业）实验室，2个国家工程（技术）研究中心，2个国家科技基础条件平台，21个省、部级重点实验室、工程研究中心。特别是2007年，学校作为唯一一所教育部直属高校牵头承担了国家重大科技基础设施项目——重大工程材料安全服役研究评价设施，并负责筹建国家材料服役安全科学中心。图书馆藏书170余万册。定期出版《北京科技大学学报》、*International Journal of Minerals, Metallurgy and Materials*、*Rare Metals*、《北京科技大学学报（社科版）》、《物流技术与应用》、《金属世界》等重要学术刊物。

学校由土木与环境工程学院、冶金与生态工程学院、材料科学与工程学院、机械工程学院、信息工程学院、数理学院、化学与生物工程学院、经济管理学院、文法学院、马克思主义学院、外国语学院、高等工程师学院，以及研究生院、体育部、管庄校区、天津学院、延庆分校组成。现有9个一级学科博士授权点，41个二级学科博士授权点（含2个自设），11个一级学科硕士授权点，101个二级学科硕士授权点（含2个自设），另有MBA（含EMBA）、MPA、法律硕士、会计硕士、翻译硕士和20个领域的工程硕士专业学位授予权，11个博士后科研流动站，46个本科专业。学校冶金、材料、矿业、科技史4个全国一级重点学科学术水平蜚声中外（据教育部一级学科评估结果，冶金、科技史排名全国第一，材料排名全国第二，矿业排名全国第三）；机械、热能等学科享有盛誉；控制、力学、计算机、管理、思想政治教育等一批学科具有雄厚实力；一批新兴学科，如通信工程、电子信息、土木工程、环境工程等焕发出勃勃生机。

2010年10月，有全日制在校生2.3万余人，其中本专科生13824人，各类研究生8798人（其中博士生2457人、硕士生6341人），外国留学生707人；成人教育学院学生9147人，远程教育学生16991人。在站博士后110人。学校已形成研究生教育、全日制本专科教育、高职教育、成人教育、继续教育和远程教育多层次、较完整的人才培养体系。

学校拥有一支治学严谨的师资队伍，共计1374人。师资队伍中有中国科学院院士7人，中国工程院院士2人，国务院学位委员会委员1人，国家学科评议组成员5人，国家“973”首席专家2人，国家“千人计划”入选者6人，国家级有突出贡献专家16人，省部级有突出贡献专家14人，“长江学者奖励计划”特聘教授13人、讲座教授3人，国家杰出青年科学基金获得者15人次，国家“百千万人才工程”入选12人，教育部新世纪优秀人才支持计划63人；具有正高级专业技术职务的教师376人，具有副高级专业技术职务的教师459人。人才梯队正在壮大，一大批中青年学者脱颖而出。

学校的科研实力十分雄厚。1978年至2010年12月底，共申请专利2508项，授权专利1275项；有1000余项科研成果获国家、省、部委级各种奖励，其中国家级奖励140余项（2006年：国家奖3项，省部奖32项；2007年：国家奖6项，省部奖24项；2008年：国家奖5项，省部奖34项；2009年：国家奖4项，省部奖36项；2010年：国家奖4项，省部奖42项）。1999年教育部编辑的《中国高等学校科技50年高校获奖重大成果一览表》中收录本校12项重大科研成果，在全国高校中名列前茅。据教育部的“2000～2004年高校获国家科技进步奖统计排序”中，北京科技大学名列第11。近几年，学校“青藏铁路风火山隧道制氧系统研制与应用”、“岩土工程特大塌方预防与治理综合技术研究及工程应用”、“薄板坯连铸连轧工艺基础及材料性能特征研究”、“宝钢高等级汽车板品种、生产及使用技术的研究”等大批科研成果在国民经济建设中发挥了重要作用，获得了巨大的经济效益和社会效益。据2010年发布的数据，2009年学校师生发表论文被“SCIE”、“EI”收录数量分别居全国高校第37位和29位。

学校不断拓展社会服务领域和发展空间，与国内100多个省市区政府、大型企事业单位签署了全面合作协议。同时，学校瞄准世界前沿，加强国际合作，先后与德国亚琛工业大学、美国橡树岭国家实验室、英国牛津大学等110余所著名大学和科研机构建立了合作关系，并开展了实质性的合作。

以培养社会主义现代化事业的建设者和接班人为根本任务，学校注重学生综合素质的培养和提高，学校学生在历年国家及北京市的各种竞赛中多次获得殊荣，特别是学校每年被评为全国高校社会实践先进单位，学生代表队在全国第一、二、三、四、五、六、九届机器人电视大赛中稳居三甲，两次获得冠军，于2005年参加亚太地区大学生机器人大赛获得亚军。学校同时高度重视学生思想品德教育，努力营造培养学生爱国主义、集体主义和社会主义精神的校园文化氛围，先后被授予“北京市文明校园”、“北京市党建和思想政治工作先进普通高校”及“首都文明单位标兵”等光荣称号。

学校的体育竞技水平和群众性体育活动在北京乃至全国享有盛誉，涌现了以李敏宽、楼大鹏为代表的一批国家优秀运动员、教练员和体育官员。学生田径代表队在全国及北京市高校竞赛中数度摘桂；女篮代表队在北京市高校联赛中连续12次夺冠，并于2005年挺进CUBA全国八强。学校已拥有约7.9万平方米的现代化体育场地。学校体育馆作为2008年奥运会、残奥会竞赛场馆，圆满地完成了北京奥运会柔道、跆拳道，残奥会轮椅篮球、轮椅橄榄球4项赛事，受到了党中央、国务院的嘉奖。

今天，北京科技大学全体师生正满怀信心，迈着坚定的步伐，向着“把北京科技大学建设成为以工为主，工、理、管、文、经、法等多学科协调发展，规模适度，特色突出，国内一流，国际知名的高水平研究型大学”的目标而奋进。

附　录

二〇一一年主要工作

2010年是学校“十一五”建设的收官之年，也是“十二五”建设的谋划之年。一年来，学校积极贯彻落实中共十七届五中全会和全国教育工作会议精神，以《国家中长期教育改革和发展规划纲要（2010～2020）》为指导，以“调查研究、科学规划、人才强校、学生培养”为主线，在教育教学、学科发展、师资队伍、科学研究、条件建设等各项事业上都取得了新的进展。

一、贯彻落实中共十七届五中全会和全国教育工作会议精神，精心编制“十二五”规划和各二级单位聘期工作目标

根据教育部的整体工作部署，学校紧密结合国家“十二五”规划纲要建议和国家中长期科技、人才、教育三大规划的要求，在深入总结过去5年建设取得成绩和经验的基础上，于11月份正式启动“十二五”教育事业发展规划的编制工作。规划编制过程中，学校领导先后到各学院进行了深入调研，详细了解各学院的发展现状、“十二五”期间主要发展任务，以及对学校发展规划提出的意见、建议，明确并形成了学校规划的总体框架和各学院的主要发展指标，并进一步开展了校、院两级规划的沟通衔接工作，为2011年圆满完成“十二五”规划编制工作奠定了基础。

此外，学校党委还组织编制了各职能部处任期工作目标，并将任期工作纳入考核体系进行了公示，进一步强化了二级单位和处级正职干部的任期工作考核和监督工作。

二、深化教育教学改革，着力提高人才培养质量

2010年，学校按照“分类指导、突出特色、注重实践”的原则，稳步推进本科教育教学“质量工程”，积极探索研究型大学本科教学模式。年内，顺利编制完成2010版本科生培养方案，并开始在2010级本科生中实施。重新修订了“教学质量评价指标体系”，完成新一轮校级课程立项建设及验收工作。成功地进入教育部“卓越工程师教育培养计划”首批试点，组建了高等工程师学院，已进行2009级和2010级本科学生选拔工作。全年，共有4个项目被列入国家级质量工程建设项目，其中国家级精品课程1门，国家级双语课程1门，国家级特色专业1个，国家级教学团队1个；7个项目被列入北京市质量工程建设项目。继与华东理工大学、华南理工大学开展学生交流项目后，又与湖南大学、中南大学签订了校际交流合作协

议，共派出交流生74名，接收77名，覆盖8个学院19个专业。学生学业水平进一步提高，2010年，学校本科生科技创新项目共立项764项，其中国家级41项，北京市级26项，参与学生2014人次；本科学生共发表论文30篇，申请和获批的专利13项，制作实物模型24件，其他创新成果6项。

研究生培养方面，成功地召开了研究生教育工作会议，进一步明确了研究生的培养目标，努力构建学术型和应用型人才分类培养的教育体系。按照研究生培养机制改革的要求，学校积极调整改革工作试行方案及相关配套措施，初步建立以科学研究为主导的研究生招生指标分配机制和资助体系，研究生奖助学金覆盖87%的硕士生和100%的博士生。全面启动2010版研究生培养方案修订工作，科学制定了研究生专业学位教育发展规划；扎实推进教育部联合培养博士试点工作，与中国钢研集团等4个单位签订联合培养协议，招收联合培养博士28名。全年，学校共有4篇论文获得全国优秀博士学位论文提名，2篇论文获得北京市优秀博士学位论文。

成人高等教育、继续教育和国际合作教育稳步开展。2010年，远程与成人教育在校生规模为27392人，较上年净增2542人；继续教育全年共培训各类学员2012人，较上年净增733人；国际学院加强了与日本、美国等多个国家的合作交流，合作项目进展顺利。

三、注重内涵发展，加强学科顶层设计，学科结构布局进一步优化

2010年，根据教育部安排，对学校“优势学科创新平台项目”进行了整体验收总结，得到教育部领导及验收专家组的充分肯定和高度评价。在此基础上，制定完成了“优势学科创新平台项目”二期建设预研方案并上报教育部。年内，学校通过加强管理和过程追踪，高质量地完成了“211工程”三期中期检查工作和北京市重点学科中期检查任务。其中，“光电信息材料”及“岩土工程”成功地申报北京市重点交叉学科和北京市重点学科。同时，学校优质高效完成了学科群新项目“先进生物医用及功能化组织修复材料的研究”的申报。

年内，学校以获得博士学位授权一级学科点和硕士学位授权一级学科点自审权为契机，制定了《博士、硕士学位授权一级学科点审核办法》和《新增硕士专业学位审核办法》。经校评定委员会投票表决，增列一级学科博士点7个，一级学科硕士点4个，硕士专业学位授权点2个，为促进学科健康发展、实现研究生分类培养、扩大专业学位研究生培养规模奠定了基础。同时，根据学校事业发展和学科建设的需要，对学院架构进行了调整，新成立了数理学院、化学与生物工程学院、高等工程师学院；顺利地完成了高教所和设备工程系的学科划转工作。此外，信息工程学院的划分工作正在稳步进行中，对进一步整合学校的学术资源、促进学科健康发展具有重要的意义。

四、启动“人才振兴”工程，深化人事制度改革，师资队伍建设成绩显著

2010年，学校制定并印发了《北京科技大学关于进一步加强人才队伍建设的实施意见》等一系列文件，完善了人才队伍建设的制度体系，启动了新一轮的“人才振兴”工程，师资队伍建设取得明显成绩。一年来，学校建立了高水平专家与后备人才信息库，成功引进“千人计划”、长江学者、国家杰出青年获得者等高水平人才8人。其中，2人入选“973”项目首席科学家，1人入选国家杰出青年基金获得者，1人入选长江学者讲座教授，1个团队入选国家级优秀教学团队。

学校按照新一轮岗位聘任实施办法，进一步完善专业技术聘任工作和青年教师考核工作，全面完成了教职

工岗位聘任工作，新一轮岗位聘任共2684人，教学科研岗1258人，教辅、党政管理及其他岗位1426人。同时，加大博士后工作的力度，组织完成冶金工程、材料科学与工程、机械工程和矿业工程4个博士后科研流动站的评估工作，积极推进在站博士后科学基金的申报工作，获资助比例居全国高校前列。此外，学校还通过实行专业技术职务评聘“隔年、限次”申报制度，完善人力资源管理信息系统，进一步深化人事制度建设，努力为学校各项事业发展提供强有力的制度保障和技术支持。

五、强化科研管理，完善科技创新体系，科研、产业工作持续快速发展

学校紧紧围绕“高水平研究型大学科技创新体系建设”主题，继续强化质量和创新，在科研基地建设、承担科研项目、科研经费等方面取得了较大进展。年内，大科学工程项目奠基仪式在昌平创新园区隆重举行，截至2010年12月，基本完成土地一级开发工作，建设进程取得重大进展；学校成为中关村科学城首批启动建设项目，与北京市以共建形式成立了“北京科大新兴技术产业研究院”；先进板带生产装备及控制教育部工程研究中心以优异成绩通过验收；国家环境与能源国际科技合作基地等4个省部级科研基地获准建设。此外，在新一轮国家重点实验室的申报中，“高效钢铁冶金国家重点实验室”的指南建议、申报与初评工作取得较好进展。

2010年，科研项目和经费继续保持良好的增长势头，共申报国家自然科学基金479项，获批124项，获资助经费首次突破4000万元；承担973（含ITER）项目合同经费共计8854.3万元，新获973首席2名；国防重大专项新增航天重大专项基础条件建设项目1项、中国工程物理研究院重大专项项目2项、大飞机重大专项合作项目1项；人文社科领域有5个国家社科基金项目获准立项，其中首次获得国家社科基金重大项目，实现零的突破。全年，学校科技经费总额6.09亿元，同比增长10.78%，其中纵向项目递增35.88%；获国家科技进步奖4项（其中有3项第一完成单位为学校），省部级科技奖励42项；申请发明专利359项、授权发明专利239项；全年发表SCI论文577篇，EI论文941篇，一篇论文获评2009年度“中国百篇最具影响国内学术论文”。

科技产业方面，学校继续以现代企业制度为核心，不断规范科技产业集团及所属企业管理。有科技产业集团持股的全资、控股、参股企业28家。截止到11月底，科技产业集团所属企业实现总产值11.95亿元，利税合计逾6500万元。此外，学校以综合效益最大化为目标，积极做好科技园大厦和西三旗校区经营工作，明确了科技园大厦云计算与人才特区的功能定位，工程配合、客户招商、物业筹备等工作有序推进；西三旗校区完成修缮改造工作，已具备正常使用条件。

六、扩大留学生交流规模，探索国际合作新途径，国际化办学进程加快推进

年内，学校继续深入实施国际化战略，积极探索对外合作与交流的有效途径，不断提高学校办学实力和国际声誉。2010年，学校加强留学生制度建设，制订留学生新版的培养方案和教学计划，进一步推动留学生管理体系纳入到学校的整体教学体系；与17所国（境）外高校或国际组织签署了合作协议，推进校际交流工作从常规交流向战略合作的转变；执行各类学生海（境）外经历拓展项目35个，共选拔、派出学生331人次参加国际交流，比去年同期增长65.5%。

以“节能减排”为主题，与中国香港、台湾、澳门高校分别举办了“低碳生活，你我同行”、“海峡两岸节能减排科技论坛”等交流活动，首次与澳门大学签署合作协议并开展了实质性合作交流，构筑起两岸四地立体交流格局；留学生工作取得新突破，在校留学生人数707人，其中学历生比例87%，在北京留学生规模500人以上高校中排名第三。本年度学校获教育部自主招收“高校研究生项目”奖学金生资格。

七、扎实推进学风建设，蓬勃开展科技文体活动，学生综合素质稳步提高

2010年，按照学校德育工作会议精神，以学风建设和素质教育为重点，加强基础建设，增强工作实效，积极为学生的健康成长和学校的改革发展稳定服务。年内，学校通过组织开展期中学风状况调研和本科生转专业调研，继续加强学校和家庭的沟通联动机制建设，大力推广学风建设先进经验和有效做法，进一步推进学风建设取得实效。其中，本科生一、二年级不及格率降低6%。在学生心理素质教育和资助工作方面，扩充心理咨询与发展中心办公规模，完善心理咨询渠道，接待个体咨询、团体辅导、心理约谈、危机干预以及参观体验的学生近5000人次；在校内、校外设立勤工助学岗位近1500个，为3135名学生提供国家助学金和多种社会资助，向2722名学生发放助学贷款，荣获首届“全国高等学校学生资助工作先进单位”称号。

学生科技创新、社会实践、志愿服务及文体活动蓬勃开展。学生艺术团在第三届北京大学生艺术展演活动中，共获得4个一等奖、4个二等奖，并获得2个优秀创作奖；积极组织“名家讲坛”、“校友讲坛”、“话说长江”等学术讲座55场，累计参与学生9000余人次；继续举办各类学术科技作品竞赛，选送优秀作品参加第六届首都和全国“挑战杯”大学生创业计划竞赛，获3金3银2铜和1银2铜的佳绩；加强志愿服务引导和管理，以“走实践成才路·立创新强国志”为主题开展暑期社会实践活动，年内全校学生参加志愿服务活动24000余人次，获评2010年“首都高校社会实践先进单位”、“2007～2010年大学生志愿者‘千乡万村’环保科普行动贡献奖”；体育代表队获得北京高校第四十八届学生田径运动会（甲组）第四名，拳道代表队在北京高校第六届跆拳道比赛和精英赛中均获得男团、女团、男女团体总分第一名，女子篮球、男子篮球在北京高校篮球甲级联赛中分获第二、第三名。此外，学校2010届本科生就业率为95.48%，研究生就业率为98.19%，学校毕业生平均就业率96.72%，比去年同期提高两个百分点。

八、改善学校办学条件，完善公共服务体系，服务管理工作成效明显

2010年，学校积极拓宽收入渠道，为学校各项事业发展提供了资金保证。年内，通过争取经费拨款、落实收入计划、加强经费回收、节约利息支出等措施，预计实际完成收入50760万元。校园基本建设工作顺利，西南角科技园大厦工程按照计划已完成主体工程和幕墙工程，并已进入精装修阶段；认真落实学生公寓10斋改造、锅炉房增容等68项修缮改造工程项目；初步完成校园地下管网综合信息系统，为计划维修、故障抢修以及节能管理提供依据。后勤管理与服务方面，深化后勤体制改革，进一步加强后勤职工队伍建设与管理，建立价格控制机制，稳定伙食价格，确保食品供应安全。

学校继续加大投入，完善公共服务体系建设。全年共购置仪器设备3700台/套，价值9000余万元；图书馆完成了近10万册纸质文献资源的采集与数据加工，新增购2个国外数据库，丰富了学校网络资源；完成数字化校园二期建设工作，积极开发云计算平台并开始应用于教学服务，实现了校园新版OA系统的应用和推广；继续实行校处两级领导包片工作制度，落实领导干部“一岗双责”制，进一步构建“齐抓共管”的校园安全管理工作格局，圆满地完成了学校年度安全工作目标；成功地举办了首届世界武博运动会及北京市第十三届运动会，体育馆荣获“突出贡献奖”；顺利完成2010年全国第六次人口普查，覆盖辖区全部师生共34787人。2010年度，北科大社区荣获“北京市先进社区居委会”、“北京市特色精品社区”和“北京市社区志愿服务优秀组织”等称号。

九、深入开展创先争优活动，加强基层党建工作，和谐校园建设有序推进

2010年，学校以“固本强基工程、先锋引领工程、学风建设工程”为活动载体，深入开展创先争优活动，并以此为契机，大力加强基层党建工作创新，扎实推进学校党建和思想政治工作。全年，通过组织开展“双评”和评优表彰工作、二级党委党建和思想政治工作评估、“标杆党支部”创建活动、基层党组织活动立项申报和优秀基层党组织活动评选等活动，有力地推动了学校党建事业的和谐、快速发展。

学校继续做好干部选拔、调整和培养工作，全年共调整处级干部45人，并圆满地完成了学院领导班子换届和新一轮机关干部竞聘上岗工作。宣传工作坚持以重大契机、重要事件、重点人物为线索，同步提高外宣数量和质量，加大对外宣传力度，央视《新闻联播》报道19条，在全国主流媒体新闻报道375条，充分展示了学校的发展成就。纪监委工作在继续做好干部、基建、大宗物资采购、招生、财务等方面监督管理的同时，全面推进廉政风险防范管理工作，实现“全覆盖”，圆满完成了对7个二级单位任期经济责任审计工作，较好地完成了反腐倡廉各项任务。工会工作坚持校院两级教代会制度，相继召开第七届教职工代表大会、第十五届工会会员代表大会和第十次党代会二次会议并圆满完成工会、教代会及各二级教代会工会换届工作，保障了教职工知情权、参与权、监督权的落实；2010年4月，老年大学正式开学，全年开设3个专业，培训老干部100余人，为学校老年人搭建起了接受终身教育的发展平台。

机 构 与 干 部

学校领导

党 委 书 记 罗维东
校 长 徐金梧
党委副书记 陈 曦 谢 辉 张文明
副 校 长 权良柱 谢建新 张欣欣 张 跃 武德昆 孙冬柏
纪 委 书 记 张文明（兼）
副校级领导 王维才

中共北京科技大学第十届委员会常务委员会委员名单

罗维东 徐金梧 陈 曦 谢 辉 张文明 权良柱 谢建新 张欣欣 张 跃 武德昆 孙冬柏

中共北京科技大学第十届委员会委员名单

（按姓氏笔划排序）

王 立 尹怡欣 石 岩 石新明 权良柱 曲选辉 孙冬柏 孙景宏 邱 宏 何民庆 张 跃 张 群 张 颖 张文明 张欣欣 陈 曦 武德昆 罗维东 周永源 赵 锋 祝利克 徐金梧 谢 辉 谢建新 薛庆国

中共北京科技大学纪律检查委员会组成人员名单

（按姓氏笔划排序）

书 记 张文明（兼）
副书记 曲 雁 涂纪明
委 员 王会中 曲 雁 何柏芝 张文明 张敬源 陈雨来 涂纪明 贾水库 黄武南 曹 勇 蒋宏潮 韩 经 臧 勇

北京科技大学第十五届工会委员会组成人员名单

主　　席　张文明
常务副主席　贾水库
专职副主席　孟　江　赵智杰
兼职副主席　王金安　曲　雁
委　　员（按姓氏笔画排序）
万发荣　马永春　王会中　王金安　王新东　艾　茹　刘明珠　曲　雁
米振莉　吴豪伟　张文明　张百年　张秋曼　孟　江　武冠雄　罗明刚
赵宝永　赵智杰　贾水库
工会经费审查委员会主　任　涂纪明
副主任　孙亚东
委　员（按姓氏笔划排序）
刘江山　孙亚东　张　涛　涂纪明　耿小红

共青团北京科技大学第二十二届委员会名单

书　记　潘小俪
副书记　刘晓东　牛　珩　孙长林　刘　丹　吕朝伟　黄　融（学生）
常　委（按姓氏笔画排序）
牛　珩　牛　犁　吕朝伟　刘　丹　刘晓东　孙长林　苏　栋　李　磊　孟兆磊
黄　融　董俊杰　滕丽丽　潘小俪

学校党群系统组织机构及负责人

序　号	单　位	正　职	副　职
1	党委办公室	周永源	于成文　郑安阳　高福亭
2	组织部	孙景宏	黄武南
3	党校办公室	祝利克	
4	宣传部	章东辉	沈　崴
5	统战部	周永源（兼）	刘　晋
6	学生工作部	何　进	丁煦生　万玉刚　秦　涛　董春阳
	武装部		曲　涛
7	研究生工作部	张　颖	宗燕兵

续表

序 号	单 位	正 职	副 职
8	保卫保密部	张卫钢 刘兴德（保密委员会办公室主任）	王文刚（综合治理办公室副主任） 徐秋平
9	土木与环境工程学院党委	金龙哲	吴豪伟　陈大鹏
10	冶金与生态工程学院党委	宋　波	耿小红　王春义
11	材料科学与工程学院党委	吴春京	万发荣　李　帅
12	机械工程学院党委	臧　勇	张　杰　刘金辉
13	信息工程学院党委	尹怡欣	张晓彤　赵宝永
14	数理学院党委	张牧风	张百年　牛　珩
15	化学与生物工程学院党委	弓爱君	刘雨芙　吕伟耀
16	经济管理学院党委	曹　勇	刘明珠　温　雅
17	文法学院党委	赵　雨	彭庆红（兼）　李　霄
18	外国语学院党委	彭　漪	张秋曼　刘　彦
19	管庄校区党委	纪永先	马永春
20	机关党委	祝利克	曲　雁（兼）　赵　锋（兼）
21	离退休干部党委	张文平（兼）	乔　哲　段凤英　胡尧和
22	后勤党委	张俊燕	艾　茹
23	科技产业集团党委	王会中	洪家志（兼）
24	体育部直属党支部	祝利克（兼）	
25	冶金工程研究院党委	陈雨来	米振莉
26	新金属材料国家重点实验室党委	吕昭平（兼）	周香林
27	天津学院党委	王　斌	曹连东　盛佳伟

学校行政机构及负责人

序 号	单　位	正 职	副　职
1	校长办公室	周永源	于成文　郑安阳　高福亭
2	规划与学科建设办公室	乔　兰	张武军
3	人事处	赵　锋	蒋　韬　林　林　袁文霞
4	教务处	薛庆国	申亚男　尚新生　林　海
5	科学研究与发展部	王西涛	董成文　刘　青　赵冲冲　李　晶(兼) 杨玲莉（知识产权管理服务中心主任） 佟建国（期刊中心主任）

续表

序号	单　　位	正　职	副　　职
6	研究生院	张　跃（兼）	李京社（常务）　李　文（正处级） 宁晓钧　班晓娟
7	财务处	何民庆	孙亚东　陈雪松
8	监察室	曲　雁	夏秀芹
9	审计室	涂纪明	肖雅珠
10	学生工作处	何　进	丁煦生　万玉刚　秦　涛
11	招生就业处	韩　经	王占奎　尹兆华
12	国际合作与交流处	王　戈	郭侃俊
13	保卫保密处	张卫钢 刘兴德（保密委员会办公室主任）	王文刚（综合治理办公室副主任） 徐秋平
14	后勤基建管理处	金仁东	冯建明　仇安兵　张东平
15	资产管理处	刘　云	钱大益　杨超华
16	离退休干部处	张文平	乔　哲　庄心怡
17	体育部	王瑞平	董　苹　宋一涛　张孔军

学校直属机构及负责人

序号	单　　位	正　职	副　职
1	后勤服务集团	蒋宏潮	孟祥国　张　林　曹光远
2	科技产业集团	洪家志	刘　临　陆　钢　刘俊友
3	图书馆	季淑娟	王　瑜　张　涛
4	校医院	褚　洪	李素君　艾　茹（兼）
5	新金属材料国家重点实验室	吕昭平	林均品　张济山　隋延力
6	冶金工程研究院（高效轧制国家工程中心）	唐　荻	李　林　米振莉
7	新材料技术研究院	曲选辉（兼）	李晓刚　乔利杰　孙建林
8	广东研究院	谢建新（兼）	李　晶（常务）

续表

序号	单　　位	正　职	副　职
9	重大工程材料服役安全研究评价设施项目指挥部	孙冬柏（兼）	张卫冬（正处级） 冯　强 徐文超（综合管理部主任）
10	国家板带生产先进装备工程技术研究中心	徐金梧（兼）	杨　荃（常务）　梁治国
11	中国教育经济信息网管理中心	武德昆（兼）	高　杰（常务）　苏力萍 雷雪梅
12	信息化建设与管理办公室	杨德斌（副处级）	李容珍
13	档案馆	罗明书（副处级）	
14	体育馆	邹华东（副处级）	
15	居民管理委员会、社区服务管理中心	杨　峰（副处级）	殷官朝（副处级） 李秀兰（正科级）

学院行政机构及负责人

单　　位	院　长	副院长
土木与环境工程学院	吴爱祥	纪洪广　胡乃联　李长洪　姚　俊　吴豪伟
冶金与生态工程学院	朱鸿民	张建良　王福明　郭占成　耿小红
材料科学与工程学院	曲选辉	杜振民　于广华　杨　槐　郃永红
机械工程学院	王　立	张　杰　夏德宏　马　飞　景志红
信息工程学院	尹怡欣	胡长军　周贤伟　张晓彤　李　擎
数理学院	邱　宏	陈章华　廖福成　郑连存　张百年
化学与生物工程学院	胡国华	刘杰民　闫　海　李文军　党智敏　刘雨芙
经济管理学院	张　群	戴淑芬　高俊山　高学东　刘明珠
文法学院	陆　俊	彭庆红（兼）　魏增产　孙雍军　武冠雄
马克思主义学院	彭庆红	李晓光
外国语学院	张敬源	何　伟　陈红薇　张秋曼
高等工程师学院	刘　立	张少军　赵志毅
管庄校区	石　岩	张　健　徐新华　张满银　马永春　董春阳
天津学院	郭景文	白　亮（综合办公室主任）、盛佳伟（学生事务部主任）

学院（研究院）系、所、中心设置及负责人

学院	系、所、中心	正职	副职
土木与环境工程学院	资源工程系	姜福兴	李克庆　王贻明　吕文生
	土木工程系	谢谟文	谭卓英　牟在根　陈德平
	环境工程系	宋存义	朱维耀　汪群慧　陈月芳
	安全科学与工程系	张英华	谢振华　黄国忠
	矿物加工工程系	孙春宝	段旭琴　孙体昌　谢玉玲
	实验中心	胡乃联（兼）	张延凯
	环境工程中心	徐金梧（兼）	张欣欣（兼）张文明（兼） 苍大强（兼）宋存义（兼）
冶金与生态工程学院	钢铁冶金系	成国光	吴胜利　杨世山　张延玲
	物理化学系	邢献然	郭兴敏　胡晓军
	有色冶金系	薛济来	邹　兴　曹战民
	生态科学与工程系	苍大强	李宏煦　白　皓
	实验中心	宋　波（兼）	冯根生　韩丽辉
	冶金与材料史研究所	梅建军	李秀辉　潜　伟
	科学技术与文明研究中心	权良柱（兼）	梅建军（兼）
	循环与生态冶金教育部重点实验室	郭占成（兼）	
材料科学与工程学院	材料学系	刘国权	叶荣昌　龙　毅　董建新　李长荣
	材料加工与控制工程系	康永林	刘雅政　刘雪峰　宋仁伯
	无机非金属材料系	孙加林	曹文斌　赵海雷
	材料物理与化学系	王燕斌	尚成嘉　孔祥华　高克玮
	粉末冶金研究所	郭志猛	何新波　林　涛　贾成厂
	功能材料研究所	张深根	唐伟忠　李成明
	腐蚀与防护中心	乔利杰（兼）	孟惠民　路民旭
	实验测试中心	孙建林（兼）	熊小涛（常务）　毛璟红 薛润东　刘希和　胡学晟
	教育部金属电子信息材料工程研究中心	曲选辉（兼）	张深根（兼）　陈广超
	固体电解质冶金测试国家专业实验室	张　跃（兼）	赵海雷（兼）　张波萍

续表

学院	系、所、中心	正职	副职
机械工程学院	机械工学系	韩建友	俞必强　曹　彤
	机械电子工程系	朱超甫	周晓敏　冯　明
	机械装备及控制工程系	张清东	秦　勤　尹忠俊　闫晓强　曹建国
	机械制造及自动化系	刘北英	唐　英　黄明吉
	物流工程系	董绍华	冯爱兰　张庆华
	热能工程系	温　治	冯俊小　冯妍卉　童莉葛
	工业设计系	陶　晋	郑　阳　洪　华
	车辆工程系	杨　珏	
	建筑环境与工程系	曲世琳	
	工程训练中心	王建武	邹　静　徐立业　王　旭
	零件轧制中心	胡正寰	张康生　王宝雨
	实验中心	崔兴山	俞爱辉
信息工程学院	自动化系	穆志纯	付冬梅　徐正光　刘冀伟
	电子信息工程系	王志良	董　平　解　伦
	计算机科学与技术系	王成耀	王昭顺　郝红卫
	实验中心	李　擎（兼）	鲁亿方（主持工作）韩守梅
	测控技术与仪器系	张朝晖	林　颖　蓝金辉　李希胜
	自动控制研究所	童朝南	杨卫东
	通信工程系	周贤伟（兼）	王建萍
	信息基础系	姚　琳	史雪飞　刘蕴络
经济管理学院	管理科学与工程系	李铁克	武　森
	工商管理系	魏　钧	贾振全
	经济贸易系	何维达	王宾容
	财务与会计系	肖　明	李晓静
	金融工程系	刘　澄	王未卿
	工程管理与技术系	马风才	
	实验信息中心	王立民	
	企业与产业发展研究所	何维达（兼）	
	MBA办公室	高俊山（兼）	武　森（兼）
	公共关系办公室	杨志国（兼）	
文法学院	公共管理系	冯　英	何晓前
	法律系	侯登华	张家盛
	社会学系	时立荣	郇建立
	艺术教育中心	张　健	

续表

学院	系、所、中心	正职	副职
	MPA教学管理中心	吴群芳	
	文科实验中心	彭庆红（兼）	
马克思主义学院	思想政治教育教研室	左　鹏	
	马克思主义基本理论教研室	马晓燕	
	中国化马克思主义教研室	杨彦强	
	历史与文化教研室	张北根	
	科技与社会教研室	刘文霞	
数理学院	数学力学系	汪飞星	尚新春 张志刚 赵丽英
	物理系	潘礼庆	吴　平 马星桥 丁红胜
	现代物理研究中心	邱　宏（兼）	潘礼庆 于广华
	生物科学与技术系	闫　海	时国庆 王海鸥 杜宏武
	应用物理研究所	陈难先	申　江
化学与生物工程学院	高分子科学与工程系	胡国华（兼）	党智敏（兼）
	化学与化学工程系	范慧俐	李新学　车　平　陈飞武
	生物科学与工程系	时国庆	王海鸥　杜宏武　刘丽琴
	化学分析中心		张伟光
外国语学院	英语语言文学系	杨英军	
	大学英语系	张　虹	沈艳娟　王　娜
	研究生英语系	曹红晖	
	亚欧语系	庄凤英	王从兵
	外国语言文学研究所	杨英军（兼）	
	培训中心	孙　浩	
	实验中心	张秋曼（兼）	陈光浦
新材料技术研究院	腐蚀与防护中心	乔利杰（兼）	
	功能材料研究所	张深根	
	制备与加工技术研究所	刘雪峰	
	粉末冶金研究所	郭志猛	
	实验测试中心	孙建林（兼）	

学院	系、所、中心	正职	副职
教育经济信息网	教育经济与管理研究所	曲绍卫	

院系情况

土木与环境工程学院

【概况】 2010年，根据学校学科发展需要，学院设备工程系整建制划归机械工程学院，新成立矿物加工工程系和安全科学与工程系。至年底，学院共下设5个系、1个实验中心、2个研究所、1个国家级科研基地和1个教育部重点实验室。即资源工程系、土木工程系、环境工程系、矿物加工工程系、安全科学与工程系；实验中心；空间遥感与GIS应用研究所、矿井避险技术研究中心；国家能源与环境国际科技合作基地、金属矿山高效开采与安全教育部重点实验室。学院拥有面积200平方米的科技阅览室，拥有专业期刊17082册，研究生毕业学位论文（包括开题和中期报告）4679册，参考书和工具书2455册，其它各类文献5169册，图书总数29385册。年内，学院共招收本科生13个班共计386人，包括土木工程专业125人，环境工程专业60人，资源工程专业141人，安全工程60人，其中外国留学生14人。招收硕士研究生281人，其中外国留学生9人；招收博士研究生101人，其中外国留学生1人；招收工程硕士研究生24人。毕业本科生431人，考研率35.5%，就业率96.29%（含隐性就业），签约率74.25%。毕业研究生495人，就业率99.01%（含隐性就业），签约率80.4%。至2010年底，学院共有在校生2784人，其中本科生1324人，硕士研究生1064人，博士研究生396人。

（吴豪伟、耿倩男、施建俊）

【师资队伍建设】 2010年，学院设备工程系整建制划归机械工程学院，共转出教职工33人（教授3人、副教授11人、讲师8人、教师博士后5人、实验人员6人）。至年底，学院共有教职工136人，专任教师99人（含教师博士后），其中教授43人（其中博士生导师37人），副教授34人，另聘有包括5名院士在内的校内外兼职教授13人。师资队伍中，国务院学位委员会学科评议组成员1人、长江学者1人、国家杰出青年科学基金获得者2人、人力资源与社会保障部新世纪百千万人才工程国家级人选4人、教育部新世纪（跨世纪）优秀人才培养计划入选者6人、中国青年科技奖获得者2人、北京市高等学校青年学科带头人2人、北京市优秀青年骨干教师4人、全国教学名师1人、北京市教学名师1人、全国模范教师1人、北京市优秀教师1人。年内，新增教职工8人（人才引进1人，副教授1人，讲师1人，教师博士后3人，实验教辅人员2人）；2人晋升为教授，3人晋升为副教授；培养教育部创新团队1个、全国优秀科技工作者1人、人力资源与社会保障部新世纪百千万人才工程国家级人选1人、北京市教学名师1人、宝钢教育基金特等奖1人，引进国家杰出青年基金获得者1人。

（吴豪伟、耿倩男）

【教学改革】 本科生教学方

面，2010年，按照学校统一部署，学院以培养“基础扎实、实践能力强、具有创新意识和国际视野”的高素质创新人才为目标，深化人才培养模式，制定完成矿物资源工程（采矿工程、矿物加工工程）、安全工程、土木工程、环境工程等专业本科培养方案以及采矿工程“卓越计划”培养方案。同时，学院制定完善“教育教学奖励办法”，引导和鼓励广大教师重视本科教学质量和教学改革工作，努力提高教学质量和加强创新性人才培养，取得丰硕成果。年内，李长洪教授获第六届北京市“高等学校教学名师奖”，蔡美峰教授获2010年度“宝钢优秀教师”特等奖。此外，学院还获得学校教育教学成果奖一等奖1项、二等奖5项，师德先进个人1人，毕业生“我心目中最优秀的老师”1人，精品课程1门、优秀课程5门，优秀毕业设计论文14项，本科生科技创新项目一等奖4项、二等奖3项；“十二五”规划教材讲义立项10项，教研基金立项7项，本科生科技创新项目立项109项（其中，拟推国家级4项，拟推北京市级6项，校级12项，院级87项）。教授上课率大幅度提高，一年级和二年级不及格率同比下降10%，被学校评价为A。

在研究生教学方面，学院遵循促进教学与科研互动、与创新人才培养相结合的思路，大力推进研究生培养机制改革，不断提高研究生特别是博士研究生培养质量，构建起涵盖研究性普通硕士、专业型全日制工程硕士、在职专业硕士、留学生硕士多种形式的分层次、分类别的人才培养格局。年内，全面推进博士生培养机制改革和硕士生培养机制改革，基本完成2010版研究生培养方案的修订工作；按照学校规定，着力改革奖助学金实行办法和助研、助教助研机制，共为博士生设立助研岗位63个，签订助研合作协议63份，为硕士生设置助教岗位6个。此外，学院还积极开展研究生学术活动，促进创新型人才培养，以博09为试点组织“博士生沙龙”3期，组织专业学术讲座10余场，研究生参与学术讲座1100余人次；组织学术交流7场，210余人次参与；开展科技创新讲座30余场。博06尹升华（导师吴爱祥教授）获得“校长奖章”，博07薛念涛（导师汪群慧教授）获第六届“研究生十佳学术之星”称号。

（李长洪、纪洪广）

【学科建设】2010年，学院依托传统学科优势，注重新的国家重点学科和北京市重点学科的培育工作，取得了显著成绩。①成功申报“土木工程”、“环境科学与工程”2个一级学科博士点和“地质工程”一级学科硕士点，“岩土工程”成功申报了北京市重点学科，学院增加了二级学科博士点5个和硕士点2个，增加了北京市重点学科1个。至此，学院基本形成了以矿业工程、土木工程、环境科学与工程和力学4个一级学科博士点为主体的学科格局。②全面推进“211”三期项目建设、国家优势学科创新平台项目建设，全年共完成三期“211”建设项目建设资金500万元，完成国家优势学科创新平台建设项目资金840万元。其中，高温、高压岩石力学试验系统、采场灾害多尺度监测与预报系统、矿井应急救援实验测试系统等建设进展顺利。

至2010年底，学院有矿物资源工程、土木工程、环境工程、安全工程4个本科专业，18个普通硕士学科点（工程力学、流体力学、一般力学与基础、采矿工程、矿物加工工程、安全技术及工程、矿物学、矿产普查与勘探、地质工程、地球探测与信息技术、结构工程、岩土工程、桥梁与隧道工程、市政工程、供热供燃气通风及空调工程、防灾减灾工程及防护工程、生物化工工程、环境科学和环境工程），5个工程硕士授权领域（环境工程、矿业工程、建筑与土木工程、地质工程、安全技术及工程），14个博士学科点（包含矿业工程、土木工程、力学、环境科学与工程4个一级学科博士点）和（矿业工程、力学、环境科学与工程）3个博士后流动站。

（纪洪广）

【科研活动及实验室建设】 2010年，学院到款科研经费总额11374.48万元，其中，软件到款8596.5万元，纵向经费3000.62万元，横向经费8373.86万元。年内新增科研合同265项，合同经额13608.64万元。其中纵向合同46项，合同金额2238.28万元；横向合同219项，合同额11370.36万元。获批国家自然科学基金项目15项（重点项目1项，面上项目9项，青年科学基金项目5项），经费总额708万元。

2010年，学院3个科研项目获得国家科技进步二等奖，其中2项学校为第一完成人第一完成单位；11个项目获省部级以上科技奖励。年内，专利申请49项（其中发明专利申请39项，实用新型专利申请10项），专利授权29项（其中发明专利17项，实用新型专利12项）。计算机软件登记2项。出版专著2部、教材及编著16部，发表学术论文500余篇，2010年科技论文被SCI检索23篇、EI检索120篇、ISTP检索39篇。

2010年，学院完成溶浸采矿实验室建设、安全实验室建设工作，MTS实验室筹建工作进展顺利。同时，学院加强实验室制度建设，强化安全、卫生检查制度的实施，增强设备管理、借用制度的执行力度。年内，新购买设备298台套，总价583万元，其中10万元以上大型仪器5台套，顺利完成国家优势学科创新平台建设、“211”建设、修购计划等建设任务。至年底，学院实验室设备总值4300多万元，设备总数2856台套，其中10万元以上设备64台套，40万元以上大型设备14台套。

（胡乃联）

【学术交流】 2010年，学院主动出击，积极加强对外交流与合作，掌握经济动态和科技前沿。8月，学校和中国金属学会采矿分会在哈尔滨联合举行了“2010年全国采矿科学技术高峰论坛”，来自全国的300多位代表参加了会议；11月，学院7名教授组团参加在印度召开的亚洲岩石力学大会；11月12日，接待美国土木工程专业33人高级代表团访问，就土木工程学科建设和科研合作进行座谈、交流；12月，学校和中国金属学会采矿分会在昆明联合召开了“矿山信息化、数字化、智能化学术研讨和应用技术交流会”，全国矿业界的200多位代表参加会议；12月3日，学院首次组团参加北京科技大学－钢铁合作组织第七届钢铁冶金新技术发展论坛，并召开了矿山论坛分会，增进了与矿山企业的交流与合作。

2010年，学院共邀请来自美国、德国、瑞典、韩国等国家的高校及科研院所10余名国际知名专家和清华大学、国家知识产权局等单位的知名学者、专家来院访问、讲学，共进行了10次学术交流活动。学院派出20余名教授赴美国、丹麦、意大利、爱尔兰、韩国、印度、加拿大、中国台湾、中国香港和国内多省市参加国际会议和学术交流。至2010年底，学院共派出出国留学学生9名（6人为联合培养，3人为出国攻读博士学位），招收6名来自国外的环境工程专业硕士留学生。

（胡乃联、施建俊）

【党建与学生工作】 2010年，学院党委致力于加强学习型党组织建设，增强党组织的战斗力、凝聚力和号召力，充分发挥党组织的战斗堡垒作用和党员的先锋模范作用。年内，根据学院整体发展规划，学院党委顺利完成5个系、实验中心和办公室党支部的成立、调整和改选工作；学院党委以标杆党支部建设为引领，以创先争优活动为平台，指导支部立足学科和专业特色，开展了许多主题鲜明、形式新颖、内容丰富的创建活动，取得了良好效果。环境工程系党支部、资源工程系党支部先后被列为学校标杆党支部和标杆党支部创建支部。在党员民主评议的基础上，资源工程系党支部、本063党支部、本071党支部3个党支部被评为“北京科技大学先进党支部”，11名党员被评为“北京科技大学优秀共产党员”。学院鼓励支部发挥主观能动性，积极开展支部立项活动和“红色1+1”等活动，强化党员意识，提升党员素质。学院有31个学生党支部参与基层党组织立项活动。在“红色1+1”活动中，土本091党支部喜获北京高校2010年度“红色1+1”活动一等奖。

学院重视学生党员的发展工作。根据实际工作需要，学院修订并完善了《学生发展党员操作手册》，严格党员发展标准，规范党支部手册记录，统一入党材料格式，进一步提升学院党建工作的规范性、主动性以及全面性。年内，学院组织党支部书记培训2次，组织参加学校党支部书记培训2次；举办学生业余党校2期，培训学员414人；组织189名毕业生党员参加本科毕业生党员培训班，组织37名预备党员参加本科生预备党员培训班，组织17名新生党员参加新生党员培训班。至年底，学院共有学生党员1026人（其中研究生党员825人，占全体研究生的56.5%；本科生党员201人，占全体本科生的15.18%）。本年度共发展学生党员153人，其中研究生49人，本科生104人；共有学生党支部45个，其中研究生党支部32个，本科生党支部13个。

在本科生科技创新方面，学院积极支持学生参与科学研究，强化实践教学环节。2010年验收项目共计120项，合格率100%。获得校级以上科技创新项目7项，其中国家级一等奖4项，国家级二等奖3项。学院积极搭建科技创新平台，以专业为背景，形成了北京高校建筑结构设计联赛、首都高校资源环境论坛、北京科技大学建筑结构挑战赛等一系列专业性技能拓展品牌。学院在第九届北京高校建筑结构设计联赛中获得二等奖1项，优秀奖1项；在第四届北京科技大学建筑结构挑战赛中，学院参赛团队130组，其中跨学院组合占60%，受到师生的关注和好评。

在研究生学术活动方面，学院举办了多场专业学术讲座和学术研讨会，旨在活跃学院学术氛围，提高整体学术水平。学院开设了“专业 职业 事业”大家谈系列讲座，邀请专家、老师和优秀校友与研究生交流畅谈，从视野、资讯、规划等方面切实为研究生带来启发。在第六届研究生学术论坛优秀论文评选过程中，重视导师的推动作用，以课题组和梯队为单位向学院推荐优秀论文。本届学术论坛共收到参选论文120余篇，其中三大检索论文67篇，入选“北京科技大学第六届研究生学术论坛”优秀论文18篇。同时，学院注重研究生的基层挂职实践锻炼，年内共有3人参加了挂职锻炼，得到挂职单位认可。

2010年，学院举办了新生趣味运动会、空竹大赛、新生联欢会、研究生新年联欢会、纪念“一二·九”长跑接力等一系列文体活动，并取得了显著成绩，在学校研究生轻体运动会上获得团体总分第三名的佳绩。

在学校2010年暑期社会实践评比中，55人次获校级先进个人，“蔬菜标准化生产基地调研实践团”获校级金奖团队。志愿活动有序开展，肖家河明园小学支教项目被评为年度海淀区优秀志愿服务项目，靳彩玲同学获学校“十佳志愿者”提名。年内，土木0804团支部和土硕085团支部荣获首都大学、中专院校“先锋杯”优秀团支部称号；采矿0802班、环境0802班被评为校“先进班集体标兵”，环境0802班被评为校“优秀学风班”，5个班级荣获校“先进班集体”、“优秀团支部”称号；8个班级荣获校“研究生先进班集体”、“优秀团支部”称号，其中土环博09和土环硕096分别荣获校“学术科研标兵班集体”和“团结合作标兵班集体”称号。96名同学获特种或特等奖学金，298人获得人民奖学金；47人被评为“校优秀三好学生”，94人被评为“校三好学生”，146人被评为“校优秀学生干部”和“校优秀团干部”，140人被评为“校优秀团员”；58人被评为“优秀三好研究生”，174人被评为“三好研究生”，61人被评为“优秀研究生干部”；资源0702班团支书张丛会和土木0701班团支书李春阳当选校“十佳团支书”。

（陈大鹏、姜琳婧）

冶金与生态工程学院

【概况】2010年，冶金与生态工程学院下设4个系、1个研究所、1个教育部重点实验室和1个实验技术中心，即钢铁冶金系、物理化学系、有色金属冶金系、生态科学与工程系；冶金与材料史研究所；生态与循环冶金教育部重点实验室；金属与矿冶文化遗产研究国家文物局重点科研基地和冶金实验技术中心。学院有冶金工程和科学技术史2个国家一级重点学科（全国排名均列本学科第一），有冶金工程和生态学2个本科专业，并设有冶金工程和科学技术史博士后流动站。

2010年内，学院共招收本科生311人，统招硕士研究生202名、博士研究生96名、工程硕士生63名；共毕业学生543人，其中本科生249名，工学硕士133名，工程硕士91名，工学博士70名。至年底，学院在册学生2321人，其中本科生1161人，普通硕士研究生515人，工程硕士研究生307人，博士研究生338人。

（耿小红、周贵友）

【师资队伍建设】2010年，学院共有教职工117人，专任教师87人，其中教授（博导）40人，副教授24人，讲师23人，博士比率85%；实验中心20人，行政办公人员7人，专兼职辅导员队伍12人。师资队伍中，有中国科学院院士3人，国务院学位委员会学科评议组成员1人，国家级突出贡献专家4人，“国家五一劳动奖章”获得者1人，省部级突出贡献专家3人，“长江学者奖励计划”特聘教授2人，国家杰出青年科学基金入选者2人，国家百千万人才工程入选者1人，北京市有突出贡献人才1人，北京市教学名师1人，教育部新世纪优秀人才9人，北京市科技新星2人，冶金青年科技奖获得者2人；宝钢优秀教师特等奖1人、优秀奖1人，魏寿昆科技教育奖获得者1人。

2010年，学院贯彻落实学校人才工作会议精神，大力实施“人才振兴计划”，有计划、有目的、分学科、分层次引进和培养优秀人才，提升师资队伍整体水平。年内，李晓岑教授和李建玲副教授入选教育部“新世纪优秀人才支持计划”；王新华教授获得“北京市有突出贡献人才”称号；郭敏、李宏煦、于然波3位教师晋升为教授，左海滨、束奇峰两位教师晋升为副教授；新增张梅、潜伟、郭敏、于然波、孙彦辉5位博士生导师；引进具有博士学位青年教师6名，其中具有国外、校外学习研究经历人员3名；加强国际化青年教师培养，选派章梅芳、束奇峰、章俊3位青年教师出国学习研修；继续设立青年教师创新基金，2名青年教师获得资助；推荐12名年青教师入选学校人才库，6名教师得到学校资助；扎实开展青年教师培训工作，10名新进校青年教职工完成岗前培训和师德培训，6名教师完成上岗资格培训，3名教师获得教学资质。此外，学院还聘请了山东莱芜钢铁集团有限公司总经理张胜生为北京科技大学兼职教授。

（耿小红）

【教学工作】2010年，在本科生教育方面，学院以学习实践科学发展观为契机，确定了本科教学以质量工程建设为平台，以提高教学质量为目的的教学方针。①完成了冶金工程专业与生态学专业2010版培养方案的修订。②完成了冶金工程（钢铁冶金专业方向）卓越工程师的培养方案的制订，并招收40名钢铁冶金专业方向的学生。③重视学生创新工作，如期举行炼钢模拟大赛，加强与日本东北大学的创新研究交流，12名同学的论文评为2010年度学校优秀毕业论文。④学科、课程建设取得长足进步。“冶金物理化学”课程被评为国家精品课程，“冶金工程实验技术”课程被评为北京市精品课程；国宏伟、李素芹两位教师分别获得北京科技大学第24届教学教育成果奖一等奖与二等奖。

在研究生教学方面，学院加强人才培养的过程管理，严格规范各项规章制度，着力提高研究生培养质量，取得了良好的育人成效。①遵循多层次、分类别的人才培养思路，重新修订了冶金工程、科学技术史一级学科及冶金工程全日制工程硕士研究生培养方案。②继续实行校、院两级毕业生论文盲审制度，严格执行学校毕业论文查重工作，加强对毕业研究生论文质量及论文撰写格式的复审。年内共7名博士研究生、8名硕士研究生的毕业论文分获校级优秀博士、硕士论文，周国治教授指导的侯新梅博士学位论文被评为北京市优秀博士论文。③按照一级学科的招生制度设置，年内学院招收硕士生超过200人，博士生将近100人。此外，学院积极主动与宁波钢铁公司、京唐钢铁公司、承钢、莱钢、迁钢、首钢等钢铁企业加强联系，确保2011年工程硕士培训项目的有序开展。

（王福明、张建良）

【科学研究】2010年，学院共承担各类科研项目145项，其中纵向项目32项，横向项目113项。全年科研经费到款额5841万元，其中纵向项目到款额2467万元，横向项目到款额3374万元。年内，新增纵向项目包括国家自然科学基金18项（其中面上项目10项，重大研究计划2项，青年科学基金项目2项，海外及港澳学者合作研究基金1项，联合资助基金项目1项，专项基金项目1项，国际（地区）合作与交流项目1项），国家科技支撑计划立项项目1项，国家863课题立项项目1项，教育部博士点基金5项，人文社科立项2项，基本科研业务费3项，承担北京市各类科研项目2项。2010年科研获奖11项（其中省、市级一等奖4项，二等奖2项，三等奖5项；科研鉴定项目1项），验收结题项目4项；申请专利60项（其中发明专利48项，实用新型12项），授权专利37项（其中发明专利33项，实用新型4项）；软件著作登记2项，计算机软件登记2项；年内发表SCIE、EI、ISTP收录论文213篇，其中SCIE收录69篇、EI收录122篇、ISTP收录22篇，出版学术专著2项。

（郭占成、赵世强）

【合作交流】2010年，学院进一步加强国际合作与交流，先后接待了50余位来访外国专家学者。与此同时，学院积极鼓励师生出国参加学术会议以及学习进修，共派出6名研究生分别赴美国、日本、英国等国家进行学习，5名博士研究生到国外参加各种国际会议。3月6～9日，学院与日本东北大学联合举办了本科生创新培养模式学术汇报会，中日双方共26名学生在会上作了报告，双方就本科生“创新为基础的工程设计”课程的研究成果进行了广泛深入的交流和研讨；8月16～23日，学院选派20余人赴日本东京大学、JFE Steel、东北大学进行学术交流。

（张建良）

【实验室管理与建设】2010年，学院加强本科教学实验室及课程建设，丰富实验内容、提高实验教学质量，确保实验开出率达到100%，综合性、设计性实验达到90%以上。①完成国家优势学科创新平台项目的建设工作，完成经费1470万元。购置冷场发射电镜、高温激光显微镜等在内的大型设备21台套，设备安装、调试、培训等顺利完成。②完成“211”三期建设项目中2008～2009年度执行项目工作，完成资金525万元，其中X射线光电子能谱仪（XPS）500万元，薄膜超声波喷涂系统25万元；设备安装、调试、培训等工作进展顺利。按照“211”三期建设项目进度计划启动了2010年度执行项目，项目资金366万元，包括超高温直流电弧炉等3台大型设备及ProCAST凝固仿真软件1套，完成了设备论证及采购相关工作。③加强实验室人才队伍建设，引进实验室编制人员3人，其中具有博士学位1人，海外硕士学位1人，本校硕士学位1人。

（王静松、冯根生）

【党建与学生工作】2010年，学院党委坚持党建重心在基层的工作理念，本着有利于发挥基层党组织和党员作用的原则，积极调整党支部建设模式。年内，新成立王新华教授梯队、张建良教授梯队、吴胜利教授梯队3个梯队党支部。

2010年，学院共有党支部35个，其中教职工党支部6个，学生党支部26个，梯队党支部3个；按照学院党员发展计划，共发展党员140名，其中教师1名，学生139名。共有党员745名，其中教职工党员71名；学生党员674名；本科生入党比例为12.52%，研究生入党比例为59.08%，职工入党比例为60.17%。

2010年4～5月，学院党委根据学校党委部署，认真做好“民主评议党员和党支部考核评估”工作，2个党支部获得校级“先进党支部”称号；6人获得校级“优秀共产党员”称号；1人获得校级“优秀党务工作者”称号。在基层党组织立项活动中，学院党支部参与立项活动比例达到100%。学院党委获得“学校基层党组织活动优秀组织奖”；理化系党支部获得“学校基层党组织活动二等奖”；冶本08-2党支部获得“学校基层党组织活动一等奖”及“学校基层党组织活动创新奖”。同时，学院修订了《党风廉政建设责任制实施细则》，针对人、财、物的重点部位，进一步明确了岗位风险和单位风险防控措施，落实党风廉政建设责任制。

学生工作方面，学院开展学风建设年工作，学风建设取得显著成绩。2010年，共490人次获得优秀学生干部、优秀三好学生、优秀团干部以及“宝钢奖学金”、“十佳学术之星”、“院长成就奖”等校、院级荣誉称号，343人荣获各级各类奖学金；1个班被推荐为北京市先进班级体，10个班级获校级先进班集体或优秀团支部称号，1个团队获校级金奖团队荣誉称号；冶金物化07级博士生张国华、钢铁冶金07级博士生潘宏伟获校“十佳学术之星”荣誉称号。2010年，本科生和研究生的签约率分别为79.03%和93.68%，分别位列全校第二和第一；本科生的就业率为96.77%，位列全校第二；研究生的就业率为97.13%，位列全校第八，其中博士生的就业率为100%。

2010年，学院继续以“建设与研究型学院相适应的学生工作”为目标，在重点加强学生班风学风建设、就业工作和学生安全教育工作的同时，继续开展钢铁摇篮文化节、研究生学术论坛、模拟炼钢大赛等活动，鼓励学生广泛参与学术性活动；以宿舍为单位加强学风建设，做好职业生涯规划，端正学习态度；在完善“班导师制”、“导师制——本科生提前进实验室”、“院长接待日”、“钢铁摇篮奖助学金”等系列制度的基础上，出台了“新生班主任”制度，加强对学生学习方法、职业生涯发展方面的引导和专业学习兴趣的培养；坚持育人为本的理念，着力开展社会实践工作。年内，共有55支团队、548人参加实践活动，取得优异的成绩。67名师生获个人奖，14个班级获集体奖。此外，学院还举办了第七届“春之声”文艺晚会、第十六届师生综合运动会、“振冶杯”篮球赛等丰富多彩的文体活动，充分展示了学院学生“积极进取、团结向上”的良好风貌。

（宋　波、王春义、张芳芳）

材料科学与工程学院

【概况】2010年，材料科学与工程学院下设材料学系、材料加工与控制工程系、材料物理与化学系、无机非金属材料4个系。

2010年，学院共招收本科生432人，研究生547人（博士研究生119人，普通硕士391人，全日制工程硕士37人）。至2010年底，学院在校本科生人数1748人，在校研究生1674人，连续6年本科新生入学平均成绩和第一志愿录取率在学校排名第一。2011年硕士研究生报考人数1591人，位列全校第一名，其中，来自“211”院校的优质生源比例为49%。

（曲选辉、吴春京）

【师资队伍建设】2010年，学院共有教师105人（其中教授58人、副教授36人、讲师11人；具有博士生导师资格50人），博士后6人。教师队伍中，具有博士学位的100人，占教师总数95.2%，同比提高两个百分点；45岁以下教师68人，全部具有博士学位；具有半年以上访学经历的教师39人，占教师总人数的37.1%。

2010年，学院以开展岗位评聘工作为契机，进一步加强师资队伍建设，提高教师综合水平和教学质量。年内，学院制定了各层次人员聘期内的基本任务和岗位职责，根据职责目标，有47名教授、6名副教授进入A岗；3名教授、45名副教授、5名讲师进入B岗；5名讲师进入C岗。同时，学院有计划、有重点地选拔和培养青年学科带头人、学术骨干，在重大项目和重大工程申请过程中，使一批青年教师在参与报告编写、论证过程中得到有效锻炼；实行青年教师导师制，进一步明确研究室首席教授在青年教师培养中的作用，促进了创新团队和学术队伍的建设。年内，7名青年教师参加了岗前培训，11名教师出国接受英语培训；4名教师晋升为教授，2名教师晋升为副研究员，3人获得教师资格认定。此外，学院高度重视师德教育及敬业精神、奉献精神、科学精神培养，推进师资队伍整体水平的全面提升，刘国权教授获得全国科技优秀工作者称号，强文江教授等获得国家级优秀教学团队称号。

（曲选辉、邰永红）

【学科建设】学院按照“凝练学科方向、汇聚学科队伍、构筑学科基地”的要求，进一步整合学术队伍，促进形成具有国际先进水平的、有自己特色的学科专业和研究方向。

2010年，学院依托材料物理与化学、材料学、材料加工工程3个国家重点学科，充分利用机械、电子信息、应用物理等相关学科优势而成立的新型交叉专业“纳米材料与技术”，成为教育部批准创办的全国首批纳米材料与技术本科专业；材料科学与工程专业（材料成型与控制方向）入选学校高等工程师学院的4个试点培养专业，稳步实施“卓越工程师教育培养计划”。

年内，学院优势学科创新平台和“211工程”三期建设项目进展顺利。至年底，“优势学科创新平台项目—新材料领域”的项目建设实现了人员、配套资金和场地“三落实”，平台设备已顺利完成安装调试工作。在广泛、深入调研的基础上，高质量完成了“211工程”三期建设各项设备的可行性论证，圆满完成2010年度设备的订购和安装调试工作。

（曲选辉、吴春京）

【教学改革】2010年，学院继续实施“以研促教，教研结合”的指导方针，开展三项育人品牌活动，充分发挥教师在人才培养中的积极性和主动性。一是举办19期“教授工作日”活动，邀请教授从人生规划、专业学习、人际交往等方面对学生进行全面指导；二是建立“本科生班主任责任制”制度，切实发挥班主任在学生专业学习中的指导作用；三是开展“教学研讨系列活动”活动，由国家级教学团队负责人、国家级名师等质量工程先进代表主讲，搭建教师间的沟通交流平台。年内，学院教育教学获得了显著成果。其中，由学校主持、依托于北京北冶功能材料有限公司建立的人才培养基地入选“2010年北京高等学校市级校外人才培养基地”建设单位，材料学教学团队荣获国家级教学团队荣誉称号，《金属材料及热处理》等5门课程获北京科技大学第五批校级优秀课程，《耐火材料工艺》和《工程材料学原理》2项教材、《无机材料分析测试技术》等4项讲义列入学校“十二五”教材（讲义）规划。此外，还获第24届“北京科技大学教育教学成果奖”一等奖2项，二等奖1项。

在本科生教学方面，学院高度重视本科生科技创新工作，2010年，共有20项本科生科技创新项目脱颖而出，被评选为校级及以上项目，其中包括8个国家级项目，6个北京市级项目和8个校级项目。2010年，学生科技创新活动成绩突出，2个项目获得国家级一等奖，1个项目获得国家级二等奖。在第十三届“摇篮杯”学生课外学术科技作品竞赛中，由康卓等人完成的《准一维ZnO纳米材料的制备及生物电极的应用研究》获得一等奖，由张君豪等人完成的《线形染料敏化太阳能能电池》获得二等奖，另有3个项目获得三等奖。

在研究生培养方面，学院研究制订了《材料科学与工程学院2010年博士研究生拟录取方案》、《材料科学与工程学院2010年硕士研究生复试工作具体方案》，确保研究生招生工作的公平、公正、公开；认真贯彻落实研究生教育工作会议精神，基本完成2010版研究生培养计划修订工作；顺利完成09级硕士研究生奖助学金的重新评定工作；追求学术诚信，强化导师责任制，加强对学位论文的质量审查，确保研究生工作的顺利开展。年内，学院共开设74门研究生课程，课程评教优良率为100%。2010年，共有3篇博士论文获得“全国百篇优秀博士论文提名奖”。至2010年底，学院研究生共发表学术论文542篇。其中英文学术论文237篇，平均影响因子达到1.57；中文学术论文305篇，张红斌同学发表于《Advanced Materials》的论文，SCI影响因子达到8.2。年内，杨亚同学获得“宝钢教育基金特等奖”以及“北京高校成才、表率”的荣誉称号，成为全校唯一一名获此殊荣的研究生。

2010年，学院积极搭建学术交流平台，着力培养具有高水平创新能力的研究生。年内，学院共举办大型学术活动16场，包括中国材料名师讲坛5讲，累计参加人数2200人次，促进了学术交流水平层次的稳步提高。同时，学院积极为广大研究生搭建校际间的学术交流平台，拓宽研究生学术视野。2010年，各学术梯队共参加国内外会议138场次，其中国内会议66场，国际会议72场，参与人员429人次，发表会议论文136篇；申请国家公派攻读学位的研究生11名，排名全校首位。

（杜振民、于广华）

【科学研究】2010年，学院继续坚持“加强基础研究，推动技术与产业结合，培育交叉学科，促进交流与合作”的科技工作方针，以平台和基地建设为主体，以创新团队建设为基础，稳定研究队伍，培养和吸引高水平研究人才；面向国际科技前沿、围绕国家新材料发展战略目标，针对学科发展前沿以及社会发展的重大科学问题，开展探索性、创新性和重大关键技术的应用基础研究，获得了原始创新性成果和自主知识产权，保持学院在国内材料学科的领先地位，提升了在国际上的科技地位。

年内，学院采取学科交叉团队组合的策略申报国家重大、重点项目，取得了显著效果。2010年，学院进校科研经费达到6506万元，其中纵向经费4138万元，横向经费2368万元。同时，学院加强与地方政府和大型企业的交流与合作，推进成果转化与高新技术产业化为目标的产学研合作，年内与企业签订100项技术研究合作协议，经费总额2104万元，其中过百万的项目有2项。

2010年，学院科研成果取得突破性进展。共获奖8项（其中获国家科技进步二等奖2项，省部级科技进步奖一等奖1项），鉴定项目10项，其中具有国际先进水平的3项；学院共申请专利79项（其中发明专利78项，实用新型专利1项），授权专利65项（其中发明专利57项，实用新型专利8项）；共发表论文404篇，其中SCI收录203篇，EI收录204篇，ISTP收录20篇，SCI影响因子大于8的1篇，SCI影响因子3以上的16篇，出版专著、编译著作7部。此外，根据ESI数据库中2000年1月1日至2010年6月30日的数据检索，材料学科进入全球前1%的学校按论文数量排名，学校材料学科全球排名第16位。

（曲选辉、杨 槐）

【对外交流】全年，学院先后邀请美、英、德、日、俄、挪威等多个国家的50余名教授、学者来校访问交流，72人次教师赴国外进行合作交流，各学术梯队参加国内外学术会议138场（其中国内66场，国际72场）。

2010年，学院积极创造条件，鼓励学生参加海内外校际间的短期交流，提高学院的国际化办学水平。其中，5名学生赴日本北海道大学进行交流，7名学生赴台湾大学、成功大学等高校进行交流学习，2名国际班学生赴日本进行短期访问。年内，学院与澳大利亚昆士兰大学达成合作意向，2011年起将每年选派10名优秀本科生赴昆士兰大学进行交流学习；另与挪威科技大学、美国匹兹堡大学的合作项目已达成基本共识。2010届本科毕业生中共有77名学生出国留学，占毕业生总数的17.19%，列全校第一。

（曲选辉、万发荣）

【党建与学生工作】2010年，学院党委认真学习和贯彻落实全国教育工作会议和《国家中长期教育改革和发展规划纲要（2010～2020年）》精神，科学谋划“十二五”期间的发展方向。1月，学院召开第四次党代会，顺利完成党委换届。12月，学院以“以评促建，以评促改”为指导思想，精心准备，顺利通过学校思想政治建设评估。

2010年，学院修订和完善了各项规章制度，制定了《材料科学与工程学院党政领导班子联系基层制度》，修订了《材料学院院务公开办法》、《学院党政联席会议事规则》、《材料学院教授会章程》等文件，并完成《北京科技大学材料科学与工程学院、新材料技术研究院教师手册》的编订，为学院民主管理提供制度保障。年内，学院认真开展党风廉政建设责任制，认真开展廉政风险防范管理、推进惩防体系制度建设和做好信访和案件查处3个方面工作；修订了党风廉政建设三级责任制，并形成《材料学院、新材料技术研究院廉政风险表》。此外，学院积极推进“教授会制度”的建设，充分发挥学院党政联席会的议事决策作用，共召开党委全委会6次，党政联席会20次，进行理论中心组集中学习6次。

学院党委立足将党组织立项活动融入到学习贯彻中共十七届四中全会、《国家中长期教育改革和发展规划纲要》精神和深入开展“创先争优”活动当中，积极开展主题鲜明、丰富多彩、形式新颖的主题党日活动。材料科学与工程学院07级联合党支部在北京高校2010年红色“1+1”活动评审中获三等奖；纳米材料与技术梯队党支部的“北京高校优秀基层党建工作创新项目”顺利通过校级审查；材料本科09党支部的“从城市到农村，‘碳索’低碳生活”活动获得学校优秀基层党组织活动二等奖；功能陶瓷与器件梯队党支部的“幸福立体声”系列活动和材研0907党支部的“和谐班级——支部引领”系列活动获得学校优秀基层党组织活动三等奖。年内，材料加工与控制工程系被评为“北科大第四届师德先进集体”，刘雅政同志、何业东同志被评为“北科大第四届师德先进个人”。年内，腐蚀与防护中心党支部等4个党支部被评为校先进党支部，孟利等13名同志被评为优秀共产党员，李帅同志被评为优秀党务工作者。

2010年，学院党委共有教职工党支部9个，另下设本科生、研究生2个党总支，学生党支部47个（其中本科生党支部18个，研究生党支部29个）。共有学生党员1309人，占学生总人数的37.37%。其中本科生党员353人，本科生入党比例为19.09%，研究生党员956人，研究生入党比例为57.8%。至年底，学院共青团推优280人，发展学生党员194名，其中研究生党员51名，本科生党员143名。

2010年，学院通过加强学风建设，取得了优异的成绩。材料本科0703班先后获得学校“优秀班集体”、“优秀班集体标兵”、北京市“先锋杯优秀团支部”、北京高校学习型班集体“优秀示范班级”多项光荣称号；胡望同学荣获2010年校长奖章；杨亚同学获得2010年宝钢优秀学生特等奖和“北京高校成才表率”荣誉称号，以第一作者的身份发表SCI论文14篇，影响因子超过3的论文有11篇。至年底，2010届本科毕业生考研率41.07%，出国率17.19%，合计上研比例为58.26%，均列全校第一。

年内，学院学术活动丰富多彩。在研究生学术活动方面，举办研究生学术系列报告会等大型学术活动15场，参加学生2000多人次，共征集到中英文论文71篇。其中英文42篇，中文27篇；15篇被推荐为本次“学术论坛”的优秀论文。纳米材料与器件梯队、新能源材料梯队和材料先进连接技术梯队获得最佳组织奖。年内，学院2名学生荣获研究生“十佳学术之星”称号，1名同学获得研究生“十佳学术之星”提名。

2010年，学院积极拓宽就业途径，不断创新就业工作，取得了显著成绩。学院组织了15场针对学院毕业生的专场招聘会，共计有600多人次的毕业生参加。至年底，2010届本科毕业生448人，就业率97.32%。其中到世界500强企业3人，中国500强企业23人；高质量就业率31.31%，重点行业就业率61.62%；2010届毕业研究生

330人，就业率97.88%。高质量就业人数118人，其中进入世界500强企业13人，中国500强企业70人，高质量就业率49.79%。

（吴春京、万发荣、李　帅）

机械工程学院

【概况】2010年，为了适应学科发展，根据学校规划完成了机构调整，其中，“设备工程系”（教职工32人，车辆工程和建筑环境与设备工程两个专业本科生370人，车辆工程专业研究生185人）从土木与环境工程学院整体划入机械工程学院；“工程训练中心”（教职工36人）划转至新成立的“高等工程师学院”。

2010年，机械工程学院设有机械工学系、机械制造及自动化系、机械电子工程系、机械装备与控制工程系、设备工程系、热科学与能源工程系、物流工程系和工业设计系8个系；国家板带生产先进装备工程技术研究中心、科技部教育部高效零件轧制技术研究推广中心、教育部零件近净轧制成形工程研究中心、教育部先进板带生产装备及控制工程研究中心4个科研平台；实验中心1个教学创新实践基地；机械工程研究所、冶金机械研究所、热能工程研究所、水煤浆技术研究所、物流工程研究所和车辆工程研究所6个研究所；大型工业机械仿真、监测与控制实验室等33个实验室。

2010年，学院共招收本科生633人，硕士生288人，全日制工程硕士研究生19人，非全日制工程硕士生20人，博士生51人；毕业本科生604人，授予博士学位28人，硕士学位204人，工程硕士31人。至2010年底，学院在校学生3859人，其中本科生2739人（其中留学生44人），研究生1120人（其中硕士生710人，工程硕士生200人，博士生210人，含留学生5人）。

（王　立、景志红）

【师资队伍】至2010年底，学院在编教职工209人，其中专任教师163人。专任教师队伍中，具有正高级职称35人（含博士生导师24人），副高级职称68人，高级职称教师占全部教师总数的63%；具有博士学位109人，占教师总数的67%。2010年度，从英国帝国理工学院引进“千人计划”林建国教授，新增教职工13名，1名教师晋升为教授，8名教师晋升为副教授，2名青年教师完成了教师资格认定工作。

2010年学院进一步加强对外合作与交流，积极鼓励教师出国参加会议及学习进修。年内，4名教师分赴美、加拿大等国高校进行访学；选派30余人次分赴美、澳、日、加拿大等国家进行学术交流、访问考察、参加国际会议等短期出访任务。

（景志红）

【学科建设】2010年，学院设有机械工程及自动化、车辆工程、热能与动力工程、建筑环境与设备工程、工业工程、物流工程、工业设计和艺术设计8个本科生专业；可授予工学博士学位的一级学科2个：机械工程，动力工程及工程热物理；可授予工学博士学位的二级学科1个：物流工程；可授予艺术学硕士学位的二级学科1个：设计艺术学；可授予工程硕士学位的专业领域5个：机械工程、车辆工程、动力工程、物流工程和工业工程。其中，机械设计及理论和热能工程2个二级学科为国家重点学科，机械工程（一级学科）和工程热物理（二级学科）为北京市重点学科。

年内，机械工程和工程热物理两个学科顺利通过了北京市重点学科建设的中期检查，其中机械工程学科的检查结果为优秀；“211工程”重点学科建设项目“冶金装备工作行为与控制”和“流程工业能源高效利用与污染物治理”的建设工作进展顺利。

（王 立、张 杰）

【教育教学】2010年，学院以深入推进改革和实现优质资源共享为手段，修订完成2010版本科生培养计划，继续提升学院教学质量和整体实力。同时以学院为主申报成功的“卓越工程计划–机械工程（冶金机械）”已进入实施阶段，从学院09级机械工程及自动化专业选拔了40名本科生进入2+2+2.5年三阶段中的第二个阶段学习。年内，学院15个项目获得学校第六批教育教学研究基金补充立项资助。传热传质学课程教学团队获北京市优秀教学团队称号；获学校24届教学成果奖（本科）特等奖1项，一等奖1项，二等奖3项；校级精品课程立项3项，校级优秀课程立项8项；热能与动力工程专业申报成功国家级特色专业建设点。

（夏德宏、张 杰）

【科学研究】2010年，学院科研基地建设取得重大进展。国家板带生产先进装备工程技术研究中心在机构与机制建设、基地设备建设、科研与成果转化、国际交流与合作等方面建设进展顺利；学院牵头申报的北京市节能与环保工程研究中心以总分第一的优异成绩通过评审；流程工业节能减排重点实验室顺利完成申报答辩和专家现场考察，评估成绩名列前茅；先进板带生产装备及控制教育部工程研究中心顺利通过教育部专家组验收。

年内，学院共申报纵向项目近100项，申报成功29项，新增纵向合同经费达1512万余元。其中，国家自然科学基金14项，863课题1项，科技支撑计划项目2项，国家重大专项1项，北京市项目6项。至年底，学院到校经费4439万元（不含车辆专业），其中纵向经费2618万元，横向经费1821万元，纵向、横向和总量经费较去年同期分别增长89%、8%和45%。

2010年，学院3项科研成果获得国家和省部级奖励，其中“宽带钢热连轧生产成套关键技术与应用”项目获得国家科技进步二等奖；“宽带钢冷轧机板形控制技术与新机型ECC研究及应用”分获冶金科学技术二等奖和湖北省科技成果二等奖。年内，学院共申请发明专利26项，其中国际专利1项，授权9项；申请实用新型6项，授权7项；申请软件著作权2项；共发表检索论文154篇，其中SCI检索49篇、EI检索64篇、ISPT检索41篇。SCI检索论文同比增长58%，其中1篇影响因子为7.18，影响因子大于3.5的4篇，影响因子大于3.0的2篇。

（张 杰、马 飞）

【实验室建设】2010年，学院实验中心面向9个专业，接待实验学生2800余人，实开本科生实验课程61门，实验项目181个，年实验人时数58750。工程训练中心完成非机类金工实习教学任务179550学时，暑期机类金工实习教学27450学时。

学院依托工程训练中心在2010年度的“国家大学生创新性实验计划”及学校SRTP项目验收中取得优异成绩。其中，在国家级项目中，获一等奖4项、二等奖 5项；在校级项目中，获一等奖1项、二等奖1项；2009年度SRTP项目验收中，获优秀6项，良好4项。在第四届中国制冷空调行业大学生科技竞赛中，获二等奖1项，三等奖2项；在第三届“高教杯”全国大学生先进图形技能与创新大赛中，获一等奖2项，二等奖3项。

工程训练中心指导学生参加北京市电子设计大赛，获二等奖4项，三等奖4项；工程训练中心航模队参加全国航空航天模型锦标赛，获科技创新二等奖1项、三等奖

1项；2010年亚太大学生机器人大赛国内选拔赛和中国机器人大赛暨RoboCup公开赛中，以学院学生为主力的校级代表队均获得全国亚军；在第三届全国大学生节能减排社会实践与科技竞赛中，获特等奖1项，一等奖4项，二等奖3项，三等奖5项；在2010第六届中国高台人力飞行大赛中，获得竞技类三等奖和组织奖；在2010第四届中国机器博弈锦标赛中，获得点格棋项目冠军、一等奖1项，六子棋项目团体季军、一等奖1项、二等奖1项；在“北京汽车”杯首都高校第五届机械创新设计大赛中，获一等奖1项，二等奖4项，三等奖3项。年内，学院实验中心和工程训练中心共接待来自埃及、美国及国内厦门大学、华中科技大学、北医附中等学校参观交流及实验学生300余人。

（马　飞、景志红）

【对外交流】2010年，学院积极创造条件，扩大师生参与海内外交流渠道，提高学院的国际化办学水平。学院先后邀请日本北海道大学小林幸德教授和美国宾夕法尼亚州立大学D.J. Medeiros教授为研究生讲授“连续系统的振动与控制”和“工业工程与制造物流”二门课程，着力提高国际化教学水平。年内，共选派52名学生参加海内外交流生项目，其中33人赴台湾成功大学、华梵大学、台北科技大学、台湾大学、浦项工业大学、邓迪大学、法国图尔大学工程师学院等高校进行交流学习；6人赴华东理工大学交流学习，13人赴华南理工大学交流学习。年内，学院申报公派攻读学位留学生4名，联合培养4名；211创新人才培养项目3人，211工程海外学者短期讲学4人。

（张　杰）

【党建与学生工作】2010年，学院党委及基层党支部顺利完成换届工作。新成立国家板带中心党支部，挂靠机械工程学院党委。至年底，学院设有党支部56个，其中教职工党支部13个、研究生梯队党支部24个、本科生党支部19个；共有党员1057名，其中教职工党员170名，学生党员887名（研究生党员496名，本科生党员391名）；年内共发展党员247人，其中教师3人，研究生66人，本科生181人，预备党员转正97人。

2010年，“基层党支部立项活动”参与率达到100%，其中3个子项目获校级先进；冶金机械党支部被确定为校第三批标杆党支部；学院机关党支部“建立学习型党支部，强化服务意识，提高服务水平”的支部创新活动，被确定为校首批“党建创新”项目。

学院学生科技学术活动蓬勃开展。2010年，学院成功承办第三届“全国大学生节能减排社会实践与科技竞赛”，并获特等奖1项，一等奖4项，二等奖3项，三等奖5项，获奖总数位于全国232所参赛高校之首；共有352名学生或团队在全国大学生节能减排竞赛、机械设计创新大赛等全国或省部级的比赛中获奖。在学科基础竞赛中，共有58名学生在全国数学建模大赛、物理竞赛、物理实验竞赛、物流竞赛等比赛中获奖。2010年大学生科技创新项目验收中，共完成2009年国家级项目3项，北京市级项目4项，校级项目4项。同时申报并开展2010年校级以上项目5项，获国家专利2项，发表国际会议论文2篇。

在学生社会实践方面，在学校2010年暑期社会实践评奖中，学院10支团队分获暑期社会实践金、银、铜奖团队称号；8个团支部荣获“2010年暑期社会实践先进团支部”称号，2个团支部获得“暑期归来话实践十佳主题团日”活动称号；2名教师获“学生暑期社会实践先进工作者”称号，273人获得暑期社会实践先进个人。

2010年，学院共有57个集体荣获“首都大学优秀团支部”、“校先进班集体、优秀团支部标兵”、“校先进班集体、优秀团支部"、"校优秀学风班"、"标兵宿舍"、"社会实践优秀团支部"等荣誉称号；840名同学获得优秀研究生干部、优秀三好研究生、三好研究生、优秀学生干部、优秀三好学生、三好学生、优秀团干部、优秀团员等荣誉称号；813名同学获得国家奖学金、国家励志奖学金、人民奖学金和高效轧制、德龙、中石油、明彩等特种奖学金。400余名同学在文艺、体育、创业、设计等方面获得各类荣誉称号。2010年学院毕业生总计865人（其中研究生263人，本科生602人），至年底，研究生毕业生就业率为100%；本科毕业生就业率为97.18%，

（臧　勇、刘金辉、刘瑞华）

信息工程学院

【概况】2010年，信息工程学院设有自动化系、计算机科学与技术系、通信工程系、电子信息工程系、测控技术与仪器系、信息基础科学系6个系，自动控制研究所、知识工程研究所、智能语言与计算机科学研究所、计算机与系统科学研究所4个研究所，实验教学中心、计算中心、培训中心、ASEA测试认证中心4个中心以及"钢铁流程先进控制"教育部重点实验室。

2010年，学院招收博士生50人、硕士生289人、本科生547人。至年底，共有在校生3608人，其中本科生2323人，硕士生1033人，博士生252人。

（李　擎、路春梅）

【学科建设】2010年，学院共有2个博士后流动站（控制科学与工程、计算机科学与技术），1个一级学科博士点（控制科学与工程），8个博士学位授权点（控制理论与控制工程，检测技术与自动化装置，模式识别与智能系统，系统工程、导航、制导与控制，计算机应用技术、计算机系统结构，通信与信息系统），4个宽口径培养人才的一级学科硕士点（控制科学与工程、计算机科学与技术、信息与通信工程、电子科学与技术）和1个二级学科硕士点（测试计量技术与仪器），5个工程硕士学位授权点（控制工程、计算机技术、软件工程、电子与通信工程、仪器仪表工程）和8个本科专业（自动化、计算机科学与技术、测控技术与仪器、通信工程、电子信息工程、信息安全、智能科学与技术、物联网工程）。

（尹怡欣）

【教学改革】2010年，学院以学生创新能力培养为主题，着力提高人才培养质量。在本科教学方面：①在广泛调研的基础上，进一步明确了自动化、计算机、通信工程、测控技术与仪器、电子信息工程、信息安全、智能科学与技术、物联网工程8个专业的知识构架、能力构架和特色，制定完成2010版培养方案。②适应感知地球、感知中国、感知钢铁等新兴行业的出现，申请并获批设立"物联网工程"新专业，并申请了教育部特色专业支持。③继续推广正、副导师制度，积极引导教授参与新生教育工作，促进新生对本专业的认识和热爱，推进优良学风建设进程。④按照学校统一安排，制定课程建设、教材建设、教学研究3方面的"十二五"建设规划，在积极选用国内、外经典教材的基础上，针对学院特色课程、物联网新开课程等规划了教材编写任务，为课程学习提供可靠的保障。⑤学生积极参加各类实践活

动，成果显著。在第三届全国大学生节能减排社会实践与科技竞赛、2010年英特尔杯大学生电子设计竞赛、“高教社杯”北京市大学生电子设计竞赛、“挑战杯”首都大学生创业计划竞赛、首届北京市大学生创业设计竞赛、国家级科技创新项目和北京市级科技创新项目等活动中，共有14个项目获得奖励。

在研究生教学方面，10月份，学院召开研究生教育工作会议，重点讨论了重新定位研究生培养目标、修订2010版研究生培养方案、实施学术型和应用型研究生的分类培养、进一步加强研究生学风建设、着力提高研究生培养质量等人才培养的核心问题。按照学校研究生培养目标的新定位，本着“明确目标、分类培养、突出特色、提高质量”的原则，在充分调研的基础上，结合各学科的学科基础和专业特点，制定出“控制科学与工程”、“计算机科学与技术”、“电子科学与技术”、“仪器科学与技术”“信息与通信工程”5套研究生培养方案，及“控制工程”、“仪器仪表工程”、“计算机技术”、“软件工程”、“电子与通信工程”5套全日制工程硕士培养方案，顺利完成2010版研究生培养方案修订工作。

2010年，学院教育教学工作成效显著。教学研究项目《信息安全本科专业理论教学与实验体系的综合设计优化》获得学校第24届教育教学成果奖一等奖，《电子信息工程专业硬件类专业课教学模式的创新与实践》获二等奖，《电机及其运动控制》、《计算机组成原理》获得校级精品课程，《通信原理I》、《EDA电子设计》等14门课程获得免检课堂称号。石志国老师获得青年教师课堂教学针对性培养评比二等奖。获校级“十二五”规划教材4本，讲义2本；校第六批教育教学研究基金补充立项项目7项，其中包括面上项目2项，专项项目1项，青年基金项目4项。

（张朝晖、胡长军）

【科研活动及学术交流】 2010年，学院坚持“以人为本、依托优势、拓宽思路、跨越发展”的原则，扎实开展科研工作，着力改革与学科发展不相适应的理念、体制和机制，营造了浓厚的学术科研氛围。①以学科规划为基础，逐步实现“大团队”建设。根据国家发展需要，将学院科研对口行业划分为钢铁行业、电子信息行业、电力行业、油气田领域以及军工领域5类，有针对性地开展科研项目工作，取得良好成效。②学院加强《学术活动管理规范》执行力度，加大学术活动投入和学术成果奖励力度，拟定了“信息工程学院科技奖励办法（征求意见稿）”，完善科研奖励机制；组织整理了《信息工程学院项目申报电子手册》，保障信息通道畅通，辅助教师了解基金和项目的申请指南，推进科研申报工作的规范化和制度化。③持续优化科研结构，屡获科研硕果。学院逐步加大科研项目申报的宣传力度，积极组织教师进行各类课题申请。2010年，学院获得省部级奖2项，组织教师申请国家自然科学基金57项，获批准12项，较上一年度增长了50%；申请北京市自然科学基金35项，获批准2项。院教师署名第一，且以北京科技大学为第一署名单位的三大检索收录论文237篇，其中SCI检索论文17篇，EI检索论文89篇，ISTP检索论文131篇。学院在自动化学报、计算机学报、电子学报、通信学报等国内顶级刊物上发表的论文数量大幅度增长。2010年度申请发明专利42项，申请实用新型专利7项。计算机软件著作权登记7项，授权专利2项。

2010年，学院致力于营造浓厚的学术科研氛围，加强了《学术活动管理规范》的执行力度，加大了学术活动投入，学术活动逐渐制度化和规范化。年内，学院成功召开了“钢铁流程先进控制”教育部重点实验室学术委员会第一次会议，进一步促进了实验室的建设进程；成功承办了中国自动化学会智能自动化专业委员会“自主智能系统”专题研讨会，加强了学院在全国自主系统智能控制研究领域的话语权；与中国宇航学会光电专业委员会联合组办了“空天信息技术论坛”，加强了与国内国际学术界的沟通与合作，扩大了我院科研工作在学术界的影响，为科研项目申请、学科建设等开辟了信息渠道。2010年，学院积极聘请校外专家，组织学术活动22次(其中国外学术单位专家学术讲座17次)。

（周贤伟）

【师资队伍建设】2010年，学院共有教职工200人，其中中国科学院院士1人、教授36人、副教授55人。学院新进青年教师10名，其中教学科研岗位教师6名，实验室人员2名，行政人员2名；3人晋升教授，3人晋升副教授。学院重视对青年教师的培养。在业务素质方面，组织了全国“自主系统智能控制”研讨会以及50余场学术报告会；在师德建设方面，先后组织了师德先进集体、先进个人事迹报告会，评选出了校、院两级师德先进个人。年内有1人作为访问学者公派出国进行学术交流与研究。

年内，学院人才引进工作取得重大突破，成功引进长江学者、国家杰出青年基金获得者、电子科技大学隆克平教授。同时，为了提高引进教师的质量，学院进一步规范了人才引进的程序，并修改和完善了《信息工程学院招聘人员综合素质评价表（试行）》。

（李　擎、路春梅）

【党建与学生工作】2010年，学院高度重视党员的培养工作，组织多期预备党员、新生党员和党支部书记等各类培训班，共完成1900余人次的党建培训工作。同时鼓励全院学生通过网上党校、志愿服务、社会实践、学习交流等各种方式学习、实践党的理论，并就学风建设、班团建设以及社会主义荣辱观等与提高综合素质密切相关的课题组织开展专题学习和研讨，进一步提高广大学生的理论素养和思想认识水平。至年底，学院共有本科生党员312名，研究生党员690名。学生基层党组织活动立项53项，参与学生支部达到100%。其中，1个党支部获得校优秀基层党组织活动二等奖，2个党支部获得三等奖；2个党支部被评为北京科技大学先进党支部，7个研究生党支部在学校主题党日评选活动中被评为优秀；100余名党员获得校院两级各种荣誉称号。

2010年，学院学生工作按照专业化、素质化、品牌化的建设路线，努力拓宽工作视野，夯实学生工作根基。①积极探索新生教育新方法，通过弘扬开学典礼文化、聘任新生双班主任和启动“班群助力计划”等工作，在2010级新生中开展了形式多样的入学教育活动，锻炼学生自主学习、自主管理、自主服务的意识，从而引领本科新生尽快适应大学生活。此外，学院在2010级本科新生中集中开展“践业计划”专业教育活动，培养学生的专业归属感，从理念和行动上落实了“学习习惯早培养、专业教育早进行、竞争理念早熏陶、学习目标早确立、科研意识早养成”的“五早”教育管理准则。②建立健全未成年大学生教育管理制度，成立未成年大学生工作委员会，切实保护未成年大学生的身心健康，保障未成年大学生的合法权益，优化大学生的成长成才环境，促进未成年大学生在品德、智力、体质等方面的全面发展。③学院与老年大学建立合作关系，引导学生积极参与老年大学课程建设的志愿服务工作，年内共选派500余人次学生到老年大学担任计算机上机实习老师，提供高质量志愿服务。④2010年，学院学生工作干部积极参与思想政治课题的申报和研究，学生工作干部全年撰写工作论文20篇；1篇论文获得全国高校辅导员优秀论文评选一等奖。

2010年，学院学生科技活动活跃，成绩显著。学生科技社团索奥科技中心吸引了大批学生投入到嵌入式系统的研发中，同时组织了“科技之路”暑期社会实践团队，利用假期发明了基于单片机的音乐播放仿人机器人和双足机器人，学生的创新思维和创新能力得到极大提升，并因为实践成绩优异分别被评为社会实践金奖和银奖团队。

2010年，在全国大学生英语竞赛中有27名学生获奖，大学生电子设计竞赛嵌入式系统专题邀请赛、“飞思卡尔”杯智能汽车竞赛、全国航空航天模型锦标赛、本科生科技创新项目等竞赛和评比中共有70余人次获奖。各类市级竞赛获奖36人次，校级奖项百余人次获奖。2009～2010学年本科生科技创新活动中，学院学生获得国家级一等奖8项，北京市级一等奖3项，二等奖2项。已通过中期检查的新申报的科技创新项目有院级29项，校级12项，推荐国家级8项。学院组织开展了第六届研究生学术论坛活动，共征集学术论文180篇，举办学术讲座32场。最终评选出11篇院级优秀论文，4篇论文被评为校级优秀论文，3名同学被评为学校研究生“十佳学术之星”提名奖，学院被评为研究生学术论坛最佳组织奖。

（赵宝永）

经济管理学院

【概况】2010年，经济管理学院设6个系：管理科学与工程系、工程管理与技术经济系、工商管理系、财务与会计系、经济贸易系、金融工程系；1个研究中心和3个研究所：教育部工程研究中心、管理科学与工程研究所、电子商务研究所、企业与产业发展研究所；6个办公室：学院办公室、MBA办公室、EMBA教育中心、公共关系办公室、教学办公室、学生工作办公室；1个实验信息中心。

另外，2010年成立的北京科技大学期货证券研究中心挂靠于经济管理学院。

2010年，学院共招收本科生335人，普通硕士研究生134人，工商管理硕士（MBA）256人，专业学位研究生334人，高级管理人员工商管理硕士（EMBA）100人，博士研究生31人，中美合作高级管理人员工商管理硕士（EMBA）51人，留学生55人（其中博士生8人、硕士47人）。毕业学生691人，其中本科生360人，硕士159人，博士14人，工商管理硕士（MBA）122人，专业硕士学位36人。截至年底，学院在册本科生1673人，普通硕士研究生382人，工商管理硕士（MBA）研究生467人，专业硕士学位生867人，高级管理人员工商管理硕士（EMBA）145人，中美合作高级管理人员工商管理硕士（EMBA）研究生166人，博士研究生228人，留学生98人。

（张　群）

【学科建设】2010年，学院成功申请工商管理一级学科博士授予权，应用经济学一级学科硕士授予权，以及会计学专业硕士授予权；组织完成北京市重点学科两次中期检查和“北京市特色专业–信息管理与信息系统”质量工程的年度总结；与上海期货交易所合作成立北京科技大学期货证券研究中心；学院总体调整和完善了学院实验信息中心的软、硬件建设，完成“经济与贸易实验室”建设并投入使用，实现经管楼无线网络的升级改造和1～4层以无线方式接通校园网工程。

至年底，学院具有管理科学与工程博士后科研流动站，管理科学与工程、企业管理2个博士学科点，管理科学与工程、企业管理、会计学、金融管理工程、国际贸易学、产业经济学、技术经济及管理7个学科硕士点，工商管理硕士（MBA）和高级管理人员工商管理硕士（EMBA）专业学位点，工业工程和项目管理2个专业的工程硕士学科点，信息管理与信息系统、国际经济与贸易、金融工程、工商管理、会计学、工程管理6个本科专业。此外，学院继续与美国德克萨斯大学阿灵顿商学院合作培养高级管理人员工商管理硕士（EMBA）。

（张　群）

【师资队伍建设】至2010年底，学院共有教职工130人，其中教授31人（博士生导师22人），特聘教授4人，副教授37人，讲师25人，教辅和党政管理人员40人。年内，学院坚持“引进、优化和培养”的方针，引进国家千人计划申报1位——英国Salfort大学终身教授王文彬、“422工程”三层次人才1位——教育部新世纪人才张晓冬教授。此外， 5名教授获得博士生导师资格，1位副教授晋升为教授，2位讲师晋升为副教授，3名教师获得博士学位，使教师中具有博士学位比例从58%升至63%，师资队伍进一步优化；赴国外进行短期进修和学术交流4人次。

（刘明珠）

【教学改革】2010年，学院围绕提高教学质量开展教学改革工作。学院组织全体教师参加“研究型教学交流会”和“案例写作交流会”，坚持教授必须为本科生开课，开课率达100%。年内，学院精品课程建设项目成果显著，科学完成“十二五”期间精品课程建设规划和教材建设规划。年内，“财政金融学”等4门课程获得校级精品课程，“人力资源管理”等4门课程获得校级优秀课程；2门课程获校级精品课程建设立项，5门课程获校级优秀课程建设立项。此外，在第六批“校教育教学研究基金”立项中，学院获得重点及面上项目合计15项，青年教师项目立项11项。

在本科教学方面，学院在积极调研、吸引校外专家参与论证的基础上，完成了本科生“2010版培养方案”的制定，为人才培养提供有力的保障；继续做好“质量工程”，稳定和提高“三率”。四级一次通过率99.11%，9个班级一次通过率达100%。至年底，本科生、研究生整体就业率为98.19%，位列全校第一，就业质量比2009年有所提高；考研率为30.32%，比2009年提高2个百分点，创历史新高。加强以赛促学，强化教学效果。全年共有158人次获得国家级、北京市级和学校级奖励，相比去年同期稳中有升，其中，国家级奖励70人次，北京市级奖励34人次，学校级奖励54人次。

在研究生教学改革方面，顺利完成研究生培养方案修订，其主要特点是，通过打通博士和硕士课程设置，为研究生课程“瘦身”，在增加2个博士点的情况下，课程数量减少近15%，留给导师和学生更大的选择余地，除政治课外，博士生不设必修课，硕士生专业课采取指定范围选修方式管理，进一步改进和完善了院管课程平台机制；规范了研究生班主任对普硕中期的考核和日常管理，减轻了硕士生导师负担，且提高了论文质量和各部门的工作效率，这一研究生教学与管理的基础性工作荣获了学校教育教学成果特等奖。积极拓展MBA、EMBA招生录取工作。MBA报名人数511人，同比增加近10%；第一志愿稳步率上升，扩大了学院的知名度和影响力。自2009年获准EMBA学位授予权后，至年底，共招收EMBA学员180余名，位居全国新增院校前三。还进行了MBA论文指导方式的改革，以导师组方式进行指导；实行MBA案例教学，建立和促进了案例开发机制，荣获全国百篇优秀案例1个。

（戴淑芬、高俊山）

【科学研究】2010年，学院重新修订了《经济管理学院教工手册》，制定奖励条款，全力支持和激励学院教工的科研工作。学院获国家自然科学基金课题3项，国家社会科学基金课题1项，北京市社会科学基金课题2项。科研经费到款985万元，其中纵向经费446万元，横向经费539万元。全年发表学术论文198篇，其中SCI论文2篇、EI论文9篇、ISTP论文26篇、CSSCI论文52篇、18种学院指定本学科重点期刊论文10篇；出版专著6部，译著4部，教材19本。其中，《宽带生产计划集成与动态调度系统研制》项目成果获教育部科学技术一等奖，《外贸对经济社会发展作用的量化分析与预测》获商务部全国商务发展研究成果奖——专项成果奖评选一等奖；《"十二五"时期我国建材产业发展预测及安全评价》获商务部"第六届中国贸易救济与产业安全研究奖"有奖征文活动三等奖；《北京塞夫特科技有限责任公司手机短信滑坡预警器商业策划书》获第七届"挑战杯"一汽大众中国大学生创业计划竞赛银奖。

（高学东）

【合作与交流】2010年，学院实施"请进来，走出去"的对外交流与合作方式，全力搭建学术交流平台，努力提高国际化办学水平。年内，学院与德国亚琛大学经济管理学院签订互派研究生交流学习的合作协议；成立全英语教学国际班，探索国际化人才培养新模式，共招收09级国际班15人，10级国际班36人；"北京科技大学-法国巴黎HEC商学院合作办学"项目申请已通过教育部形式审查，即将进入专家评审阶段，进展顺利。至年底，学院共派出41名学生参加海外交流项目（其中研究生8人，本科生33人）。

（张　群）

【党建与学生工作】2010年，学院以科学发展观为指导，认真贯彻和落实中共十七届五中全会和《国家教育中长期改革和发展规划纲要》精神，以"调查研究、科学规划、人才强校、学生培养"为工作主线，进一步加强学院内涵建设，科学制订"十二五"发展规划，推进学院各项事业取得新发展。

2010年，学院党委紧密结合基层党组织活动立项工作，深入开展"创先争优、从我做起"主题实践活动，荣获"基层党组织活动优秀组织奖"。全年，学院党支部立项方案20余项，审批立项经费约18000余元，立项活动参与率90%。其中，1个项目荣获学校 "基层党组织活动创新奖"、"优秀基层党组织活动一等奖"；2个党支部、5名党员和1名党务工作者分获先进党支部、优秀共产党员和优秀党务工作者荣誉称号；魏钧获得北京市师德标兵荣誉称号，裴利芳获学校优秀党支部书记荣誉称号；教师工商系党支部作为学校第二批"标杆党支部"创建验收合格，学生本科08级党支部作为学校第三批"标杆党支部"开始启动创建。学院党委积极发挥先进党支部和标杆党支部的模范作用，采取"支部结对"方式，积极开展与低年级党支部的"1+1"共建，共同推进学院支部建设。

学院全年发展本科生党员119名，研究生党员30名。至2010年12月，学院共有学生党支部26个，学生党员430名，学生党员入党比例为16.94%。学院进一步修订完善《经济管理学院入党手册》汇编；坚持党员发展工作"三个不动摇"，即坚持"成熟一个，发展一个"不动摇、流程民主化不动摇、培养机制长效化不动摇，推进党员发展规范化、制度化、透明化；积极探索“党班群调研会”党建工作新模式，增强党支部在全体同学中的公信度。

2010年，学院秉承“育人为本，德育为先”的理念，围绕“以人为本、搭建平台、塑造空间，全面服务学生成长成才”的目标，以加强学风建设和促进素质教育为重点，稳中求新推进学生工作。学院主要做了如下工作：①将学风建设贯穿于学生工作全过程。2008级英语四级一次通过率99.11%，9个班级全部一次通过，优秀率43.04%，创历年新高，连续6年稳居全校第一；2006级本科生上研率30.32%，比上年同期提高近2个百分点。全年共有423人次获得各类奖学金，11个团队、16个班级、614人次荣获北京市级、学校级荣誉称号。②坚持以赛促学，鼓励学生积极参加“挑战杯”科技作品竞赛、全国大学生英语竞赛、大学物理竞赛、高等数学竞赛、科技园杯创业计划大赛，使学生所学专业技能得到磨练和提供。全年共有158人次获国家级、北京市级和学校级奖励，其中，70人次获得国家级奖励、34人次获得北京市级奖励、54人次获得校级奖励。③不断加强学生国际化培养步伐，大力推进学院国际化建设进程。年底学院在籍留学生人数377人，其中，本科生281人，研究生96人；年内共派出41名学生赴韩、美、英、中国台湾等地区参加交流项目。④积极探索校企合作新模式，推进就业实习一体化。年内先后与北京日昌麟记餐饮有限公司等企业达成长期合作意向，满足了经管学生重视企业实习的需求。2010年，学院本科生、研究生综合就业率98.19%，排名全校第一。高质量就业毕业生总体比例40.32%，比上年上升近6个百分点。⑤围绕“适应大学生活、形成集体认同，树立学习意识、养成良好学风”的目标，学院高度重视在管庄校区的2010级新生教育工作，有针对性地开展了大量工作。

2010年，学院大力开展宣传工作，提高学院知名度，营造德育育人的工作氛围。全年学生工作新闻发稿共134篇，有7篇被校园网首页“新闻导读”栏目刊载。作为团市委信息直报点，全年团市委网站发稿30篇。在校外宣传方面，先后有中央电视台、新浪网、sohu网、凤凰网、大众网、中国MBA、MBAHome、MBA教育网、《时尚时间》杂志等12家电视、报纸、网络媒体分别以不同的形式25次对学院的工作进行了宣传和报道。

（曹　勇、温　雅）

文法学院·马克思主义学院

【概况】2010年，文法学院设有法律系、公共管理系、社会学系、艺术教育中心；马克思主义学院设有思想政治教育、马克思主义基本理论、中国化马克思主义、历史与文化、科技与社会5个教研室。由学院代管的教学科研机构有：国家大学生文化素质教育基地、思想政治教育中心、高校学生事务研究中心以及对外汉语教学中心、公共管理硕士（MPA）教学管理中心、法律硕士（JM）教学管理中心和《思想教育研究》编辑部等。此外，两个学院实验中心拥有社会调查与统计分析实验室、社会工作实验室、艺术鉴赏实验室、电子政务实验室、情景模拟实验室5个文科实验室。年内，两个学院人文社会科学学科专业图书资料室新增专业图书2560

册，专业期刊300余册。至年底，共有各类文科图书、专业期刊58773册。

2010年，文法学院·马克思主义学院招收科技与教育管理、思想政治教育专业博士生17人；行政管理、社会学、经济法、民商法、思想政治教育、马克思主义基本理论、科技哲学、文艺学等专业的硕士生89人；公共管理硕士(MPA)学位研究生39人、法律硕士（JM）研究生41人、思想政治教育(高校辅导员)专业在职研究生10人。共招收行政管理、社会工作、法学3个专业本科生180人，行政管理、法律专业本科双学位学生151人。毕业本科生170人、硕士生174人、博士生1人、MPA学位生54人。至2010年底，学院在读博士生60人、硕士生231人、法律硕士（JM）35 人、MPA及思想政治教育(高校辅导员)学位生122人、本科生707人，全日制在校生共有1033人，其中留学生10人。

（陆　俊、武冠雄、李同宪）

【师资队伍建设】2010年，学院共有教师68人，其中教授13人(含博士生导师7人)，副教授36人，讲师19人，教辅及党政管理人员19人。年内，2位教师通过副教授职称评审，晋升为副教授，新增博士研究生导师3人，硕士研究生导师7名。至年底，学院72%的教师具有高级专业技术职称，84%的教师具有硕士及以上学位，45.6%的教师具有博士学位，另有7位教师在职攻读博士学位，师资队伍整体水平进一步提升。

（武冠雄、李同宪）

【学科建设】2010年，文法学院·马克思主义学院学科建设取得新进展。文法学院以公共管理专业申报一级学科博士点为契机，积极整合科研力量，充实梯队实力，进一步凝练了以行政管理理论和实践、科技与教育管理、社区管理、公共政策研究等较具学院特色的学科发展方向。学院法律专业确立了以申报一级学科硕士为目标的学科发展方向；社会学专业确立了以申报社会学一级学科硕士点、社会工作专业硕士点为目标的学科发展方向。

2010年，马克思主义学院机构和体制建设进一步完善。马克思主义学院的马克思主义学科的二级学科思想政治教育专业在2008年被评为北京市重点学科的基础上，进一步加强教学科研力量，进一步完善梯队建设，启动马克思主义学科申报一级学科硕士点工作，并将申报一级学科博士点作为“十二五”规划中学科发展的首要工作之一。同时，学院启动思想政治理论课教学实验室工作，由左鹏教授主持的北京市思想政治理论教育工作室开展了卓有成效的学科建设工作。

2010年，文法学院设有科技与教育管理1个二级学科博士授权点；公共管理一级学科硕士点(含行政管理、教育经济与管理等5个二级学科硕士点)；民商法学、经济法学、社会学、高等教育学、文艺学、科技与教育管理5个二级学科硕士点。公共管理硕士(MPA）专业学位是国务院首批批准试行培养的全国24所大学之一，一直招收MPA专业学生。2009年，经教育部学位办批准，学院获得法律硕士（JM）专业学位研究生学位授予权，2010年开始招收法律硕士（脱产）研究生。文法学院本科招生的专业有法学、行政管理、社会工作3个专业。马克思主义学院设有思想政治教育1个二级学科博士点；科学技术哲学、马克思主义基本原理、思想政治教育3个二级学科硕士点。

至2010年底，两个学院的专业涉及哲学、文学、法学、教育学、管理学5个学科门类，马克思主义理论、公共管理、法学、政治学、社会学、高等教育学、中国语言文学7个一级学科，已形成从本科到博士研究生的人才培养体系。

（陆　俊）

【教学工作】本科教学方面，2010年，学院继续严格执行学校的规章制度，并结合学院实际，狠抓落实本科教学质量工程建设，各项工作有序开展，成效显著。

年内，学院制定完成了“十二五”课程建设与教材建设规划，并多次召开本科教学工作会议，邀请校内外专家、各专业的负责人、骨干教师等参加，就人才培养的改革思路和具体措施以及《2010版培养计划（讨论稿）》的审议、修订等主题，展开深入研讨，最终制定《文法学院2010版培养计划》以及《文法学院2010版培养计划2011级执行版》。年内，国家大学生文化素质教育基地（挂靠在文法学院）工作取得长足进展，组织申报的“北京大学生素质教育基地”免检通过，协助教务处举办了北京科技大学第二届人文知识竞赛，并择优选拔组织两支代表队，参加北京市第二届大学生人文知识竞赛，荣获团体三等奖。

在2010年春季和秋季两次本科生课堂教学质量评价中，文法学院·马克思主义学院的全部课堂均在“良好”以上，优秀率在全校九个教学单位中名列前茅，18位老师的课堂被评为“免检课堂”。法学、行政管理专业“双、二、辅”招生情况进展良好。在学校第24届教育教学成果奖的评比中，彭庆红等人完成的“思想政治理论课‘教辅结合’模式的理论与实践”项目获特等奖，王育杰等人完成的“优化思维模式，培养创新能力”项目获一等奖，李怡等人完成的“北京科技大学国家大学生文化素质教育基地建设报告”获二等奖。

在课程建设与教材建设上，《中国近代史纲要》获校级第三批精品课程建设立项，《马克思主义基本原理概论》与吴群芳主讲的《公共政策学》、刘丽敏主讲的《当代中国政府与政治》分别获校级第五批优秀课程建设立项。在本科生科技创新方面，彭庆红与刘丽敏指导、王春丽负责的国家级创新项目“现状分析、进程测度与路径选择：第二代农民工及其市民化研究”获得《南风窗》“调研中国”栏目的资助，并顺利通过验收，于10月底顺利结项，并获学校二等奖。左鹏指导的校级项目“北京高校周边‘办证’现象考察”获得学校二等奖。

2010年，马克思主义学院一直承担着为全校学生进行思想政治理论教育教学的重任。在学院的组织与支持下，思政课教师分别从教学方法的改进、教学效果的改善等多个方面进行努力，使得学校的思想政治理论课教育教学受到广泛关注和好评。《思想道德修养与法律基础》、《中国近现代史纲要》、《马克思主义基本原理概论》等课程严抓教学过程管理，制定了详细的过程管理方案，成为思想政治理论课教育教学改革新亮点。王蓉霞获得北京市第四届高校思想政治理论课教师基本功大赛二等奖，赵静提交的教学研究论文获得中国高等教育学会论文评选一等奖，刘丽敏获校师德先进个人荣誉称号。

研究生教学方面，2010年，学院修订完成2010版研究生培养方案。学院根据学生就业情况及市场需求形势，重新调整招生结构，应用型研究生与学术型研究生的招生规模基本达到1:1的比例；学院制定出台了研究生论文撰写过程中过程管理制度，进一步加强了研究生学位论文质量管理。年内，参加毕业答辩的研究生中有2名硕士研究生、1名MPA学员、1名高校教师班学员获得学校优秀论文奖。2010年有3名教师的课程获研究生院免检课程。

（彭庆红、刘丽敏、魏增产）

【科研活动】2010年，学院共承担科研项目74项，总科研经费233.43万元，比2009年（181.28万元）增长52.15万元，增长率为28.8%。其中，纵向科研项目69项，包括国家级2项，省部级27 项，校级 40

项，纵向科研经费197.83万元；横向科研项目5项，横向科研经费35.6万元。在各类学术期刊上发表论文84篇，其中CSSCI 论文21篇，北大核心期刊论文29篇；出版学术著作3部，教材1部。黄家亮老师获得了一项国家哲学社会科学基金项目：《转型期农村民间纠纷及其解决机制研究》；夏雪老师获得了一项国家哲学社会科学基金项目：《国企员工代际转移及企业归属感的社会学研究》；钱振华老师的专著《科学：人性、信念和价值——波兰尼人文性科学观研究》获得北京市哲学社会科学优秀成果二等奖；许斌老师等以《社会工作在民间组织管理领域中的功能和作用评估》获北京科技大学优秀科研成果奖；另有14位老师获得学校CSSCI论文奖励。

2010年，《北京科技大学学报》（社会科学版）获"北京市高校人文社科优秀学报"、"全国高校优秀社科期刊"荣誉称号，社会学栏目被评为"北京市高校人文社科学报名栏"；学报编辑部被评为全国理工农医院校社会科学学报"优秀编辑团队"，学报编辑部主任马胜利老师获优秀编辑称号。据中国知网中国学术期刊影响因子年报（人文社会科学·2010版）统计，《北京科技大学学报》（社会科学版）在所列653种学术期刊复合JIF排名中名列91位。

（孙雍君、钱振华、孙建伟）

【学术交流】2010年，学院与《思想教育研究》编辑部、首都师范大学马克思主义教育学院合作举办"首都高校思想政治理论课实践教学研讨会"，30多所高校70多名老师参会，产生了良好的社会影响。年内，学院国际交流不断深入。8月，学院派出王竹青老师赴美国进行为期12个月的进修学习；派遣刘莉副教授远赴韩国进行为期一年的汉语教学。为进一步扩大在海外知名度，学院加强了对外国际学术交流活动，邀请国内外专家来院讲学交流。年内，学院与日本北海道大学联合举办学术研讨会，邀请加拿大蒙特利尔法学院副院长Guy Lefebvre 教授来院讲学，同时利用211三期创新人才培养项目计划邀请美国贝勒大学Bean教授进行短期讲学。

（孙雍君、魏增产、钱振华、孙建伟）

【党建和学生工作】2010年，学院在全体师生中继续深入开展学习实践科学发展观活动，积极开展调查研究，明确学院发展方向，落实整改措施，确保学习实践活动见实效。年内，学院坚持院务公开制度，积极发挥教代会的民主监督作用；进一步加强党风廉政建设，推进三级惩防体系建设，定期开展自查和总结工作，收到良好效果。11月25日，文法学院召开第五次党代会，选举产生了文法学院新一届领导班子。赵雨同志任文法学院党委书记，彭庆红、李霄同志任文法学院党委副书记，李霄、李晓光、陆俊、武冠雄、赵雨、彭庆红、魏增产7名同志为文法学院党委委员。

2010年，学院党委注重加强基层党组织建设和学生党员发展工作。根据工作需要，共设立6个教工党支部和20个学生党支部及一个师生联合党支部。其中，本科07党支部、马院一支部获2010年度"优秀党支部"称号，本科08级党支部成功申报北京科技大学第三批标杆党支部；王育杰、颜锋、崔英老师和06级学生刘畅获"优秀党员"称号，陈永华获"优秀工作者"称号。学生党建工作继续坚持"以组织为主导、以学生为主体"的学生党员培养模式，严格党员管理与发展，实行支部内部监督与党外群众监督相结合的双层监督机制，不断加强党性和党员意识，发挥党员先锋模范作用。全年新发展学生党员81人，发展积极分子246人。至年底，学院共有学生党员346名，党员比例占学生总数的30.92%。

2010年，学院坚持以

促进学生全面发展为目标，按照贴近实际、贴近生活、贴近学生的原则调整教育模式，多渠道、多形式发掘和整合教育资源，不断加强学生思想政治教育工作的针对性、实效性。①创新工作方式方法，狠抓学风建设显成效。学院创建教师、辅导员、学生家长协调配合的联动机制，以专业教育和职业生涯规划为抓手，激发学生求知向学的内在源动力，取得良好效果。2010年，学院基本实现高出勤率和低不及格率，本科生国家英语四级一次性通过率为96.5%；国家司法考试通过率比往年有较大提高；本科生保研率和上研率稳步提高，分别为20%和40%。②注重指导，加强服务，扎实有效的开展就业工作。学院在保证就业率的同时，努力提高就业质量，其中高质量就业比例为54.55%。③立足专业特色，大力推进人文素质教育，推动学生科技和学术创新活动蓬勃发展。2010年度，学院共举办了15期“星期四人文讲座”；成功申报“本科生科技创新项目”（SRTP）50项，其中校级项目7项，拟推荐北京市级项目2项，国家级项目1项。在2010年“摇篮杯”课外科技作品竞赛中，共申报C类作品36篇，占全校C类申报总数的45%，我院共有13件作品获奖。

2010年，学院高度重视在管庄校区学习生活的2010级本科学生的教育管理工作，指派一名专职辅导员进驻管庄校区全面负责相关工作，并配备相关经费和办公设备。学院与管庄校区密切配合，扎实做好新生报到、军训、入学教育和课堂教学等各项工作，特色开展“新生成长小组”、“图书漂流”等活动，保证了教学工作有序开展和学生健康成长。

（赵　雨、李　霄、张　毅）

数理学院

【概况】 根据发展需要，2010年8月18日，学校在原应用科学学院基础上组建数理学院和化学与生物工程学院。至2010年底，数理学院有2个系、1个所、1个中心，即数学力学系、物理系，应用物理研究所，现代物理技术研究中心，并设有“科技部材料模拟设计实验室”、“国家工科物理课程教学基地”和“北京市高等学校实验教学(物理)示范中心”。学院有教职员工129人，专任教师102人，其中具有博士学位的教师33人。学院有教授25人，副教授38人，高级工程师6人。教授中有中国科学院院士1人、国家“千人计划”入选者1人、教育部“长江学者”讲座教授1人、国家杰出青年科学基金项目（B类）入选者2人、教育部新世纪人才1人、北京市科技新星1人、北京市高等学校教学名师3人。

至2010年底，数理学院共有3个本科专业， 6个硕士专业，3个博士专业，当年招生总人数329人，其中本科生243人、硕士研究生86人、博士研究生14人。在读学生1166人，其中本科生950人，硕士研究生170人，博士研究生46人。

（张百年）

【学科建设】 2010年，学院有物理一级学科博士点，固体力学、一般力学与力学基础2个二级学科博士点，数学一级学科硕士点，物理电子学、系统工程2个二级学科硕士点。学院物理学科还参与纳米材料与器件物理学、光电信息材料与器件2个北京市重点学科（交叉学科）的建设。

（邱　宏）

【科研工作】 2010年，学院共发表学术论文175篇，其中被SCI、EI、ISTP三大检索收录的学术论文99篇；获得授权发明专利2项。年内，学院科研经费629万元，获2011年度国家自然科学基金资助项目11项，总经费288万元。科研成果方面，数学学科参与的北京市共建项目——“官厅水库上游妫水湖防止富营养化和蓝藻水华发展的复合生态工程治理研究”顺利通过北京市和教育部专家组的鉴定和验收；物理系吴平教授在物理学科领域最具影响力的学术期刊Physics Review Letters上发表学术论文，是08年以来学校物理系教师在该权威杂志上发表的首篇学术论文。

（邱　宏）

【教育教学】 2010年，全院在维持教学工作正常秩序的同时，又为文科和理工科留学生单独开出了高等数学课。年内，学院仍然把理科实验班工作作为重点工作。结合北京市教改课题《“2+X”创新人才培养模式的研究与实践》，学院组织理科实验班工作小组到中国科技大学、上海交通大学、同济大学、西安交通大学进行了调研，对理科实验班的培养目标、培养方式、课程建设、团队建设等进行了研讨。2010年，学院组织教师到上海、广州有关高校进行了培养计划的调研，并通过网络对国外有关高校进行了调研。在反复调研和讨论的基础上，学院各专业完成了2010版本科生培养计划的制订工作，数学与应用数学、信息与计算科学、应用物理、应用化学与生物技术专业的培养计划通过了专家验收。信息与计算科学专业把实践教学培养环节和本科生毕业论文环节整合到大学第四年，形成就业型和继续深造型的专业培养体系。

学院继续积极推进国家工科物理课程教学基地、北京市实验教学示范中心（物理）对全国高校的辐射和示范作用，新增辐射范围高校3所：南京大学、合肥工业大学、浙江工业大学。在辐射范围内全国高校总数达27所。

学院有11门课被批准建设优秀课，其中的“理科实验班系列课程”包括三门；“理论力学”和“化学与社会”被批准立项建设精品课；21个项目被批准为青教基金项目，面上项目5项。学院有6个本科生研究项目获得第24届“学校教育教学成果奖”，其中潘礼庆教授领衔的“前沿科技成果引入大学物理研究型教学，推动创新型人才培养”获得特等奖；廖福成教授负责的“‘2+X’创新人才培养模式的研究与实践”、尚新春教授负责的“工科力学教学中的理性思维培养与科技创新实践”和胡志兴副教授负责的“以数学建模为依托、开辟第二课堂、培养大学生分析解决社会现实问题的能力”获得一等奖；陈章华教授负责的“国际班材料力学科技实践与创新”获得二等奖。

2010年，学院在积极选派学生参加国内交换项目外，还选派学生去海外学习。选派19名本科生赴境外留学（英国邓迪大学5人、美国德州大学阿灵顿分校2人、美国加利福尼亚大学圣芭芭拉分校1人、美国布朗大学1人、加拿大滑铁卢大学1人、日本北海道大学1人、韩国浦项工业大学2人、韩国国立顺天大学1人、沙特国王石油大学2人、中国台湾辅仁大学3人），约占本科生的8%。

学院积极组织和参与各类学科竞赛。学院承办了全国第2届大学生数学竞赛（北京赛区）暨北京市第21届大学生数学竞赛，参赛学生超过4200人，创历史新高。年内，学院教师指导学生参加各类竞赛中取得了好成绩。其中，2010年美国大学生数学建模竞赛中，2个队获一等奖、5个队获二等奖；2010年国内数学建模竞赛中，2个队获全国二等奖、2个队获北京市一等奖，4个队获北京市二等奖；在2010年全国大学生数学竞赛总决赛中，各1

名同学获一、二、三等奖；2010年全国数学竞赛暨第21届北京市数学竞赛中，11名同学获一等奖，7名同学获二等奖，31名同学获三等奖；2010年北京市大学生物理实验竞赛中，各1个队获一、二等奖、3个队获三等奖；2010年北京市及周边地区物理竞赛中12名学生获一等奖；31名学生获二等奖；95名学生获三等奖。

研究生教育方面，2010年，按照分类指导，体现不同层次、不同类型的培养要求，修订完成2010研究生培养方案（2.5年学制），构建学术应用型和学术研究型培养体系。为确保研究生的培养质量，学院制定了《2.5年学制硕士生毕业的相关规定》、《研究生奖助学金调整及评定细则》。硕士研究生毕业论文优良率保持在90%以上。

年内，学院组织了数理学院首届博士生学术论坛，取得较好效果。成功举办了硕士研究生学术论坛，评出优秀论文一、二、三等奖各2名。2名研究生参加了校第五届研究生“学术十佳之星”评选，物理系潘礼庆教授指导的博士研究生张亚萍获得学校研究生“十佳学术之星”提名奖。

积极与国外大学开展合作交流。与美国阿灵顿大学和英国伯明翰大学等开展合作培养本科、研究生的工作；参与国家选派高水平留学生计划项目，选派1名博士研究生出国留学。有2名博士生出国进行短期访学和学术交流。

（廖福成、陈章华）

【实验室建设管理】2010年8月，应用科学学院划分为数理学院和化学与生物工程学院，自然科学基础实验中心行政上隶属于化学与生物工程学院，数学、物理及力学3个实验室工作人员编制和人事管理隶属于数理学院。

2010年，数学、物理及力学3个实验室主要工作包括：组织申报国家修购计划（2011年）项目，总经费365万元（其中物理240万元、数力125万元）。组织完成自然科学基础实验中心部署的相关考核工作。

物理实验室指导学生参加2010年北京市大学生物理实验竞赛，获一等奖1项， 二等奖1项、三等奖3项。数力系教师与数学实验室艾冬梅老师共同指导学生，参加了2010年2月美国大学生数学建模竞赛，获一等奖2项，获二等奖5项；2010年9月，数力系教师与数学实验室吕国才老师共同指导学生参加了全国大学生数学建模竞赛，获全国二等奖2项，获北京一等奖2项，获北京二等奖4项。

（刘杰民、郑连存）

【党建与学生工作】2010年，学院以迎接党建评估为契机，努力提高和谐学院建设水平，顺利完成学院班子，数力系、物理系班子的调整和3个教工党支部的改选工作。同时，按照学校党委的部署，通过“双评”（民主评议党员、党支部工作评估）工作，学院党委制订了《应用科学学院党支部工作考核评估基本标准（2010年版）》，开展了两次自查自评，并对2007～2010年应用学院党建思想政治教育进行了认真的总结和自评，评选出师生先进支部2个和优秀党员6名。

11月19日，学校党委召开了数理学院/化学与生物工程学院（原应用科学学院）党建和思想政治工作评估考察汇报会。学院党委从“院系班子建设”“为学院发展提供思想和组织保证”“提高教工党支部的影响力”“学生党建要为学生成长服务”“建设德识双馨的教师队伍”“推进学院文化建设促进和谐学院建设”“以党建促发展，学院实现跨越式进步”7个方面向大会作了汇报，获得在场专家组的高度评价。

2010年，学院注重落实“以人为本”的育人理念，从三个方面着手努力做好各项学生工作。

第一，学院扎实做好学生党建和思想政治教育工作。至2010年底，有研究生党支部5个、本科生党支部10个。有本科生党员136人，占全院学生的10.3%；有研究生党员193人，占全院学生的48.4%；学生党员总比例为19.2%。2010年，学院共组织学生党校1期，培养学员200余人，发展党员98名。2010年6月，本科081党支部参加了“北京科技大学标杆党支部”创建活动，2010年12月，本科084党支部被中共北京市委教育工作委员授予红色“1+1” 示范活动鼓励奖；数理学院党委本科074党支部“认清未来之路，向理想迈进”活动荣获北京科技大学优秀基层党组织活动（优秀党日活动）三等奖。

第二，细致做好学风建设。通过专业经验交流会、学风建设月、英才论坛等品牌活动的开展，不断创新学风建设的系统化措施；进一步完善班导师制度；制订《应用科学学院关于进一步加强本科生班导师工作的意见》。开展班导师“重点关注学生发展”立项活动，班导师“重点关注两个10%”——为优秀的学生创造更好的发展平台，同时也为遇到困难的学生排忧解难、帮扶指导。23名班导师“重点关注学生”49名，到访宿舍71次/开班会77次/约谈学生355次。以“学习才是硬道理 努力学习为明天”为主题召开了几次学风建设研讨会，在全院各个年级和专业的学生中大力倡导“争创佳绩长才干，努力学习为明天”的风气，引导学生以学为主、树立志向、塑造品行、提高素质。细致稳妥地做好退学、试读、降级学生的工作。院长+书记/教学院长+学生工作副书记/班导师+辅导员共同面对学生和家长，由班导师+辅导员+教务员会商制定学业补修计划。

第三，开展职业生涯规划教育。通过开展以“一年为四年，四年为四十年”为主题的职业生涯规划教育，对学生进行分类指导、个性培养，帮助学生在了解自我的基础上，不断提升核心竞争力。2006级本科毕业生上研率为25.8%，其中保研比例17.4%(31人)、考上研究生比例8.4%（15人）。本科生和研究生就业率86.59%，其中研究生就业率89.65%、本科生就业率83.53%。4名学生到世界500强企业就业，26名学生到中国500强企业就业，10名学生到高校工作，2名学生到国家机关工作，16名学生到科研院所工作，上述高质量就业人数比例37.67%（接近学校的平均值37.89%）。

2010年，由学院推荐并经学校审核评选出学生个人荣誉523项。其中，特种奖学金45项，人民奖学金221人次，优秀三好学生32人次，优秀三好研究生7人次，三好学生66人次，三好研究生18人次，优秀学生干部33人次，优秀研究生干部6人次，优秀团干部33人次，优秀团员62人次。由学院推荐并经学校答辩、展示评选出学生集体荣誉8项。其中，校级先进班集体优秀团支部5个，校级标兵宿舍1个。在学校组织的第六届研究生世家学术之星评选活动中，我院1名研究生获得“十佳学术之星”提名奖。

（张牧风、刘雨芙、牛珩、张百年）

化学与生物工程学院

【概况】根据学校发展需要，经学校党委研究决定，化学与生物工程学院及学院党委于2010年8月18日成立。学院由原应用科学学院化学系、生物科学与技术系以及胡国华、党智敏两位教授的学术梯队组成。下设高分子科学与工程系、化学与化学工程系、生物科学与工程系三个系，化学分析中心1个中心，另自然科学基础实验中心挂靠学院。学院共有教职工77名，其中具有博士学位的教师45人，博士生导师11人，硕士生导师32人；教授16人，副教授18人，高级工程师4人；国家千人计划入选者1人、长江学者1人、国家杰出青年基金资助1人，教育部新世纪人才4人、北京市科技新星5人。至2010年底，学院在校学生662名，其中研究生186人，本科生476人。

（刘雨芙）

【学科建设】2010年，学院有1个化学一级学科博士点，1个材料合成化学自设博士点；2个化学工程、化学硕士学位授权一级学科，1个生物化学与分子生物学二级学科硕士学位授权点。

年内，学院整合学科力量，汇聚学科队伍，成功申报化学一级学科博士点；加强院际合作，联合材料学院等4个学院成功申报北京市交叉学科重点学科（光电信息材料与器件）；凝炼学科方向，组建13个以胡国华、姜建壮、弓爱君等知名教授为负责人的教学科研梯队；加大“千人计划”团队筹建力度，引进千人计划入选者胡国华教授，新增师资4人（海外1人，国内3人）；共建临时实验室，积极筹建高分子科学与工程系，拓宽学科发展方向。

（胡国华、闫　海）

【教学改革】2010年，学院以提高教学质量为中心，以教学改革为抓手，稳步推进教学质量工程建设。年内，完成“十二五”期间教材讲义立项建设申报，共申请教材立项9项、讲义立项9项；完成2010年学校第六批教育教学研究补充立项工作，“普通化学教学改革研究”等9个项目获批学校面上项目或学校青教基金项目；坚持使用新优教材和自编教材，《遗传学实验指导》等3部教材获批学校“十二五”期间教材（讲义）第一批选题；《积极探索“双语+英语”教学模式，环境化学（双语）》课程教学团队荣获国家双语教学示范立项课程；《化学与社会》课程获第三批校级精品课程立项建设课程称号，《物理化学实验》等5门课程获批第五批校级优秀课程立项建设课程。

人才培养方面，2010年学院承担大学生创新项目50项，其中国家级4项，市级1项，校级5项，院级41项；完成本科生科技创新批准立项35项，项目参与学生共计93人，其中推荐为国家级项目3项，北京市级项目1项，校级项目1项；加强学院对外合作与交流，5人参与境外交流，12人参与境内交流，2名本科学生获得英国邓迪大学3+1+1合作项目资格；充分调研，科学定位，认真完成新版研究生培养方案的修订工作，完成学院2011～2015年全国研究生学术交流平台项目的申报和“211工程”三期创新人才培养项目计划制订。年内，万亮同学获得学校第六届研究生“十佳学术之星”称号。

（李文军、党智敏）

【实验室建设管理】2010年，学院“农药残留与环境毒理实验室”正式获批农业部农药登记残留试验单位，并被确定为省部级重点实验室。

2010年，自然科学基础实验中心挂靠学院，刘杰民任中心常务主任。年内，实验中心完成生物、数学、物理3个专业共计285万元的修购计划，并在广泛调研的基础上，进一步理清发展思路，科学制订了“十二五”规划和课程建设、教材建设及教学改革的“十二五”规划。

2010年，实验开出率达到了100%，综合性、设计性实验占总实验课程的90%以上，独立设课的基础实验课程实现了100%开放，实验教学的年工作量为40万人学时，接待新教师培训参观100人。年内，补充实验教学人员两人，2人攻读在职硕士，3人攻读在职博士，1人晋升工程师。至年底，实验教学人员发表实验教学论文15篇，发表学术论文23篇，其中，SCI论文4篇，EI论文3篇。获得校实验技术成果奖3项，其中一等奖1项，二等奖2项。

（刘杰民、马龙海、韩燕妮）

【党建与学生工作】2010年，学院完成教工和学生支部的重建和改选工作，设立党支部14个，其中教工支部3个、党员36人；学生支部11个，党员137人。年度发展党员45人。

自学院党委成立以来，细化管理，完成了2010年度党内信息统计工作，实现党员信息库的实时更新和维护；联合数理学院共同完成原应用科学学院党委迎接学校党建工作评估的相关工作。年内，各党支部积极开展“创先争优”立项活动，创新党建工作思路，积极组织学生党支部参与立项活动和实践锻炼。2010年的党支部立项活动中，学生党支部立项率达到100%，为全校第一。在“红色1+1”活动中，3个党支部组织完成结对工作并获奖。

年内，本科06级上研率42.3%。本科07级学生中共有20人保研，2人直博，占总人数的19.47%。学院积极开展班级建设，做好班级评优工作。生技0702班获“优秀班集体、先进团支部”标兵称号、“优秀学风班”称号，化学0702、化学0902班获校“优秀班集体、先进团支部”荣誉称号。

2010年，学院积极组织与发动学生参加学术科技创新活动，本科生中2组作品作为国家级项目被评为本科生科技创新一等奖，有1组作品作为北京市级项目被评为本科生科技创新一等奖；在教育部、团中央举办的全国大学生节能减排科技竞赛中，王丹阳等5位同学的作品《以Bt农药为产品的餐厅垃圾资源化处置方法》获得一等奖。科技创新项目中，《以赖氨酰氧化酶为作用靶标的抗肿瘤药物筛选》获评一等奖，并发表英文论文2篇，被ICNPTM录用；在北京科技大学第十二届“摇篮杯”大学生课外学术科技作品竞赛中，有4组作品获奖，其中1个一等奖、1个二等奖。完成了社会实践工作的收获交流、后期总结、评优表彰工作，化生学院共有4个团队获奖，32名同学被评为社会实践先进个人。

（弓爱君、刘雨芙）

外国语学院

【概况】2010年是学院“十一五”发展的收官之年，也是积蓄力量、科学谋划“十二五”发展的开创之年。2010年，学院深入学习和贯彻《国家中长期教育改革和发展规划纲要》精神，以“育人为本、提高质量、改革创新、加强学科”为工作主线，团结奋斗、锐意进取，在学科发展、师资队伍建设、科学研究等方面取得了跨越式的发展。

2010年，学院设有英语语言文学系、大学英语系、研究生英语系、亚欧语系4个系；外国语言文学研究所；党委行政办公室、学生工作办公室2个办公室；外语实验教学中心和外语培训中心2个中心。学院具有英语、日语、德语3个外语本科专业，在外国语言文学一级学科硕士学位授予权下有外国语言学及应用语言学、英语语言文学、日语语言文学和翻译硕士专业学位共4个二级学科硕士学位点，外国语言文学一级学科博士点已通过学校学位委员会审批，报国务院学位办审批备案。至2010年底，全院在读学生667人，其中本科生603人，硕士研究生64人。

（张秋曼、黄爱霞）

【师资队伍建设】2010年，学院有专任教师87人、外籍教师14人。教师中教授8人，副教授17人，入选教育部“新世纪优秀人才计划”1人，北京市名师1人。94.3%的教师具有硕士以上学位，21.9%已经获得或正在攻读博士学位。学院还聘请了国际著名功能语言学家英国加的夫大学荣休教授Robin P. Fawcett先生、知名社会语言学家Adam Jaworski教授、国际著名功能语言学家香港城市荣休Jonathan Webster教授、北京大学胡壮麟教授、中山大学黄国文教授、北京外国语大学何其莘教授、同济大学张德禄教授、复旦大学朱永生教授、北京师范大学田贵森、刘象愚教授和英国剑桥大学Mark Buck博士11位国内外著名语言学家担任我院客座教授及兼职教授。

全年，学院重视教师职业生涯发展，切实加强青年教师进修培训，着力打造一支素质优良、结构合理的师资队伍。学院接收留日归来博士1人、同声传译硕士研究生1人，推荐2位青年教师考取博士研究生，选派6名优秀青年骨干教师赴澳大利亚进修；1位教师入选“中美富布赖特”项目赴美短期工作及进修；2位教师入选中国国家汉语国际推广领导小组办公室对外汉语教师项目；推荐1位教师成功申报国家留学基金委全额公派项目、1位教师申报2010年度国内访问学者；支持33人次教师参加国内外高水平学术会议。年内，陈红薇教授荣获“宝钢优秀教师奖”，张丹丹荣获北京市高等教育学会、北京高教学会大学英语研究会联合举办的首届“外教社杯”全国大学英语教学比赛北京赛区二等奖；许芳在北京市高等教育学会研究生英语教学分会举办的第二届青年教师基本功比赛中荣获一等奖；陈红薇教授被评为校级师德先进个人，英语语言文学系被评为校级师德先进集体。

（张秋曼、黄爱霞）

【教学工作】2010年，学院立足于教学研究型学院的定位，以提供高品质的外语教学服务为支撑点，狠抓教学过程管理，全面提升教育教学质量。

年内，学院坚持因材施教、个性发展的原则，实施分级多元化、分层次的人才培养模式，既抓基础外语能力，又注重精英培养，强化外语综合应用能力的训练；围绕学校新版本科培养计划的实施和“国际化”、“精英人才”培养的要求，开设近20门外语类公共选修课，提升学生的外语素质和交流能力；通过建立考试评价体系，实现跟踪分析，推进课上课下有机结合、互相促进，严格教学过程管理，加强大学英语教学管理。年内，2008级学生在全国大学英语四级统考中一次通过率为93.42%，再创历史新高。

2010年，学院多措并举，扎实推进专业教育教学改革工作。一是推进实践型人才培养模式。以修订新版人才培养计划为契机，结合语言、翻译、文学3个专业方向，按照专业研究型、应用型、复合型3个类别开展多层次、分类别人才培养。二是重视基础教学工作。德语专业四级考试中通过率两年均为100%，英语专业八级通过率90.63%，比全国理工类大学平均通过率高44.2个百分点。三是积极推动国际化人才培养机制的建立。四是强化班导师工作机制，主抓学风和教风，解决学习内动力。2010年各专业的读研、保研、留学学生比例较往年有大幅提升。五是以教研科研带动外语专业精品教学。2010年，《当代语言学导论》获得北京市精品课程称号，2门课程获第三批校级精品课程立项，3门课程获得校第五批校级优秀课程立项。在第24届教学成果奖中，学院共获奖7项，其中2项获得特等奖。

（张秋曼、黄爱霞）

【学科建设与科研活动】2010年，学院学科建设更上一个台阶，获批“翻译硕士”专业学位点；“日语语言文学”专业二级学科硕士点正式招生；“外国语言文学”一级学科博士点通过学校学位委员会审批报国务院学位办审批备案。我院正式跻身国内高校外语界第一梯队，实现了学科建设的跨越式发展。

2010年，学院积极搭建平台，扩大同国内外院校相关学科的学术交流，提升在相关学科领域的影响力。年内，成功举办第六届“功能语言学与语篇分析”高层论坛。期间，来自英国加的夫大学、阿根廷国立库约大学、北京大学、中山大学、同济大学等多所高校的专家学者20余人围绕“计算语言生成系统”主题进行深入探讨；成功举办第一届“北京科技大学外国语学院学术活动月”活动，邀请美国洛杉矶山谷学院的Margaret Freeman教授、香港城市大学的Jonathan Webster教授、清华大学的方琰教授、中山大学的黄国文教授前来讲学，内容涉及到语言学、文学等各个领域，营造了学院浓厚的学术氛围。

2010年，学院获批国家社科基金项目、教育部人文社科基金项目、北京市精品课程建设项目各1项。全院教师共发表论文60多篇，其中27篇发表在外语类（含国际期刊）、人文社科类等核心期刊上。出版国家级“十一五”规划教材4部，北京市精品教材建设项目教材1部。

（张秋曼、黄爱霞）

【教学条件建设】2010年，学院全力推进外语课堂教学与多媒体网络教学一体化进程，完成了外语教学多媒体网络平台二次开发工作，经推广使用，取得良好的教学效果。至2010年底，外语实验教学中心共拥有外语自主学习中心、外语教学多媒体资源中心、外语图书期刊中心及外语学习实践中心4个中心，同声传译实验室、网络视听实验室、数字语言实验室、卫星节目采编实验室、模拟配音实验室、网络机考模拟实验室、无线耳机听音实验室、电子阅览室和无线调频FM外文广播9个实验室，使用面积2746平方米，实验设备1190台/套，设备资产总值约1115万元，已建成规模化、多维度外语实验教学环境，为教师和全校学生创造了不受时间空间限制、立体交互式外语教学和学习条件。《数字化智能FM校园外语学习广播系统的创建》项目获得北京科技大学第九届实验技术成果二等奖。

（张秋曼、陈光浦）

【党建与学生工作】2010年，学院认真学习和贯彻落实《国家中长期教育改革和发展规划纲要》精神，围绕中心、突出实效，寓党建思想政治工作于学院各项中心工作中，在加强基层组织建设、推动学院科学发展中取得了实效。学院党委以“创先争优，从我做起”主题实践活动为契机，围绕“比党性、赛业绩、谋发展”主题，精心设计“党员公开承诺”、“党员服务示范岗”等活动载体，增强了活动的针对性和实效性；通过组织干部学习“四项监督”制度，切实加强党员干部的党风廉政教育工作；高度重视党组织活动立项工作，创建学习型标杆党支部。年内，学院党委获得北京科技大学基层党组织活动优秀组织奖，英语系低年级党支部被评为北京科技大学“标杆党支部”，2个支部分获优秀基层党组织活动一等奖和三等奖。

2010年，学院工会遵循“让教职工心情愉悦工作、让学生最大程度受益”、竭诚为教职工办实事的建院宗旨，全力完成二级建家考核评估工作，晋升校级“模范”教职工之家。学院被评为“北京市三八红旗集体”，教职工“春之声”合唱比赛中获得校级二等奖。

2010年，学院学生工作以推进学风建设为中心，以优化生涯发展辅导活动为主线，以加强基层学习型组织建设为切入点，合理规划，切实推进各项工作，努力实现“规范化、精致化、特色化”的发展目标。①起点前移，扎实做好新生教育引导工作。整理完善新生信息库，有针对性开展深度辅导；制定学生请假制度、班级课堂情况日汇报制度，组建“优秀学长顾问团”；设计《致新生家长的一封信》，搭建师生、家长之间的动态沟通桥梁。②重心下移，充分发挥基层组织学风建设的主体作用。支持以班级、党支部和社团成员为单位申报和开展科技创新、暑期社会实践等活动。全年共发展学生党员42名，培养和发展入党积极分子122名。低年级英语系党支部荣获北京科技大学标杆党支部称号。③认清形势，做好学生的平安稳定工作。做好重点学生的排查，形成特殊学生报告15份，重点关注学生累计58人次，累计发放假期安全教育温馨提示500余份，及时召集学生骨干通气工作会议4场，依托团委办公室（安心会）、学生会常代会等开展引导工作等。④教辅结合，做好导师的联动配合工作。定期与研究生导师交流学生思想动态以及论文进展情况，共同举办研究生学术沙龙活动，共收到学术论文41篇，评选出优秀论文8篇。定期召开本科生班主任、辅导员座谈会，每月就学生情况进行全员梳理和重点排查，同时邀请班主任、任课教师等参与到特种奖学金评定、国家助学金评定、班级学生干部选拔等工作中。⑤从短期就业帮扶和长期就业指导入手，帮助学生树立正确的就业观、学业观、价值观，全年学院导师推荐工作共300人次，学院2010届毕业生就业率93.38%，研究生就业率90%，总就业率92.61%。⑤有效引导，做好学生干部队伍建设的工作。明确学生干部的属性定位，调整学生干部培训制度，全年针对各级学生干部培训120学时，试行《外国语学院学生干部测评办法》。依托学生干部策划组织学校第五届外语文化节等活动，学生共申报45项本科生科技创新项目，6支社会实践团队获奖，1人获十佳标兵称号，29人获先进个人，组织5人参与暑期赴美带薪实习项目。学院启动首届“银杏之星”评选工作，吸引全院88名同学参与评选，530名同学参与投票，并最终产生银杏之星10名，集中编写《银杏树下的我们（2010·第三辑）》，收录了优秀学子在学习工作中的感人故事，在学院引起了强烈的反响。

（张秋曼、李　虹、董俊杰）

高等工程师学院

【概况】学校作为教育部“卓越工程师教育培养计划”首批实施单位，根据校党发[2010]34号《关于成立工程师学院（暂定名）的通知》的精神，于2010年9月成立了以培养工程型精英人才为目标的工程师学院。同年11月，根据校党发[2010]41号《关于机构设置及干部任免的通知》的精神，新成立的工程师学院暂定名为“高等工程师学院”。所有进入“卓越计划”的学生，将纳入高等工程师学院管理，严格执行学校制定的卓越工程师培养总体方案和工作方案。对卓越计划学生进行学籍、学历、学位、实践、校企联合培养等全过程管理，着力建设学生校内外工程实习实践基地。同时对校企联合培养、企业指导教师等加强监督。

2010年，学院共有教职工42人，下设有行政办公室、学生工作办公室、机械加工基地、电子技术实习基地、科技创新基地、校企联合人才培养基地。

（王小宁）

【培养目标】借鉴世界先进国家高等工程教育的成功经验，秉承“学风严谨、崇尚实践”的办学传统，以“实践和创新”为特色，围绕钢铁行业发展的需求，致力于培养钢铁行业需要的“厚基础、宽专业、强实践、重创新、懂管理”，具有国际视野和跨文化交流能力，了解专业技术发展前沿和国内外行业发展状况，具有一定工程设计开发和研究能力的创新型工程技术人才和行业领袖。

（刘　立）

【培养模式】选择冶金工程专业的钢铁冶金、材料科学与工程专业的材料成型及控制工程、机械工程及自动化专业的冶金机械、矿物资源工程的采矿工程4个专业方向首批开展“卓越计划”培养，初步建立学士工程型人才、硕士工程型人才、博士工程型人才的卓越工程师培养体系。在培养机制体制成熟后，逐步扩大专业范围和学生规模。

学院以“夯实学科基础、注重专业交叉、强化工程实践、培养创新能力”为思路，以培养学生工程实践能力、创新能力和综合素质为核心，以理论教学和工程实践为两条主线，将培养方案划分为通识基础教育、工程基础教育、工程专业教育、工程研究与实践4个模块，注重学生综合素质、注重不同学科专业的交叉与融合、注重学生工程实践能力和创新能力的培养、综合利用理论知识分析和解决工程问题的能力和工程创新能力的培养。采取“2+2+2.5”本硕一贯制及博士研究生的分段统筹培养方式，采用讨论课、项目课等围绕与工程实际有关案例进行教授，加强学生工程意识的培养；通过1年多的实践课程，提高学生工程实践能力；组织学生积极参与科技创新、学科竞赛、科技竞赛等，培养学生创新能力、管理能力、团队协作能力，潜移默化中培养学生的工程素养。

进入“卓越计划”学生在本科阶段第1～2年按大类培养，主要进行通识教育和工程基础教育。第3～4年，主要进行工程专业教育与工程实践训练，第8学期在毕业实习的基础上，完成以实际企业项目为背景的本科毕业论文（设计）；通过保研或考研的方式进入全日制工程硕士阶段学习的学生，以实际工程项目为载体，深入企业进行不少于40周的实习和实践，并结合工程项目研究，完成工程硕士学位论文。

（刘立、赵志毅）

【管理模式】“卓越计划”培养管理工作由高等工程师学院具体实施。在我校“卓越工程师计划”领导小组的直接领导、专家委员会和培养工作委员会的指导和各学院大力支持下，学院建立“双师指导+校企培养+学业监控+思政辅导”的管理模式，以保障我校卓越工程师培养目标顺利实现。学院为学生配备由学校教师和企业专家担任的双导师，校内专业导师负责制定学生学业规划，帮助学生确定研究内容、方法，指导学生进行工程实践和探索及完成学位论文等。企业导师进行学生现场实践和工程课题的指导。

（王小宁）

【制度建设】根据教育部的相关精神和我校办学传统，制定了校发[2010]99号《北京科技大学“卓越工程师教育培养计划”学生培养管理办法（试行）》，就培养学生的指导思想、专业规模、管理机制、学生选拔和退出机制进行说明。制定了校教发[2010]123号《关于选拔2009级学生进入“卓越工程师教育培养计划”的通知》，以指导“卓越计划工程师”首次选拔工作的开展。

（张少军）

【学生遴选】学院建立“因材施教、分流培养、能进能出”的流动机制。在“卓越计划”专业学习期间，除了从应届高考生中直接录取四个“卓越计划”专业方向的本科新生外，学院本着“学生自愿报名，学院择优录取”的“双向选择”原则，从在校在籍本科生中选拔成绩优良，实践能力突出，富有创新精神，并且有志从事工程研究开发和管理工作的学生进入“卓越计划”学习。同时，学生可以根据实际情况退出“卓越计划”，转出到相关专业继续学习。已在2009级在校本科生中选拔出综合素质较高的学生132人（占同年级在校生5%左右），于2010学年度第二学期进入“卓越计划”培养体系学习。

（赵志毅、王小宁）

【基地建设】本着“优势互补，互惠共赢”的原则，至2010年12月20日，学院已与河北钢铁集团、山东钢铁集团有限公司、太原钢铁(集团)有限公司、中国首钢集团、中冶京诚工程技术有限公司5家知名企业签署了共建国家级工程实践教育中心的协议，依托与企业共同申报的国家级、校级工程实践教育基地，做好校企联合人才培养的具体工作，诸如企业指导教师聘任、校企双方人才联合培养、学生岗位实训、企业工程师教育课程等工作。

（张少军、赵志毅）

管庄校区

【概况】2010年是管庄校区深化改革、加强管理、科学规划的关键之年。校区坚持科学发展，深入学习贯彻中共十七大、十七届四中全会和《国家中长期教育改革和发展规划纲要》精神，加强质量管理，稳定教学秩序，开拓办学领域，实现了校区健康稳步发展。

至2010年底，校区各类在籍生总数27665人，其中高职生273人，函授生6153人，业大生2568人，远程学生18671人。另外，继续教育培训项目(一年以上)1616人，校本部本科生484人。毕业生总数3550人，其中高职96人，成教学生515人，远程生2939人；毕业生中本科生1112人。有各类教育新生8261人（高职86人，业大生844人，函授生1724人，远程生5607人），继续教育培训（一年期以上）共招生533人。

（陆春兰、张军凌）

【规划编制】2010年，校区各职能部门深入市场和高校调研，充分研究教育发展新趋势、新要求，有针对性、有重点地开展了规划制订工作。至年底，校区编制完成《校区“十二五”发展规划》和《校园建设规划》。《校区“十二五”发展规划》在全面分析校区发展现状、明确校区今后发展的关键要素和瓶颈问题的基础上，突出办学特色和优势，对接经济社会发展需求，确定了校区“十二五”时期的发展目标、改革任务和保障措施；《校园建设规划》的基本思路是增强办学实力，合理配置办学资源，重点完成教职工活动中心、14号大厂房、学生公寓、篮球场等改造新建项目，力争把校区建成资源节约、布局合理和环境怡人的花园式校园。

2010年，校区完成规章制度的修订、归类及编印工作，汇编后的规章制度内容涵盖三类教育、综合管理、学生工作、财务管理、党建等九大类82项相关制度和规定。同时，完成远程教育新版教学管理规章制度汇编工作，为校区实现科学、规范管理提供了制度保障。

（陆春兰）

【基础设施建设】2010年，校区加大基础设施和设备的投入力度。校区基建总投入231万元，完成11号学生宿舍楼、学生浴池和教学楼等14个维修项目；完成10楼会议室视频会议收发设备的安全调试；完成7个教室多媒体改造和网络机房防雷改造；新建旱喷一景、小水池及假山等，进一步美化绿化校园面貌；调试现有录课软件与设备连接，实现移动录课；加强图书资源建设，开展“本科生借阅本部图书馆图书直通车”服务和学生参与现场图书采购活动。

（张少俭、曹建波、王玉敏）

【教学管理与服务】2010年，校区完成教务成绩管理系统维护工作；组织高职升本科的推优报名，8名学生被录取进入北京信息科技大学深造学习；资助出版成人教育系列教材3本，7项关于继续教育、成人教育、职业教育等教学研究课题列入校区教学研究项目资助计划，已结题4项。

本科生管理与服务方面，2010年校区继续支持本科生工作，通过扩建浴池、增加活动经费、扩大本科生图书采购数量、组织院长接待日等工作，不断完善办学条件，改进管理办法，提高服务质量和工作效率。4月份，学校成立管庄校区本科生工作办公室，大力加强学风建设，合理安排教师答疑，积极召开主题班会，分析总结学习情况，制定整改措施；开展班级展示、老干部辅导员宣讲、新老生经验交流会等多项活动，帮助学生尽快适应大学生活；及时发现和处置突发事件，确保了本科生安全稳定，并出色完成09级学生返校工作。

（张军凌、董春阳）

【财务管理】2010年，在国际经济环境不确定性因素增多、各类办学尤其是培训招生竞争日益激烈等压力下，校区努力挖掘办学潜力，优化办学结构，提高办学效益，全年办学总收入与去年持平。进一步理顺了内部经济政策和财务管理机制。完成了校区医务室和财务的联网结算，实现了教职工看病取药费用的现场结算，为教职工特别是离退休人员提供方便。

（向剑峰）

【安全稳定】为确保校区安全稳定，2010年，校区及时维修更换灭火器700个，并进一步强化安全责任制，制定校区安全事故、火灾事故、校园群体性事件、校园突发治安（恐怖）事件、其它事件等应急预案，组织安全专项检查，及时排查隐患。同时，加强违纪事件的调查与处理，重点整治校园环境秩序，规范了停车泊位，推进和谐校园建设进程。

（韩玉明、李　旭）

【人事管理】2010年，校区完成了上年岗位聘任的各项后续工作，如明确岗位职责、兑现岗位津贴等；完成年度考核聘任和教职工进修培训，安排5名教职工参加各类培训；进一步完善教职工个人信息库；完成非事业编制人员合同管理考核和人员补充，新签合同35人；加强了非事业编制人员“四险”信息采集及统计管理，按照国家政策调整非事业编制人员养老保险基数；完成了非事业编制人员工资调整，经过调整，非事业编制人员工资平均增幅30%。

（曹宏生、刘亚宁）

【党建和学生工作】2010年，校区党委高度重视理论学习，加强领导班子建设，进一步增强党建工作实效；注重落实廉政风险责任制，重点抓好两级风险防范管理，针对廉政风险点及时研究制定风险防控措施；加强党员队伍建设，开展了以“寻根延安坚定信念，团结奋斗科学发展”和“创先争优、从我做起”为主题的党员教育实践活动；以双评和师德评选为契机，弘扬先进典型；重视党员发展，共发展新党员4名，预备党员转正2名。

年内，校区组织召开三届二次教代会，加强校区三级小家检查评比和二级职工之家建设重点，校区再次荣获校级“模范职工之家”光荣称号；以文体活动为载体活跃职工生活，增强校区凝聚力，荣获学校第35届教职工田径运动会职工男子、女子总分第一名、歌咏比赛一等奖、学校第九届教工排球邀请赛冠军等优异成绩。

2010年，校区重视学生心理教育与排查，召开“重点关注学生心理健康状况排查与约谈”工作会，组织8名辅导员参加北京高校心理知识培训；积极筹建校区心理咨询中心，构建学生心理健康工作体系；举办第13期学生业余党校，520多名学生参加学习。校区学生部门加强了与本科生工作办公室联动，促进校区各类学生融合，共同举办“拥抱明天”毕业晚会、“梦想起航”迎新晚会等，开展志愿服务、勤工助学、“12·3国际助残日”等系列活动。校区在“扶残助教”志愿服务活动中表现突出，被市残联评为“2009～2010年度北京市扶残助学送教上门志愿服务活动先进单位”。

（王川让、李　磊）

天津学院

【概况】北京科技大学天津学院是2005年4月经教育部批准，由北京科技大学与广东珠江投资有限公司合作举办的本科层次的独立学院，上级主管部门是天津市教育委员会。

学院位于天津市宝坻区京津新城珠江北环东路，设有土木工程系、材料科学与工程系、信息工程系、机械工程系、经济系、管理系、法律系、外语系8个系；实验技术中心、图书馆2个教辅部门；艺术教育中心1个中心。2010年，学院面向全国29个省、市、自治区招收本科生1633人。至年底，在校生6008人，2010届毕（结）业生2227人，就业率92.95%。

学院下设学院办公室、教务处、学生处、团委、宣传部、后勤基建处、财务处、保卫处、现代教育中心、基础部、体育部。至2010年底，学院共有教职员工271人。其中，北京科技大学派出人员10人，广东珠江投资有限公司2人，社会招聘259人。2010年，学院荣获“致青年 TO YOUTH”2010教育年度总评榜暨搜狐教育年度盛典“中国十大品牌独立学院”称号，及2010年“回响中国”教育年度盛典年度“中国最具影响力独立学院20强”荣誉称号。

（白　亮）

【教改教研】2010年，学院以培养学生职业能力为主线，实施“应用型”实践教学，着力提高人才培养质量。年内，学院新设土木工程（房地产开发管理）、电子信息工程两个专业；并按照应用型人才培养目标，引入“现场案例式”、“多媒体仿真式”等教学方法，探索实践性教学环节新模式；重视学生动手和创造能力培养，强化校企合作平台，累计建立校内外实习（实训）基地15个；启动优质课程和重点专业建设工程；积极拓展国际交流与合作，与美国阿兰特大学、台湾大叶大学等签订长期合作协议；组织学生参加首都高校物流设计大赛、“金蝶杯”ERP全国大学生创业赛天津赛区选拔赛等。信息系承担的天津市教改课题项目“建立校企合作机制，推动信息类专业应用型本科教学改革的研究与实践”结题并通过验收。机械系申报的《快乐教学法在物流工程专业应用型人才培养模式中的应用研究》，经中国物流学会和教育部高等学校物流类专业指导委员会正式批准立项。

（白　亮、吴　平）

【师资队伍建设】学院按照高素质应用型人才的培养要求，以高层次人才教师队伍建设为重点，努力建设一支结构合理、素质优良、富有活力、适应事业发展需要的“双师型”师资队伍。年内，学院着力引进高层次人才，面向全国招聘3名具有高级职称且具有丰富教学管理经验的高层次人才，担任教学副院长、管理系主任和法律系主任；通过岗前培训、在职进修、参加教学研讨班、出国培训、举办讲座等形式增强教师知识水平和业务能力；重视教学研究，启动“本科教学改革与质量建设研究”团队项目15个；实施“骨干教师境外培养计划”，遴选3名外语教师、2名专业课教师赴澳大利亚拉筹伯大学参加中国大学培训团英语/双语教师短期培训班。学院鼓励青年教师参加学位进修，年内，共有26名教师报考在职硕士和博士研究生，17名教师获得入学资格。2010年度，教师在国内外各类刊物共发表论文30多篇，参与国家级课题研究2项，编写书籍2本，教材2本，参加学术研究和交流会议30多次，并参加国家级课题研究。

（白　亮、孟菲菲）

【党建工作】 12月22日，学院召开第一次党员代表大会，参会党员代表103人，选举产生党委书记、副书记和新一届党委委员。至年底，学院共有9个党总支，13个教工支部和35个学生党支部，共有党员810人，其中教工党员199人，学生党员611人。

2010年，学院认真贯彻落实中共十七大和学校第十次党代会精神，将学习贯彻《国家中长期教育改革和发展规划纲要》和深入开展“创先争优”活动紧密结合，积极开展主题鲜明、形式新颖的组织活动，效果显著。年内，法律系学生第七党支部开展的主题名为“宣扬法制，构建和谐学习型党支部”活动获学校优秀基层党组织活动二等奖；信息工程系教工党支部和外语系学生第三党支部被列为学校第三批“标杆党支部”创建单位；法律系法学专业学生第六党支部、信息工程系教工党支部获学校2008～2010年度“优秀党支部”称号，9名党员获得2008～2010年度“优秀党务工作者”及“优秀党员”称号。

（孟菲菲、白　亮）

【学生工作】 2010年，学生工作坚持“学生为本，育人为首，管理为重，服务为上”的工作理念，牢牢把握“强化教育、科学管理、突出服务”的学生工作主题，以提高学生工作干部队伍素质为依托，创新学生管理模式，积极建设和谐校园。

2010年，学院共青团以坚持党建带团建、建立长效机制、坚持团建创新为工作原则，以结合党建新格局推动团的工作、规范各级团组织建设、改进和完善基层团务工作、进一步创新共青团工作载体为主要工作目标，开展丰富多彩、富有意义的第二课堂活动，认真服务学院中心工作。5月，学院召开第一次学生代表大会，选举产生学生代表309名、征集到代表提案461份。12月，学院召开第一次团员代表大会，187名团员代表参加会议。大会听取审议了团委5年来的工作报告，并选举23名同志组成共青团第一届委员会委员。

2010年，学生在各类学科竞赛中取得优异成绩，1人获“全国大学生英语竞赛”优秀奖，2人获“天津市普通高校大学生数学竞赛”优秀奖，6人分获“全国第二届大学生数学竞赛暨北京市第二十一届大学生数学竞赛”二、三等奖，1人获“天津市首届独立学院英文歌曲大赛”三等奖。41名2006级学生参加H3C网络工程师认证考试，36名学生通过，2名学生获得满分。在“天津市学校系统优秀团支部标兵评选”活动中，会计087班团支部荣获“2010年天津市学校系统特色团支部”称号；“学生会第一团支部”和“经济系国贸082班团支部”获“2010年天津市学校系统优秀团支部”称号。“爱纷飞”暑期社会实践团获“2010天津市大中专学生志愿服务暑期社会实践活动优秀实践服务团”称号，5人获“2010天津市大中专学生志愿服务暑期社会实践活动先进个人”称号。科技协会智能车队在第五届“飞思卡尔”杯全国大学生智能汽车竞赛中，2支参赛队获全国总决赛一等奖，1支参赛队获全国总决赛二等奖。学生艺术团在2010年天津市学校系统文艺展演大学组比赛中，共参加5个项目，荣获包含3个一等奖在内的15个奖项。

（盛佳伟、叶振楠）

延庆分校

【概况】2010年，延庆分校在校生1383人，其中外国语学院546人，土木与环境学院311人，数理学院284人，文法学院242人。

年内，分校共招收新生398人，专业包括英语教育、商务英语、文秘、计算机技术及应用（网络与数据库、数据通信、游戏设计）和工程造价（建筑安装工程、市政工程）5个专业。共毕业学生470人，就业率为98.95%。其中，49名学生升入本科深造，录取率为10.42%，在全市同等高职院校中位于前列。

（尤志华、朱凤琴）

【教学工作】2010年，分校注重日常教学运行管理，规范教学管理工作程序，稳步提高教学质量。年内，分校重点强化教师教学工作纪律，提高学生课堂出勤率，完善学生学业预警制度，降低学生不及格率；开展学风建设、教风建设活动，规范考务工作，加强实践教学管理；开展全员课堂教学质量评价活动，加强对教学质量的监控，保障教学秩序稳定、有序、高效运行；各专业根据专业特点分别开设了专业选修课和主题报告讲座，拓宽学生知识视野。

2010年，分校以实践教学为重点，着力建设研究实习、实训基地管理长效机制，增强学生动手能力的人才培养模式改革。年内，分校拓展北京联想集团等6家单位为新的校外实习、实训基地，落实相关专业实习、实训任务；投入30余万元新改建一个游戏设计实训室，投入15万元装备了建筑模型和测量实验室，投入2万余元购置钢琴等教学设备，投入10余万元对图书馆进行了升级改造工程，新购10万元图书。

年内，分校选派7名选手参加北京市第25届大学生数学竞赛——高职组(首届),荣获二等奖和三等奖各1项；英语教育专业张如意同学荣获“第七届全国高职高专实用英语口语大赛——北京赛区复赛”二等奖，刘冬慧老师荣获优秀指导教师奖，分校荣获优秀组织奖。此外，分校在参加全国英语应用能力考试（AB级）中保持了A级成绩在全市排名第一，B级成绩在全市排名第三，通过率远远超出北京市平均水平。此外，土建预算员、安装预算员、教师资格证书取证率达100%。计算机应用技术专业3个专业方向分获中华人民共和国信息产业部颁发的软件开发工程师、数据通信工程师、游戏开发工程师专项技术证书，取证率为67%。

（尤志华）

【师资队伍建设】2010年，分校基础教研室教师共14人。其中，高级讲师2人，中级讲师6人，初级讲师6人，具有研究生学历4人。年内本校到分校上课教师累计近80人次。

2010年，学校采取培养与引进并举的措施，着力打造一支结构合理、优势互补、素质优良的师资队伍，取得了良好成效。分校强化青年教师的岗前培训，支持和鼓励青年和骨干教师参与在职研究生学习和职业能力进修；建立科研奖励制度；完善教师考核体系，加强考核力度。

（刘冬慧）

【科研活动】2010年，分校进一步完善教科研制度，全员参与教科研工作，加强了教科研工作力度。分校完成各类课题论文50余篇，在县级以上刊物发表17篇。《关于延庆县引导和促进农民创业情况的调研与思考》获中共北京市委党校系统优秀调研成果二等奖，《政府投资带动社会投资的思考》在《延庆调研》发表；《近几年来关于邓小平和谐思想述评》在《邓小平理论研究》上发表，《胡乔木在十一届三中全会前后对改革开放的探索和思考》在《福建党史》上刊登，《胡乔木与<关于若干历史问题的决议〉》在《党史博览》上发表；《干部培训工作中讲授式教学方法的调查研究》、《论信赖保护原则在行政许可法中的体现与运用》、《浅谈校园网信息结点设置规划》、《计算机课堂教学中的低效现象及对策研究》、《高职英语教师培训现状及完善策略》、《体验式教学在大学英语教学中的应用之探讨》、《结合成人特点，采用多种教学方式，提高教学质量》分别在《平谷党校学报》、《太原师范学院学报》、《计算机软件光盘技术》、《计算机软件与应用》、《中国科教创新导刊》、《佳木斯教育学院学报》和《党校成教信息教师专刊》上发表。《培育公民法律意识 夯实法治根基》、《服务型基层党组织探析》、《村级两委主要负责人一人兼现象分析》、《民生领域公共财政支出探析》、《以社会主义核心价值体系引领首都精神文明建设》5篇论文入选2010年党校系统思想政治工作研究会论文文集。

（刘贺春）

【基础设施建设】2010年，分校以建设务实型机关为目标，进一步规范行政后勤工作，切实提高服务教育教学的能力。年内，开通中央党校远程教育网络，完成综合楼干部培训场所的装修和信息化建设；完成计算机房、图书馆及地下暖气管道等校内设施的维修保障工作，强化了对教学设施的维护；加强学校绿化建设，开展低碳校园宣传教育，推进节约型校园建设进程。年内，分校制定并实施《低碳节能十项规定》，全年用电量同比下降6%，节约用电20645度；用水量与去年同期相比下降6.1%，节约用水1700吨。

（刘贺春）

【党团建设工作】2010年，分校以“创先争优”活动为契机，围绕“建设有特色的大学郊区分校”的工作目标，着力抓好党团建设工作。全年确定入党积极分子82名，发展学生预备党员21名，教师预备党员1名，预备党员转正29名。

2010年，分校团委以“节约节能求实效、文化建设见新貌，实践活动出真招”为工作重点，坚持育人为本，强化服务意识，充分发挥共青团在学校工作中的组织优势、实践优势和先锋模范作用。年内，分校结合创先争优活动，积极开展“科学发展与团建创新”等专题讨论，进一步加强和改进团员青年学生的思想政治教育；大力开展精品校园文化、社会实践和青年志愿者活动。加强节约低碳宣传教育，加强绿色校园建设，完成党员献爱心捐款、“情系玉树，为灾区献出一片爱心”等4次捐款活动，累计捐款37341元。促进学生思想道德素质、科学文化素质和身心素质协调发展，年内，08网编文秘团支部、08英教（2）团支部和09英教（2）团支部评为延庆县五四红旗团支部，吴旋、赵海旭等10名同学评为延庆县优秀共青团员。校团委评为2010年度延庆县优秀团组织；09商务英语等4个团支部评为校“五四红旗团支部”；30名同学评为校级“优秀团干部”和“优秀团员”。

（李　屹）

【学生工作】2010年，分校坚持“以抓三支队伍建设为基础，以抓学风建设为重点，以建设特色郊区分校为目标”的工作理念，着力打造学生工作品牌，开创学生工作新局面。①扎实开展理论学习和政治教育。通过学生干部培训、主题班会、各类比赛等活动的开展，进一步加强学生思想政治教育，坚定全校广大青年学生的社会主义理想信念。②创新组织形式，打造特色校园文化品牌活动，进一步提升校园文化品位、丰富校园文化生活和创造健康和谐的校园。③增强服务理念，优化学习环境和氛围。开展文明教育和“查旷课查迟到”活动，有效减少了迟到、旷课、考试作弊等不良行为。④狠抓辅导员、学生干部、行政人员三支队伍建设，开展了以提高辅导员岗位履职能力为重点的建设工作和以增强责任意识为建设重点的行政人员队伍建设工作。⑤积极构建心理健康教育和贫困生资助工作体系。年内，认真落实奖、贷、助、补等各项政策，充分发挥资助体系的育人作用，完成了317名困难生的认定和70名学生奖学金的审核工作，共有2名学生获国家奖学金，46名学生获国家励志奖学金，222名学生分别获得了一、二等国家助学金。

（朱凤琴）

【表彰奖励】2010年，分校被评为“全国精神文明建设工作先进单位”、“首都文明单位标兵”、“北京市爱国卫生先进单位”、“延庆县2010年度先进单位”、“延庆县社会治安综合治理先进单位”、“延庆县交通安全工作先进单位”。

在个人获奖方面，高玉明被评为延庆县“群众心目中的好党员”，赵恩祥、张立华被评为中共北京市委党校成教系统2008-2010年度优秀班主任，李屹被团县委评为“延庆县优秀团干部”；孙绪刚被市教委评为“食堂先进工作者”，帅相会、席淑海、高万强、崔秀民、郭宝清老师被县交通安全委评为“延庆县先进驾驶员”。此外，参加延庆县生态文明知识竞赛、图书推荐、征文比赛等活动，获得二等奖1人、三等奖1人、优秀奖3人；参加延庆县妇联和延庆县药监局组织的三品一械知识竞赛，获得二等奖1人、三等奖1人、纪念奖10人，并获得优秀组织奖；参加延庆县直工委系统运动会所有项目的角逐，荣获延庆县直工委系统第一名和特殊贡献奖。

（刘贺春）

教育教学与学科建设

本科生教育

【概况】 2010年，学校共有本科专业46个，按学科划分：工学26个、理学6个、管理学5个、文学4个、经济学2个、法学3个。至年底，全校共有在校本科生13677人。其中,全日制本科生13513人。

年内，学校顺利完成2010届3387名应届本科生毕业资格审核及学士学位资格审核。按期毕业3127人，毕业率为92.32%，其中获学位3121人，学位授予率为92.15%；结业学生260名。2010年辅修结业学生24人。学校录取2010级新生3350人，实际报到3322人。

2009～2010学年度两学期，学校共开设3331门次课程，其中必修课程2677门次，占80.4%；安排各种考场3520场次；组织实施93个团队、6503多人次的学生实习；组织76个班、2280多人的金工实习；组织并完成2006级本科生 3456人（含双学位）论文题目的审查及答辩工作。学校组织各项学科竞赛，5761人参赛，1129人次获奖，其中国家级170项，省部级259项。

学校完成学院路地区19所高校公共选修课的网上选课、教学组织、成绩上报等工作。学校为其他18所高校开设的6门选修课，共有1524人次选修；北京科技大学学生共有290人次选修了其他16所高校95门次选修课。

（薛庆国）

【制订2010版本科培养方案】 2010年，学校出台了《北京科技大学关于制订2010版本科培养方案的原则意见》（校发[2010]35号），明确了本次培养方案制订的指导思想、人才培养目标、基本原则和具体要求等。组织各专业完成了2010版本科培养方案的制订工作，和原培养方案相比，新培养方案注重学生的分类、分层次培养，强调各专业要突出人才培养的特色。

（张　甜）

【教育教学与改革】 2010年学校积极申报“卓越工程师教育培养计划”并成为教育部首批61所试点学校之一。学校以传统优势学科为依托，选择冶金工程专业的钢铁冶金、材料科学与工程专业的材料成型及控制工程、机械工程及自动化专业的冶金机械、矿物资源工程专业的采矿工程四个专业方向作为首批“卓越计划”专业，每年招生200人，培养学士工程型人才、硕士工程型人才和博士工程型人才。

学校开展了第六批校教研基金补充立项项目的申报工作，本次教研基金共58.11万元，共有88个项目获准立项，其中面上项目30项，专项项目10项，“青教基金”项目48项。

为提高人才培养质量，学校制定《北京科技大学本科生导师工作管理办法》（校发［2010］91号），至11月底，共遴选出444位本科班导师，对加强学风建设起到了积极作用。

（张　甜、袁建美）

【教学奖励】2010年学校本科教学“质量工程”建设再创佳绩，4个项目被列入国家级质量工程建设项目，7个项目被列入北京市质量工程建设项目。其中，“热能与动力工程”专业被批准为国家特色专业立项点建设项目，“冶金物理化学”课程获得2010年度国家精品课程称号，“环境化学”入选2010年度国家双语示范课建设项目，“材料学”教学团队获得国家级优秀教学团队称号，“冶金工程实验技术”和“当代语言学导论”两门课获得2010度北京市精品课程称号，“传热传质学”教学团队入选2010年度北京市级教学团队；李长洪和马星桥两位老师获得2010年度北京市教学名师称号，获批“首批北京大学生素质教育基地”建设项目；获批“北京市校外人才培养基地---北冶功能材料有限公司”建设项目。学校组织了北京科技大学第24届“本科教学成果奖”的申报与评审，共遴选出各级各类奖项59项，其中特等奖10项，一等奖19项，二等奖30项。

（袁建美、何勇）

【课程建设】2010年，学校启动了新一轮校级优秀课程和校级精品课程立项建设评审工作，批准54门课程立项建设优秀课程，13门课程立项建设精品课程，共下拨建设经费77.2万元。学校共有8门课程获“国家级精品课程”称号，6门课程获“国家级双语教学示范课程”称号，24门课程获“北京市精品课程称号”，31门课程获“校级精品课程”称号。

（何　勇）

【教材建设】2010年，由北京科技大学教师主编公开出版的“十一五”规划教材24种，自编讲义19种。学校积极组织征集“十二五”教材建设选题工作，共征集到规划选题296项选题，其中教材选题200项，讲义选题96项。学校还组织申报“十二五”教材立项首批建设工作，共有32种教材和27种讲义列入规划。

（李　虹）

【教学督导】2010年，学校积极开展常规本科教学督导活动。①常规听课424门次，覆盖面约27.2%。课堂教学优秀率约43.0%，优良率93.3%。②继续协助教务部门开展09级的“教学过程管理”试点工作（由上一年的4门课程，增加为本年度的6门）。③特别关注了06级（10届）的结业工作。围绕结业工作编印了5期督导简报。④继续推动“研究型教学”的开展，成功地组织了学校第一次“研究型教学交流研讨会”，效果很好。⑤对“教学质量工程”建设给予了特别关注，对存在的问题和与兄弟学校的差距进行了探讨，围绕优秀教学团队建设、特色专业、精品课程建设、教学名师培养、教学改革成果等方面提出完善建议。⑥加强教风和学风建设，编发了3期督导简报，提出了16项意见和建议。⑦对“学校工程训练中心”现状和发展进行了调研，对存在的问题提出了改进意见。⑧本学年共编发《本科教育教学督导简报》24期。为保存、总结十多年来督导工作的经验和体会，整理、编辑了30.2万字的文集《倾注深情 创新督导》，由冶金工业出版社公开出版，在教师和教学管理人员中反响很好，并受到许多兄弟学校的好评。

（熊楚强）

【教学质量监控】学校积极开展干部听课、学生评教、教学资料（试卷、毕业论文、实习报告等）检查、期中教学检查等工作，重新修订了“教学质量评价指标体系”，起草了《本科教学质量评价实施管理办法》，加强对教学过程及教学资料归档等工作质量的监控与管理。

①干部听课。2010年学校各级领导干部共听课582门次，由教务处负责收集、汇总听课信息，并将发现的问题反馈给相关部门及学院，督促其进行整改。

②课程试卷分析。2009~2010学年度各学院进行试卷分析的课程有2096门次。学校对课程考试的试卷分析情况进行抽查。整体来看，抽查情况良好，大部分试卷能够执行教学大纲、题量适当、难度适当。此外，学校还组织专家对各学院2009~2010学年度的毕业论文及实习报告进行抽查，共随机抽查51份毕业论文、48门共计2581份试卷、120份实习报告。总体看，基本符合规定、个别问题已及时反馈到有关学院。

③学生评教。2010年度实际调查2009~2010第二学期、2010~2011第一学期2734个课堂，共有212992人次参评，优良率84.7%，平均分为93.45。

（邢丽红）

【免检课堂】为表彰在本科课堂教学评价中成绩优秀的教师，根据(校教发[2004]40号)文件精神，继第六批70名教师77个讲台的课程获得免检资格后，根据2008~2009学年度和2009~2010学年度“课堂教学质量（全员）调查（学生）”的统计，又有108名教师讲授的119个讲台进入免检行列，获得免检资格。

（邢丽红）

【青年教师课堂教学评比奖(QJP)】按照《北京科技大学青年教师教学针对性培养工作条例（试行）》，经过培养和校级评比两个阶段，评选出第十二届“青年教师课堂教学评比奖”共20名，其中一等奖6名，二等奖14名。

（邢丽红）

【实践教学】根据教学计划，2010年学校组织实施了2007级和2008级38个专业共93个实习团队6503名学生、519名指导教师的实习任务，提高了学生对专业知识的感性认识和实践能力；安排127个班3810余名学生每人40个学时的暑期计算机实践工作；组织、协调4个专业13个班390余名学生的机械课程设计以及机类和非机类76个班的2280余名学生的金工实习工作。通过各种类型的实践教学活动，提高了学生分析问题和解决问题的能力。2010年，北冶功能材料有限公司通过北京市教委专家组评审，成为学校第3个“北京市校外人才培养基地”。教务处年内联系并新增建立校外实习基地6个。

（何志巍）

【科技创新】2010年，学校获准“国家大学生创新性实验项目”立项40项，实际立项41项，获国家项目经费40万元；获准“北京市大学生科学研究与创业行动计划项目”立项26项，获北京市项目经费40万元。2010年，学校本科生科技创新项目共立项764项，参与学生2014人，指导教师897人次；教务处组织专家完成2009年校级以上科技创新112个项目的验收工作，评出一、二等奖共62项。

（何志巍）

【成绩管理】2010年，学校共有5961门次课程采用网上模块录入学生成绩，审核成绩数据296691条，收到并处理教师提出的《学生成绩勘误申请》660人次。学校完成2010届109个班级3678名毕业生成绩单及3618名毕业生的答辩评语的归档工作。2010年，共完成约2883人次26260份出国成绩单制作翻译及出国相关证明的制作翻译；通过电话、E-mail及书信等方式完成了国外高校及国内外单位对北京科技大学75名本科毕业生学历及成绩单的认证；为往届毕业生提供成绩单数百份；自助打印成绩单系统共为在校本科生提供免费境内成绩单数千人次。

（李大宽、曹首军）

【教学管理平台建设】2010年，学校继续完善和优化教学管理平台：①新购了6台服务器，为日益提高的需求提供硬件保障。②继续加强安全管理，坚持定期备份数据库资料。③调整和完善了选课程序，为华东理工大学、华南理工大学、湖南大学和中南大学77名校际交换生提供网上选课系统服务。

（李大宽、曹首军）

【毕业设计（论文）结业】2010届共有3456名学生参加

毕业设计（论文）结业，参与指导教师936人，师生比为1:3.70。指导教师中，正高级职称322人，占34.40%；副高级职称329人，占35.15%；中级职称285人，占30.45%。从毕业设计题目来源统计，真实题目817个，占23.62 %；自拟题目2642个，占76.38 %。从学生毕业设计（论文）的结业方式统计，设计性题目占26.68%，论文性题目占73.32%。学校从毕业设计（论文）中评选出优秀论文154篇。

（张秀云）

【校内转专业与免试研究生】 2010年，学校共有110名2009级学生提出转专业申请，经考核批准78名学生成功转入新专业学习，占同年级在校生总数2.24%，占申报总人数70.91%。11月，学校从2007级本科生中推荐选拔了618名免试攻读硕士学位研究生（其中校内275人、校外157人、专业学位175人、支教团10人），占该年级学生总数的18.92 %。

（王昌言）

【本科生国内外交流】 学校继与华东理工大学、华南理工大学建立合作关系后，2010年，又与湖南大学、中南大学正式签定了校际交流合作协议，学校每年将分别向两校各选派30名学生，交流学习一个学期。至年底，学校共向华东理工大学、华南理工大学、湖南大学、中南大学选派了74名学生去交流学习，上述4校共有77名学生来校交流学习。为明确学分认定办法，建立激励机制，制定了《北京科技大学本科生国内交流管理规定（试行）》（校发[2010]50号），进一步完善了本科生国内交流管理制度。

（王昌言）

【四六级外语考试】 2010年 6月，参加全国大学英语四六级考试的校内考生共有8758人，其中本科生6954人、研究生1804人。12月，全国大学英语四六级考试共有校内考生8796人，其中本科生6688人、研究生1731人、延庆专科377人。

（王昌言）

【学科竞赛】 2010年，组织本科生参加国家级学科竞赛和科技竞赛12项，组织本科生参加北京市级学科竞赛和科技竞赛10项，本校学生在校内外各种学科竞赛中均取得了优异的成绩，共有6268人次参赛，同比2009年参赛人数增长37.4%；共有1129人次获奖，获奖率同比提高18.2%。在“第三届全国大学生节能减排社会实践与科技竞赛”中，学校15支参赛队，共获特等奖1项，一等奖4项，二等奖3项，三等奖5项；在第五届“飞思卡尔”杯全国大学生智能车竞赛中，学校参赛队夺得全国特等奖1项，全国一等奖3项，华北赛区一等奖3项的优异成绩；在“2010年全国大学生英语竞赛”中，学校学生共获特等奖1项，一等奖14项，二等奖40项，三等奖81项；2010年第二十一届“北京市大学生数学竞赛”由北京科技大学承办，教务处配合数理学院做好大赛各项组织工作，在人、财、物等方面给予充分支持。教务处组织了“北京科技大学物理竞赛”、“北京科技大学高等数学竞赛”、“北京科技大学人文知识竞赛”等校内各类竞赛10项，共有3174人次参赛，587人次获奖。

（何志巍）

附　录：

2010年北京科技大学本科专业目录

学科门类	二级类	专业代码	专业名称	授予学位	增设	减招	备注
经济学	经济学	020102	国际经济与贸易	经济学			
		020109W	金融工程	经济学	2003		
法学	法学类	030101	法学	法学	1996		
	社会学类	030302	社会工作	法学	2000		
	政治学类	030404	思想政治教育	法学			专升本
文学	外国语言文学类	050201	英语	文学			
		050203*	德语	文学	2007		
		050207	日语	文学	2003		
	艺术类	050408	艺术设计	文学	2004		
理学	数学类	070101	数学与应用数学	理学			
		070102	信息与计算科学	理学	2000		
	物理学类	070202	应用物理学	理学			
	化学类	070302	应用化学	理学			
	生物科学类	070402	生物技术	理学	2002		
	电子信息科学类	071205W	信息安全	工学	2004		
	材料科学类	071301	材料物理专业方向	工学		2005	归属材料科学与工程专业
		071302	材料化学专业方向	工学	2003		归属材料科学与工程专业
	环境科学类	071402	生态学	理学	2003		
工学	地矿类	080107Y	矿物资源工程	工学			
	材料类	080201	冶金工程	工学			
		080203	无机非金属材料工程专业方向	工学			归属材料科学与工程专业
		080205Y	材料科学与工程	工学			2005年起按大专业招生
		080216S	纳米材料与技术	工学	2010		
	机械类	080302	材料成型及控制工程专业方向	工学	2000		归属材料科学与工程专业
		080303	工业设计	工学	2000		
		080305Y	机械工程及自动化	工学			
		080306W	车辆工程	工学	2004		

续表

学科门类	二级类	专业代码	专业名称	授予学位	增设	减招	备注
	仪器仪表类	080401	测控技术与仪器	工学			
	能源动力类	080501	热能与动力工程	工学			
	电气信息类	080602	自动化	工学			
		080603	电子信息工程	工学	1998		
		080627S	智能科学与技术	工学	2007		
		080604	通信工程	工学	2003		
		080605	计算机科学与技术	工学			
		080640S	物联网工程	工学	2010		
	土建类	080703	土木工程	工学	1997		
		080704	建筑环境与设备工程	工学	2002		
	环境与安全类	081001	环境工程	工学	1998		
		081002	安全工程	工学	2007		
	交通运输类	081207W	物流工程	工学	2005		
管理学	管理科学与工程类	110102	信息管理与信息系统	管理学			
		110103	工业工程	工学	2002		
		110104	工程管理	管理学	2009		
	工商管理类	110201	工商管理	管理学			
		110203	会计学	管理学			
	公共管理类	110301	行政管理	管理学	1996		

（张秀云）

2008～2010学年度“课堂教学质量（学生）评价”各等级比例一览表

学期	优良课堂数	优良比率	中等课堂数	中等比率	合格课堂数	合格比率	不合格课堂数	不合格比率	平均分	参加评教课堂总数
08～09学年度	2094	96.58	68	3.08	8	0.36	0	0	94.72	3106
09～10学年度	2276	98.27	35	1.51	5	0.22	0	0	95.85	2316

其中外语学院、体育部按课堂统计，其它学院按讲台统计。

（邢丽红）

2010学年度课堂教学质量评价平均分对比统计一览表

学　院	2010学年上半年	2010学年下半年
土环学院	96.04	90.77
冶金学院	96.85	91.31
材料学院	96.23	91.78

续表

学　院	2010学年上半年	2010学年下半年
机械学院	95.43	90.72
信息学院	95.23	90.76
应用学院	95.15	/
数理学院	/	91.31
化生学院	/	90.81
经管学院	95.63	91.25
文法学院	95.8	91.47
外语学院	96.45	93.82
体育部	96.58	92.75
学校总平均分	95.64	91.57

（邢丽红）

2010年获免检课堂资格教师及课程

序号	学院	姓名	职称	课程名称
1	土环学院(1)	汪群慧	教授	环境化学
2	材料学院（10）	曹文斌	教授	计算机在材料科学中的应用(上机)
3		郭　晖	副教授	微合金钢原理(双语)
4		李长荣	教授	金属学原理
5		任学平	教授	材料制备与加工
6		尚成嘉	教授	X射线晶体学
7		万发荣	教授	微束分析
8		万发荣	教授	材料物理基础
9		王海成	讲师	低维材料学
10		王学敏	副教授	材料物理实验I(实验)
11		徐晓光	副教授	统计物理
12	机械学院（19）	陈　工	副教授	测试技术
13		丁文英	副教授	基础工业工程
14		冯爱兰	副教授	物流作业优化方法
15		冯妍卉	教授	传热传质学(双语)
16		洪　华	副教授	效果图

续表

序号	学院	姓名	职称	课程名称
17	机械学院（19）	李　淳	讲师	图案设计
18		李　疆	副教授	微机原理与应用
19		马　莉	讲师	色彩构成
20		宋　瑶	讲师	计算机辅助设计
21		吴迪平	副教授	现代设计理论及方法
22		吴秀丽	讲师	系统工程
23		许　倩	讲师	机械制图
24		杨光辉	讲师	机械设计制图AI
25		杨光辉	讲师	机械设计制图AII
26		杨　皓	讲师	机械制图
27		杨丽辉	讲师	设计基础
28		俞必强	讲师	机械设计基础
29		周　雯	讲师	标志设计
30		朱超甫	教授	机电一体化应用技术
31	信息学院（14）	安建伟	讲师	通信原理I
32		陈先中	教授	EDA电子设计
33		董　洁	副教授	控制工程基础
34		郝彦爽	讲师	控制仪器与控制系统实验I
35		胡　玥	副教授	计算机组成原理
36		李江昀	副教授	模拟电子技术
37		马忠贵	讲师	数据通信网
38		史雪飞	讲师	模拟电子技术
39		王先梅	副教授	模式识别
40		王振花	讲师	电子技术
41		夏晓华	讲师	控制理论基础
42		徐惠民	教授	C++程序设计
43		张　兰	副教授	电子技术
44		张　崎	副教授	数字信号处理
45		艾冬梅	高级工程师	数学实验
46		曹艳秋	副教授	现代分离科学与技术(双语)
47		陈学军	副教授	理论力学A
48		陈学军	副教授	工程力学C
49		范慧俐	教授	有机化学AII
50		冯　澎	教授	基础物理 II
51		李文军	教授	无机化学B
52		廖福成	教授	学科简介

续表

序号	学院	姓名	职称	课程名称
53	应用学院(23)	刘杰民	教授	分析化学
54		吕国才	工程师	数学实验
55		吕建业	讲师	工程力学B
56		罗　胜	教授	电磁学
57		马星桥	教授	大学物理AI
58		孟　艳	副教授	高等数学A(II)
59		王碧燕	副教授	结构化学
60		王云良	副教授	大学物理AI
61		吴　平	教授	信息科学原理
62		肖久梅	讲师	工程力学C
63		杨　敏	讲师	有机化学
64		叶亚平	教授	物理化学实验B(实验)
65		赵金玲	讲师	随机过程
66		赵雪丹	副教授	基础物理实验 I (实验)
67		邱丽娜	讲师	普通生物学
68	经管学院(11)	崔文娟	副教授	会计学原理
69		崔文娟	副教授	会计实务演练
70		崔文娟	副教授	国际会计
71		瞿国忠	教授	市场竞争模拟
72		阚　宏	副教授	国际贸易实务
73		李晓辉	讲师	经济与管理
74		李晓静	副教授	财务报表分析
75		刘欣华	副教授	会计制度设计
76		刘亚莉	副教授	审计专题
77		武　森	教授	数据仓库与数据挖掘技术(双语)
78		殷焕武	副教授	经济与管理
79	文法学院(18)	陈闽红	副教授	企业管理
80		崔俊贵	讲师	民法学II
81		董　梅	副教授	中国法制史
82		杜晓智	副教授	合同法
83		方天丰	讲师	围棋初级奕理
84		李　怡	副教授	中国传统社会与文化
85		李　怡	副教授	传统书画艺术鉴赏
86		鲁春霞	讲师	SPSS软件应用
87		陆　俊	教授	家庭社会学

续表

序号	学院	姓名	职称	课程名称
88	文法学院(18)	石　雁	副教授	刑法学I
89		王育杰	副教授	秘书学
90		王志明	副教授	毛泽东思想和中国特色社会主义理论体系概论Ⅱ
91		王志明	副教授	文化大革命专题研究
92		吴群芳	副教授	公共政策
93		张小明	副教授	危机管理
94		周湘斌	教授	小组工作
95		左　鹏	教授	工程伦理与思想道德
96		左　鹏	教授	思想道德修养与法律基础
97	外语学院(18)	边　静	讲师	日语精读
98		淡晓红	讲师	基础英语
99		高西峰	讲师	日语精读
100		胡莉梅	讲师	日语视听
101		李　微	讲师	德语精读
102		李　微	讲师	德语国家国情
103		李晓东	讲师	高级英语视听说
104		柳轶群	讲师	基础外语
105		孙　树	讲师	大学俄语I
106		田常晖	讲师	法语(二外)
107		吉田	教师	日本概况
108		矢野	教师	古典日语语法
109		矢野	教师	日语报刊选读
110		矢野	教师	日语写作
111		王从兵	讲师	基础德语
112		张　虹	副教授	英语(二外)
113		周　彤	讲师	基础日语
114		庄凤英	副教授	基础日语

续表

序号	学院	姓名	职称	课程名称
115	体育部(5)	边万忠	副教授	体育Ⅲ足球
116		郭毅平	副教授	体育Ⅲ游泳
117		宋一涛	讲师	体育Ⅲ网球
118		文秀丽	讲师	体育Ⅲ体育舞蹈
119		徐　昕	讲师	体育Ⅳ空竹

（邢丽红）

第十二届“青年教师课堂教学针对性培养”评比

姓名	课程名称	学院	等级
柳铁群	英语快班Ⅱ	外国语学院	一等
张俊光	项目评价与管理	经济管理学院	一等
王志欣	语言学概论	外国语学院	一等
徐　昕	抖空竹	体育部	一等
肖　潇	数字摄像	机械工程学院	一等
王云良	大学物理AI	数理学院	一等
李仕美	体育Ⅱ	体育部	二等
刘　洋	土力学	土木与环境工程学院	二等
曹　辉	微观经济学	经济管理学院	二等
黄晓霞	金融市场与企业发展战略	经济管理学院	二等
何君萍	基础外语Ⅱ	外国语学院	二等
胡莉梅	日语视听4	外国语学院	二等
田小静	游泳	体育部	二等
吴秀丽	数据库应用基础	机械工程学院	二等
周　彤	日语精读Ⅰ	外国语学院	二等
李　微	德语精读	外国语学院	二等
秦吉红	大学物理AI	数理学院	二等
王桂华	物理化学BⅡ	化学与生物工程学院	二等
袁博琦	英语快班Ⅰ	外国语学院	二等
石志国	可视化程序设计语言	信息工程学院	二等

（邢丽红）

本科教学质量年度考察指标

<table>
<tr><th rowspan="2">序号</th><th rowspan="2">考察指标</th><th rowspan="2">单位</th><th colspan="4">数据</th></tr>
<tr><th>2008年</th><th>2009年</th><th>2010年</th><th>三学年平均值</th></tr>
<tr><td colspan="7">1．应届毕业生质量简况</td></tr>
<tr><td>1–1</td><td>四年按期毕业率</td><td>%</td><td>88.72</td><td>89.58</td><td>93.31</td><td>90.54</td></tr>
<tr><td>1–2</td><td>应届毕业生毕业证书获得率</td><td>%</td><td>97.74</td><td>96.70</td><td>93.42</td><td>95.95</td></tr>
<tr><td>1–3</td><td>应届毕业生学位证书获得率</td><td>%</td><td>97.62</td><td>96.44</td><td>99.81</td><td>97.96</td></tr>
<tr><td>1–4</td><td>应届毕业生考研率（含保送）</td><td>%</td><td>38.35</td><td>35.74</td><td>33.49</td><td>35.86</td></tr>
<tr><td colspan="7">2．英语四、六级通过率（包括校内四级）</td></tr>
<tr><td>2–1</td><td>英语四级考试一次通过率</td><td>%</td><td>91.98</td><td>92.22</td><td>93.42</td><td>92.54</td></tr>
<tr><td>2–2</td><td>应届毕业生累计英语四级通过率</td><td>%</td><td>99.3</td><td>95.16</td><td>94.5</td><td>96.32</td></tr>
<tr><td>2–3</td><td>应届毕业生累计英语六级通过率</td><td>%</td><td>46.64</td><td>51.96</td><td>54.2</td><td>50.93</td></tr>
<tr><td colspan="7">3．在校生参加全国和北京市单科竞赛情况</td></tr>
<tr><td>3–1</td><td>参加人数</td><td>人</td><td>2430</td><td>2976</td><td>3330</td><td>2912</td></tr>
<tr><td>3–2</td><td>获奖人数</td><td>人</td><td>243</td><td>522</td><td>632</td><td>466</td></tr>
<tr><td colspan="7">4．教师授课方式与教材使用</td></tr>
<tr><td>4–1</td><td>使用多媒体授课的比例</td><td>%</td><td>85.1</td><td>79.00</td><td>93.2</td><td>85.77</td></tr>
<tr><td>4–2</td><td>使用外（双）语授课的比例</td><td>%</td><td>5.79</td><td>6.10</td><td>3.8</td><td>5.23</td></tr>
<tr><td colspan="7">5．教授上课与教师获奖简况</td></tr>
<tr><td>5–1</td><td>教授上本科课程的比例</td><td>%</td><td>80.00</td><td>80.46</td><td>91.6</td><td>84.02</td></tr>
<tr><td>5–2</td><td>副教授上本科课程的比例</td><td>%</td><td>85.78</td><td>85.89</td><td>93.7</td><td>88.46</td></tr>
<tr><td>5–3</td><td>教师课堂教学质量评价的平均值</td><td>分</td><td>93.83</td><td>94.69</td><td>93.45</td><td>93.99</td></tr>
<tr><td>5–4</td><td colspan="6">教师获得教学类奖项统计：
07～08学年：86项（国家精品课程2、北京市精品课程3、国家级教学名师1、北京市教学名师3、国家级双语教学示范课程1、北京市精品教材11、校级教学成果奖51、青年教师课堂评比14）。（注：校级优秀课程、本科教学优秀奖、冶金优秀教材今年未评。）
08～09学年：104项（国家精品课程2、国家级双语教学示范课程1、北京市教学成果奖18，北京市教学名师3、北京市精品课程5、北京市优秀教学团队3、北京市精品教材11、北京市级特色专业建设点9、北京市实验教学示范中心1、北京市校外人才培养基地2、本科教学优秀奖35，青年教师评比14）。
09～10学年：64项（国家级教学团队1、国家精品课程1、国家级双语教学示范课程1、国家级特色专业建设点1、北京市优秀教学团队1、北京市教学名师2、北京市精品课程2、北京市大学生素质教育基地1、北京市校外人才培养基地1、本科教学成果奖33，青年教师评比20）</td></tr>
</table>

说明：（1）应届毕业生毕业证书获得率、学位证书获得率以及考研率，以当年7月毕（结）业离校的人数为基数。（2）新教材指近三年出版的教材；优秀教材指国家重点教材和北京市精品教材。（3）多媒体教学比例是指50%及以上课时采用多媒体的讲台数比例。（4）双语教学比例是指采用外文教材外(双)语讲授的课程数比例。

（邢丽红）

续表

“十一五”学校规划教材（讲义）完成情况一览表（2010年）

学　院	选题数	教材数	教材完成数	讲义数	讲义完成数
土环学院	28	13	7	15	4
冶金学院	6	5	0	1	0
材料学院	5	5	3	0	0
机械学院	32	18	4	14	2
信息学院	46	28	2	18	4
应用学院	16	4	2	12	5
经管学院	23	17	2	6	0
文法学院	11	1	0	10	4
外语学院	8	3	4	5	0
总　计	175	94	24	81	19

（李　虹）

2010年本科教育教学获奖及立项项目一览表

级　别	类　别	名　称	等　级	负责人	单　位
国家	精品课程	冶金物理化学		周国治	冶金学院
国家	双语教学示范课程	环境化学		弓爱君	化生学院
国家	特色专业建设点	热能与动力工程		张欣欣	机械学院
国家	优秀教学团队	材料学教学团队		强文江	材料学院
北京市	精品课程	冶金工程实验技术		陈伟庆	冶金学院
北京市	精品课程	当代语言学导论		何　为	外语学院
北京市	优秀教学团队	传热传质学教学团队		张欣欣	机械学院
北京市	校外人才培养基地	北冶功能材料有限公司		于广华	材料学院
北京市	教学名师	北京市教学名师		马星桥	数理学院
北京市	教学名师	北京市教学名师		李长洪	土木学院
北京市	首批北京大学生素质教育基地	首批北京大学生素质教育基地		张欣欣	机械学院
校级	本科教学成果奖	《高等机构学》教学改革、课程体系建设与软件开发	特等	韩建友	机械学院
校级	本科教学成果奖	思想政治理论课“教辅结合”模式的理论与实践	特等	彭庆红	文法学院
校级	本科教学成果奖	与钢铁企业合作培养高层次人才（工程硕士）的实践	特等	王福明	冶金学院
校级	本科教学成果奖	知识（逻辑）结构核心论教学观及KM教学方法论的研究(KLSKT&KM)	特等	杨炳儒	信息学院
校级	本科教学成果奖	前沿科技成果引入研究型教学，推动创新型人才培养	特等	潘礼庆	应用学院

续表

级 别	类 别	名 称	等 级	负责人	单 位
校级	本科教学成果奖	基于现代教育技术手段的创新型与实践型外语人才培养模式研究	特等	陈红薇	外语学院
校级	本科教学成果奖	热能与动力工程专业学生自主实践教学模式的研究与实践	特等	王 立	机械学院
校级	本科教学成果奖	构建研究生公共英语教学体系，提高研究生英语综合运用能力	特等	曹红晖	外语学院
校级	本科教学成果奖	加强培养环节管理，提高硕士研究生培养质量	特等	高俊山	经管学院
校级	本科教学成果奖	强化实习实践教学，培育创新应用型人才	特等	林 海	土环学院
校级	本科教学成果奖	提高材料成型与控制工程专业本科生创新与工程能力的多层次实践教学体系的构建	一等	宋仁伯	材料学院
校级	本科教学成果奖	“2+X”创新人才培养模式的研究与实践	一等	廖福成	应用学院
校级	本科教学成果奖	工科力学教学中的理性思维培养与科技创新实践	一等	尚新春	应用学院
校级	本科教学成果奖	北京科技大学研究生学位论文规范研究及模版研制	一等	刘小军	经管学院
校级	本科教学成果奖	北京高校第六届青年教师教学基本功比赛评价体系设计与案例研究	一等	魏 钧	经管学院
校级	本科教学成果奖	网络与多媒体环境下大学英语研究性教学的探索和实践	一等	张 虹	外语学院
校级	本科教学成果奖	优化思维模式,培养创新能力	一等	王育杰	文法学院
校级	本科教学成果奖	课外创新实践活动指导探索与实践	一等	贺可太	机械学院
校级	本科教学成果奖	以数学建模为依托、开辟第二课堂、培养大学生分析解决社会现实问题的能力	一等	胡志兴	应用学院
校级	本科教学成果奖	钢铁冶金学Ⅰ（炼铁学）课程的形象教学法研究与实践	一等	国宏伟	冶金学院
校级	本科教学成果奖	有机材料化学的双语课教学改革与实践	一等	王丽萍	材料学院
校级	本科教学成果奖	信息安全本科专业理论教学与实验体系的综合设计优化	一等	陈红松	信息学院
校级	本科教学成果奖	“人工环境学”课程研究型教学的实践	一等	吴延鹏	土环学院
校级	本科教学成果奖	教学和科研的一体化的分布式集成化数字制造系统实验平台的研究与开发	一等	唐 英	机械学院
校级	本科教学成果奖	“计算机科学与技术”培养方案研究	一等	王昭顺	信息学院
校级	本科教学成果奖	“财务报表分析”教学改革的研究与实践	一等	李晓静	经管学院
校级	本科教学成果奖	研究生课程评价数据的处理与科学分析	一等	艾冬梅	应用学院
校级	本科教学成果奖	矩阵论教学的实践与研究	一等	赵立英	应用学院
校级	本科教学成果奖	《税务会计》教学法研究	一等	赵桂娟	管庄校区
校级	本科教学成果奖	适应现代工程教育的机械制图教材建设	二等	万 静	机械学院
校级	本科教学成果奖	新课程的开设推动和优化了体育课程改革	二等	文秀丽	体 育 部
校级	本科教学成果奖	电子信息工程专业硬件类专业课教学模式的创新与实践	二等	王粉花	信息学院
校级	本科教学成果奖	北京科技大学国家大学生文化素质教育基地建设报告	二等	李 怡	文法学院

续表

级 别	类 别	名 称	等 级	负责人	单 位
校级	本科教学成果奖	基于计算机及课堂的一体化外语教学网络平台的构建	二等	张秋曼	外语学院
校级	本科教学成果奖	基于“国家学生体质健康标准”的运动处方对提高大学生体育锻炼效果的研究	二等	高 航	体育部
校级	本科教学成果奖	加强专业基础课在培养研究型人才中的作用——以《分析化学基础》课程为例	二等	陈月芳	土环学院
校级	本科教学成果奖	以培养学生的创新能力为目标构建特色鲜明的研究型分子生物学教学体系	二等	王海鸥	应用学院
校级	本科教学成果奖	构建多元化的日本文学课程新模式探索与实践	二等	李光华	外语学院
校级	本科教学成果奖	《国际经济合作》课程中运用研究型教学模式	二等	孙 莹	经管学院
校级	本科教学成果奖	基于实时财经分析的互动式研究型实践教学建设	二等	王未卿	经管学院
校级	本科教学成果奖	《工业生态学》的教学研究与实践	二等	李素芹	冶金学院
校级	本科教学成果奖	“液气压传动”课程及设计性实验的改革与实践	二等	郑莉芳	机械学院
校级	本科教学成果奖	国际班材料力学科技实践与创新	二等	陈章华	应用学院
校级	本科教学成果奖	建筑环境与设备工程专业技术类课程人文化教学的研究与实践	二等	吴延鹏	土环学
校级	本科教学成果奖	将科研前沿引入课堂，增强学习兴趣，提高专业课教学效果	二等	赵海雷	材料学院
校级	本科教学成果奖	“美国文学史与作品选读”课外网络拓展的实践与研究	二等	杨英军	外语学院
校级	本科教学成果奖	构建培养学生创新能力的数学地质教学体系	二等	李克庆	土环学院
校级	本科教学成果奖	“环境化学与应用”教学方法的创新与实践	二等	汪群慧	土环学院
校级	本科教学成果奖	硕士研究生复合材料教学	二等	贾成厂	材料学院
校级	本科教学成果奖	基于网络的多媒体考试与阅卷系统	二等	黄明吉	机械学院
校级	本科教学成果奖	机械制造过程创新教学系统	二等	刘北英	机械学院
校级	本科教学成果奖	高等计算机系统结构与高性能计算课程教学新模式的探索与实践	二等	李建江	信息学院
校级	本科教学成果奖	《国际商务英语》教学内容与教学方式整合	二等	孙 莹	经管学院
校级	本科教学成果奖	基于实验室知识共享和动态知识管理的研究生培养模式研究	二等	张俊光	经管学院
校级	本科教学成果奖	研究生科学精神与实践能力培养——工程中的有限元方法研究型课程建设	二等	陈章华	应用学院
校级	本科教学成果奖	研究生学术道德失范与制度构建	二等	郭德侠	文法学院
校级	本科教学成果奖	专家讲座和短期讲学在我院研究生创新人才培养中的探索与实践	二等	黄爱霞	外语学院
校级	本科教学成果奖	研究生培养机制改革条件下的招生制度改革	二等	李 文	研究生院
校级	本科教学成果奖	夜大教育教学质量监控体系的研究与实践	二等	高 航	管庄校区

（袁建美、何勇）

2010年北京科技大学各科竞赛获奖结果

序号	项目	参赛人数	获奖人数	奖项	奖项级别	获奖者	指导教师
1	第三届全国大学生节能减排社会实践与科技竞赛	85	75	特等奖	国家级	林晨森　苗　竹　邹靖康 邓艳昭　李　超　张　妍	夏德宏 童莉葛
				一等奖	国家级	赵一熹　瞿金杨　施立成 王　健　吕晓萌	洪　华
				一等奖	国家级	邓士杰　王建虎　陈　帅 张勃洋　石允飞　戚凌霄	尹少武
				一等奖	国家级	王丹阳　周陆军　张振星 朱　芸　刘茜宇	弓爱君
				一等奖	国家级	刘梦亭　刘欣彤　张佳庆 周述军　刘　鹏　曾　哲	刘向军 姜泽毅
				二等奖	国家级	季成龙　张铎瀚　李　阳 任俊霖　郝精诚　凌希信 牟国倩	冯妍卉
				二等奖	国家级	李　璇　闫树堃　侯　宇 付衍琛	刘向军
				二等奖	国家级	胡　枭　刘　娓　冯晓琳	任　玲
				三等奖	国家级	李慧梅　周　枫　李秀圆 董必章	闫　海
				三等奖	国家级	金黄龙　纪晓荣　陆雪松 朴成日　张笑菲　魏延宝 兰荣坚	张维存
				三等奖	国家级	杨乐毅　孙丹海　聂宝林 徐延锦　沈立挺　何　健 阙福恒	孙淑凤
				三等奖	国家级	李海民　赵京江　陈清凝 赵鹏飞　乔阳阳　陆思羽 王梦莹	许　斌
				三等奖	国家级	刘青荃　刘　宝　刘　婷 刘晓菲　杨阿龙　张　滕	胡　枫
2	2010年第五届全国大学生智能汽车竞赛	32	32	特等奖	国家级	李成国　高　洋　付　祺	刘　立 马　飞
				一等奖	国家级	卢　意　孙　振　陈立洋 周　渝　赵　翾	张文明
				一等奖	国家级	王　政　周　卓　胡　才	陈树新 孟　宇
				一等奖	国家级	黄丽雅　徐佩林　郭心尘	张文明 杨　珏
				一等奖	北京市	张佳璐　刘　鹏　张　凡	刘　立

续表

序号	项目	参赛人数	获奖人数	奖项	奖项级别	获奖者	指导教师
2	2010年第五届全国大学生智能汽车竞赛	32	32	一等奖	北京市	赵苗苗 冯彦彪 黄孝才	杨 珏
				一等奖	北京市	佟 超 李泳明 付衍琛	张文明
				一等奖	北京市	王 贺 王战斌 马 欢	杨耀东
				一等奖	北京市	陈亚鹏 李 超 吕世猛	陈树新
				一等奖	北京市	邹东雪 陈世峰	孟 宇
3	2010年英特尔杯大学生电子设计竞赛嵌入式系统专题邀请赛	8	6	二等奖	国家级	王飞龙 李泳明 孙晓龙	王粉花
				三等奖	国家级	张 猛 李延鹏 王 涵	张晓彤
4	2010年北京市大学生电子设计竞赛	20	16	二等奖	北京市	王飞龙 阮 波 张佳璐 黄 博 胡 才 王战斌 李亚光 蔡园园	牟世堂 朱漪刚 白艳茹 冯 涛
				三等奖	北京市	张笑菲 刘 涛 高丕红 季梦奇 陈世峰 黄孝才 施立成 杨 洁	牟世堂 朱漪刚 白艳茹 冯 涛
5	2010年全国大学生数学建模竞赛	75	24	二等奖	国家级	苏晓丽 闫冰倩 徐昕钰	朱 婧
				二等奖	国家级	巩 萌 赵宝实 赵自谦	朱 婧
				一等奖	北京市	谷孝刚 陈 钊 叶建水	胡志兴
				一等奖	北京市	蒯声政 梁俊亭 陆嘉骏	吕国才
				二等奖	北京市	杨泽南 尚正荣 宋东升	胡志兴
				二等奖	北京市	董 浩 高 品 邱 爽	朱 婧
				二等奖	北京市	徐雅璠 李冰雪 朱恩泽	司新辉
				二等奖	北京市	高荟凯 刘 涛 汪正康	吕国才

续表

序号	项目	参赛人数	获奖人数	奖项	奖项级别	获奖者	指导教师
6	2010年全国大学生机械创新设计大赛暨首都高校第五届机械创新设计大赛	44	44	二等奖	国家级	林 宇 尚妍梅 袁源玮 杨涵焜 孔令兵	张少军 王 旭
				二等奖	北京市	王晓景 吴 博 高春梅 孟军辉 纪晓荣	韩建友
				二等奖	北京市	侯 宇 高 坤 魏宝鑫 张少敏 申原任	邱丽芳
				二等奖	北京市	卢 意 宋争一 罗 涛 何 峰	窦忠强 于晓红
				二等奖	北京市	郑璐晗 张捷思 沈立挺 吴晓斌 李梦馨	于晓红
				三等奖	北京市	王建虎 邓士杰 陈 帅 石允飞 戚凌霄	邱丽芳
				三等奖	北京市	张 帆 李 超 陈 雪 高志民 张铎瀚	邱丽芳
				三等奖	北京市	高 峰 赵 派 王飞龙 苗 竹 丁海霞	韩建友
7	第三届“高教杯”全国大学生先进图形技能与创新大赛	5	5	一等奖	国家级	李 辰 宋争一	窦忠强 和 丽 杨 皓
				二等奖	国家级	袁登鹏 刘晓丽 陈振星	窦忠强 陈 华 杨光辉 曹 彤
8	第七届全国大学生化学实验邀请赛	3	3	三等奖	国家级	何方晖 彭 龙 张 阳	王明文
9	2009年全国大学生数学竞赛总决赛	3	3	一等奖	国家级	卢臣智	胡志兴 刘 宇 王 辉 汪飞星
				二等奖	国家级	杨泽南	
				三等奖	国家级	宋东升	

续表

序号	项目	参赛人数	获奖人数	奖项	奖项级别	获奖者	指导教师
10	2010年第二十一届北京大学生数学竞赛	182	49	一等奖	北京市	葛宜峰　李伟节　梁思佳 刘文宇　裴子玺　冉明明 王　悠　熊　浩　杨宏平 杨泽南　赵吾欣	胡志兴 刘　宇 王　辉 汪飞星
				二等奖	北京市	陈　鑫　段豪剑　李苏峰 林世权　吴汉栋　章波明 陆嘉骏	胡志兴 刘　宇 王　辉 汪飞星
				三等奖	北京市	蔡小锋　陈永城　段峰辉 高　威　郭思思　韩保红 侯宗保　皇甫文珠　黄宗林 蒋　智　焦璐璐　柯锦福 李舒阳　梁　冰　刘　峰 刘　宇　邱　爽　唐玉峰 王　璐　王志成　吴　亮 曾义波　张　璐　赵斌涛 赵永亮　宗　华　尹伊淳 应海瑶　魏心茹　刘　芬 朱　凯	胡志兴 刘　宇 王　辉 汪飞星
11	2010全国大学生英语竞赛	2508	136	特等奖	国家级	谢子昂	外国语学院大学英语系全体教师
				一等奖	国家级	甄　诚　袁　璐　李默存 李亚胜　杨　雯　李舒阳 李佳易　李诗雨　曲重阳 张旖旎　姚　娟　王俊颖 张珈赫　尚正荣	
				二等奖	国家级	赵　婧　杜嘉雯　黄　萌 于　翔　何霄雨　熊德英 蔡晓彤　熊　霄　江　河 兰荣坚　王冉冉　许　靖 廖静秋　吕佳嘉　徐丝瑜 窦　坤　常　远　董家男 王艺霖　刘文宇　陶　艳 石　玮　康　宏　董　浩 吕梦盈　余瑞旺　王　潇 谭越月　张　靖　朱静菡 曹建永　张　倩　康文彬 褚鹏程　武晨箫　崔晓琳 李月耀　鞠茂生　刘　威 李静虹	
				三等奖	国家级	王　鑫　朱少奇　李为爱 金　赟　卢鹏程　崔　健 韩笑娜　李海明　赵莉莉 杨　岚　岳群智　陈　辰 陈立立　王梦婷　曹聪哲 牛硕蕊　姚　蕾　张丛会 文　进　施家靖　李亚光 魏心茹　廖雯影　向　阳 于延晨　郑俊杰　王文铎 郝诗宇　李健超　薛伊柯 唐梦婷　张金玥　汪正康	

续表

序号	项目	参赛人数	获奖人数	奖项	奖项级别	获奖者	指导教师
						蔡凌雁　黄　蝶　张　爽 李冰霜　李　菁　姜善学 刘哲瑜　潘　淑　于婉茜 徐　琪　谢佳颖　杨　迪 陈洁茹　刘晓颖　闫冰倩 潘雪婷　陈　盼　黄　京 张振昌　王　铎　赵　坤 叶　佳　贺雪梅　赵田欣 王梦蕴　张　怡　王　乐 梁媚聪　张　萌　王洋洋 高　枫　李倩茜　李泽京 邢　洋　史海旭　侯丽媛 黄伶俐　赵屹坤　徐　清 白　鑫　邱　展　杨倩文 覃　璇　马泽龙　解露莎 尤　博　王　聪　冯依娜	
12	2010年第二十七届北京市大学生物理竞赛	158	95	一等奖	北京市	向　阳　李苏峰　刘一男 焦璐璐　袁　彬　吴　亮 李伟节　陈水煜　刘　赫 钱　山　朱天宇　侯宗保 杨斌杰　张宝军	马星桥 邱红梅 等物理教研组
				二等奖	北京市	周　斌　陈苗红　郭思思 詹　锟　肖　伟　李晓龙 梁思佳　尹伊淳　王永金 王　竹　林世权　吴云胜 张晨晖　刘文宇　申富蕙 葛宜峰　周雅慧　王文铎 徐　飞　曹　庆　曾　力 褚福强　李昊然　裴子玺 徐安琪　蒋　智　蔡文刚 张建睿　段　玉　张许凯 王刚桥　宋双双	
				三等奖	北京市	曾奇才　蒋　杰　韩保红 张旭彬　张建伟　张成路 秦健鹰　董裕兴　屈　梅 张　彪　葛欣光　姚国栋 龙　游　刘　羊　荣　义 廖文骏　段峰辉　赵智斌 王雪姣　沈颖峰　胡浩然 张攀威　钱海燕　赵寿云 冉明明　贺　然　李金城 刘哲瑜　党晨原　张诗淮 张先苗　杨　栩　巩柏良 赵吾欣　彭景宏　鄢来朋 阮志强　邱　爽　孙文军 章波明　杨　梓　冯亚瀛 刘　峰　柯锦福　刘　照 赖永刚　孙　冬　王　聪 王　乐	

续表

序号	项目	参赛人数	获奖人数	奖项	奖项级别	获奖者	指导教师
13	2010年北京市大学生物理实验竞赛	12	12	一等奖	北京市	张君豪 孟 通 顾一锋	张 跃 吴 平
				二等奖	北京市	刘 勇 宗 华 尹春雨	吴 平 陈 森
				三等奖	北京市	李成龙 何 坤	张 辉 赵雪丹
				三等奖	北京市	牛 乐 李 果	黄筱玲 赵雪丹
				三等奖	北京市	徐 健 向 勇	陈 森 吴 平
14	2010首届北京市大学生创业设计竞赛	21	7	二等奖	北京市	高祺璐 王 炎 王君昱 张璐璐 奚 玥 许家铭 郑向德	王志良
15	第九届北京高校建筑结构设计联赛	12	12	二等奖	北京市	蒋凯泉 吴洪江 肖又歌 张戎泽 王妙茜 王一品	谭文辉
16	2010年外研社杯全国英语辩论大赛	2	2	三等奖	国家级	钱艺梦 甄 诚	秦晓惠
17	2010年北京市大学生英语演讲比赛	1	1	三等奖	北京市	廖文影	李晓东
18	第十六届21世纪杯全国英语演讲比赛北京赛区	1	1	三等奖	北京市	胡 悦	王志欣
19	2010年外研社全国英语演讲大赛北京赛区	1	1	三等奖	北京市	田静昀	刘荣君
20	2010年北京市大学生计算机应用大赛	5	4	三等奖	北京市	蒋家福 殷 卓 高 品 伍桂花 刘 杰	段世红 万亚东
21	2010年北京市大学生人文知识竞赛	10	10	三等奖	北京市	王 津 韩培伟 张 玲 郝 婷 侯德志 刘宇隆 王 健 程 昕 王婧琳 王乾坤	李 怡 张 梅 王立群

续表

序号	项目	参赛人数	获奖人数	奖项	奖项级别	获奖者	指导教师
22	2010年北京科技大学数学竞赛	841	1	特等奖	校级	杨泽南	
			21	一等奖	校级	熊　浩　郭　涛　王　悠 刘文宇　孙浩轩　蒋　智 赵吾欣　段峰辉　梁思佳 董星言　耿　倩　李健超 林世权　陈　鑫　黄宗林 冉明明　柯锦福　苏晓丽 魏心茹　魏　亮　张小亮	胡志兴 刘　宇 王　辉 汪飞星
			32	二等奖	校级	张振昌　皇甫文珠　刘伯伦 范明争　张博文　杜　刚 赵斌涛　黄红卫　陈永城 刘　宇　荣　义　李伟节 赵　超　孙　浩　刘　峰 高　威　张成路　吴汉栋 王刚桥　田　娜　王雪姣 王　璐　王遥遥　廖佳军 韩保红　张磊峰　应海瑶 任琦鹏　周雅琴　陈盛婷 郭泽宇　王　婷	胡志兴 刘　宇 王　辉 汪飞星
			48	三等奖	校级	葛宜峰　曾成成　沈正波 杨宏平　章波明　梁　冰 吴　亮　李苏峰　段尚宏 秦健鹰　赵盼盼　杨雨谋 赵继平　裴子玺　徐　飞 陈式有　侯宗保　郭思思 赵永亮　罗　雄　徐翔宇 贺亮亮　张　璐　王亚飞 余　嫦　李舒阳　唐玉峰 王洪阳　王　云　邹草云 蔡小锋　段岳廷　皮志鹏 陈　凡　焦璐璐　李　伟 段豪剑　江凯峰　朱天宇 李晓翠　金东东　杨易铭 孔　志　闫　千　李　昂 曲重阳　张晓龙　杨中山	胡志兴 刘　宇 王　辉 汪飞星
23	2010年北京科技大学物理竞赛	819	22	一等奖	校级	吴　疆　张政训　朱天宇 褚福强　李晓龙　段峰辉 段　玉　孙　冬　刘一男 李苏峰　郭思思　王刚桥 杨　梓　焦璐璐　杨斌杰 李伟节　秦健鹰　陈水煜 侯宗保　王　竹　冉明明 王永金	马星桥 邱红梅 等大学物理 教研组
			67	二等奖	校级	苏宗明　丁以民　杨伍昊 沈颖峰　申富蕙　林世权 蔡文刚　冯亚瀛　章波明 赵智斌　赵吾欣　刘　羊 曹　庆　贺　然　钱海燕 张攀威　黄若琳　姚国栋	

续表

序号	项目	参赛人数	获奖人数	奖项	奖项级别	获奖者	指导教师
23	2010年北京科技大学物理竞赛	819	67	二等奖	校级	宋双双 葛欣光 胡浩然 尹伊淳 孙雪娇 葛宜峰 张建伟 向　阳 梁思佳 韩保红 荣　义 徐　飞 张宝军 袁　彬 曾　力 詹　锟 陈苗红 徐安琪 刘　博 张旭彬 吴　亮 于延晨 裴子玺 蒋　杰 肖　伟 李金城 刘　照 阮志强 赵寿云 江彬彬 胡亚飞 谢　翔 周　斌 刘　川 赵　兵 蔡　亮 刘　峰 衣雪萍 廖文骏 王文铎 吴云胜 吴汉栋 张建睿 熊　浩 刘文宇 罗　雄 操宁波 周雅慧 胡　勇	马星桥 邱红梅 等大学物理 教研组 马星桥 邱红梅 等大学物理 教研组
			69	三等奖	校级	张诗淮 范允佶 耿伟彪 巩柏良 柯锦福 霍晓波 张许凯 党晨原 彭景宏 屈　梅 易湘德 孙浩轩 王晓刚 黄远胜 王雪姣 张金睿 刘　宇 张成路 董正强 陶跃群 陈禹琴 孙文军 张晨晖 曾奇才 张先苗 霍　国 张毅勇 钱　山 刘　鹏 李昊然 龙　游 刘哲瑜 范明争 赵盼盼 蒋　智 刘　赫 贾龙峰 王　悠 孙　浩 张　彪 卢　雯 鄢来朋 郑传江 董裕兴 任琦鹏 张润滋 王亚飞 刘念芸 王　峰 王晓玉 杨　栩 郭亚兵 张　红 肖　红 王　乐 步景杰 肖　琳 高炳欣 孙　哲 周进丽 王　聪 杨　超 文翰刿 许　可 王　越 张晓旭 王　爽 焦瑜婷 刘池一	马星桥 邱红梅 等大学物理 教研组
24	2010年北京市大学生人文知识竞赛校内选拔赛	363	5	一等奖	校级	张　玲 贾玉振 黄白鹤 刘　沂 李　勇	李　怡 张　梅 王立群等
			10	二等奖	校级	李胜明 康　宏 肖　敏 莫雨涵 谢兆宛 迟志林 王华昕 郝竹青 施家靖 潘林森	李　怡 张　梅 王立群等
			12	三等奖	校级	刘　欧 章　程 郭　宋 于成军 陈　科 樊　亚 刘　波 杨　涛 贾龙峰 张建斌 许　靖 马　嵘	李　怡 张　梅 王立群等

续表

序号	项目	参赛人数	获奖人数	奖项	奖项级别	获奖者	指导教师
25	2010年北京市大学生英语演讲比赛校内选拔赛	20	1	一等奖	校级	霍雨佳	张丹丹
			3	二等奖	校级	李梦诗　夏可巴　田静昀	张丹丹
26	2010年外研社杯全国英语演讲大赛校内选拔赛	300	1	一等奖	校级	王旖旎	张丹丹
			3	二等奖	校级	唐　熳　许题解　梁维珊	张丹丹
			4	三等奖	校级	刘　杨　汪　然　颜雨杰 赵　莹	张丹丹
27	2010年外研社杯全国英语辩论大赛校内选拔赛	300	2	一等奖	校级	邵子珩　梁　洋	张丹丹
			2	二等奖	校级	张初晴　闫合辉	张丹丹
			2	三等奖	校级	霍雨佳　李滢娅	张丹丹
28	第三届“高教杯”全国大学生先进图形技能与创新大赛校内选拔赛	99	3	一等奖	校级	陈振星　李　辰　杨丛莱	
			7	二等奖	校级	姜靖涛　邵祎希　宋争一 唐　慧　袁登鹏　张亮亮 郑璐晗	
			15	三等奖	校级	崔　凯　邓艳昭　丁　蕾 旷　静　李成龙　刘　欢 刘晓丽　徐美宝　扎玛托夫 张　聪　张旻远　赵雪斌 朱子睿　范吉忠　贾瑞鹏	
29	2010北京科技大学智能汽车大赛	338	20	一等奖	校级	宋　飞　倪文亚　赵　明 王冠军　李少帅　李成龙 祝　涛　吴　宁　张　斌 杨欢欢　贺　勇　高　品 黄静斌　吴勤兵　李　贤 杨志勇　胡　波　沈　阳 何　磊　王　庚	
			49	二等奖	校级	罗　颖　胡甲国　李金刚 侯振兴　扎马托夫　王　雷 蒯声政　王士元　丁翰超 孔　政　刘　帅　田晓耕 刘巍俊　钱　程　曹　欢 陈振星　徐美宝　刘　尚 周沈刚　田九洲　陈龙杰 罗建军　朱　红　李　辉 张　立　杨　柳　陈　俊 赵　波　赵　副　王　舆 罗　双　徐　沫　崔云鹏 董秋伟　韩慧昌　姜星宾 徐　烨　姜海勇　聂　帅 贾瑞鹏　张　洋　汪正康 肖　鹏　刘　杨　李　欣 赵丽双　李海兵　贺媛媛 高　健	

序号	项目	参赛人数	获奖人数	奖项	奖项级别	获奖者	指导教师
29	2010北京科技大学智能汽车大赛	338	117	三等奖	校级	孙泽文 关博远 赵爱国 高宇 董鹏程 李楠 谢剑桥 赵申 王平 张强 陈述 赵月 贾春宇 高玉冰 梁策 綦宇健 戴晓波 李义文 杨海林 孟繁臣 吴茂林 沈正波 钱志超 杜思齐 徐宝龙 李辰 郝精诚 张聪 苗海滨 郝鹏飞 蓝海鹏 于得涛 沈忱 郝溥俊 吴子文 周鹏 任娟 战宇 袁登鹏 王禹诚 尤亚娟 周春 唐慧 曾义波 孙正涛 姜恒 解亮 左迅 石凯 李鹏飞 虞学宾 张莹 王鹏 吴陶南 张佳媛 李铃芮 杜旭元 杨益 邹利珍 陈平 陈泽平 傅全权 谢万哲	
			117	三等奖	校级	王丹丹 张石盟 郑诗圣 曾恒 韩志峰 胡敏 刘兆燕 刘涛 陈立 曹兆军 梁昌鹏 蒋姚亮 樊得涛 兰清 张健 刘伟 王玥瑶 田雪林 陈建芳 林涛 唐升波 于茜 迟志林 陈鹏 陈豪 周灵 李海民 高荟凯 张成锐 陈九任 曹田 游大伟 刘晓彤 张泽 郑鑫 姚钰鹏 高延凯 卢跃杰 张宝 张骏杰 李伟骏 杨芮鉴 周苗 郑宝莹 谭明 徐俊伟 谢镇鸿 朱立伟 金军波 刘赫 黄琪玮 陈曦 张佳 肖志远 陈友洲	
30	第九届北京高校建筑结构设计联赛校内选拔赛	86	12	一等奖	校级	蒋凯泉 吴洪江 肖又歌 张戎泽 王妙茜 王一品 张福建 翟云鹏 闫鸿翔 胡婷 沈旭 李靖	
			18	二等奖	校级	豆丽萍 李珠军 张铎 胡楠 杨斯博 曹娇 刘超 白阳 马天雨 齐锦霞 靳彩铃 牛菲菲 李成斌 李泽新 李成龙 张凯 蔡路 郭泳	

序号	项目	参赛人数	获奖人数	奖项	奖项级别	获奖者	指导教师
			32	三等奖	校级	庞伟东 徐 俊 程 竞 陈 强 祝向前 陈 超 谢 香 张泽龙 欧阳珊珊 李 波 王玉静 骆计可 卢 翔 刘国跃 付景蚋 刘会聪 林 飞 王 玮 薛中科 李敏智 许 旺 刘国利 李晶晶 张 亮 李晓义 金丽娜 何 烨 王 昊 郑雁翔 马维平 李 虎 梁思静	
31	2010年英特尔杯大学生嵌入式系统专题邀请赛校内选拔赛	8	2	一等奖	校级	张 宁 伍桂花	

（何志巍）

2010年度本科课程表

矿物资源管理

年 级	课 程 设 置
2010级	经济与管理，沟通与交流，思想道德修养与法律基础，基础外语I，体育I，军事理论，大学计算机基础，高等数学AI，线性代数A，普通化学，普通化学实验
2009级	中国近现代史纲要，基础外语II，体育II，形势与政策I，大学生职业发展与就业指导I，计算机应用实践，测量实践，VB程序设计，高等数学A(II)，大学物理AI，采选概论，工程测量
2007级	经济与管理，生产实习，物理化学基础，矿床开采工程(双语)，结构力学，边坡工程，矿业固体废物处置与资源化，数字矿山技术，资源与环境经济学，矿山自动化与信息化
	微机原理与应用，矿山企业管理，通风防尘与安全，矿物加工与利用，现代设计方法，采矿工程新技术及发展方向，特殊采矿技术，矿物加工新技术，矿产经济学
2006级	工程设计训练，矿山开采设计，毕业设计(论文)

土木工程专业

年 级	课 程 设 置
2010级	经济与管理，沟通与交流，思想道德修养与法律基础，基础外语I，体育I，军事理论，大学计算机基础，高等数学AI，线性代数A，普通化学，普通化学实验
2009级	中国近现代史纲要，基础外语II，体育II，形势与政策I，大学生职业发展与就业指导I，计算机应用实践，C++程序设计，高等数学A(II)，大学物理AI
	马克思主义基本原理，基础外语III，体育III，大学生职业发展与就业指导II，金工实习C，线性代数，工程力学AI，大学物理AII，工科物理实验I，机械制图B
2008级	毛泽东思想和中国特色社会主义理论体系概论I，基础外语IV，体育IV，形势与政策II，认识实习，测量实习，工程力学AII，工科物理实验II，土木工程概论，土木工程制图，工程测量，工程地质学，电工技术实验，电工技术
	毛泽东思想和中国特色社会主义理论体系概论II，大学生职业发展与就业指导III，概率论与数理统计，数学实验，结构力学I，结构力学II，土木工程材料，电子技术实验，电子技术，城市规划，流体力学与热工基础，土木工程材料实验方法

续表

年 级	课 程 设 置
2007级	生产实习，岩石力学综合实验，土力学，混凝土结构，岩石力学与工程，土木工程施工，房屋建筑学，土建工程机械，道路与边坡工程，土木工程项目管理，结构抗震，高层建筑结构，工程爆破，岩土工程(双语)
	经济与管理，结构工程综合实验，微机原理与应用，钢结构(双语)，地基基础，土木工程新进展，桥梁工程，隧道与地铁工程，建筑工程(双语)，工程概预算与招投标，预应力混凝土结构设计，岩土工程数值计算方法，岩土工程施工新方法，地下结构，砌体结构设计
2006级	专业工程设计训练，毕业设计(论文)

环境工程专业

年 级	课 程 设 置
2010级	思想道德修养与法律基础，基础外语I，体育I，军事理论，大学计算机基础，高等数学AI，无机化学B，无机化学实验BI
2009级	中国近现代史纲要，基础外语II，体育II，形势与政策I，大学生职业发展与就业指导I，计算机应用实践，测量实习，VB程序设计，高等数学A(II)，大学物理AI，无机化学实验BII，工程测量
	马克思主义基本原理，基础外语III，体育III，大学生职业发展与就业指导II，金工实习C，线性代数，工程力学C，大学物理AII，工科物理实验I，机械制图B
2008级	毛泽东思想和中国特色社会主义理论体系概论I，基础外语IV，体育IV，形势与政策II，认识实习，工科物理实验II，工程制图，电工技术实验，电工技术，物理化学AI
	毛泽东思想和中国特色社会主义理论体系概论II，大学生职业发展与就业指导III，环境工程微生物学实验，概率论与数理统计，数学实验，工程流体力学，环境工程微生物学，有机化学基础，电子技术实验，电子技术，物理化学AII，城市规划，环境与可持续发展，分析化学基础，生物技术在环境工程的应用(双语)
2007级	经济与管理，生产实习，环境工程实验，物理化学实验B，大气污染控制工程，水污染控制工程，物理污染控制，固体废弃物资源化，环境材料学，计算机辅助设计及应用，工业安全系统工程，现代测试技术，环境工程施工与管理，废水生物处理新技术，固体废物处理工艺设计，环境生态学，环境学导论，环境化学，大气污染控制工程设计，生态卫生系统(双语)，环境影响评价实务
	微机原理与应用，环境工程研究与设计，环境规划与管理，环境监测与评价，工业通风与防尘，环境工程经济学，环境工程仪表与自动控制，工业废水处理技术，环境信息技术及应用，环境监测技术，废水处理英文选读(双语)，危险废物的管理与处置，城市排水泵站及管网技术
2006级	研究方法训练，工程训练，毕业设计(论文)

安全工程专业

年 级	课 程 设 置
2010级	思想道德修养与法律基础，基础外语I，体育I，军事理论，大学计算机基础，高等数学AI，无机化学B，无机化学实验BI
2009级	中国近现代史纲要，基础外语II，体育II，形势与政策I，大学生职业发展与就业指导I，计算机应用实践，测量实习，VB程序设计，高等数学A(II)，大学物理AI，无机化学实验BII，工程测量
	马克思主义基本原理，基础外语III，体育III，大学生职业发展与就业指导II，金工实习C，线性代数，工程力学C，大学物理AII，工科物理实验I，机械制图B

续表

年 级	课 程 设 置
2008级	毛泽东思想和中国特色社会主义理论体系概论I，基础外语IV，体育IV，形势与政策II，认识实习，工科物理实验II，工程制图，环境工程概论，电工技术实验，电工技术，物理化学AI
	毛泽东思想和中国特色社会主义理论体系概论II，大学生职业发展与就业指导III，概率论与数理统计，数学实验，工程流体力学，有机化学基础，安全学原理，电子技术实验，电子技术，物理化学AII，工业通风与防尘(双语)，燃烧与爆炸，分析化学基础，地质学与采矿工程概论，安全法律法规，安全心理学
2007级	经济与管理，生产实习，安全工程实验，物理化学实验B，安全人机工程，安全管理学，职业卫生工程(双语)，计算机辅助设计及应用，安全经济学，机电安全工程，工伤保险，安全监测监控原理及应用，职业安全健康管理体系，化工安全工程
	微机原理与应用，工业安全系统工程，安全评价，矿山安全技术，建筑安全工程，安全生产技术新进展，事故应急救援，事故调查与分析技术，生物安全技术，产品安全工程

采矿工程专业

年 级	课 程 设 置
2010级	经济与管理，沟通与交流，思想道德修养与法律基础，基础外语I，体育I，军事理论，大学计算机基础，高等数学AI，线性代数A，普通化学，普通化学实验
2009级	中国近现代史纲要，基础外语II，体育II，形势与政策I，大学生职业发展与就业指导I，计算机应用实践，测量实践，VB程序设计，高等数学A(II)，大学物理AI，采选概论，工程测量
	马克思主义基本原理，基础外语III，体育III，大学生职业发展与就业指导II，金工实习C，线性代数，工程力学AI，大学物理AII，工科物理实验I，机械设计制图AI
2008级	毛泽东思想和中国特色社会主义理论体系概论I，基础外语IV，体育IV，形势与政策II，认识实习，机械课程设计，工程力学AII，工科物理实验II，地质学基础，机械设计制图AII，电工技术实验，电工技术
	毛泽东思想和中国特色社会主义理论体系概论II，大学生职业发展与就业指导III，概率论与数理统计，数学实验，岩石力学与地下工程，工程流体力学，电子技术实验，电子技术，资源开发系统工程(双语)，工程爆破，应用地质学，矿产资源法，资源开发与可持续发展，矿山运输系统与设计，矿业权评估原理及应用，地下工程施工及支护技术，工程机械

矿物加工工程专业

年 级	课 程 设 置
2010级	经济与管理，沟通与交流，思想道德修养与法律基础，基础外语I，体育I，军事理论，大学计算机基础，高等数学AI，线性代数A，普通化学，普通化学实验
2009级	中国近现代史纲要，基础外语II，体育II，形势与政策I，大学生职业发展与就业指导I，计算机应用实践，测量实践，VB程序设计，高等数学A(II)，大学物理AI，采选概论，工程测量
	马克思主义基本原理，基础外语III，体育III，大学生职业发展与就业指导II，金工实习C，线性代数，工程力学C，大学物理AII，工科物理实验I，机械设计制图AI
2008级	毛泽东思想和中国特色社会主义理论体系概论I，基础外语IV，体育IV，形势与政策II，认识实习，机械课程设计，工科物理实验II，机械设计制图AII，电工技术实验，电工技术，物理化学AI，矿石学
	毛泽东思想和中国特色社会主义理论体系概论II，大学生职业发展与就业指导III，概率论与数理统计，数学实验，工程流体力学，有机化学基础，电子技术实验，电子技术，物理化学AII，矿石粉碎工程，采矿概论

冶金工程专业

年 级	课 程 设 置
2010级	沟通与交流，思想道德修养与法律基础，基础外语I，体育I，军事理论，大学计算机基础，高等数学AI，无机化学B，无机化学实验BI
2009级	中国近现代史纲要，基础外语II，体育II，形势与政策I，大学生职业发展与就业指导I，计算机应用实践，C语言程序设计，高等数学A(II)，大学物理AI，无机化学实验BII，冶金工程概论
	马克思主义基本原理，基础外语III，体育III，大学生职业发展与就业指导II，金工实习C，线性代数，工程力学C，大学物理AII，工科物理实验I，机械设计制图AI
2008级	毛泽东思想和中国特色社会主义理论体系概论I，基础外语IV，体育IV，形势与政策II，认识实习，机械课程设计，工科物理实验II，冶金传输原理，机械设计制图AII，电工技术实验，电工技术，物理化学BI
	毛泽东思想和中国特色社会主义理论体系概论II，大学生职业发展与就业指导III，概率论与数理统计，数学实验，冶金物理化学，金属学原理，电子技术实验，电子技术，物理化学BII，物理化学实验B
2007级	经济与管理，生产实习，钢铁冶金学I，冶金工程实验技术，钢铁冶金学II，凝固原理与连铸工艺，有色金属冶金学(双语)，金属材料与热处理，炉外精炼与铁水预处理(双语)，冶金过程检测与自动控制，冶金过程数值模拟与仿真，直接还原与熔融还原，铁合金，铁矿石造块原理与工艺，特殊钢冶金过程工程(双语)，铸造学，催化与环境材料
	现代冶金工程设计与实践，冶金工程实验技术，微机原理与应用，冶金环境工程与资源循环利用，金属材料成形加工，冶金流程工程学，无机非金属材料，能源工程，冶金反应工程，湿法冶金方法，专业英语阅读与写作，冶金工程新技术，功能材料，稀贵金属冶金，冶金电化学，有色生物冶金(双语)，工业生态学与清洁冶金工艺，电磁冶金原理与工艺
2006级	毕业设计(论文)

生态学专业

年 级	课 程 设 置
2010级	沟通与交流，思想道德修养与法律基础，基础外语I，体育I，军事理论，大学计算机基础，高等数学AI，无机化学B，无机化学实验BI
2009级	中国近现代史纲要，基础外语II，体育II，形势与政策I，大学生职业发展与就业指导I，计算机应用实践，C语言程序设计，高等数学A(II)，线性代数，大学物理AI，无机化学实验BII
	马克思主义基本原理，基础外语III，体育III，大学生职业发展与就业指导II，大学物理AII，工科物理实验I，分析化学，有机化学，有机化学及分析化学实验
2008级	毛泽东思想和中国特色社会主义理论体系概论I，基础外语IV，体育IV，形势与政策II，普通生态实习，工科物理实验II，环境传输原理，生态热力学与动力学，普通生态学，生物化学，普通生物学，生态环境学，生态学实验 I
	毛泽东思想和中国特色社会主义理论体系概论II，大学生职业发展与就业指导III，概率论与数理统计，数学实验，生态环境微生物学，地学基础与地理信息系统（双语），工业生态学，生态环境监测与评价，生态学实验 II
2007级	工业生态城市生态实习，城市生态与规划(双语)，景观生态与工程（双语），生态与环境工程学，生态工程设计原理，生态学实验III，污染生态学，现代生物工程与技术，现代工业概论，生态环境材料，钢铁生产与生态环境，有色金属冶金与生态环境
	生态工程课程设计，微机原理与应用，生态人文社会科学，能源工程(双语)，资源与生态回收工程，科技英语技能训练，水化学(双语)，汽车社会与生态环境，水生态与工程，水生植物学
2006级	毕业设计(论文)

冶金工程(留)专业

年级	课程设置
2008级	经济与管理,生产实习,计算机应用实践,钢铁冶金学I,冶金材料实验与分析技术,钢铁冶金学II,凝固原理与连铸工艺,有色金属冶金学(双语),金属材料与热处理
	现代冶金工程设计与实践,冶金材料实验与分析技术,微机原理与应用,冶金环境工程与资源循环利用,金属材料成形加工,冶金流程工程学,炉外精炼与铁水预处理(双语),直接还原与熔融还原,铁合金,铁矿石造块原理与工艺,特殊钢冶金过程工程(双语),铸造学

无机非金属材料工程专业

年级	课程设置
2010级	中国近现代史纲要,沟通与交流,基础外语I,体育I,军事理论,大学计算机基础,高等数学AI,无机化学B,无机化学实验BI,材料科学与工程导论-名师课堂
2009级	中国近现代史纲要,基础外语II,体育II,形势与政策I,大学生职业发展与就业指导I,计算机应用实践,C++程序设计,高等数学A(II),线性代数,大学物理AI,无机化学实验BII
	马克思主义基本原理,基础外语III,体育III,大学生职业发展与就业指导II,概率论与数理统计,大学物理AII,工科物理实验I,工程力学B,材料科学与工程专业概述,材料成型与控制工程专业概述,材料物理与化学专业概述,无机非金属材料专业概述
2008级	毛泽东思想和中国特色社会主义理论体系概论I,基础外语IV,体育IV,形势与政策II,认识实习,金工实习C,数学实验,工科物理实验II,机械制图,电工技术,物理化学BI
	毛泽东思想和中国特色社会主义理论体系概论II,大学生职业发展与就业指导III,数理方法,无机材料热工基础,电工技术实验,电子技术,物理化学实验B,有机化学,固体材料结构基础,波谱及应用
2007级	经济与管理,生产实习,X光与电镜,电子技术实验,无机材料物理化学,能源材料,功能陶瓷,固体电解质,无机材料物理性能
	微机原理与应用,无机材料研究方法,无机非金属材料工艺学,复合材料,计算机在材料科学中的应用,生物材料导论,结构陶瓷,耐火材料,玻璃与新型建筑材料,电子陶瓷与器件,半导体材料导论,无机纳米材料制备技术,信息能源新材料导论
2006级	毕业设计(论文)

材料物理专业

年级	课程设置
2010级	中国近现代史纲要,沟通与交流,基础外语I,体育I,军事理论,大学计算机基础,高等数学AI,无机化学B,无机化学实验BI,材料科学与工程导论-名师课堂
2009级	中国近现代史纲要,基础外语II,体育II,形势与政策I,大学生职业发展与就业指导I,计算机应用实践,C++程序设计,高等数学A(II),线性代数,大学物理AI,无机化学实验BII
	马克思主义基本原理,基础外语III,体育III,大学生职业发展与就业指导II,概率论与数理统计,大学物理AII,工科物理实验I,工程力学B,材料科学与工程专业概述,材料成型与控制工程专业概述,材料物理与化学专业概述,无机非金属材料专业概述
2008级	毛泽东思想和中国特色社会主义理论体系概论I,基础外语IV,体育IV,形势与政策II,认识实习,金工实习C,数学实验,工科物理实验II,机械制图,电工技术,物理化学BI,理科物理
	毛泽东思想和中国特色社会主义理论体系概论II,大学生职业发展与就业指导III,数理方法,材料科学基础实验,材料物理基础,原子物理及量子力学,理论力学(双语),电工技术实验,理科物理实验BI,物理化学实验B

续表

年 级	课 程 设 置
2007级	经济与管理，生产实习，统计物理，理科物理实验BII，材料物理实验I，X射线晶体学，材料物理，无机非金属材料，高分子材料，微合金钢原理(双语)，材料物理进展
	微机原理与应用，材料物理实验II，电子显微学，固体物理基础A，功能材料基础，生物材料导论，计算机在材料物理中的应用，固体物理，微束分析，低维材料学
2006级	毕业设计(论文)

材料成型及控制工程专业

年 级	课 程 设 置
2010级	中国近现代史纲要，沟通与交流，基础外语I，体育I，军事理论，大学计算机基础，高等数学AI，无机化学B，无机化学实验BI，材料科学与工程导论-名师课堂
2009级	中国近现代史纲要，基础外语II，体育II，形势与政策I，大学生职业发展与就业指导I，计算机应用实践，C++程序设计，高等数学A(II)，线性代数，大学物理AI，无机化学实验BII
2009级	马克思主义基本原理，基础外语III，体育III，大学生职业发展与就业指导II，概率论与数理统计，大学物理AII，工科物理实验I，工程力学B，材料科学与工程专业概述，材料成型与控制工程专业概述，材料物理与化学专业概述，无机非金属材料专业概述
2008级	毛泽东思想和中国特色社会主义理论体系概论I，基础外语IV，体育IV，形势与政策II，认识实习，金工实习C，数学实验，工科物理实验II，机械制图，电工技术，物理化学BI
	毛泽东思想和中国特色社会主义理论体系概论II，大学生职业发展与就业指导III，材料科学基础A，传热学基础，机械设计，自动控制理论，电工技术实验，电子技术，物理化学实验B，固态成形理论基础
2007级	经济与管理，生产实习，金属材料及热处理，电子技术实验，材料成形理论基础II，材料成形自动控制基础，固态成形工艺原理及控制，液态成形工艺原理及控制，轧制工程学，材料成形摩擦与润滑，锻压工艺与模具设计，数学模型及计算机控制
	专业课程设计，微机原理与应用，焊接原理与工艺，生物材料导论，材料成形过程质量性能控制(双语)，实验测试技术，材料成形设备与车间设计，材料成形计算机辅助工程，新材料制备与加工，铸造合金及制备工艺
2006级	毕业设计(论文)

材料科学与工程专业

年 级	课 程 设 置
2010级	中国近现代史纲要，沟通与交流，基础外语I，体育I，军事理论，大学计算机基础，高等数学AI，无机化学B，无机化学实验BI，材料科学与工程导论-名师课堂
2009级	中国近现代史纲要，基础外语II，体育II，形势与政策I，大学生职业发展与就业指导I，计算机应用实践，C++程序设计，高等数学A(II)，线性代数，大学物理AI，无机化学实验BII
	马克思主义基本原理，基础外语III，体育III，大学生职业发展与就业指导II，概率论与数理统计，大学物理AII，工科物理实验I，工程力学B，材料科学与工程专业概述，材料成型与控制工程专业概述，材料物理与化学专业概述，无机非金属材料专业概述
2008级	毛泽东思想和中国特色社会主义理论体系概论I，基础外语IV，体育IV，形势与政策II，认识实习，金工实习C，数学实验，工科物理实验II，机械制图，电工技术，物理化学BI
	毛泽东思想和中国特色社会主义理论体系概论II，大学生职业发展与就业指导III，数理方法，材料科学基础I，材料科学与工程实验I，电工技术实验，电子技术，物理化学实验B，电化学基础，固体物理基础B

续表

年级	课程设置
2007级	经济与管理,生产实习,材料科学基础II,材料科学与工程实验II,统计物理,电子技术实验,材料分析方法,材料性能I,材料制备与加工,功能材料,粉末冶金原理,计算材料学与材料模拟技术,高分子材料,金属腐蚀学
	微机原理与应用,材料性能II,金属材料及热处理,复合材料,薄膜材料制备技术,粉末冶金材料,粉末冶金实验技术,无机非金属材料,航空航天材料概述,生物材料导论,金属腐蚀实验方法,耐蚀材料与防护技术
2006级	毕业设计(论文)

材料化学专业

年级	课程设置
2010级	中国近现代史纲要,沟通与交流,基础外语I,体育I,军事理论,大学计算机基础,高等数学AI,无机化学B,无机化学实验BI,材料科学与工程导论-名师课堂
2009级	中国近现代史纲要,基础外语II,体育II,形势与政策I,大学生职业发展与就业指导I,计算机应用实践,C++程序设计,高等数学A(II),线性代数,大学物理AI,无机化学实验BII
	马克思主义基本原理,基础外语III,体育III,大学生职业发展与就业指导II,概率论与数理统计,大学物理AII,工科物理实验I,工程力学B,材料科学与工程专业概述,材料成型与控制工程专业概述,材料物理与化学专业概述,无机非金属材料专业概述
2008级	毛泽东思想和中国特色社会主义理论体系概论I,基础外语IV,体育IV,形势与政策II,认识实习,金工实习C,数学实验,工科物理实验II,机械制图,电工技术,物理化学BI,分析化学
	毛泽东思想和中国特色社会主义理论体系概论II,大学生职业发展与就业指导III,数理方法,材料科学基础B,电化学原理,材料物理基础,电工技术实验,物理化学实验B,有机化学,结构化学
2007级	经济与管理,生产实习,有机化学实验,材料性能,有机材料化学（双语）,材料分析与表征方法,高分子材料,应用电化学,胶体与表面化学,纳米材料与技术
	微机原理与应用,材料化学失效与控制,无机材料化学,计算机在材料科学中的应用,无机非金属材料,生物材料导论,金属腐蚀实验方法,电子信息材料与技术,材料表面技术,涂料化学,环境材料学,材料的再生与利用,材料化学前沿概述
2006级	毕业设计(论文)

材料科学与工程（国际班）专业

年级	课程设置
2010级	国际理解,国史与国情,工程伦理与思想道德,基础外语I,体育I,计算机基础-原理与应用,大学化学,化学实验I,高等数学I,材料科学与工程导论-名师课堂
2009级	中国与世界文化引论,基础外语II,体育II,计算机应用实践,C++程序设计,大学物理AI,化学实验Ⅱ,高等数学Ⅱ
	工程法学,基础外语III,体育III,线性代数,大学物理AII,工科物理实验I,工程力学B
2008级	英语读写Ⅳ,英语听说Ⅳ,体育IV,认识实习,金工实习C,概率论与数理统计,数理方法,工科物理实验II,材料热力学（含相图）,材料热力学（含传热传质）,界面与表面,电工技术,材料科学与工程系列讲座
	工程法学,材料科学与工程实验I,材料物理化学实验,晶体学与材料结构,相变与材料显微组织演变,材料变形与再结晶,工程制图,机械设计,电工技术实验,电子技术,生物材料导论,能源材料,纳米材料与微纳加工,信息材料与技术

材料科学与工程(实验班)专业

年级	课程设置
2007级	经济与管理,生产实习,统计物理,电动力学,材料物理实验I,X射线晶体学,晶体缺陷和力学性质,材料中的扩散与相变,粉末冶金原理,材料的电光和磁学性质,计算材料学程序结构与解读,纳米材料
	材料物理实验II,电子显微学,固体物理基础A,无机非金属材料,现代材料研究方法,能源材料,微加工技术

机械类专业

年级	课程设置
2010级	沟通与交流,思想道德修养与法律基础,基础外语I,体育I,军事理论,大学计算机基础,高等数学AI,机械制图AI
2009级	中国近现代史纲要,基础外语II,体育II,形势与政策I,大学生职业发展与就业指导I,计算机应用实践,C++程序设计,高等数学A(II),线性代数,大学物理AI,学科导论
	马克思主义基本原理,基础外语III,体育III,大学生职业发展与就业指导II,金工实习C,概率论与数理统计,数学实验,大学物理AII,工科物理实验I,机械制图I,电路分析,模拟电路与数字电路分析

机械工程及自动化专业

年级	课程设置
2010级	沟通与交流,思想道德修养与法律基础,基础外语I,体育I,军事理论,大学计算机基础,高等数学AI,机械制图AI
2009级	中国近现代史纲要,基础外语II,体育II,形势与政策I,大学生职业发展与就业指导I,计算机应用实践,C++程序设计,高等数学A(II),线性代数,大学物理AI,学科导论
	马克思主义基本原理,基础外语III,体育III,大学生职业发展与就业指导II,金工实习C,概率论与数理统计,数学实验,大学物理AII,工科物理实验I,机械制图I,电路分析,模拟电路与数字电路分析
2008级	毛泽东思想和中国特色社会主义理论体系概论I,基础外语IV,体育IV,形势与政策II,金工实习II,理论力学A,工科物理实验II,工程材料及制造基础,机械制图II,电机拖动
	毛泽东思想和中国特色社会主义理论体系概论II,大学生职业发展与就业指导III,机械工艺课程设计,微机原理与应用,材料力学,机械原理,热工学,自动控制理论
2007级	经济与管理,机械课程设计,认识实习,生产实习,机械设计,液气压传动,机电系统原理及应用,机械优化设计,机械智能设计,机械创新设计,有限元分析,系统数字仿真方法,虚拟样机技术及应用,VB程序设计及其在机电控制中的应用
	现代设计理论及方法,机械制造工程,计算机辅助制造(双语),机械工程进展,测试系统设计与实践,大型机械设备自动化控制,冶金生产工艺及设备,机械制造装备自动化,模具设计与制造,机械制造CAD,特种加工,互换性与测量性基础,传感器原理及应用,电液控制工程基础,机电一体化应用技术,计算机控制技术,数控技术及其应用,应用电子技术,电液系统动态分析,机电系统综合实验
2006级	毕业设计(论文)

热能与动力工程专业

年级	课程设置
2010级	沟通与交流,思想道德修养与法律基础,基础外语I,体育I,军事理论,大学计算机基础,高等数学AI,普通化学,普通化学实验,机械设计制图AI
2009级	中国近现代史纲要,基础外语II,体育II,形势与政策I,大学生职业发展与就业指导I,计算机应用实践,C++程序设计,高等数学A(II),线性代数,大学物理AI,学科导论
	马克思主义基本原理,基础外语III,体育III,大学生职业发展与就业指导II,金工实习C,概率论与数理统计,数学实验,大学物理AII,工科物理实验I,机械制图I,电路分析,模拟电路与数字电路分析
2008级	毛泽东思想和中国特色社会主义理论体系概论I,基础外语IV,体育IV,形势与政策II,工程力学C,工科物理实验II,工程热力学,工程流体力学(双语),电机拖动
	毛泽东思想和中国特色社会主义理论体系概论II,大学生职业发展与就业指导III,微机原理与应用,机械设计基础,传热传质学(双语),工程燃烧学,环境工程概论,工业生态学
2007级	经济与管理,机械课程设计,认识实习,生产实习,制冷与低温原理,热工自动检测与控制,工业热工基础,热工过程及设备,动力机械概论,压缩机械
	低温工艺及装置,热工过程模化与控制,能源系统优化基础,新能源概论,热能工程进展概论,动力设备,空气调节,暖通工程,能量转换与利用,流体机械概论
2006级	专业课程设计,毕业设计(论文)

工业设计专业

年级	课程设置
2010级	沟通与交流,思想道德修养与法律基础,基础外语I,体育I,军事理论,大学计算机基础,高等数学BI,素描(工设)I,结构素描,设计导论
2009级	中国近现代史纲要,基础外语II,体育II,形势与政策I,大学生职业发展与就业指导I,C++程序设计,高等数学A(II),色彩,素描II,平面构成,建筑概论
	马克思主义基本原理,基础外语III,体育III,大学生职业发展与就业指导II,金工实习C,大学物理B,立体构成,色彩构成,摄影,计算机辅助设计,机械制图I,中国艺术经典赏析
2008级	毛泽东思想和中国特色社会主义理论体系概论I,基础外语IV,体育IV,形势与政策II,计算机应用实践,工程力学C,效果图,人机工程学(双语),电子产品实用电路和结构,设计基础,空间设计I
	毛泽东思想和中国特色社会主义理论体系概论II,大学生职业发展与就业指导III,模型设计与制作,视觉传达设计,计算机网络,设计工程基础I,平面设计,设计方法学,产品设计I,设计调查,空间设计II,传统工艺,传达
2007级	经济与管理,生产实习,认识实习,计算机辅助产品设计,设计工程基础课程设计,设计工程基础II,界面设计(双语),网络设计,设计管理,数字媒体I,企业策划学,商品学概论,国际市场营销
	包装装潢设计,毕业设计,产品设计II,数字媒体II
2006级	毕业设计(论文)

工业工程专业

年 级	课 程 设 置
2010级	沟通与交流，思想道德修养与法律基础，基础外语I，体育I，军事理论，大学计算机基础，高等数学AI，机械制图AI
2009级	中国近现代史纲要，基础外语II，体育II，形势与政策I，大学生职业发展与就业指导I，计算机应用实践，C++程序设计，高等数学A(II)，线性代数，大学物理AI，学科导论
	马克思主义基本原理，基础外语III，体育III，大学生职业发展与就业指导II，金工实习C，概率论与数理统计，数学实验，大学物理AII，工科物理实验I，机械制图I，电路分析，模拟电路与数字电路分析
2008级	毛泽东思想和中国特色社会主义理论体系概论I，基础外语IV，体育IV，形势与政策II，数据库应用基础，工程力学C，工科物理实验II，电机拖动，应用统计学
	毛泽东思想和中国特色社会主义理论体系概论II，大学生职业发展与就业指导III，计算机网络，机械设计基础，机械制造工程基础，应用运筹学，系统工程，信息系统开发技术
2007级	经济与管理，机械课程设计，认识实习，生产实习，物流学，基础工业工程，设施规划与设计，现代制造系统，现代生产管理，先进制造技术，可行性研究，工业工程进展概论，企业资源计划，质量管理与控制，人力资源管理
	企业信息化技术，离散系统建模与仿真，人因工程，网络计划技术，物流技术装备，工程项目管理，工业设计概论，工程经济
2006级	专业课程设计，毕业设计(论文)

艺术设计专业

年 级	课 程 设 置
2010级	沟通与交流，思想道德修养与法律基础，基础外语I，体育I，军事理论，大学计算机基础，素描，平面构成，色彩，设计导论
2009级	中国近现代史纲要，基础外语II，体育II，形势与政策I，大学生职业发展与就业指导I，立体构成，色彩构成，字体设计，素描II，色彩II，建筑概论
	马克思主义基本原理，基础外语III，体育III，大学生职业发展与就业指导II，摄影，计算机辅助设计，图案设计，标志设计，中国艺术经典赏析
2008级	毛泽东思想和中国特色社会主义理论体系概论I，基础外语IV，体育IV，形势与政策II，计算机应用实践，设计表现，数字摄像，设计基础，版面设计，空间设计I
	毛泽东思想和中国特色社会主义理论体系概论II，大学生职业发展与就业指导III，模型设计与制作，计算机网络，数字动画技术，设计工程基础I，人因设计，设计调查，空间设计II，传统工艺，网页设计制作，传达
2007级	经济与管理，生产实习，认识实习，界面设计，书籍装祯设计，视觉传达设计，影视制作，数字音响，图形设计，企业策划学，商品学概论，国际市场营销
	包装装潢设计，毕业设计，产品设计I，广告设计，游戏设计，POP展示设计
2006级	毕业设计(论文)

物流工程专业

年级	课程设置
2010级	沟通与交流,思想道德修养与法律基础,基础外语I,体育I,军事理论,大学计算机基础,高等数学AI,机械制图AI
2009级	中国近现代史纲要,基础外语II,体育II,形势与政策I,大学生职业发展与就业指导I,计算机应用实践,C++程序设计,高等数学A(II),线性代数,大学物理AI,学科导论
	马克思主义基本原理,基础外语III,体育III,大学生职业发展与就业指导II,金工实习C,概率论与数理统计,数学实验,大学物理AII,工科物理实验I,机械制图I,电路分析,模拟电路与数字电路分析
2008级	毛泽东思想和中国特色社会主义理论体系概论I,基础外语IV,体育IV,形势与政策II,数据库应用基础,工程力学C,工科物理实验II,电机拖动,应用统计学
	毛泽东思想和中国特色社会主义理论体系概论II,大学生职业发展与就业指导III,计算机网络,机械设计基础,机械制造工程基础,应用运筹学,系统工程,信息系统开发技术
2007级	经济与管理,机械课程设计,认识实习,生产实习,物流学,企业物流管理,物流信息系统,设施规划与设计,现代生产管理,先进制造技术,可行性研究,物流工程进展概论,企业资源计划,质量管理与控制
	物流技术装备,配送与配送中心,离散系统建模与仿真,网络计划技术,供应链管理,物流作业优化方法,物流信息技术概论,物流企业运营管理
2006级	专业课程设计,毕业设计(论文)

能源动力类专业

年级	课程设置
2010级	沟通与交流,思想道德修养与法律基础,基础外语I,体育I,军事理论,大学计算机基础,高等数学AI,普通化学,普通化学实验,机械设计制图AI

车辆工程专业

年级	课程设置
2010级	沟通与交流,思想道德修养与法律基础,基础外语I,体育I,军事理论,大学计算机基础,高等数学AI,机械制图AI
2009级	中国近现代史纲要,基础外语II,体育II,形势与政策I,大学生职业发展与就业指导I,计算机应用实践,VB程序设计,高等数学A(II),线性代数,大学物理AI,机械制图II
	马克思主义基本原理,基础外语III,体育III,大学生职业发展与就业指导II,金工实习C,理论力学A,概率论与数理统计,数学实验,大学物理AII,工科物理实验I
2008级	毛泽东思想和中国特色社会主义理论体系概论I,基础外语IV,体育IV,形势与政策II,认识实习,金工实习II,材料力学,工科物理实验II,工程材料及制造基础,机械原理,车辆人机工程
	毛泽东思想和中国特色社会主义理论体系概论II,大学生职业发展与就业指导III,机械设计,自动控制理论,电工技术实验,电工技术,车辆液压与液力传动,发动机原理,现代设计方法概论,可靠性工程
2007级	经济与管理,生产实习,机械课程设计,机械设计,电子技术实验,电子技术,汽车理论,车辆振动与控制,可靠性工程,内燃机排放与控制,汽车燃料与润滑油,车辆运输工程,汽车环境技术,汽车驾驶实习
	工程训练,微机原理与应用,汽车测试技术,汽车设计,汽车技术新发展,专用车辆设计,汽车造型设计,车辆维修工程,机械制造工程
2006级	毕业设计(论文)

建筑环境与设备工程专业

年 级	课 程 设 置
2010级	沟通与交流，思想道德修养与法律基础，基础外语I，体育I，军事理论，大学计算机基础，高等数学AI，普通化学，普通化学实验，机械设计制图AI
2009级	中国近现代史纲要，基础外语II，体育II，形势与政策I，大学生职业发展与就业指导I，计算机应用实践，VB程序设计，高等数学A(II)，大学物理AI，建筑环境与设备工程概论(双语)，建筑概论
	马克思主义基本原理，基础外语III，体育III，大学生职业发展与就业指导II，金工实习C，线性代数，工程力学AI，大学物理AII，工科物理实验I，工程热力学，机械设计制图AI
2008级	毛泽东思想和中国特色社会主义理论体系概论I，基础外语IV，体育IV，形势与政策II，认识实习，机械课程设计，工程力学AII，工科物理实验II，流体力学泵与风机，建筑工程制图，机械设计制图AII
	毛泽东思想和中国特色社会主义理论体系概论II，大学生职业发展与就业指导III，概率论与数理统计，数学实验，传热学，建筑环境学，电工技术实验，电工技术，流体输配管网，热质交换原理与设备，暖通空调理论，可靠性工程基础
2007级	经济与管理，生产实习，电子技术实验，电子技术，空调用制冷技术，供热工程，燃气工程(双语)，房屋建筑学，建筑设备使用与管理，现代物业管理，建筑给排水
	工程训练，微机原理与应用，建筑自动化，建筑环境测试技术，建筑节能技术，智能建筑，空调新技术
2006级	毕业设计(论文)，建筑环境与设备新发展，锅炉房工艺与设备

自动化专业

年 级	课 程 设 置
2010级	中国近现代史纲要，沟通与交流，基础外语I，体育I，军事理论，程序设计基础，工科数学分析I，大学物理AI，工程制图基础
2009级	中国近现代史纲要，基础外语II，体育II，形势与政策I，大学生职业发展与就业指导I，计算机应用实践，C语言程序设计，高等数学A(II)，线性代数，大学物理AI，电路分析基础I，电路实验技术I
	马克思主义基本原理，基础外语III，体育III，大学生职业发展与就业指导II，复变函数与积分变换，概率论与数理统计，大学物理AII，工科物理实验I，电路分析基础II，电路实验技术II，模拟电子技术，模拟电子技术实验
2008级	毛泽东思想和中国特色社会主义理论体系概论I，基础外语IV，体育IV，形势与政策II，金工实习C，电子技术实习，离散数学，随机过程，数学实验，工科物理实验II，控制工程基础，数字电子技术(双语)，数字电子技术实验，信息工程基础
2008级	毛泽东思想和中国特色社会主义理论体系概论II，大学生职业发展与就业指导III，课程设计(控制理论)，课程设计(微机原理)，微机原理及应用，电力电子技术，控制理论基础，工业企业供电，可视化程序设计I，数据库技术及应用，EDA电子设计，传感器技术
2007级	生产实习，课程设计(电子电力及电机)，课程设计(电气传动)，课程设计(嵌入式控制)，电机及其运动控制系统I，嵌入式控制系统，可编程控制器及应用，非线性控制，可视化程序设计II，分布式控制系统，系统辩识及自适应控制，最优控制及最优化，数值计算方法，神经网络及其应用，单片机及其应用，模式识别，通信原理概论
	经济与管理，课程设计(软件设计)，电机及其运动控制系统II，计算机控制技术(双语)，数据通讯与网络技术(双语)，控制系统仿真，智能控制及其应用，机器人控制概论，DSP处理器及应用，工业组态软件，数字图像处理
2006级	毕业设计(论文)

测控技术与仪器专业

年级	课程设置
2010级	中国近现代史纲要,沟通与交流,基础外语I,体育I,军事理论,工程制图基础与计算机辅助设计,程序设计基础,工科数学分析I,大学物理AI
2009级	中国近现代史纲要,基础外语II,体育II,形势与政策I,大学生职业发展与就业指导I,计算机应用实践,C语言程序设计,高等数学A(II),线性代数,大学物理AI,电路分析基础I,电路实验技术I
	马克思主义基本原理,基础外语III,体育III,大学生职业发展与就业指导II,复变函数与积分变换,概率论与数理统计,大学物理AII,工科物理实验I,电路分析基础II,电路实验技术II,模拟电子技术,模拟电子技术实验
2008级	毛泽东思想和中国特色社会主义理论体系概论I,基础外语IV,体育IV,形势与政策II,金工实习C,电子技术实习,数学实验,工科物理实验II,控制工程基础,数字电子技术(双语),数字电子技术实验,信息工程基础
	毛泽东思想和中国特色社会主义理论体系概论II,大学生职业发展与就业指导III,微机原理及应用,自动检测技术(双语),信号处理(双语),工程光学基础,参数检测及仪表,检测技术实验,控制微电机,EDA电子设计,可编程逻辑器件原理及应用,高频电子电路
2007级	生产实习,单片机及其应用,自动控制装置,控制仪器与控制系统实验I,控制理论基础,嵌入式控制系统,仪器与系统可靠性,光学测试技术,可编程控制器及应用(双语),微机电系统概论,光电子技术,视觉测量技术,计算机网络,数字信号处理概论
	经济与管理,课程设计(过程控制),课程设计(PCB板),课程设计(智能仪器),过程控制系统,智能仪器,控制仪器与控制系统实验II,总线技术及应用,专业发展前沿概述,SIEMENS SMATIC STEP 7 编程实验,单片机C语言程序设计实验,精密仪器制造,工业组态软件,虚拟仪器,数字图像处理
2006级	毕业设计(论文)

智能科学与技术专业

年级	课程设置
2010级	中国近现代史纲要,沟通与交流,基础外语I,体育I,军事理论,程序设计基础,工科数学分析I,大学物理AI,工程制图基础
2009级	中国近现代史纲要,基础外语II,体育II,形势与政策I,大学生职业发展与就业指导I,计算机应用实践,C语言程序设计,高等数学A(II),线性代数,大学物理AI,电路分析基础I,电路实验技术I
	马克思主义基本原理,基础外语III,体育III,大学生职业发展与就业指导II,复变函数与积分变换,概率论与数理统计,大学物理AII,工科物理实验I,电路分析基础II,电路实验技术II,模拟电子技术,模拟电子技术实验
2008级	毛泽东思想和中国特色社会主义理论体系概论I,基础外语IV,体育IV,形势与政策II,金工实习C,电子技术实习,离散数学,随机过程,数学实验,工科物理实验II,控制工程基础,数字电子技术(双语),数字电子技术实验,信息工程基础
	毛泽东思想和中国特色社会主义理论体系概论II,大学生职业发展与就业指导III,课程设计(多媒体系统设计),课程设计(微机原理),信号处理(双语),微机原理及其应用,人工智能,脑科学与认知科学概论,智能计算与应用,控制理论基础,可视化程序设计语言I,数据库技术及应用,EDA电子设计,数字图像处理,智能传感器技术

续表

年 级	课 程 设 置
2007级	课程设计(智能系统设计),课程设计(嵌入式系统),生产实习,智能控制及其应用,嵌入式系统与单片机,计算机网络(双语),人工智能,模式识别,数值计算方法(双语),可视化程序设计语言II,虚拟现实技术,计算机体系结构,通信原理概论
	经济与管理,课程设计(计算机网络),课程设计(软件设计),软件工程,JAVA程序设计,DSP处理器及应用,机器人技术,机器感知技术,网络智能,智能游戏开发

电子信息工程专业

年 级	课 程 设 置
2010级	中国近现代史纲要,沟通与交流,基础外语I,体育I,军事理论,程序设计基础,工科数学分析I,大学物理AI,工程制图基础
2009级	中国近现代史纲要,基础外语II,体育II,形势与政策I,大学生职业发展与就业指导I,计算机应用实践,C语言程序设计,高等数学A(II),线性代数,大学物理AI,电路分析基础I,电路实验技术I
	马克思主义基本原理,基础外语III,体育III,大学生职业发展与就业指导II,复变函数与积分变换,概率论与数理统计,大学物理AII,工科物理实验I,电路分析基础II,电路实验技术II,模拟电子技术,模拟电子技术实验
2008级	毛泽东思想和中国特色社会主义理论体系概论I,基础外语IV,体育IV,形势与政策II,金工实习C,电子技术实习,认识实习,离散数学,随机过程,数学实验,工科物理实验II,控制工程基础,数字电子技术(双语),数字电子技术实验,信息工程基础
	毛泽东思想和中国特色社会主义理论体系概论II,大学生职业发展与就业指导III,微机原理及应用,信号与系统(双语),计算机组成原理,高频电子电路,数据库技术及应用,INTERNET与电子商务,数据结构与算法分析,智能机器人控制,虚拟现实技术,EDA电子设计
2007级	生产实习,数字信号处理,电磁场与电磁波,嵌入式系统与单片机,网络通信实验,JAVA程序设计,Web开发技术,天线与电波传输,现代交换技术,计算机网络,模式识别,通信原理概论
	经济与管理,课程设计1,课程设计2,集成电路设计基础,VC++语言与编程,DSP处理器及应用,通信网基础,专业发展前沿概述,语音信号处理,数字图像处理,无线传感器网络
2006级	毕业设计(论文)

计算机科学与技术专业

年 级	课 程 设 置
2010级	中国近现代史纲要,沟通与交流,基础外语I,体育I,军事理论,程序设计基础,工科数学分析I,大学物理AI,工程制图基础
2009级	中国近现代史纲要,基础外语II,体育II,形势与政策I,大学生职业发展与就业指导I,计算机应用实践,C语言程序设计,高等数学A(II),线性代数,大学物理AI,电路分析基础I,电路实验技术I
	马克思主义基本原理,基础外语III,体育III,大学生职业发展与就业指导II,复变函数与积分变换,概率论与数理统计,大学物理AII,工科物理实验I,电路分析基础II,电路实验技术II,模拟电子技术,模拟电子技术实验

续表

年级	课程设置
2008级	毛泽东思想和中国特色社会主义理论体系概论I,基础外语IV,体育IV,形势与政策II,金工实习C,电子技术实习,认识实习,离散数学,随机过程,数学实验,工科物理实验II,控制工程基础,数字电子技术(双语),数字电子技术实验,信息工程基础
	毛泽东思想和中国特色社会主义理论体系概论II,大学生职业发展与就业指导III,微机原理与接口技术,计算机组成原理,数据结构,信号与系统概论,计算机图形学,面向对象技术,C#程序设计语言,计算机系统设计与仿真
2007级	软件课程设计,生产实习,操作系统,计算机网络(双语),数据库原理(双语),数值计算方法(双语),计算机体系结构,人工智能,模式识别,嵌入式系统,软件体系结构,高级编程技术,通信原理概论,数字信号处理概论
	经济与管理,编译原理,JAVA程序设计,通信网基础,软件工程,大规模集成电路设计(VLSI)(双语),数字图像处理,Oracle,计算机网络安全技术,计算机系统安全,并行计算导论,软件工程实践,电子商务
2006级	毕业设计(论文)

通信工程专业

年级	课程设置
2010级	中国近现代史纲要,沟通与交流,基础外语I,体育I,军事理论,程序设计基础,工科数学分析I,大学物理AI,工程制图基础
2009级	中国近现代史纲要,基础外语II,体育II,形势与政策I,大学生职业发展与就业指导I,计算机应用实践,C语言程序设计,高等数学A(II),线性代数,大学物理AI,电路分析基础I,电路实验技术I
	马克思主义基本原理,基础外语III,体育III,大学生职业发展与就业指导II,复变函数与积分变换,概率论与数理统计,大学物理AII,工科物理实验I,电路分析基础II,电路实验技术II,模拟电子技术,模拟电子技术实验
2008级	毛泽东思想和中国特色社会主义理论体系概论I,基础外语IV,体育IV,形势与政策II,金工实习C,电子技术实习,认识实习,离散数学,随机过程,数学实验,工科物理实验II,控制工程基础,数字电子技术(双语),数字电子技术实验,信息工程基础
	毛泽东思想和中国特色社会主义理论体系概论II,大学生职业发展与就业指导III,课程设计(数据通信网),微机原理及应用,通信原理I,通信电子电路,通信电子电路实验,信号与线性系统分析(双语),电磁场与微波,数据库技术及应用,数据结构与算法分析,数据通信网,现代通信网监控与管理
2007级	生产实习,课程设计(数字信号处理器和单片机),数字信号处理,光纤通信原理(双语),天线与电波传输,现代交换技术,移动通信(双语),多媒体通信技术,卫星通信系统(双语),现代通信保密基础
	经济与管理,通信网基础,现代通信技术,通信原理II,软件工程,通信专业发展前沿概述,光同步传送网和波分复用系统,通信软件设计,通信网安全,现代通信网,通信中的语音信号处理
2006级	毕业设计(论文)

信息安全专业

年级	课程设置
2010级	中国近现代史纲要,沟通与交流,基础外语I,体育I,军事理论,程序设计基础,工科数学分析I,大学物理AI,工程制图基础

续表

年 级	课 程 设 置
2009级	中国近现代史纲要，基础外语II，体育II，形势与政策I，大学生职业发展与就业指导I，计算机应用实践，C语言程序设计，高等数学A(II)，线性代数，大学物理AI，电路分析基础I，电路实验技术I
	马克思主义基本原理，基础外语III，体育III，大学生职业发展与就业指导II，复变函数与积分变换，概率论与数理统计，大学物理AII，工科物理实验I，电路分析基础II，电路实验技术II，模拟电子技术，模拟电子技术实验
2008级	毛泽东思想和中国特色社会主义理论体系概论I，基础外语IV，体育IV，形势与政策II，金工实习C，电子技术实习，认识实习，离散数学，随机过程，数学实验，工科物理实验II，控制工程基础，数字电子技术(双语)，数字电子技术实验，信息工程基础
	毛泽东思想和中国特色社会主义理论体系概论II，大学生职业发展与就业指导III，微机原理与接口技术，数据结构，信息安全的数学基础，密码学基础，数据库技术及应用，信号与系统概论，信息安全导论
2007级	软件课程设计，生产实习，通信原理I，操作系统，计算机网络(双语)，计算机组织与结构，数值计算方法，网络通信实验，现代交换技术，人工智能，模式识别，面向对象技术，嵌入式系统，信息隐藏技术，数字签名技术，数字信号处理概论
	经济与管理，通信网基础，多媒体通信，软件工程，大规模集成电路设计(VLSI)，Internet技术，数字图像处理，计算机网络安全技术，计算机系统安全，信息安全管理与规范，信息对抗原理，计算机病毒原理，电子商务安全，网络管理与安全
2006级	毕业设计(论文)

物联网工程专业

年 级	课 程 设 置
2010级	中国近现代史纲要，沟通与交流，基础外语I，体育I，军事理论，程序设计基础，工科数学分析I，大学物理AI，工程制图基础
2009级	中国近现代史纲要，基础外语II，体育II，形势与政策I，大学生职业发展与就业指导I，计算机应用实践，C语言程序设计，高等数学A(II)，线性代数，大学物理AI，电路分析基础I，电路实验技术I
	马克思主义基本原理，基础外语III，体育III，大学生职业发展与就业指导II，复变函数与积分变换，概率论与数理统计，大学物理AII，工科物理实验I，电路分析基础II，电路实验技术II，模拟电子技术，模拟电子技术实验

应用物理学专业

年 级	课 程 设 置
2010级	中国近现代史纲要，基础外语I，体育I，军事理论，大学计算机基础，高等数学AI，理科物理实验I，力学，现代生命科学导论
2009级	中国近现代史纲要，基础外语II，体育II，形势与政策I，大学生职业发展与就业指导I，计算机应用实践，C++程序设计，高等数学A(II)，线性代数，理科物理实验II，电磁学
	马克思主义基本原理，基础外语III，体育III，大学生职业发展与就业指导II，概率论与数理统计，数学实验，理科物理实验III，光学，数理方法，理论力学C

续表

年级	课程设置
2008级	毛泽东思想和中国特色社会主义理论体系概论I,基础外语IV,体育IV,形势与政策II,理科物理实验IV,模拟电子技术,模拟电子技术实验,热力学与统计物理,电动力学
	毛泽东思想和中国特色社会主义理论体系概论II,大学生职业发展与就业指导III,电子技术实习,理科物理实验V,原子物理(双语),数字电子技术(双语),数字电子技术实验,量子力学,信息科学原理,物理效应及其应用,微机原理与接口技术
2007级	生产实习,固体物理,光电子技术,传感器原理与技术,光信息技术实验,薄膜材料与器件,物理学前沿专题,无损检测技术,计算物理(双语),微机接口技术实验,专业近代物理实验,单片机原理与技术,材料物理导论(双语)
	电子技术实习,现代测试技术,物理专题讨论,传感测试技术实验,数据库原理(双语),半导体物理(双语),铁磁学与磁性材料基础(双语),超导物理(双语),电子工程制图
2006级	毕业设计(论文)

数学与应用数学专业

年级	课程设置
2010级	中国近现代史纲要,基础外语I,体育I,军事理论,大学计算机基础,数学分析AI,解析几何,高等代数I,现代生命科学导论
2009级	中国近现代史纲要,基础外语II,体育II,形势与政策I,大学生职业发展与就业指导I,计算机应用实践,C++程序设计,数学分析II,高等代数II,大学物理AI
	马克思主义基本原理,基础外语III,体育III,大学生职业发展与就业指导II,数学分析III,大学物理AII,工科物理实验I,常微分方程,数据库及其应用
2008级	毛泽东思想和中国特色社会主义理论体系概论I,基础外语IV,体育IV,形势与政策II,认识实习,Web程序设计,工科物理实验II,离散数学,概率论
	毛泽东思想和中国特色社会主义理论体系概论II,大学生职业发展与就业指导III,运筹学,数据结构,复变函数,实变函数,数学模型,图形与图象处理(双语),网页制作与网站设计,信息安全与密码学
2007级	专业课程设计,数值分析(双语),近世代数,操作系统,数学物理方程,组合数学,现代控制理论,微分方程稳定性理论
	数理统计,泛函分析(双语),微分几何,数学方法综合应用,应用力学基础,有限元方法与工程实践,统计分析软件应用,计算机网络,专业发展前沿概述(数学与应用数学),多元统计分析(双语),软件工程,拓扑学
2006级	数学建模设计,毕业设计(论文)

信息与计算科学专业

年级	课程设置
2010级	中国近现代史纲要,基础外语I,体育I,军事理论,大学计算机基础,数学分析AI,解析几何,高等代数I,现代生命科学导论
2009级	中国近现代史纲要,基础外语II,体育II,形势与政策I,大学生职业发展与就业指导I,计算机应用实践,C++程序设计,数学分析II,高等代数II,大学物理AI
	马克思主义基本原理,基础外语III,体育III,大学生职业发展与就业指导II,数学分析III,大学物理AII,工科物理实验I,常微分方程,数据库及其应用

续表

年 级	课 程 设 置
2008级	毛泽东思想和中国特色社会主义理论体系概论I，基础外语IV，体育IV，形势与政策II，认识实习，Web程序设计，工科物理实验II，离散数学，概率论
	毛泽东思想和中国特色社会主义理论体系概论II，大学生职业发展与就业指导III，运筹学，数据结构，图形与图象处理(双语)，信息系统导论，信息安全与密码学，复变函数，网页制作与网站设计，数学模型
2007级	专业课程设计，数值分析(双语)，操作系统，网络程序设计，编译原理，组合数学，现代控制理论，计算机体系结构
	计算机网络，软件工程，人工智能原理及应用，数学方法综合应用，应用力学基础，有限元方法与工程实践，泛函分析(双语)，统计分析软件应用，专业发展前沿概述(信息与计算科学)，多元统计分析(双语)，多媒体技术及应用，管理信息系统
2006级	软件工程设计，毕业设计(论文)

理科试验班专业

年 级	课 程 设 置
2010级	中国近现代史纲要，基础外语I，体育I，军事理论，大学计算机基础A，高等代数与解析几何I，数学分析BI，现代生命科学导论
2009级	中国近现代史纲要，基础外语II，体育II，形势与政策I，大学生职业发展与就业指导I，计算机应用实践，C语言程序设计A，高等代数与解析几何II，工科数学分析Ⅱ，基础物理Ⅰ，无机化学B，无机化学实验BII
	毛泽东思想和中国特色社会主义理论体系概论II，马克思主义基本原理，基础外语III，体育III，大学生职业发展与就业指导II，金工实习C，微分方程，基础物理Ⅱ，基础物理实验Ⅰ，无机化学实验BI，机械设计制图AI，物理化学BI
2008级	毛泽东思想和中国特色社会主义理论体系概论I，英语读写Ⅳ，英语听说Ⅳ，体育IV，形势与政策II，认识实习，概率论与数理统计，数学建模与最优化方法，工程力学B（双语），基础物理实验Ⅱ，机械设计制图AII，电工技术，物理化学实验B

应用化学专业

年 级	课 程 设 置
2010级	中国近现代史纲要，基础外语I，体育I，军事理论，大学计算机基础，高等数学BI，现代生命科学导论，无机化学AI，无机化学实验AI
2009级	中国近现代史纲要，基础外语II，体育II，形势与政策I，大学生职业发展与就业指导I，计算机应用实践，VB程序设计，高等数学B(II)，大学物理AI，无机化学AII，无机化学实验AI，分析化学
	马克思主义基本原理，基础外语III，体育III，大学生职业发展与就业指导II，线性代数，大学物理AII，工科物理实验I，无机化学实验AII，物理化学AI，分析化学实验
2008级	毛泽东思想和中国特色社会主义理论体系概论I，基础外语IV，体育IV，形势与政策II，认识实习，工科物理实验II，物理化学AII，物理化学实验A，有机化学AI，化工制图(双语)，现代分离科学与技术(双语)
	毛泽东思想和中国特色社会主义理论体系概论II，大学生职业发展与就业指导III，有机化学AII，有机化学实验I，化工原理，化学信息学(双语)，环境化学(双语)，商品检验，环境污染与控制，分析数据的统计方法

续表

年 级	课 程 设 置
2007级	生产实习，结构化学，谱学导论，现代仪器分析I，高分子化学，有机合成，药物化学，应用电化学(双语)，配位化学
	生物化学(双语)，大学综合化学实验，材料化学导论(双语)，生物技术制药基础，环境监测与分析技术，现代仪器分析II
2006级	毕业设计(论文)

生物技术专业

年 级	课 程 设 置
2010级	中国近现代史纲要，基础外语I，体育I，军事理论，大学计算机基础，高等数学BI，无机化学B，无机化学实验BI，基础生命科学
2009级	中国近现代史纲要，基础外语II，体育II，形势与政策I，大学生职业发展与就业指导I，计算机应用实践，C语言程序设计，高等数学B(II)，大学物理AI，无机化学实验BII，微生物学，微生物学实验
	马克思主义基本原理，基础外语III，体育III，大学生职业发展与就业指导II，大学物理AII，工科物理实验I，有机化学实验B，有机化学B，分析化学
2008级	毛泽东思想和中国特色社会主义理论体系概论I，基础外语IV，体育IV，形势与政策II，认识实习，工科物理实验II，分析化学实验，生物化学，生物化学实验I
	毛泽东思想和中国特色社会主义理论体系概论II，大学生职业发展与就业指导III，生物化学实验II，基础分子生物学，细胞生物学(双语)，基础分子生物学实验，遗传学(双语)，遗传学实验，环境化学(双语)，蛋白质化学，生物工程，生化分离工程
2007级	生产实习，物理化学基础，细胞生物学实验I，细胞生物学实验II，基因工程(双语)，现代生物技术导论，发育生物学，生物技术制药基础，环境微生物学，生化分析，酶工程，糖生物化学，植物生物技术(双语)
	生物技术大实验I，发酵工程，分子免疫学(双语)，生物色谱学，生物农药，现代生命科学前沿进展，生物技术大实验II，生物芯片，病毒生物学
2006级	毕业设计(论文)

工商管理类专业

年 级	课 程 设 置
2010级	大学语文与应用写作B，思想道德修养与法律基础，基础外语I，英语口语I，体育I，大学计算机基础，高等数学BI，化学与社会
2009级	大学语文与应用文写作II，中国近现代史纲要，基础外语II，英语口语I，英语口语II，体育II，军事理论，形势与政策I，大学生职业发展与就业指导I，计算机应用实践，数据库与VF程序设计，高等数学A(II)，高等数学B(II)，化学与社会，管理办公自动化原理与技术，会计学原理
	马克思主义基本原理，基础外语III，英语口语III，体育III，大学生职业发展与就业指导II，线性代数，大学物理B，管理信息系统，项目评价与管理，宏微观经济学，财务管理

续表

年 级	课 程 设 置
2008级	毛泽东思想和中国特色社会主义理论体系概论I,基础外语IV,英语口语IV,体育IV,形势与政策II,企业认识与实践,概率论与数理统计,数学实验,管理信息系统,项目评价与管理,经济法,财政金融学

国际经济与贸易专业

年 级	课 程 设 置
2010级	大学语文与应用写作B,思想道德修养与法律基础,基础外语I,英语口语I,体育I,大学计算机基础,高等数学BI,化学与社会
2009级	大学语文与应用文写作II,中国近现代史纲要,基础外语II,英语口语I,英语口语II,体育II,军事理论,形势与政策I,大学生职业发展与就业指导I,计算机应用实践,数据库与VF程序设计,高等数学B(II),化学与社会,会计学原理
	马克思主义基本原理,基础外语III,英语口语III,体育III,大学生职业发展与就业指导II,线性代数,大学物理B,经济法,金融学原理,微观经济学
2008级	毛泽东思想和中国特色社会主义理论体系概论I,基础外语IV,英语口语IV,体育IV,形势与政策II,企业认识与实践,概率论与数理统计,数学实验,管理信息系统,项目评价与管理,经济法,财政金融学
	毛泽东思想和中国特色社会主义理论体系概论II,英语口语V,大学生职业发展与就业指导III,运筹学,管理学原理(双语),人力资源管理,应用经济统计学,国际金融学,国际贸易原理
2007级	英语口语VI,专业实习,国际贸易实务,国际商法,国际商务英语,国际市场营销(双语),组织行为学,国际商务谈判,国际经济与贸易专业发展前沿概述,国际经济合作,国际投资实务(双语)
	国际商务函电与沟通(双语),国际贸易地理,统计数据处理技术,国际结算,国际技术贸易,WTO贸易规则,金融风险管理
2006级	毕业设计(论文)

会计学专业

年 级	课 程 设 置
2010级	大学语文与应用写作B,思想道德修养与法律基础,基础外语I,英语口语I,体育I,大学计算机基础,高等数学BI,化学与社会
2009级	大学语文与应用文写作II,中国近现代史纲要,基础外语II,英语口语I,英语口语II,体育II,军事理论,形势与政策I,大学生职业发展与就业指导I,计算机应用实践,数据库与VF程序设计,高等数学B(II),化学与社会,管理办公自动化原理与技术,会计学原理
	马克思主义基本原理,基础外语III,英语口语III,体育III,大学生职业发展与就业指导II,线性代数,大学物理B,管理信息系统,项目评价与管理,宏微观经济学,财务管理
2008级	毛泽东思想和中国特色社会主义理论体系概论I,基础外语IV,英语口语IV,体育IV,形势与政策II,企业认识与实践,概率论与数理统计,数学实验,管理信息系统,项目评价与管理,经济法,财政金融学
	毛泽东思想和中国特色社会主义理论体系概论II,大学生职业发展与就业指导III,运筹学,管理学原理(双语),人力资源管理,应用经济统计学,会计电算化原理与实务,中级财务会计

续表

年 级	课 程 设 置
2007级	专业实习,成本会计,审计学,税收概论,财务管理(双语),高级会计学,投资学
	会计实务演练,企业财务决策建模,管理会计(双语),会计理论与实务前沿,审计专题,会计制度设计,财务报表分析,Excel在财务管理中的应用,计算机审计,企业财务风险管理,政府与非营利组织会计,资本市场会计研究,国际会计
2006级	毕业设计(论文)

工商管理专业

年 级	课 程 设 置
2010级	大学语文与应用写作B,思想道德修养与法律基础,基础外语I,英语口语I,体育I,大学计算机基础,高等数学BI,化学与社会
2009级	大学语文与应用文写作II,中国近现代史纲要,基础外语II,英语口语I,英语口语II,体育II,军事理论,形势与政策I,大学生职业发展与就业指导I,计算机应用实践,数据库与VF程序设计,高等数学B(II),化学与社会,管理办公自动化原理与技术,会计学原理
	马克思主义基本原理,基础外语III,英语口语III,体育III,大学生职业发展与就业指导II,线性代数,大学物理B,管理信息系统,项目评价与管理,宏微观经济学,财务管理
2008级	毛泽东思想和中国特色社会主义理论体系概论I,基础外语IV,英语口语IV,体育IV,形势与政策II,企业认识与实践,概率论与数理统计,数学实验,管理信息系统,项目评价与管理,经济法,财政金融学
	毛泽东思想和中国特色社会主义理论体系概论II,大学生职业发展与就业指导III,运筹学,管理学原理(双语),应用经济统计学,质量管理,组织行为学,消费者行为学,财务管理
2007级	专业实习,人力资源管理,生产与运作管理,市场调查与预测,市场营销学(双语),商品学概论,心理测量学与人才选拔技术,国际贸易原理
	企业战略管理(双语),市场竞争模拟,数据库原理,广告学,价格学,企业形象设计,管理沟通,公共关系学,国际企业与跨文化管理,国际市场营销,电子商务
2006级	毕业设计(论文)

信息管理与信息系统专业

年 级	课 程 设 置
2010级	大学语文与应用写作B,思想道德修养与法律基础,基础外语I,英语口语I,体育I,大学计算机基础,高等数学AI,化学与社会
2009级	大学语文与应用文写作II,中国近现代史纲要,基础外语II,英语口语I,英语口语II,体育II,军事理论,形势与政策I,大学生职业发展与就业指导I,计算机应用实践,数据库与VF程序设计,高等数学A(II),化学与社会,管理办公自动化原理与技术,会计学原理
	马克思主义基本原理,基础外语III,英语口语III,体育III,大学生职业发展与就业指导II,线性代数,大学物理B,管理信息系统,项目评价与管理,宏微观经济学,财务管理
2008级	毛泽东思想和中国特色社会主义理论体系概论I,基础外语IV,英语口语IV,体育IV,形势与政策II,企业认识与实践,概率论与数理统计,数学实验,管理信息系统,项目评价与管理,经济法,财政金融学
	毛泽东思想和中国特色社会主义理论体系概论II,大学生职业发展与就业指导III,运筹学,管理学原理(双语),人力资源管理,应用经济统计学,计算机组成原理,计算机网络,C++语言程序设计

续表

年 级	课 程 设 置
2007级	专业实习,离散数学,数据结构,操作系统,信息资源管理,数据库原理,面向对象技术,数据仓库与数据挖掘技术(双语),管理信息系统专业实验
	信息系统开发实践,Oracle 应用技术,信息系统分析与设计,供应链管理基础,ERP原理与应用,现代通讯概论,生产与运作管理(双语),软件工程学,质量管理,专业发展前沿技术,网络布线与施工,Power Builder应用技术,CRM原理与应用,Java程序设计,信息系统运作与管理,企业系统设计,电子商务
2006级	毕业设计(论文)

金融工程专业

年 级	课 程 设 置
2010级	大学语文与应用写作B,思想道德修养与法律基础,基础外语I,英语口语I,体育I,大学计算机基础,高等数学AI,化学与社会
2009级	大学语文与应用文写作II,中国近现代史纲要,基础外语II,英语口语I,英语口语II,体育II,军事理论,形势与政策I,大学生职业发展与就业指导I,计算机应用实践,数据库与VF程序设计,高等数学A(II),化学与社会,会计学原理
	马克思主义基本原理,基础外语III,英语口语III,体育III,大学生职业发展与就业指导II,线性代数,大学物理B,经济法,金融学原理,微观经济学
2008级	毛泽东思想和中国特色社会主义理论体系概论I,基础外语IV,英语口语IV,体育IV,形势与政策II,企业认识与实践,概率论与数理统计,数学实验,管理信息系统,项目评价与管理,经济法,财政金融学
	毛泽东思想和中国特色社会主义理论体系概论II,大学生职业发展与就业指导III,运筹学,管理学原理(双语),人力资源管理,应用经济统计学,随机过程,投资学,国际金融学(双语),财务管理
2007级	专业实习,随机过程,计量经济学,商业银行经营与管理,金融工程学,统计数据处理技术,信用管理,证券交易过程分析,公司金融,税收概论,国际投资实务(双语)
	保险学,金融产品设计与应用,金融营销学,金融市场与企业发展战略(双语),投资基金,金融理论与实践专题,金融监管,投资银行,金融工程实验基础,金融风险管理,期货实务,个人金融学
2006级	毕业设计(论文)

经济学类专业

年 级	课 程 设 置
2010级	大学语文与应用写作B,思想道德修养与法律基础,基础外语I,英语口语I,体育I,大学计算机基础,高等数学BI,化学与社会
2009级	大学语文与应用文写作II,中国近现代史纲要,基础外语II,英语口语I,英语口语II,体育II,军事理论,形势与政策I,大学生职业发展与就业指导I,计算机应用实践,数据库与VF程序设计,高等数学A(II),高等数学B(II),化学与社会,会计学原理
	马克思主义基本原理,基础外语III,英语口语III,体育III,大学生职业发展与就业指导II,线性代数,大学物理B,经济法,金融学原理,微观经济学

工程管理专业

年 级	课 程 设 置
2010级	大学语文与应用写作B,思想道德修养与法律基础,基础外语I,英语口语I,体育I,大学计算机基础,高等数学AI,化学与社会
2009级	大学语文与应用文写作II,中国近现代史纲要,基础外语II,英语口语I,英语口语II,体育II,军事理论,形势与政策I,大学生职业发展与就业指导I,计算机应用实践,数据库与VF程序设计,高等数学A(II),化学与社会,管理办公自动化原理与技术,会计学原理
	马克思主义基本原理,基础外语III,英语口语III,体育III,大学生职业发展与就业指导II,线性代数,大学物理B,管理信息系统,项目评价与管理,宏微观经济学,财务管理
2008级	毛泽东思想和中国特色社会主义理论体系概论I,基础外语IV,英语口语IV,体育IV,形势与政策II,企业认识与实践,概率论与数理统计,数学实验,管理信息系统,项目评价与管理,经济法,财政金融学
	毛泽东思想和中国特色社会主义理论体系概论II,大学生职业发展与就业指导III,运筹学,管理学原理(双语),应用经济统计学,土木工程概论,工程制图,工程力学C,工程项目管理（双语）,工程造价

工商管理专业

年 级	课 程 设 置
2010级	大学语文与应用写作B,思想道德修养与法律基础,基础外语I,英语口语I,体育I,军事理论,大学计算机基础,高等数学BI,化学与社会
2009级	大学语文与应用文写作II,中国近现代史纲要,基础外语II,体育II,形势与政策I,大学生职业发展与就业指导I,计算机应用实践,数据库与VF程序设计,高等数学B(II),化学与社会,管理办公自动化原理与技术,会计学原理
	马克思主义基本原理,基础外语III,体育III,大学生职业发展与就业指导II,线性代数,大学物理B,管理信息系统,项目评价与管理,宏微观经济学,财务管理
2008级	毛泽东思想和中国特色社会主义理论体系概论I,基础外语IV,体育IV,形势与政策II,企业认识与实践,概率论与数理统计,数学实验,管理信息系统,项目评价与管理,经济法,财政金融学
	毛泽东思想和中国特色社会主义理论体系概论II,大学生职业发展与就业指导III,运筹学,管理学原理,应用经济统计学,质量管理,组织行为学,消费者行为学,财务管理
2007级	专业实习,人力资源管理,生产与运作管理,市场调查与预测,市场营销学,国际贸易原理
	企业战略管理,市场竞争模拟,数据库原理,广告学,公共关系学,国际市场营销,电子商务
2006级	毕业设计(论文)

管理科学与工程类专业

年 级	课 程 设 置
2010级	大学语文与应用写作B,思想道德修养与法律基础,基础外语I,英语口语I,体育I,大学计算机基础,高等数学AI,化学与社会

法学专业

年 级	课 程 设 置
2010级	大学语文与应用写作A，思想道德修养与法律基础，基础外语I，体育I，大学计算机基础，现代生命科学导论，法理学，社会学概论，心理学概论
2009级	中国近现代史纲要，基础外语II，体育II，军事理论，形势与政策I，大学生职业发展与就业指导I，计算机应用实践，数据库与VF程序设计，民法学I，刑法学I，普通心理学
	马克思主义基本原理，基础外语III，体育III，大学生职业发展与就业指导II，现代科学技术概论，经济学原理I，民法学II，刑法学II，国际法，形式逻辑，政治学概论
2008级	毛泽东思想和中国特色社会主义理论体系概论I，基础外语IV，体育IV，形势与政策II，专业实习I，经济学原理II，民事诉讼法，刑事诉讼法(双语)，侵权行为法，婚姻家庭法，社会公益组织专题研究，西方思想史专题，社会科学研究简论，SPSS软件应用
	毛泽东思想和中国特色社会主义理论体系概论II，大学生职业发展与就业指导III，国际私法，经济法概论，行政法与行政诉讼法，商法I，合同法，劳动法，中国思想史专题，伦理学，电子政务
2007级	专业实习II，国际经济法，商法II，中国法制史，证据学，行政改革专题研究，当代中国社会问题研究，后现代西方社会思潮
	知识产权法，金融法学，世贸组织法(双语)，律师实务(双语)，当代中国社会保障，公共关系学
2006级	毕业设计(论文)

社会工作专业

年 级	课 程 设 置
2010级	大学语文与应用写作A，思想道德修养与法律基础，基础外语I，体育I，大学计算机基础，高等数学C，现代生命科学导论，社会学概论，心理学概论
2009级	中国近现代史纲要，基础外语II，体育II，军事理论，形势与政策I，大学生职业发展与就业指导I，计算机应用实践，数据库与VF程序设计，线性代数，概率论与数理统计，普通心理学，社会调查方法，社会工作导论
	马克思主义基本原理，基础外语III，体育III，大学生职业发展与就业指导II，现代科学技术概论，经济学原理I，人类行为与社会环境，政治学概论，社会统计学，个案工作
2008级	毛泽东思想和中国特色社会主义理论体系概论I，基础外语IV，体育IV，形势与政策II，专业实习I，经济学原理II，家庭社会学，社会心理学，社会统计学，SPSS软件应用，小组工作，婚姻家庭法，社会公益组织专题研究，西方思想史专题，社会科学研究简论
	毛泽东思想和中国特色社会主义理论体系概论II，大学生职业发展与就业指导III，网络与办公自动化，西方社会学理论(双语)，人口社会学，现代社会福利思想，社区工作，个案工作，劳动法，中国思想史专题，中国社会学史，伦理学，电子政务，企业社会工作
2007级	专业实习II，组织社会学，社区概论，人力资源开发与管理，社会保障原理，行政改革专题研究，当代中国社会问题研究，后现代西方社会思潮，老年社会学
	经济社会学，社会行政概论，律师实务(双语)，行政伦理学，公共关系学，青少年社会工作，女性社会工作，现代社会学理论，社会学研究方法
2006级	毕业设计(论文)

行政管理专业

年 级	课 程 设 置
2010级	大学语文与应用写作A，思想道德修养与法律基础，基础外语I，体育I，大学计算机基础，高等数学C，现代生命科学导论，社会学概论，心理学概论
2009级	中国近现代史纲要，基础外语II，体育II，军事理论，形势与政策I，大学生职业发展与就业指导I，计算机应用实践，数据库与VF程序设计，线性代数，概率论与数理统计，普通心理学
	马克思主义基本原理，基础外语III，体育III，大学生职业发展与就业指导II，现代科学技术概论，经济学原理I，公文写作与处理，管理学原理，社会调查方法，行政学
2008级	毛泽东思想和中国特色社会主义理论体系概论I，基础外语IV，体育IV，形势与政策II，专业实习I，经济学原理II，政治学原理(双语)，当代中国政府与政治，管理心理学，婚姻家庭法，社会公益组织专题研究，西方思想史专题，社会科学研究简论
	毛泽东思想和中国特色社会主义理论体系概论II，大学生职业发展与就业指导III，秘书学，比较政治制度，企业管理，管理哲学，管理学原理，经济社会学，政府经济学(双语)，行政领导与决策(双语)，电子政务，劳动法，中国思想史专题，中国社会学史，伦理学
2007级	专业实习II，行政组织学，城市管理学，经济法，SPSS软件应用，公共政策，人力资源开发与管理(双语)，行政改革专题研究，当代中国社会问题研究，后现代西方社会思潮
	公共财政学，公务员管理，律师实务(双语)，当代中国社会保障，行政伦理学，社区管理，公共关系学
2006级	毕业设计(论文)

英语专业

年 级	课 程 设 置
2010级	中国近现代史纲要，体育I，军事理论，大学计算机基础，现代生命科学导论，初级英语视听I，英语口语与实用交际，英语泛读与课外必读I（时事新闻），基础英语I，初级英语听力I，英语应用文与初级写作
2009级	中国近现代史纲要，体育II，形势与政策I，大学生职业发展与就业指导I，计算机应用实践，数据库与VF程序设计，初级英语视听II，英语口语II，英语泛读II，基础英语II，初级英语听力Ⅱ，圣经与希腊罗马神话
	大学语文，马克思主义基本原理，体育III，大学生职业发展与就业指导II，高级英语视听I，英语泛读III，高级英语口语I，基础英语III，初级英语写作I，英语国家概况，英美散文与短篇小说
2008级	毛泽东思想和中国特色社会主义理论体系概论I，体育IV，形势与政策II，高级英语视听II，英语泛读IV，高级英语口语II，基础英语IV，初级英语写作II，德语(二外)I，日语(二外)I，外贸函电写作，法语(二外)I，俄语(二外)I，英美社会与文化，欧洲文化概论
	毛泽东思想和中国特色社会主义理论体系概论II，大学生职业发展与就业指导III，网络与办公自动化，英国文学史与作品选读，高级英语阅读I，高级英语写作I，英译汉理论与实践，经济学基础，德语(二外)II，日语(二外)II，商务英语，法语(二外)II，俄语(二外)II，英语词汇学，英语高级听力
2007级	专业实践，口译实践，高级英语阅读II，高级英语写作II，美国文学史与作品选读，语言学概论，汉译英理论与实践，国际市场营销(双语)，英美散文与短篇小说，德语(二外)III，日语(二外)III，英美报刊选读，英美诗歌选读，法语(二外)III，法语(二外)IV，俄语(二外)III，专业发展前沿概述
	口译实践Ⅱ，学术论文写作，管理学概论(双语)，世贸组织法(双语)，德语(二外)IV，日语(二外)IV，俄语(二外)IV，应用语言学，跨文化交流，国际关系概况
2006级	毕业设计(论文)

日语专业

年 级	课 程 设 置
2010级	中国近现代史纲要,体育I,军事理论,大学计算机基础,基础日语I,日语初级视听说I,日语会话与实践I,基础外语I
2009级	中国近现代史纲要,体育II,形势与政策I,大学生职业发展与就业指导I,计算机应用实践,数据库与VF程序设计,基础日语II,日语视听II,日语会话与实践II,基础外语II
	马克思主义基本原理,体育III,大学生职业发展与就业指导II,基础日语III,日语视听III,日语会话与实践III,基础外语III,日语泛读I,现代日语语法
2008级	毛泽东思想和中国特色社会主义理论体系概论I,体育IV,形势与政策II,基础日语IV,日语视听IV,日语会话与实践IV,基础外语IV,日语泛读II,日本概况I,日语写作I
	大学语文,毛泽东思想和中国特色社会主义理论体系概论II,大学生职业发展与就业指导III,网络与办公自动化,日语视听V,综合英语I,日本文学史与名著欣赏I,日语泛读III,日本概况II,日语写作II,日语精读I,经济学基础,日语报刊选读I
2007级	日语翻译实践,日语视听VI,综合英语II,日本文学史与名著欣赏II,日语泛读IV,日语写作III,日语精读II,国际市场营销(双语),古典日语语法,日语报刊选读II
	综合英语III,日语翻译理论与实践,日语精读III,管理学概论(双语),世贸组织法(双语),国际关系概况,经贸日语与外贸函电写作,外事礼貌礼仪
2006级	毕业设计(论文)

德语专业

年 级	课 程 设 置
2010级	中国近现代史纲要,体育I,军事理论,大学计算机基础,现代生命科学导论,德语精读I,德语会话I,德语视听I,基础德语I
2009级	中国近现代史纲要,体育II,形势与政策I,大学生职业发展与就业指导I,计算机应用实践,数据库与VF程序设计,德语精读II,德语会话II,德语视听II,基础德语II
	大学语文,马克思主义基本原理,体育III,大学生职业发展与就业指导II,德语精读III,基础德语III,初级德语写作I,德语视听说I,德语国家国情I
2008级	毛泽东思想和中国特色社会主义理论体系概论I,体育IV,形势与政策II,德语精读IV,基础德语IV,英语(二外)I,初级德语写作II,德语视听说II,德语国家国情II
	毛泽东思想和中国特色社会主义理论体系概论II,大学生职业发展与就业指导III,网络与办公自动化,高级德语I,英语(二外)II,高级口译I,德语翻译理论与实践I,经贸德语I,德语文学导论,高级德语写作I,德国历史与文化,德国影视鉴赏
2007级	德语翻译实践,高级德语II,英语(二外)III,高级口译II,德语翻译理论与实践II,经贸德语II,语言学导论,高级德语写作II,德国报刊选读,德国文学选读,科技德语
	高级德语III,英语(二外)IV,高级口译III,论文写作方法,德国经济,德国外交

理科留学生专业

年级	课程设置
2010级	科技汉语，综合汉语，大学计算机基础，高等数学AI，大学物理AI，普通化学
2009级	中国概况，计算机应用实践，C语言程序设计，高等数学A(II)，线性代数，概率论与数理统计，数学实验，大学物理AII

文科留学生专业

年级	课程设置
2010级	科技汉语，综合汉语，大学计算机基础，高等数学BI，大学物理B，化学与社会
2009级	中国概况，计算机应用实践，数据库与VF程序设计，高等数学B(II)，线性代数，概率论与数理统计，数学实验，管理办公自动化原理与技术，会计学原理

矿物资源工程(卓越计划)专业

年级	课程设置
2009级	中国近现代史纲要，基础外语II，体育II，形势与政策I，大学生职业发展与就业指导I，计算机应用实践，测量实践，VB程序设计，高等数学A(II)，大学物理AI，采选概论，工程测量
	马克思主义基本原理，基础外语III，体育III，大学生职业发展与就业指导II，金工实习C，线性代数，工程力学AI，大学物理AII，工科物理实验I，机械设计制图AI

冶金工程(卓越计划)专业

年级	课程设置
2009级	中国近现代史纲要，基础外语II，体育II，形势与政策I，大学生职业发展与就业指导I，计算机应用实践，C语言程序设计，高等数学A(II)，大学物理AI，无机化学实验BII，冶金工程概论
	马克思主义基本原理，基础外语III，体育III，大学生职业发展与就业指导II，金工实习C，线性代数，工程力学C，大学物理AII，工科物理实验I，机械设计制图AI

材料科学与工程(卓越计划)专业

年级	课程设置
2009级	中国近现代史纲要，基础外语II，体育II，形势与政策I，大学生职业发展与就业指导I，计算机应用实践，C++程序设计，高等数学A(II)，线性代数，大学物理AI，无机化学实验BII
	马克思主义基本原理，基础外语III，体育III，大学生职业发展与就业指导II，概率论与数理统计，大学物理AII，工科物理实验I，工程力学B，材料科学与工程专业概述，材料成型与控制工程专业概述，材料物理与化学专业概述，无机非金属材料专业概述

机械工程及自动化(卓越计划)专业

年级	课程设置
2009级	中国近现代史纲要，基础外语II，体育II，形势与政策I，大学生职业发展与就业指导I，计算机应用实践，C++程序设计，高等数学A(II)，线性代数，大学物理AI，学科导论
	马克思主义基本原理，基础外语III，体育III，大学生职业发展与就业指导II，金工实习C，概率论与数理统计，数学实验，大学物理AII，工科物理实验I，机械制图I，电路分析，模拟电路与数字电路分析

(耿悦杰)

研究生教育

【概况】至2010年12月，学校在校研究生10839人（含留学生158人），其中博士研究生2483人（含留学生26人），硕士研究生6473人（含非在职专业学位研究生495人；留学生132 人），在职专业学位硕士研究生1883人。学校毕业博士研究生 370人，授予博士学位373人；毕业硕士研究生1972人，授予硕士学位2374人（其中学历硕士1977人，非学历硕士397人）。

至2010年底，学校有博士、硕士学位授予权的学科门类涉及理、工、经、管、文、法、哲、教8个门类，可授予硕士学位的二级学科101个（含2个自设），可授予博士学位的二级学科41个（含2个自设）。有权按一级学科授予博士学位的学科9个，有权按一级学科授予硕士学位的学科11个。学校还可以授予工程硕士（包括20个工程领域）、工商管理硕士（MBA、EMBA）、公共管理硕士(MPA)、法律硕士（法学、非法学）、翻译硕士、会计硕士六类专业学位。

（李京社、李　文、宁晓钧、班晓娟）

【2010年研究生教育工作会】2010年9月29日，学校2010年研究生教育工作会议在逸夫报告厅召开，校党委书记罗维东，校长徐金梧，党委副书记陈曦、谢辉，副校长权良柱、张跃、武德昆，各有关部门的负责人，各学院院长、书记，研究生教学督导组，教师和研究生代表参加了会议。罗书记在会上指出，优良学风是保障育人环境、提高教育质量的重要条件，我们要进一步实施研究生培养机制改革，健全完善各种制度，调动研究生和导师认真学习、专心教学和刻苦钻研的积极性，促进优良学风建设，提高研究生培养质量。随后，教师代表和研究生代表做了发言，张跃副校长做了《落实<教育改革和发展规划纲要>，积极推进研究生教育结构调整，着力提高研究生培养质量》的专题报告，研究生院常务副院长李京社介绍了《2010版研究生培养方案修订的指导意见》。最后徐金梧校长做了会议的总结报告。报告指出，要改变师生对专业学位比学术学位研究生水平低的印象，实行个性化教育，分类指导和培养；修订研究生2010版培养方案要与本科生培养方案对接，实现跨学科选课，始终把培养人作为导师的第一责任，要把思想教育贯穿培养全过程。

（李京社、李　文）

【国家首批工程科研院和高校联合培养博士研究生试点单位】2010年4月21日，学校被国家教育部批准为“国家首批工程科研院和高校联合培养博士研究生试点单位”，合作单位有钢铁研究总院、北京有色金属研究总院、机械科学研究总院和北京矿冶研究总院4家工程研究院。联合培养的目的在于充分发挥高校和工程研究院的资源优势，实现强强联合，为建设创新型国家和实现人力资源强国战略服务。

12月，北京科技大学与钢铁研究总院、北京有色金属研究总院、机械科学研究总院、北京矿冶研究总院联合培养博士研究生协议的签字仪式隆重举行。中国工程院院长周济院士，中国工程院副院长、钢铁研究总院院长干勇院士等有关单位的负责人出席签字仪式。学校已与4家研究总院在车辆工程、矿业工程、冶金工程、材料科学与工程、机械工程5个学科专业联合招收培养博士研究生28人，聘请双方导师56人，博士生联合培养工作进展顺利。

（李京社、李 文）

【招生工作】 2010年，学校全面完成了研究生招生计划，共招收博士研究生545人，硕士研究生2363人，在职人员专业学位研究生373人（其中工程硕士277人、MBA46人、MPA40人、高校教师在职攻读硕士学位10人）。

①2010年博士生报名1098人，录取545人，考录比约2:1。其中硕博连读、提前攻博、学士直攻博学生共263人，占录取总数的48%；来自研究生院高校的毕业生共390人，占总录取人数的72%；来自“211工程”高校的毕业生共410人，占总录取人数的75%；同等学力考生共1人，占总录取人数的0.2%。

②2010年硕士生报名8159人，录取2363人，考录比3.45:1。其中推荐免试生459人，占录取总数的19%；来自研究生院高校的学生共1014人，占总录取人数的43%；来自“211工程”高校的毕业生共1176人，占总录取人数的50%；同等学力考生85人，占总录取人数3.6%。

③在职人员攻读专业学位研究生报名696人，录取373人，考录比1.87：1。学校与企业、地方政府、高校、公司等16家单位签订了联合培养在职人员专业学位研究生协议，保证了相对稳定的在职专业学位研究生生源。在国务院学位委员会办公室公布的2009年在职人员攻读硕士专业学位录取结果排序中，学校工程硕士排序靠前，招生质量较好。

经国务院学位办公室批准，学校首批招收高级管理人员工商管理硕士研究生（EMBA）100人；招收与美国德克萨斯阿灵顿大学（UTA）合作培养高级工商管理硕士研究生120人，招收国外留学硕士研究生124人。

（李 文、耿 华、刘成杰）

【2010版研究生培养方案修订工作】 为努力培养基础理论扎实、专业知识宽广，具有创新精神、创新能力、实践能力和国际竞争力的高层次拔尖创新人才，研究生院组织各学院修订2010版研究生培养方案。各院按照研究生院要求，组成各学科修订小组，对国内外高校进行充分调研，对比本科生培养方案，组织专家讨论，已经完成各学科培养方案的初稿。

本次修订的特色如下：

①在组织和程序上，实行学科负责人制。修订“研究生培养方案（博士/硕士）”和“全日制硕士专业学位研究生培养方案”两套方案，各学科要在对国内外相关学科领域充分调研、对比本科生培养方案和组织专家讨论的基础上修订。

②实现分类培养，创新人才培养体系。对于博士研究生以培养学术型人才为主，兼顾培养应用型人才；对于普通硕士研究生以培养应用型人才为主，兼顾培养学术型人才；对于全日制和非全日制硕士专业学位研究生以培养应用型人才为主。打通人才培养界限，探索本-博连读、硕-博连读、本-硕连读培养模式，构建本-硕-博一体化的人才培养体系。

③课程体系按模块化构建，只设研究生课程体系，不区分博士、硕士等不同层次。通过课程编号区分课程难度、深度、广度、成熟度、实践性、前沿性和交叉性等。除政治和外语等公共课的学分要求以外，学校不再规定其他课程的必修或选修学分要求。除政治课以外，普通博士和硕博连读研究生不设必修课。

④各学科根据学术型和应用型研究生的不同特点和要求，实行不同的评价标准。特别是全日制工程硕士研究生需要有半年以上的专业实践。

（班晓娟、周 涛）

【研究生教育发展基金项目】 为保证“研究生教育发展基金项目”按时高质量完成，研究生院组织专家对

2009年立项的26项教材类和8项教育创新类教育发展基金项目进行了中期检查，经专家评审全部合格，其中教材类结题5项，教育创新类结题6项。

2010年5月，学校组织专家组对2006年研究生教育发展基金项目进行验收，共计72项申请项目。其中，教材出版类35项，已出版20项；教学改革类22项，通过验收20项；教学管理类15项，通过验收13项。

（班晓娟、周涛、宁晓钧、王黎）

【研究生教务管理】 ①校内教学。落实校内研究生教学计划、排课、选课等校内教学工作，制作《硕士、博士研究生开课目录》，打印、发放任课教师《授课时间表》，落实日常教学管理的调课、借教室等工作。②校外教学。2010级学校招生12个专业学位课外班，完成了各个教学点的教学计划制定和公共课程安排以及与办班点的联系沟通工作，组织了校外12个班级的研究生外语考试。③旁听生接收工作。2010年共接收校外127名硕士研究生和43名博士研究生来学校旁听相关课程。④本科生选课工作。2010年有资格选研究生课程的本科生有819人。

（班晓娟、周　涛）

【“国家建设高水平大学公派研究生项目”选拔申报工作】 2010年，学校共组织2次“国家建设高水平大学公派研究生项目”申报工作，共有百名研究生申请该项目，涉及9个学院20多个学科专业。根据国家公派人员选派原则，采取“个人申请、单位推荐、专家评审、择优录取”的选拔方式，在相关学院推荐的基础上，组织进行了留学生外语水平考试，最后经学院初审、研究生院审核、专家评审，共有57名研究生通过学校选拔并上报国家留学基金委，有39人获得资助。

（班晓娟、周　涛）

【一级学科博士、硕士授予权自行审核申报工作】 2010年国务院学位委员会组织一级学科博士、硕士点申报工作，学校首次获得自审权。根据上级文件的规定，学校制定了《北京科技大学博士、硕士学位授权一级学科点审核办法》（校发[2010]45号）。经校评定委员会投票表决，学校新增土木工程、环境科学与工程、计算机科学与技术、工商管理、物理学、化学、外国语言文学7个一级学科博士，地质资源与地质工程、仪器科学与技术、应用经济学、物理学4个一级学科硕士点。同时，对学校自设的二级学科进行了调整，撤销自设博士点7个、自设硕士点1个，保留了物流工程和科技与教育管理两个自设博士点。

（李京社、洪　歌）

【新增硕士专业学位授权审核申报工作】 2010年国务院学位委员会开展新增硕士专业学位授权点审核工作，根据上级文件的要求，学校制定了《北京科技大学研究生专业学位教育发展规划》（2010～2015年）及《北京科技大学新增硕士专业学位审核办法》（校发[2010]45号）。9月，经国务院学位委员会批准，学校新增会计和翻译硕士2个专业学位授权点。

（李京社、洪　歌）

【博士生导师队伍建设】 2010年博士生导师的遴选和聘任工作与学校2009年岗位聘任工作相结合。2009年底有30名博导因未聘为A类岗，暂时停止招收博士生，不计入2010年在岗博导人数。经学校学位委员会九届三次会议审核决定，2010年新增博士生导师60名。其中，副教授11名、校外兼职博导6名。

（李京社、洪　歌）

【学位授予工作】 2010年，学校召开两次校学位委员会，共授予373名研究生博士学位，授予2374名研究生硕士学位，评选出37篇优秀博士学位论文，77篇优秀硕士学位论文。2010年共推荐6篇博士学位论文参加2011年全国优秀博士学位论文评选。

（李京社、洪　歌）

【全国及北京市优秀博士学位论文】 在2010年全国优秀博士学位论文评选中，学校共有4篇论文获得全国优秀博士学位论文提名奖，分别为：陈国良院士指导的材料学专业博士生刘雄军撰写的学位论文《Zr基金属玻璃的形成、原子结构及纳米晶化微观机制研究》、乔利杰教授指导的材料物理与化学专业博士生潘德安撰写的学位论文《层状磁电复合材料制备及其性能研究》、赵海雷教授指导的材料学专业博士生郭洪撰写的学位论文《锂离子电池Sn基合金负极材料制备及电化学性能的研究》和李福燊教授指导的材料学专业博士生宋焕巧撰写的学位论文《直接醇燃料电池阳极催化剂研究》。其中刘雄军和郭洪为优博培育基金资助项目获得者。

在2010年北京市优秀博士学位论文评选中，学校共有2篇论文被评选为北京市优秀博士学位论文，分别为：张跃教授指导的材料物理与化学专业博士生廖庆亮撰写的学位论文《基于一维纳米材料的强流场发射冷阴极研究》和周国治院士指导的冶金物理化学专业博士生侯新梅撰写的学位论文《碳基和氮基无机非金属氧化动力学》。

（李京社、洪　歌）

【优博培育基金和学科建设基金评选】2010年学校组织第四次优博培育基金评选，共有7位博士生获得资助。同时，组织学科建设基金评选，主要资助2010年参加一级学科授予权申报的基础学科，共有5个一级学科申请的学科建设项目获得资助。

（李京社、洪　歌）

【实施“211工程”三期创新人才培养项目】学校继续组织实施“211工程”三期建设项目：研究型课程建设、海外学者短期讲学、博士生参加国际学术会议、博士生短期出国访学等。2010年，博士生申请参加国际学术会议60项，完成56项；申请海外学者短期讲学41项，完成33项；申请博士生短期出国访学18项；组织了研究型课程中期检查。

（宁晓钧、王　黎）

【研究生教育教学成果奖评选工作】2010年7月，根据《北京科技大学教育教学成果奖励办法》（校发[2006]67号），学校组织了第24届教育教学成果奖（研究生教育教学类）的申报和评审工作，包括报奖材料组织及评审、特等奖项目预答辩等环节。学校共遴选出各级各类奖项59项，其中特等奖10项、一等奖19项、二等奖30项。研究生教育教学成果获奖总数为24项，其中特等奖5项、一等奖7项、二等奖12项。

（宁晓钧、王　黎）

【研究生免检课程评选工作】2010年12月，学校根据《北京科技大学研究生课程教学免检条例（试行）》(校研发[2008]15号)文件的规定，结合2008~2009学年度和2009~2010学年度研究生网上评价分数、研究生教学督导评价和相关学院意见等，确定33位任课教师的课程为2010年度研究生免检课程。

（宁晓钧、王　黎）

【研究生学术交流平台项目申报】2010年12月，学校根据《关于申报2011~2015年全国研究生学术交流平台项目的通知》（教研司[2010]12号）和《关于申报全国研究生学术交流平台项目的通知》（研发[2010]34号）文件精神，组织各学院和部门共申报了7项博士生学术论坛、2项研究生暑期学校。

（宁晓钧、王　黎）

【相关考务工作】2010年3月26日～29日，学校承担了十余所高校同等学力人员申请硕士学位全国统一考试报名的现场照相工作，现场照相考生总计近3900名；5月30日，组织完成了上、下午共145个考场、总计4000多人次的同等学力人员申请硕士学位全国统一考试考务工作；10月31日，作为北京市考点之一，承担了2010年在职攻读硕士学位全国联考(GCT)工作，完成100个考场共3000人的考务工作。

（李　文、宁晓钧）

【研究生教育基地建设】2010年学校与承德钢铁集团签订了共建研究生教育科研基地

协议。至此，学校共与23家大中型钢铁企业及地方政府签订了共建研究生教育科研基地协议。

2010年7月，北京科技大学第五届校企合作培养高层次人才研讨会在云南昆明市召开，会议由北京科技大学研究生院主办。首钢总公司、鞍山钢铁集团公司、湖北新冶钢有限公司、兴澄特种钢铁有限公司、齐鲁石化公司等19家钢铁企业，洛阳市委组织部、北京通达耐火技术有限公司和北京科技大学等七十多位代表参加了会议。

（李　文、姜禾娇）

附录：

北京科技大学2010年度研究生免检课程

序号	课程编号	课程名称	任课教师	学院名称
1	m011503	生化反应动力学与反应器	林　海	土木与环境工程学院
2	m011601	数学地质	李克庆	土木与环境工程学院
3	m011701	胶体与表面化学	郝红英	土木与环境工程学院
4	m011804	环境化学及应用	汪群慧	土木与环境工程学院
5	m011808	环境影响评价及案例分析	宋　波（环境）	土木与环境工程学院
6	m021001	冶金热力学	郭汉杰	冶金与生态工程学院
7	m021003	近代冶金与材料研究方法	王福明	冶金与生态工程学院
8	m022009	考古学与艺术史	梅建军	冶金与生态工程学院
9	m031019	力学冶金	刘雅政	材料科学与工程学院
10	m031051	材料组织控制基础	黄继华	材料科学与工程学院
11	m041108	高等机构学	韩建友	机械工程学院
12	m041113	有限元法及其应用	臧　勇	机械工程学院
13	m041203	对流传热与传质	夏德宏	机械工程学院
14	m011403	人工环境学	吴延鹏	机械工程学院
15	m051310	人工智能及其应用	刘冀伟	信息工程学院
16	m051327	最优控制理论及应用	董　洁	信息工程学院
17	m051501	计算理论导引	段世红	信息工程学院
18	m051507	面向对象软件工程	孙昌爱	信息工程学院
19	m062205	现代管理理论	高俊山	经济管理学院
20	m062405	项目管理	张俊光	经济管理学院
21	m064018	管理信息系统	高学东	经济管理学院

续表

序号	课程编号	课程名称	任课教师	学院名称
22	m064031	人力资源管理	魏　钧	经济管理学院
23	m064034	企业法律实务	李明英	经济管理学院
24	m070031	科学与工程计算	郑连存	数理学院
25	m071117	微分方程稳定性理论及其应用	马万彪	数理学院
26	m011206	力学中的数学方法	尚新春	数理学院
27	m084101	马克思主义发展史	李晓光	文法学院
28	m084102	国外马克思主义研究	陆　俊	文法学院
29	m086002	文艺社会学	李　怡	文法学院
30	m090011	硕士生公共英语	徐　艳	外国语学院
31	m090011	硕士生公共英语	唐艳军	外国语学院
32	m091004	西方文论	陈红薇	外国语学院
33	m092005	心理语言学	张敬源	外国语学院

（王　黎）

北京科技大学2010年优秀博士学位论文获得者名单

学院	专业	学号	博士生	导师	学号	博士生	导师
土木	工程力学	b20060005	秦立平	尚新春			
	岩土工程	b20050022	赵星光	蔡美峰			
	采矿工程	b20050045	孙恩吉	李仲学	b20060040	尹升华	吴爱祥
	矿物加工工程	b20060048	封金鹏	倪　文			
	安全技术及工程	b20060072	张霖琳	魏复盛			
冶金	科学技术史	b20060100	陈坤龙	梅建军			
	冶金物理化学	b20060110	叶　锋	王新东	b20060111	方　勇	王新东
	钢铁冶金	b20060129	王晓峰	陈伟庆	b20060135	付建勋	李京社
		b20060146	韩宏亮	吴胜利	b20060151	刘征建	杨天钧
材料	材料物理与化学	b20050173	张晓梅	张　跃	b20070212	胡　望	杨　槐
	材料学	b20060199	褚　克	贾成厂	b20060218	吴　茂	曲选辉
		b20060238	李　雪	赵海雷	b20050193	耿　太	李长荣
		b20070231	杨仁春	李晓刚			
	材料加工工程	b20060253	邝　霜	康永林	b20060254	牛　涛	康永林
国重	材料学	b20040181	吴　渊	陈国良			
	材料科学与工程	b20060281	裴　沛	陈国良			
机械	机械设计及理论	b20060315	许焕宾	张　杰			
	机械装备及控制	b20060321	贾　震	张康生			
	机械电子工程	b20060305	赵秀宽	徐金梧			
	热能工程	b20060331	刘传平	王　立			

续表

学院	专业	学号	博士生	导师	学号	博士生	导师
信息	控制理论与控制工程	b20060352	郝智红	李华德	b20060368	赵云涛	王　京
		b20060371	黄　莹	王志良	b20060358	刘金珠	闵乐泉
	计算机应用技术	b20060402	侯　伟	杨炳儒	b20060390	李　扬	胡长军
	控制科学与工程	b20070337	祝　乔	胡广大			
经管	管理科学与工程	b20060439	苏志雄	李铁克	b20060436	郑世林	何维达
应用	凝聚态物理	b20060459	陶成君	顾　强			

（洪　歌）

北京科技大学2010年优秀硕士学位论文获得者名单

学院	专业	学号	硕士生	导师	学号	硕士生	导师
土木	矿物学、岩石学、矿床学	S20070003	刘云飞	谢玉玲	S20070007	褚海霞	徐九华
	工程力学	S20070030	张　磊	纪洪广	S20070032	陆卫国	高　谦
	车辆工程	S20070060	刘懿鎏	张文明			
	结构工程	S20070118	张永恒	刘娟红	S20070119	肖　坚	牟在根
	生物化工	S20070165	郑　瑾	汪群慧			
	采矿工程	S20070209	陈小伟	明世祥	S20070210	李　娟	李翠平
	矿物加工工程	S20070228	曹志成	孙体昌			
	安全技术及工程	S20070283	陈　杰	吴宗之	S20070291	姚海飞	金龙哲
	环境科学	S20070315	陈祥荣	孙春宝			
	环境工程	S20070375	杨　朔	汪群慧			
冶金	冶金物理化学	S20070410	曹瑞芳	王福明			
	有色金属冶金	S20070515	黄珊艳	朱鸿民			
	科学技术史	S20070525	徐建炜	梅建军			
	钢铁冶金	S20070418	易　操	朱　荣	S20070440	李建军	赵　沛
		S20070502	张福利	郭占成			
	工业生态	S20070516	邬文鹏	李素芹			
材料	材料物理与化学	S20070544	张　恩	于广华	S20070553	任彦波	曹江利
		S20070554	汪　栋	姜　勇	S20070564	刘会景	海明潭
		S20070569	马方容	李金许			
	材料学	S20070624	李　顺	张波萍	S20070641	郭　敏	郭志猛
		S20070670	骆　鸿	董超芳			
	材料加工工程	S20070825	熊小庆	刘雪峰	S20070835	夏培培	康永林
	材料学	S20070639	许迎利	周张健	S20070687	薛行雁	黄继华
国重	材料科学与工程	S20072214	王　建	张　跃	S20072229	王　耸	张　勇

续表

学院	专业	学号	硕士生	导师	学号	硕士生	导师
机械	机械制造及其自动化	S20070908	唐传军	刘　江	S20070918	张　鹏	贾志新
	机械电子工程	S20070936	何　鹏	郗安民			
	机械设计及理论	S20070965	罗　彪	曹　彤	S20070979	丁　韡	张康生
		S20070992	卢　倩	杨　荃	S20071002	吴国昌	邱丽芳
	热能工程	S20040832	章新波	刘应书			
	制冷及低温工程	S20071095	赵　杰	王　立			
	物流工程	S20071117	戚大华	程国全			
信息	信息与通信工程	S20071210	郭　勋	杨　扬			
	控制科学与工程	S20071270	王　磊	王　京	S20071291	孙　超	穆志纯
	计算机科学与技术	S20071536	刘珍珍	李建江			
经管	技术经济与管理	S20071675	于　婧	戴淑芬			
	国际贸易学	S20081706	何　德	何　枫	S20081709	高文辉	孙　莹
	会计学	S20081784	何光磊	肖　明			
	企业管理	S20081815	陆晓慧	瞿国忠	S20081818	董　荔	张　剑
		S20081820	李吏豫	魏　钧	S20081825	周　霞	张　剑
	金融管理工程	S20081782	王　瑾	王立民			
	工商管理	S20081883	周崇毅	瞿国忠			
	管理科学与工程	S20081726	涂雪平	李铁克			
应用	计算数学	S20081987	王丽娟	郑连存			
	应用数学	S20082026	赵芳芳	郑连存	S20082042	刘祥东	王　辉
	理论物理	S20082061	孟庆超	冯　彭			
	凝聚态物理	S20082067	李有霞	潘礼庆	S20082074	樊　超	巨　新
	分析化学	S20082094	梁丽丽	弓爱军	S20082102	韩伟伟	李　晔
		S20082113	朱轶飞	姜建壮			
	生物化学与分子生物学	S20082153	孙　清	时国庆			
文法	社会学	S20082230	孙　静	郇建立			
	教育经济与管理	S20082349	王国龙	毛祖桓			
	行政管理	E20075154	张　盟	吴群芳			
	思想政治教育	J20075204	李宇杰	时立荣			

续表

学院	专业	学号	硕士生	导师	学号	硕士生	导师
外语	外国语言学与应用语言学	S20082370	杨洁茵	何　伟			
	英语语言文学	S20062122	林　青	杨英军			

（洪　歌）

北京科技大学第24届教育教学成果奖（研究生教育类）

序号	等级	成果名称	成果完成人	单位
1	特等	《高等机构学》教学改革、课程体系建设与软件开发	韩建友、邱丽芳、于晓红、翁海珊	机械学院
2	特等	与钢铁企业合作培养高层次人才（工程硕士）的实践	王福明、张建良、马　青、宁晓钧、李京社、郭汉杰、程素森	冶金学院
3	特等	知识（逻辑）结构核心论教学观及KM教学方法论的研究(KLSKT&KM)	杨炳儒、张桃红、谢永红、尹怡欣、张晓彤、李　擎	信息学院
4	特等	构建研究生公共英语教学体系，提高研究生英语综合运用能力	曹红晖、许　芳、范　虹、张小朋、唐艳军、陈妍琳、周世锋	外语学院
5	特等	加强培养环节管理，提高硕士研究生培养质量	高俊山、王　莹、张莲英、胡志颖、王　凯、黄　瑛、张俊光	经管学院
6	一等	北京科技大学研究生学位论文规范研究及模版研制	刘小军、张云仙、洪　歌、吴学东、李京社	经管学院
7	一等	“人工环境学”课程研究型教学的实践	吴延鹏、张文明、刘　立、马　飞	土环学院
8	一等	教学和科研的一体化的分布式集成化数字制造系统实验平台的研究与开发	唐　英、狄春良、刘　江	机械学院
9	一等	“计算机科学与技术”培养方案研究	王昭顺	信息学院
10	一等	“财务报表分析”教学改革的研究与实践	李晓静、肖　明、鲍新中、刘应文、崔文娟	经管学院
11	一等	研究生课程评价数据的处理与科学分析	艾冬梅、宁晓钧、杨　栋、王　黎、洪　歌	应用学院
12	一等	矩阵论教学的实践与研究	赵立英、赵向奎、郑连存、范玉妹、刘　琳	应用学院
13	二等	构建培养学生创新能力的数学地质教学体系	李克庆、张树泉、谢玉玲、徐九华	土环学院
14	二等	“环境化学与应用”教学方法的创新与实践	汪群慧、马鸿志、郝红英、常雁红	土环学院

续表

序号	等级	成果名称	成果完成人	单位
15	二等	硕士研究生复合材料教学	贾成厂	材料学院
16	二等	基于网络的多媒体考试与阅卷系统	黄明吉、滕向阳、贾志新、张锁梅	机械学院
17	二等	机械制造过程创新教学系统	刘北英、黄明吉、刘　江、狄春良、任　瑛	机械学院
18	二等	高等计算机系统结构与高性能计算课程教学新模式的探索与实践	李建江	信息学院
19	二等	《国际商务英语》教学内容与教学方式整合	孙　莹	经管学院
20	二等	基于实验室知识共享和动态知识管理的研究生培养模式研究	张俊光	经管学院
21	二等	研究生科学精神与实践能力培养——工程中的有限元方法研究型课程建设	陈章华	应用学院
22	二等	研究生学术道德失范与制度构建	郭德侠	文法学院
23	二等	专家讲座和短期讲学在我院研究生创新人才培养中的探索与实践	黄爱霞、马瑞芝、张敬源、彭　漪、何　伟	外语学院
24	二等	研究生培养机制改革条件下的招生制度改革	李　文、耿　华、刘成杰、赵世强	研究生院

（王　黎）

高等职业教育

【综述】2010年，北京科技大学职业技术学院毕业学生96人，其中8人按照北京市教委的规定，通过选拔考试升入普通本科学习。高职计划招生100人，实际报到87人，报到率87%。至年底，学院在校生271人。

（杨　勇）

【教学工作】2010年学院首次在高职计划内设置中日合作交流班，并完成首届计算机信息管理（中日合作交流班）、市场营销（中日合作交流班）的招生工作。经过与日本东京工科大学、大阪电气通信大学及东京电机大学认真协商，中日合作交流班制定了完整的特别培养方案，配置了合理、优质的教学资源，并实施了严格、人性化的教学管理与学生管理措施，交流班运行良好。

2010年，学院重视学生心理教育与排查，开展了“重点关注学生心理健康状况排查与约谈”工作。

（杨　勇）

继续教育

【远程与成人教育】至2010年底，远程学历教育与成人高等学历教育在校生27392人，其中业大生2568人、函授生6153人、远程学生18671人。成人业大、函授教育计划招生4200人，实际报到注册2568人（业大生844人、函授生1724人），比2009年减少22%。远程教育注册新生5607人（春季2088人、秋季3519人），比2009年减少17%。毕业3454人，其中业大、函授生515人，远程2939人。毕业生中本科生人数1112人，占毕业生总数32%，授予学位242人，学位授予率22%。

2010年，学院组织起草了“十二五”发展规划；完成了远程教育教学教务管理系统建设的需求分析、开发、测试和学院用户培训，并进行数据迁移和新管理平台的初始化工作；完成远程教育2009版教学计划的修订及课程目录编制，远程教育课程达327门；新录制、更新课件和编写课程教学辅助资料45门，外购课件6门；首次编制并下发远程教育学期工作计划；在会计和计算机专业启动了远程教育课程学习指导书的编制试点。完成了远程教育教学管理规章制度的修订与汇编工作。

2010年，新建1个远程教育校外学习中心（江西新余），新增建筑工程技术（专科）、行政管理（专科）、工程管理（专升本）3个函授专业。对3个违规的远程教育校外学习中心进行了停招处罚，停止5个在校生规模小的校外学习中心的招生，并停止了总规模小的远程教育高起本层次各专业及信息管理、信息系统专升本专业的招生。

2010年4～5月，学院协助在京学习中心完成了北京市教委两年一次的评估工作。4月召开了以“构建终身学习体系与科学发展”为主题的函授教育函授站主任年会，探讨用现代远程教育形式改造传统函授教育、提高教育质量等问题，并在上海函授分部（上海学习中心）进行试点。5月召开了以“深入学习和实践科学发展观，规范办学、规范教学”为主题的远程教育校外学习中心主任年会。

2010年9月，学院根据校区党政联席会决定，筹建了“直属中心”，主要职责包括直接办学，服务周边地区和督导在京招生报名点的教学管理工作。11月、12月分别完成了对远程教育校外学习中心、招生报名点教学管理人员的业务轮训。

学院鼓励教职工开展教研和科研工作，2010年学院教师共发表论文24篇，出版教材9部。赵桂娟等人的《税务会计教学法研究》课题获北京科技大学第23届教育教学成果一等奖，高航等人的《业大教育教学质量监控体系的研究与实践》课题获教育教学成果二等奖。

（徐新华、高　航）

【非学历教育】2010年，继续教育学院进一步拓展办学空间，提升办学质量与层次。全年共培训各类学员2012人，其中高层次培训949人，前沿技能培训1063人。①精心组织高层次培训，举办了第四期鞍钢中青年干部培训班及酒钢中层干部培训班，共培训学员92人。开办了一系列钢铁冶金新技术新工艺讲座及培训班，如云南文山斗南锰业集团公司本科层次铁合金冶炼专业技术培训（40人），河北前进钢铁有限公司本科层次炼钢、轧钢专业技术培训班（75人），攀钢集团四川长城特殊钢有限公司轧钢技术系列讲座6期（490人次），攀钢集团钢铁钒钛有限公司现代物流技术知识培训班（20人），邯郸钢铁集团公司环境管理知识系列讲座中的“环保法规”和“节能减排技术”两期讲座（133人），新疆油田科技管理培训班（53人）等。召开“冶金技术与管理继续教育年会”，对新形势下冶金行业培训发展的特点、规律进行了交流，加强了校企合作。②规范监管体系，确保前沿技能合作项目健康有序运行。通过召开研讨会、增加管理人员、严格把关招生环节等方式加强对培训项目的监管。新设与北京华航（技术）培训中心合作办学的航空专业技能培训项目、北科影视项目等。新增前沿技能培训学员292人。③网上学堂初具规模，进一步加强制度建设和研发工作。积极推进网上学堂建设，建立并完善了新技术培训领域的知识树体系，对53个课件进行了验收、编辑和上传。赴山东省日照等地开展调研活动。走访了昆钢、酒钢、攀钢等企业，与唐宋企业管理咨询公司、中钢集团和中国钢铁工业协会人力资源部等加强合作，为扩大企业讲座规模、开拓民营钢铁企业培训市场、提升培训层次和加大自主研发培训项目力度做前期准备。

（张　健、陈妍茹）

留学生培养及对外汉语教学

【概况】2010年，留学生工作坚持“积极发展、规范管理、提升质量”的原则。至年底，在校留学生人数达707人，比2009年增加25%，其中，学历生占87%，在北京留学生规模500人以上的高校中排名第三。

2010年，毕业的学历留学生共39人，其中博士生1人、硕士生6人、本科生32人；结业的留学生101人，其中汉语班学生25人、短期生63人、实习生12人、进修生1人；新入学的长期留学新生303人，其中博士生17人、硕士生74人、本科生126人、专业进修生25人、汉语班留学生61人。

（毕惠芳、郝建鸿）

【留学生招生工作】2010

年，学校招收学历生217人，招收研究生91人，其中硕士研究生74人、博士研究生17人，留学研究生人数占在校留学生的23%。

年内，学校获教育部自主招收“高校研究生项目”奖学金生资格，依托这一项目，共招收研究生12名，其中博士研究生2人、硕士研究生10人。

学校首次设立“校长奖学金”，资助材料、物理等学科的11名博士研究生及3名硕士研究生。同时，学校积极争取国家留学基金委的政府奖学金项目学生，共接收研究生63名，其中博士研究生6名、硕士研究生57名。至年底，录取自费留学生210名，占留学生总数40.7%。

（李宝铭）

【留学生培养工作】2010年，学校采取措施继续加强留学生培养工作：①推行班主任负责制，将全部留学生编班，由国际处工作人员担任班主任。坚持每日专人值班制度，深入学生寝室，巡查安全情况，并随机与学生进行交流；坚持每周至少随堂听课一次，掌握教学情况；针对问题学生，坚持每月进行深度谈话，掌握学生思想动态。②继续加强“Student Learning Center”建设，聘请12名辅导老师为200余名留学生补习高等数学、大学物理、化学等课程500小时。③设立“优秀留学生奖学金”，共有31人通过综合评审获得奖学金。其中获一等奖学金的孟加拉籍留学生瑞江明在北京市“汉语之星”大赛中取得第二名的优异成绩。

在国家留学基金委组织的中国政府奖学金评审中，学校有208名公费生参评，206名通过评审，合格率达99%。自费留学生中，5人获中国政府奖学金优秀自费奖学金，28人获北京市政府奖学金。

（孙　伟、郝建鸿）

【留学生管理工作】2010年，学校大力推动留学生教学计划定制、学籍管理、共享资源等方面与本国学生趋同化管理：

①教学体系方面，推动留学生教学纳入学校整体教学体系。留学生基础班、英文硕士班课程设置，教师配置，课时、教室、考试以及留学生培养经费的使用等安排逐步过渡为由教务处、研究生院统筹管理。

②安全管理方面，完善相关涉外管理，做好各类信息的统计及上报工作。督促并协助留学生在签证有效期内办理居留许可申请、延长、变更等手续1000余件。在专家公寓和4斋留学生公寓加装楼宇监控设施、报警装置，完善了留学生公寓安保系统。制定了《2010年度留学生安全工作预案》，妥善处理纠纷、心理疾病等各类留学生突发事件20余起。帮助留学生办理保险理赔11次。留学生工作干部实行24小时值班制，确保未发生一例影响安全稳定的群体事件。

③日常管理方面，细化留学生招生、录取等环节和流程，采取申请资格审查、学习经历调查等方式严格把关录取生源质量；提供入学手续办理、住宿安排、保险办理、身体检查、校园参观等一条龙服务，并专门安排“新生入学教育课程”，涵盖中国法制宣传、学校规章制度学习、签证问题咨询等内容，帮助留学生尽快适应校园生活。

④留学生活动方面，举办“开窗看世界—北京科技大学留学生文化节”，来自46个国家的500余名留学生通过图片、雕塑、音乐、舞蹈、饮食等形式生动地展示了各国特色文化。年内还举办了招收留学生56周年图片展、留学生交流会、趣味运动会以及汉语大赛等活动。同时，组织留学生参加北京高校外国留学生中国文化节陶艺创作体验赛、北京“来华杯”排球比赛、北京科技大学七人制足球赛等活动。两支留学生足球队分获北科大七人制足球赛冠、亚军，留学生排球队获北京“来华杯”排球赛第四名。

（段晓芳、孙　伟、王频频）

【对外汉语教学】2010年，学

校共接收汉语生187名。学校与汉语考试学院签订协议，获得开设HSK考试考场资格，使留学生汉语学习、考前辅导、应考培训、现场考试和后期评估得以有机结合。

（李宝铭）

附 录

北京科技大学2010年度留学生情况一览表

毕业人数：39			结业人数：101				新生人数：303					在校人数：707				
学历留学生			汉语结业班学生	短期结业生	实习生	进修生	学历留学生			专业进修生	汉语班学生	学历留学生			进修生	汉语生
博士生 1	硕士生 6	本科生 32	25	63	12	1	博士生 17	硕士生 74	本科生 126	25	61	博士生 35	硕士生 127	本科生 453	25	67
							中国政府奖学金132名					来自112个国家				

（毕惠芳、郝建鸿）

体育工作

【概况】2010年，学校体育部下设男生教研室、女生教研室、群体教研室、竞训教研室、学生体质健康测试中心和体育器材室。至年底，共有教职工47人，其中副教授21人，讲师18人，助教2人，教辅和党政管理人员6人。在田径、篮球、足球、网球、乒乓球、羽毛球、冰雪项目上，学校拥有国家级裁判7人，国家一级裁判22人。

（王瑞平、窦海波）

【课程建设】学校体育课程教学始终坚持“以人为本，健康第一”的指导思想，不断优化课程教育内容，形成了完备的体育课程结构，基本上满足了学生选课需求和兴趣爱好。2010年，学校体育课分男生体育课、女生体育课和男、女混合体育课。为满足广大学生日益增长的体育兴趣，学校充分挖掘体育师资和体育设施潜力，不断增设一些学生喜爱的运动项目。为了提高教学质量，进一步端正学风和教风，学校体育部继续坚持每周一次的集体备课和业务学习制度，组织教师参加说课、看课，互相学习，取长补短，并继续成立教学督导组，对教师的上课情况进行考评，规范了教师教风，对提高教学质量起到了积极的作用，“大体育”已被评为校级精品课程。

（王瑞平、窦海波）

【学科及师资建设】在2010年北京市高等院校第十五届体育科学论文报告会上，学校体育部共有9篇论文获奖，其中1篇获得优秀论文奖，4篇获得二等奖，4篇获得三等奖，学校被大会评委会授予“优秀组织奖”。年内，学校体育教师申报并立项了8个校级科研课题，发表10篇第一作者核心期刊论文和50余篇一般期刊论文。

（王瑞平、窦海波）

【竞技体育】首都高校第48届学生田径运动会上，学校田径队获得了男子甲A组团体第三名；男女甲A组团体第三名；男女甲B组团体第三名；男女甲AB组团体第三名的成绩。男子篮球队获得北京高校篮球联赛第三名；女子篮球队获得第二名。学校学生跆拳道队获北京市第六届“高校杯”大学生跆拳道比赛男、女团体总分第一名和北京高校大学生跆拳道精英赛男、女团体总分第一名。女子羽毛球队获得高校羽毛球甲级联赛团体第三名。男子足球队获高校联赛第五名。2010年，学校跆拳道队派出了6名运动员参加了亚洲大学生跆拳道锦标赛和世界大学生跆拳道锦标赛，均取得较好成绩，为我国大学生赢得了荣誉。2010年11月，学校巩立姣同学参加了第十六届广州亚洲运动会，以19.67米的成绩摘得银牌。

作为教育部批准建设高水平运动队的学校，学校通过了北京市教委组织的“2010年北京高校高水平运动队建设检查评估”，获得“优秀学校”称号，并顺利通过了教育部对学校高水平运动队建设各项指标的评估，保持6个项目建设高水平运动队的资格。

（王瑞平、窦海波）

【群众体育活动】2010年，体育部指导学校各体育分会和各单项协会共组织了80余次丰富多彩的群体活动，包括12场学校及学院运动会，举办了包括游泳、羽毛球等新项目在内的50余项校内群体赛事；组织参加了20余项校外群体竞赛，项目多、覆盖面广、自主性强、参与性高，极大地调动了学生参加体育活动的热情，使阳光体育运动惠及全体学生，做到“人人有体育项目、班班有体育活动、院院有体育特色”。2010年学校在北京市大学生体育协会组织的“数字运动会”系列比赛中，取得了优异的成绩，被北京市教委授予“北京高校阳光体育联赛优胜奖”。信息工程学院、材料科学与工程学院、应用科学学院、机械工程学院荣获“2010年体育工作先进学院”称号，经济管理学院荣获“2010年体育工作最佳组织学院”称号。

（王瑞平、窦海波）

附 录

2010年北京科技大学体育代表队主要竞赛成绩

比赛名称、时间、地点	领队及教练	运动员姓名（单项成绩）							总成绩
		姓名	项目	成绩	名次	项目	成绩	名次	
		宋　琛	400米	47.98	2				
		张　搏	5000米	16:11.39	6	10000米	32:23.94	3	
		徐福祥	1500米	4:06.34	7				
		赵　頔	1万米竞走	50:04.64	8	2万米竞走	1:41:13.01	7	

续表

比赛名称、时间、地点	领队及教练	运动员姓名(单项成绩)							总成绩
首都高等院校第48届学生田径运动会 2010年5月 北京吉利大学	领队: 王瑞平 教练: 周振平 董官清 蒋玉跃 章荣江 姜 宏 杨子良 齐 伟 李仕美 王文海 于 祥 董 斌 郭毅平	张建东	1万米竞走	42:35.75	3	2万米竞走	1:31:17.59	2	甲A组 女子团体总分: 83分/第5名 男子团体总分: 110分/第3名 男女团体总分: 193分/第4名 金牌数:5枚
		丁 晓	撑杆跳高	3.7米	7				
		周 博	撑杆跳高	*4.85米	1				
		蔡文帅	三级跳远	15.88米	2	跳远	7.30	6	
		张昊然	跳远	7.35米	5				
		吴哲欣	铅球	14.68米	6	铁饼	49.78米	2	
		郭文鑫	铁饼	44.52米	5	链球	42.52米	7	
		张 昊	链球	45.22米	5				
		来国龙	标枪	65.79米	4				
		李子涛	标枪	59.18米	7				
		张显明	跳高	2.00米	6				
		冯 超	十项全能	6093分	8				
		李双双	十项全能	6448分	5				
		刘明学 丁 晓 蔡文帅 王逸彬	男4×100	41.89	4				
		胡 丹	100米	13.76	8	200米	25.80		
		赵莹莹	400米栏	1:05.05	5				
		胡雪婧	400米栏	1:04.66	3				
		徐宜娜	3000米障碍	11:04.70	4				
		翟艳红	10000米	35:57,28	4	3000米障碍	10:06.43		
		伊 群	1万米竞走	52:23.10	5	5千米竞走	25:23,69		
		王婷婷	5千米竞走	26:23,69	5				
		乔艳蕊	跳高	1.80米	1				
		刘亚男	三级跳远	*13.95米	2				
		韩 爽	三级跳远	12.29米	8				
		巩立姣	铅球	19.07米	1				
		王 丽	铁饼	36.04米	7				
		胡立立	铁饼	44.23米	1	铅球	11.22米		
		刘 斌	七项全能	3616分	5				
		孙天琪	七项全能	3074分	7				
		胡 丹 胡雪婧 董 睿 刘 晗	女4×100	49.71	6				

续表

比赛名称、时间、地点	领队及教练	运动员姓名(单项成绩)							总成绩
		赵莹莹 胡雪婧 刘 晗 董 睿	女4×400	4:05.23	6				

*打破北京高校田径运动会纪录

<table>
<tr><td rowspan="23">第六届北京大学生跆拳道比赛
2010年12月
北京科技大学</td><td rowspan="23">领队：宋一涛
教练：刘洋</td><th>姓 名</th><th>项 目</th><th>名 次</th><td rowspan="23">女子团体总分：54分/第1名
男子团体总分：72分/第1名
男女团体总分：126分/第1名
金牌数：11枚</td></tr>
<tr><td>邢玉丹</td><td>女子47公斤级</td><td>1</td></tr>
<tr><td>蔡雪君</td><td>女子51公斤级</td><td>3</td></tr>
<tr><td>郑一凡</td><td>女子55公斤级</td><td>1</td></tr>
<tr><td>杨 旭</td><td>女子59公斤级</td><td>5</td></tr>
<tr><td>王 露</td><td>女子63公斤级</td><td>1</td></tr>
<tr><td>刘 璇</td><td>女子63公斤级</td><td>5</td></tr>
<tr><td>王 茜</td><td>女子67公斤级</td><td>2</td></tr>
<tr><td>王雪璇</td><td>女子67公斤级</td><td>5</td></tr>
<tr><td>李婉月</td><td>女子72公斤级</td><td>1</td></tr>
<tr><td>高文妍</td><td>女子+72公斤级</td><td>1</td></tr>
<tr><td>许丹丹</td><td>女子+72公斤级</td><td>3</td></tr>
<tr><td>陈梦泽</td><td>男子−54公斤级</td><td>1</td></tr>
<tr><td>张 超</td><td>男子58公斤级</td><td>5</td></tr>
<tr><td>陈云峰</td><td>男子58公斤级</td><td>1</td></tr>
<tr><td>刑雨健</td><td>男子62公斤级</td><td>1</td></tr>
<tr><td>杨诗超</td><td>男子67公斤级</td><td>3</td></tr>
<tr><td>连律章</td><td>男子72公斤级</td><td>3</td></tr>
<tr><td>朱圣鹏</td><td>男子72公斤级</td><td>3</td></tr>
<tr><td>彭雄驹</td><td>男子72公斤级</td><td>5</td></tr>
<tr><td>朱海涛</td><td>男子78公斤级</td><td>1</td></tr>
<tr><td>王小萌</td><td>男子84公斤级</td><td>5</td></tr>
<tr><td>胡 特</td><td>男子84公斤级</td><td>1</td></tr>
<tr><td>龚 政</td><td>男子+84公斤级</td><td>1</td></tr>
</table>

续表

北京高校篮球(甲级)联赛 2010年5月	领队:宋一涛 教练:李海涛	篮球男队	刘　帆、李天超、刘光远、宋乃富、隋　惠、刘　洋、董亚洲、化　佳、刘泳知、朱泓恺、骆晓天、鲁　洋	第3名
	领队:王瑞平 教练:张孔军	篮球女队	申东飞、杜　佳、陈　晨、唐　琳、朱晓姝、牛梓薇、马　媛、魏　维、马赫阳、李　腾、高　洁、袁雯竹、陈　博	第2名
第13届CUBA联赛北京预选赛 2010年11月	领队:宋一涛 教练:李海涛	篮球男队	宋乃富、刘　洋、鲁　阳、朱泓恺、化　佳、骆晓天、刘泳知、李帅霖、李　旭、路宇浩、董亚洲、都建京、张舒阳、冯丹蕾	第5名
	领队:王瑞平 教练:张孔军	篮球女队	袁雯竹、陈　晨、李　腾、朱晓姝、牛梓薇、马　媛、魏　维、马赫阳、高　洁、甘椏郗、王婧雯、邹　丹	第3名
北京高校足球(甲级)联赛 2010年5月	领队:宋一涛 教练:刘伟年	足球队	石国华、田　朕、张　智、李　超、钱明明、王翔宇、曾庆良、于　辰、罗　阳、庆铁初、胡裕龙、于海东、甘　雨、哈　斯、黄葛明、靳宗元	第5名
北京高校羽毛球联赛 2010年5月	领队：宋一涛 教练：胡彦峰	羽毛球队	周　雪、贺方玉、刘秋丽 张依漪	第3名

（王瑞平、窦海波）

北京科技大学田径最高纪录

（截至2010年底）

男子：

项　目	成　绩	日　期	地　点	创造者	院　别	备　注
100米	10.5	1991.6	国家体委	刘玉刚	机械	北京地区田径邀请赛
200米	21.21（电）	1996.8	西　安	扬子江	经管	全国第5届大学生运动会
400米	47.17（电）	1996.8	西　安	扬子江	经管	全国第5届大学生运动会
800米	1:50.3	1992.6	国家体委	邹华东	采矿	国家体委田径测验赛
1500米	3:50.2	2005.5	北师大	公　强	经管	北京高校第43届田径运动会
5000米	14:23.1	2005.5	北师大	高月志	经管	北京高校第43届田径运动会
10000米	29:50.8	1997.4	上　海	鞠成军	文法	全国第8届运动会达标赛
3000米障碍	9:10.7	2003.10	交　大	高月志	经管	北京高校第41届田径运动会
110米栏	13.6	1998.5	体　师	白　勇	文法	北京高校第36届田径运动会
400米栏	50.93（电）	1990.5	国奥中心	周振平	社科	第11届亚运会选拔赛
4×100米接力	41.38（电）	1999.7	长　春	汤　禹 时宪东 闫二勇 扬子江	校队	全国第7届大学生田径锦标赛

续表

项　目	成　绩	日　期	地　点	创造者	院　别	备　注
4×400米接力	3:17.6	1995.6	先农坛	黄　毅 闫大勇 李学桐 扬子江	校队	北京高校第33届田径运动会
10000米竞走	41:59.51	1995.5	先农坛	奚绍辉	社科	北京市第9届运动会
20000米竞走	1:24:54.	1995.5	先农坛	奚绍辉	社科	北京市第9届运动会
跳　高	2.06米	2005.5	北师大	刘　路	经管	北京高校第43届田径运动会
跳　远	7.90米	1989.5	合　肥	梁　超	经管	全国田径锦标赛
三级跳远	16.33米	2010.9	山东	蔡文帅	经管	山东省运动会
撑杆跳高	4.85米	2010.5	吉利大学	周　博	经管	北京高校第47届田径运动会
铅　球	15.67米	2002.5	科　大	尹作为	信息	北京高校第40届田径运动会
铁　饼	59.14米	1996.5	体　大	李加富	社科	北京高校第34届田径运动会
标　枪	66.72米	1990.3	体　大	马　键	经管	北京体院田径邀请赛
链　球	63.37米	2005.5	北师大	李振华	经管	北京高校第43届田径运动会
十项全能	6372分	2008.5	林　大	冯　超	经管	北京高校第46届田径运动会

女子：

项　目	成　绩	日　期	地　点	创造者	院　别	备　注
100米	11.70(电)	2000.9	成　都	闫　姝	文法	全国第6届大学生运动会
200米	23.8	1998.10	北　体	王　莉	经管	北京高校田径杯赛
400米	56.8	1999.5	首师大	王　莉	经管	北京高校第37届田径运动会
800米	2:08.9	2004.5	北　航	李志梅	经管	北京高校第42届田径运动会
1500米	4:18.0	2006.4	北科大	谢　芳	经管	北京科大第44届学生田径运动会
3000米	10:12.35	1988.8	南　京	李跃明	热能	全国第3届大学生田径运动会
5000米	15:03.95(电)	2007.11	武　汉	谢　芳	经管	第六届全国城市运动会
10000米	31:21.2(电)	2007.11	武　汉	谢　芳	经管	第六届全国城市运动会
100米栏	13.71(电)	2006.5	郑　州	綫红	经管	2006年全国田径大奖赛郑州站

续表

项　目	成　绩	日　期	地　点	创造者	院　别	备　注
400米栏	59.92(电)	2006.10	北　大	胡雪婧	经管	北京高校田径精英赛
4×100米接力	47.3	1998.5	体　师	王　莉 许秋红 齐　媛 闫　姝	校队	北京高校第37届田径运动会
4×400米接力	3:51.03(电)	2008.5	林　大	李　烨 边　迪 胡雪婧 赵莹莹	校队	北京高校第46届田径运动会
5000米竞走	21:52.6(电)	2006.10	北　大	伊　群	经管	北京高校田径精英赛
10000米竞走	45:38.91电)	2007.5	北　邮	伊　群	经管	北京高校第45届田径运动会
3000米障碍	10:10.2(电)	2007.11	武　汉	徐益娜	经管	第六届全国城市运动会
跳　高	1.88米	2009.10	济　南	乔艳蕊	经管	第十一届全运会
跳　远	6.24米	2007.5	北　邮	刘亚男	经管	北京高校第45届田径运动会
三级跳远	14.04米	2009.10	济　南	刘亚男	经管	第十一届全运会
铅　球	20.35米	2009.10	济　南	巩立姣	经管	第十一届全运会
铁　饼	57.7米	1999.5	首师大	王萍萍	信息	北京高校第37届田径运动会
标　枪	47.78米	1995.10	八一队	孙　静	经管	北京高校田径杯赛
七项全能	5189分	1999.5	首师大	王　琳	文法	北京高校第37届田径运动会

（王瑞平、窦海波）

优势学科创新平台项目建设

【概况】“优势学科创新平台”项目由冶金工程和新材料两个领域组成。冶金工程领域包括“金属矿产资源开发与综合利用”、“冶金过程工艺和技术”、“冶金装备与自动控制”和“冶金工艺过程节能与环保”4个方向；新材料领域包括“先进功能材料”、“高性能结构材料”、“材料设计与制备加工”和“材料及其服役行为的表征与评价”4个方向。项目拨付建设经费1亿元，购置各类仪器设备131台/套，共计8199.5万元，其中冶金工程领域计划购置仪器设备100台/套（含14台/套非设备），共计5200.5万元，新材料领域计划购置设备31台/套，共计2999万元。

2010年6月，学校“优势学科创新平台项目”整体验收总结。学校向教育部提交了《“优势学科创新平台项目”建设总结报告》、《“冶金与新材料优势学科创新平台项目”建设资金需求分析报告》、《北京科技大学关于申请“冶金与新材料优势学科创新平台项目”2010年度中央专项资金的报告》等。教育部领导及验收专家组对学校工作给予充分肯定和高度评价。

（乔　兰、张武军）

【项目建设成效】学校“优势学科创新平台项目”学科建设的重点是围绕国家经济建设和社会发展中需求迫切、能够解决重大关键问题的传统优势学科，带动部分相关和支撑学科的发展，初步形成以优势学科为主体，与相关学科互为支撑、学科间内在联系紧密的学科架构。通过建设，学校巩固了冶金、材料、矿业等传统学科的优势地位，学科方向更趋完善；加强了传统机械学科与控制、管理等学科领域的交叉和融合；带动了计算机、环境科学与工程等新兴学科的建设。

“优势学科创新平台项目”的建设为实现优势突出、特色鲜明、结构优化、协调发展的研究型大学学科体系打下了坚实基础。项目的建设也带来了一批以获国家奖为标志的科研成果，涌现了一批杰出人才和创新团队，搭建了以冶金工程研究院和新材料技术研究院为代表的研发基地和平台：3年来，新增国家重点学科5个，北京市重点学科7个；新增国家“千人计划”入选者5人、长江学者5人、国家杰出青年科学基金获得者4人、国家教学名师奖获得者1人、“百千万人才工程”国家级人选3人、中国青年科技奖获得者1人、教育部“新世纪优秀人才支持计划”34人、北京市教学名师奖获得者13人；新增纵向、横向科研项目2902项，其中，纵向977项、横向1925项，合同总经费超过14.8亿元。科研经费实际到款金额超过14.7亿元，纵向到款超过5.7亿元，横向到款超过9亿元。依托平台项目，取得国家授权发明专利419项，获国家级奖14项，获得省部级以上成果奖励109项，相关研究方向在国内外刊物和各种学术会议上发表论文被三大检索收录4583篇，共出版学术专著70余部；新增了1个国家级工程中心和8个省部级重点实验室、工程研究中心，2007年“重大工程材料服役安全研究评价设施”获国家发改委批准立项，总投资5.05亿元。

（乔　兰、张武军）

【项目二期建设】2010年上半年，学校学科建设领导小组对各单位提交的预研究方案进行了认真审核和研究，并就整体预研方案提出了指导性意见和建议，进一步明确了“优势学科创新平台项目”二期建设方案工作思路，初步形成3万多字的建设方案建议，并报送教育部。

项目二期建设将进一步整合冶金、材料、矿业、机械、能源、控制等多个优势学科，优化重组国家、省部级重点实验室、工程研究中心等研发资源，加强校企合作与资源共建共享，形成以矿物资源开采与综合利用，冶金过程新工艺、新技术研究，关键机械装备及自动化控制系统研发以及冶金过程中节能、环保新技术为主线的研发体系；形成从材料设计、制备、成形与加工，到评价表征、服役行为与失效控制的较为完整的基础研究与应用开发条件体系；通过国家发改委立项建设的“重大工程材料服役安全研究评价设施”以及科技部立项的两个国家科技基础条件平台的建设，构建重大工程结构材料的服役安全评估、寿命预测以及失效控制的创新链，形成重大工程材料服役安全国家科学中心。

（乔　兰、张武军）

“211工程”建设工作

【概况】2010年，学校“211工程”三期项目重点建设了复杂矿床安全高效开采与利用、冶金资源高效循环利用、先进功能材料制备与表征、冶金装备工作行为与控制、复杂工业生产过程的控制理论与技术、流程工业能源高效利用与污染物治理、古代金属技术与中华文明发展7个项目。围绕“211工程”三期总体建设目标，学校同时实施了创新人才培养和师资队伍建设项目。学校还自筹资金安排建设了图书文献、信息网络2个公共服务体系建设项目。

（乔　兰、张武军）

【过程管理】2010年1月，学校召开“211工程”三期建设进展暨中期检查工作会议，各二级建设项目、“211工程”办公室、资产管理处等职能部门分别做了总结汇报，介绍了学校“211工程”三期建设整体进展情况以及各项目进展情况，重点强调了已取得标志性成果及预期标志性成果，同时提出了存在的问题及解决的办法。会议认为，学校“211工程”三期建设关系到学校可持续发展和远景规划目标的实现，全校应树立高度的责任感和大局意识，把“211工程”三期建设做为头等大事来抓，加快建设和实施步伐，确保按计划、高质量完成预期的效益目标。

2010年6月，根据211部协办《关于开展“211工程”三期中期检查工作的通知》文件精神和要求，规划与学科建设办公室完成了五万多字的“211工程”三期中期检查报告、建设成效统计表、资金执行情况统计表等，及时上报教育部。

（乔　兰、张武军）

【建设成效】项目自实施以来，学校各项建设年度计划执行情况良好，在学科建设、人才队伍、科学研究、对外合作交流和社会服务等方面取得了长足发展，按计划进度完成了“211工程”三期的相应建设任务，取得了预期的效益：

自“211工程”三期建设启动以来，学校新增北京市重点学科7个，博士后科研流动站3个，增设本科专业1个；新增国家“千人计划”入选者5人、长江学者4人、国家杰出青年科学基金获得者1人、国家教学名师奖获得者1人、“百千万人才工程”入选者1人、教育部“新世纪优秀人才支持计划”16人、“北京市科技新星计划”获得者8人、北京市教学名师奖获得者13人；新增纵向、横向科研项目2063项，其中，纵向702项、横向1361项，合同总经费10.42亿元。2008～2009年，科研经费实际到款金额10.33亿元，其中，纵向到款3.76亿元，横向到款6.57亿元。依托“211工程”三期建设项目，申请发明专利612项，授权发明专利312项、获得国家级科技奖励8项、省部级科学技术奖励71项、三大检索收录3442篇，新增、1个国家工程技术研究中心、1个国家科技基础条件平台、6个省部级重点实验室、工程研究中心。

（乔　兰、张武军）

科学研究与产业开发

科研工作

【概况】 2010年，学校科技工作以科学发展观为指导，深入学习贯彻《国家中长期教育改革和发展规划纲要》，围绕“高水平研究型大学科技创新体系建设”这一主题，继续强化科研质量和科研创新，以加强科研创新平台建设，推进基地、项目、人才一体化建设进程，提升国防科研能力和水平，加强科技管理体系内部建设等重点工作为主线，统筹布局，全面推进，圆满地完成了各项年度工作目标任务。

（郝晓云）

【科研项目与经费】 2010年，全校科研经费继续保持良好的增长势头，全年实到科研经费60930.77万元，同比增长10.78%。其中，纵向经费27002.75万元，同比增长35.88%。横向经费33928.02万元，同比下降3.42 %。新增合同经费52377.69万元，其中，新增纵向合同经费24154.38万元，新增横向合同经费28223.31万元。

（1）纵向科研课题。2010年新增纵向科研项目396项。①“863”项目（课题）6项，总经费800.1万元。②国家科技支撑计划项目（课题）7项，总经费588万元。③国家自然科学基金项目124项（其中1项为重点项目、1项为国家杰出青年科学基金、1项为重大项目与课题、2项为重大国际合作项目），总经费4338.8万元，立项数首次突破百项，经费首次突破4000万元。④973/ITER立项8项，总经费8854.3万元。⑤国家重大专项12项，总经费942.54万元。⑥北京市纵向项目（不含北京市自然科学基金）25项，总经费1591.5万元。⑦教育部博士点基金22项，总经费108万元。⑧人文社科项目84项，总经费794.69万元。其中，有5个国家社科基金项目获准立项。经济管理学院何维达教授做为首席专家投标的“经济全球化背景下中国产业安全研究”项目获准立项，资助经费70万元，这是学校首次获得国家社科基金重大项目，学校此类项目在人文社科研究领域实现了零的突破。

（2）横向科研课题。2010年新增横向合同813项。①签订专利许可合同的数量大幅度增加，共签订27份，实施许可合同新签订金额为566万元。②横向合同经费100万元以上的合同数为58项，合同经费11200万元。③与战略合作钢铁企业保持了良好、持续的合作关系。与宝钢签订8项合同，经费205.2万元；与武钢签订13项合同，经费821.7万元；与济钢签订4项合同，经费116万元；与首钢签订13项合同，经费272.3万元；与莱钢签订8项合同，经费331.05万元；与马鞍山钢铁签订10项合同，经费368.5万元。

（郝晓云）

【科研水平与成果】 2010年，

学校获得国家科学技术奖4项，省部级科学技术奖42项。其中，徐金梧教授主持完成的“宽带钢热连轧生产成套关键技术与应用”项目，以宽带钢热连轧生产中的生产计划集成与动态调度、板形质量控制与新机型设计、计算机控制系统等一些关键技术为研究对象，通过自主创新、自主集成和应用推广，使我国宽带钢热连轧生产技术达到了世界先进水平，获国家科技进步二等奖。研究成果已在国内14条宽带钢热连轧生产线上得到成功应用，产生了巨大的经济效益。

吴爱祥教授主持完成的“复杂破碎条件下露天-地下联合高效开采关键技术”项目，形成了复杂破碎条件下露天-地下联合开采关键技术体系。首次建成了我国金属矿山机械手高效湿喷混凝土台车在复杂地质条件下大断面(28)巷道一体化支护系统，攻克了高强度湿喷混凝土配合比与可泵送性控制难等关键技术难题，湿喷混凝土综合技术达到了世界先进水平，获国家科技进步二等奖。并获得中国黄金协会科学技术奖特等奖。研究成果已应用于锦丰金矿，4 年来创造15950万元的直接经济效益，同时辐射到其他类似开采条件矿山。这项技术的推广应用前景广阔。

朱维耀教授主持完成的“特低渗透油藏有效开发非线性渗流理论和开发方法及其工业化应用”项目，通过非达西渗流条件下多相非线性渗流理论体系的建立、系列开发方法的提出与完善、配套工艺技术的改进和发明，实现了特低渗透油田的有效动用和大规模开发。首次建立了非达西条件下整体压裂开发井网系统耦合流动两相非线性渗流模型，构建形成了整体压裂开发非线性渗流理论；阐明了特低渗透强非线性渗流特征，形成了油藏工程模拟预测技术；揭示了特低渗非均质油藏有效动用非线性渗流和开发指标变化规律；创新发展了特低渗油藏有效开发方法系列，获国家科技进步二等奖。研究成果应用前景十分广阔，提升了我国开发技术在国际市场的核心竞争力，社会效益重大。

姜福兴教授参与的项目“煤矿冲击地压预测与防治成套技术”项目，针对我国煤矿的地质条件和开采技术条件，建立了煤矿冲击地压发生理论，研制了7 台套新设备，提出了多项新技术，并与20 余个煤矿协作攻关，形成了可靠有效的煤矿冲击地压预测与防治技术。极大地推动了煤炭行业科技进步，为煤矿安全高效生产提供了技术保障，避免或减缓了冲击地压造成的人员伤亡和财产损失，取得了显著的经济效益和社会效益，获国家科技进步二等奖。

在学校获得的各类省部级奖励中，特等奖2项，一等奖9项，二等奖10项，三等奖19项，优秀奖1项。学校评选出2010年北京科技大学优秀科研成果奖4项，分别是亚运会火炬设计团队完成的“亚运会火炬设计”、王立民等完成的“大学生模拟交易所系统——创新性的行为金融实验平台”、戴淑芬等完成的“基于资源与环境约束的我国钢铁工业发展模式优化研究”、许斌等完成的“社会工作在民间组织管理领域中的功能和作用评估”。

2010年，学校共申请发明专利359项，实用新型专利45项，外观设计专利1项；授权发明专利239项，实用新型专利35项，外观设计专利1项。其中，有11件发明专利申请提出了PCT国际申请，1项专利获得国家知识产权局颁发的中国专利优秀奖，2项专利获得“北京市发明专利奖”。办理计算机软件登记19项。学术论文被SCIE收录577篇，同类机构排名第37；EI收录论文941篇，同类机构排名第29；ISTP收录335篇，同类机构排名第36。信息工程学院徐章艳《一个复杂度为max（O（|C||U|），O（|C|2|U/C|））的快速属性约简算法》被中国科学技术信息研究所评为2009年度“中国百篇最具影响国内学

术论文”。

（郝晓云）

【科研基地建设】 2010年，科研基地建设在巩固中不断拓展。国家材料服役安全科学中心奠基，“先进板带生产装备及控制教育部工程研究中心”通过教育部验收，国家材料科学数据共享网正式启动，现有的科研基地运行良好。新增了北京市分子与微结构可控高分子材料重点实验室、北京科技大学农药残留与环境毒理实验室（农业部）、北京高校节能与环保工程研究中心、国家环境与能源国际科技合作基地4个科研基地，为学校省部级以上科研基地增添了新的力量。学校和大连理工、中南大学共同组建了教育部卫星导航联合研究中心微型小型化先进载荷技术研究（分）中心，北京科技大学担任副主任单位。同时，学校全力争取在新增国家重点实验室上有新突破，“高效钢铁冶金国家重点实验室”申报通过初评。

（郝晓云）

【产学研合作交流】 2010年，学校产学研合作得到进一步深化。①与政府、企业签订了16项创新战略联盟、全面合作及研发平台协议。②在钢铁领域积极策划、谋求“十二五”的新一轮合作，在成功举办的钢合组织“第七届钢铁冶金新技术发展论坛”上，为40余家钢铁企业构筑了深入了解“十二五”国家科技政策、讨论国内大钢创新战略、先进钢铁生产技术的平台，实现了高校科研成果和企业技术需求的有效对接。③与北京汽车股份有限公司签订战略合作框架协议，为深化学校服务首都经济社会发展和“科技北京”建设，探索并拓宽了新的领域。④广东研究院进入快速发展轨道，成为学校服务地方经济平台建设的一面旗帜。2010年有11个项目立项，合同额为1220万元。学校荣获广东省“企业科技特派员工作先进单位”荣誉称号，3名教师荣获“优秀企业科技特派员”称号。⑤谢建新教授主持的“铜包铝复合材料连铸直接成形技术及产品开发”项目荣获“2010年度中国产学研合作创新成果奖”。

（郝晓云）

【军工科研生产】2010年，学校国防科研生产体系得到进一步的巩固与加强。国家国防重大专项立项取得突破，新增航天重大专项基础条件建设项目1项，中国工程物理研究院重大专项项目2项；大飞机重大专项合作项目1项；军品配套科研稳中有升，2010年军品配套立项数位居教育部高校第1位。年内，学校完成了质量管理体系GB/T19001-2009和GJB9001B-2009的2次换版工作，顺利地通过了总装新时代认证中心的2次审核，圆满地完成了军品质量证书的到期换证工作，为科研全过程质量管理打下了良好的基础。2010年学校军工项目完成情况令人瞩目，1项军品配套项目成果被成功应用于探月工程重大专项，项目组应邀参加了由中共中央、国务院、中央军委于12月20日在人民大会堂召开的探月工程嫦娥二号任务表彰大会；项目进度和质量得到军方肯定，5项配套项目和14项航天重大专项项目顺利通过验收。

（郝晓云）

【中央高校基本科研业务费项目】 2009年和2010年，学校获得了中央高校基本科研业务费财政资助4200万元。经过评审确定的“优秀青年人才培养基金”、“交叉学科与研究基地发展基金”、“基础研究与人文学科发展基金”和“重大项目培育基金”4类项目共计208项，立项项目经费2743.55万元，拨款2631.55万元。

（郝晓云）

【科技期刊】 2010年，期刊中心圆满地完成出版任务，共出版《北京科技大学学报》、《矿物冶金与材料学报（英）》、《稀有金属（英）》、《北京科技大学学报（社会科学版）》、《物流技术与应用》和《金属世界》共46期，载文1083篇。其中，自然科学研究论文532篇，社会科学研究论文126篇；SCIE

收录244篇，EI收录532篇；为学校贡献SCIE收录论文85篇，EI收录论文300篇；《矿物冶金与材料学报（英）》的国际论文占22.4%。期刊质量不断提高，学术影响力较2009年有明显提升。《北京科技大学学报》和《矿物冶金与材料学报（英）》荣获第三届中国高校精品科技期刊奖。

（郝晓云）

【人才培育】 2010年，学校高水平领军人才队伍建设取得新进展。新金属材料国家重点实验室林均品研究员成为973项目首席科学家；材料科学与工程学院杨槐教授获得“国家杰出青年科学基金”资助；新金属材料国家重点实验室吕昭平教授领衔的“块体非晶合金的原子结构、本征特性与应用潜力的基础研究”创新团队入选教育部“长江学者和创新团队发展计划”；班晓娟、边永忠、何安瑞、金莹、李翠平、秦明礼、张海龙、张敬源8人入选教育部“新世纪优秀人才支持计划”；刘雄军入选“北京市科技新星计划”。

（郝晓云）

【科协、学会、学术交流】 2010年，学校主办国际会议8场次；参加国际会议224场次305人次；交流论文474篇、特邀报告63篇；派遣112人次、接收35人开展合作研究。

学校科协组织学生参加了北京市科协主办的“科普志愿嘉年华”活动，为市民普及科普知识，受到市民欢迎；北京科技大学科协获“金桥工程”组织奖三等奖，孙莹老师的“船用油供应链下库存控制研究”获“金桥工程”项目奖三等奖，俞爱辉被北京市科协评选为第二十届“北京优秀青年工程师”。

（杨超华）

【科研管理】 2010年，学校出台、修订了《北京科技大学科学技术奖励办法》、《北京科技大学科技经费管理办法》、《北京科技大学学术道德与学术规范（试行）》、《北京科技大学学术不端行为处理规定（试行）》等一系列科技管理文件，构建起规范、高效的科技管理体系和制度保障体系。学校科研部编印了《科研部内部管理制度汇编》，以更好地服务广大教师的科研工作。

科研管理信息系统将项目管理、科研财务管理、科技成果管理等科技业务纳入信息化轨道，实现了科研管理信息系统和科研财务系统的项目合同同步及来款同步，科研管理信息系统内的项目拆分、预算拆分和来款拆分功能，完成了项目工作量登记等主体功能模块和部分历史科研数据的导入和修正。同时，实现了与数字化校园的登陆集成及校人事管理系统的数据同步，于2010年12月正式向全校教职工开放运行。

（郝晓云）

附　录

2010年科研获奖项目一览表

序号	项目名称	奖励名称	奖励单位	获奖等级	完成人	完成单位	获奖单位
1	宽带钢热连轧生产成套关键技术与应用	国家科技进步奖	国务院	二	徐金梧（1） 何安瑞（4） 吕志民（5） 郭　强（8） 宋　勇（9） 杨　荃（10） 王　京（11） 刘文仲（12） 张大志（15）	北京科技大学，鞍钢股份有限公司，武汉钢铁(集团)公司	机械工程学院 冶金工程院
2	复杂破碎条件下露天-地下联合高效开采关键技术	国家科技进步奖	国务院	二	吴爱祥（1） 韩　斌（2） 王春来（3） 王贻明（4） 王洪江（5） 尹升华（6） 王少勇（9）	北京科技大学，贵州锦丰矿业有限公司	土木与环境工程学院
3	特低渗透油藏有效开发非线性渗流理论和开发方法及其工业化应用	国家科技进步奖	国务院	二	朱维耀（1）	北京科技大学，大庆油田有限责任公司采油工程研究院，吐哈油田公司勘探开发研究院，胜利油田东胜精攻石油开发集团股份有限公司，大庆油田有限责任公司第九采油厂，大庆油田有限责任公司第八采油厂	土木与环境工程学院
4	煤矿冲击地压预测与防治成套技术	国家科技进步奖	国务院	二	姜福兴（4）	辽宁工程技术大学，新汶矿业集团有限责任公司，煤炭科学研究总院，北京科技大学，天地科技股份有限公司，阜新矿业（集团）有限责任公司，北京京煤集团有限责任公司	土木与环境工程学院
5	电弧炉炼钢流程能量优化利用技术的研究与应用	冶金科学技术奖	中国钢铁工业协会，中国金属学会	一	朱　荣（2） 刘润藻（5） 董　凯（7）	莱芜钢铁集团公司，北京科技大学，山东省冶金设计院股份有限公司	冶金与生态工程学院
6	大跨度铁路桥梁钢成套技术开发与应用	冶金科学技术奖	中国钢铁工业协会，中国金属学会	一	贺信莱（4） 王学敏（15）	武汉钢铁(集团)公司，中铁大桥勘测设计院有限公司，北京科技大学	材料科学与工程学院
7	宽带钢冷连轧机板形控制技术与新机型ECC研究及应用	冶金科学技术奖	中国钢铁工业协会，中国金属学会	二	曹建国（1） 张　杰（4） 杨光辉（7） 田丽莉（9）	武汉钢铁(集团)公司，北京科技大学	机械工程学院

续表

序号	项目名称	奖励名称	奖励单位	获奖等级	完成人	完成单位	获奖单位
8	烧结烟气密相干塔脱硫集成技术及成套设备	冶金科学技术奖	中国钢铁工业协会，中国金属学会	二	汪　莉（1） 钱大益（2） 邢　奕（3） 宋存义（4） 刘征建（5） 杨天钧（6） 陈月芳（7） 邹安华（8） 李正要（9） 杨自华（10）	北京科技大学	土木与环境工程学院
9	高炉自焙炭砖陶瓷砌体复合炉缸技术研究及其工业化应用	冶金科学技术奖	中国钢铁工业协会，中国金属学会	二	胡晓军（4）	东北大学，鞍钢股份有限公司，北京科技大学	冶金与生态工程学院
10	深凹露天转地下开采采场地压规律及关键控制技术研究	冶金科学技术奖	中国钢铁工业协会，中国金属学会	三	宋卫东（1） 杜翠凤（3） 杜建华（5）	武钢大冶铁矿，北京科技大学	土木与环境工程学院
11	铜包铝复合材料连铸直接成形技术与应用	高等学校科学技术奖（技术发明）	教育部	一	谢建新（1） 刘新华（2） 吴春京（3） 刘雪峰（4）	北京科技大学，烟台孚信达双金属股份有限公司	新材料技术研究院
12	知识发现与智能系统相融合的创新技术及其示范应用	高等学校科学技术奖（技术发明）	教育部	二	杨炳儒（1） 谢永红（2） 曲　武（3）	北京科技大学，北方工业大学，北京华深科技发展有限公司	信息工程学院
13	块体非晶合金的结构与强韧化研究	高等学校科学技术奖（自然科学）	教育部	二	陈国良（1） 惠希东（2） 吕昭平（3） 张　勇（4） 刘雄军（5） 陈晓华（6） 吴　渊（7） 叶　丰（8） 边　赞（9） 乔君威（10） 方华志（11）	北京科技大学	新金属材料国家重点实验室
14	地下金属矿山灾害预防治理与安全开采技术	安全生产科技成果奖	国家安全生产监督管理总局	二	宋卫东（2） 明世祥（6） 吴顺川（9）	武汉钢铁集团矿业有限责任公司，北京科技大学，武汉科技大学	土木与环境工程学院
15	综掘面粉尘行为规律及高效防降尘技术研究	安全生产科技成果奖	国家安全生产监督管理总局	三	张英华（3） 黄志安（5）	峰峰集团有限公司，北京科技大学	土木与环境工程学院

续表

序号	项目名称	奖励名称	奖励单位	获奖等级	完成人	完成单位	获奖单位
16	微震监测技术在煤矿防治水中的应用与研究	安全生产科技成果奖	国家安全生产监督管理总局	三	姜福兴（2）	峰峰集团有限公司，北京科技大学	土木与环境工程学院
17	一种应用薄板坯连铸连轧流程生产Ti微合金化高强耐候钢板的工艺	中国专利优秀奖	国家知识产权局	优秀奖	康永林（2） 周 建（5） 霍向东（14）		材料科学与工程学院
18	大跨度泥岩煤巷高预应力桁架锚索联合控制系统	国家能源局科技进步奖	国家能源局	三	何富连（1）	中国矿业大学（北京），霍州煤电集团公司，平顶山天安煤业股份有限公司八矿，北京科技大学	土木与环境工程学院
19	转炉流程生产优质特殊钢工艺技术的开发与创新	北京市科学技术奖	北京市人民政府	一	王新华（2） 成国光（7） 刘雅政（9） 张炯明（14）	首钢总公司，北京科技大学，钢铁研究总院	冶金与生态工程学院 材料科学与工程学院
20	生物质废物高附加值利用的关键技术及机理研究	北京市科学技术奖	北京市人民政府	三	汪群慧（1） 马鸿志（3）	北京科技大学，哈尔滨工业大学	土木与环境工程学院
21	一种基于双库协同机制的KDD*方法及系统	北京市发明专利奖	北京市知识产权局	三	杨炳儒	北京科技大学	信息工程学院
22	一种选择性脱硫的密相干塔装置	北京市发明专利奖	北京市知识产权局	三	宋存义（1） 杨天钧（2） 陈凯华（3） 左海滨（4）	北京科技大学	土木与环境工程学院 冶金与生态工程学院
23	高钢级X70-X80热轧管线钢的研制	安徽省科学技术奖	安徽省人民政府	一	江海涛（6）	马鞍山钢铁股份有限公司，北京科技大学	冶金工程研究院
24	冶金过程中的带电粒子控制技术	上海市科学技术奖	上海市人民政府	一	李 樂（4） 胡晓军（8） 李丽芬（10）	北京科技大学（2）	材料科学与工程学院 冶金与生态工程学院

续表

序号	项目名称	奖励名称	奖励单位	获奖等级	完成人	完成单位	获奖单位
25	大方坯连铸机动态轻压下技术及成套装备	内蒙古自治区科学技术奖	内蒙古自治区人民政府	一	张家泉（5）	包头钢铁（集团）有限责任公司，北京科技大学（2），中冶东方工程技术有限公司	冶金与生态工程学院
26	钒钛磁铁矿高效低耗高炉冶炼技术	四川省科学技术奖	四川省人民政府	二	张建良（6）	攀枝花钢铁（集团）公司，攀枝花新钢钒股份有限公司，北京科技大学（3），中南大学	冶金与生态工程学院
27	低合金钢热轧板卷表面质量控制技术研究	四川省科学技术奖	四川省人民政府	三	孙彦辉（4）	攀枝花钢铁有限责任公司，攀枝花新钢钒股份有限公司，北京科技大学（3），攀钢集团研究院有限公司	冶金与生态工程学院
28	转底炉冶炼钒钛磁铁矿工艺开发	四川省科学技术奖	四川省人民政府	三	薛庆国（3）	攀枝花钢铁（集团）公司，北京科技大学（2）	冶金与生态工程学院
29	宽带钢冷连轧机板形控制技术与新机型ECC研究及应用	湖北省科技进步奖	湖北省人民政府	一	曹建国（1） 张　杰（4） 杨光辉（7） 田丽莉（9）	武汉钢铁(集团)公司，北京科技大学	机械工程学院
30	深凹露天转地下开采采场地压规律及关键控制技术研究	湖北省科技进步奖	湖北省人民政府	三	宋卫东（2） 杜建华（7）	武汉钢铁(集团)公司，北京科技大学	土木与环境工程学院
31	大采高复合泥岩顶板煤巷桁架锚索组合支护研究	山西省科学技术奖	山西省人民政府	二	何富连（2）	霍州煤电集团有限责任公司，中国矿业大学（北京），北京科技大学	土木与环境工程学院
32	基于微地震监测技术的特厚煤层综放面围岩运动规律研究	山西省科学技术奖	山西省人民政府	三	姜福兴（2）	大同煤矿集团有限责任公司，北京科技大学	土木与环境工程学院
33	疏水性煤层开采条件下节水型综合防尘技术研究及应用	山西省科学技术奖	山西省人民政府	三	张英华（3）	山西国阳新能股份有限公司，北京科技大学	土木与环境工程学院
34	C72D2、C82D2钢帘线用钢热轧盘条	山东省科技进步奖	山东省人民政府	三	陈伟庆（3）	青岛钢铁控股集团公司，北京科技大学	冶金与生态工程学院

续表

序号	项目名称	奖励名称	奖励单位	获奖等级	完成人	完成单位	获奖单位
35	在线淬火技术在炉卷轧机生产线中的开发与应用	江苏省科学技术进步奖	江苏省人民政府	三	余　伟（2）	南京钢铁股份有限公司，北京科技大学	冶金工程研究院
36	海底大型金矿床安全高效开采综合技术研究	中国黄金协会科学技术奖	中国黄金协会	特	胡乃联（4） 姜福兴（10） 明世祥（15）	山东黄金矿业（莱州）有限公司三山岛金矿，中南大学，北京科技大学	土木与环境工程学院
37	锦丰金矿破碎复杂条件下露天-地下联合开采综合技术研究	中国黄金协会科学技术奖	中国黄金协会	特	吴爱祥（1） 韩　斌（2） 王春来（3） 王贻明（4） 王洪江（5） 尹升华（6） 王少勇（10） 姚高辉（12） 覃京燕（15） 刘金枝（16） 周　勃（22） 翟淑花（26） 焦华喆（27）	北京科技大学，贵州锦丰矿业有限公司	土木与环境工程学院
38	黄金矿山地质资源数字化技术研究与应用	中国黄金协会科学技术奖	中国黄金协会	一	胡乃联（2） 李国清（5） 陈道贵（8） 李　勇（11） 刘　颖（14） 明　建（19）	山东黄金矿业（莱州）有限公司焦家金矿，北京科技大学，北京伊勒派斯科技有限公司	土木与环境工程学院
39	煤矿冲击型复合厚煤层开采技术研究	煤炭工业科技进步奖	中国煤炭工业协会	二	姜福兴（2） 王　平（4） 王存文（7） 于正兴（9）	兖州煤业股份有限公司，北京科技大学	土木与环境工程学院
40	复杂采动关系下巷道及采场动压控制问题的研究	煤炭工业科技进步奖	中国煤炭工业协会	三	姜福兴（2）	山东科技大学，北京科技大学，河南义马煤业（集团）有限责任公司	土木与环境工程学院
41	深井复杂地层冻注理论及关键技术应用研究	煤炭工业科技进步奖	中国煤炭工业协会	三	周晓敏（6）	山东科技大学，北京科技大学，北京中煤矿山工程有限公司，煤炭科学研究总院建井分院	土木与环境工程学院
42	煤矿井下高压电网对地电容电流控制系统的研制	煤炭工业科技进步奖	中国煤炭工业协会	三		辽宁工程技术大学，山西阳煤（集团）机电研究所，北京科技大学，中国传媒大学	土木与环境工程学院
43	矿井粉尘综合治理新技术措施的研究与应用	煤炭工业科技进步奖	中国煤炭工业协会	三	金龙哲（2） 刘　建（4）	山西潞安环保能源开发股份有限公司，北京科技大学	土木与环境工程学院

续表

序号	项目名称	奖励名称	奖励单位	获奖等级	完成人	完成单位	获奖单位
44	铜包铝复合材料连铸直接成形技术及产品开发	中国产学研合作创新成果奖	中国产学研合作促进会		谢建新	北京科技大学	新材料技术研究院
45	在线淬火技术在炉卷轧机生产线中的开发与应用	南京市科学技术进步奖	南京市人民政府	一	余　伟（2）	南京钢铁股份有限公司，北京科技大学	冶金工程研究院
46	1080m^3高炉炉缸炉底侵蚀在线监测模型	山东省冶金科技进步奖	山东省冶金工业总公司	三	程树森（2） 赵宏博（3）	北京科技大学（2）	冶金与生态工程学院

（张晓锋）

2010年科研鉴定项目一览表

序号	单位	组织鉴定单位	鉴定号	完成（承担）单位	完成人	成果名称	成果水平
1	土木与环境工程学院	中国煤炭工业协会	中煤科鉴字[2007]第64号	峰峰集团有限公司，北京科技大学	张英华（3）黄志安（5） 邱小垒（10）葛世友（11） 刘雪琴（12）	综掘面粉尘行为规律及高效防降尘技术研究	国际先进
2	冶金工程研究院	湖南省科学技术厅	湘科鉴字[2007]第048号	湖南华菱湘潭钢铁有限公司，北京科技大学	武会宾（4）唐　荻（7） 岳　峰（9）	新一代大线能量焊接用高强度船体结构钢的研究与开发	国际先进
3	土木与环境工程学院	山西省科技厅	晋科鉴字[2008]第145号	山西国阳新能股份有限公司，北京科技大学	张英华（3）黄志安（10） 邱小垒（14）	疏水性煤层开采条件下节水型综合防尘技术研究与应用	国际先进
4	土木与环境工程学院	安徽省科技厅	皖科鉴字[2009]第43号	皖北煤电集团公司，皖北煤电集团公司任楼煤矿，北京科技大学	张英华（2）黄志安（5） 高玉坤（10）陈浩波（11） 邱小垒（12）	三软高瓦斯大采高综采面安全开采技术	国际先进
5	土木与环境工程学院	中国煤炭工业协会	中煤科鉴字[2009]第A037号	山西潞安环保能源开发股份有限公司，北京科技大学	金龙哲（2）刘　建（5）	矿井粉尘综合治理新技术措施的研究与应用	国际先进

续表

序号	单位	组织鉴定单位	鉴定号	完成（承担）单位	完成人	成果名称	成果水平
6	土木与环境工程学院	中国冶金矿山企业协会	冶矿科成鉴字[2009]第12号	武汉钢铁集团矿业有限责任公司大冶铁矿，北京科技大学，武汉钢铁集团矿业有限责任公司	宋卫东（1）杜建华（5）王东旭（9）王　欣（11）杜建春（13）吴　姗（15）	深凹露天转地下开采覆盖层合理厚度与安全控制技术研究	国际先进
7	土木与环境工程学院	中国冶金科工集团公司	鉴字[2009]第186号	中冶建筑研究总院有限公司，中国京冶工程技术有限公司，北京科技大学	王化军（4）王延兵（8）王旭高（11）	细粒钢渣干式分离金属铁的工艺与设备研究	国际先进
8	土木与环境工程学院	中国冶金矿山企业协会	冶矿科成鉴字[2010]第01号	武汉钢铁集团矿业有限责任公司程潮铁矿，北京科技大学，武汉钢铁集团矿业有限责任公司	宋卫东（1）杜建华（4）王洪永（8）王　欣（10）吴　姗（12）付建新（15）	程潮铁矿新掘采区溜井稳定性与加固方案优化研究	国际先进
9	材料科学与工程学院	湖南省科技厅	湘科鉴字[2010]第003号	湖南华菱涟源钢铁有限公司，北京科技大学	康永林（2）陈林恒（14）	CSP流程低成本系列高强钢及半无头轧制关键技术与应用	国际先进
10	土木与环境工程学院	河北省科技成果转化服务中心	冀科成转鉴字[2010]第9-202号	邯邢冶金矿山管理局，北京科技大学，邯邢冶金矿山管理局西石门铁矿	蒋仲安（2）牛　伟（7）夏　辉（13）陈举师（16）	西石门铁矿通风系统完善研究	国际先进
11	土木与环境工程学院	教育部	鉴字[教CW2010]第001号	北京科技大学，武钢集团矿业有限公司金山店铁矿	明世祥（1）付　强（15）潘贵豪（16）李　剑（17）明　建（18）杜润泽（19）陈小伟（20）王明龙（21）	金山店铁矿极软破围岩巷道支护技术研究	国际先进
12	材料科学与工程学院	教育部	鉴字[教CW2010]第003号	北京科技大学，陕西应用物理化学研究所	杨　槐（1）曹　晖（3）王　磊（4）何万里（6）汤建凯（7）肖久梅（8）杨　洲（10）	紫外光固化法制备电控调光膜的技术及材料的开发	国际先进
13	机械工程学院	教育部	鉴字[教CW2010]第014号	北京科技大学，郑州麦格姆镁科技有限公司	冯俊小（1）	双蓄热竖罐还原炉炼镁新工艺及工业试验	国际先进

续表

序号	单位	组织鉴定单位	鉴定号	完成（承担）单位	完成人	成果名称	成果水平
14	新材料技术研究院	教育部	鉴字[教CW2010]第014号	北京科技大学，烟台孚信达金属股份有限公司	谢建新（1）刘新华（3） 吴春京（5）刘雪峰（7）	铜包铝复合材料连铸直接成行技术与应用研究	国际先进
15	土木与环境工程学院	教育部	鉴字[教CW2010]第022号	北京科技大学	宋存义（1）邢　奕（2） 钱大益（3）汪　莉（4） 刘征建（5）杨天钧（6） 陈月芳（7）邹安华（8） 杨自华（9）王路敏（10） 张志鸿（11）姜长禄（12） 李正要（13）程　贝（14） 洪　晨（15）	密相干塔烟气脱硫关键技术与应用	国际先进
16	新材料技术研究院	教育部	鉴字[教CW2010]第0号	北京科技大学	曲选辉（1）秦明礼（2） 张深根（4）何新波（5）	触发******	国际先进
17	新金属材料国家重点实验室	教育部	鉴字[教JP2010]第004号	北京科技大学	陈晓华（1）陈国良（2） 惠希东（3）张　勇（4） 吕昭平（5）张保玉（6） 王美玲（7）	金属玻璃涂覆金属丝连续制备技术	国际先进
18	土木与环境工程学院	教育部	鉴字[教CW2010]第024号	北京科技大学，北京建筑工程学院，张家口市城市快速路管理处	高永涛（1）金爱兵（11）	北方隧道群工程灾害预防与治理综合技术及工程应用研究	国际先进
19	土木与环境工程学院	教育部	鉴字[教CW2010]第025号	北京科技大学，北京建筑工程学院，张石高速公路张家口管理处	高永涛（1）刘　洋（4）	高堑边坡与软土路基加固技术研究	国际先进
20	土木与环境工程学院	中国煤炭工业协会	中煤协鉴字[2010]第CM5号	抚顺矿业集团有限责任公司东露天矿，北京科技大学	纪洪广（2）王金安（4） 贾亚会（6）张　磊（8） 王　桦（10）张　燕（12） 巩　丽（14）向　鹏（15）	开采沉陷区矿岩状态变异性及其对东露天矿北部边坡稳定性影响分析	国际先进
21	土木与环境工程学院	中国煤炭工业协会	中煤协鉴字[2010]第CM6号	抚顺矿业集团有限责任公司西露天矿，北京科技大学	纪洪广（2）王金安（4） 李　铁（6）王　桦（8） 张　磊（9）施建俊（10） 李　文（11）刘书杰（12） 谢　芳（13）巩　丽（14）	露天与地下联合开采露天边坡及地下采场围岩稳定性分析与控制研究	国际先进
22	土木与环境工程学院	中国冶金科工集团公司	中冶集鉴字[2010]第031号	中冶集团资源开发有限公司，北京科技大学	纪洪广（2）王金安（4） 璩世杰（6）张英华（8） 张　蕾（12）侯昭飞（14） 盛志战（16）高玉坤（18） 张　磊（20）巩　丽（22） 鲁明星（26）陈吉翔（28） 张　政（30）朱来磊（32）	巴基斯坦山达克露天矿开采系统优化及边坡稳定性研究	国际先进

续表

序号	单位	组织鉴定单位	鉴定号	完成（承担）单位	完成人	成果名称	成果水平
23	冶金与生态工程学院	中国金属学会	中国金属学会评字[2010]第4号	首钢总公司，北京科技大学，河北省首钢迁安钢铁有限责任公司，北京首钢国际工程技术有限公司	张建良（2）国宏伟（8）左海滨（15）刘征建（19）陈杉杉（22）孔德文（25）杨天钧（27）	首钢高炉高风温技术研究	国际先进
24	化学与生物工程学院、数理学院	教育部	鉴字[教PP2010]第013号	北京科技大学	闫　海（1）弓爱君（2）马万彪（3）闵乐泉（4）张牧风（5）王海鸥（6）尹春华（7）吕　乐（8）时国庆（9）邱丽娜（10）许倩倩（11）钟广蓉（12）宣劲松（13）刘杰民（14）李文军（15）叶亚平（16）李建强（17）曹艳秋（18）刘旭东（19）孟　艳（20）苏永美（21）	官厅水库上游妫水湖防止富营养化和蓝藻水华发展的复合生态工程治理研究	国际先进
25	土木与环境工程学院	中国有色金属工业协会	中色协科（鉴）字[2010]第179号	北京科技大学，云南驰宏锌锗股份有限公司	王贻明（1）王春来（3）吴爱祥（5）刘晓辉（7）周　勃（9）王少勇（11）姚高辉（13）	深井开采地压灾害微震监测预测预报技术研究	国际先进
26	土木与环境工程学院	中国有色金属工业协会	中色协科（鉴）字[2010]第181号	北京科技大学，云南驰宏锌锗股份有限公司	王洪江（1）吴爱祥（3）王贻明（5）尹升华（7）焦　华（9）翟永刚（11）陈琴瑞（13）肖云涛（15）	深井长距离膏体充填关键技术研究	国际先进
27	土木与环境工程学院	中国有色金属工业协会	中色协科（鉴）字[2010]第180号	中南大学，北京科技大学，云南驰宏锌锗股份有限公司	吴爱祥（3）韩　斌（5）周　旭（9）杨保华（11）	水压支柱护顶大进路上向水平分层充填采矿法	国际先进
28	土木与环境工程学院	青海省科学技术厅	青科鉴字[2010]第162号	北京科技大学，青海西部矿业科技有限公司，北京联合大学	杨　鹏（1）吕文生（2）蔡嗣经（3）唐志新（5）董宪伟（6）于跟波（7）陈赞成（8）门瑞营（9）卫欢乐（10）梅栋梁（11）李　昶（12）曹思远（13）张　崇（14）何　丹（15）何　磊（16）杜翠凤（17）李怀宇（18）	高原非煤矿井空气环境关键参数及实时监测	国际先进

（张晓锋）

2010年验收结题项目一览表

编号	所在单位	组织验收单位	类别	负责人	项目名称
1	材料科学与工程学院	科技部	863专题	毛卫民B	轻合金流变压铸的工程化技术及应用
2	材料科学与工程学院	科技部	863专题	赵海雷	高比能锂离子电池合金负极材料的研究及规模化制备
3	冶金与生态工程学院	科技部	863专题	郭兴敏	金川渣中提取有价元素碳热-电化学还原技术研究
4	冶金与生态工程学院	科技部	863专题	吴铿	COREX流程喷煤技术的相关研究
5	信息工程学院	科技部	863专题	张德干	主动伺候式无缝游牧服务计算策略及系统实现
6	信息工程学院	科技部	863专题	王志良	视线追踪技术及其在残疾人环境控制中的应用
7	信息工程学院	科技部	863专题	阿孜古丽·吾拉木	基于语义理解的文本机器学习与知识获取技术研究
8	信息工程学院	科技部	863专题	周贤伟	基于协同感知的动态稳定路由算法及协议研究
9	信息工程学院	科技部	863专题	杨扬	基于Ad hoc车载通信系统关键技术研究
10	材料科学与工程学院	科技部	863专题	龙毅	新型大磁熵变磁致冷材料
11	材料科学与工程学院	科技部	支撑计划	徐利华	铝冶炼大型炉窑及电解槽节能长寿关键技术
12	冶金与生态工程学院	山西省科技厅	支撑计划	张梅	煤系高岭岩制备高性能保温与耐火材料技术开发
13	国家材料服役安全科学中心（筹）	教育部	教育部新世纪人才	冯强	第四代单晶高温合金和飞秒激光航空发动机材料加工的研究
14	材料科学与工程学院	教育部	教育部新世纪人才	耿文通	新材料的力、电、磁和输运等性质的计算研究
15	新材料技术研究院	教育部	教育部新世纪人才	何新波	SiC纳米颗粒和晶须增强Si_3N_4制备新技术的研究
16	材料科学与工程学院	教育部	教育部新世纪人才	刘泉林	白光发光二极管用氮化物荧光材料
17	新材料技术研究院	教育部	教育部新世纪人才	刘雪峰	特种高性能精密管线材制备加工新技术及其工艺基础
18	土木与环境工程学院	教育部	教育部新世纪人才	吴顺川	基于位移-应力状态的滑坡综合预测预报研究
19	冶金与生态工程学院	教育部	教育部新世纪人才	于然波	新型铈基材料的化学制备、结构及性质研究
20	化学与生物工程学院	教育部	教育部新世纪人才	袁文霞	第三代半导体材料SiC金属接触过程物理化学研究
21	文法学院	教育部	教育部新世纪人才	彭庆红	中国特色高校学生事务管理理论与实践研究

（张晓锋）

2010年发明专利申请明细表

序号	申请日	申请号	单位	第一发明人	名　　称
1	20091209	200910255613.9	冶金生态与工程学院	程树森	可视化球团矿还原膨胀测定方法及装置
2	20091209	200910255612.4	冶金生态与工程学院	程树森	一种焦炭反应性测定方法及测定装置
3	20091228	200910255748.5	冶金生态与工程学院	程树森	一种耐火材料抗渣性实验装置
4	20091228	200910255749.X	冶金生态与工程学院	程树森	高炉解剖时分区冷却高炉的方法
5	20091228	200910255750.2	冶金生态与工程学院	程树森	高炉炉缸炉底死铁层纵截面的解剖方法
6	20100104	201010033654.6	新金属材料国家重点实验室	宋西平	一种制备高容量Mg-ZrMn$_2$复合储氢合金的方法
7	20100104	201010033653.1	新材料技术研究院	孔祥华	炭基材料防氧化涂层的微波制备方法
8	20100105	201010033731.8	新材料技术研究院	郭志猛	一种微细球形储氢合金粉末的制备方法
9	20100105	201010033732.2	新材料技术研究院	郭志猛	一种微细球形Nd-Fe-B粉的制备方法
10	20100105	201010033733.7	新材料技术研究院	邵慧萍	一种高比重合金的凝胶注模成型方法
11	20100105	201010033734.1	新材料技术研究院	邵慧萍	一种大尺寸复杂形状钨制品的成形方法
12	20100105	201010033735.6	新材料技术研究院	何新波	高体积分数金刚石颗粒增强铜基复合材料零件的制备方法
13	20100105	201010033920.5	材料科学与工程学院	龙　毅	均匀氢化NaZn$_{13}$结构的稀土-铁钴硅材料的方法
14	20100105	201010033730.3	新材料技术研究院	郭志猛	一种微细球形钛粉的短流程制备方法
15	20100111	201010034020.2	新金属材料国家重点实验室	惠希东	一种发动机机体用高强度铸造铝硅合金及其制备方法
16	20100112	201010033783.5	冶金生态与工程学院	李士琦	一种利用太阳能光伏技术低碳制取纯铁的方法及装置
17	20100112	201010033782.0	冶金生态与工程学院	李士琦	一种超细赤铁矿粉非熔态还原工艺
18	20100112	201010033779.9	机械工程学院	刘北英	一种等分定位电机
19	20100112	201010033781.6	机械工程学院	李洪波	一种板带材轧制用变接触支持辊及其加工方法
20	20100112	201010033780.1	信息工程学院	王志良	视线追踪系统中基于瞳孔-角膜反射的视线估计方法

续表

序号	申请日	申请号	单位	第一发明人	名　　称
21	20100113	201010034206.8	机械工程学院	刘应书	一种低浓度瓦斯安全吸附富集的方法
22	20100113	201010034207.2	新材料技术研究院	何业东	用于铝电解的贵金属陶瓷复合涂层惰性阳极及其制备方法
23	20100114	201010034093.1	信息工程学院	周贤伟	无线自组织网络中节点感知行为特征数据库
24	20100114	201010034222.7	材料科学与工程学院	刘泉林	一种红色荧光材料的制备方法
25	20100114	201010034078.7	信息工程学院	周贤伟	无线自组织网络中基于协同感知的组播路由方法
26	20100114	201010034079.1	信息工程学院	周贤伟	无线自组织网络中基于协同感知的单播路由方法
27	20100114	201010034080.4	信息工程学院	周贤伟	基于局部信息协同的密钥更新方法
28	20100114	201010034092.7	信息工程学院	周贤伟	利用动态稳定域实现对网络稳定度的度量预测方法
29	20100115	201010034183.0	材料科学与工程学院	王自东	一种在钢液中形成Ai_2O_3纳米颗粒的制备方法
30	20100115	201010034184.5	材料科学与工程学院	林国标	C_f/SiC复合材料与Ni基高温合金的连接方法
31	20100115	201010034187.9	材料科学与工程学院	王海成	一种高性能光盘读取头用合金悬丝镀银的方法
32	20100115	201010000731.8	化学与生物工程学院	杜宏武	IRES介导的GH四种亚型与IGF-I双顺反子真核共表达载体的构建与应用
33	20100115	201010034185.X	材料科学与工程学院	王自东	一种在钢液中形成Ti_2O_3纳米颗粒的制备方法
34	20100118	201010034134.7	新材料技术研究院	贾成厂	一种制备高导热性铝-金刚石双相连续复合材料的方法
35	20100121	201010034472.0	材料科学与工程学院	康永林	1000MPa级Ti微合金化超细晶冷轧双相钢及其制备工艺
36	20100121	201010034476.9	新材料技术研究院	郭志猛	一种面向等离子体镀层电镀工艺
37	20100121	201010034474.X	材料科学与工程学院	张波萍	一种银纳米颗粒分散四氧化三钴功能薄膜材料及制备方法
38	20100121	201010034473.5	材料科学与工程学院	张波萍	一种金纳米颗粒分散四氧化三钴功能薄膜材料及制备方法
39	20100121	201010034475.4	材料科学与工程学院	张波萍	一种铜纳米颗粒分散四氧化三钴功能薄膜材料及制备方法
40	20100122	201010034519.3	冶金与生态工程学院	郭兴敏	一种高铁、高硅有色金属冶炼渣中提取有价元素方法

续表

序号	申请日	申请号	单位	第一发明人	名　　称
41	20100126	201010101430.4	信息工程学院	陈先中	一种基于太阳能供电的无线网络测距系统
42	20100126	201010101462.4	材料科学与工程学院	杨　槐	一种用于药物可控释放的超支化聚氨酯水凝胶及制备方法
43	20100126	201010101464.3	材料科学与工程学院	杨　槐	一种具有形状记忆功能的眼用植入材料及制备方法
44	20100128	201010102669.3	冶金与生态工程学院	朱　荣	一种非谐振振动方式输送热态转底炉金属化球团的方法
45	20100128	201010102670.6	土木与环境工程学院	邢　奕	一种MBR-RO联合深度处理印染废水的方法
46	20100202	201010103989.0	信息工程学院	孙昌国	一种机器人用异步电动机伺服驱动方法及系统
47	20100203	201010104537.4	材料科学与工程学院	陈俊红	镁铁铝尖晶石砖及其制备方法
48	20100203	201010104559.0	材料科学与工程学院	陈俊红	合成富铝亚铁铝尖晶石的方法
49	20100203	201010104503.5	材料科学与工程学院	陈俊红	合成亚铁铝尖晶石的方法
50	20100204	201010105482.9	土木与环境工程学院	石博强	一种新型矿用自卸车货箱
51	20100205	201010106000.1	新材料技术研究院	曹江利	一种无铅化金属电极浆料用无铅玻璃粘结剂及其制备方法
52	20100205	201010106006.9	新金属材料国家重点实验室	吴　渊	具有拉伸塑性和加工硬化能力的块体金属玻璃复合材料
53	20100205	201010106040.6	化学与生物工程学院	闫　海	一种利用糖蜜培养光合细菌的方法
54	20100205	201019114025.3	信息工程学院	蓝金辉	一种城市环形道路交通流预测系统
55	20100205	201010107829.3	土木与环境工程学院	张英华	一种防治煤矿采空区遗煤自燃的无机盐型阻化剂
56	20100205	201010107858.X	材料科学与工程学院	王　戈	一种含季铵盐和卤化锂的分形聚集体的制备方法
57	20100205	201010107843.3	机械工程学院	刘晋平	一种汽车发动机气门毛坯楔横轧精确成形方法
58	20100205	201010107823.6	土木与环境工程学院	邢　奕	动态液位颗粒清洗分离器
59	20100303	201010116385.X	土木与环境工程学院	谭卓英	一种地层地质界面仪器钻探感应识别系统
60	20100305	201010119180.7	材料科学与工程学院	徐晓光	一种垂直磁各向异性多层膜

续表

序号	申请日	申请号	单位	第一发明人	名　　称
61	20100315	201010126372.0	冶金与生态工程学院	邢献然	一种具有多铁性、高机械性能的零膨胀材料的制备方法
62	20100315	201010126350.4	信息工程学院	杜利平	一种认知无线电中检测授权用户到达角的频谱感知方法
63	20100315	201010126344.9	新金属材料国家重点实验室	黄进峰	一种高塑性耐磨蚀半硬磁合金及其薄带的制备方法
64	20100317	201010127881.5	土木与环境工程学院	张文明	一种自适应海底复杂地形的复合轮式行走机构
65	20100317	201010127896.1	冶金与生态工程学院	武会宾	一种易焊接高强度高韧性的船板钢及生产工艺
66	20100318	201010127046.1	冶金与生态工程学院	王静松	一种在非真空条件下熔炼非晶母合金的方法
67	20100319	201010127707.0	土木与环境工程学院	宋存义	一种密相循环流化干塔脱硫装置
68	20100323	201010131830.X	机械工程学院	王宝雨	一种具有矫正功能的低噪音钢球斜轧进料装置
69	20100323	201010131829.7	新材料技术研究院	李晓刚	一种辛醇加氢精制催化剂及其制备方法
70	20100323	201010131828.2	土木与环境工程学院	王洪江	一种充填体支护的方法
71	20100324	201010131071.7	土木与环境工程学院	吴顺川	一种表面粘贴型振弦式钢筋应变计
72	20100331	201010139391.7	土木与环境工程学院	汪群慧	透过絮凝从发酵液中分离乳酸并对絮凝物综合利用的方法
73	20100331	201010138886.8	材料科学与工程学院	庞晓露	一种薄膜太阳能电池的结构设计方法
74	20100331	201010138885.3	材料科学与工程学院	庞晓露	一种用于气浮轴承的复合涂层制备方法
75	20100331	201010139353.1	冶金与生态工程学院	阳建宏	一种基于声信号的热轧带钢甩尾故障识别方法
76	20100331	201010139341.9	材料科学与工程学院	杨　穆	一种聚苯胺纳米纤维阵列的制备方法
77	20100331	201010139345.7	材料科学与工程学院	杨　洲	4-（4-二甲基氨基苯乙烯基）甲基吡啶3-羧基-4-羟基苯磺酸盐、其非线性光学晶体及制备方法
78	20100402	201010141157.8	新材料技术研究院	郭志猛	一种制备纳米级弥散强化金属用预合金粉末的方法
79	20100402	201010141143.6	新材料技术研究院	郭志猛	一种制备纳米氧化铝弥散铁粉的方法
80	20100407	201010140173.5	土木与环境工程学院	汪群慧	一种自动化的沼气干发酵装置

续表

序号	申请日	申请号	单位	第一发明人	名称
81	20100407	201010143107.3	土木与环境工程学院	吴顺川	一种隧道旋喷管棚预支护方法及纵向开口花管
82	20100407	201010143106.9	新材料技术研究院	孙爱芝	一种柔性各向异性粘结稀土永磁材料的制备方法
83	20100414	201010148721.9	冶金与生态工程学院	严鹏程	一种对铁矿石烧结燃料脱硫的方法
84	20100414	201010148696.4	新材料技术研究院	郭志猛	一种采用高能球磨制备氧化铝弥散强化铁预合金粉末的方法
85	20100414	201010148586.8	新材料技术研究院	罗　骥	一种采用浸润法制备氧化物弥散强化铁粉的方法
86	20100414	201010148582.X	新材料技术研究院	郭志猛	一种水热法制备氧化铝弥散强化铁粉的方法
87	20100414	201010148561.8	新材料技术研究院	杨薇薇	一种微乳液制备纳米级弥散强化金属粉末的方法
88	20100414	201010148723.8	机械工程学院	尹宜勇	一种用直线步进电机驱动的高速走丝电火花线切割机床
89	20100414	201010148612.7	新材料技术研究院	刘雪峰	一种铸型温度为固液两相区温度的铸造设备与方法
90	20100416	201010148618.4	新金属材料国家重点实验室	林均品	通过添加钇提高高铌钛铝合金高温长期抗氧化性的方法
91	20100416	201010151035.7	冶金与生态工程学院	于然波	一种镧掺杂二氧化铈多孔微球的制备及其对Cr^{6+}的去除应用
92	20100416	201010151005.6	冶金工程研究院	陈银莉	一种低屈强比的深冲性良好的微碳铝镇静钢及其制备方法
93	20100416	201010151010.7	土木与环境工程学院	陈树新	一种利用编码信标进行精确定位的方法
94	20100419	201010048045.8	材料科学与工程学院	徐桂英	一种硅锗系热点材料的制备方法
95	20100419	201010153481.1	土木与环境工程学院	吴顺川	一种具有三层保护双锚固段预应力锚固体系及其固锚方法
96	20100421	201010155599.8	新材料技术研究院	曹江利	一种无铅化银电极浆料及其制备与使用方法
97	20100422	201010158609.3	信息工程学院	周贤伟	一种基于认知自组织网的能量优化组播路由方法
98	20100423	201010159957.2	材料科学与工程学院	连　芳	一种表面复合的层状锂锰镍氧化物正极材料及其制备方法
99	20100423	201010159956.8	材料科学与工程学院	张海龙	一种从钼选矿尾矿中提取金属元素铁、镁、钙的方法
100	20100427	201010161646.X	土木与环境工程学院	谭卓英	一种深部地应力随钻测试系统

续表

序号	申请日	申请号	单位	第一发明人	名　　称
101	20100427	201010161702.X	材料科学与工程学院	李　勇	一种大型水泥窑用矾土-氮化硅铁复合耐磨砖及其制造方法
102	20100427	201010161682.6	材料科学与工程学院	李　勇	一种大型水泥窑用矾土-氮化硅复合耐磨砖及其制造方法
103	20100429	201010159713.4	材料科学与工程学院	陈俊红	水泥窑用预热器陶瓷内筒
104	20100429	201010158705.8	材料科学与工程学院	陈俊红	干法水泥回转窑预热器用陶瓷内筒
105	20100429	201010158703.9	材料科学与工程学院	陈俊红	水泥窑用预热器陶瓷内筒
106	20100430	201010165113.9	材料科学与工程学院	王　戈	一种导电聚合物修饰的磁性光催化剂及其制备方法
107	20100505	201010168903.2	材料科学与工程学院	官月平	一种合成超顺磁性聚合物微球的方法
108	20100505	201010168852.3	材料科学与工程学院	周张建	一种大气等离子体喷涂法制备细晶钨、钼涂层的方法
109	20100505	201010168882.4	材料科学与工程学院	姜　勇	一种具有交换偏置效应的多层膜结构及其制备方法
110	20100505	201010168920.6	冶金与生态工程学院	朱　荣	转炉炼钢煤气分离CO_2循环利用于顶吹及底吹的方法
111	20100507	201010171610.X	信息工程学院	周贤伟	一种基于能量优化的认知无线电组播路由方法
112	20100510	201010173797.7	材料科学与工程学院	赵海雷	一种高电导率双钙钛矿型A1掺杂$Sr_2A1_xMg_{1-x}MoO_{6-\delta}$阳极材料及其制备方法
113	20100510	201010173546.9	信息工程学院	周贤伟	一种基于时延约束的认知无线电组播路由方法
114	20100510	201010173760.4	新材料技术研究院	范丽珍	一种制备超级电容器电极材料用含氮多孔炭材料的方法
115	20100510	201010173821.7	信息工程学院	周贤伟	基于分层结构的认知无线电网络的实体认证系统及其方法
116	20100512	201010169428.0	冶金与生态工程学院	王　敏	一种用于观察钢中非金属夹杂物真实形貌的方法
117	20100512	201010176039.0	材料科学与工程学院	王　戈	一种聚苯乙烯/聚苯胺复合微球负载型催化剂的制备方法
118	20100512	201010176049.4	信息工程学院	周贤伟	保障单收发机时间插槽式分布CR MAC协议安全的方法
119	20100512	201010176030.X	信息工程学院	王粉花	基于物联网技术的多功能餐厅服务系统
120	20100514	201010176983.6	材料科学与工程学院	张　跃	一种大面积高取向性的氧化锌纳米薄片阵列的制备方法

续表

序号	申请日	申请号	单位	第一发明人	名　　称
121	20100514	201010176968.1	材料科学与工程学院	张　跃	一种高分散尺寸可控的纳米羟基锡酸锌阵列的制备方法
122	20100514	201010176957.3	新材料技术研究院	任淑彬	一种强化熔渗Cu用注射成形金刚石脱脂坯体的方法
123	20100514	201010176947.X	材料科学与工程学院	任学平	一种孪晶诱导塑性钢药形罩
124	20100514	201010176942.7	材料科学与工程学院	张迎春	一种光催化材料$Bi_{12}TiO_{20}$的制备方法
125	20100519	201010181753.9	化学与生物工程学院	杨　敏	一种蜂胶纳米乳液的制备方法
126	20100519	201010181746.9	信息工程学院	郭　敏	一种城市快速路短时交通信息预测系统和方法
127	20100519	201010181769.X	信息工程学院	周贤伟	认知无线电网络中基于重复博弈的组播路由算法
128	20100519	201010181763.2	信息工程学院	周贤伟	一种基于最大概率的认知无线电多径组播路由方法
129	20100520	201010177670.2	化学与生物工程学院	杨运旭	一种以(R)-(-)-3-氯-1,2-丙二醇为手性起始原料合成L-肉碱的方法
130	20100520	201010177701.4	化学与生物工程学院	杨运旭	一种以(R)-(-)-氯代甘油为手性起始原料合成L-肉碱的制备方法
131	20100520	201010184480.3	机械工程学院	张文明	一种矿用汽车液力机械传动系统
132	20100520	201010184502.6	新材料技术研究院	潘德安	一种铜阳极泥分银渣分铅液回收银的方法
133	20100520	201010184508.3	机械工程学院	刘晋平	一种金属棒料、管料精密热斜轧下料的轧辊及其下料方法
134	20100524	201010180482.5	新材料技术研究院	孟惠民	一种新型纳米复合聚脲涂层
135	20100524	201010180465.1	新材料技术研究院	孟惠民	一种纳米复合聚脲涂层制备方法
136	20100524	201010188598.3	土木与环境工程学院	顾晓春	一种高含泥氧化矿分级浸出的方法
137	20100524	201010188602.6	土木与环境工程学院	吴爱祥	一种槽浸工艺中的布液方法
138	20100524	201010188613.4	新材料技术研究院	徐利华	一种用铁矿尾矿合成SiC/Fe_xSi_y复合材料的方法
139	20100524	201010188615.3	新材料技术研究院	唐伟忠	一种高功率微波等离子体金刚石膜沉积设备
140	20100524	201010188608.3	新材料技术研究院	曲选辉	一种热管用多孔材料极限热流密度的测试装置及测试方法

续表

序号	申请日	申请号	单位	第一发明人	名　　称
141	20100524	201010188614.9	信息工程学院	杜丽平	一种降低滤波器组多载波系统的峰均比的方法
142	20100524	201010189279.4	信息工程学院	周贤伟	一种基于滤波器组多载波的盲频率跟踪算法
143	20100524	201010189277.5	信息工程学院	赵东峰	一种利用改进球译码算法实现FBMC系统的均衡的方法
144	20100526	201010192018.8	材料科学与工程学院	宋卓斐	一种减振开始频率不高于200Hz声子晶体的开发方法
145	20100526	201010192019.2	信息工程学院	周贤伟	一种基于能量感知可靠性多径路由算法
146	20100526	201010192024.3	信息工程学院	郝红卫	一种白内障硬度识别方法
147	20100526	201010192023.9	土木与环境工程学院	倪　文	一种利用矽卡岩型尾矿制备蒸压加气混凝土的方法
148	20100526	201010192205.6	新材料技术研究院	何新波	一种大量制备微细球形钛铝基合金粉的方法
149	20100526	201010192221.5	新材料技术研究院	田建军	一种制备具有辐向织构整体永磁环温压成形方法及模具
150	20100528	201010194582.3	冶金工程研究院	余　伟	一种钢板正火后加速冷却工艺方法
151	20100528	201010194568.3	冶金工程研究院	余　伟	一种中厚板控制轧制中间坯的冷却方法
152	20100528	201010194590.8	信息工程学院	万亚东	一种可重构频道集合上的跳频装置及方法
153	20100528	201010194544.8	机械工程学院	刘晋平	一种汽车发动机气门毛坯的二次楔入楔横轧精确成形方法
154	20100528	201010194506.2	冶金与生态工程学院	邢献然	一种氧化锌矿的碱浸出方法
155	20100528	201010194447.9	新材料技术研究院	柳　伟	一种高温高压环路喷射腐蚀模拟及电化学测试实验装置
156	20100528	201010194437.5	新材料技术研究院	张深根	一种可控温度梯度定向凝固装置及方法
157	20100528	201010194555.6	新材料技术研究院	张深根	无氰全湿成套工艺绿色回收废旧电路板的方法
158	20100528	201010194520.2	土木与环境工程学院	倪　文	一种利用花岗岩石渣粉制备的鱼礁材料的制备方法
159	20100528	201010194531.0	冶金与生态工程学院	王新东	一种具有主副双流道的燃料电池和水电解池流场板
160	20100528	201010194860.5	材料科学与工程学院	张迎春	一种锂基陶瓷微球的制备方法

续表

序号	申请日	申请号	单位	第一发明人	名称
161	20100531	201010195536.5	冶金与生态工程学院	张家泉	结晶器铜管传热对称性的在线热检测系统及方法
162	20100531	201010195529.5	冶金与生态工程学院	张家泉	连铸机结晶器足辊工作状态在线监测仪及其监测方法
163	20100531	201010195538.4	冶金与生态工程学院	张家泉	连铸机二冷区高温铸坯摄像测温系统及测温方法
164	20100531	201010195509.8	新材料技术研究院	唐伟忠	一种红外窗口保护膜材料、其应用与其制备方法
165	20100531	201010195517.2	冶金工程研究院	余　伟	一种冷却板形可控制的热轧带钢层流冷却装置
166	20100531	201010195527.6	冶金与生态工程学院	王新华	一种用于无取向硅钢生产的精炼装置及真空精炼工艺
167	20100531	201010195520.4	新材料技术研究院	谢建新	一种高硅电工钢薄带的短流程高效制备方法
168	20100604	201010191692.4	冶金与生态工程学院	张家泉	一种风车状、树根形的连铸用四分切向水口
169	20100612	201010205981.5	土木与环境工程学院	宋存义	一种卧式密相循环流化干塔脱硫装置
170	20100612	201010205978.3	冶金与生态工程学院	王新华	RH-VD“双工位”真空精炼装置及其工艺方法
171	20100612	201010205980.0	机械工程学院	金　纯	一种电传动重型汽车轮边电机制动装置
172	20100618	201010210328.8	新材料技术研究院	徐利华	一种利用金矿尾矿合成SiC粉体的方法
173	20100623	201010216961.8	材料科学与工程学院	冯　春	一种电流直接驱动磁记录介质薄膜的原子有序的方法
174	20100623	201010216970.7	材料科学与工程学院	宋卓斐	一种变截面声子晶体弹性材料的连接方法
175	20100623	201010216966.0	材料科学与工程学院	曾燕屏	一种高磁感低铁损低碳低硅无取向电工钢及制造方法
176	20100623	201010216980.0	新材料技术研究院	曲选辉	一种采用粉末冶金工艺制备高性能铁镍系软磁合金的方法
177	20100629	201010211472.3	新材料技术研究院	贾成厂	一种超高导热、低热膨胀系数金刚石复合材料及制备方法
178	20100629	201010221210.5	信息工程学院	赵冲冲	一种报表模板定制方法
179	20100629	201010221223.2	信息工程学院	赵冲冲	一种报表模板定制系统
180	20100629	201010221314.6	冶金与生态工程学院	李建玲	一种超级电容器电极材料二氧化锰的制备方法

续表

序号	申请日	申请号	单位	第一发明人	名　　称
181	20100630	201010214381.5	土木与环境工程学院	宋存义	一种半干法烟气脱硫方法
182	20100630	201010214364.1	新材料技术研究院	邵慧萍	一种利用爆炸喷涂制备铌钛铝合金涂层的方法
183	20100630	201010214344.4	信息工程学院	王建萍	一种基于链路回溯恢复策略的双向启动恢复方法
184	20100705	201010225781.6	土木与环境工程学院	王金安	一种微型碎石管注桩治理软岩巷道底鼓的方法
185	20100705	201010225770.8	新金属材料国家重点实验室	孙祖庆	一种热轧铌微合金化多相钢及其制备方法
186	20100705	201010225763.8	冶金与生态工程学院	苍大强	一种熔渣节能保温剂
187	20100705	201010225783.5	土木与环境工程学院	李子富	一种初期雨水弃流装置
188	20100706	201010226326.8	信息工程学院	赵冲冲	报表的处理方法
189	20100706	201010226314.5	信息工程学院	赵冲冲	报表的处理装置和系统
190	20100707	201010227296.2	机械工程学院	李洪波	一种具有四次凸度控制能力的变凸度工作辊辊形设计方法
191	20100707	201010227283.5	新材料技术研究院	邵慧萍	一种超细球形氮化铁粉末的制备方法
192	20100713	201010226369.6	材料科学与工程学院	沈卫平	一种低温合成碳化硼粉末的制备方法
193	20100713	201010226367.7	新材料技术研究院	李　平	一种含Mg贮氢合金的制备方法
194	20100714	201010231050.2	新金属材料国家重点实验室	刘雄军	一种Zr-Cu-Al-Be系大块非晶合金及其制备方法
195	20100714	201010231073.3	新材料技术研究院	何新波	一种粉末注射成形产品质量的智能化调控系统及其方法
196	20100716	201010232853.X	材料科学与工程学院	郑裕东	磺胺嘧啶银/细菌纤维素复合伤口敷料的制备方法
197	20100716	201010232852.5	材料科学与工程学院	张海龙	一种水热法制备铁酸铋－钛酸钡粉末的方法
198	20100716	201010232851.0	新金属材料国家重点实验室	吕昭平	一种自发形成Al_2O_3保护层的新型奥氏体耐热不锈钢
199	20100719	201010233323.7	材料科学与工程学院	燕青芝	一种采用波聚合技术制备纳米复合文敏水凝胶的方法
200	20100719	201010230531.1	新材料技术研究院	张深根	一种铁基磨削废料的无污染再利用技术

续表

序号	申请日	申请号	单位	第一发明人	名　称
201	20100719	201010230229.6	新材料技术研究院	张深根	一种用铁基废料制备SHS陶瓷内衬金属管材的方法
202	20100719	201010230561.2	新材料技术研究院	何新波	一种粉末注射成形用先驱体水溶性粘结剂的制备方法
203	20100719	201010230573.5	新材料技术研究院	何新波	一种制备碳化硅颗粒增强氮化硅复相陶瓷零件的方法
204	20100721	201010234968.2	土木与环境工程学院	李子富	浮球控制新型初期雨水弃流装置
205	20100721	201010234797.3	新材料技术研究院	潘德安	一种阳极泥分铅渣回收金属锡的方法和装置
206	20100721	201010234944.7	材料科学与工程学院	仇卫华	一种采用流变相方法合成双草酸基硼酸锂的方法
207	20100723	201010237748.5	材料科学与工程学院	张迎春	一种高Q值微波介质陶瓷及其制备方法
208	20100723	201010237745.1	新金属材料国家重点实验室	高学绪	一种可降低输油管道内石油粘度的磁化装置
209	20100723	201010237764.4	材料科学与工程学院	康永林	半无头轧制超长铸坯头尾温差的控制方法
210	20100730	201010241979.3	土木与环境工程学院	李子富	一种沼气贮气膜甲烷渗透性的测定方法
211	20100803	201010243267.5	新材料技术研究院	徐利华	一种从钼选矿尾矿中回收稀有金属元素铝的方法
212	20100803	201010243658.7	冶金与生态工程学院	张　鉴	单嘴精炼炉冶炼超洁净钢工艺
213	20100806	201010246776.3	冶金与生态工程学院	周　平	屈服强度960MPa以上低成本工艺操作窗扣款的超高强度钢板制造方法
214	20100810	201010249756.1	冶金与生态工程学院	徐安军	一种应用于钢厂的事故预案专家系统
215	20100811	201010250552.X	材料科学与工程学院	周张健	一种纳米氧化物弥散增强超细晶钨基复合材料的制备方法
216	20100813	201010253234.9	材料科学与工程学院	赵海雷	一种高纯度硅酸锂材料的制备方法
217	20100813	201010253603.4	新材料技术研究院	曹江利	一种高电阻率金属氧化物材料表面金属图案印刷方法
218	20100813	201010252892.6	新材料技术研究院	曹江利	一种控制金属氧化物材料表面半导化速度及程度的方法
219	20100813	201010252884.1	材料科学与工程学院	赵海雷	一种钴-氧化硅/碳纳米复合材料的制备方法
220	20100819	201010256875.X	新材料技术研究院	范丽珍	一种石墨烯/硅锂离子电池负极材料及制备方法

续表

序号	申请日	申请号	单位	第一发明人	名　　称
221	20100819	201010256906.1	新材料技术研究院	范丽珍	一种石墨烯/二氧化钛锂离子电池负极材料及制备方法
222	20100819	201010257042.5	冶金与生态工程学院	王新华	LT-CAS双工位真空精炼装置及其工艺方法
223	20100819	201010257041.0	冶金与生态工程学院	李士琦	一种电炉粉尘制备金属铁及锌/氧化锌的方法
224	20100823	201010260914.3	材料科学与工程学院	王　戈	一种新型复合载体SCR烟气脱硝催化剂
225	20100823	201010260942.5	机械工程学院	杨耀东	电传动矿用汽车后桥钳盘式制动器
226	20100826	201010262934.4	信息工程学院	王　超	一种基于异构多通道无线传感器网络的井下监测系统
227	20100826	201010262942.9	信息工程学院	王　超	一种基于WSN的矿下安全监控系统网关设备
228	20100826	201010262931.0	材料科学与工程学院	沈卫平	一种精密喷射成形用电加热陶瓷模具的制备方法
229	20100830	201010266368.4	冶金与生态工程学院	李素芹	一种利用超导高梯度磁场的转炉浊环水处理方法
230	20100902	201010271291.X	信息工程学院	班晓娟	一种基于DXF文件格式的读取与XML转换的方法
231	20100902	201010271292.4	机械工程学院	陈树新	一种采用现场总线技术的矿用电动轮自卸车的控制系统
232	20100902	201010271293.9	材料科学与工程学院	王海成	一种坡莫合金在线表面钝化方法
233	20100908	201010276148.X	冶金与生态工程学院	李　宇	一种双炉膛高温熔融炉
234	20100908	201010275956.4	冶金与生态工程学院	李　宇	一种含铁工业熔渣在线回收铁及制备微晶玻璃熔块的方法
235	20100908	201010276139.0	材料科学与工程学院	李明华	一种提高交换偏置薄膜磁性和热稳定性的方法
236	20100908	201010276413.4	土木与环境工程学院	蔡　强	一种制备介孔氧化硅微球的方法
237	20100910	201010279564.5	新材料技术研究院	潘德安	一种镀锡铜米分离回收金属铜锡的方法和装置
238	20100910	201010279562.6	冶金与生态工程学院	邓宏玉	一种中厚板在线淬火倾斜射流冷却器
239	20100915	201010283896.0	冶金工程研究院	张立杰	一种热轧带钢控制轧制中间坯的冷却方法
240	20100915	201010283917.9	冶金工程研究院	余　伟	一种叠轧焊工艺生产特厚板的方法

续表

序号	申请日	申请号	单位	第一发明人	名　　称
241	20100915	201010283882.9	冶金工程研究院	余　伟	一种高延伸率高强度钢板及其生产工艺
242	20100915	201010283864.0	信息工程学院	孙昌爱	基于可变性的适应性服务组装方法
243	20100915	201010283963.9	材料科学与工程学院	刘泉林	一种氧化物荧光材料及其制备方法
244	20100915	201010283952.0	冶金与生态工程学院	刘晓明	一种电解锰渣生态水泥的制备方法
245	20100915	201010283939.5	冶金工程研究院	赵爱民	一种含V热轧相变诱发塑性钢的制备方法
246	20100915	201010283929.1	冶金工程研究院	赵爱民	一种高强度高塑性中锰TRIP热轧钢板的制备方法
247	20100919	201010287789.5	新材料技术研究院	郝俊杰	一种低温燃烧合成法制备弥散强化金属用预合金粉末的方法
248	20100921	201010289783.1	材料科学与工程学院	康永林	热轧带钢无头轧制中间坯的连接方法
249	20100925	201010290782.9	信息工程学院	陈先中	一种基于多源异构数据融合的高炉料面成像系统
250	20100927	201010293680.2	土木与环境工程学院	邢　奕	一种玻璃窑炉烟气的SCR脱硝装置
251	20100927	201010293440.2	新材料技术研究院	孟惠民	一种电解海水制备氢气和氧气的电解设备
252	20100928	201010295721.1	材料科学与工程学院	康永林	600MPa级超低硅冷轧热镀锌双相钢及其制备工艺
253	20100929	201010298648.3	材料科学与工程学院	龙　毅	制备高性能的具有$NaZn_{13}$结构稀土-铁钴硅化合物的方法
254	20100929	201010298603.6	新材料技术研究院	杨　霞	一种高致密纳米晶铝合金及其制备方法
255	20100929	201010298627.1	新材料技术研究院	邵慧萍	一种凝胶注模-自蔓延高温合成制备钛合金材料的方法
256	20100929	201010298801.2	材料科学与工程学院	燕青芝	一种钨/低活化钢的真空电子束钎焊连接方法
257	20100929	201010297143.5	土木与环境工程学院	乔　兰	一种基于平面应力条件下的新型声发射地应力场测量技术
258	20100930	201010500518.3	材料科学与工程学院	张石磊	一种高灵敏度金属霍尔传感器薄膜材料及其制备方法
259	20100930	201010500526.8	新材料技术研究院	高　瑾	一种防缝隙腐蚀专用电化学活性密封胶及制备工艺
260	20101009	201010501407.4	新材料技术研究院	谢建新	一种白铜管材热冷组合铸型水平连铸设备及其工艺

续表

序号	申请日	申请号	单位	第一发明人	名　　称
261	20101011	201010501856.9	冶金与生态工程学院	张建良	一种红土镍矿在竖炉-熔分炉中生产镍铁合金的方法
262	20101011	201010501867.7	冶金与生态工程学院	张建良	一种红土镍矿在隧道窑-电炉中生产镍铁的方法
263	20101011	201010501844.6	冶金与生态工程学院	司　全	一种红土镍矿生产镍铁合金的方法
264	20101012	201010513042.7	土木与环境工程学院	邢　奕	微电解及物化法联用处理维生素B_{12}提炼废水的装置及方法
265	20101013	201010512737.3	信息工程学院	齐　悦	一种用于微处理器的硬件多线程控制方法及其装置
266	20101013	201010513453.6	新材料技术研究院	郭志猛	一种利用铁尾矿制备通体砖的方法
267	20101013	201010513441.3	新材料技术研究院	章　林	一种氧化物弥散强化钴基超合金的制备方法
268	20101013	201010512712.3	新材料技术研究院	章　林	一种机械合金化制备镍基氧化物弥散强化合金的方法
269	20101013	201010512704.9	新材料技术研究院	邵慧萍	一种低成本工业化提纯酸洗铁红的方法
270	20101014	201010506696.7	材料科学与工程学院	张波萍	一种控制硫化铋多晶热电材料织构的方法
271	20101014	201010504997.6	土木与环境工程学院	李子富	对污泥进行机械预脱水的高浓度污泥厌氧消化处理工艺
272	20101014	201010506169.6	土木与环境工程学院	纪洪广	岩石类脆性材料多频段声发射检测分析方法和装置
273	20101014	201010506733.4	材料科学与工程学院	纪　箴	汽车氧传感器用的氧化锆基固体电解质粉料及其制备方法
274	20101014	201010506732.X	材料科学与工程学院	纪　箴	一种氧传感器用纳米级氧扩散障混合导体粉体的制备方法
275	20101015	201010508452.2	冶金与生态工程学院	苍大强	一种工业余热预处理市政污泥高温厌氧发酵工艺方法
276	20101018	201010510316.7	冶金与生态工程学院	邵　健	一种兼顾轧制稳定性和横断面形状的中厚板轧机辊系配置方法
277	20101020	201010520717.0	新材料技术研究院	曲选辉	连接表面镀覆有薄膜金属层的AlN陶瓷和SiC/Al复合材料的方法
278	20101020	201010520736.3	新材料技术研究院	曲选辉	一种氮化铝陶瓷表面化学镀镍的方法
279	20101020	201010520740.X	新材料技术研究院	程学群	一种铝件表面锌化处理粉剂的制备方法及其涂覆方法
280	20101020	201010502247.5	新材料技术研究院	何业东	一种铝电解用合金析氧阳极

续表

序号	申请日	申请号	单位	第一发明人	名　　称
281	20101021	201010514563.4	材料科学与工程学院	王　戈	一种单双层空腔结构及海胆状的二氧化钛微球制备方法
282	20101025	201010526105.2	材料科学与工程学院	黄继华	一种脱β层梯度硬质合金的制备方法
283	20101025	201010526125.X	新材料技术研究院	吴　茂	一种钎焊铝碳化硅复合材料的中文钎料及制备方法
284	20101025	201010526153.1	材料科学与工程学院	黄继华	一种脱β层梯度硬质合金的制备工艺
285	20101028	201010524038.0	冶金与生态工程学院	焦树强	一种利用月球表面土壤原位制氧气的新方法
286	20101029	201010527306.4	机械工程学院	王　立	利用重力作用实现液体蒸发制冷和热机过程的机构和方法
287	20101029	201010530204.8	新金属材料国家重点实验室	惠希东	一种含Li和Ca的轻质Al基非晶合金
288	20101029	201010530536.6	化学与生物工程学院	闫　海	一种利用餐厨垃圾生产微生态制剂的方法
289	20101029	201010530548.9	机械工程学院	夏德宏	一种立式高效热法油砂提油的装置及其方法
290	20101029	201010530202.9	材料科学与工程学院	康永林	一种低成本、高强韧X80抗大变形管线钢及生产方法
291	20101101	201010523680.7	信息工程学院	王洪泊	一种数字COSTAS环
292	20101102	201010527703.1	新材料技术研究院	曲选辉	一种共沉淀-碳热还原制备氮化铝粉末的方法
293	20101102	201010527704.6	新材料技术研究院	曲选辉	一种制备氮化铝陶瓷粉末的方法
294	20101102	201010533848.2	新金属材料国家重点实验室	王　辉	一种梯度孔多孔高铌钛铝合金的制备方法
295	20101104	201010536573.8	机械工程学院	夏德宏	一种含钒石煤全资源化利用的方法
296	20101104	201010536506.6	机械工程学院	夏德宏	一种常压热还原法制备金属镁的工艺
297	20101111	201010541484.2	新材料技术研究院	张　津	一种提高镁合金阴极电泳涂层耐磨性能的方法
298	20101111	201010541511.6	材料科学与工程学院	韩静涛	一种高硅钢板的短流程生产工艺
299	20101111	201010541467.9	新材料技术研究院	何新波	一种金刚石/碳化硅陶瓷基复合材料的制备方法
300	20101111	201010541453.7	冶金与生态工程学院	朱　荣	一种用于转炉高效提钒过程的喷粉装置方法

续表

序号	申请日	申请号	单位	第一发明人	名　　称
301	20101111	201010541319.7	土木与环境工程学院	冯雅丽	一种以盐湖氯化镁卤水为原料制备七水硫酸镁的方法
302	20101111	201010541318.2	机械工程学院	夏德宏	一种碳化钙常压还原煅烧菱镁矿的方法
303	20101111	201010541470.0	机械工程学院	李延辉	一种以硅粉作添加剂实现非晶氮化硅粉末的快速晶化方法
304	20101111	201010541482.3	材料科学与工程学院	王国杰	一种使用偶氮苯调控液晶光学性能的方法
305	20101111	201010540109.6	机械工程学院	王宝雨	一种安全密闭型低噪音斜轧铜球进料装置
306	20101112	201010543083.0	化学与生物工程学院	闫　海	一种培养微细藻类的方法及组合式光生物反应器
307	20101112	201010544090.2	机械工程学院	夏德宏	一种低烧损工业炉
308	20101115	201010546203.2	材料科学与工程学院	官月平	一种磁性介质萃取贵金属离子的方法
309	20101115	201010546192.8	化学与生物工程学院	闫　海	一种利用益生菌和微藻生产微生态叶面肥的方法
310	20101115	201010541219.4	材料科学与工程学院	康永林	一种X100抗大变形管线钢及其制造工艺
311	20101118	201010550297.0	机械工程学院	夏德宏	一种含钒石煤—火提钒的脱碳焙烧装置及其工艺
312	20101118	201010550062.1	土木与环境工程学院	杨　鹏	一种高原非煤矿山井下空气环境参数实时监测仪
313	20101122	201010553703.9	机械工程学院	夏德宏	利用镁还原炉炉渣生产高效钙镁硫硅肥的新工艺
314	20101123	201010562885.6	土木与环境工程学院	汪群慧	絮凝-过滤联合工艺预处理餐厨垃圾乙醇发酵液的方法
315	20101123	201010562546.8	材料科学与工程学院	张　跃	一种固体氧化物燃料电池阴极材料及其制备方法
316	20101123	201010562543.4	冶金与生态工程学院	马瑞新	一种高纯钛的生产方法
317	20101123	201010562541.5	新材料技术研究院	徐　良	一种制备高体积分数金刚石增强铜基复合材料的方法
318	20101123	201010562535.X	新材料技术研究院	郭志猛	一种低成本大规模工业化生产铁基弥散强化材料的方法
319	20101123	201010562547.2	材料科学与工程学院	赵海雷	一种高电导率双钙钛矿型阳极材料及其制备方法
320	20101123	201010562548.7	材料科学与工程学院	赵海雷	一种Sr_2MgMoO_6型电池阳极材料致密化方法

续表

序号	申请日	申请号	单位	第一发明人	名　　称
321	20101123	201010562550.4	新金属材料国家重点实验室	林均品	一种定向凝固高铌钛铝合金单晶的制备方法
322	20101123	201010562562.7	新金属材料国家重点实验室	林均品	一种钛铝合金定向凝固用坩埚型模的制备方法
323	20101125	201010567255.8	冶金与生态工程学院	于然波	一种草酸体系氧化铈球的水热制备及其对Cr^{6+}的去除应用
324	20101125	201010567266.6	土木与环境工程学院	汪群慧	一种发酵液中目标产物提取的预处理方法
325	20101125	201010560843.9	冶金工程研究院	何春雨	一种中厚钢板直接淬火的装置及其工艺
326	20101126	201010559997.6	土木与环境工程学院	王洪江	一种全尾膏体复合材料及其制备方法
327	20101126	201010560009.X	土木与环境工程学院	王洪江	一种深锥浓密机预防压耙的装置
328	20101201	201010575387.5	材料科学与工程学院	杨　穆	一种SBA-15负载金属或金属氧化物复合材料的制备方法
329	20101201	201010575369.7	材料科学与工程学院	张迎春	在纯铜或铜合金基体上熔盐电镀厚钨涂层的制备方法
330	20101201	201010575341.3	材料科学与工程学院	张　跃	一种Al_2O_3-ZnO纳米棒阵列复合电极的制备方法
331	20101201	201010575319.9	材料科学与工程学院	张　跃	Al_2O_3修饰ZnO纳米多孔薄膜复合电极的制备方法
332	20101201	201010575304.2	材料科学与工程学院	张　跃	一种SiO_2-ZnO纳米棒阵列复合电极的制备方法
333	20101201	201010575239.3	材料科学与工程学院	张　跃	SiO_2修饰的ZnO纳米多孔薄膜复合电极的制备方法
334	20101201	201010575226.6	冶金与生态工程学院	成国光	一种含稀土氧化物的炼钢精炼渣及制备和使用方法
335	20101203	201010578817.9	材料科学与工程学院	宋仁伯	一种铌-硼复合热轧高强度集装箱钢板及其制备方法
336	20101203	201010578837.6	新材料技术研究院	李成明	一种高导热集成电路用金刚石基片的制备方法
337	20101203	201010578826.8	新材料技术研究院	李成明	一种电子器件用硅基复合片的制备方法
338	20101203	201010578846.5	新材料技术研究院	孟惠民	一种节能型电解二氧化锰的制备方法
339	20101203	201010571072.3	数理学院	田　跃	无线教学互动评估系统
340	20101204	201010573466.2	土木与环境工程学院	杨　鹏	一种高原非煤矿井采掘工作面增氧方法及装置

续表

序号	申请日	申请号	单位	第一发明人	名　　称
341	20101206	201010573738.9	材料科学与工程学院	王　戈	一种形貌可控的镍钴氢氧化物的制备方法
342	20101206	201010573708.8	材料科学与工程学院	宋仁伯	一种抗拉强度1200MPa级冷轧双相钢板及制备方法
343	20101208	201010578428.6	新金属材料国家重点实验室	林均品	一种制备高Nb-TiAl金属间化合物梯度多孔材料的方法
344	20101208	201010586489.7	新材料技术研究院	张　津	一种铝合金板材内部残余应力定点无损检测方法
345	20101209	201010580088.0	新材料技术研究院	郭志猛	一种铜基受电弓滑板材料的制备方法
346	20101209	201010580601.6	土木与环境工程学院	张英华	一种煤矿井下用快速密闭装置
347	20101209	201010593503.6	新金属材料国家重点实验室	蔡元华	一种高导电耐热铝合金导线及其制备方法
348	20101210	201010584438.0	新材料技术研究院	李晓刚	一种劣化胺液的净化方法
349	20101214	201010588064.X	新金属材料国家重点实验室	周香林	一种聚合物复合材料表面金属化涂层的制备方法及装置
350	20101215	201010588874.5	新金属材料国家重点实验室	林均品	一种取向高硅钢薄板的制备方法
351	20101215	201010588872.6	新金属材料国家重点实验室	林均品	利用定向凝固板坯制备取向高硅冷轧薄板的方法
352	20101216	201010591014.7	机械工程学院	刘　江	压弹式自动上料装置
353	20101216	201010591007.7	机械工程学院	刘　江	四轴四联动倒置式车铣复合加工装置
354	20101216	201010591234.X	化学与生物工程学院	弓爱君	一种气湿耦合固态发酵罐及其发酵工艺
355	20101217	201010594640.1	材料科学与工程学院	杨　槐	一种可用于盘状液晶取向的二元协同交联型光敏液晶取向剂
356	20101217	201010594629.5	材料科学与工程学院	杨　槐	一种芘类不对称型盘状液晶化合物及其制备方法
357	20101217	201010608783.3	材料科学与工程学院	姜　勇	一种可电场调节磁电阻的自旋阀结构及其制备工艺
358	20101224	201010605668.0	材料科学与工程学院	杨　槐	一种环氧基聚合物分散液晶薄膜材料的制备方法
359	20101229	201010613161.X	冶金与生态工程学院	张家泉	一种紧凑式十字形中间包通道式感应加热装置

（吕中强）

2010年实用新型专利明细表

序号	申请日	申请号	单位	第一发明人	名　　称
1	20091209	200920280717.0	冶金与生态工程学院	程树森	带水冷的铸钢渣沟冷却器
2	20091209	200920280715.1	冶金与生态工程学院	程树森	可视化球团矿还原膨胀测定装置
3	20091209	200920280714.7	冶金与生态工程学院	程树森	一种焦炭反应性测定装置
4	20091228	200920291118.9	冶金与生态工程学院	程树森	一种耐火材料抗渣性实验装置
5	20091228	200920291120.6	冶金与生态工程学院	程树森	用于高炉炉缸炉底死铁层纵截面解剖的楔形齿耙
6	20100111	201020046808.0	冶金与生态工程学院	李京社	一种连铸用十字螺旋浸入式水口
7	20100202	201020105821.9	信息工程学院	孙昌国	一种机器人用异步电动机用伺服驱动装置
8	20100204	201020107826.5	土木与环境工程学院	石博强	一种新型矿用自卸车货箱
9	20100205	201020110905.1	土木与环境工程学院	石博强	一种非公路车辆驱动桥
10	20100223	201020117064.7	机械工程学院	苏兰海	带钢表面缺陷图像采集装置
11	20100310	201020127584.6	机械工程学院	严允进	一种水冷水封型高炉无料钟炉顶传动箱
12	20100319	201020135487.1	土木与环境工程学院	宋存义	一种密相循环流化干塔脱硫装置
13	20100324	201020139253.4	土木与环境工程学院	吴顺川	一种表面粘贴型振弦式钢筋应变计
14	20100407	201020153026.7	土木与环境工程学院	吴顺川	一种用于隧道旋喷管棚预支护的纵向开口花管
15	20100419	201020167101.5	土木与环境工程学院	吴顺川	一种具有三层保护双锚固段预应力锚固体系
16	20100422	201030150247.4	机械工程学院	王　旭	爵士鼓演奏机器人
17	20100524	201020212833.1	新材料技术研究院	潘德安	一种含铅料分铅装置
18	20100528	201020218091.3	冶金与生态工程学院	王新东	一种便携式直接甲醇燃料电池阳极流场板
19	20100531	201020219657.4	土木与环境工程学院	谢　慧	一种体育场馆室内环境监测系统
20	20100531	201020219651.7	冶金工程研究院	余　伟	一种冷却板形可控制的热轧带钢层流冷却装置

续表

序号	申请日	申请号	单位	第一发明人	名　　称
21	20100612	201020232657.8	土木与环境工程学院	宋存义	一种卧式密相循环流化干塔脱硫装置
22	20100629	201020251911.9	机械工程学院	葛维虹	一种星状连接的机器人群控系统
23	20100723	201020272917.4	机械工程学院	张　辉	一种用于变压吸附制氧机的双向组合低压差膜片式单向阀
24	20100723	201020273134.8	新金属材料国家重点实验室	高学绪	一种可降低输油管道内石油粘度的磁化装置
25	20100729	201020275440.5	产业集团	吕庆功	一种钢管除尘用吸回头密封装置
26	20100729	201020275425.0	产业集团	吕庆功	一种钢管除灰用自动吹灰头装置
27	20100813	201020292993.1	材料科学与工程学院	孙建林	一种可移动式实验用热轧工艺润滑装置
28	20100830	201020509053.3	冶金与生态工程学院	朱自安	一种利用超导高梯度磁场的转炉浊环水处理装置
29	20100908	201020521930.9	冶金与生态工程学院	李　宇	一种双炉膛高温熔融炉
30	20100908	201020515621.0	信息工程学院	肖成勇	电动轮卡车状态与环境远程监测装置
31	20100908	201020522177.5	冶金与生态工程学院	李　宏	一种循环利用转炉低浓度CO炉气产生转炉煤气的装置
32	20100910	201020527529.6	新材料技术研究院	潘德安	一种镀锡铜米分离回收金属铜锡专用的铜锡分离装置
33	20100910	201020527528.1	冶金与生态工程学院	邓宏玉	一种中厚板在线淬火倾斜射流冷却器
34	20100925	201020538560.X	信息工程学院	阿孜古丽	电动轮卡车设备状态远程监测装置
35	20101013	201020568914.5	新材料技术研究院	邵慧萍	一种压滤机滤布
36	20101101	201020583432.7	信息工程学院	王洪泊	一种数字COSTAS环
37	20101109	201020596877.9	冶金与生态工程学院	储少军	水冷式矿热炉出铁口
38	20101118	201020613679.9	土木与环境工程学院	杨　鹏	一种高原非煤矿山井下空气环境参数实时监测仪
39	20101125	201020626856.7	冶金工程研究院	何春雨	一种中厚钢板直接淬火装置及方法
40	20101126	201020636996.2	机械工程学院	彭开香	一种用电系统超负荷警示系统

续表

序号	申请日	申请号	单位	第一发明人	名　　称
41	20101204	201020641984.9	土木与环境工程学院	杨　鹏	一种高原非煤矿井采掘工作面增氧装置
42	20101209	201020649786.7	信息工程学院	迟健男	一种用于数字家庭的多点触摸装置
43	20101209	201020649764.0	信息工程学院	迟健男	一种用于数字家庭的电能计量装置
44	20101216	201020663074.0	机械工程学院	刘　江	四轴四联动倒置式车铣复合加工装置
45	20101216	201020663117.5	机械工程学院	刘　江	压弹式自动上料装置

（吕中强）

2010年外观设计专利申请明细表

序号	申请日	申请号	单位	第一发明人	名　　称
1	20100422	201030150247.4	机械工程学院	王　旭	爵士鼓演奏机器人

（吕中强）

2010年授权发明专利明细表

序号	申请日	申请号	单位	第一发明人	名　　称
1	20050802	200510001295.5	材料科学与工程学院	黄继华	一种XXXX复合钎焊XX陶瓷基复合材料与X合金
2	20050802	200510001296.X	材料科学与工程学院	黄继华	一种XXXX复合钎焊XX陶瓷基复合材料与X合金
3	20050802	200510001293.6	材料科学与工程学院	黄继华	一种XX陶瓷基复合材料与X合金的反应-复合钎焊方法
4	20050802	200510001294.0	材料科学与工程学院	黄继华	一种XXXX复合钎焊XX陶瓷基复合材料与X合金
5	20050803	200510001300.2	材料科学与工程学院	沈卫平	热压制备XX功能梯度材料的方法
6	20051110	200510086823.1	新材料技术研究院	郭志猛	模板法制备磁性粉末的方法
7	20051215	200510130617.6	新材料技术研究院	曲选辉	一种使用热塑-热固粘结剂制备注射成形稀土永磁材料的方法
8	20051223	200510128289.6	化学与生物工程学院	范慧利	一种润滑材料及其制备方法
9	20060111	200610011155.0	化学与生物工程学院	弓爱君	一种以剩饭菜为原料制备苏云金芽孢杆菌生物农药的方法
10	20060113	200610011195.5	材料科学与工程学院	张　跃	一种低温无催化剂气相沉积制备四针状氧化锌纳米棒的方法

续表

序号	申请日	申请号	单位	第一发明人	名　　称
11	20060119	200610011240.7	新材料技术研究院	曲选辉	一种稀土粘结磁体的制备方法
12	20060317	200610011511.9	新材料技术研究院	何业东	一种可控高压阳极铝箔隧道孔长度的腐蚀方法
13	20060321	200610055608.X	材料科学与工程学院	张　跃	一种X纳米管场发射冷阴极的制备方法
14	20060412	200610011648.4	新材料技术研究院	郭志猛	一种内部供氧自蔓延高温合成锰锌铁氧体的方法
15	20060515	200610011895.4	新材料技术研究院	张深根	一种粘结稀土超磁致伸缩材料的制备工艺
16	20060904	200610119660.7	材料科学与工程学院	张　跃	一种大面积XXXX冷阴极的制备方法
17	20061009	200610113610.8	新材料技术研究院	谢建新	智能化无模拉拨成形设备及其工艺
18	20061030	200610114146.4	冶金与生态工程学院	郭兴敏	一种高碱度烧结矿主要矿物自动识别与定量方法
19	20061109	200610137896.3	材料科学与工程学院	吴　茂	一种封接微晶玻璃及其封接方法
20	20061222	200610169551.6	材料科学与工程学院	曹　林	利用钨酸铵制备线状钨酸钙掺铕纳米材料的方法
21	20070118	200710080478.X	新材料技术研究院	曲选辉	一种制备XX基合金高温密封环的方法
22	20070119	200710062886.2	机械工程学院	束学道	一种辊式分体式楔横轧机轴向自动调整装置
23	20070323	200710064729.5	材料科学与工程学院	于广华	一种高精度磁编码器用磁鼓的制备方法
24	20070328	200710064884.7	新材料技术研究院	刘雪峰	一种纯铜及铜合金带材的短流程制备方法
25	20070330	200710064988.8	材料科学与工程学院	王　戈	极性可控聚合物微球的制备方法
26	20070515	200710099157.4	冶金与生态工程学院	王新东	一种化学硼氢化合物水解制氢的即时自控供氢的方法及装置
27	20070522	200710099471.2	新材料技术研究院	刘雪峰	纳米无机粉体包覆高分子纤维及其制备方法
28	20070522	200710118442.6	机械工程学院	刘应书	一种高海拔地区隧道掌子面弥散供养系统及供氧方式
29	20070530	200710099798.X	新材料技术研究院	徐利华	一种从铅锌尾矿中制备光电催化材料铁酸锌薄膜的方法
30	20070612	200710118819.8	信息工程学院	杨炳儒	一种基于知识发现的专家系统构造方法

续表

序号	申请日	申请号	单位	第一发明人	名　称
31	20070621	200710117684.3	土木与环境工程学院	汪群慧	一种菌糠促进餐厨垃圾乳酸发酵的方法
32	20070626	200710117842.5	土木与环境工程学院	倪　文	一种利用油页岩飞灰制备少熟料水泥的方法
33	20070719	200710119260.0	新材料技术研究院	罗大为	一种集成的金属-玻璃封接方法
34	20070726	200710119546.9	机械工程学院	夏德宏	一种高效荷电预团聚式电捕焦油器
35	20070726	200710119544.X	土木与环境工程学院	倪　文	一种垃圾焚烧飞灰处理及从中回收重金属的方法
36	20070814	200710120262.1	土木与环境工程学院	汪群慧	一种净化富营养化水体的方法
37	20070816	200710120357.3	数理学院	田　跃	一种磁敏传感器综合演示试验仪
38	20070820	200710120507.0	土木与环境工程学院	汪群慧	一种无剩余活性污泥排放的印染废水处理装置及其操作方法
39	20070906	200710121467.1	材料科学与工程学院	纪　箴	一种低温共烧堇青石系玻璃-陶瓷基板粉料及其制备方法
40	20070917	200710121858.3	材料科学与工程学院	杨　槐	紫外光-加热分步聚合法制备聚合物分散液晶材料的方法
41	20070919	200710121995.7	信息工程学院	张朝晖	油井动态液位自动探测仪
42	20070919	200710121999.5	材料科学与工程学院	毛卫民	屏蔽电磁辐射的复合塑料及其用途
43	20070928	200710175304.1	材料科学与工程学院	张波萍	一种提高N型多晶Bi_2Te_3热电性能的热处理方法
44	20071011	200710175741.3	土木与环境工程学院	陈德平	一种低成本制备SiO_2气凝胶微球的方法
45	20071023	200710176227.1	新金属材料国家重点实验室	叶　丰	一种材料热膨胀系数的双光束激光干涉测量方法
46	20071101	200710176693.X	新材料技术研究院	孟惠民	一种网孔状纳米结构锰系氧化物镀层及其制备方法
47	20071102	200710176776.9	新材料技术研究院	张深根	电子废弃物分级电解回收金属的方法
48	20071102	200710176775.4	新材料技术研究院	张深根	一种从电子废弃物中直接回收金属的方法
49	20071114	200710177292.6	信息工程学院	周贤伟	一种无线传感器网络中的实体认证方法
50	20071116	200710177396.7	化学与生物工程学院	罗　晖	一种融合蛋白及其编码基因和用途

续表

序号	申请日	申请号	单位	第一发明人	名　　称
51	20071204	200710178705.2	冶金与生态工程学院	张　梅	一种水热合成钽掺杂的铌酸钾钠无铅压电陶瓷粉体的方法
52	20071204	200710178703.3	新材料技术研究院	刘新华	铜包铝复合细扁细及其制备方法
53	20071204	200710178702.9	冶金与生态工程学院	刘燕芳	一种金属封接用高阻玻璃
54	20071207	200710178957.5	材料科学与工程学院	张　跃	一种Li掺杂ZnO陶瓷靶材制备工艺
55	20071211	200710179206.5	冶金与生态工程学院	邢献然	一种铌酸盐压电陶瓷及其制备方法
56	20071218	200710179749.7	化学与生物工程学院	鲁毅强	一种以磷块岩矿为原料湿法制取磷酸及从中提取稀土的工艺方法
57	20071218	200710179751.4	土木与环境工程学院	林　庚	一种纳米孔真空保温板及其制备方法
58	20071218	200810007661.1	材料科学与工程学院	海明潭	一种控制乳液中荧光探针分子释放速度的方法
59	20071225	200710304103.7	信息工程学院	杨　扬	一种车辆自组网干扰信号发生装置
60	20071228	200710304535.8	信息工程学院	李希胜	一种磁电子罗盘误差补偿方法
61	20071228	200710302549.6	新材料技术研究院	孔祥华	一种无取向电工钢无铬绝缘涂料
62	20080115	200810056233.8	材料科学与工程学院	郑裕东	可降解生物相容性高分子/碳纳米管复合材料的制备方法
63	20080118	200810056450.7	新材料技术研究院	柳　伟	动态环境微生物电化学腐蚀实验装置
64	20080121	200810056541.0	新材料技术研究院	路民旭	一种管道在役焊接修复的实验装置
65	20080122	200810056547.8	冶金与生态工程学院	郭　敏	一种制备浸润性可控的氧化锌纳米棒阵列薄膜的方法
66	20080204	200810057667.X	新材料技术研究院	谢建新	一种铜包铝夏合扁线及其制备方法
67	20080204	200810057668.4	新材料技术研究院	谢建新	一种高性能铜包铝矩形横断面复合导电母排及其制备工艺
68	20080225	200810100881.9	冶金与生态工程学院	邹　兴	一种从锰的氧化物中分离钙镁的方法
69	20080303	200810101269.3	冶金与生态工程学院	郭占成	利用钢铁企业烧结电除尘灰生产氯化钾的方法
70	20080324	200810102523.1	新材料技术研究院	任淑彬	一种强化金属熔渗用注射成形SiC陶瓷预成行坯的方法

续表

序号	申请日	申请号	单位	第一发明人	名　　称
71	20080328	200810102921.3	新材料技术研究院	果世驹	在柔性基底上制备致密铜铟硒薄膜的方法
72	20080401	200810103181.5	材料科学与工程学院	姜　勇	一种双自由层垂直铁磁性隧道结结构
73	20080401	200810103180.0	材料科学与工程学院	常永勤	一种室温铁磁性Fe掺杂ZnO纳米线的制备方法
74	20080403	200810103349.2	新材料技术研究院	邵慧萍	利用醋酸钴低温制备钴包覆钛粉的方法
75	20080406	200810103466.9	材料科学与工程学院	常永勤	一种单晶硫化锌纳米线的制备方法
76	20080407	200810103468.8	信息工程学院	刘应书	烟道气中二氧化硫二氧化碳分离利用工艺
77	20080411	200810103884.8	材料科学与工程学院	常永勤	一种气相沉积制备锡掺杂氧化锌纳米线的方法
78	20080414	200810104018.0	冶金与生态工程学院	王新东	一种电沉积制备铂催化剂的方法
79	20080414	200810104019.5	材料科学与工程学院	赵海雷	一种高强度、低密度二氧化硅气凝胶的制备方法
80	20080416	200810104126.8	新材料技术研究院	苏　里	一种测量泥浆中氧含量的装置
81	20080417	200810089087.9	新材料技术研究院	徐　芳	一种复合材料片式感性元件及其制备方法
82	20080421	200810104510.8	机械工程学院	刘柏谦	一种卧式流化床锅炉
83	20080425	200810105084.X	信息工程学院	蓝金辉	一种基于多MEMS传感器的车辆检测识别系统及其方法
84	20080430	200810105568.4	材料科学与工程学院	赵海雷	一种用于甲烷部分氧化还原反应的钙钛矿型陶瓷透氧膜材料
85	20080430	200810105567.X	材料科学与工程学院	赵海雷	一种B位掺杂Sn、Fe的$BaCoO_3$基的钙钛矿型陶瓷透氧膜材料
86	20080430	200810105569.9	材料科学与工程学院	赵海雷	一种具有大晶粒特征的钙钛矿型陶瓷透氧膜材料
87	20080513	200810106380.1	信息工程学院	周贤伟	一种无线自组织网络路由稳定性的度量系统及其方法
88	20080513	200810106381.6	信息工程学院	周贤伟	一种Ad Hoc网络中基于助理的分簇方法
89	20080530	200810114098.8	材料科学与工程学院	吴　茂	一种铝碳化硅封装外壳的封接方法
90	20080530	200810114097.3	材料科学与工程学院	康永林	一种悬挂锥桶式半固态金属浆料制备及输送装置

续表

序号	申请日	申请号	单位	第一发明人	名　　称
91	20080610	200810114612.8	信息工程学院	周贤伟	一种基于间断连通自组织网络延时有限的概率路由方法
92	20080618	200810115201.0	材料科学与工程学院	季　鑫	一种铁封微晶玻璃
93	20080618	200810115200.6	冶金与生态工程学院	刘　青	一种测量连铸坯表面温度的装置及其测量方法
94	20080620	200810115305.1	土木与环境工程学院	孙体昌	一种从菱镁矿石中去除石英的浮选工艺
95	20080626	200810115662.8	新材料技术研究院	孔祥华	一种有机无机复合金属表面钝化处理液
96	20080626	200810115664.7	信息工程学院	王　沁	网络化嵌入式系统的仿真方法及其装置
97	20080630	200810115936.3	冶金与生态工程学院	王新华	可抑制CSP薄板坯结晶器液面动态失稳的水口
98	20080630	200810115953.7	冶金与生态工程学院	郭兴敏	一种金属元素碳热熔融还原连续式反应器
99	20080704	200810116155.6	冶金与生态工程学院	王新东	一种直接甲醇燃料电池阳极催化剂的制备方法
100	20080704	200810116154.1	新金属材料国家重点实验室	宋西平	一种镁钒复合储氢合金及其制备方法
101	20080704	200810116156.0	材料科学与工程学院	董建新	一种超细晶镍基高温合金及其制备方法
102	20080704	200810116147.1	材料科学与工程学院	孙建林	一种铜及铜合金冷轧乳化油及其制造方法
103	20080708	200810116334.X	信息工程学院	李希胜	一种导盲磁电子罗盘
104	20080708	200810238802.0	材料科学与工程学院	仇卫华	一种用于锂离子电池的高功能型电解液
105	20080715	200810116674.2	信息工程学院	杨炳儒	一类蛋白质二级结构智能预测模型构造技术
106	20080715	200810116675.7	信息工程学院	杨炳儒	一种基于关联分析与关联分类的蛋白质二级结构预测方法
107	20080722	200810117000.4	新金属材料国家重点实验室	林均品	一种Ti基大块非晶合金及其生产方法
108	20080725	200810117182.5	土木与环境工程学院	冯雅丽	一种光合微生物燃料电池
109	20080822	200810118775.3	土木与环境工程学院	倪　文	一种提高粉煤灰混凝土掺合料质量的方法
110	20080902	200810119301.0	土木与环境工程学院	倪　文	利用半干法脱硫石膏和高炉水渣生产干混砌筑砂浆的方法

续表

序号	申请日	申请号	单位	第一发明人	名　称
111	20080905	200810119689.4	材料科学与工程学院	张海龙	一种铌酸钾钠/铜功能梯度结构压电驱动器件的制备方法
112	20080909	200810119782.5	土木与环境工程学院	李子富	一种尿粪分级式厕所及无害化处理和资源化利用系统
113	20080909	200810119781.0	材料科学与工程学院	杨　槐	一种具有热敏性和反应性水凝胶材料的制备方法
114	20080911	200810119822.6	冶金工程研究院	赵征志	一种1000MPa级冷轧热镀锌双相钢及其制造方法
115	20080911	200810119824.5	冶金工程研究院	米振莉	高强度冷轧联系退火用TRIP钢板及其制备方法
116	20080911	200810119818.X	冶金工程研究院	赵爱民	一种高强度冷轧热镀锌用TRIP钢板及其制备方法
117	20080916	200810222315.5	材料科学与工程学院	杨　槐	一种智能化屏蔽入射光的薄膜材料的制备方法
118	20080916	200810222313.6	化学与生物工程学院	徐中文	一种培养光合细菌的方法
119	20080922	200810222703.3	材料科学与工程学院	杨　槐	一种具有宽波反射的高分子稳定液晶薄膜材料的制备方法
120	20080926	200810223084.X	新材料技术研究院	郝俊杰	一种改进陶瓷金属化层显微结构的方法
121	20080926	200810223083.5	新材料技术研究院	贾成厂	一种含氮无镍不锈钢及其粉末冶金成形工艺
122	20080926	200810223086.9	信息工程学院	杨　扬	一种基于方向信息的车载移动Ad Hoc 网络路由选择方法
123	20081010	200810223946.9	信息工程学院	穆志纯	一种改进AdaBoost算法的鲁棒人耳检测方法
124	20081013	200810223795.7	材料科学与工程学院	张波萍	一种纳米银颗粒分散氧化钴光学薄膜及制备方法
125	20081021	200810224592.X	材料科学与工程学院	常永勤	一种铝掺杂氧化锌纳米线的制备方法
126	20081021	200810224591.5	材料科学与工程学院	常永勤	常压气相沉积制备氧化锡纳米线的方法
127	20081021	200810224588.3	材料科学与工程学院	杨　槐	一种具有磁寻址磁擦除特性的电子纸张材料的制备方法
128	20081021	200810224587.9	材料科学与工程学院	杨　槐	一种选择放射波宽电场可控的圆偏振片的制备方法
129	20081021	200810224572.2	冶金工程研究院	蔡庆伍	一种具有表面高质量的镁合金板及带卷的制造方法
130	20081024	200810224148.8	新材料技术研究院	张深根	一种碳热还原制备四氧化三铁纳米粉末的方法

续表

序号	申请日	申请号	单位	第一发明人	名　　称
131	20081105	200810225897.2	新材料技术研究院	郭志猛	EDTA络合法制备纳米级弥散强化金属用预合金粉末的方法
132	20081105	200810225898.7	新材料技术研究院	郭志猛	硬脂酸络合法制备纳米级弥散强化金属用预合金粉末的方法
133	20081105	200810225903.4	信息工程学院	李希胜	一种具有加减速补偿功能的车辆用磁电子罗盘及其制备方法
134	20081107	200810225955.1	化学与生物工程学院	鲁毅强	一种硫酸稀土焙烧矿直接转化提取稀土清洁化生产工艺
135	20081111	200810226451.1	新金属材料国家重点实验室	惠希东	一种热挤压高强度Mg-Zn-Y-Zr合金
136	20081113	200810226501.6	冶金与生态工程学院	张建良	一种镁铝铁合金的制备方法
137	20081118	200810226855.0	冶金与生态工程学院	郭　敏	一种在水溶液中制备均匀氧化锌纳米管阵列的方法
138	20081121	200810226950.0	新材料技术研究院	李晓刚	一种高温高流速冲蚀实验装置
139	20081126	200810227431.6	信息工程学院	周贤伟	一种认知无线电中对抗模仿主用户攻击的方法
140	20081126	200810227432.0	信息工程学院	黄　莹	一种利用视觉进行非接触式人机交互的系统
141	20081203	200810116332.0	材料科学与工程学院	康永林	一种热连轧工艺生产的硼微合金化低碳双相钢及其制备方法
142	20081205	200810239264.7	冶金与生态工程学院	张　梅	一种用固体废弃物合成堇青石的方法
143	20081208	200810238966.3	冶金与生态工程学院	邹　兴	一种制备高纯MnOOH的方法
144	20081209	200810239896.3	冶金与生态工程学院	王新东	一种双效氧电极催化剂的制备方法
145	20081210	200810239153.6	新金属材料国家重点实验室	高学绪	一种Fe-Ga基磁致伸缩丝及其制备方法
146	20081210	200810239154.0	新材料技术研究院	贾成厂	一种从超细碳化钨粉中分离团聚体的方法
147	20081210	200810239155.5	冶金工程研究院	米振莉	一种高锰高铝含量的高强度高塑性钢铁材料的制备方法
148	20081212	200810239584.2	信息工程学院	解　仑	一种儿童机器人的体位跟踪装置
149	20081212	200810239581.9	冶金与生态工程学院	朱鸿民	活泼金属基合金的制备方法
150	20081216	200810239760.2	新材料技术研究院	林　涛	一种微细球形钨粉的制备方法

续表

序号	申请日	申请号	单位	第一发明人	名　称
151	20081216	200810239761.7	化学与生物工程学院	闫　海	一种治疗烧伤的短小芽孢杆菌及其代谢产物的制备方法
152	20081219	200810239895.9	冶金工程研究院	米振莉	一种高碳含量的孪晶诱导塑性钢铁材料的制备方法
153	20081224	200810241019.X	冶金与生态工程学院	郭　敏	一种纳米SnO_2-MWCNTs的微波水热合成方法
154	20081224	200810241018.5	信息工程学院	周贤伟	一种基于跨层设计的分布式认知无线电网络路由方法
155	20081230	200810246701.8	信息工程学院	陈先中	基于工业相控阵雷达的高炉料面测量与控制系统
156	20081230	200810246707.5	材料科学与工程学院	毛卫民	薄板坯连铸连轧工艺生产低成本取向硅钢的方法
157	20090106	200910076068.7	材料科学与工程学院	王　戈	一种介孔钛硅分子筛的制备方法
158	20090106	200910076066.8	冶金工程研究院	唐　荻	一种生产X80级抗大变形管线钢中厚板的方法
159	20090106	200910076067.2	材料科学与工程学院	王　戈	一种多头型聚合物复合微球及其制备方法
160	20090109	200910076141.0	机械工程学院	刘应书	一种高原人工富氧环境可燃物燃烧速率测试装置
161	20090109	200910076139.3	新材料技术研究院	柳　伟	一种腐蚀产物膜磨损性能及腐蚀电化学测试装置
162	20090109	200910076142.5	新材料技术研究院	曲选辉	一种制备碳化钛陶瓷粉末的方法
163	20090112	200910076620.2	信息工程学院	王志良	情感机器人系统
164	20090112	200910076623.6	冶金与生态工程学院	许满兴	一种铁烧结复合喷洒剂
165	20090112	200910076622.1	冶金与生态工程学院	许满兴	一种铁矿粉烧结降碳增效剂
166	20090116	200910076722.4	新金属材料国家重点实验室	高学绪	高性能多晶织构Fe-Ga基磁致伸缩薄片材料及其制备方法
167	20090116	200910076724.3	信息工程学院	周贤伟	一种基于可信度的MANET路由协议综合评估方法
168	20090120	200910077087.1	冶金工程研究院	蔡庆伍	一种镁合金薄带卷异辊径连轧设备
169	20090204	200910077934.4	新材料技术研究院	吴俊升	一种钒掺杂型钛基烟气脱硝催化材料及其制备方法
170	20090219	200910077392.0	冶金与生态工程学院	江海涛	一种低合金高强度的C-Mn-Al系Q&P钢及其制造方法

续表

序号	申请日	申请号	单位	第一发明人	名　　称
171	20090219	200910077393.5	土木与环境工程学院	汪群慧	一种含氨臭气与喷淋液的处理装置及其操作方法
172	20090224	200910078276.0	冶金与生态工程学院	于然波	六方相$TbPO_4 \cdot H_20$纳米/微米多级结构材料的合成方法
173	20090303	200910079148.8	信息工程学院	王志明	一种局部结构自适应的图像扩散去噪方法
174	20090303	200910079154.3	材料科学与工程学院	常永勤	一种氧化锌径向同质结及其制备方法
175	20090303	200910079152.4	土木与环境工程学院	孙体昌	一种用高鳞鲕状赤铁矿直接生产海绵铁的工艺方法
176	20090303	200910079151.X	新材料技术研究院	郭志猛	一种用高碳铸铁溶液为渗碳剂的渗碳方法
177	20090310	200910079753.5	新材料技术研究院	许立宁	一种用于胶粘结构疲劳寿命检测的压电驱动疲劳试验机
178	20090317	200910080035.X	新材料技术研究院	贾成厂	一种制备高性能等离子体点火用阴极材料的方法
179	20090317	200910080032.6	材料科学与工程学院	王学敏	一种恒温透射电镜试样双喷电解减薄仪
180	20090317	200910080034.5	材料科学与工程学院	黄志涛	一种制备电铸镍金相样品及显示组织的方法
181	20090323	200910080396.4	信息工程学院	付冬梅	一种红外光图像与可见光图像实时摄取与自适应融合装置
182	20090325	200910080666.1	新金属材料国家重点实验室	孙祖庆	一种用于高碳钢的热机械处理工艺
183	20090325	200910080664.2	信息工程学院	杨　扬	一种基于车辆 Ad Hoc 网络拓扑结构的时间同步方法
184	20090331	200910080984.8	新材料技术研究院	邵慧萍	一种金属粉末凝胶-挤压成形方法
185	20090331	200910080987.1	材料科学与工程学院	张　明	一种耐候钢锈层保护能力大小的判定方法
186	20090408	200910081921.4	材料科学与工程学院	周张建	一种超细晶粒纯钼块体材料的制备方法
187	20090408	200910081920.X	新材料技术研究院	刘雪峰	一种表面金属化复合材料的光催化化学镀制备方法
188	20090408	200910081922.9	材料科学与工程学院	张波萍	一种银、金纳米颗粒分散二氧化硅光学薄膜及制备方法
189	20090410	200910081789.7	新材料技术研究院	林　涛	一种用助镀剂改善碳钢与镍基合金结合界面的方法
190	20090414	200910082125.2	材料科学与工程学院	赵海雷	一种锂离子电池硅基负极复合材料的制备方法

续表

序号	申请日	申请号	单位	第一发明人	名　称
191	20090414	200910082124.8	材料科学与工程学院	常永勤	一种纳米ZnO半导体结阵列及其制备方法
192	20090417	200910082007.1	新材料技术研究院	刘雪峰	一种连续柱状晶活单晶组织金属材料无模拉拔成形工艺
193	20090417	200910082008.6	材料科学与工程学院	徐晓光	一种半金属Heusler合金材料Co_2Fe（$Si_{1-x}B_x$）
194	20090421	200910082073.9	新材料技术研究院	邵慧萍	一种磁性纳米微粒的热处理方法
195	20090421	200910082071.X	冶金与生态工程学院	李　宏	一种在氧气顶吹转炉中用石灰石代替石灰造渣炼钢的方法
196	20090423	200910082646.8	冶金与生态工程学院	苍大强	一种工业余热辅助下的化粪池积淀物厌氧发酵工艺方法
197	20090423	200910082647.2	新材料技术研究院	郝俊杰	一种添加造孔剂和有机粘结剂直接还原球团生产方法
198	20090429	200910082788.4	材料科学与工程学院	张海龙	一种镍颗粒分散锆钛酸钡钙压电复合材料的制备方法
199	20090429	200910082791.6	机械工程学院	刘应书	一种充电电池供电压缩机的PWM节能控制装置
200	20090429	200910082789.9	材料科学与工程学院	郑裕东	生物相容性高强度三维连通多孔PVA水凝胶的制备方法
201	20090506	200910083656.3	新材料技术研究院	任淑彬	一种制备SiCp和SiCw混杂增强/Al材料的方法
202	20090508	200910083900.6	新材料技术研究院	孙爱芝	一种柔性各向异性粘结稀土永磁体的制造方法
203	20090522	200910084740.7	冶金与生态工程学院	张建良	一种以水煤浆为燃料的氧气高炉炼铁工艺
204	20090522	200910084613.7	新材料技术研究院	张深根	一种电路板铜阳极泥分银渣回收铅锡的方法
205	20090527	200910085172.2	冶金与生态工程学院	于然波	一种高比表面积多孔氧化铋粉体的制备方法
206	20090601	200910085257.0	土木与环境工程学院	高永涛	一种微型应力隔离桩基础加固方法
207	20090603	200910085265.5	新材料技术研究院	刘姗姗	一种有机无机复合铝合金无铬钝化处理液
208	20090603	200910085269.3	新材料技术研究院	郭　婧	一种有机无机复合镁合金无铬钝化处理液
209	20090605	200910085963.5	数理学院	吴兰鹰	一种输液管道导流结构减振弯头优化设计方法
210	20090609	200910086165.4	冶金与生态工程学院	马瑞新	一种Al、F共掺杂ZnO基透明导电薄膜及其制备方法

续表

序号	申请日	申请号	单位	第一发明人	名　　称
211	20090612	200910086169.2	信息工程学院	彭开香	一种基于CPU+DSP的轧辊偏心信号控制系统及其方法
212	20090615	200910086184.7	土木与环境工程学院	王洪江	一种水力构筑矿堆的方法
213	20090615	200910086183.2	机械工程学院	李洪波	一种板带材轧制用变凸度工作辊
214	20090618	200910087234.3	信息工程学院	李希胜	一种手术电钻的智能控制装置
215	20090618	200910087236.2	机械工程学院	冯俊小	一种铁矿球团焙烧过程的实验装置及方法
216	20090622	200910087309.8	机械工程学院	冯俊小	一种铁矿球团干燥预热过程的实验装置及方法
217	20090622	200910087311.5	冶金与生态工程学院	薛庆国	一种非真空条件下制备块体非晶的方法及设备
218	20090630	200910087648.6	新材料技术研究院	罗　骥	一种WC-Co硬质涂层制备方法
219	20090630	200910087652.2	信息工程学院	周贤伟	一种多跳认知无线网络中基于风险评估的随机路由方法
220	20090630	200910087651.8	新材料技术研究院	尹海清	一种用于制备高密度粉末冶金零件的设备
221	20090630	200910088321.0	新材料技术研究院	郭志猛	一种钢基体表面硼砂盐浴渗钨涂层制备方法
222	20090703	200910088152.0	新材料技术研究院	郭志猛	一种改善热浸镀高铬铸铁涂层组织及力学性能的方法
223	20090709	200910089208.4	信息工程学院	王　巍	智能情感机器人分布式认知技术
224	20090715	200910088960.7	新材料技术研究院	谢建新	一种空心型材分流模挤压焊合过程数值模拟技术
225	20090728	200910089686.5	新材料技术研究院	潘德安	一种废铅酸蓄电池铅膏回收铅的方法
226	20090728	200910089683.1	材料科学与工程学院	张波萍	一种银、金纳米颗粒分散四氧化三钴光学薄膜及制备方法
227	20090909	200910092310.X	冶金与生态工程学院	刘　青	一种实现连铸板坯均匀二次冷却的方法
228	20090916	200910092655.5	材料科学与工程学院	高克玮	一种镍基合金普适的电化学金相浸蚀方法
229	20090922	200910093052.7	新材料技术研究院	田建军	一种电机磁芯用自润滑绝缘铁粉的制备方法
230	20090925	200910093015.6	土木与环境工程学院	王洪江	一种高含泥氧化矿分类筑堆方法

续表

序号	申请日	申请号	单位	第一发明人	名　　称
231	20091021	200910235689.5	新材料技术研究院	孙冬柏	一种金属钴纳米线的化学制备方法
232	20091027	200910180636.8	材料科学与工程学院	张波萍	一种非化学计量比Bi-Ag-S系热电材料及制备方法
233	20091102	200910236637.X	冶金与生态工程学院	郭兴敏	一种电解脱氧制备高纯铁粉方法与装置
234	20091127	200910241275.3	重大项目指挥部	张卫冬	一种交流电动助力转向系统的实验台架
235	20091215	200910242512.8	材料科学与工程学院	林国标	一种制备纳米颗粒强化的Cu-Cr-Zr-Mg系铜合金的方法
236	20091223	200910243826.X	新材料技术研究院	郭志猛	一种面向等离子体层电镀液
237	20100105	201010033730.3	新材料技术研究院	郭志猛	一种微细球形钛粉的短流程制备方法
238	20100114	201010034078.7	信息工程学院	周贤伟	无线自组织网络中基于协同感知的组播路由方法
239	20100518	US7719564B2	冶金与生态工程学院	高征恺	一种插入式炉窑视频摄像处理系统

（吕中强）

2010年授权实用新型专利明细表

序号	申请号	单位	第一发明人	名　　称
1	200920024083.2	材料科学与工程学院	陈俊红	水泥生产线新型装式篦冷机通道
2	200920024082.8	材料科学与工程学院	陈俊红	水泥干法生产线新型燃烧器保护管
3	200920106227.9	冶金与生态工程学院	王新东	质子交换膜燃料电池用蛇形微点混合物型流场
4	200920107616.3	机械工程学院	刘应书	一种多功能吸附器
5	200920155910.1	材料科学与工程学院	张　华	一种分体式搅拌摩擦焊搅拌头
6	200920155911.6	材料科学与工程学院	张　华	一种搅拌探针可拆卸重复使用的分体式搅拌摩擦焊搅拌头
7	200920153929.2	材料科学与工程学院	张　华	可改善焊缝性能的多足式搅拌摩擦焊搅拌头
8	200920109282.3	冶金与生态工程学院	王静松	一种非真空条件下制备块体非晶的设备

续表

序号	申请号	单位	第一发明人	名　　称
9	200920108502.0	新材料技术研究院	王旭东	一种用于环境试验的海水飞溅模拟试验装置
10	200920109074.3	机械工程学院	荀　鹏	一种基于实现快装、分度功能的线切割组合夹具
11	200920110045.9	冶金与生态工程学院	李素芹	一种好氧流化床-生物滤池器耦合反应器
12	2009201677363.9	土木与环境工程学院	周晓敏	钻注型孔口控制装置
13	200920208488.1	机械工程学院	苏兰海	一种便携式带钢表缺陷面扫描图像采集装置
14	200920220382.3	机械工程学院	刘训良	一种自预热型燃烧器中的换热器
15	200920220381.9	机械工程学院	刘训良	一种燃气辐射管
16	200920247110.2	材料科学与工程学院	韩静涛	一种组合式活动围栏
17	200920247115.5	土木与环境工程学院	吴顺川	一种测量三向压力的光纤布拉格光栅传感器
18	200920247116.x	土木与环境工程学院	吴顺川	一种同步测量水压力和土压力的三向振弦式传感器
19	200920277973.4	土木与环境工程学院	吴顺川	一种用于大变形量测得分布式光纤传感器
20	201020046808.0	冶金与生态工程学院	李京社	一种连铸用十字螺旋浸入式水口
21	201020105821.9	信息工程学院	孙昌国	一种机器人用异步电动机用伺服驱动装置
22	201020107826.5	土木与环境工程学院	石博强	一种新型矿用自卸车货箱
23	201020110905.1	土木与环境工程学院	石博强	一种非公路车辆驱动桥
24	201020127584.6	机械工程学院	严允进	一种水冷水封型高炉无料钟炉顶传动箱
25	201020135487.1	土木与环境工程学院	宋存义	一种密相循环流化干塔脱硫装置
26	201020139253.4	土木与环境工程学院	吴顺川	一种表面粘贴型振弦式钢筋应变计
27	201020153026.7	土木与环境工程学院	吴顺川	一种用于隧道旋喷管棚预支护的纵向开口花管
28	201020167101.5	土木与环境工程学院	吴顺川	一种具有三层保护双锚固段预应力锚固体系

续表

序号	申请号	单位	第一发明人	名　　称
29	201020212833.1	新材料技术研究院	潘德安	一种含铅料分铅装置
30	201020219657.4	土木与环境工程学院	谢　慧	一种体育场馆室内环境监测系统
31	201020219651.7	冶金工程研究院	余　伟	一种冷却板形可控制的热轧带钢层流冷却装置
32	201020232657.8	土木与环境工程学院	宋存义	一种卧式密相循环流化干塔脱硫装置
33	201020273134.8	新金属材料国家重点实验室	高学绪	一种可降低输油管道内石油粘度的磁化装置
34	201020292993.1	材料科学与工程学院	孙建林	一种可移动式实验用热轧工艺润滑装置
35	201020538560.X	信息工程学院	阿孜古丽	电动轮卡车设备状态远程监测装置

（吕中强）

2010年授权外观设计专利明细表

序号	申请号	单位	第一发明人	名　　称
1	201030150247.4	机械工程学院	王　旭	爵士鼓演奏机器人

（吕中强）

2010年国际PCT申请明细表

序号	国际申请日	优先权日	国际申请号	国内优先权申请号	单位	第一发明人	发明名称
1	20100118	20091217	PCT/CN2010/070183	200910243307.3	材料科学与工程学院	于广华	一种超高灵敏磁电阻薄膜材料及其制备方法
2	20101105	20100203	PCT/CN2010/078472	201010104537.4	材料科学与工程学院	陈俊红	镁铁铝尖晶石砖及其制备方法
3	20101105	20100203	PCT/CN2010/078474	201010104503.5	材料科学与工程学院	陈俊红	一种合成亚铁铝尖晶石的方法
4	20101105	20100929	PCT/CN2010/078475	201010298778.7	材料科学与工程学院	陈俊红	一种亚铁铝镁系耐火原料及其制备方法

续表

序号	国际申请日	优先权日	国际申请号	国内优先权申请号	单位	第一发明人	发明名称
5	20100927	20100501	PCT/CN2010/077380	201010033732.2	新材料技术研究院	郭志猛	一种微细球形Nb-Fe-B粉的制备方法
6	20100927	20100501	PCT/CN2010/077381	201010033730.3	新材料技术研究院	郭志猛	一种微细球形钛粉的短流程制备方法
7	20101021	20100528	PCT/CN2010/077935	201010194555.6	新材料技术研究院	张深根	无氰全湿成套工艺绿色回收废旧电路板的方法
8	20101104	20100310	PCT/CN2010/078393	201020127584.6	机械工程学院	严允进	一种水冷水封型高炉无料钟炉顶传动箱
9	20101214	20100719	PCT/CN2010/079769	201010230531.1	新材料技术研究院	张深根	一种铁基磨削废料的无污染再利用方法
10	20101222	20100921	PCT/CN2010/080108	201010289783.1	材料科学与工程学院	康永林	热轧带钢无头轧制中间坯的连接方法
11	20101228	20101014	PCT/CN2010/080412	201010504997.6	土木与环境工程学院	李子富	对污泥进行机械预脱水的高浓度污泥厌氧消化处理工艺

（吕中强）

2010年计算机软件登记明细表

序号	登记号/申报号	软件名称	第一设计人	单　位
1	2010SRBJ0873	钢铁企业铁水运输管理软件	贺东风	冶金与生态工程学院
2	2010SRBJ2134	说话人确认系统	王粉花	信息工程学院
3	2010SRBJ2118	BLUST计算机辅助爆破设计软件	璩世杰	土木与环境工程学院
4	2010SRBJ2076	指纹识别考勤计时系统	兰荣坚	信息工程学院

续表

序号	登记号/申报号	软件名称	第一设计人	单　位
5	2010SRBJ5578	首都科技条件平台电子信息领域科技资源服务系统	阿孜古丽	信息工程学院
6	2010SRBJ5441	当代名老中医医案分析挖掘系统	阿孜古丽	信息工程学院
7	2010SRBJ5476	基于Uc/OS-II嵌入式系统的双足机器人软件	王志良	信息工程学院
8	2010SRBJ4577	DXF转换XML软件	班晓娟	信息工程学院
9	2010SRBJ5464	基于CPK的公文管理系统	阿孜古丽	信息工程学院
10	2010SRBJ5579	BeiKe3DGIS-三维地理信息平台软件	黄明吉	机械工程学院
11	2010SRBJ2769	连铸异形坯动态二冷配水系统V1.0	张家泉	冶金与生态工程学院
12	2010SR068047	热连轧精轧设定计算软件	宋　勇	冶金工程研究院
13	2010SR068591	热连轧粗轧设定计算软件	宋　勇	冶金工程研究院
14	2010SR066132	热连轧卷取温度控制软件	宋　勇	冶金工程研究院
15	2010SRBJ6580	基于GIS的物流配送过程优化管理系统	张　群	经济管理学院
16	2010SRBJ6469	冶金工业经济分析与预测系统	张　群	经济管理学院
17	0032101217000138	大型建设项目设备材料在线管理信息系统	王洪泊	信息工程学院
18	0032101201000188	行业应用定制型智能导航系统	黄明吉	机械工程学院
19	0032101201000149	矿山GIS与CAD集成系统	李仲学	土木与环境工程学院

（吕中强）

2010年科研贡献奖励明细表

单位：万元

序号	单位	姓名	项目名称	合同金额	本年到款+留存				上交学校管理费	奖励上交学校管理费的20%	项目总到款
					到款金额	软件到款	硬件到款	外协到款			
1	土木与环境工程学院	高永涛	张家洼港里矿区河下矿体回采工艺研究	300.00	300.00	300.00	0.00	0.00	15.60	3.12	300.00
2	土木与环境工程学院	高永涛	小官庄，张家洼，莱新铁矿提高资源回收技术改造项目合作协议	491.00	491.00	491.00	0.00	0.00	24.53	4.91	491.00
3	土木与环境工程学院	纪洪广	巴基斯坦山达克露天矿开采系统优化及边坡稳定性研究	285.80	235.80	205.80	30.00	0.00	11.08	2.22	285.80
4	机械工程学院	王　立	新型低谷电蓄能供暖技术在旧城改造建筑中的应用研究与示范	400.00	400.00	290.00	0.00	110.00	9.80	1.96	400.00
5	机械工程学院	刘应书	煤层乏风瓦斯分离富集技术	733.00	536.00	232.00	0.00	294.00	6.32	1.26	536.00
6	材料科学与工程学院	杨　槐	液晶性功能材料的分子设计、微结构调控、制备及性能	200.00	120.00	120.00	0.00	0.00	3.60	0.72	120.00
7	新材料技术研究院	曲选辉	高性能金属材料控制凝固短流程制备加工技术	959.00	288.00	288.00	0.00	0.00	6.67	1.33	959.00
8	新材料技术研究院	路民旭	水下设施材料选择试验	367.98	355.74	355.74	0.00	0.00	11.19	2.24	355.74
9	信息工程学院	王宗杰	油气田元数据模型与专业组件复用技术研究	238.00	150.00	150.00	0.00	0.00	0.76	0.15	150.00
10	信息工程学院	胡长军	材料科学数据共享服务平台建设	317.00	220.00	220.00	0.00	0.00	3.15	0.63	220.00
11	新金属材料国家重点实验室	杨　滨	一回路主管道关键材料研究及工业化生产技术	520.00	468.00	208.00	0.00	260.00	2.95	0.59	520.00
12	国家材料服役安全科学中心（筹）	孙冬柏	CRH2新一代高速列车齿轮箱体研制	200.00	160.00	160.00	0.00	0.00	1.15	0.23	160.00
合计				5011.78	3724.54	3020.54	30.00	664.00	96.80	19.36	4497.54

（李玉华）

2010年新增科研基地

序号	基地名称	负责人	依托学院	主管部门
1	北京市节能与环保工程研究中心	张欣欣	机械工程学院	北京市教委
2	北京市分子与微结构可控高分子材料重点实验室	杨 槐	材料科学与工程学院	北京市教委、科委
3	国家环境与能源国际科技合作基地	姚 俊	土木与环境工程学院	科技部
4	农药残留与环境毒理实验室	胡继业	化学与生物工程学院	农业部

（郝晓云）

2010年北京科技大学优秀科研成果奖

序号	项目名称	完成人	所属单位
1	亚运会火炬设计	亚运会火炬设计团队	机械工程学院
2	大学生模拟交易所系统－－创新性的行为金融实验平台	王立民 等	经济管理学院
3	基于资源与环境约束的我国钢铁工业发展模式优化研究	戴淑芬 等	经济管理学院
4	社会工作在民间组织管理领域中的功能和作用评估	许 斌 等	文法学院

（张晓锋）

2010年北京科技大学出版学术专著奖励

序号	专著名称	第一作者	出版社	出版时间	所属单位
1	北京市能源消费与二氧化碳减排关系研究	蔡嗣经	冶金工业出版社	201007	土木与环境工程学院
2	边坡工程广义可靠性理论与实践	谭文辉	科学出版社	201001	土环与环境工程学院
3	连铸坯质量控制	蔡开科	冶金工业出版社	201005	冶金与生态工程学院
4	南诏大理国科学技术史	李晓岑	科学出版社	201007	冶金与生态工程学院
5	一维氧化锌纳米材料	张 跃	科学出版社	201002	材料科学与工程学院
6	轧钢设备及自动控制	曹建国	化学工业出版社	201006	机械工程学院
7	不确定环境下供应链一体化物流计划模型与算法	董绍华	经济科学出版社	201008	机械工程学院

续表

序号	专著名称	第一作者	出版社	出版时间	所属单位
8	缺氧环境制氧供氧技术	刘应书	冶金工业出版社	201011	机械工程学院
9	Game Theory	黄旗明	Sciyo Publishing	201009	信息工程学院
10	Multiobjective Optimization in IMRT Treatment Planning	邵立珍	Lambert Academic Publishing	201009	信息工程学院
11	物联网现在与未来	王志良	机械工业出版社	201010	信息工程学院
12	电子政务系统的需求分析	甘明鑫	机械工业出版社	201008	经济管理学院
13	我国衰退产业安全评价及政策研究	何维达	知识产权出版社	200912	经济管理学院
14	Portfolio Analysis	黄晓霞	Scientific Publishing	201003	经济管理学院
15	监护制度比较研究	王竹青	知识产权出版社	201004	文法学院
16	非晶和高熵合金	张　勇	科学出版社	201005	新金属材料国家重点实验室
17	轧制工艺润滑原理、技术与应用	孙建林	冶金工业出版社	201003	新材料技术研究院

（张晓锋）

2001年～2009年北京科技大学SCIE、EI、ISTP在全国高校排序表

年份	SCIE	排名	EI	排名	ISTP	排名
2001	197篇	23名	223篇	16名	32篇	48名
2002	287篇	22名	206篇	22名	64篇	40名
2003	255篇	24名	254篇	22名	56篇	49名
2004	241篇	31名	347篇	25名	34篇	71名
2005	383篇	26名	571篇	27名	156篇	42名
2006	376篇	34名	618篇	27名	147篇	54名
2007	441篇	33名	838篇	25名	296篇	36名
2008	552篇	33名	981篇	22名	373篇	42名
2009	577篇	37名	941篇	29名	335篇	36名

数据来源：中国科学技术信息研究所

（郝晓云）

2009年各单位SCIE、EI、ISTP收录论文统计表

单位	SCIE	EI	ISTP	合计
土木与环境工程学院	22	109	38	169
冶金与生态工程学院	69	122	22	213
材料科学与工程学院	172	220	36	428
机械工程学院	27	62	41	130
信息工程学院	14	82	126	222
数理学院	50	42	22	114
化学与生物工程学院	25	15	1	41
经济与管理学院	2	7	27	36
新金属材料国家重点实验室	74	81	8	163
冶金工程研究院	4	27	1	32
新材料技术研究院	118	147	7	272
国家材料服役安全科学中心（筹）	2	3	9	14
其他	1	15	2	18
合计	580	932	340	1852

数据来源：北京科技大学图书馆

（郝晓云）

2009年SCIE论文影响因子排名

名次	姓　名	影响因子	刊　　名
1	张　跃	8.379	ADVANCED MATERIALS
1	杨　槐	8.379	ADVANCED MATERIALS
3	杨　槐	5.949	JOURNAL OF CONTROLLED RELEASE
4	邢献然	5.368	CHEMISTRY OF MATERIALS
5	陈飞武	4.804	JOURNAL OF CHEMICAL THEORY AND COMPUTATION
6	邢献然	4.795	JOURNAL OF MATERIALS CHEMISTRY

续表

名次	姓　名	影响因子	刊　　名
7	吴爱祥	4.253	BIORESOURCE TECHNOLOGY
8	张　跃	4.224	JOURNAL OF PHYSICAL CHEMISTRY C
8	邢献然	4.224	JOURNAL OF PHYSICAL CHEMISTRY C
8	李晓刚	4.224	JOURNAL OF PHYSICAL CHEMISTRY C
8	姜　勇	4.224	JOURNAL OF PHYSICAL CHEMISTRY C
12	张　跃	4.183	CRYSTAL GROWTH & DESIGN
12	张　跃	4.183	CRYSTAL GROWTH & DESIGN
14	李晓刚	4.162	CORROSION SCIENCE
15	汪群慧	4.144	JOURNAL OF HAZARDOUS MATERIALS

（郝晓云）

2009年论文数量第一作者统计

SCIE			EI			ISTP		
名次	姓　名	篇数	名次	姓　名	篇数	名次	姓　名	篇数
1	李晓刚	27	1	李晓刚	29	1	杨炳儒	15
2	张　跃	20	2	张　跃	17	2	郑雪峰	13
3	杨　槐	18	3	黄继华	16	3	闵乐泉	9
4	张　勇	14	4	张　勇	13	4	穆志纯	8
5	侯新梅	10	5	高学绪	10	5	曹文斌	7
5	宋西平	10	5	康永林	10	6	王道平	6
7	黄继华	9	7	贾成厂	9	6	胡长军	6
7	贾成厂	9	7	赵海雷	9			
7	赵海雷	9						
7	朱　洁	9						

（郝晓云）

产业工作

【概况】2010年，学校进一步贯彻落实科学发展观，以提升科技成果转化与产业化能力、加强为学科建设服务为指导思想，围绕经营管理、平台建设两大任务，积极探索产业技术研究院建设，为全面实现科技产业“十一五”发展规划的总体目标和各项任务努力工作，在经济效益、产业技术研究院建设、科技园建设、周边开发、内部管理等方面较圆满地完成了工作指标。至年底，学校共有全资、控股、参股企业49家，其中科技产业集团管理企业42家，学校直接管理企业1家，高效轧制国家工程中心管理企业2家，教育部金属电子信息材料工程研究中心管理企业1家，科研部管理企业1家，后勤服务集团管理企业2家。科技产业集团还拥有新兴产业技术研究院、国家级大学科技园、科技孵化器、留学人员创业园、新材料北京市技术转移中心等成果转化和创新创业平台。由科技产业集团管理的企业及集团本部从业员工700余人，其中在职的学校事业编制职工62人。年末，科技产业集团管理企业总资产15.16亿元，净资产4.49亿元，科技产业集团按股比占有净资产为9653万元。科技产业集团所属企业全年实现总产值13.26亿元，利税合计逾9000万元，向学校上缴现金收益1000万元，返还学校各类费用700万元。

（洪家志）

【经营管理工作】2010年，各投资企业克服困难，苦练内功，加强自身能力建设，部分企业获得工程总承包甲级资质。年内已完工及正在施工的亿元以上项目有：合同额1.4亿元的新兴铸管新疆公司综合钢铁工厂设计项目、合同额3.9亿元的沧州中铁装备有限公司1780mm热连轧自控系统项目、合同额2.6亿元的邯郸钢铁公司中板厂常化炉热处理线项目等。各投资企业积极拓展新的发展空间，在冶金企业投资项目减少的实际情况下仍新增各类项目十余个。同时，部分投资企业具有自主知识产权的技术产品保持较高的市场占有率。科大京都公司自主开发设计的高温合金系列产品占国有大中型钢铁公司市场份额的50%以上；机翔公司楔横轧技术推广及相关产品销售呈现良好态势；方兴高新、中渣公司的冶金渣料系列产品年销售额4500万元以上。

（盛国家）

【规范化建设】2010年，学校科技产业集团继续推进以产权制度为核心的现代企业制度建设，加强对学校权益和资产的管理。投资企业已普遍建立和实行了“三会”制度，资产公司全面落实了对投资企业董事、监事派出制度。派出股东代表、董事、监事参加企业召开的股东会、董事会、监事会“三会”数十次，参与企业的经营决策，维护学校的权益。同时严格执行相关会议决议批准流程，并及时存档。

（盛国家）

【新兴产业技术研究院建设】2010年，学校充分发挥在新材料、高端制造、云计算等领域形成的科技优势，以“打开校园围墙、盘整学校资源、释放创新活力、改革体制机制，服务首都经济社会发展”为原则，积极筹建产业技术研究院。9月2日，北京市人民政府与北京科技大学合作共建的北京北科大新兴产业技术研究院作为中关村科学城首批启动建设项目之一正式挂牌，学校与市政府签订了共建协议。新兴产业技术研究院以实施“3365”（“3”—实施建设模式、管理体制、保障机制三个创新，“3”—立足新材料、高端制造、云计算三个领域，“6”—构筑产业中试、投资融资、人才聚集、专利让渡、创业创新、公共技术服务六大平台，“5”—建设云计算、海外人才特区、新材料创新、高端制造创新、昌平中试及产业化五大基地）工程为建设主线。产研院的建设目标是承担一批国家、北京市和企业的重大科技项目，形成一大批科技创新成果；完成新材料、高端制造领域等10个重点产业化转化工程，以“材料+装备+工艺”的集成创新优势，提升北京相关领域企业的技术实力和核心竞争力；盘整空间资源，形成“创新+中试+产业化”的整体空间，为中关村自主创新示范区核心区的创新创业提供新的有效空间。

（盛国家）

【国家大学科技园】2010年3月，北京科大科技园联合北京北航科技园、北京化大科技园与江苏省常熟市经济开发区签订战略合作协议，共同启动常熟经济开发区科创园创新基地项目建设。北京科大科技园将结合自身优势，积极参与制定创新基地总体规划，争取并落实国家和地方政府优惠政策，搭建公共及专业技术服务平台，吸引优秀企业和学校科技成果落地实现产业化等。

（刘临）

【方兴科技孵化器】至2010年底，方兴科技孵化器已入驻企业59家，其中科技园D座入驻企业23家，方兴大厦入驻企业33家，服务楼3家。方兴科技孵化器为这些企业提供包括政府项目申请、企业培训、企业融资、市场推广、人才招聘等多种服务，帮助园区5家企业获得北京市科技型中小企业创新基金，共获得资金支持175万，两家企业获得上市补助100万元。

（张明忠）

【留学人员创业园】2010年，北京科大留学人员创业园围绕“千人计划”、海聚工程、高聚工程及企业服务，开展政策培训、申报指导、企业扶持资金申请、优秀企业宣传推广等多项工作。10月，留创园成功申报“中关村管委会2010年度软环境建设资金项目”。至年底，北京科大留学人员创业园在园企业20家，累计孵化留学人员创业企业86家。

（张明忠）

【分析检验中心】2010年，北京科大分析检验中心有限公司作为“首都科技条件平台北京科技大学研发实验服务基地”建设及运营的主体单位，进一步整合、梳理科技资源，不断完善实验室规范管理，强化资质建设，各项工作顺利推进，得到了政府、行业的广泛关注和认可。3月15日，中国北京市委书记刘淇、北京市市长郭金龙等市领导专程到学校调研基地建设情况，充分肯定了北科大基地的创新举措和建设特色，即在北京地区高校中，第一个实现实验设备向社会整体开放；第一个引入专业服务机构，实现市场化运营服务；第一个获得国家CNAS和CMA资质认证。在做好内部资源管理的同时，加大了市场推广力度，全年累计发出“科测”报告900份，服务客户433家，帮助企业自主创新，有力地支撑了高校、科研院所的科学研究工作。

（刘亚东）

【技术转移中心】2010年，技术转移中心积极参与北京北科大新兴产业技术研究院筹建工作，开始西三旗中试基地建设前期准备工作，9月2日在北京科技大学召开的中关村科学城首批项目启动仪式上获得北京市政府授牌正式成立；与南车集团戚墅堰所签订了“高铁弹条开发合作协议”，一期合作经费400万元；与青海瑞合铝箔有限公司签订了50万元技术咨询与顾问协议。

（黄　瑛）

【学生创业中心】2010年，学生创业中心围绕培养大学生创业精神、提升大学生创业就业能力开展工作。2009年11月至2010年4月举办第七届“北京科大科技园杯”学生创业计划竞赛，大赛以“渲染创业气氛、普及创业教育、促进科技转化、推动创业就业”为宗旨，通过商业计划书撰写和商业模拟演示方式进行模拟竞赛。通过大赛选拔，学校三项作品获得北京地区创业竞赛金奖，并获得第七届“挑战杯”中国大学生创业计划竞赛一银、两铜的佳绩。2010年11月开始举办第八届“北京科大科技园杯”学生创业计划竞赛。

（吕昌宇）

【地产开发工作】2010年底，天工大厦外立面基本完成，设备设施基本安装到位，整体内装修开始。全年，集团从工程建设配合、招商、物业筹备3个主要层面着手并开展工作。配合工程建设，集团组织讨论大厦装修、布局设计等咨询会；招商工作稳步开展，完成市场分析、营销策划、主题概念及营销方案的评估和大厦收益预测报告等方面的工作，接待有效客户百余组，大厦商业成功引进净雅食品股份有限公司，首层银行准备签约，与北京市经信委就联合打造“云计算产业示范基地”、与中关村科技园管委会就联合打造“高端人才创业特区”展开深入研究讨论；物业前期工作按计划展开。

（刘　临、李佐福）

【物业管理工作】2010年，北京宏洁物业管理有限公司成为学校全资子企业。全年物业管理工作运行良好，方兴大厦及科技园A、D座完成经营管理目标，所有设备、设施运行良好，无一起安全责任事故；接管西三旗校区物业管理，完成装修改造工作和租赁任务；科技园A、D座管理顺利移交学校；引入第一太平戴维斯，正式开展西南角科技园大厦顾问服务，配合基建处开展了20多项工程询价和招投标，派驻工程经理驻场，提出物业顾问建议13项，配合开展了餐饮部分的招商和装修方案审定工作，提出了物业管理建议。

（陈兴禹）

附 录

北京科技大学企业一览表

单位：万元

管理方		序号	公 司 名 称	注册资本	公司负责人
北京科技大学		1	北京科大资产经营有限公司	4500	洪家志
科技产业集团	北京科大资产经营有限公司持股	2	北京北科麦思科自动化工程技术有限公司	3334	刘伟嶂
		3	北京赛能杰高新技术股份有限公司	5000	刘 洪
		4	北京科大科技园有限公司	1000	刘 临
		5	北京科大中冶技术发展有限公司	1888	陈向明
		6	北京北科泰德工程技术有限公司	1000	洪 亮
		7	北京首科兴业工程技术有限公司	1000	洪家志
		8	北京科大朗涤环保工程技术有限公司	1000	黄钢汉
		9	北京科大机翔科技有限公司	100	胡正寰
		10	时光科技有限公司	3000	王成桥
		11	北京北科麦思科新材料技术有限公司	1000	刘伟嶂
		12	北京北科麦思科新材料技术有限公司	1000	刘伟嶂
		13	北京科大方兴高新技术有限公司	100	王会中
		14	北京宏洁物业管理有限公司	100	陆 钢
		15	北京科大森浪信息技术有限公司	100	王宗杰
		16	北京科大华科高新技术有限公司	100	郭 俊
		17	北京中渣冶金技术有限公司	50	牛四通
		18	北京科大方兴爆破工程有限公司	100	龚 敏
		19	北京麦特冶金渣有限责任公司	400	后 力
		20	北京科大鑫冶机电设备有限公司	100	高 庆
		21	北京科大博联企业信息咨询有限公司	50	黄重国
		22	北京科大华冶工程技术有限公司	300	王满元
		23	北京科大迈捷科技有限公司	100	闫晓强
		24	北京科大京科技术有限公司	100	王振声
		25	北京科大和兴科技有限公司	50	刘 钊
		26	北京科大联创冶金技术有限公司	220	刘京山
		27	北京北科威斯迈技术发展有限公司	200	向永清
		28	北京科大方兴加油站有限公司	200	张卫钢
		29	北京科光磁性材料有限公司	50万美元	黄光南
		30	新冶高科技集团有限公司	7500	黄容生
	北京科大科技园公司持股	31	北京科大方兴科技孵化器有限责任公司	100	刘 临
		32	北京科大分析检验中心有限公司	50	刘 临
		33	亿源科大磁性材料有限责任公司	5000	丁穆源
		34	蓝天科大新材料有限责任公司	7500	朱明龙
		35	北京高瑞得高新技术有限公司	500	林新生
		36	苏州创基精密制造有限公司	5000	姚长琪

续表

管理方		序号	公 司 名 称	注册资本	公司负责人
科技产业集团	北京科大科技园公司持股	37	莱芜钢铁冶金生态工程技术有限公司	1000	董　杰
		38	北京伟豪智能玻璃有限公司	1470	张正喜
		39	北京科大鼎新材料科技有限公司	150	王会中
		40	北京科大国泰能源环境工程技术有限公司	200	李士琦
		41	北京科大三泰科技发展有限公司	100	郭汉杰
		42	北京联力源科技有限公司	100	苏庆泉
		43	北京中关村海归文化发展有限公司	140	周书鑫
高效轧制国家工程中心		44	北京科大恒兴高技术有限公司	500	唐　荻
		45	北京科技大学设计研究院有限公司	647.14	唐　荻
教育部金属电子信息材料工程研究中心		46	北京科大永兴科技有限公司	500	张深根
科研部		47	广东北科科技发展有限公司	600	李　晶
北京科技大学后勤服务集团		48	北京科大印刷有限公司	200	蒋宏潮
		49	北京科技大学科教技术服务中心	50	赵　雨

（王　飞）

科研基地及研发平台

“重大工程材料服役安全研究评价设施”暨“国家材料服役安全科学中心（筹）”

【概况】 “国家材料服役安全科学中心（筹）（以下简称NCMS）”于2008年12月由国家发改委批复组建，依托于我国“十一五”期间规划建设的十二个重大科技基础设施之一——“重大工程材料服役安全研究评价设施”（以下简称MSAF），由MSAF项目建设指挥部（以下简称指挥部）负责相关筹建工作，中国科学院金属研究所、西北工业大学为共建单位，哈尔滨工业大学为参建单位。NCMS位于国家自主创新基础能力建设“十一五”规划研究实验体系的最高层，是继上海光源国家科学中心后批复的第4个国家科学中心，同时也是首个由教育部部属高校承建的国家科学中心。NCMS位于北京市昌平区中关村国家工程技术创新基地，是中关村国家自主创新示范区成立以来支持建设的第一个世界一流研究机构。NCMS共占地约475亩，建设总投资约12亿元，建成后将达到研究人员（含客座研究员、访问学者、博士后）500人，研究生（含博士、硕士研究生）2000人的规模。

NCMS的战略目标是在建设世界先进水平的大型工程结构材料服役安全科学研究试验装置——MSAF的基础上，凝聚一支世界一流的研发团队，围绕重大工程结构材料服役安全领域的尺度域、环境域、时间域问题以及安全评价方法4大核心科学问题开展研究，提升大尺寸/全尺寸构件及材料的试验研究能力和安全评价技术的整体实力，建立我国自主的工程材料安全服役标准和规范，最终成为世界一流的、国际化的科学研究机构。NCMS和MSAF的建设是在项目建设管理委员会的领导下由指挥部负责实施，项目建设管理委员会主任由校长徐金梧担任，指挥部总指挥由副校长孙冬柏担任。

（徐文超）

【人员状况】 2010年，指挥部共有建设人员67人（北京科技大学33人、中科院沈阳金属研究所9人、西北工业大学10人、哈尔滨工业大学15人），其中北科大专职在编人员22人，兼职、外聘及返聘人员11人。为保障MSAF暨NCMS建设的顺利进行，指挥部的子项目设立了专家组，聘请业内知名专家学者，共同参与装置详细设计工作。

（王祎炜）

【装置设计与园区规划】 2010年，NCMS建设取得重大进展。5月21日，NCMS奠基仪式在北京市昌平区中关村国家工程技术创新基地举行，中共中央政治局委员、北京市委书记刘淇，中共中央政治局委员、国务委员刘延东，以及发改委、教育部、科技部、工信部、中科院、中共北京市委、市人民政府等有关部门领导出席了奠基仪式。

年内，指挥部组织专家先后考察了欧洲、日本、美国等30余家相关研究和设计单位，在北京、东京和赫尔辛基组织了15次与设计单位的工作会议，邀请美国哥伦比亚大学、匹兹堡大学、美国电力科学研究院（EPRI）以及日本NIMS、IHI、三菱重工等20余家国外研究机构和跨国企业的教授专家来华讨论和完善装置设计工作。至年底，各子项目已基本完成设计工作，取得了阶段性成果。在园区的规划建设方面，指挥部先后组织开展了三十多次研讨会，在融合北科大传统及未来发展方向的基础上，对总体布局进行优化，最终形成集实用性和美观性于一体的独具特色的园区总体规划设计方案。同时，指挥部积极落实项目建设用地。至年底，在昌平区政府的协调下，土地前期工作已基本完成。

（王志强）

【人才队伍建设】 2010年，指挥部以高层次人才发展规划为依据，积极开展高端人才引进工作，重点引进与装置建设及未来发展紧密相关的，并在本领域有较高学术造诣的优秀领军人才。

2010年，指挥部申报美国弗吉利亚理工大学土木与环境工程系汪林兵教授评选“千人计划”（待审批）；聘请日本国际石油开发帝石株式会社（INPEX）Honda教授为学校客座教授。

指挥部在积极吸引国内相关领域高层次人才的同时，注重人才培养，通过多种渠道为人才的培养提供条件和机会。年内，指挥部派副指挥张卫冬赴美国佐治亚理工大学工业工程系开展质量与可靠性的相关学习和科研工作。指挥部与NIMS建立了长效人才培养合作机制，有针对性地派出人员通过短期学习、定期访问等形式进行互访学习与交流，积累专业知识和经验。11月，指挥部派出以青年学者及博士研究生为主的团队赴NIMS参加学术研讨会，同时参加NIMS举办的亚洲地区Corrosion Cluster Workshop，锻炼他们国际合作与学术交流的能力。指挥部编写了各类人员发展规划，对科研人员、技术人员、管理人员等各类人员制定不同的培养方案，希望通过在重大科技基础设施建设项目实施中培养和锻炼一批青年人才。

（王祎炜）

【国际化进程】 2010年，NCMS成功申请2010年度外国文教专家重点项目，聘请来自美国、日本等高校、科研院所的专家学者40余人次来中心短期工作。其中，指挥部高级顾问，高温材料力学、材料失效分析和工程风险控制方面的国际知名专家Yagi博士就大型蠕变实验室设计与建设、大型实验装置建设、材料服役安全评估方法等方面促进NCMS与NIMS的战略合作，同时协助举办国际学术会议，介绍国际大型试验装置的研究单位和潜在的工业用户与NCMS开展国际合作与交流；日本的Honda博士作为多相流环境结构材料试验装置国际专家组组长，组建了来自国际知名研究机构及Exxon、BP等石油企业的国际专家组，为装置参数的最终确定和设计单位的选择做出了重要贡献。

通过国际合作交流，NCMS进一步了解海外用户研究需求，汇聚海外用户群。在多相流专家Honda教授支持下，NCMS邀请日本、英国、美国以及国内多相流环境材料研究试验装置的潜在用户参加会议，既为装置参数的确定获取了建设性的意见，也了解到目前国际上石油石化多相流体系中的科研需求，汇聚了一批海外用户群。11月，NCMS与日本株式会社IHI签订战略合作协议，IHI将日本工业企业中有需求的用户组织起来，成立用户委员会，将作为NCMS的客户开展长久合作。

2010年度，NCMS承办两次国际会议，分别为与NIMS联合举办的NCMS-

NIMS第一届材料性能服役安全年度研讨会和第五届国际风险工程大会。一方面使领域专家对NCMS有了进一步的了解，为NCMS建设汇集人才、解决技术难题、拓展未来用户打基础；另一方面提升了NCMS在相关领域的知名度和影响力。

（于龙洋）

【预研工作与用户拓展】2010年，NCMS本着“边建设、边科研”的原则，进一步加强科研管理工作。年内，根据NCMS建设需求，通过项目征集、遴选、研讨等环节，批复通过了“工程结构材料服役安全数字仿真系统集成技术”等5个课题作为第一批重大项目预研项目予以启动。年内，NCMS新增国家科技支撑计划2项、“863”项目4项、“973”项目4项、“国家自然科学基金”4项以及其他纵向课题17项，横向科研项目3项，与美国福特公司合作开展了NCMS的首个国际科研合作项目。

2010年，NCMS继续加强对科研院所、行业、企业等未来用户的需求开展调研和合作。年内，NCMS走访了浙江大学、吉林大学、中科院青岛海洋所、长庆油气工艺研究院、南车集团青岛四方股份有限公司、重庆钢铁公司等高校、科研院所及企事业单位数十家，接待青岛安工院、中科院高能物理所、PLATFORM等近10家国内外来访用户单位，通过调研交流，进一步扩充了用户范围和数量，初步形成涵盖石油石化、高速列车、核电火电、冶金、信息以及先进制造等领域的用户体系。

（张利欣）

【研究生培养】2010年3月，NCMS召开以“创新教书育人模式、提高研究生培养质量”为主题的研究生工作会议，进一步明确了“德才兼备德为先”的研究生人才培养目标和“德育教育做活、招生宣传做实、培养模式做新”的重点工作。

2010年，在“211三期创新人才培养计划”的资助下，NCMS邀请NIMS的Koichi Yagi博士、美国匹兹堡大学Brian Gleeson教授、美国伊利诺理工大学Sammy Tin教授和美国密西根大学的Jionghua Jin教授开设短期专业课程3门，共66学时。同时，聘请外国语学院专业教师开设外语课2门(英语口语与科技写作)，共76学时；组织海外专家经验交流及座谈会2次；组织研究生参加国际学术研讨会3次；参加海外学者的学术讲座12次。11月，3名博士研究生代表赴日参加国际学术研讨会，并与NIMS的专家学者和研究生进行学术交流。

（王坤鹏）

【党建工作】近年来，NCMS党支部进一步深化以“交叉、融合——推动项目发展”为主题的“1+X”跨学科支部联合共建系列活动。2010年，NCMS党支部与数理学院数力系党支部共同开展学术交流活动，以“力学-化学耦合环境结构材料试验装置”为合作研究切入点，共同开展装置中大型工程构件的服役性能模型的研究工作。此外，NCMS党支部还成功举办首届跨学科学术论坛——材料构件与安全，共同探讨材料学科和安全学科的交叉和融合点及研究生联合培养的模式，为开展以工程材料与构件为研究对象的安全评价提供支撑，为安全学科在材料构件领域的研究打开了新的领域。

通过两年建设，“1+X”跨学科支部联合共建系列活动逐步深入开展。一方面充分发挥了学校学科优势，解决装置建设难题；另一方面，通过支部活动促进学校的交叉学科发展，初步形成了“党建搭台、学术唱戏、学科融合”的良好工作氛围。2010年，NCMS党支部代表北京高校创先争优先进集体在“北京高校纪念中国共产党成立89周年暨深入开展创先争优活动经验交流大会”介绍了党支部在创先争优活动中的先进经验。

（章立军）

新金属材料国家重点实验室

【概况】 新金属材料国家重点实验室（以下简称“重点实验室”）立足于金属材料科学的前沿问题和我国国民经济建设中的重大金属材料科学的应用基础问题，满足国民经济、社会发展和国家安全对金属材料的重大需求，开展以发展新金属材料和传统材料升级换代为目的的基础和应用基础研究。2010年，重点实验室继续发扬优良治学传统，开拓创新，在学科建设、队伍建设、科学研究和人才培养等方面均取得了较大发展。

重点实验室研究方向跨越材料科学与工程一级学科，在金属材料基础研究、应用基础研究、人才培养等方面，向国内外全面开放，学术管理制度与国际接轨；重视科研成果的产业化，努力在国民经济建设中发挥作用。实验室着眼于材料科学与工程四要素（材料组成与结构（composition-structure）、合成与生产过程（synthesis-processing）、性能（properties）及服役行为（performance））之间关系的核心问题，从金属材料的科学规律、制备技术与工艺、计算模拟与表征、安全服役与评价和实验技术5个方面进行全面研究，主要包括：新金属结构材料的基础研究、新金属功能材料的基础研究、材料制备新技术与新工艺的基础研究、新一代基础金属材料、新材料的计算机模拟与辅助设计、能源电站材料与寿命评估6个研究方向。

重点实验室设有材料性能测试、物理模拟系统、组织结构分析、材料制备与加工、材料表征与高性能计算模拟5个公共实验平台；建设了金属间化合物高温结构材料、块体非晶合金、新一代基础金属材料、功能材料、材料制备新技术、能源电站材料6个专业实验平台；还有国家111创新引智基地、国家军工平台、中广核联合实验室3个研究基地。

（吕昭平、隋延力）

【师资队伍与梯队建设】 2010年，重点实验室努力打造一支学术严谨、勇于创新的高水平研究队伍。年内，实验室引进国家“千人计划”入选者1人；长江学者奖励计划讲座教授1人；2名青年教师获教育部新世纪优秀人才；新增青年教师3人，其中1名副教授。至2010年底，实验室有固定人员51人，其中，博士生导师27人，副教授、副研究员和高级工程师14人；中国工程院院士1人，外籍院士1人；973项目首席科学家2人，何梁何利基金的“科学与技术进步奖”获得者1人，国家千人计划入选者1人，国家自然科学基金杰出青年基金获得者5人，长江学者奖励计划特聘教授8人、讲座教授1人，教育部跨（新）世纪优秀人才15人；北京市科技新星3人。教师中博士学位的占97.3%，学缘结构良好，50岁以下中青年研究人员占66%；有18人兼任各种学术机构的委员、理事、理事长、秘书长，学术期刊编委等职务。实验技术人员中具有博士学位的3人，硕士学位的3人。

2010年，重点实验室针对金属材料学科发展前沿与国家的重大需求，结合自身优势特色，培育新的研究领域和方向，将6个研究方向中的“新材料的计算机模拟与辅助设计”逐步调整为“先进金属材料的设计与表征”，着力打造相关学术研究梯队。同时，瞄准国家航空航天对轻质合金的重大需求，以“千人计划”人才引进为契机，整合实验室资源，包括多孔材料、镁合金、铝合金及加工成型方面的工作和资源，筹备与中国铝业股份有限公司联合建立集科研、开发和应用为一体的先进轻质合金的关键工程技术基础研究中心，主要从事有色轻质合金关键工程技术、有色合金的制备成形技术、高性能有色合金的开发等方面的研究。

年内，重点实验室在制定和逐步完善《新金属材料国家重点实验室梯队建设办法》及《新金属材料国家重点实验室学术梯队考核办法》的基础上，设立专项基金支持梯队申报教育部和基金委创新团队、人才奖项（杰出青年基金、长江学者等）、重大科研项目（973等）及国家级科研奖，明确了梯队负责人的责、权、利，以进一步鼓励团结协作，合理分工。在开放课题与自主课题设置上进行布局，为引进高层次人才、培养青年领军人才、申请大型国家级科研项目创造条件。2010年实验室牵头申报的TiAl金属间化合物“973”项目获批，成功引进“千人计划”教授1名，长江计划讲座教授1人，聘请Acta Mater. 期刊编辑、荷兰皇家科学院Jeff. De. Hosson院士为实验室客座教授。影响因子大于3的国际学术论文逐年增加，2010年增加到22篇。有关非晶合金原子结构的研究被国际著名学术期刊物理评论快报发表（Phys. Rev. Lett. 2010, 105: 155501），这是我国学者对块体合金结构研究的一个重要贡献。有关非晶合金拉伸塑性的论文被著名学术期刊先进材料《Advanced Materials》杂志接受发表（Adv. Mater. 2010, 22: 2770），同时也被nature publishing group (npg)-Asia Materials 评述为近期材料领域的研究焦点之一。

（吕昭平、隋延力）

【科研工作】 重点实验室围绕国家在材料领域的重大需求，积极组织和争取国家重大科技计划，注重自主课题的重点布局和国家重大科技计划的培育，科研工作取得了显著的进展。其中，林均品教授首次作为首席科学家获得973项目，在重大科研项目的申请上获得突破。块体非晶合金的结构与强韧化项目研究获得教育部自然科学二等奖。年内，实验室共承担科研项目123项，其中973项目10项，863项目11项，国家自然基金24项，国防预研3项，其他省部级项目41项。新增科研项目12项，含973项目2项、国家自然基金3项、国防预研1项、其他省部级项目6项。科研经费到款2756万元，其中纵向课题经费2503万元，横向课题经费253万元。本年度共计发表论文147篇，其中SCI收录105篇，EI收录35篇，国外期刊96篇，国内重要期刊51篇。在论文数量保持稳定的基础上，论文质量得到大幅度提升，影响因子大于3的论文22篇。授权发明专利共计33项，其中发明专利32项，实用新型专利1项。组织学术会议7次，其中区域性4次、全国性3次，发表会议论文共计27篇，其中特邀报告11次。

（李龙飞）

【实验室建设与管理】重点实验室着力于公共实验平台（力学测试平台、物理性能测量平台、微观结构分析平台和材料制备平台）的软、硬件建设。硬件方面，实验室利用科技部支持的实验室设备专项经费对纳米力学探针、热分析仪、Gleeble1500、VSM震动样品磁强计和Amsler高频疲劳试验机等进口精密仪器设备进行了更新改造，重点支持了AmslerHFP5000高频疲劳试验机控制系统改造项目和纳米力学探针的功能扩展，已完成安装调试。购置了F30场发射透射电镜和聚集离子束装置，致力于引进微观结构分析知名学者及团队，建立具备先进的高水平微观结构分析能力的实验室。重点实验室还在军工平台项目基础上，建成了200个CPU的计算中心，购置了多种工艺模拟和计算软件；实验室自筹经费购置的高温X光衍射仪大型设备装置今年已经正常对外开放；军工平台的仪器设备SEM高温疲劳试验系统、原子力显微镜等仪器设备已开始使用；场发射透射电镜已经完成了磁屏蔽和制样系统的设计和基础建设。至2010年底，重点实验室拥有仪器设备930台／套，设备原值3800余万元，其中30万元以上设备26台／套，其特点是具备了较完整的从材料合成制备、组织结构分析、性能测试和服役、组织结构分析到性能测试的系统各种仪器设备和装置。

在软件基础建设方面，重点实验室进一步完善了质量管理体系和提高了实验室的技术检测能力。6月3～5日，重点实验室通过了中国合格评定国家认可委员会（CNAS）和国家认证认可监督委员会（CMA）的“二合一”现场评审，并分别于11月1日和12月6日获准使用CNAS和CMA标识，使重点实验室不仅成为我国金属材料领域研究基地，而且是国内外认可的进行金属材料检测的质量检测机构，为企业充分利用高校优质资源（大型仪器设备的共享）提供了可靠的平台。

2010年，重点实验室进一步完善设备与仪器管理制度，着力提升实验技术人员整体素质。实验室注重技术平台、公共仪器设备以及信息网络的建设与使用效率，专门制定了设备的使用运行、管理规章制度。年内，所有设备正常运行，主要大型公用设备均超额完成了教育部规定的工作机时。同时，重点实验室设立技术人员的培训和技术交流专项基金，用于进一步提高实验技术人员整体素质。有2名技术人员被聘为中国合格评定国家认可委员会评审员，1名技术人员被聘为国家级实验室资质认定评审员。年内，实验技术人员共有20余人次参加了全国性的学术会议和各项技术培训，发表论文10余篇。

2010年9月，挂靠在重点实验室的中国力学学会MTS材料试验专业委员会与台湾材料科学学会材料破坏委员会成功地举办了首届海峡两岸结构与材料断裂学术会议，海峡两岸300余人参加会议。

（王建国、隋延力）

【开放交流与合作】2010年，重点实验室贯彻“开放、流动、联合、竞争”的方针，利用设备及技术上的优势，实行对外开放，加强与国际材料科学领域的高层次与高水平合作，努力将实验室打造成为具有国际学术水平、实验水平、管理水平的学术中心和人才培养基地。

2010年，重点实验室通过主办国际性的学术会议，邀请国外知名教授来实验室讲学，或派研究人员到国外参加国际会议、考察、短期合作研究等方式，建设高层次、多形式、重实效的开放交流模式，有力地促进了实验室各项研究工作的发展。年内，实验室先后邀请Jeff De Hosson，H.-E. Schaefer，T.G. Nieh，E.M. Gutman，E.Ma等世界著名的材料科学家来校进行学术交流，邀请到本校讲学或工作的国内外专家41人次；聘请瑞典Sandvik Materials Technology的Chai Gucai和荷兰皇家科学院院士De Hosson为北京科技大学客座教授；邀请3位国内外知名教授在重点实验室授课，共计88学时，包括重点实验室，材料学院等有关专业的研究生和本科生200余人选修了课程；实验室组织学术会议7次，有11人次在国内外大型学术会议作特邀报告。

年内，重点实验室坚持访问学者制度与开放课题的设置紧密结合，向国内外研究人员开放，设立实验室开放研究基金，并定期向国内外学者发布项目申请指南，吸引和聚集国内外高水平知名科学家和学者来实验室开展合作研究或学术交流，吸纳学科互补性强的研究力量，从而使重点实验室的研究工作能够始终保持相关学科领域的较高水平。2010年，重点实验室共接受开放课题申请24项，内容包括：大块金属玻璃、功能材料、先进制备成形技术、高性能新金属材料和功能涂层等，涉及的单位包括国外知名研究机构和大学（University of Tennessee、University of Western Ontario等）、国内知名大学（清华大学、重庆大学等），以及国内著名科研机构（北京钢铁研究总院、北京有色金属研究总院等）。根据总体发展目标需要，2010年度设立重点课题、短期高级访问学者和自由申请课题三类开放项目，共立项17项，资助总经费计123万元：其中重点开放课题6项，合计经费65万元；短期高级访问学者1项，批准经费8万元；自由申请课题立项10项，合计经费50万元。

2010年度，重点实验室作为新金属材料科学研究、人才培养和学术交流的基地，积极面向全社会各界开放，认真热情地进行着各项开放工作，主要内容包括：①向清华、北大、中国科学研究院、上海交大、四川大学、中南大学等20余家知名高校和科研单位开放相关课题及实验设备，取得双赢效果，树立了实验室开放友好的对外形象。②积极拓展与常州市、宁波和东莞市等地方政府及企业的合作，认真做好石油大学、中国农业大学等兄弟院校学校来校参观访问工作。③积极配合学校开展入学教育，热情接待小学生参观实践活动。全年面向社会共接待参观访问26次，举办科普讲座3次，组织学生实践2次，参加人数近3200人次，取得了良好的社会效益。④积极参与中铝公司组织的企业骨干技术人员培训计划，采取“走出去，请进来”的方式，支持相关企业的科研人员共同参与合作交流活动，为企业的技术改进提出了一些很好的建议，此种方式受到企业科技人员的欢迎。

（叶 丰、蔡元华、乔 祎）

【党建、工会与研究生工作】 2010年4月，重点实验室成立分党委，共设党支部8个，党员169人。分党委成立以来，在现有支部基础上，适应新形势要求，组建7个梯队班并建立相应的梯队支部，1个年级党支部作为试点纳入年级、梯队纵横交叉的管理系统中。年内，学院党委以深入开展创先争优为契机，积极开展“党群手拉手、和谐师生情”为主题的实践活动，带领由50余人组成的实践参访团，前往京唐首钢公司进行了为期2天的考察实践活动，实践效果显著。

在研究生培养工作中，重点实验室围绕“培养质量”这一主线，注重加强研究生的日常管理，积极推进研究生教育的制度创新、管理创新和服务创新，扎实有效推进博士生联合培养项目，研究生工作呈现出蓬勃发展的势头。年内，实验室规范招生程序，严格复试办法，做到公平、公正、公开，免试研究生指标数量进一步增加，本科985、211院校的优秀生源比例进一步提高。至2010年底，实验室共有在校研究生263人；认真做好新生入学教育和心理排查工作，建立心理问题学生档案。在研究生学术活动方面，实验室开展形式多样的研究生学术活动，强化研究生科研能力，鼓励研究生走出去，参加国内外高水平学术会议，组织学生参加《Mechanochemical Interactions in Metals》、《Nanoscience》的课程学习以及国内外同行名家的专题讲座。组织内部学术报告会和交流会，促进了学术交流。2010年，实验室毕业研究生37人，已完成派遣37人，就业率为100%。

2010年，重点实验室获得校师德先进集体荣誉称号，宋西平获校师德先进个人，隋延力和丁贤飞获校优秀共产党员。孙学辉荣获“2009年全国高校辅导员年度人物”入围奖及北京市教工委“2009~2010年度北京市十佳优秀辅导员”入围奖。国重代表队在第六届研究生师生轻体运动会获得拔河比赛三连冠、团体总分第二名、教师总分第一名。

研究生培养取得优异成绩。08硕团支部在2009~2010年度首都大学、中专院校“先锋杯”评选活动中获得“优秀团支部”；09硕荣获校“团结合作标兵班集体”；09硕党支部获学校“创优争先、从我做起”二等奖；09博荣获校“先进班集体”。陈国良院士指导的刘雄军博士的毕业论文获得“全国百篇优秀博士论文提名奖”。另外，获得校级毕业生优秀博士论文奖3人、校级毕业生优秀硕士论文奖2人、校研究生“十佳学术之星”2人、校研究生“十佳学术之星”提名奖1人、CBMM吴宝榕铌钢奖学金1人、中石油奖学金1人。

重点实验室自2010年4月成立分工会以来，紧紧围绕学校的中心工作，认真履行工会职责，发挥好工会在和谐校园建设中的作用，让全体员工振奋精神地投身于科研和教学工作。年内，分工会注重工会活动场地和基础设施建设，开设文体活动室和职工创新工作室；积极举办重点实验室第二届教职工文化作品展赛；成立教职工乒乓球协会、羽毛球协会、棋牌协会、摄影协会4个协会；举行第二届重点实验室师生乒乓球比赛，并组织教职工参加首届“分析检验中心杯”羽毛球比赛，取得了团体冠军、男女混合双打冠军的佳绩；申报了北京市的职工创新工作室；组织完成了学校工会对重点实验室分工会二级建家的评估，并荣获学校“先进教职工之家”称号。

（孙学辉、刘斌斌、王海骊）

固体电解质冶金测试技术国家专业实验室

（新能源材料与技术北京市重点实验室）

【概况】 固体电解质冶金测试技术国家专业实验室（以下简称“实验室”）的学术研究，立足于功能材料，特别是新能源材料的学科前沿问题以及纳米材料和技术在能源材料方面的应用基础问题，主要进行锂离子电池、燃料电池、混合导体透氧材料、太阳能电池关键材料，以及核能、热电、介电、传感器等材料及纳米技术的研究。实验室的目标是建设成为北京地区新能源材料的研究基地，进而加强北京地区在新能源理论、技术与应用上的研究，促进北京地区能源、电力、交通、电子等相关行业的迅猛发展；同时成为立足北京、面向全国培养博士和硕士学位研究生的先进育人基地。

自2005年11月批准成立“新能源材料与技术北京市重点实验室”以来，固体电解质冶金测试技术国家专业实验室并新能源材料与技术北京市重点实验室拥有注射成型机、磁控溅射仪、热压炉、热分析仪、表面性质分析仪、电化学工作站、热膨胀仪、冷等静压机、高温X射线仪、多功能热分析仪、红外分析仪、真空烧结炉、交流阻抗频谱仪、手套箱、显微拉曼光谱仪、热场发射扫描电子显微镜等8万元以上设备39台／套，具备开展诸如高能锂离子电池、燃料电池、太阳电池、热电材料、薄膜传感器、氧化物－非氧化物复合陶瓷、陶瓷注射成型等较高水平的研究能力。实验室面积900平方米，专职人员23人，兼职人员11人。2010年，实验室培养本科生45人、研究生38人，其中2名博士生的毕业论文获全国优秀博士论文提名。

（赵海雷）

【科研活动】 2010年，实验室承担科研项目57项，其中国家级项目30项，其他项目17项；科研经费到位2289.276万元；发表论文172篇，其中SCI、EI、ISTP检索收录67篇；出版教材及著作5部；申报专利29项，获授权专利20项。年内，实验室获得教育部技术发明奖二等奖1项、冶金科技进步一等奖1项、国家科学技术进步二等奖1项、国际会议二等奖1项。

（赵海雷）

【对外交流】 2010年，实验室利用设备及技术上的优势，实行对外开放，承担了国内外高校、科研单位和企业的科学研究、性能测试、检验及分析等技术服务与咨询工作。2010年，实验室与北京市青少年科技创新学院合作进行“翱翔计划”培养活动，让优秀的中学生走进实验室，接触前沿的科学问题，培养科研的兴趣和创新能力。同时，实验室还加强了与国际材料科学领域的学术交流与合作。年内，实验室人员参加国际学术会议32人次。

（赵海雷）

附录

固体电解质国家专业实验室2010年承担的主要科研项目一览表

序号	项目名称	项目来源	负责人	到款经费（万元）
1	超洁净粉末高温合金粉体制备科学及工艺研究	国家自然科学基金	葛昌纯	36
2	2006042380501	军工	徐桂英	55
3	超临界水堆关键科学问题的基础研究	国家973计划	周张健	98
4	闸片材料的研究与试制	北京市春昌陶冶材料研究所	燕青芝	48.6
5	准一维半导体纳米材料的结构调控与组装	国家973计划	张　跃	268
6	准一维半导体纳米材料结构的光 性质	国家973计划	张　跃	143.78
7	ZnO纳米材料的 杂改性与光电传感器研究	中央高校基本科研业务费	闫小琴	50
8	准一维ZnO纳米材料中量子尺寸效应对电输运性能影响的理论研究	国家自然科学基金	顾有松	35
9	低活化钢的电子和离子辐照研究	国家973计划	万发荣	156

续表

10	2009042430502	军工	于广华	85
11	锂离子动力电池关键技术材料	广东产学研	赵海雷	52.7
12	钙钛矿型高温质子导体晶体结构与质子输运性质的关联性研究	国家自然科学基金	赵海雷	34
13	新一代可见光催化材料的理论设计及探索	国家973计划	张波萍	32
14	锂离子储能电池富锂锰基层状正极材料的设计与制备技术	国家863计划	连　芳	80

（赵海雷）

国家板带生产先进装备工程技术研究中心

【概况】 2009年2月，经国家科学技术部批复（国科发计[2009]73号），依托学校进行“国家板带生产先进装备工程技术研究中心”（以下简称“板带中心”）建设。主要建设内容是以冶金工业中技术含量最高、比重最大的板带产品生产技术装备为对象，开展共性关键技术的研究开发和工程化应用。

根据科技部和教育部要求，学校板带中心于2009年7月正式组建成立，负责落实中心的建设和运行，主要依托机械工程、热能工程学科以及冶金、材料、控制等相关学科对实验室和中试基地进行建设和完善，形成面向行业、优势互补、“产学研用”一体化的开放型技术创新平台，建设周期为3年。

2010年，板带中心紧紧把握国家政策和行业需求，积极探索科技进步与经济发展相结合的新途径，建立起“专职与兼职配合、创新与产业化协作”的运行模式，进一步凝聚重点科研和工程项目建设方向，充分发挥板带中心对企业的科技引领作用，为促进行业企业可持续发展做出了贡献。年内，板带中心完成了中国工程院咨询项目“我国高能耗机械装备运行状况及节能对策”，进行了钛及钛合金板带的热轧冷轧产品开发，培育了精密电子铜箔压延装备的消化创新项目，开拓了冷连轧技术服务的国际工程市场。

（杨　荃）

【管理运行】 板带中心的机构建设及管理运行工作主要集中在以下4个方面：①板带中心组织机构由管理委员会、建设工作组、工程技术委员会、主任管理团队和执行部门构成。板带中心设主任1名，常务副主任1名，副主任1名，兼职副主任3名。2010年，板带中心招聘专职科研岗技术人员2名，管理岗1名，已开始技术研发、工程项目和综合管理的日常运行。②6月11日，成立板带中心工程技术委员会，聘请钟掘院士为主任委员，聘请王一德院士、王国栋院士、胡正寰院士、徐金梧教授、刘宏民教授、张功焰教授、徐寅教授、黄庆学教授、陈其安教授和杨荃教授为委员。

③6月12日，“先进板带生产装备及控制教育部工程研究中心”顺利通过教育部专家组验收。专家一致认为，板带中心研发方向明确、实验设施先进、团队实力雄厚、创新成果显著，全面完成了规定的建设任务，一致通过验收。④作为“国家科学中心”的一个配套项目，板带中心开始筹建的工艺实验设备，成为新技术研发和成果转化的基础平台。其主要实验设备有：精密冷轧、温轧和复合轧制实验设备、表面处理和精整实验设备、自动控制系统及精密仪器仪表等。主要实验产品包括高强碳钢精密带，不锈钢200、300、400系列精密带，镍合金Ni36Fe，钛及钛合金TA3、TC4，电子铜箔以及钛铝合金包覆温轧等，具有良好的发展前景和市场需求。2010年，板带中心已启动“试验控制系统”和“工艺联接装备”的选型和招标采购。

（杨　荃）

【科研活动】2010年，板带中心根据国内外发展的需要，进一步推进咨询项目的进展工作。6月3日，徐金梧教授、王立教授、杨荃教授参加在学校机械学院举行的中国工程院咨询项目“我国高能耗机械装备运行状况及节能对策”冶金组中期汇报研讨会，咨询研究的主要内容包括钢铁企业的发展历程、钢铁行业能源消费情况分析、综合能耗与工序能耗的变化趋势、国内外综合能耗与工序能耗的对比分析、国内典型钢铁企业高能耗设备基本情况。7月10日，徐金梧教授参加“我国高能耗机械装备运行状况及节能对策”咨询项目组在中国工程院召开的中期会议，代表冶金组汇报了项目进展情况。12月18日，徐金梧教授参加“我国高能耗机械装备运行状况及节能对策”咨询项目组在中国工程院召开3次会议，代表冶金组做了项目汇报。

年内，板带中心开始面向企业提供技术创新服务。在板带中心的技术支持下，武钢在具有世界先进水平的冷轧总厂二分厂酸轧联合机组上，成功地开发出专用的管理软件，嵌入到生产过程系统中，对数据进行了抽取、转移和调用，创建了“面向冷轧生产过程的知识管理平台”，对轧制振纹抑制、工艺润滑判定和板形质量控制等具有显著效果。2010年9月14日，由国家板带中心负责工艺技术支持的钛板项目试车成功，轧制出TA1冷轧钛板，厚度2.1mm，宽度1085mm，长度4010mm。11月，又成功轧制了热轧钛板。

（杨　荃）

【学术交流与合作】2010年，板带中心继续与国内外学校、科研机构及企业保持密切的合作关系，学术交流活动频繁。7月18～23日，何飞老师参加在西班牙巴塞罗那召开的国际智能计算大会（WCCI），并在会上做了题为“Adaptive Clustering of Production State based on Kernel Entropy Component Analysis”的学术报告。8月27～29日，杨荃教授参加在西安召开国务院学位委员会第六届机械工程学科评议组会议，并参观访问了西安交通大学“机械制造系统工程国家重点实验室”和“快速制造国家工程研究中心”。9月15～18日，杨荃教授参加第十届国际轧钢大会（The 10th International Conference on Steel Rolling），并宣读论文“非对称板形控制原理及其在热轧机和冷轧机中的应用(Asymmetric shape control theory and practice in hot strip mills and cold strip mills)”。9月22日，中国金属学会冶金设备分会理事长徐金梧教授和杨荃教授参加在山西太原召开的第一届轧钢设备新技术国际研讨会，分别做题为“带钢轧制新技术与应用”和“冷轧机非对称板形控制原理及自动控制系统”的专题报告。

（梁治国、马　粹）

教育部金属电子信息材料工程研究中心

【概况】 教育部金属电子信息材料工程研究中心（以下简称“中心”）于2001年4月经教育部批准成立，依托于北京科技大学建设，是由教育部和北京市共建的技术创新和高新技术产业化基地。中心采用现代企业制度进行管理，实行多元化投资，与注册成立的具有独立法人资格的北京科大永兴科技有限公司为同一个实体。

中心设有粉末冶金事业部、高技术薄膜材料事业部、微电子辅助材料事业部、有色加工事业部，另设有办公财务部、投资发展部。

（雷　诺）

【粉末冶金事业部】 粉末冶金事业部现有教授6人，副教授3人，讲师4人，其他固定研究和工程技术人员9人，有博士和硕士研究生60人。

粉末冶金事业部拥有较为先进的专用仪器设备，设备原值近800万元，其中进口设备日本岛津烧结炉，一台价值205万元。10万元以上设备10台／套，如永磁材料测量系统、磁滞回线仪、磁场注射机、粉末冶金注射机、转矩流变仪、高效混炼挤出造粒机、热等静压烧结炉等。

主要业务范围是高技术新材料的研究、开发与生产，新材料制备与加工设备的制造，新型电子信息元器件的开发与制造，计算机控制系统集成、机电一体化技术开发，铁基合金、不锈钢、高比重合金、硬质合金、磁性材料、金属陶瓷、高温合金、难熔合金、低合金钢、钛合金等产品的生产与销售。产品广泛应用于医疗器械、电子通讯、办公机械、仪器仪表、纺织机械、食品饮料机械、计算机工程、汽车工业、机械武器、体育娱乐器械等领域。

近期重点研究与产业开发方向有：① 近终形粘结磁体的研究及各向异性NdFeB磁粉中试。② 钴基合金活塞环。③ Ni基合金多孔材料制备工艺及控制技术。④ 钨基及不锈钢零件注射成形。⑤ KOVAR合金的制备。⑥ 粉末注射成形技术研究开发平台建设和喂料生产。

（雷　诺）

【微电子辅助材料事业部】 微电子辅助材料事业部现有教授2人，副教授2人，技术员2人，在读博士生和硕士生32人。

微电子辅助材料事业部具有较完备的材料制备和组织性能检测的设备，如100kg真空熔炼下拉式连续定向凝固设备、50kg下拉式连续定向凝固设备，反重力铸造设备以及完整的拉丝设备等，能生产各种规格的高性能有色金属丝材。主要业务集中在微电子超细丝材的研究、开发与生产，高性能铜及铜合金、铝及铝合金超细丝材制备与加工成套设备及产品的研制和开发。产品主要有：直径为100μm、75 μm、50 μm、32 μm和25 μmAl-Si合金集成电路用键合丝，具有单晶或连续纤维晶组织的各种规格的高性能铜及铜合金线材等。广泛应用于电线电缆、集成电路、仪器仪表、纺织机械、汽车工业、航空航天、高级音响等领域。

近期重点研究与产业开发方向有：①航空航天用特种电线电缆。②高性能无氧铜杆。③25 μmAl-Si合金集成电路用键合丝。④高性能铂金丝。⑤微细Ag包Al丝。⑥高性能铜及白铜管等。

（雷　诺）

【高技术薄膜材料事业部】 高技术薄膜材料事业部现有教授3人，讲师2人，技术人员2人，在读博士生10人，硕士生8人。

高技术薄膜材料事业部拥有包括100kW直流电弧等离子体喷射、10kW直流电弧等离子体喷射、5kW微波等离子体化学气相薄膜沉积系统和强电流直流伸展电弧（HCEDCA）等离子体CVD系统等多种金刚石薄膜制备设备，拥有电子束真空蒸镀机，磁控溅射仪，射频等离子体CVD装置，金刚石膜研磨机，金刚石膜抛光机，光学材料砂蚀试验机及金刚石膜力学性能试验机等常规薄膜材料制备手段。固定资产总价值约300万元。主要业务集中于以金刚石厚膜、薄膜为主的各种高技术薄膜材料、各种硬质涂层材料与技术、各种非常规的等离子体化学沉积设备等。

近期重点研究和产业开发方向有：①大面积金刚石光学窗口材料。②金刚石薄膜光学涂层。③声表面波器件金刚石薄膜基片。④金刚石膜热沉材料及其在微电子和光电子器件或系统中的应用。⑤掺硼金刚石膜（BDD）及其在废水处理和生物医学中的应用。⑥高性能粒子探测器、紫外探测器、X-射线探测器用高质量（探测器级）金刚石膜材料。⑦金刚石涂层硬质合金工具。⑧金刚石膜基探测器和传感器。⑨类金刚石硬质防护涂层。⑩金刚石薄膜化学气相工业化生产技术和设备开发等。

（雷　诺）

环境断裂教育部重点实验室

【概况】环境断裂研究室（以下简称“研究室”）具有30多年的发展历史，长期从事结构材料特别是钢铁材料腐蚀、断裂和环境敏感断裂的基础和应用基础研究，获得了丰硕的研究成果，在国内外具有重要影响。几十年来，研究室培养了一批高水平的研究型人才，他们在国内外知名研究单位、大学和首钢、宝钢等国家大型企业从事科研工作，取得了重要成绩。近年来，研究室在保持原有优势的基础上，开展铁电、铁磁等新型功能材料的制备和性能研究，以及纳米材料的性能研究。

研究室经过近10年的发展和积累，1990年，教育部正式批准其为教育部开放实验室；1999年，更名为环境断裂教育部重点实验室。

2010年，环境断裂教育部重点实验室有固定人员40人，其中中国科学院院士1人，教授22人、副教授15人，博士生导师17人，长江学者奖励计划特聘教授2人、讲座教授1人，国家杰出青年基金获得者3人，跨（新）世纪优秀人才6人，新世纪百千万创新人才1人，北京市科技新星3人。实验室拥有原子力显微镜、高分辨率电镜、透射电镜、俄歇电子能谱仪、场离子显微镜、摩擦磨损测试系统、纳米力学探针仪等较为先进的仪器设备149台／套，设备总价值2200万元，其中30万元以上设备21台／套。

（李金许）

【科研活动】2010年，实验室承担国家支撑计划项目2项，国家科技重大专项2项，“973”项目3项，“863”项目5项，国家自然科学基金重点项目2项、面上项目11项，其他省部级项目9项，厂协项目30余项；在国内外核心期刊上发表论文90余篇，其中SCI收录60余篇。

（李金许）

【人才培养】实验室采取加强国内外交流、培养和引进高层次人才、创造有利的学术环境等措施，积极建设高水平研究队伍，拓宽研究领域，已经培养出一支年龄结构合理、专业方向有机结合、学术气氛浓厚、凝聚力强的研究队伍。

2010年，实验室原有成员中1人晋升为教授，1人晋升为副教授，从国外引进年轻学者1人，直接聘任为副教授。年内，实验室在读研究生约200人，其中硕士生和博士生约各占一半；毕业硕士生43人，博士生17人。

（李金许）

【学术交流】 2010年，实验室进一步加强了材料科学领域的学术合作与交流。9月，实验室多名教授参加了中国腐蚀与防护学会组织的"2010年欧洲腐蚀大会"交流团。年内，实验室共有12人次参加了国际学术交流，并邀请来自美国、加拿大、日本、挪威、香港等国家和地区的多位知名学者到实验室讲学和交流。8月，在云南昆明主办了第七届海峡两岸材料腐蚀与防护研讨会。

（李金许）

附　录

环境断裂教育部重点实验室2010年在研课题一览表

项　目　名　称	项目来源	负责人	起止年限	经费（万元）
高速弓网载流滑动失效机制与材料设计	国家973计划	褚武扬	2007.7.1~2011.12.31	200
高速轮轨滚动失效机制与优化匹配	国家973计划	李金许	2007.7.1~2011.12.31	70
辐照损伤及其计算机模拟	国家973计划	宿彦京	2007.7.1~2011.12.31	75
海洋钢结构腐蚀安全性评价及寿命预测技术	支撑计划	宿彦京	2007.7.1~2011.12.31	260
新建海洋钢结构长寿命快速防护涂层技术及工程示范	支撑计划	孟惠民	2009.1.1~2011.12.31	85
荔湾3-1气田海底管道防腐方案研究	国家科技重大专项	路民旭	2008~2010	198
水下生产技术---水下设施材料选择试验	国家科技重大专项	路民旭	2008~2010	368
铝合金内部缺陷及应力短波长X射线衍射表征	国家863计划	张　津	2009.1.1~2011.12.31	50
金属陶瓷惰性阳极腐蚀抑制技术	国家863计划	何业东	2009.1.1~2010.12.31	104
氧化物冶金技术在低成本高性能车轮钢中的应用研究	国家863计划	任学冲	2009.7.1~2012.12.31	10
清洁高效电解海水制氧新技术	国家863计划	孟惠民	2008.1.1~2010.12.31	80
CO_2驱油和封存系统高效防腐技术研究	国家863计划	李晓刚	2009.1.1~2011.12.31	85
应力腐蚀的多层次、跨尺度研究	国家自然科学基金-重点项目	乔利杰	2008.1.1~2011.12.31	150
环境和力、电耦合导致铁电材料畴变和开裂的规律和机理	国家自然科学基金-重点项目	褚武扬	2007.1.1~2010.12.31	120

续表

项目名称	项目来源	负责人	起止年限	经费（万元）
腐蚀产物膜对高含硫气田元素硫局部腐蚀机制的影响研究 50971017	国家自然科学基金-面上项目	路民旭	2010.1.1~2012.12.31	40
金属土壤腐蚀产物中铁离子和铬离子迁移对腐蚀机理的影响规律	国家自然科学基金-面上项目	肖　葵	2009.1.1~2011.12.31	35
316L不锈钢钝化膜在高温高压水中破裂的电化学机理及对应力腐蚀裂纹萌生的影响规律	国家自然科学基金-面上项目	程学群	2009.1.1~2011.12.31	35
奥氏体不锈钢氢致滞后开裂机理研究	国家自然科学基金-面上项目	乔利杰	2008.1.1~2010.12.31	30
纯净高强钢厚板中氢扩散与氢脆机理研究	国家自然科学基金-面上项目	李金许	2008.1.1~2010.12.31	36
外场调节铁电铁磁复合左手材料电磁特性的研究	国家自然科学基金-面上项目	白　洋	2008.1.1~2010.12.31	20
纳/微米颗粒协同增强Ni基缓蚀自修复镀层的制备与耐磨耐蚀机理	国家自然科学基金-面上项目	吴俊升	2008.1.1~2010.12.31	24
H_2S/CO_2共存条件下腐蚀产物膜形成机制及其对氢渗透的影响研究	国家自然科学基金-面上项目	张　雷	2008.1.1~2010.12.31	22
电磁场作用下铜在热带海洋大气中腐蚀行为与机理研究	国家自然科学基金-面上项目	董超芳	2008.1.1~2010.12.31	32
氢促进阳极溶解型应力腐蚀机理研究	国家自然科学基金-面上项目	宿彦京	2007~2010	30
埋地高强管线钢焊接接头显微组织的微区电化学研究	国家自然科学基金-面上项目	杜翠薇	2009.1.1~2011.12.31	36
功能陶瓷基左手材料与新型微波器件的研究	教育部	白　洋	2010.1.1~2014.12.31	50
钢铁材料腐蚀的相电化学关键基础问题研究	教育部	杜翠薇	2010.1.1~2012.12.31	50
材料信息平台建设与应用研究---管网安全失效因素、检测与评估	北京市科委	路民旭	2008.1.1~2010.12.31	950
汽车行驶记录仪产业化关键材料及部件研究专项	北京市科委	于广华	2008.1.1~2010.12.31	150
新型镍铁冶炼工艺及装备技术研究	北京市科委	乔利杰	2009.1.1~2010.12.31	168
片式铁氧体电感的两层结构端电极制备技术基础研究分预算	北京市自然科学基金	曹江利	2009.1.1~2011.12.31	13
城市天然气供给体系安全防护与诊断关键技术研究	北京市基金重大项目	路民旭	2008.1.1~2010.12.31	80
200915022050l/2009150220502	JG yuyan	张　津	2009.1.1~2011.12.31	20
核电超大型冷却塔结构耐久性研究及技术支持---大型先进压水堆及高温气冷堆核电	国家重大专项	何积铨	2009.1.1~2012.12.31	228

续表

项　目　名　称	项目来源	负责人	起止年限	经费（万元）
普光气田重大工程服役安全评价技术研究	其它省部级	路　民 宿彦京	2009.1.1~2011.12.31	100
城市天然气供给体系安全防护与诊断关键技术研究	北京市自然科学基金	路民旭	2009.1.1~2010.12.31	64
含CO_2气井油管优化组配技术研究2008-576	厂　协	路民旭	2008.11.13~2010.6.30	59
区域阴极保护优化设计与智能检测软件开发2008-685	厂　协	路民旭	2008.8.20~2010.6.30	90
2219铝合金应力腐蚀性能研究2010-318	航天材料及工艺研究所	乔利杰	2010.1.20~2010.12.31	26
160MnR钢基多种涂层耐磨腐蚀性评价实验2010-280	中国人民解放军63653部队	柳　伟	2010.5~2011.1.25	27
两伊地区高含硫高盐原油集输管道及设备材料选择研究	中海石油研究中心	张　雷	2010.1.1~2011.12.31	41
CEFR辐照容器设计和快堆燃料元件包壳材料316不锈钢辐照性前期研究	中国实验快堆工程指挥部	宿彦京	2010.1.1~2010.12.31	11
海南、万宁等自然环境下的纳米复合涂层腐蚀性研究2008-112	厂　协	李晓刚	2008.3.1~2010.10.1	30
WC-10Co-4Cr涂层环境相容性研究	北京航空材料研究院	李晓刚	2010.1.1~2011.12.31	40
微创手术仿生功能性水凝胶椎间盘髓核假体制备技术2010-308	哈尔滨朝阳滨辉实业发展集团有限公司	高　瑾	2010.1.1~2011.12.31	90
海水排烟冷却塔结构防腐实验研究	北京国电华北电力工程有限公司	何积铨	2010.1.1~2011.12.31	12
高压铝箔涂覆有序孔遮蔽膜及隧道孔腐蚀技术的研究开发2009-441	厂　协	何业东	2009.8.1~2014.12.31	2000
超薄工件超音速火焰喷涂时的热变形、工艺与装备研究2009-227	厂　协	樊自栓	2009.5.25~2014.3.31	125
海洋大气环境功能性富锌防腐涂料的研发2009-149	厂　协	李晓刚	2009.4.1~2011.4.1	60
新型铝合金阳极材料的研发2009-148	厂　协	李晓刚	2009.4.1~2011.4.1	52
埋地管线区域性综合阴极保护技术开发2009-235	厂　协	李晓刚	2009.5.22~2010.12.31	50
动车组车轮特殊关键性能综合试验研究2009-543	厂　协	褚武扬	2009.9.30~2010.12.31	46
国产690合金腐蚀行为研究2009	厂　协	程学群	2009.8.1~2010.12.31	35
陕京管线管道灾害损伤及评价技术研究项目2009-278	厂　协	路民旭	2009.6.4~2010.12.31	32

续表

项　目　名　称	项目来源	负责人	起止年限	经费（万元）
基于数值模拟的区域性阴极保护技术研究（1）2009-501	厂　协	路民旭	2009.1.1~2010.12.31	30
高级别钢管道在土壤环境中的腐蚀行为研究2009-084	厂　协	俞宏英	2009.1.1~2010.12.31	25
岭澳核电站CFR碎石过滤器网破损原因分析(服务)2009	厂　协	乔利杰	2009.12.1~2010.3.1	18
TM210A钢构件环境适应性评价研究2009-209	厂　协	乔利杰	2009.5.18~2010.12.31	18
高校科技成果开发与转化咨询2008-88	厂　协	俞宏英	2009.1.1~2010.5.31	15
耐冲刷防腐涂料技术的研发2009-154	厂　协	李晓刚	2009.5.1~2010.5.1	15
换热器循环水中腐蚀失效及解决对策研究2009-598	厂　协	李晓刚	2009.12.1~2010.12.31	11.5
基于数值模拟的区域性阴极保护技术研究（2）2009-502	厂　协	路民旭	2009.1.1~2010.1.31	10

（李金许）

北京市先进粉末冶金材料与技术重点实验室

【概况】2010年，北京市先进粉末冶金材料与技术重点实验室（以下简称“实验室”）有教师和研究人员25人，其中教授8人（含博士生导师7人），主要学术骨干均有在国外留学和工作的经历。

实验室下设4个研究室：

①纳米粉体及材料研究室。研究方向：超细和纳米粉体制备技术、机械合金化技粉技术、雾化制粉技术、磁屏蔽材料、纳米硬质合金、钨基高比重合金、难熔金属与合金、高温合金等。

②反应合成技术与复合材料研究室。研究方向：自蔓延高温合成技术、陶瓷/钢复合管制造技术、核废料处理技术、粉末冶金多孔材料、粉末冶金层状与梯度结构材料、AlN-BN复合陶瓷、耐热及抗氧化涂层粉末与涂层技术、高性能SiC和Si_3N_4陶瓷、C/SiC陶瓷基复合材料、超高温陶瓷基复合材料、高性能粉末冶金金属基复合材料等。

③先进成形与烧结技术研究室。研究方向：粉末注射成形技术及其智能化、粉末微注射成形技术、温压成形技术、高速压制成形技术、等静压成形技术、胶态成形技术、放电等离子烧结技术、粉末冶金材料设计与工艺过程模拟等。

④功能材料研究室。研究方向：NdFeB粘结磁体、Sm-Co合金、磁温度补偿合金、超磁致伸缩材料、电工合金、新型电子封装材料、能源材料、储氢合金、光电信息材料、功能陶瓷等。

（何新波、曲选辉）

【科研活动】2010年，实验室共承担各类科研课题60余项，包括国家“973”计划课题3项、国家“863”计划课题5项、国家支撑计划项目3项、国家科技重大专项1项、国家科技基础条件平台建设计划项目2项、国家自然科学基金项目10项（含重点项目1项）、国防军工项目6项，教育部项目6项、北京市项目5项，其余为各类厂协(横向）等项目，在研项目合同经费总计超过5200万元。年内，实验室实到研究经费2154万元；发表学术论文103篇；申请国家发明专利28项，获专利授权17项。2010年，实验室购买了大型真空烧结炉、电化学工作站、热膨胀分析仪等先进实验设备和仪器。主体实验室完成规划与改造，科研条件得到进一步改善。

（何新波、曲选辉）

【师资队伍】 2010年，实验室师资队伍得到进一步加强。3月，吴茂博士加入先进粉末冶金成形技术研究室，成为实验室重要成员之一；7月，郝俊杰副教授晋升为教授职称，并与尹海清副教授和李平副教授3人被遴选为博士生指导教师；10月，范丽珍教授入选“教育部新世纪优秀人才支持计划”。

（何新波、曲选辉）

【人才培养】 2010年，37名博士生（含2名外国留学生）、85名硕士生和28名本科生在实验室进行毕业论文等相关研究工作。年内，实验室毕业博士生12名，硕士生28名。

（何新波、曲选辉）

【学术交流与合作】 2010年，实验室继续与美国、英国、日本、俄罗斯等国家以及大陆、香港、台湾地区的学校、科研机构和企业保持紧密的合作关系，学术交流活动频繁。3月，实验室在中国海南成功地举办了第二届亚洲材料数据库国际研讨会（Asian Materials Database Symposium 2010），曲选辉教授、尹海清副教授等5位教师参加了本次会议。会议主席曲选辉教授作特邀报告，并与到会的亚洲其他国家专家就材料数据库的发展与建设进行了热烈讨论，成立了亚洲材料数据库委员会。4月，郭志猛教授出席了在新加坡举办的国际固体材料大会。5月初，范丽珍教授出席了在日本京都举办的国际超级电容器会议(ICAC2010)。5月，李平副教授参加了中国高等科学技术中心(CCAST)锂离子储能电池的基础科学问题青年学者研讨会，并与到会专家进行了热烈讨论。7月，郭志猛教授应邀出席了在澳大利亚举办的新材料国际大会，会上与材料界同行进行了广泛的学术交流，会后还参观了部分知名大学与企业。7月，何新波教授参加了由中国特陶理事会在哈尔滨举行的中国特陶学术研讨会，会上就特陶今后的发展展开了热烈讨论。7月下旬，范丽珍教授邀请克罗地亚萨格勒布大学4位教授来校访问，双方不仅进行了深入的学术讨论，还确立了今后的合作方式。9月，秦明礼教授参加了在宜昌举行的2010年全国电子封装及封装技术会议，与到会的电子封装界学者进行了深入的交流。9月，尹海清副教授、路新、章林和吴茂4位老师参加了第11届国际材联亚洲材料大会(IUMRS-ICA2010)，会上几位老师分别做了学术报告，并与部分学者进行了广泛的学术交流。10月，何新波教授、贾成厂教授等参加了由中国复合材料学会举办的中国复合材料学术研讨会，就复合材料的制备新技术、智能材料的发展与应用等与到会代表进行了广泛交流。10月下旬，范丽珍教授等4名成员赴克罗地亚萨格勒布大学访问，进行学术交流。11月，范丽珍教授参加了第五届北京动力锂离子电池技术及产业发展国际论坛，做了学术报告，并与到会专家深入讨论了动力锂离子电池技术的发展现状和趋势。

（何新波、曲选辉）

附 录

2010年北京市先进粉末冶金材料与技术重点实验室主要在研项目名称

序号	项 目 名 称	项目来源	起止时间	经费（万元）	负责人
1	金属材料智能制备成形技术的基础研究	国家973计划	2011～2015年	450	曲选辉
2	中国低活化钢(CLAM)若干关键科学问题研究	国家973计划-子课题	2008～2011年	30	郭志猛
3	超临界水堆关键材料设计及制备科学研究	国家973计划-子课题	2008～2011年	27	贾成厂
4	高性能金属材料控制凝固短流程制备加工技术	国家863重点项目	2009～2011年	951	曲选辉
5	新型钢结构公共建筑体系及节能环保维护材料关键技术研究与应用	国家863项目-子课题	2010～2012年	39	尹海清
6	钢结构及节能关键技术开发及应用技术	国家863项目-子课题	2008～2010年	45	秦明礼
7	受损建筑物加固与修复材料关键技术研究与应用	国家863项目-子课题	2008～2010年	50	李 平
8	XXXXX的研究	国家863计划（军工）	2008～2010年	181	任淑彬
9	高速列车受电弓滑板研制	国家科技支撑计划-子课题	2009～2012年	100	罗 骥
10	粉末冶金高速钢现代工业制备技术开发	国家科技支撑计划-子课题	2009～2010年	90	曲选辉
11	高速重载精密滚珠丝械及直线导----高速\精密滚珠丝杠副返向结构设计与制造技术	国家科技重大专项-子课题	2009～2010年	25	何新波
12	材料科学数据库及其应用技术研究材料科学数据库及其应用技术研究	国家科技基础条件平台建设计划	2009～2010年	10	曲选辉
13	数据库建设-材料科学数据共享网	国家科技基础条件平台建设计划	2009～2011年	240	曲选辉
14	材料智能化近终成形加工技术的若干基础问题	国家自然科学基金重点项目	2007～2010年	55	曲选辉
15	多孔铸型炭/导电聚合物复合材料制备及电化学储能研究	国家自然科学基金	2009～2011年	35	范丽珍
16	TiAl金属间化合物近终形成形的相关基础研究	国家自然科学基金	2010～2012年	36	曲选辉
17	高导热复合材料中界面对导热的作用机理	国家自然科学基金	2010～2012年	29	贾成厂
18	高导热DCC材料近净形成形的相关基础问题	国家自然科学基金	2008～2010年	32	曲选辉
19	凝胶注模医用多孔钛及其合金植入材料的研究	国家自然科学基金	2008～2010年	28	郭志猛
20	低温燃烧合成非氧化物陶瓷粉末的研究	国家自然科学基金	2009～2011年	20	秦明礼

续表

序号	项 目 名 称	项目来源	起止时间	经费（万元）	负责人
21	塑晶材料作为聚合物电解质新型固态增塑剂的研究	国家自然科学基金	2008～2010年	20	范丽珍
22	高导热金刚石/Al复合材料界面设计与近净形成形研究	国家自然科学基金	2011～2013年	20	任淑彬
23	第二届亚洲材料数据库会议	国家自然科学基金-国际合作项目	2010～2010年	4	曲选辉
24-28	共5项	军品配套研制项目	–	570	–
29	XXXXX的基础研究	国防基础科研计划	2008～2010年	200	曲选辉
30	新世纪优秀人才支持计划	教育部	2010～2012年	50	范丽珍
31	高性能温敏铁氧体粉末注射成形及其产业化关键技术	教育部产学研项目	2009～2010年	24	秦明礼
32	烧结熔覆钢结硬质合金涂层关键技术	教育部产学研项目	2009～2011年	30	罗　骥
33	微纳米硬质合金的研发及产业	教育部产学研项目	2010～2012年	80	林　涛
34	粉末高氮不锈钢制备技术与产业化研究	教育部产学研项目	2008～2010年	20	曲选辉
35	氩气雾化高温合金粉末制备技术研究	北京市科技计划重大项目	2009～2011年	100	曲选辉
36	材料信息平台建设与应用研究---北京城市燃气管网安全技术研究	北京市科技计划项目	2008～2011年	950	曲选辉
37	高性能粉末冶金零部件制备技术研究及产业化-汽车用高性能粉末冶金零部件产业化关键技术研究	北京市科技计划项目	2009～2011年	120	曲选辉
38	北京市科技新星计划B	北京市科学技术委员会	2008～2010年	30	范丽珍
39	北京市重点实验室建设项目	北京市教委共建项目建设计划	2010～2010年	30	曲选辉
40	高端高性能硬质合金生产工艺与质量控制研究	横向课题	2008～2010年	58	果世驹
41	酸洗铁红提纯技术研究	横向课题	2009～2010年	70	邵慧萍
项目合同经费总计：				4939	

（何新波、曲选辉）

北京市腐蚀、磨蚀与表面技术重点实验室

【概况】 2010年，北京市腐蚀、磨蚀与表面技术重点实验室（以下简称“实验室”）设环境敏感断裂、材料表面化学与技术、腐蚀控制系统工程、电化学工程与材料、环境损伤评估与控制研究共5个学术梯队。实验室有固定人员36人，其中中科院院士1人，国家级突出贡献专家1人，博士生导师11人，教授14人，副教授15人，讲师8人。50岁以下的中青年研究人员中，有长江学者2人，全国优秀教师1人，北京市科技新星4人。

实验室拥有一系列世界水平的成套仪器和设备，包括在研究开发新测试技术基础上研制的一系列新型实用研究设备和测试装置，总计912台／套，总价值7885万元。2010年，实验室新增VCM-4型多通道电化学测试仪等设备，总价值804万元。

腐蚀、磨蚀与表面技术涉及材料科学、化学、电化学、力学、表面科学和生物、生命科学等众多学科领域。实验室主要从事基础、应用基础和高新技术研究，研究内容有：①腐蚀与防护机理研究，包括环境敏感断裂、高温腐蚀与防护机理研究、油气田腐蚀与控制、电化学腐蚀机理研究、腐蚀防护系统工程。②磨蚀机理及其控制研究，包括生物、医用材料研制、磨蚀机理及控制，材料微振腐蚀机理及控制研究，多相流中材料的腐蚀及控制研究，摩擦条件下金属材料的电化学行为。③高新表面技术研究与应用，包括防腐蚀表面技术研究与应用和高新功能表面技术研究与应用。④有机二阶非线性光学材料及电光材料、高密度信息存储材料、太赫兹波的产生与探测、激光防护材料、特殊浸润性表面材料、高性能碳纤维与芳纶纤维的制备与性能研究、液晶半导体材料、多功能导电聚合物纳米结构的合成及性能研究，以及分子自组装的研究与应用。

（柳 伟）

【科研活动及人才培养】实验室在腐蚀、磨蚀与表面技术领域开展了大量的科研工作，获得一批重要的成果，其中一些具有创新性的成果达到了世界先进水平或国内领先水平。2010年承担国家“863”项目2项，国家自然科学基金项目12项，国家科技部其他重大项目1项（国家科技支撑计划重大项目三级子课题生命线工程安全保障关键技术研究及工程示范），与企业合作的高水平课题46项；获国家科技进步二等奖1项，授权专利15项，出版专著2部，国内外期刊和学术会议发表论文221篇。2010年，实验室共培养博士生21人、硕士生72人，本科生90人。

（柳 伟）

【对外交流】 2010年，实验室派出8人次到国外进行短期访问交流，与国外相关单位进行联合研究。同时，实验室教师应邀在国际学术会议做报告12次，国内学术会议做报告15次。

（柳 伟）

高效零件轧制技术研究推广中心
（零件近净轧制成形教育部工程研究中心）

【概况】 高效零件轧制技术研究推广中心（以下简称“轧制中心”）主要从事轴类零件轧制（楔横轧与斜轧）技术的研究、开发与推广工作。总体技术水平与实验条件处于国内领先水平，并达到国际先进水平。2007年经教育部批准在轧制中心的基础上建设成立“零件近净轧制成形教育部工程研究中心”。

2010年，轧制中心下设：①研究与开发室。主要从事理论研究、模具设计、设备设计、新产品开发等。②轧制实验室。主要从事实验研究、新产品试制，拥有楔横轧与斜轧机6台及其相关设备与仪器等。③模具制造车间。主要从事楔横轧与斜轧模具的制造，每年开发并生产300副左右的模具供生产厂使用。至2010年底，中心共有模具加工机床10台，其中大型数控加工机床4台；共有工作人员20余人，其中中国工程院院士1人、国家“千人计划”特聘教授1人、具有高级技术职称人员8人。

（王宝雨）

【科研活动】 轧制中心与企业合作紧密，在北京、重庆、山东、湖北等24个省市建成零件轧制生产线100余条，其中有7条生产线出口美国、印尼等国家；建成零件轧制专业化工厂10余家。累计开发并投产的零件400余种，如红旗轿车的输出轴、玉林柴油机六缸凸轮轴、东风与解放载重车变速箱传动轴等。已累计生产轴类零件400余万吨，产值200余亿元，直接经济效益20余亿元。由于推广工作成绩显著，该零件轧制技术被国家科委评为“全国十大典型推广项目”之一。项目先后获国家级奖5项、省部级奖10余项。

2010年，轧制中心承担的主要任务有：国家科技部重点研究与推广项目，平均每年推广零件轧制生产线6～10条；国家科技重大专项《精密锻轧成套新技术》；国家火炬计划项目《高效节材零件成形新技术转移及推广》；广东省科技重大专项《汽车轴类零件近净轧制成形工艺与装备研究》和《齿轮轴类零件楔横轧精密成形关键技术研究》；与湖北新冶钢合作开展《高铁车轴生产技术研究与开发》。年内，轧制中心发表论文19篇，获国家发明专利5项，完成横向课题20余项，科研经费1600余万元。

（王宝雨）

【人才培养与对外交流】 轧制中心从1995年开始招收研究生。2010年，共有40余名研究生在轧制中心就读和从事科研工作，主要研究零件轧制成形机理、轧制工艺模具CAD/CAM、轧制设备控制与自动化技术等。

年内，轧制中心派出3人次到国外参加国际会议、科技合作交流和访问研究等活动，并与英国伦敦大学帝国理工学院合作开展零件近净轧制成形项目的研究。

（王宝雨）

附 录

高效零件轧制研究推广中心2010年科研项目

编号	性 质	项 目 名 称	年 度	经费（万元）
1	国家科技重大专项	精密锻轧成套新技术	2009～2011年	401
2	广东省科技重大专项	汽车轴类零件近净轧制成形工艺与装备研究	2008～2010年	150
3	国家自然科学基金项目	楔横轧近净成形非对称轴类零件的理论研究	2010～2012年	39
4	国家自然科学基金项目	齿轮轴类零件楔横轧精密成形关键技术研究	2009～2011年	36
5	江苏院士工作站			100
6	广东省部产学研项目	阳极磷铜球连铸－斜轧生产技术	2008～2010年	50
7	北京市自然科学基金项目	凸轮轴楔横轧近净成形及模具技术	2008～2010年	10
8	厂 协	一汽巴勒特锻造（长春）有限公司	2010～2011年	40
9	厂 协	河北广平－钢球生产项目	2010～2011年	140

（王宝雨）

科技部材料模拟设计实验室

【概况】 科技部材料模拟设计实验室（以下简称“实验室”）前身是国家863计划新材料模拟设计实验室。实验室结合学校在材料科学方面的优势，依靠独创的晶格反演方法建立起固体材料体系和界面系统第一性原理计算到原子级计算机模拟的桥梁，在材料模拟计算方面进行了多方面的探索，努力拓展新的学科发展方向。

实验室成立以来，先后承担了国家973计划“材料计算设计与性能预测基础问题”

（2000～2005年）以及“面向性能的材料集成设计的科学基础问题”(2006～2010年）项目中的课题研究。2010年，实验室参与申报的国家973计划项目“基于集成计算的材料设计基础科学问题”（2011～2015年）获得批准。至2010年底，实验室有研究人员6人，其中中国科学院院士1人，教授1人，副教授4人。

（陈难先、申　江）

【科研活动】2010年，实验室重点工作进展顺利。国家973计划项目课题“原子相互作用势库创新服务系统”于11月项目通过验收审计，并被推荐为项目重大成果。9月份，实验室获批新的国家973计划项目课题“复杂材料原子间相互作用势库的创新与拓展”（2011年1月至2015年12月，课题经费460万元）。年内，实验室进行的主要研究工作有：①锕系金属间化合物结构和性能研究。②稀土金属间化合物的深入探索。③界面原子相互作用势的探索与应用。④自组装金属纳米结构模板的研究。⑤晶格反演嵌入原子方法多体势的研究进展。

（陈难先、申　江）

【科研展望】实验室的工作方向是继续努力发展新型的重要的原子相互作用势，结合虚拟结构设计及第一性原理计算，系统地提出原子相互作用势获取的新方法，并运用所构建的势库服务材料科学中多种有价值的材料体系。材料中原子势库是材料集成设计中的一个重要组成部分，精确、可靠的原子势是材料学科发展的重大瓶颈，如果有了有效的势场，将可以大大促进材料设计的发展。预期能够解决国家重大需求的主要研究方向有：①用晶格反演势对稀土金属间化合物和锕系金属间化合物的原子级研究。②用粘结能反演势对异质界面材料的原子级研究。③晶格反演嵌入原子多体势研究，所建LI-EAM势具有较高的可信性和较好的移植性，将有很大的应用需求。

（陈难先、申　江）

北京表面纳米技术工程研究中心

【概况】 北京表面纳米技术工程研究中心（以下简称“中心”）于2001年7月由北京市科委批复成立，依托北京科技大学建设，集中北京地区表面纳米科技优势，吸纳优秀成果和杰出人才，开发具有自主知识产权的表面纳米工程技术和产品，形成一流的研发平台、技术转移平台和信息服务平台，成为推动国家表面纳米产业发展的重要节点。

中心设有建设管委会，下设学术委员会及战略研究委员会，具体包括3个专业实验室、1个管理办公室及1个信息服务中心。2010年，中心有研究人员18人，其中教授8人，副教授8人；长江计划特聘教授2人，国家杰出青年基金获得者1人，跨世纪优秀人才1人，新世纪百千万创新人才1人，北京市科技新星2人。

中心拥有宏观－微观摩擦磨损测试系统、纳米力学探针、超音速火焰喷涂设备、金属纳米粉末制备系统等10余套先进的仪器设备，建设经费1500万元，建设面积1000平方米；建立了表面纳米摩擦磨损检测平台，表面纳米微观性能测试平台。

（孟惠民）

【科研活动】 中心以国家和北京市项目为基础，围绕纳米功能涂层材料与制备技术，纳米催化净化材料与制备技术，纳米光电（能源）材料与制备技术，表面纳米检测、分析、表征及标准4个研究方向，建设了3个专业研究实验室。2010年，中心在研项目28项，其中省部级以上项目22项，包括国家支撑计划课题6项，国际合作项目1项，国家自然科学基金面上项目3项，横向合作10项；授权国家发明专利5项，在国内外学术期刊上发表论文80篇，其中SCI/EI收录40篇；参加国际学术交流会议2次，国内学术交流会议6次；培养毕业博士生2人、硕士生10人、本科生16人。

（孟惠民）

【对外交流】 中心利用设备和技术优势，积极加强与国内外企业的合作，承担了性能测试、检验及分析等技术服务与咨询工作。同时，中心与国内外表面纳米技术研究机构建立了广泛的合作关系，通过主办或联合举办国际国内学术研讨会，积极加强表面纳米技术领域内的学术交流与合作。

（孟惠民）

生态与循环冶金教育部重点实验室

【概况】生态与循环冶金教育部重点实验室（以下简称“实验室”）下设冶金二次资源的循环利用、冶金矿产资源高效与生态化利用、冶金生产过程的清洁与高效化、社会废弃物在冶金过程的循环利用4个研究室和办公室。实验室面积1000平方米，有研究人员26人，其中中国科学院院士1人，长江学者奖励计划特聘教授2人，国家杰出青年科学基金获得者2人，教授、副教授18人。实验室拥有扫描电子显微镜、高温X射线衍射仪、高温热分析系统、高温体视显微镜、综合电化学分析仪、多功能物性分析仪、多功能烧结炉、高温燃烧模拟装置、多功能水质分析仪、超临界水—生物质和有机物气化反应系统、激光在线高温显微镜、快速色质联用仪、微波烧结炉、ICP光谱分析仪、C-S-N-O-H分析仪、固体物料高温过程抗压强度在线测试仪、浸出-蒸发-结晶集成系统、新型竖式微波高温冶金反应器、超重力冶金反应器、微型流化床-气质联测分析仪、液相离子色谱等先进仪器设备30台(套)，具备开展冶金资源高效循环利用、冶金过程能源高效清洁转化、冶金流程生态化规划、冶金过程消纳社会废弃物等生态与循环冶金的研究工作条件。

2010年3月28日，实验室召开了低碳冶金与特色矿高效利用研讨会，并为申报国家重点实验室凝炼了研究方向。在此基础上，在校、院二级领导的积极帮助下，以实验室为基础，于2010年10月完成了高效钢铁冶金国家重点实验室的申报工作，并在2010年底通过了国家科技部的初审。

（郭占成）

【科研活动】 2010年，实验室承担各类科研项目115项，其中国家“973”计划项目3项、教育部创新团队计划项目1项、国家杰出青年科学基金项目1项、国家自然科学基金项目28项（含重点项目3项）、教育部留学回国人员基金2项、教育部其他基金7项、国家科技支撑项目9项、厂校协作课题71项。科研成果中，“转底炉直接还原处理冶金粉尘”的技术实现了产业化应用，“硅铁冶炼矿热炉粉尘制备白碳黑”、“O_2-CO_2混和喷吹炼钢”等技术成功地进行了半工业试验。在国内外学术期刊发表学术论文121篇，申请发明专利25项，获得授权发明专利18项。

（宋　波）

【对外交流】 实验室本着流动、联合、竞争的运行管理机制，利用自身的学术和设备优势，实行对外开放，加强与国际冶金和环境学科领域的学术交流和合作。同时，实验室积极承担国内外高校、科研单位和企业的科学研究、技术开发、物性检测与分析等工作。实验室与日本东北大学、东京大学、北海道大学，美国麻省理工学院，德国亚琛工业大学，韩国浦项工科大学，瑞典皇家工学院，比利时鲁汶大学等有紧密的长期合作关系。2010年，实验室人员参加国际学术会议12人次，进行国际学术交流与讲座15人次。

（朱鸿民）

钢铁流程先进控制教育部重点实验室

【概况】钢铁流程先进控制教育部重点实验室（以下简称“实验室”）于2009年1月经教育部批准建立，2009年6月18日举行建设计划论证会。2010年11月15日召开第一届学术委员会会议。

实验室拥有控制科学与工程、计算机科学与技术博士后流动站2个，控制科学与工程一级学科博士点1个，二级学科博士点4个，分别是控制理论与控制工程（国家重点培育学科，北京市重点学科）、检测技术与自动化装置、模式识别与智能系统、计算机系统结构（北京市重点学科）。实验室面积3000余平方米，共有40余间科研用房，1间专用学术报告厅，1间会议室。实验室下设4个研究室，分别开展数据驱动和信息融合建模理论与方法、钢铁流程先进控制理论与方法、高精高速控制系统实现技术、嵌入式高性能专用控制器4个研究方向的科研工作。

实验室拥有热连轧分布式计算机控制系统、高精度四辊/十八辊双机架可逆冷轧试验轧机、高速轧制专用控制机、高速轧机专用控制器、先进运动控制系统、工业机器人、先进检测技术开发系统、板形测试仪、红外热成像摄像仪、计算机仿真控制系统、嵌入式控制器开发系统等大、中型仪器设备，总价值超过4500万元。2010年，实验室已初步建成钢铁流程先进控制教育部重点实验室网站。

（尹怡欣、李 擎）

【师资队伍】至2010年底，实验室共有研究人员近60人，其中固定编制人员50人。同时，实验室还聘请了刘玠院士、柴天佑院士以及王飞跃、史建军、李崇坚、赵荣锡、刘康志等国内外知名专家学者作为客座研究人员。

实验室学术委员会由13位国内知名专家组成，其中中国工程院刘玠院士担任主任，柴天佑院士、尹怡欣教授担任副主任，李少远、李正熙、李崇坚、陈杰、周东华、高庆狮、桂卫华、童朝南、谭民、穆志纯担任委员。此外，实验室还聘请孙一康教授作为资深顾问。

（尹怡欣、李 擎）

【人才培养】2010年下半年，共有4名博士生、16名硕士生、10余名本科生在实验室进行毕业设计（论文）、科技创新等研究工作。

（尹怡欣、李 擎）

【科研活动】实验室得到了国家和学校的大力支持。通过“优势学科创新平台”建设项目、“211”重点学科建设项目、北京市重点学科建设项目，共获得资金投入近

1000万元。着力加强在数据驱动和信息融合建模理论与方法、钢铁流程先进控制理论与方法、高精高速控制系统实现技术、嵌入式高性能专用控制器等研究方向上的建设工作，极大提高了实验室的装备水平和研究水平。2010年，实验室共承担各类科研项目10余项，项目经费800余万元。

（尹怡欣、李 擎）

【学术交流】2010年11月15日，实验室召开第一届学术委员会会议。实验室建设负责人详细介绍了实验室概况、研究方向、学术队伍建设及人才培养情况、实验条件建设、实验室管理等方面情况，各位学术委员会委员就实验室建设和管理、人才引进和培养等关系实验室发展的关键性问题进行了深入讨论，进一步明确了加强和完善科研平台建设，聚集和培养创新人才，促进优秀人才的合理流动，开展国内外学术交流与合作，提升学校及实验室的科研水平及影响力的发展思路。学术委员会会议的召开对钢铁流程先进控制教育部重点实验室的建设起到了积极的指导作用。

年内，实验室人员参加了国际、国内相关学术会议10人次。

（尹怡欣、李 擎）

金属与矿冶文化遗产研究国家文物局重点科研基地

【概况】金属与矿冶文化遗产研究国家文物局重点科研基地（北京科技大学）（以下简称“基地”）是国家文物局批准设立的13个重点科研基地之一，总体定位于开展全国范围内的金属与矿冶文化遗产研究与保护工作。基地现有全职研究人员10名，其中教授6名，副教授2名，讲师（博士后）1名，实验员1名；兼职研究人员13名，其中教授（研究员）8名，副教授（副研究员）5名。

2010年基地依托北京科技大学211建设项目，利用配套资金进行了科研基础设施的软硬件建设，其中包括科技考古实验室改造、金属与矿冶文化遗产数据库及展示平台等。经改造后的科技考古实验室拥有体视显微镜2台，金相显微镜2台，显微硬度仪1台，以及全套金相样品制备设备，基本满足了金属和冶金遗物样品制备、抛光及显微组织鉴定的需要。

（李延祥、陈坤龙）

【科研活动】2010年，基地共承担各类科研项目15项，其中国家科技支撑项目1项，国家自然科学基金项目2项，教育部新世纪优秀人才支持计划项目1项，国家文物局科研项目4项，其他合作项目7项。在国内外学术期刊发表学术论文10篇，出版学术专著4部。

（李延祥、陈坤龙）

【对外交流】2010年度基地参与主办了“里海大学—北京科技大学中国传统文化暑期研习班”等国际学术交流活动。此外，邀请国内外专家至北京科技大学进行交流和学术报告共计12人次。年内，基地有1名博士研究生获得国家留学基金资助赴英国伦敦大学留学一年、1名博士研究生获北京科技大学资助赴英国剑桥李约瑟研究所研习6个月，并接收1名西班牙学者为基地的访问研究人员。

（李延祥、陈坤龙）

金属矿山高效开采与安全教育部重点实验室

【概况】 金属矿山高效开采与安全教育部重点实验室（以下简称“实验室”）于2003年经教育部批准建立，2004年开始建设。实验室覆盖采矿工程（国家重点学科）、安全技术及工程（国家重点学科）、工程力学（北京市重点学科）、岩土工程（北京市重点学科）、防灾减灾工程与防护工程、环境工程6个二级学科博士点，拥有大型多功能刚性伺服材料试验机、电液伺服岩石三轴试验机、EH-4大地连续电导率成像系统、矿山减灾结构综合试验系统、数字开采模拟实验系统等一批现代化实验设施，总价值超过3600万元；建设了金属矿山采矿系统优化与地压控制、金属矿床高效开采理论与方法、矿山人工环境研究及采动灾害预测与防治、矿山系统工程与矿业经济4个实验区，实验室面积4000余平方米。

2010年，实验室得到了国家和学校的大力支持。通过“优势学科创新平台”建设项目和“十一五”、“211”重点学科建设项目，购置了MTS三轴岩石力学试验机、三维岩石力学分析计算系统、溶浸采矿试验系统、三维激光扫描系统、矿井应急救援实验系统等大型实验设备，进一步提高了实验室的装备水平和研究水平。

（胡乃联）

【科研活动】 实验室以岩石力学理论研究为基础，以金属矿山安全高效开采为目标，形成了采矿系统优化与地压控制、矿床高效开采理论与方法、矿山安全与灾害防治、矿山系统工程与矿业经济4个研究方向。2010年，实验室承担包括973计划、863计划、国家自然科学基金重点项目在内的各类科研项目120余项，项目经费6000余万元。实验室科研成果获省部级以上科技奖励12项，申请专利21项，授权专利10项。

（胡乃联）

【学术交流】 实验室与国内外同行开展了广泛的学术交流活动，提高了实验室在国内外的影响力。2010年，实验室先后接待前来参观和进行技术交流的学术团体30余人次。组织国内学术会议3次，参加国际学术会议21人次。

（胡乃联）

冶金工程研究院
（高效轧制国家工程研究中心）

【概况】 冶金工程研究院（以下简称“研究院”）成立于2005年，由高效轧制国家工程研究中心（以下简称“高效轧制中心”）和冶金及金属材料加工领域相关团队组建而成。其中，高效轧制中心成立于1996年，依托于北京科技大学建设，是原国家计委第一批批复设立的47所国家工程研究中心之一，也是轧制技术领域唯一的国家级工程中心。

2010年，研究院共有教职员工63人。教职工队伍中，教授12人，副教授及高级职称20人，中级职称27人，年内新增高级职称2名。教授中有博士生导师7人。另外研究院有特聘专家6人，其中有中国工程院院士2人。

（米振莉）

【科研工作】至2010年底，研究院新增纵向科研项目8项，经费406.6万元，项目包括北京市科委“重大科技创新成果在京落地转化”项目、国家自然科学基金项目、中央高校基本科研业务费专项资金资助项目等，本年到款300万元。新增横向科研项目19项，经费2116万元，项目涉及国内多家大中型钢铁联合企业，本年到款1200多万元。新增工程项目32项，合同金额13335.32万元。2010年5月，高效轧制中心在“2010年国家工程研究中心评价结果”中名列第4，获“国家工程研究中心创新能力建设项目”申报资格。

2010年，研究院面向国际科技前沿和国家重大需求，开展科研创新工作，积极推进科技成果的转化与产业化。年内，研究院作为牵头单位，与武钢、鞍钢合作完成的“宽带钢热连轧生产成套关键技术与应用”项目，获得2010年国家科技进步二等奖；“高钢级X70-X80热轧管线钢的研制”获得安徽省科学技术一等奖，“在线淬火技术在炉卷轧机生产线中的开发与应用”获得江苏省人民政府三等奖。此外，2010年共申请发明专利14项。

2010年，研究院与地方各级政府及企业建立了密切的产学研合作关系，加快科技成果转化步伐，服务于地方经济发展。年内，研究院积极参与广东省佛山市高明区、河北省武安市、江苏省无锡市职教园与锡山区、浙江省宁波市鄞州区、江苏省徐州市铜山区、中石油、二汽、中铝股份、中国二重、中冶东方等的产学研活动，与当地政府和企业建立产学研合作关系。作为“首都钢铁服务产业联盟”的副理事长单位，参与《首都钢铁服务业低碳技术路线图》的研究。以高效轧制中心广东高明分中心的名义，参与《高明区金属材料产业技术路线图》的研究。

研究院参与学校的科研工作，服务学校的科研发展与学科建设。研究院协助学校完成“优势学科创新平台”建设项目一期项目的验收以及二期项目的申报工作；作为牵头单位，协助学校申报“跃升计划”项目，编写“高品质钢自主研发与创新能力建设”项目的申报材料。继续支持学校基础理论和人文学科研究，提供近80万元资金，设立33项课题，资助外国语、应用、文法等学院的青年老师。继续支持“钢合组织”论坛，提供部分资金资助“第七届钢铁冶金新技术发展论坛”。

（徐　科）

【技术领域】根据建设部要求，研究院重新组织申报设计资质，获得“金属材料工程甲级资质”和“环境工程（水污染防治工程）专项乙级资质”，比原有“冶金行业（压力加工）主导工艺甲级”更上一个台阶。

年内，研究院为了保证工程项目实施质量，严格按照ISO9000的质量体系要求，对过程进行控制，完成ISO质量体系从2000版升级为2008版的转换工作，并按新的质量体系文件对所有正在实施的工程项目进行了内部审查和外部审查，均顺利通过。

2010年，研究院顺利完成广西柳钢1450热轧板带工程生产线自动化系统、重钢环保搬迁1780mm热连轧三电控制系统、邯钢中板厂2#、3#热处理线NAC快冷及三电系统3项重大工程项目，均已顺利投入运行，所有功能运行稳定、可靠，赢得企业的高度认可和好评。除此以外，还完成了近20个各类工程项目。

2010年，研究院不断拓宽应用领域，充分利用在钢铁行业积累的技术优势，聘请专家，组织人力，积极参与技术交流，获得宽幅铝带热连轧自动化项目，打破有色领域国内建设的宽幅铝热连轧的自动化系统皆由国际公司引进的格局，首次实现了国产化。另外，承接了一条宽带钢热连轧横切线电气控制系统（以下简称“控制系统”）。在轧制生产线日益饱和、产能甚至过剩的情况下，增加后续加工能力、为用户提供更丰富的产品是生产企业的努力方向，横切机组将会是许多企业完善和补充的领域。目前，国内宽带钢热连轧横切线电气控制系统均由国外公司提供，国内首次承担控制系统的开发具有非常积极的意义，其成功开发也将会成为高效轧制中心今后发展的一个增长点。为了拓宽工程范围，2010年还承接并完成了一项大型矿用机车电气传动改造项目。原来该类矿用机械均采用国外引进系统，经过单位技术人员周密调研和深入研究，确定了可行的技术路线，并在现场服务3个月以上，实现了技术协议中的所有要求，已达到验收要求。

（何安瑞）

【合作交流】 2010年，研究院广泛与国内外相关学科展开学术交流。8月，唐荻、陈雨来访问台湾，参加海峡两岸金属产业创值论坛；赵爱民、孙蓟泉、米振莉等17人先后代表轧制中心赴马来西亚MEGASTEEL钢铁公司传授有关炼钢和轧钢生产相关技术，进一步扩大了高效轧制中心在海外知名度；9月，组织参展团参加“第十届国际轧钢大会”并较好地宣传了研究院成立以来的科研开发与成果推广应用的业绩，受到了与会代表高度的认可和赞扬。

2010年11月，研究院派何安瑞研究员赴德国培训，在学校“211工程”三期创新人才培养项目的支持下，派出1名博士研究生赴加拿大短期访问3个月。此外，韩国浦项（中国）投资有限公司、巴西EMBRACO公司、加拿大RYERSON大学教授刘光军教授、台湾国立成功大学黄文星教授等公司和大学来我中心访问，洽谈合作项目。

（米振莉）

【实验室建设】 2010年，实验室认真做好设备运行维护以及修配工作，不断完善各项管理制度，保障各类设备有效使用、安全运行。年内，研究院进行了创新平台项目“模拟连续退火实验设备”的配套工辅、能源介质设计与施工，完成“自动焊机”设备招标。此外，研究院自筹经费，在国内首次实现了热轧在线模拟调质生产线的改造，开展控制轧制、控制冷却、在线淬火、在线回火的科研实验，还对原有的2#冷轧机进行了改造，目前处于设备安装阶段。

（胡水平）

【研究生培养】 2010年，研究院进一步完善研究生培养的过程管理，制定多项规章制度和管理办法，着力提高研究生的培养质量。至2010年底，在读研究生共282人。年内，招收研究生97人，其中，博士23人，硕士51人，全日制专业学位研究生23人；毕业研究生68人，其中博士17人，硕士51人。

2010年，研究生教育管理工作取得显著的成绩。学校第六届研究生学术论坛活动中，10篇论文获“优秀论文奖”，1人获得“宝钢教育特种奖学金”。学校第六届师生轻体运动会获精神文明奖。评选出优秀团干部1人，优秀团员3人，“三好”12人，优秀“三好”4人，优秀研究生干部4人；硕研092班获“优秀班集体”荣誉称号。举办了各种丰富多彩的师生文体活动，增进了全院师生之间的沟通和交流，促进了研究生集体归属感和核心凝聚力的形成。

（刘云清）

【党建与工会工作】 2010年，研究院接收转自材料学院、冶金学院、机械学院和信息学院的111名学生党组织关系，按照梯队建立6个学生支部，支部数量从3个增为9个，党员人数由2009年底的83名增加至228名。

年内，党建活动蓬勃开展。教工二支部被评为2010年校标杆支部，品种开发学生二支部入选第三批校标杆支部。在学校组织的“创先争优”活动中，品种开发学生一、二党支部、教工一支部的“新老生经验交流会”活动获学校优秀基层党组织活动三等奖。

2010年初，研究院召开第一届第三次职工大会，在总结工作的基础上对有突出贡献和先进个人进行表彰。参加了学校工会组织的所有活动，取得校运动会精神文明奖、校合唱比赛三等奖、校排球比赛第五名的好成绩。11月，通过了校工会二级单位工会建家评估，获得了“校先进教职工之家”的荣誉称号。

（刘云清）

新材料技术研究院

【概况】2010年，新材料技术研究院（以下简称“研究院”）围绕学校“十一五”发展规划任务和2010年工作重点，在科学发展，追求质量、加强技术转化的指导思想下，构建国内领先、国际一流的新材料技术研究院。以建设国家级新材料创新平台为目标，以创建各类合作创新平台、争取重大项目和出高水平成果为重点，全面提升科研能力和水平。创新科技体制，实施基地、人才、项目一体化改革，通过开展国际、国内学术交流与科技合作、引进“千人计划”等高水平人才，培育新的科学和项目增长点，促进学科交叉和融合、新老学科的协调发展。通过一年的建设，在研究院全体教职工的共同努力下，圆满地完成了2010年各项年度工作目标任务。

（曲选辉、吴春京）

【师资队伍建设】 2010年，研究院积极引进高层次人才，不断优化师资队伍结构，重点培养中青年骨干教师，着力打造一支职称结构、学历结构、学缘结构、年龄结构合理，专业学术能力强、创新意识浓厚、富有生机与活力的学术队伍。至年底，研究院共有教师63人，其中中国科学院院士1人、教育部长江学者奖励计划特聘教授3人和讲座教授1人、国家杰出青年科学基金获得者3人、国家973计划项目首席科学家1人、全国优秀科技工作者1人、国家百千万人才工程一二层次入选者3人，教育部“新（跨）世纪优秀人才支持计划”入选者7人、北京市科技新星计划入选者9人，并有32人具有境外留学经历。有教授29人，副教授22人，讲师12人，师资博士后5人。具有博士学位的54人，占教师总数的86%；45岁以下教师42人（含45岁），其中，具有博士学位的占91%。

2010年，研究院有计划、有重点地选拔和培养青年教师骨干。年内，研究院完善新教师引进和招聘的标准与程序，通过公开考评录用3人，师资博士后进入研究院工作3人，确保了教师的质量和水平。积极选拔和培养青年学科带头人、学术骨干，实行青年教师导师制，安排青年教师参与重大项目和工程的申请报告的编写、论证等工作，锻炼学术能力，年内，有2位副教授被评为博士生导师。积极开展师德教育、敬业精神、奉献精神、科学精神的培养，促进师资队伍整体水平的全面提升。全年共有7人次接受了不同层次和不同内容的培训，对提高青年教师综合水平和教学质量起到了积极的推动作用（1人进行了新教师岗前培训，6人进行了出国留学外国培训）。2名教师晋升教授，3名教师晋升为副研究员。

（马桂珍、李 芊）

【学科项目建设】 2010年，研究院在重点学科和科学研究工作中继续坚持“注重基础，加强应用，发展交叉，促进联合”的科技方针，面向国际科技前沿和国家重大需求，开展基础研究和技术创新工作，积极推进科技成果的转化与产业化。

年内，研究院围绕“高水平科技创新体系建设”这一主题，继续强化质量和创新，培育新的增长点。在重大项目方面，申报了“高性能金属材料控制凝固与控制成形的科学基础”和“深海材料失效电化学规律与防护关键技术”2项国家“973”计划项目，其中谢建新教授为首席科学家的“高性能金属材料控制凝固与控制成形的科学基础”获得批准，项目经费3000万元。联合材料学院共同参与申报的国际热核聚变实验堆（ITER）计划专项“聚变堆面向等离子体材料的基础研究”获得批准，项目经费2227万元。孙爱芝等教授参与的国家稀土专项重大“863”课题获得批准，学校负责经费1250余万元；李晓刚教授参与的“863”重大项目“CO2驱油及封存技术”获得批准，学校负责经费250万。在支撑计划方面，研究院参与“铜材短流程生产关键技术与工程化”、“带钢高效清洗工艺和冷轧工序废弃物利用技术开发”和“废铝易拉罐保级还原技术开发及应用”3个支撑计划项目，负责经费4600万。唐伟忠、李成明等教授在金刚石薄膜研究方面获得突破性进展，其设计的导弹光学窗口器件通过试车试验，该方面的研究获得科技部重大国际合作项目的支持，负责经费400余万元。

（曲选辉、乔利杰）

【科研成果】 2010年，研究院以开展高水平实质性的科技交流与合作等重点工作为主线，推进全年科技工作，主要包括：

①强调团队合作，承接国家重大、重点科研项目。全年，新增各类科研项目112余项，包括国家重大专项课题3项，国家863计划课题4项，国家973项目1项，国家自然科学基金12项等纵向课题，厂协课题78项，合同总经费7718.5万元。在研科研项目256项，其中纵向课题147项，横向课题109项，进校科研经费6613.7万元，其中纵向经费5095.8万元，横向经费1517.9万元。

②出标志性成果，提升在材料科研领域的地位。谢建新研究室开发的高性能金属层状复合微丝成功应用于嫦娥二号工程，为我国深空探测做出了贡献；“铜包铝复合材料连铸直接成形技术及产品开发”项目通过了教育部支持的技术成果鉴定，整体技术达到国际领先水平并荣获2010年度教育部技术发明一等奖和中国产学研合作创新成果奖；李晓刚负责的腐蚀野外台站项目被科技部评为优秀团队；乔利杰教授获得“全国优秀科技工作者”称号，并与中国空间技术研究院开展空间材料服役性能研究，与挪威科技大学就能源材料合作研究达成意向。

③加强基础性研究，鼓励发表高水平论著、创造标志性科技成果。全年全院共发表学术论文310篇，SCI收录118篇、EI收录147篇、ISTP收录7篇，SCI检索118余篇，影响因子2以上的34篇。获省部级一等奖1项；鉴定项目3项；申请专利84项（发明81项，实用新型3项），授权专利64项（发明62项，实用新型2项）。全年共出版专著、译著、教材等3部。其中，范丽珍教授在“Advanced Materials”期刊上连续发表学术论文2篇，并被Nature Materials评为亮点工作；曲选辉课题组，在金属材料领域影响最大的传统期刊Acta Materialia发表论文；李晓刚课题组在影响因子4以上的ELECTROCHEM COMMUN（影响因子4.578）等期刊发表论文多篇。

④积极与地方和企业合作，促进科研成果转化。年内，研究院与企业界广泛合

作，加入了“有色金属加工技术联盟”、“稀土材料技术联盟”、“中国再生资源产业技术创新战略联盟”和“中国钢铁协会”等组织，并以联盟成员身份参与申请了3个“支撑计划”项目和1个重大“863”项目，负责经费5000万余元；与广东省企业合作，将电子废弃物的回收和循环再利用技术成功应用，获得良好社会效益和经济效益；与中石化青岛工程研究院签订2000万吨“高压铝箔的高比容技术”转化合同，与广西桂东电子、西宁特钢、航天一院、二院、五院、航天电子十八所等单位合作，使多项成果取得了显著的应用效应。

（曲选辉、李晓刚）

【对外交流】2010年，研究院加强与国内外著名研究机构的交流与合作。年内，研究院主办了“第八届国际压原子力显微镜与极性材料纳尺度力电性能研讨会”、“第七届海峡两岸材料腐蚀与防护研讨会”，“石油石化地下管网防腐技术”国际研讨会；成立了国际腐蚀工程师协会中国学生分会，筹备与挪威科技大学成立联合研究中心，进一步扩大了学校在国内外相关领域的影响力。教师主办或参加国际、国内会议共56次，其中国际会议21次（主办3次），国内会议35次（主办5次）；另做特邀报告10次，外出讲学8次。

（曲选辉、乔利杰）

【实验室建设】2010年，研究院实验中心共承担实验教学课程39门次，实际开设实验总学时数291622学时，实验内容共计125项。研究院不断加强对外服务的质量和水平，提高大型设备的使用率，对外服务金额130万元。

年内，实验室基础条件建设卓有成效。新进场发射透射电镜1台、扫描电镜及制样设备2台，全部安装调试完毕并投入使用；投入30余万元基本完成虚拟实验室一期建设，包括11项虚拟实验，涵盖无机非金属、金相、材料制备加工和材料学等材料学科实验教学方面；完成设备分类及开放手册编写工作，将大型设备按照材料制备类、材料加工类、物理性能类、力学性能类、电化学性能类、金相类、组织结构分析类、其他功能类八类分类编辑成册，详细描述了各大型设备价格、功能、型号、应用方向等诸多内容；加强实验项目认证工作。至2010年底，中心已有34项实验通过了国家实验室认可（CNAS）和资质认定（CMA）；10月，参加国家级实验教学示范中心建设成果展，展出“材料学科虚拟实验室”软件、“材料类学生自主学习培养创新能力的新平台”软件和实验设备开放手册等实验室建设成果，获得一致好评。

全年实验中心接待参观人数共计460余人，来自国内外130个单位，其中来自国内各大专院校86所、科研企事业单位36家、还有8个国外参观团体。本年度实验中心共获得奖励7项。其中，全国级4项，校级3项。

（曲选辉、孙建林）

广东研究院

【概况】广东研究院于2006年10月成立，2007年2月在广州注册实体企业“广东北科科技发展有限公司”，注册资金为人民币600万元。2010年，研究院按照学校统一部署，充分发挥桥梁纽带作用，不断扩大学校在广东省的影响力，为学校建设和校地合作做出了贡献。研究院在广东省设有4个实体机构：①在广州设立广东研究院（“广东北科科技发展有限公司”），由谢建新副校长任院长,李晶教授任常务副院长兼公司总经理。公司是做为独立法人成立的有限责任公司，主要负责产学研项目的对接、技术研究与开发、成果转让及高分子材料实验室建设等。②在佛山市设立“佛山市北京科技大学研究院”，该院是由佛山市政府批准，由佛山市科技局直接主管的事业单位，由李晶教授任院长,主要负责佛山地区的产学研工作开展及远程教育招生、MPA、EMBA招生等。③在广州南沙设立“新材料制备加工技术联合研究中心”,由谢建新副校长任主任,李晶教授任常务副主任。主要开展腐蚀与防护技术实验室建设及项目合作等工作。④在云浮市设立北京科技大学云浮研究院，性质类似于佛山研究院，由云浮市政府批准，云浮科技局直接主管的事业单位，李晶教授任院长兼法人，利用北京科技大学的科技优势在云浮市开展产学研工作。

2010年，在全体人员的共同努力下，研究院取得了良好成绩。佛山研究院被佛山市政府评为“优秀研究院”，在21所高校或研究机构所设立的研究院评比中总分第一名，并获得30万元资金奖励；在学校科研部的直接参与与配合下，成功地组织申报了各类省部级项目16项，合同额为1220万元；通过调研及各方努力，确定了“新材料制备加工技术联合研究中心”的腐蚀与防护技术实验室建设方案，由广州中国科学院工业技术研究院投资500万元建设实验室；受云浮市政府的邀请在云浮市成功地设立“北京科技大学云浮研究院”。

（何　惠）

【队伍建设】2010年，研究院进一步加强人才队伍建设，已设有办公室、财务部、项目部、教育培训部、高分子实验室5个部门。有工作人员24人（其中学校在编人员3人，广州总部工作人员11人，佛山研究院4人，广州中科院材料研发中心7人，云浮研究院2人），博士学历2人，硕士学历8人，本科学历10人，大专学历3人，中专学历1人。同时聘请了各学院10余名教授作为兼职研发人员。研究院现已拥有一支不断开拓创新、能独立进行项目研究开发工作的科研队伍。

（何　惠）

【产学研项目】2010年，广东研究院继续保持了与广东二十多个地市科技局的良好合作关系，加强了与佛山市科技局、云浮市科技局、河源市科技局、广州市白云区及花都区科技局等单位的联系。3月，与东莞市23家知名企业代表签订11个项目合作意向书。同时，研究院进一步加强成果转化，先后联合30余家企业合作申报项目25项，其中省部产学研项目5项，省部产学研示范基地专项4项，广东省重大科技专项2项，产学研专业镇创新专项1项，粤港招标3项，广州市产学研项目5项，高明区产学研项目2项，佛山市产学研项目1项，佛山市制造业信息化重大专项1项，高明区中小企业创新项目1项。最终获批项目16项，合同金额为1220万元。“结构用铁素体不锈钢材料耐蚀性试验研究”项目顺利通过验收。“不锈钢焊管行业工业用水零排放示范工程”、“高级剃须刀片用材质的研究开发”、“高强度紧固件用盘条钢开发”等多个项目进展有序。

（周　伟）

【人才培养】 2010年，研究院采用自主招生、与合作机构联合招生、校企合作招生3种途径扩大招生规模，有效地开展远程教育、MPA等教育培训工作。年内，学习中心远程教育共招生175人，在校生218人，其中专科生213人，本科生5人。研究院与文法学院MPA中心和经济管理学院EMBA中心加强联系与合作，在佛山市逐步开展MPA、EMBA专业学位教育，进一步提升教育层次，为广东省培养更多的高素质管理人才。

（吴钰重）

【实验室建设】 为提升自身科研能力和水平，研究院积极整合学校科技资源，加强自身的人才培养，稳步推进实验室建设。2010年，“新材料制备加工技术联合研究中心”采用“走出去、引进来、内部消化”的方式（通过走访广东省大型造船企业、邀请国内相关行业专家讲学、共同讨论确定实验室的建设思路），先后走访广州中船龙穴造船有限公司、广船国际股份有限公司、广州中船远航船坞有限公司等广东珠三角地区知名船舶修造企业，调研船舶用防护材料和防腐涂料市场现状及企业需求；邀请了知名教授到中心进行实验室建设相关知识的介绍。2010年腐蚀与防护技术实验室的总体建设方案和一期建设方案经工研院和北京科技大学相关专家领导审核正式同意立项，第一期投入300万元资金，标志着腐蚀与防护技术实验建设的正式启动。

高效轧制国家工程研究中心高明分中心主要针对当地金属材料产业的优化与调整开展工作，制定了金属材料产业技术路线图，明确了产业发展方向，同时加强了北京科技大学与当地企业的人才互动，开展了“研究生下基层，零距离服务企业”的活动。材料先进制备技术教育部重点实验室广东分实验室重点针对共建单位模具钢质量优化与开发也开展了卓有成效的工作。

（姚　迪、张　驰）

管理与服务

发展规划工作

【概况】2010年是学校实施“十一五”规划的收官之年，学校紧紧围绕学科建设这条主线，以北京市重点学科增补、北京市重点学科中期检查、新材料学科群项目验收为工作重点，各项工作得到有序推进。

（乔 兰、张武军）

【北京市重点学科增补】2010年，北京市决定在2008年北京市重点学科规模的基础上，开展北京市重点学科增补工作。学校认真研究、充分论证，遴选2010年拟申报北京市重点学科的学科，并组织听取了“光电信息材料”北京市重点交叉学科及“岩土工程”北京市重点学科的的申报材料。最终，两学科都已成为北京市重点学科，并完成项目任务书上交及经费申报工作。

（乔 兰、张武军）

【北京市重点学科中期检查】2010年，北京市决定对北京市重点学科建设计划项目进行中期检查。学校共有纳米材料与器件物理学、光电信息材料与器件两个交叉学科，机械工程、管理科学与工程两个一级学科北京市重点学科，思想政治教育、工程力学、工程热物理、控制理论与控制工程、计算机系统结构和岩土工程六个二级学科北京市重点学科参加了本次中期检查。纳米材料与器件物理学、光电信息材料与器件两个交叉学科，机械工程、管理科学与工程两个一级学科北京市重点学科参加了北京市组织的答辩。

（乔 兰、张武军）

【北京市新材料学科群项目】为贯彻落实《关于实施北京高等学校科学技术与研究生教育创新工程的意见》精神，巩固北京地区普通高等学校学科群建设成果，北京市教育委员会决定继续开展北京地区普通高等学校学科群建设。2010年，学校完成了学科群新项目“先进生物医用及功能化组织修复材料的研究”申报工作，项目申请建设经费200万元。

（乔 兰、张武军）

【本科新专业设置】为了加大战略性新兴产业人才培养力度，支持和鼓励有条件的高等学校从本科教育入手，加速教学内容、课程体系、教学方法和管理体制与运行机制的改革和创新，积极培养战略性新兴产业相关专业的人才，满足国家战略性新兴产业发展对高素质人才的迫切需求，学校年内新申报了纳米材料与技术专业和物联网两个本科专业,并获教育部批准。

（乔 兰、张武军）

【“十二五”教育事业发展规划编制工作】根据教育部有关文件精神和学校“十二五”期间教育事业发展需要，学校于2010年11月启动了“十二五”教育事业发展规划的编制工作。“十二五”规划的期限为2011～2015年。规划编制的重点是学校、各学院及管庄校区的教育事业发展规划，包括学科建设、人才培养、科学研究、技术开发、队伍建设、条件建设、校园建设、经费保障等。

①规划编制的指导思想。以科学发展观为指导，认真贯彻落实中共十七届五中全会、全国教育工作会议精神和《教育规划纲要》精神，主动适应国家战略需求和区域经济发展，遵循高等教育规律，把握时代特征，切实把发展战略重点转到内涵发展上来，紧密结合学校实现由行业特色为主的研究型大学向多科性研究型大学的目标定位以及"三步走"发展战略第二阶段目标，坚持解放思想、开拓创新，力争在人才培养质量、科学研究水平、社会服务能力和管理体制创新等方面实现新的历史性跨越，争取在"十二五"期间初步完成向多科性研究型大学的战略转型，初步成为国内一流、国际知名的高水平研究型大学。

②规划编制的定位。规划的制定工作要根据国内外科学技术和高等教育发展趋势，结合国家重大战略需求，围绕《学校发展战略规划》中确定的战略目标，准确判断学校改革与发展面临的形势，找准发展方向；要在继续突出学校特色和保持学校优势的同时，更加注重学科内涵发展，积极倡导创新，特别是学科专业体系的创新和组织管理制度的创新；要对加快实现学校长期发展战略目标的进程具有指导作用。

③规划编制的要求。规划的制定要立足学校实际，科学预测、合理配置资源，把握经济社会发展对高等教育的要求，加强对全局性、战略性和引领性等重大问题的前瞻研究，在认真分析学校各项事业发展的特色、优势与差距基础上，进一步理清学校"十二五"发展战略思路、政策措施和工作机制，进一步明确高等教育改革任务和改革目标，加快人才培养体制、办学体制、管理体制改革和创新，形成共识，谋划学校"十二五"事业发展重大改革举措。要在深入总结分析学校各项事业发展的成功经验和存在问题的基础上，根据国内外科学技术和高等教育发展趋势，并结合国家重大战略需求，有计划、分步骤地开展基础调研。

2010年12月下旬到2011年1月初，校党委书记罗维东、校长徐金梧、副校长张跃带领有关部门负责人，先后听取了各学院及冶金工程研究院、新材料技术研究院、国家重点实验室、国家科学中心4个直属单位的工作汇报。各单位对照"十一五"规划目标和完成情况，从建设成效、学院现状、问题分析及"十二五"面临的机遇和挑战、发展目标、主要建设任务和具体措施等方面进行了分析和研讨。

（乔　兰、张武军）

人事管理

【概况】2010年，学校大力实施人才强校战略，切实加强师资队伍建设，深化人事分配制度改革，充分调动各方面积极性，为学校各项事业发展提供了强有力的人才保障和智力支持。

年内，学校共补充各类人员106人，其中教学科研岗位45人，其他岗位61人。在教学科研岗位补充人员中，3人具有高级专业技术职务，22人为教师博士后；本校毕业、外校毕业和海外回国人员分别为14人、17人和14人。

至2010年底，学校在职职工总数为2700人，其中师资队伍1374人，教辅人员398人，行政人员406人，工勤人员384人，专职科研人员33人，其他人员105人。师资队伍人员占全校职工人数的50.9%，师资队伍中具有博士学位的有824人，占总人数的60.0%。

（朱宝善、苏　靖）

【岗位聘任工作】2010年，根据《北京科技大学各类人员编制与岗位管理规定》（校发[2009]72号）和《北京科技大学岗位聘任实施办法》（校发[2009]73号）的要求，经学校岗位聘任委员会审定，共有1167人聘任至各级教师岗位，其中20人聘任至特级教师岗位，255人聘任至A类教师岗位（A1岗位68人，A2岗位97人，A3岗位90人），455人聘任至B类教师岗位，437人聘任至C类教师岗位。

（陈　旭、马　立）

【专业技术职务评聘工作】2010年，全校共有193人参评8个系列的高、中级专业技术职务评审，经过资格审查、校外同行专家评审、学科评议组评审、学校评审委员会评议、校园网公示工作业绩等环节，最终有93人晋升高一级专业技术职务，其中正高级20人，副高级45人。通过北京市及其他高校学术评审委员会代评2人，其中正高级1人，副高级1人。专业技术职务评聘工作实现了两个突破：一是首次实现了真正意义上的评聘结合，即只有聘任到相应岗位才可申报相应级别的专业技术职务；二是在限次申报的基础上开始实行隔年申报制度，同时对送审论文、学历学位及出国访学经历等方面都提出了明确要求。

（陈　旭、马　立）

【高层次人才引进工作】2010年，学校印发《人才振兴工程文件汇编》，启动以高水平拔尖人才引进计划、高水平创新团队建设计划、青年骨干人才培养计划为主要内容的人才振兴工程。学校高层次人才引进工作取得重大进展：成功引进“千人计划”入选者庄林忠、林平、林建国、汪林兵，国家杰出青年基金获得者姚俊，长江学者、国家杰出青年基金获得者隆克平，英国索尔福德大学教授王文彬，教育部新世纪优秀人才支持计划入选者党智敏、张晓冬等多位高层次人才。

（刘　伟）

【高层次人才推评工作】2010年，学校按照“坚持标准、公正公开、实事求是”的原则，顺利完成“千人计划”、国家杰出青年基金等各类人才工程项目的推评工作。庄林忠、林平、林建国、汪林兵入选“千人计划”，王循理入选教育部长江学者讲座教授，杨槐入选国家杰出青年基金获得者，吴顺川入选新世纪百千万人才工程国家级人选，蔡美峰获得宝钢教育基金优秀教师特等奖，杜振民、陈红薇获得宝钢教育基金优秀教师奖，强文江团队入选国家级优秀教学团队，谢建新、林均品作为首席科学家承担“973”国家重点基础研究发展计划，苗君、冯妍卉、金爱兵、范丽珍、秦明礼获得霍英东教育基金资助，李晓刚、尹常治、蔡嗣经、王京、罗胜被推荐为享受国务院政府特殊津贴候选人。

（刘　伟）

【合同期满人员考核】为规范教师聘用管理，做好教师续聘工作，学校对2010年聘用合同期满的90名教师进行了考核，其中正高10人，副高36人，中级44人。根据合同期满教师的工作业绩及综合表现，经二级单位党政联席会和岗位聘任委员会的考核评定，80位教师的考评结果为合格，10位教师的考评结果为基本合格或不合格。

（陈　旭、马　立）

【师资培养与培训工作】2010年，学校继续深化新教师岗前培训制度改革，通过讲座、参观、分组讨论、网络教学、素质拓展等多种形式，从职业道德、教育教学、科研素质等方面分岗位、分类别地开展了岗前培训。110位新入校教师参加培训，其中教学科研人员50

人，专职辅导员20人，行政管理人员20人，其他教学辅助人员20人。

学校继续实施外语教师短期出国研修计划，选派6名青年英语教师赴澳大利亚拉筹伯大学进行为期2个月的英语教育短期研修；大力支持青年教师申请美国梅隆基金、德国洪堡基金等国际基金的资助，并选派5名青年教师赴英国剑桥大学、德国宇航中心等高水平大学和研究机构进行访学研究；积极鼓励和选派教师申请国家各类出国资助项目，共有34人入选留学基金委资助项目，赴宾西法尼亚州立大学、诺丁汉大学、利兹大学、哈佛-麻省理工健康科学技术研究所等著名大学或研究机构进行访学研究；由学校派出的23位教师从牛津大学、剑桥大学、斯坦福大学、宾西法尼亚大学、杜克大学等世界一流大学访学回国。

学校鼓励和支持教师在职攻读学位，2010年申请在职攻读学位51人，录取23人，其中录取攻读博士学位18人；在职攻读学位毕业人数为13人，其中博士毕业9人。加强教师教学技能培训，组织70余名教师参加现代教育技术培训，提高应用现代教育技术从事教学工作的能力。派遣青年教师参加国内访问学者项目、课程进修、国内外学术交流、出国人员外语培训及各类讲座培训等，参加人数400余人次。组织并参与了北京市教育委员会的教师资格认定工作，对参与认定教师资格的材料进行了审核、整理、录入，最终有46人通过高等学校教师资格认定。

（陈　旭、马　立）

【人力资源管理信息系统建设】2010年3月，学校正式启动研发人力资源管理信息系统，初步搭建教职工基本信息、师资管理、专业技术职务评聘、考核聘任4个子系统。其中，教职工基本信息子系统记录了个人基本信息、职称职务、培训经历、岗位变动等内容；师资管理子系统主要包括出国回国管理、教师培养培训、各类人才选拔等模块。至年底，完成了全校教职工部分基本信息的数据导入，实现了基本信息的多条件查询功能；整合了教务处、科研部、研究生院、国际处、组织部等部门的数据，初步实现了相关职能部门数据资源的共享。

（陈　旭、马　立）

【教职工年度考核工作】2010年12月中旬，学校启动教职工年度考核工作。考核工作坚持公正、注重实绩，坚持分层次、分岗位考核，强调定性与定量相结合、个人考核与学术梯队（教学团队）相结合。同时，以人力资源管理信息系统为平台，实现了全校教师岗位人员年度考核网上试运行，简化了数据填报程序。

（陈　旭、马　立）

【研究生助教、助管岗位管理】2010年，学校根据《研究生助教、助管岗位管理试行办法》（校发[2009]8号），开展了研究生助教岗位设置、岗位职责制订、竞聘人员选拔、签约上岗以及聘后管理等工作。全年共选拔博士研究生助教35名，硕士研究生助教125名，硕士研究生助管16名。

（朱宝善、苏　靖）

【博士后科研流动站与博士后管理工作】2010年，根据《关于开展博士后科研流动站工作站评估工作的通知》（人社部函[2010]55号）文件精神，材料科学与工程、冶金工程、机械工程和矿业工程4个博士后流动站参加了综合评估。学校按照《博士后科研流动站评估指标体系》和《评估数据汇总材料上报清单》的规定和要求，按时完成了问卷调查、数据采集、自评和材料上报等相关工作。

2010年，学校共招收博士后研究人员84人，其中流动站单独招收65人（含拟聘教师博士后33人），与企业联合招收19人；办理博士后出站42人。至年底，学校共有在站博士后228人，其中教师博士后63人。年内，学校有12名博士后人员申报中国博士后科学基金特别资助，其中8人获得资助，资助金额共80万元；有66人申报中国博士后科学基金面上资助，其中2人获得一等资助，19人获得二等资助，资助金额共67万元。

（焦丽君）

【社会保障工作】2010年，学校继续做好待岗人员的安置与管理工作，为病残人员申请特困补助2.1万元。至年底共有待岗人员22人，残疾人员2人，特重病号1人。同时，继续做好全校3600余名教职工和合同制员工的社会保险（养老、失业、工伤、医疗）日常管理工作，向社保中心上缴各类保险959.2万元。

（陈小玲、张茵波）

附录

北京科技大学在职教授及正高级专业技术职务人员名单

（截至2010年底）

姓　名	性别	出生年月	专业技术职务	提职时间	所在单位
徐九华	男	1951.02	教授	2000.07	土.资源工程系
明世祥	男	1952.07	研究员	2000.07	土.资源工程系
蔡嗣经	男	1952.10	教授	1996.07	土.资源工程系
胡乃联	男	1955.10	研究员	1999.07	土.资源工程系
璩世杰	男	1956.04	教授	2001.07	土.资源工程系
李仲学	男	1957.05	教授	1994.07	土.资源工程系
陈广平	男	1959.08	教授	2001.07	土.资源工程系
姜福兴	男	1962.09	教授	1994.07	土.资源工程系
高永涛	男	1962.12	研究员	1998.07	土.资源工程系
吴爱祥	男	1963.01	教授	1994.07	土.资源工程系
李克庆	男	1966.11	教授	2008.07	土.资源工程系
宋卫东	男	1966.12	教授	2005.07	土.资源工程系
蔡美峰	男	1943.05	教授	1992.07	土.土木工程系
高　谦	男	1956.10	教授	1998.07	土.土木工程系
王金安	男	1958.03	教授	2002.07	土.土木工程系
牟在根	男	1960.09	教授	2006.07	土.土木工程系
李　铁	男	1961.05	研究员	2005.12	土.土木工程系
王德胜	男	1961.11	教授	2003.07	土.土木工程系
李长洪	男	1962.10	教授	2002.07	土.土木工程系
宋　波	男	1962.12	教授	2003.09	土.土木工程系

续表

姓　名	性别	出生年月	专业技术职务	提职时间	所在单位
纪洪广	男	1963.04	教授	2004.07	土.土木工程系
龚　敏	男	1963.05	教授	2006.07	土.土木工程系
周晓敏	男	1963.10	教授	2004.09	土.土木工程系
谭卓英	男	1965.02	教授	2006.07	土.土木工程系
谢谟文	男	1965.02	教授	2005.07	土.土木工程系
刘娟红	女	1966.10	教授	2010.07	土.土木工程系
吴顺川	男	1969.12	研究员	2006.07	土.土木工程系
宋存义	男	1951.08	教授	1999.07	土.环境工程系
汪群慧	女	1959.07	教授	2001.05	土.环境工程系
朱维耀	男	1960.03	教授	2004.07	土.环境工程系
周北海	男	1963.04	教授	2005.03	土.环境工程系
姚　俊	女	1964.08	教授	2003.08	土.环境工程系
李子富	男	1964.06	教授	2007.10	土.环境工程系
孙体昌	男	1958.09	教授	2000.07	土.矿物加工工程系
倪　文	男	1961.10	教授	1999.07	土.矿物加工工程系
孙春宝	男	1963.01	教授	2007.10	土.矿物加工工程系
王化军	男	1963.03	教授	2003.07	土.矿物加工工程系
谢玉玲	女	1963.10	教授	2005.07	土.矿物加工工程系
冯雅丽	女	1967.07	教授	2007.10	土.矿物加工工程系
刘双跃	男	1958.02	研究员	2002.11	土.安全科学与工程系
金龙哲	男	1963.08	教授	2004.07	土.安全科学与工程系
蒋仲安	男	1963.11	教授	2002.07	土.安全科学与工程系
张英华	男	1964.02	教授	2010.07	土.安全科学与工程系
储少军	男	1946.05	教授	1998.07	冶.钢铁冶金系
王新华	男	1951.03	教授	1993.11	冶.钢铁冶金系
陈伟庆	男	1951.10	教授	1993.11	冶.钢铁冶金系
吴　铿	男	1951.10	教授	2002.07	冶.钢铁冶金系
吴胜利	男	1955.06	教授	1999.07	冶.钢铁冶金系
郭汉杰	男	1957.05	教授	2007.10	冶.钢铁冶金系
朱　荣	男	1962.12	教授	2004.07	冶.钢铁冶金系

续表

姓　名	性别	出生年月	专业技术职务	提职时间	所在单位
张家泉	男	1963.08	教授	2001.07	冶.钢铁冶金系
郭占成	男	1963.09	研究员	1998.10	冶.钢铁冶金系
包燕平	男	1963.12	教授	2001.07	冶.钢铁冶金系
程素森	男	1964.10	教授	2003.07	冶.钢铁冶金系
张炯明	男	1964.10	教授	2004.07	冶.钢铁冶金系
成国光	男	1964.11	教授	2003.07	冶.钢铁冶金系
张建良	男	1965.02	教授	2001.07	冶.钢铁冶金系
苍大强	男	1949.02	教授	1991.06	冶.生态科学与工程系
李　宏	男	1954.11	教授	2006.07	冶.生态科学与工程系
宋　波	男	1963.01	教授	2003.07	冶.生态科学与工程系
李宏煦	男	1971.10	教授	2010.07	冶.生态科学与工程系
周国治	男	1937.03	教授	1984.08	冶.物理化学系
郭兴敏	男	1959.09	教授	2002.07	冶.物理化学系
王新东	男	1962.01	教授	1999.07	冶.物理化学系
王福明	男	1963.03	教授	2000.07	冶.物理化学系
邢献然	男	1963.09	教授	2001.07	冶.物理化学系
李建业	男	1964.04	教授	2007.10	冶.物理化学系
郭　敏	女	1968.11	教授	2010.07	冶.物理化学系
张　梅	女	1970.09	教授	2008.07	冶.物理化学系
于然波	女	1972.07	教授	2010.07	冶.物理化学系
陈　骏	男	1979.08	研究员	2009.07	冶.物理化学系
柯　俊	男	1917.06	教授	1954.02	冶.冶金与材料史研究所
李延祥	男	1962.03	教授	2003.07	冶.冶金与材料史研究所
梅建军	男	1962.12	教授	2004.07	冶.冶金与材料史研究所
李晓岑	男	1964.08	研究员	2001.08	冶.冶金与材料史研究所
潜　伟	男	1972.07	教授	2009.07	冶.冶金与材料史研究所
薛济来	男	1955.08	教授	2004.03	冶.有色金属冶金系
朱鸿民	男	1962.02	教授	2001.01	冶.有色金属冶金系
邹　兴	男	1963.07	教授	2005.07	冶.有色金属冶金系
焦树强	男	1977.11	教授	2009.07	冶.有色金属冶金系

续表

姓　名	性别	出生年月	专业技术职务	提职时间	所在单位
刘雅政	女	1952.10	教授	1998.07	材.材料加工与控制工程系
康永林	男	1954.11	教授	1994.07	材.材料加工与控制工程系
任学平	男	1957.03	教授	1999.07	材.材料加工与控制工程系
韩静涛	男	1957.07	教授	1998.07	材.材料加工与控制工程系
毛卫民	男	1958.04	教授	1999.07	材.材料加工与控制工程系
吴春京	男	1961.03	教授	1998.07	材.材料加工与控制工程系
周　成	男	1962.09	教授	2005.07	材.材料加工与控制工程系
黄继华	男	1962.10	教授	1998.07	材.材料加工与控制工程系
王自东	男	1965.01	教授	2001.07	材.材料加工与控制工程系
宋仁伯	男	1970.09	教授	2010.07	材.材料加工与控制工程系
于　浩	男	1970.10	教授	2009.07	材.材料加工与控制工程系
王燕斌	男	1946.10	教授	1993.11	材.材料物理与化学系
曹　林	男	1955.03	研究员	1999.06	材.材料物理与化学系
万发荣	男	1955.06	教授	1995.07	材.材料物理与化学系
田文怀	男	1959.03	教授	1996.04	材.材料物理与化学系
杨善武	男	1963.08	教授	2005.07	材.材料物理与化学系
尚成嘉	男	1963.10	教授	2004.07	材.材料物理与化学系
杨　槐	男	1965.04	教授	2003.07	材.材料物理与化学系
顾有松	男	1965.11	教授	2002.07	材.材料物理与化学系
黄运华	男	1966.09	教授	2008.07	材.材料物理与化学系
于广华	男	1966.12	教授	2004.07	材.材料物理与化学系
高克玮	女	1967.04	教授	2003.07	材.材料物理与化学系
姜　勇	男	1968.08	教授	2004.07	材.材料物理与化学系
刘泉林	男	1970.01	教授	2005.07	材.材料物理与化学系
耿文通	男	1970.06	教授	2005.11	材.材料物理与化学系
王国杰	男	1971.07	教授	2010.07	材.材料物理与化学系
李立东	男	1972.03	研究员	2005.11	材.材料物理与化学系
杨　洲	男	1973.04	教授	2008.07	材.材料物理与化学系
詹　倩	女	1973.11	教授	2008.07	材.材料物理与化学系
闫小琴	女	1973.12	教授	2007.10	材.材料物理与化学系

续表

姓　名	性别	出生年月	专业技术职务	提职时间	所在单位
杨王玥	女	1946.07	教授	1996.07	材.材料学系
毛卫民	男	1950.12	教授	1993.11	材.材料学系
刘国权	男	1952.05	教授	1991.06	材.材料学系
龙　毅	女	1955.12	教授	1997.07	材.材料学系
杨　平	男	1959.07	教授	2002.07	材.材料学系
李长荣	女	1961.02	教授	1998.07	材.材料学系
杜振民	男	1962.12	教授	2000.07	材.材料学系
官月平	男	1963.09	教授	2006.07	材.材料学系
陈　冷	男	1964.01	教授	2008.07	材.材料学系
强文江	男	1964.04	教授	2004.07	材.材料学系
董建新	男	1965.06	教授	2003.07	材.材料学系
郑裕东	女	1966.03	教授	2007.10	材.材料学系
沈卫平	男	1952.05	教授	2008.07	材.无机非金属材料系
孙加林	男	1956.10	教授	2001.07	材.无机非金属材料系
徐晓伟	男	1956.12	教授	2002.07	材.无机非金属材料系
徐桂英	女	1962.10	教授	2007.10	材.无机非金属材料系
李　勇	男	1964.09	教授	2001.07	材.无机非金属材料系
张波萍	女	1964.10	教授	2003.07	材.无机非金属材料系
徐利华	男	1966.01	教授	2005.07	材.无机非金属材料系
赵海雷	女	1966.08	教授	2003.07	材.无机非金属材料系
燕青芝	女	1966.09	研究员	2007.10	材.无机非金属材料系
张迎春	男	1969.06	教授	2005.09	材.无机非金属材料系
曹文斌	男	1970.07	教授	2006.07	材.无机非金属材料系
周张健	男	1973.06	教授	2010.07	材.无机非金属材料系
葛昌纯	男	1934.03	教授	1987.02	材.无机非金属材料系
王长松	男	1948.04	教授	1995.07	机.机械电子工程系
朱超甫	男	1952.02	教授	1997.07	机.机械电子工程系
刘　颖	女	1956.02	教授	2006.07	机.机械电子工程系
郗安民	男	1957.02	教授	2000.07	机.机械电子工程系
冯　明	男	1963.05	教授	2007.10	机.机械电子工程系

续表

姓　名	性别	出生年月	专业技术职务	提职时间	所在单位
尹常治	男	1950.05	教授	2004.07	机.机械工学系
窦中强	男	1950.08	教授	2002.07	机.机械工学系
于晓红	女	1953.04	教授	2002.07	机.机械工学系
韩建友	男	1956.01	教授	1999.07	机.机械工学系
李　威	男	1967.10	教授	2005.07	机.机械工学系
胡正寰	男	1934.07	教授	1986.05	机.机械学院办公室
王　立	男	1956.10	教授	1998.07	机.机械学院办公室
张　杰	男	1960.10	教授	2000.07	机.机械学院办公室
贾志新	男	1968.01	教授	2006.07	机.机械制造及自动化系
闫晓强	男	1961.11	教授	2003.07	机.机械装备与控制工程系
杨海波	男	1961.11	教授	2002.07	机.机械装备与控制工程系
尹忠俊	男	1962.08	教授	2009.07	机.机械装备与控制工程系
臧　勇	男	1963.10	教授	1996.07	机.机械装备与控制工程系
张清东	男	1965.10	教授	2003.07	机.机械装备与控制工程系
曹建国	男	1971.03	教授	2010.07	机.机械装备与控制工程系
张康生	男	1952.07	研究员	2001.07	机.零件轧制研究中心
王宝雨	男	1964.06	研究员	2004.07	机.零件轧制研究中心
刘柏谦	男	1958.01	教授	1999.07	机.热能工程系
冯俊小	男	1960.08	教授	2003.07	机.热能工程系
刘应书	男	1960.08	研究员	1998.12	机.热能工程系
苏庆泉	男	1961.07	教授	2005.12	机.热能工程系
温　治	男	1962.09	教授	1998.07	机.热能工程系
夏德宏	男	1963.01	教授	2001.07	机.热能工程系
于　帆	男	1964.03	教授	2005.07	机.热能工程系
刘向军	女	1969.09	教授	2007.10	机.热能工程系
冯妍卉	女	1974.10	教授	2008.07	机.热能工程系
石博强	男	1962.10	教授	2001.07	机.车辆工程研究所
马　飞	男	1968.10	教授	2006.07	机.车辆工程研究所
李苏建	男	1959.03	教授	2002.07	机.物流工程系
陈先中	男	1966.09	教授	2007.10	信.测控技术与仪器系

续表

姓　名	性别	出生年月	专业技术职务	提职时间	所在单位
蓝金辉	女	1967.12	教授	2008.07	信.测控技术与仪器系
李希胜	男	1970.01	教授	2006.07	信.测控技术与仪器系
董　平	女	1955.03	教授	2006.07	信.电子信息工程系
王志良	男	1956.12	教授	1995.07	信.电子信息工程系
张朝晖	男	1965.02	教授	2000.11	信.电子信息工程系
解　仑	男	1968.10	教授	2010.07	信.电子信息工程系
高庆狮	男	1934.08	研究员	1980.02	信.电子信息工程系
余达太	男	1946.01	教授	1988.12	信.机器人研究所
杨炳儒	男	1943.03	教授	1991.12	信.计算机科学与技术系
郑雪峰	男	1951.10	教授	2001.07	信.计算机科学与技术系
夏克俭	男	1955.07	教授	2001.07	信.计算机科学与技术系
包　宏	女	1956.09	教授	2003.07	信.计算机科学与技术系
王　沁	女	1961.01	教授	2000.07	信.计算机科学与技术系
曾广平	男	1962.09	教授	1999.09	信.计算机科学与技术系
胡长军	男	1963.01	教授	2001.11	信.计算机科学与技术系
张德政	男	1964.08	教授	2010.07	信.计算机科学与技术系
王成耀	男	1966.11	教授	2004.07	信.计算机科学与技术系
郝红卫	男	1967.02	教授	2006.07	信.计算机科学与技术系
张晓彤	男	1968.05	教授	2008.07	信.计算机科学与技术系
王昭顺	男	1969.12	教授	2007.10	信.计算机科学与技术系
杨　扬	男	1955.02	教授	1994.08	信.通信工程系
周贤伟	男	1963.05	教授	2006.07	信.通信工程系
王建萍	女	1974.01	教授	2010.07	信.通信工程系
隆克平	男	1965.10	教授	2002.12	信.通信工程系
刘贺平	男	1951.05	教授	2000.07	信.自动化系
穆志纯	男	1952.01	教授	1998.07	信.自动化系
孙　铁	男	1952.04	教授	2001.11	信.自动化系
尹怡欣	男	1957.04	教授	1999.07	信.自动化系
徐正光	男	1959.01	教授	2005.07	信.自动化系
胡广大	男	1962.10	教授	2001.09	信.自动化系

续表

姓　名	性别	出生年月	专业技术职务	提职时间	所在单位
付冬梅	女	1963.01	教授	2002.07	信.自动化系
石中锁	男	1964.03	教授	2001.07	信.自动化系
李晓理	男	1971.05	教授	2008.07	信.自动化系
孙　衢	男	1971.07	教授	2004.11	信.自动化系
李　擎	男	1971.12	教授	2009.07	信.自动化系
杨卫东	男	1952.10	教授	1998.07	信.自控研究所
童朝南	男	1955.06	教授	1997.07	信.自控研究所
范玉妹	女	1948.12	教授	1999.09	数.数力系
闵乐泉	男	1951.07	教授	1995.09	数.数力系
廖福成	男	1957.01	教授	1996.09	数.数力系
郑连存	男	1957.06	教授	2003.07	数.数力系
汪飞星	男	1957.11	教授	2003.07	数.数力系
尚新春	男	1958.08	教授	2000.07	数.数力系
陈章华	男	1959.05	教授	2004.07	数.数力系
张晓丹	女	1959.05	教授	2000.07	数.数力系
马万彪	男	1961.08	教授	2003.07	数.数力系
魏培君	男	1964.01	教授	2007.10	数.数力系
赵立英	女	1965.09	教授	2008.07	数.数力系
罗　胜	女	1945.09	教授	1997.09	数.物理系
田　跃	男	1956.03	教授	2001.07	数.物理系
冯　澎	男	1956.10	教授	2000.07	数.物理系
申　江	男	1957.04	教授	2005.07	数.物理系
马星桥	男	1957.12	教授	2004.07	数.物理系
李　阳	男	1962.10	教授	2000.07	数.物理系
王凤平	女	1962.10	教授	2003.06	数.物理系
吴　平	女	1962.10	教授	2002.07	数.物理系
邱　宏	男	1963.02	教授	2000.07	数.物理系
潘礼庆	男	1964.11	教授	2001.07	数.物理系
丁红胜	男	1969.08	教授	2009.07	数.物理系
顾　强	男	1971.06	教授	2004.07	数.物理系

续表

姓　名	性别	出生年月	专业技术职务	提职时间	所在单位
张学记	男	1964.10	教授	2007.04	数.张学记千人团队
张牧风	女	1957.08	高级编辑	2003.09	数.数理学院办公室
胡国华	男	1964.05	教授	1998.09	化.高分子科学与工程系
党智敏	男	1969.08	教授	2003.09	化.高分子科学与工程系
李文军	男	1960.05	教授	2000.07	化.化学系
叶亚平	女	1962.01	教授	2004.07	化.化学系
姜建壮	男	1963.03	教授	1997.08	化.化学系
范慧俐	女	1963.06	教授	2003.07	化.化学系
杨运旭	男	1963.08	教授	2008.07	化.化学系
弓爱君	男	1965.03	教授	2006.07	化.化学系
陈飞武	男	1966.05	教授	2008.07	化.化学系
常志东	男	1970.02	教授	2009.07	化.化学系
刘杰民	男	1970.10	教授	2007.10	化.化学系
边永忠	男	1975.11	教授	2008.07	化.化学系
李建强	男	1964.12	教授	2008.07	化.化学系
闫　海	男	1962.10	教授	2004.07	化.生物技术与科学系
宋　青	男	1965.10	教授	2005.08	化.生物技术与科学系
樊彩霞	女	1958.11	教授	2002.07	管.财务与会计系
韩良智	女	1963.02	教授	2004.07	管.财务与会计系
肖　明	男	1963.10	教授	2001.07	管.财务与会计系
杨　武	男	1961.03	教授	2007.03	管.工程管理与技术经济系
张晓冬	女	1972.10	教授	2006.09	管.工程管理与技术经济系
佘元冠	男	1948.07	教授	1998.07	管.工商管理系
何维达	男	1960.02	教授	1998.09	管.工商管理系
戴淑芬	女	1963.09	教授	2002.07	管.工商管理系
张　剑	女	1967.05	教授	2009.07	管.工商管理系
魏　钧	男	1974.03	教授	2009.07	管.工商管理系
张　群	男	1950.11	教授	1995.09	管.管理科学与工程系
高俊山	男	1953.04	教授	1997.09	管.管理科学与工程系
潘永泉	男	1957.09	教授	1996.09	管.管理科学与工程系

续表

姓　名	性别	出生年月	专业技术职务	提职时间	所在单位
李铁克	男	1958.07	教授	2000.03	管.管理科学与工程系
高学东	男	1963.11	教授	1997.09	管.管理科学与工程系
王道平	男	1964.07	教授	1998.11	管.管理科学与工程系
杨建华	男	1965.11	教授	2007.10	管.管理科学与工程系
武　森	女	1971.06	教授	2008.07	管.管理科学与工程系
贾建华	男	1954.11	教授	1999.09	管.国际经济与贸易系
李明英	女	1956.06	教授	1998.07	管.国际经济与贸易系
赵　晓	男	1967.03	教授	2005.03	管.国际经济与贸易系
刘　澄	男	1967.06	教授	2001.09	管.国际经济与贸易系
冯　梅	女	1967.07	教授	2009.07	管.国际经济与贸易系
黄晓霞	女	1970.01	教授	2010.07	管.国际经济与贸易系
何　枫	男	1975.05	教授	2007.10	管.国际经济与贸易系
王宾容	女	1964.03	教授	2003.07	管.国际经济与贸易系
董绍华	男	1960.12	教授	1997.07	管.经济管理学院办公室
谢　湲	女	1961.08	教授	2001.09	管.经济管理学院办公室
郑瑞琨	男	1969.01	教授	2007.10	文.法律系
许　放	男	1950.07	教授	1995.09	文.公共管理系
冯　英	女	1966.07	教授	2009.07	文.公共管理系
周湘斌	女	1954.11	教授	1999.09	文.社政系
时立荣	女	1963.03	教授	2001.01	文.社政系
刘静珠	女	1950.11	教授	2002.07	马克思主义学院
颜　锋	男	1953.06	教授	2002.07	马克思主义学院
陆　宁	女	1955.04	教授	2003.07	马克思主义学院
陆　俊	男	1961.08	教授	2000.11	马克思主义学院
张北根	男	1966.07	教授	2006.07	马克思主义学院
李晓光	女	1967.08	教授	2008.07	马克思主义学院
彭庆红	男	1968.09	教授	2006.07	马克思主义学院
左　鹏	男	1971.11	教授	2008.07	马克思主义学院
梁素芹	女	1951.09	教授	1999.09	外.二系（大学英语系）
张敬源	男	1966.04	教授	2003.11	外.三系（研究生英语）

续表

姓　名	性别	出生年月	专业技术职务	提职时间	所在单位
彭　漪	女	1956.07	教授	1998.07	外.一系（英语语言文学系）
何　沂	女	1958.07	教授	1998.07	外.一系（英语语言文学系）
陈红薇	女	1966.07	教授	2007.12	外.一系（英语语言文学系）
何　伟	女	1970.01	教授	2008.11	外.一系（英语语言文学系）
陈建萍	女	1962.09	教授	2002.07	管庄校区
陈国良	男	1934.03	教授	1986.05	国家重点实验室
张济山	男	1957.08	研究员	1994.07	国家重点实验室
王建国	男	1958.07	研究员	2008.07	国家重点实验室
杨　滨	男	1960.07	研究员	2001.07	国家重点实验室
隋延力	女	1961.08	研究员	2004.12	国家重点实验室
林均品	男	1963.08	研究员	1999.07	国家重点实验室
王艳丽	女	1964.05	研究员	2009.07	国家重点实验室
惠希东	男	1964.11	研究员	2002.07	国家重点实验室
朱　洁	女	1965.08	教授	2004.03	国家重点实验室
宋西平	男	1966.11	研究员	2008.07	国家重点实验室
张　勇	男	1969.06	教授	2004.03	国家重点实验室
高学绪	男	1969.08	研究员	2010.07	国家重点实验室
叶　丰	男	1970.07	教授	2004.07	国家重点实验室
吕昭平	男	1970.11	教授	2007.01	国家重点实验室
庄林忠	男	1957.01	教授	2010.04	国家重点实验室
孙蓟泉	男	1959.05	教授	1998.09	冶金工程研究院
赵爱民	男	1962.09	教授	2003.07	冶金工程研究院
刘建华	男	1966.04	教授	2006.07	冶金工程研究院
王　京	男	1948.11	教授	2000.07	冶金工程研究院
唐　荻	男	1955.04	教授	1997.07	冶金工程研究院
蔡庆伍	男	1955.11	研究员	2000.07	冶金工程研究院
侯建新	男	1957.08	研究员	2003.07	冶金工程研究院
吕志民	男	1971.04	研究员	2006.07	冶金工程研究院
米振莉	女	1971.08	研究员	2010.07	冶金工程研究院
徐　科	男	1972.08	研究员	2006.07	冶金工程研究院

续表

姓　名	性别	出生年月	专业技术职务	提职时间	所在单位
何安瑞	男	1972.12	研究员	2007.10	冶金工程研究院
孙建林	男	1963.04	教授	2004.07	新材料技术研究院
范丽珍	女	1975.09	教授	2008.07	新材料技术研究院
刘雪峰	男	1970.11	教授	2006.07	新材料技术研究院
果世驹	男	1946.03	教授	1997.07	新材料技术研究院
贾成厂	男	1949.11	教授	2000.07	新材料技术研究院
郭志猛	男	1959.08	教授	1998.07	新材料技术研究院
曲选辉	男	1960.09	教授	1992.10	新材料技术研究院
郝俊杰	男	1965.04	教授	2010.07	新材料技术研究院
何新波	男	1970.08	研究员	2006.07	新材料技术研究院
秦明礼	男	1975.01	研究员	2009.07	新材料技术研究院
肖纪美	男	1920.10	教授	1961.03	新材料技术研究院
沈卓身	男	1945.07	教授	2001.07	新材料技术研究院
何业东	男	1950.07	教授	1992.10	新材料技术研究院
路民旭	男	1954.05	教授	1994.12	新材料技术研究院
乔利杰	男	1957.07	教授	1997.07	新材料技术研究院
孟惠民	男	1963.02	教授	2003.07	新材料技术研究院
李晓刚	男	1963.10	教授	1997.07	新材料技术研究院
张　津	女	1963.11	教授	2001.12	新材料技术研究院
宿彦京	男	1965.08	教授	2005.07	新材料技术研究院
李金许	女	1965.10	教授	2006.07	新材料技术研究院
杜翠薇	女	1972.02	教授	2009.07	新材料技术研究院
曹江利	男	1972.08	教授	2006.07	新材料技术研究院
董超芳	女	1976.01	教授	2010.07	新材料技术研究院
唐伟忠	男	1955.02	教授	1998.07	新材料技术研究院
李成明	男	1962.09	教授	2004.07	新材料技术研究院
张深根	男	1970.04	正高级工程师	2002.09	新材料技术研究院
陆永浩	男	1967.06	教授	2008.07	国家科学中心
冯　强	男	1969.02	教授	2005.03	国家科学中心
金　莹	女	1974.01	教授	2008.07	国家科学中心

续表

姓　名	性别	出生年月	专业技术职务	提职时间	所在单位
杨　荃	男	1964.10	研究员	1997.07	国家板带中心
卢云峰	男	1968.09	教授	2005.07	北京市高分子材料工程研究中心（筹）
李　晶	男	1967.11	教授	2007.10	广东研究院
魏寿昆	男	1907.09	教授	1936.09	机关.党、校办
杨天钧	男	1943.09	教授	1990.06	机关.党、校办
孙祖庆	男	1944.06	教授	1991.06	机关.党、校办
翁海珊	女	1946.04	教授	1997.07	机关.党、校办
李宝林	男	1948.05	研究员	1999.09	机关.党、校办
罗维东	男	1956.04	教授	2000.01	机关.党、校办
徐金梧	男	1949.04	教授	1992.10	机关.党、校办
陈　曦	女	1956.12	教授	2008.07	机关.党、校办
谢　辉	男	1968.01	教授	2006.07	机关.党、校办
张文明	男	1955.08	教授	1997.07	机关.党、校办
权良柱	男	1961.05	教授	2007.10	机关.党、校办
谢建新	男	1958.06	教授	1995.07	机关.党、校办
张欣欣	男	1957.12	教授	1995.07	机关.党、校办
张　跃	男	1958.11	教授	1995.12	机关.党、校办
武德昆	男	1960.11	教授	2004.07	机关.党、校办
孙冬柏	男	1959.07	教授	1999.07	机关.党、校办
王维才	男	1960.10	教授	2000.07	机关.党、校办
孙景宏	男	1967.08	研究员	2007.10	机关.组织部
何柏芝	女	1954.07	研究员	2008.11	机关.组织部.机关党委（党校）
李　伟	女	1963.10	编审	2008.12	机关.宣传部
乔　兰	女	1963.10	教授	2001.07	机关.规划与学科建设办公室
张武军	男	1968.03	研究员	2010.12	机关.规划与学科建设办公室
赵　锋	男	1967.07	教授	2007.10	机关.人事处
袁文霞	女	1971.02	教授	2005.07	机关.人事处
何民庆	男	1962.08	教授	2003.07	机关.财务处
薛庆国	男	1966.03	教授	2004.07	机关.教务处
申亚男	女	1961.02	教授	2002.07	机关.教务处

续表

姓　名	性别	出生年月	专业技术职务	提职时间	所在单位
林　海	男	1966.12	教授	2005.07	机关.教务处
李京社	男	1959.01	教授	2002.07	机关.研究生院
班晓娟	女	1970.08	教授	2009.07	机关.研究生院
张　颖	女	1965.10	研究员	2009.12	机关.研究生工作部
王西涛	男	1968.05	教授	2005.07	机关.科学研究与发展部
杨玲莉	女	1956.07	研究员	2003.11	机关.科学研究与发展部
刘　青	男	1967.06	教授	2007.10	机关.科学研究与发展部
王　戈	女	1970.10	教授	2006.07	机关.国际合作与交流处
刘　云	男	1952.12	研究员	2007.12	机关.资产管理处
杨德斌	男	1965.02	研究员	2006.07	机关.信息化办公室
季淑娟	女	1963.07	研究馆员	2008.01	机关.图书馆
刘　立	男	1959.06	教授	1998.07	高等工程师学院
张少军	男	1957.10	教授	2004.07	高等工程师学院
赵志毅	男	1962.10	教授	2010.07	高等工程师学院
杨晓明	男	1960.02	教授	2004.07	机关.中国教育经济信息网管理中心.教育经济与管理研究所
曲绍卫	男	1961.02	教授	2000.09	机关.中国教育经济信息网管理中心.教育经济与管理研究所
焦　让	男	1957.02	正高级工程师	2000.07	机关.期刊中心
贾　贤	男	1957.10	编审	2006.12	机关.期刊中心
蒋　伟	女	1967.03	编审	2008.01	机关.期刊中心
佟建国	男	1969.12	编审	2004.12	机关.期刊中心
许学东	男	1954.02	教授	1998.07	机关.天津学院
吴铁桥	男	1954.03	教授	2001.11	机关.天津学院
郭景文	男	1959.12	研究员	2002.10	机关.天津学院
王　平	男	1955.05	教授	1998.07	机关.人才交流中心
刘俊友	男	1963.10	教授	1998.10	产业集团

财务工作

【概况】学校实行“统一领导、集中管理”的财务管理体制。财务处是学校的一级财务机构，在主管校长的直接领导下开展工作。2010年，学校财务工作坚持规范化管理，积极筹措办学经费，统筹各项经费支出，加强资金管理，努力提高经费使用效益，提高科学理财能力，圆满完成各项任务。

（何民庆）

【总体财务状况】2010年，学校事业费收入总计134698万元，包括教育经费拨款43749万元，占总收入的32.5%；科研经费拨款25248万元，占总收入的18.7%；其他拨款7107万元，占总收入的5.3%；教育事业收入21000万元，占总收入的15.6%；科研事业收入22750万元，占总收入的16.9%；基本建设拨款8400万元，占总收入的6.2%；其他收入6444万元，占总收入的4.8%。学校事业费收入中财政拨款为84504万元，占总经费的63%；自筹经费为50194万元，占总经费的37%。2010年，学校事业费支出总计135395万元，包括工资福利支出23542万元，占总支出的17.4%；商品和服务支出50940万元，占总支出的37.6%；对个人和家庭补助支出26576万元，占总支出的19.6%；基本建设经费7312万元，占总支出的5.4%；其他资本性支出24592万元，占总支出的18.2%；债务利息支出1361万元，占总支出的1.0%；经营支出1072万元，占总支出的0.8%。

2010年，学校基本建设完成投资24953万元，其中教育部拨款7312万元，自筹经费17641万元。

2010年底，学校拥有资产总值329687万元，比上年增加14075万元，增长4%。其中固定资产225982万元，比上年增加6409万元，增长3%。

2010年底，学校负债总额为56650万元，比上年增加1378万元，增加2.4%。资产负债率为17.2%，比上年降低了0.77个百分点。在负债总额中，银行贷款34000万元，占负债总额的61%，主要用于学校的基础设施建设。

2010年底，学校账面净资产273037万元，占资产总值的83%，比上年增加12697万元，增加5%。

（管　耘）

【财务管理】①完善预算体制。2010年，学校加强预算管理，坚持“量入为出、突出重点、统筹兼顾”的原则，经过“二上、二下”编制日常运行经费预算草案；将二级单位自有资金纳入学校总预算，基本实现了预算收支平衡，年度预算执行情况良好。

②规范劳务报酬支出。年内，财务处制订《关于进一步规范劳务报酬支取的通知》，规范了办理劳务报酬支取的具体流程，并与科研部共同起草制订了《关于规范科研经费劳务性支出的管理办法(试行)》（校发[2010]46号），大幅度减少了劳务费的现金支付。

③建立防治小金库长效机制。学校按照教育部统一部署和要求，完成了《北京科技大学防治“小金库”长效机制建设总结报告》。学校完善财务管理体制和资金管理制度，建立防治“小金库”的制度保证机制；加强收入和支出管理，建立防治“小金库”的日常管理控制机制；完善“小金库”检查制度和财务公开制度，建立防治“小金库”的监督检查机制。学校还对校办产业集团进行了“小金库“的专项检查和治理。

④加强财务分析。年内，财务处对学校过去3年（2007～2009年）的财务状况进行了系统分析，形成了《北京科技大学财务分析报告》。报告总结了过去3年学校在保人员工资、保教学科研、保事业发展、保稳健运行方面采取的主要措施。

⑤完善服务措施，提高服务质量和水平。一是引进报销排队叫号系统，同时在校园网上实时发布会计科等候报销人数信息，提高工作效率。二是对报销助理制度进行了完善，增加报销助理岗位的设置，加强对报销助理的业务培训，扩大了业务范围，进一步减轻了教师报账负担。三是在财务网上发布了经费汇款到账明细和借款欠款明细，方便各部门及经费负责人随时查询经费到账及借款未还情况，同时将未还借款与借款人相关联，借款人

也可通过e网个人校园信息门户平台查询欠款明细。四是提供优质的电子信息服务平台，在e网和财务网同时发布工资、各类补助及奖助学金发放信息明细，并实时更新，方便师生员工查询。

2010年，学校的财务管理工作表现突出，受到教育部表彰并获得绩效奖励1500万元。

（何民庆）

资产管理

【概况】至2010年底，学校共有本科教学实验室56个，校级公共服务平台2个；依托学校建设的各级重点实验室、工程中心等科研基地37个，实验室总面积101728平方米。其中，国家重点（专业）实验室3个，国家工程（技术）中心2个，国家科学中心（重大科技基础设施）1个，国家科技基础条件平台3个，省、部级重点实验室、研究中心21个；国家级教学示范中心1个，北京市教学示范中心7个；国家工科物理基础课程教学基地1个；基础教学实验室10个。实验室工作人员252人，其中高级职称66人（正高职1人）、中级职称118人、初级职称43人、工人25人。

全校各类仪器设备共计43110台/套，价值71482.12万元。其中教学科研仪器设备31429台/套，价值58103.00万元；单价10万元以上大型教学科研教学设备946台／件，价值39586.60万元；单价40万元以上教学科研设备212台，价值22258.23万元。仪器设备总值同比增长12.3%。学校土地面积共67.02万平方米（合1006.39亩），其中本部57.8万平方米（合867.93亩），管庄校区5.69万平方米（合85.43亩），西三旗校区3.53万平方米（53.03亩）。

（钱大益）

【实验室管理】2010年，实验室管理工作主要包括以下几个方面：①继续开展基础资料调研工作，内容涉及实验场所、实验仪器、队伍、实验教学课程体系与内容和实验环境5个方面，主要包括实验室基础条件、课程设置、教学内容、教学手段等，实验室专业设置、学科建设及实验室建设工作的实际需要、实验室定位等。②组织实施北京市高校实验教学示范中心申报评审工作。外语学院实验中心申报北京市实验教学示范中心。③完成向教育部、北京市教委报盘、报表工作（一般仪器设备、精密仪器设备、教工二表）等。上报情况主要包括实验教学情况、实验室人员情况、实验室使用面积、实验室经费情况、实验室基本情况。其中实验室基本情况主要包括统计科研情况、论文情况、科研获奖情况、开放实验教学情况、社会服务情况、实验费情况等。④组织完成第九届“实验技术成果奖”的评选工作。第九届实验技术成果奖共收到申报材料39份，共有9个单位、82人次参与。经过与会评委的认真评议和无记名投票，共评出一等奖5项，二等奖8项。⑤强化服务意识，认真做好实验室财务管理工作。完成国家重点实验室开放运行经费和基本科研业务费管理。至年底，国家共拨款1330万元，支出913.67万元。其中开放运行费400万元，支出472.96万元（含部分上年余款）；基本科研业务费400万元，支出375.81万元；仪器设备购置费505万元，支出39.99万元；科研配套设施费25万元，支出25万元。⑥完成全校实验室生产与社会服务费用管理。学校年度对外服务收入724.52万元，共支出380.84万元。其中测试平台对外收入为287万元，支出217万元。全年上交学校管理费65.62万元，提取维修费181.13万元，年度维修费支出107.47万元。⑦进行北京市大型仪器设备协作网设备费管理。2台设备共收入80277元，年底发放补贴费6591元。⑧对全校实验室安全进行多次检查，及时处理出现问题；对全校实验室用房搬迁装修进行指导。⑨组织进行年度实验技术系列专业技术职务评审，通过高级技术职务2人，中级技术职务16人。

（钱大益）

【设备管理】2010年，学校在设备管理方面主要开展以下工作：①加强规范管理，推进制度建设进程。为适应学校信息化建设发展要求，资产处组织力量就优化仪器设备（包含家具）采购和管理流程进行了广泛调研和讨论，设计了程序严谨、步骤简化的仪器设备网络管理系统架构。家具采购和管理也实现了电子化管理，新购家具全部纳入信息管理系统，改变了只有一本纸质家具流水账的落后管理方式。②购置仪器设备3700台/套，价值9057.97万元，其中教学科研设备2825台／件，价值7548.25万元。购入单价10万元以上设备150台，价值6072.48万元。其中单价10万元以上教学科研设备98台／件，价值5041.38万元，单价40万元以上教学科研设备37台／件，价值3692.53万元。③开展库房管理工作。报废设备入库979台、出库461台／套。报废设备再利用80台。报废设备变价收入36余万元，已全部上缴学校财务。④加强进口仪器设备管理工作，学校顺利通过北京海关年度审验。共进口仪器设备78台/套，价值488.48万美元，374.8万日元，13.97万欧元，2.55万新元，合人民币约3589万元。顺利通过海关减免税中期核查；办理了相应的合同签订、进口批件、免税手续、报关及提货等工作。⑤对单价10万元以上设备进行重点管理,对新购153台设备建立运行日志、维修记录,并完成资料归档工作。年内，学校启动并实施了第十次大型仪器设备使用效益考核工作，参加考核的单价在10万元以上的教学科研设备532台／套，总计25953.8万元，其中重点为单价在40万元以上的贵重仪器设备125台／套，共计14059.5万元。考核结果为：优秀(考评分≥90）11台/套，占8.80%；良好（90>考评分≥75）11台／套，占8.80%；及格(75>考评分≥60)55台／套，占44.00%。2009～2010学年度，学校单价40万元以上的科研教学设备使用机时共计132296小时，其中用于科研81439机时，用于社会服务19222机时，用于其他项目20781机时；测样数共112998件；其中教学实验项目306项，科研项目1836项，社会服务4296项；精密仪器参与教学和科研获国家级奖3项，省部级奖8项；教师创造发明93项，学生18项；发表论文中三大检索收录的有464篇，核心期刊收录的有527篇。⑥开展设备招标采购工作。学校全年设备采购总额约8000万元。为争取设备的最佳性能、价格比，并保证设备采购工作的公开、公平、公正，对单价10万元及批量20万元以上、生产厂商三家以上的设备实行公开招标。全年组织招投标工作45次，总价值人民币2483.22万元，欧元23.5万元，美元30.25万元。委托校外招标4次，总价值人民币961.22万元，美元265.95万元。未发生一例举报投诉。⑦根据国务院《中央国家机关全面推行政府采购制度的实施方案》精神，全面推动并执行政府采购工作。对各单位申购的属政府采购范围内的微机、打印机、复印机、空调等设备，严格执行《政府采购法》，由学校与供应商统一签订中央单位政府采购协议供货合同。至2010年11月底共签订政府采购合同413份,采购设备1026台/套，843.04万元。其中微机615台/套，411.15万元；服务器32台/套，138.93万元；打印机139台/套，38.18万元；复印机4台/套，4.90万元；空调205台/套，73.60万元；汽车2台，75.20万元；数码相机29台/套，101.08万元。未发生一例违纪现象。⑧家具采购与管理。协助各单位购置家具，验收、入账等工作，至2010年

11月底共采购家具2787套，金额301.89万元。⑨设备的信息计算机管理工作。每月与财务对账，确保设备资产与校财务账目分毫不差。2009年12月至2010年11月共录入设备信息3700条；报废设备消账979台，价值796万元；调拨设备105台/套，价值116.17万元。⑩进行天车、电梯、锅炉、压力容器购置情况统计；进行全校车辆购置情况统计。

（钱大益）

【专项建设项目管理】①组织进行学校“211工程”三期（2008年度）8个二级项目仪器设备配置招标采购工作，共计划购置大型贵重仪器设备32台/套，投入资金1986万元（其中国家拨款1400万元），重点投入学科建设。全部设备合同均已签订。启动“211工程”三期（2010年度）师资队伍建设项目——人才引进经费的设备采购工作。②组织优势学科平台建设项目2007、2008年度的设备采购验收的入库工作。③完成中央修购计划2009年度10个项目的验收工作，启动2010年度建设项目13个，金额1789万元。结合2011年度中央修购计划编制工作，共组织编写23项实验室与公共服务体系建设项目，申请资金4700万元，全部通过财政部的评审，将重点投入本科教学实验室和公共服务体系建设。④完成重点实验室重大专项建设项目1680万元的设备采购工作。⑤完成国家板带中心部分设备的采购工作。

（钱大益）

【公房管理】①学校继续坚持2009年以来的公房实地勘测丈量工作，逐步改进公房管理系统，并推进相关规范制度的出台，初步改变了此前基数不清、家底不明，管理不规范的局面。②2010年初学校出台《北京科技大学公共用房管理规定（试行）》（校发[2010]13号）。规定确立“总额控制、分级管理、分类定额、动态调整、定额使用、超额收费”的管理原则和二级管理模式，对经营性、非经营性用房的使用及管理均做出了规范要求。③完成第一批公共用房使用协议签订。为推行公共用房二级管理原则，由资产管理处代表学校与各公房使用单位签订使用协议书。至2010年底，共与24个二级单位签订了协议，涉及建筑44处，面积约25万平方米，地下空间约1.5万平方米。各建筑屋建筑面积等有关尺寸的测绘及面积测算。已核实、完成34栋建筑，约30多万平方米。④开展公房使用情况调查。按主要使用功能设计了包括党政办公、教学、研究（教研-科研）、公共服务用房、经营、住宅宿舍和其它共7大类房屋类型，并细分为23个功能类别，分别编制了代码。⑤完成校本部全部155栋建筑的测量与CAD平面图绘制，并进行了数据核实和标注，包括校区CAD平面图和10个分区的CAD平面图在内的680张管理图的绘制，整理各类房产数据工作档案176件（盒）。

（钱大益）

【人防及地下空间管理】①开展地下空间数据及使用情况摸查。根据测算，学校现有地下空间37处，总面积8.35万平方米，其中人防工程5.55万平方米，约占66%，人防工程面积在教育部统计的北京地区高校中名列第4。②对地下空间的使用情况进行梳理和统计，最终形成使用单位、用途、所用面积、位置等信息的使用情况详细台帐。启动人防信息平台的数据库建设。除部分结构性和力学性数据外，其他数据已全部入库，并有大量配套的工程图纸、照片、视频资料等，共计超过20G容量数据包已先期报送教育部人防办，结束了学校在教育部人防平台没有历史数据的历史。③建章立制，创造组织和制度保障条件。2010年初学校出台《北京科技大学地下空间管理办法（试行）》（校发[2010]14号），成为学校关于地下空间管理的规范文件和开展人防工作的重要依据。④以安全工作为重点，加强综合治理，确保安全运行。对各地下空间的消防、通信、照明、排水、防水器材准备等进行了一次全面、细致的检查和摸底，摆放防汛沙袋650袋，防止雨水倒灌。及时组织人力对19、24、26栋等常年有积水的地下空间事先进行抽水，确保学校地下空间的防汛安全。下半年加强地下空间的安全管理，并补充制作了130块安全警示标识。⑤以活动促建设，先后组织开展北京科技大学庆祝人民防空创立60周年宣传月活动、人民防空主题征文活动等。校人防办组织创作的《北科大人防之歌》作为学校特色项目报送教育部人防办后，又作为教育部唯一作品推荐到国管局人防办，并由国管局向国家人防总推荐为全国人防工作者之歌。

（钱大益）

【土地管理】①加强与市国土资源部门交流，妥善解决土地规划、行政处理问题。②上报2010年度学校用地计划及用地面积的测算核算。③完成西三旗校区购地工作。西三旗校区购地3.5万平方米，房屋建筑面积1.6万平方米。完成了资料交接、验收，土地、产权证已办理完毕，并已支付全部款项共计6400万元。

（钱大益）

【环保与技术安全管理】①加强对校医院污水灭菌排放工作的管理，更换1台污水处置设备。②认真做好放射源安全管理工作。严格执行放射源库房进出人员的登记工作，延长了放射源存放场所监控录像的时间。国庆期间将放射源送交公安部门指定的单位统一保管。组织4名新增人员进行岗前身体检查和北京市放射性工作人员岗前培训，均通过考试，获得合格证。将报废的2枚放射源和报废的放射装置及时到北京市环保局进行了消帐和备案。③监督、协调有关实验室对污染环境的设备进行改造和改进。对个别实验室墙外加设、加长通风管道，使实验室空气污染得到很大改善。④对学校各实验室的化学品废物进行处理，全年共处理化学品废物和过期化学品3200公斤。⑤组织实验室污染源与安全调查，主要针对实验室危险化学品、高温、高压设备等。

（钱大益）

【其他工作】2010年，学校资产管理处还完成了以下几项工作：①实验室资质建设。组织分析检验中心进行CNAS和CMA二次评审的前期准备工作。评审由原7个检测领域，120个检测项目，扩充到15个领域，260个检测项目。②组织实验人员和管理人员走出校园，交流实验技术和管理成果。在第三届全国高校实验室工作论坛活动中，组织推荐30余篇学术论文参加评奖，并取得良好成绩。全年有多项实验技术及实验管理成果获得奖励：第二届全国高校实验室自制教学仪器设备展示及评审中，获优秀成果奖2项；获得第三届全国高校实验室工作论坛优秀论文一等奖2篇，获得北京市高教学会实验室工作研究会优秀一等奖论文1篇；获得北京市高教学会技术物资研究会学术年会最佳组织奖和优秀论文一等奖1篇，二等奖1篇。③配合财务处完成中央行政事业单位国有资产年度决算报表，网上填报北京市科学技术委员会，北京市统计局下发京科B3表。

（钱大益）

附录

北京科技大学本科实验室一览表

<table>
<tr><th>序号</th><th>实验室名称</th><th>所属学院中心名称</th><th>所属学院名称</th><th>学院实验中心负责人</th><th>实验室负责人</th><th>备注</th></tr>
<tr><td>1</td><td>土木工程实验室</td><td rowspan="3">土木与环境工程实验中心</td><td rowspan="3">土木与环境工程学院</td><td rowspan="3">主　　任:胡乃联
常务副主任:邢　奕</td><td>张　磊</td><td></td></tr>
<tr><td>2</td><td>环境工程实验室</td><td>陈秀枝</td><td>北京市实验教学示范中心</td></tr>
<tr><td>3</td><td>矿物资源工程实验室</td><td>孙金海</td><td></td></tr>
<tr><td>4</td><td>现代冶金工程实验室</td><td rowspan="2">实验技术中心</td><td rowspan="2">冶金与生态工程学院</td><td rowspan="2">主　　任:王劲松
常务副主任:冯根生
副 主 任:韩丽辉
程　锦</td><td>冯根生</td><td rowspan="2"></td></tr>
<tr><td>5</td><td>生态科学与工程实验室</td><td>王丽华</td></tr>
<tr><td>6</td><td>金融工程实验室</td><td rowspan="6">实验信息中心</td><td rowspan="6">经济管理学院</td><td rowspan="6">高学东</td><td rowspan="6">王立民</td><td rowspan="6">北京市实验教学示范中心</td></tr>
<tr><td>7</td><td>会计模拟实验室</td></tr>
<tr><td>8</td><td>工商实验室</td></tr>
<tr><td>9</td><td>信息管理与信息系统专业实验室</td></tr>
<tr><td>10</td><td>证券模拟实验室</td></tr>
<tr><td>11</td><td>计算机应用实验室</td></tr>
<tr><td>12</td><td>金相实验室</td><td rowspan="5">实验测试中心</td><td rowspan="5">材料科学与工程学院</td><td rowspan="5">主　　任:孙建林
常务副主任:熊小涛
副 主 任:胡学晟
刘希和
薛润东
毛璟红</td><td>韩　凌
黄　鹏</td><td rowspan="5">国家级和北京市级教学示范中心</td></tr>
<tr><td>13</td><td>材料学实验室</td><td>李成华</td></tr>
<tr><td>14</td><td>材料制备与加工实验室</td><td>刘德民</td></tr>
<tr><td>15</td><td>无机非实验室</td><td>毛璟红</td></tr>
<tr><td>16</td><td>电镜实验室</td><td>熊晓涛
薛润东</td></tr>
<tr><td>17</td><td>机械工程专业实验室</td><td rowspan="6">实验中心</td><td rowspan="6">机械工程学院</td><td rowspan="6">主管院长:马　飞
主　　任:崔兴山
副 主 任:李　烽
爱　辉
书　　记:范　云</td><td rowspan="6">崔兴山
范　云</td><td rowspan="6">北京市实验教学示范中心</td></tr>
<tr><td>18</td><td>热能及动力工程专业实验室</td></tr>
<tr><td>19</td><td>艺术设计和工业设计专业实验室</td></tr>
<tr><td>20</td><td>物流及工业工程专业实验室</td></tr>
<tr><td>21</td><td>计算机仿真实验室</td></tr>
<tr><td>22</td><td>车辆与设备工程实验室</td></tr>
</table>

续表

序号	实验室名称	所属学院中心名称	所属学院名称	学院实验中心负责人	实验室负责人	备注
23	金工实习基地	工程训练中心	高等工程师学院	主管院长:张少军 书记:甑同乐 主任:王建武 副主任:邹静 徐立业 王旭	邹静 徐立业	北京市实验教学示范中心
24	电子实习基地				王旭	
25	学生创新基地					
26	工业自动化实验室	教学实验中心	自动化学院	主任:李擎 副主任:鲁亿方 韩守梅 王尚军	徐银梅	北京市实验教学示范中心
27	现代测控技术及仪器实验室				鲁亿方	
28	电工电子实验教学中心				韩守梅	
29	科技创新实验室				王粉花	
30	计算机原理与技术实验室	教学实验中心	计算机学院	主任:韩伯涛 副主任:金波	田军峰	
31	电子信息与通信技术实验室				金波	
32	网络技术与信息安全实验室				边胜琴	
33	计算中心				李淑慧	
34	物理实验教学中心	自然科学基础实验中心 (校级)	数理学院、化生学院	主任:张欣欣 常务副主任:刘杰民 副主任:郑连存 办公室主任:马龙海	吴平 张蓓 陈森	北京市实验教学示范中心,国家工科物理教育基地
35	化学实验教学中心				范慧莉 柴成文	
36	力学实验教学中心				尚新春 马文江	
37	数学实验教学中心				汪飞星 艾冬梅	
38	数学专业实验室	实验中心	数理学院	主任:郑连存	汪飞星 艾冬梅	
39	力学专业实验室				尚新春 马文江	
40	物理专业实验室	实验中心	化生学院	主任:刘杰民	吴平 张蓓 陈森	
41	化学专业实验室				范慧莉 柴成文	
42	生物专业实验室				石国庆 尹春华	
43	化学分析中心				张伟光	

续表

序号	实验室名称	所属学院中心名称	所属学院名称	学院实验中心负责人	实验室负责人	备注
44	外语自主学习中心	外语教学实验中心	外国语学院	张秋曼	陈光浦	
45	外语教学多媒体资源中心					
46	语言实验室					
47	同声传译实验室					
48	电子阅览室					
49	社科信息调查与分析实验室	教学实验中心	文法学院	主管院长：孙雍军 主　　任：米　浩	米　浩	
50	社会工作实验室					
51	大学生素质教育基地艺术鉴赏实验室					
52	情景模拟实验室					
53	电子政务实验室					
54	电教中心	现代技术教育中心		段海涛		
55	信息网络中心	信息化办公室		杨德斌		
56	教学技术服务中心	管庄校区		曹建波		

依托北京科技大学建设的各级科研基地名单

序号	类　别	基地名称	管理部门	依托单位	负责人	批准时间
1	国家科学中心	国家材料服役安全科学中心（筹）	发改委	科学中心	孙冬柏	2007
2	国家重点及专业实验室	新金属材料国家重点实验室	科技部	独立单位	吕昭萍	1988
3		高效钢铁冶金国家重点实验室	科技部	冶金与生态工程学院	朱鸿民	2011
4		固体电解质与冶金测试技术国家专业实验室	教育部	材料科学与工程学院	张　跃	1993
5	国家工程研究中心	高效轧制国家工程研究中心	发改委	独立单位	唐　荻	1996
6	国家工程技术研究中心	国家板带生产先进装备工程技术研究中心	科技部	机械工程学院	臧　勇	2008
7	国家科技基础条件平台	材料科学数据共享网	科技部	材料科学与工程学院、信息工程学院	曲选辉	2005
8		国家材料自然环境腐蚀实验台网	科技部	材料科学与工程学院	李晓刚	2004
9	省部级科学中心	教育部材料服役安全科学中心	教育部	科学中心	孙冬柏	2008

续表

序号	类　别	基地名称	管理部门	依托单位	负责人	批准时间
10	省部级重点实验室及基地	环境断裂教育部重点实验室	教育部	材料科学与工程学院	乔利杰	1986
11		金属矿山高效开采与安全教育部重点实验室	教育部	土木与环境工程学院	吴爱祥	2003
12		生态与循环冶金教育部重点实验室	教育部	冶金与生态工程学院	郭占成	2005
13		钢铁流程先进控制教育部重点实验室	教育部	信息工程学院	尹怡欣	2008
14		材料先进制备技术教育部重点实验室	教育部	材料科学与工程学院	谢建新	2008
15		腐蚀与防护教育部重点实验室	教育部	材料科学与工程学院	李晓刚	2008
16		先进粉末冶金材料与技术北京市重点实验室	市教委 市科委	材料科学与工程学院	曲选辉	2000
17		腐蚀-磨蚀与表面技术北京市重点实验室	市教委 市科委	材料科学与工程学院	何业东	2000
18		新能源材料与技术北京市重点实验室	市教委 市科委	材料科学与工程学院	张　跃	2005
19		金属与矿冶文化遗产研究国家文物局重点科研基地	国家文物局	冶金与生态工程学院	梅建军	2008
20		北京市分子与微结构可控高分子材料重点实验室	市科委	材料科学与工程学院	卢云峰	2010
21		北京科技大学农业部农药残留与环境毒理实验室	农业部	化学与生物工程学院	胡继业	2010
22		科技部材料模拟设计实验室-863实验室	科技部	应用科学学院	陈难先	1997
23	省部级工程研究中心	金属电子信息材料教育部工程研究中心	教育部	材料科学与工程学院	谢建新	2001
24		先进板带生产装备及控制教育部工程研究中心	教育部	机械工程学院	臧　勇	2006
25		零件近净轧制成形教育部工程研究中心	教育部	机械工程学院	王宝雨	2007
26		北京表面纳米技术工程研究中心	北京市	材料科学与工程学院	孙冬柏	2001
27		钢铁生产制造执行系统技术教育部工程研究中心	教育部	经济管理学院	张　群	2009
28		北京高校节能与环保工程研究中心	北京市	机械工程学院	张欣欣	2009
29	国际合作基地	国家环境与能源国际科技合作基地	科技部国际合作司	土木与环境工程学院	姚　俊	2010
30	教育部创新引智基地	先进金属和金属间化合物结构和功能材料学科教育部创新引智基地	教育部	新金属国家重点实验室	陈国良	2006
31	省部级技术转移中心	北京市新材料技术转移中心	北京市	材料科学与工程学院	谢　辉	2004
32	国际研究机构	联合国开发署—北京腐蚀与防护中心		材料科学与工程学院	乔利杰	1987
33	首都科技条件平台	北京科技大学分析检验中心	市科委	独立单位	刘　临	2005
34	科技部推广中心	高效零件轧制技术研究推广中心	科技部	机械工程学院	胡正寰	1991

续表

序号	类　别	基地名称	管理部门	依托单位	负责人	批准时间
35	教育部联合研究中心	教育部新型飞行器联合研究中心材料构建与试验评价分中心	教育部	科学中心	孙冬柏	2009
36		教育部深空探测联合研究中心材料分中心	教育部	新材料技术研究院	谢建新	2009
37		教育部卫星导航联合研究中心微型小型化先进载荷技术研究（分）中心	教育部	材料科学与工程学院	于广华	2010

（钱大益）

信息化建设与管理

【概况】学校信息化建设与管理办公室下设网络中心、校园卡管理中心、数据中心3个部门，主要负责全校信息化的规划、建设及管理工作。2010年，学校圆满完成数字化校园二期建设、学校形象信息化建设、学校信息化基础保障环境改造与规范3项重点工作；通过信息系统建设、拓展一卡通应用范围、校情展示及预警、云计算平台建设等工作逐步提升学校的信息化服务质量和水平。

（杨德斌）

【数字化校园建设工作】2010年，学校扎实推进以打通业务资源为主线、整合基础数据为核心的数字化校园二期建设。在深入了解、研究用户个性化需求的基础上，按教师、本科生、研究生3个角色详细设计并完善信息门户的架构，扩建了两个平台，即校园信息发布、咨询等协同办公平台和学生社区、课件资源等服务平台。年内，校园信息门户平台良好地实现了统一门户、统一身份认证，集成了与教学、科研、人事、财务等密切相关的业务系统，成为具有北科大特色、在实施效果上走在全国高校前列的数字化校园系统。在搭建人力资源管理信息系统的过程中，将教师相关的业务数据（科研、本科教学、研究生）进行集中整合，为年内实施的网上人事考核奠定了基础。

年内，学校还与多家兄弟院校针对信息化建设经验和实施效果进行了调研和交流，多渠道、多手段开展了信息化相关内容的宣传和培训活动。

（李容珍、何　敏）

【网络中心工作】学校网络中心主要承担校园网络的维护、监控、实施和技术培训等任务。年内主要完成如下工作：①学生公寓10斋的网络建设和网络接入工作，保证了2010级研究生新生用网；居委会办公楼等学校其他网络接入及改造工作。②核心机房扩容改造工程，扩容后新增8个服务器机柜，解决了原有机房容量饱和问题③新增校园网出口链路负载均衡设备，保证了校园网的正常可靠运行。④国家科技支撑计划“新一代可信任互联网试验网”项目，建成基于真实源地址验证技术的可信任校园试验网，有206台交换设备上线运行。⑤与厂商共同研发并上线运行了IPv4/IPv6二网合一的统一认证系统和网络信息采集系统，在不增加投入的前提下对校园网络进行了有效的加固，保障了诸多敏感时期的校园网络安全，学校未发生一起网络安全事件。⑥建设了北京科技大学视频会议系统、网络直播系统，充分利用现有的校园网络环境，构建一个灵活便捷、稳定可靠的网络化的多媒体通讯平台。年内为学校远程会议、人事处远程面试，职工活动中心、学术报告厅等场所的各类活动提供服务数十次。⑦自行研发了网上客服平台，包括网上报修系统和网络服务系统，用信息化的手段解决各类信息化相关的咨询和求助，缓解了人员不足的矛盾，有效地提升了服务水平。

（梁　哲）

【校园卡管理中心工作】 2010年，校园卡管理中心制作及发放卡片10000余张，共接待用户15000余人。校园卡管理方面，完成新生大批量制卡与发卡工作及日常校园卡发放、管理工作，完成“节能减排”会议用卡的制作与管理工作。

一卡通建设方面，完成校医院门诊POS收费管理系统建设，实现门诊的一卡通结算方式；完成一卡通银校转账系统的光纤接入，实现银校转账服务器与中国银行10M光纤对接；完成一卡通与教工地下车库门禁的对接，实现了数据的实时同步；完成一卡通中心机房电源改造工程，将中心机房机柜实现PDU方式供电，改造后供电稳定；对一卡通银校转账系统软件进行升级，增加银校转账系统流水比对功能，完成一卡通系统与银行系统转账流水的比对工作。

（张广彬）

招生与就业工作

【招生工作】 2010年8月上旬，学校圆满完成招生录取工作，本科和高职在全国各省市继续实行网上录取。学校2010年共有理科实验班，电子信息科学类、机械类、能源动力类、工商管理类、管理科学与工程类、经济学类六个大类和14个理工科专业、3个文科专业、5个文理兼收的专业。面向全国31个省、市、自治区招收本科生3350人，其中文科生328人，理科生3022人。总人数中含2009年学校招收的少数民族预科生30人，新疆民考汉19人，新疆、西藏内地班学生14人，艺术设计专业（艺术类）41人，专科生（高职）100人。同时，新招收少数民族预科生32人和新疆民考汉20人（在北京邮电大学读一年预科）。

从新生情况看，男生2114人，占63.1%；女生1236人，占36.9%。城镇户口2127人，占63.5%；农村户口1223人，占36.5%。应届生2848人，占85.0%；往届生502人，占15.0%。汉族学生3010人，占89.9%；少数民族学生340人，占10.1%。党员25人，占0.75%。学校2010年第一志愿录取率为98.6%，调剂志愿录取率为0。

2010年，学校采取多种措施加大招生宣传力度，一方面认真组织立足本校的现场咨询、电话咨询，一方面走出学校参加各类现场咨询、广播宣传及网络宣传活动。此外，进一步开展与知名重点中学共建优质生源基地工作，以此助力招生宣传工作的落实和提高，2010年与40所知名重点中学签署了共建优质生源基地协议，使学校优质生源基地总数到近200个。

2010年，学校对于招生录取流程中存在的风险点进行研判，及时修订《招生工作手册》，从制度上确保最大程度的公平保障，包括落实“阳光工程”六公开、六不准各项要求；保证做到“逢录必考”，保证每一人次录取均经招生工作领导小组研究审批决定，保证录取结果全部公开，保证纪检监察部门全程参与、监督，保证群众投诉渠道公开、畅通、“首问负责”。通过实现“有章可循”、“有章必循”的责任制度，本年度的招生录取继续实现“零投诉”。

（韩　经、高　谱）

【就业工作】学校共有2010届本科毕业生3386人，研究生毕业生2342人，至9月1日，本科生就业率为95.48%，研究生就业率为98.19%，学校毕业生平均就业率96.72%，比去年同期提高2%。入围学校高质量就业的871人，比去年同期增加了88人。

①以必修课程建设为基础，完善大学生生涯辅导体系。2010年度，职业生涯规划教研室15名老师完成了3个年级112个课堂339个班级的教学计划，总课时量1008个学时。3月，学校就业指导中心以“提升就业能力，成就未来发展”为主题，在全校范围内面向全体学生开展“大学生职业生涯规划与发展辅导月系列活动”，将职业生涯规划引入学生的日常学习生活。此外，学校就业指导中心还通过举办“星期二茶吧工作坊”、职业规划生涯辅导诊所和网上在线咨询等方式，开展学生个性化职业生涯辅导。5月，就业指导中心筹划的学生杂志《贝壳·生涯》创刊，杂志以学生、高校、社会三方为基本立足点，在求职观念、求职方法及技巧等方面给予帮助。学校以“一门必修课，一系列专题工作坊，一条热线，一本杂志”为支撑的生涯辅导体系基本形成。

②以就业市场开拓为关键，拓宽学生就业领域。2010年9～12月初，学校为2011届毕业生举办大型招聘会1场，中型招聘会9场，单位专场招聘会210场，参会单位675家，参会单位比去年同期增长45%。同时，中心继续推动建立大学生实习基地建设，促进“大学生预就业实习计划”，为学生就业提前牵线搭桥。2010年，新建立大学生实习基地19家，共有300余名学生参加了“大学生预就业实习计划”。

③以思想引导为主线，帮助学生树立科学合理的就业观。学校通过大力宣传和推介国家或地区重点就业项目，如大学生村官、西部计划、预征兵、大学生科研助理等，鼓励学生到最能发挥个人价值的地方建功立业。2010年，毕业生到基层就业率比去年提高近3%，23名同学参加了预征兵，8名同学入职科研助理。

④以示范性就业中心建设为契机，改善了大学生就业服务体系。学校以建设北京市“示范性就业指导中心”为契机，进一步完善大学生就业服务体系：改善就业服务工作硬件设施，改版学校就业信息网，加强就业指导工作队伍的专业化建设等。同时学校加大对就业困难群体的关注，了解其存在的经济困难、观念陈旧、心理困扰等问题，进行针对性帮扶。

⑤注重加强调查研究，进一步发挥招生就业环节在学校人才培养中的信息反馈、参谋功能。2010年，招生就业处继续加强工作团队学习和研究能力的提升，开展了“毕业生求职意向调查”、“未就业毕业生情况调查”、“毕业生成功就业初始薪金、求职途径调查”、“毕业生就业质量跟踪调查”、“自主招生学生毕业跟踪调查”等，并将调查结果及时反馈到学生培养工作。此外，招生就业处还承担了教育部课题《2010年大学生就业观念和求职意向调查》，研究成果受到了教育部有关领导和专家的肯定。

（尹兆华、刘晓杰）

审计工作

【概况】2010年，学校审计工作全面贯彻落实《教育系统内部审计工作规定》（教育部令第17号），按照教育部办公厅《关于做好2010年教育审计工作的通知》（教财厅[2010]1号）要求，充分发挥内部审计“免疫系统”功能，很好地实现了审计“为规范财务会计工作服务、为提高教育资金使用效益服务、为教育改革和发展服务”的目标。

（刘淑华）

【队伍建设】学校审计室始终注重审计人员对审计政策、理论和业务学习，按《教育系统内部审计工作规定》对内审人员的审计能力和审计技能的基本要求，2人参加了国管局48学时会计继续教育培训、3人参加了审计署组织的审计人员40学时的审计继续教育培训，全体人员参加了教育审计第三协作组审计学习经验交流会。结合《北京科技大学关于加强机关干部作风建设的实施意见》（校党发[2009]37号）中对学校机关干部作风建设的总体要求，全体人员参加了学校机关党委组织的党员干部学习，2人参加了40学时中层干部培训课程。通过加强审计理论研究，1人在学报上发表文章1篇。

（刘淑华）

【主要工作】2010年，审计室根据工作计划修订了《审计室内部财务管理制度》等内控制度,进一步改进了工程项目全过程审计和基建修缮工程审计等工作流程；在经济责任审计和财务收支审计中进一步完善了审计通知书、被审计单位责任说明、单位整改反馈说明等审计文档，建立了审计问题数据库，对各类问题进行分类整理，及时发现和反映一些普遍性、倾向性的问题，更好地为学校决策提供服务，提升了审计质量。

①经济责任审计和财务收支审计。按照《北京科技大学处级领导干部经济责任审计联席会议制度》（校党发[2009]39号)和《关于对二级单位及单位正职干部实行定期审计的规定》（校发[2009]58号)等文件的要求，学校开展了处级正职干部任期经济责任审计。根据学校审计工作计划安排，审计室分别对保卫保密处、研究生院、科学研究与发展部、经济管理学院、原应用科学学院、后勤基建管理处和招生就业处7个单位负责人进行了任期经济责任审计，并同步开展了所在单位的财务收支审计，共提出审计意见与建议26条。

在经济责任和财务收支审计过程中，学校重点对二级单位的预算编制及执行情况、财务收支及构成情况、财务内控制度的健全性和有效性、实物资产管理以及部分经济合同（协议）等方面进行了审计。审计过程中发现问题并及时与被审计单位进行沟通和交流，提出切合实际的整改意见，督促审计建议的逐步落实；实行审计报告交接制度和后续整改报告反馈制度，提高了审计效果。

②基建项目审计。按照教育部《关于加强和规范建设工程项目全过程审计的意见》要求，深入开展基建项目全过程审计。将审计控制和审计评价相结合,前移工程审计关口，对招标文件进行审核，最大可能减少施工过程中的不可控因素。在招标前，根据招标文件、施工图纸和工程量清单等资料编制招标参考价，尽量使招标价合理。按进度支付工程款前，对合同的付款条款和实际工程形象进度进行审核。工程竣工时，对施工过程中发生的工程量、工程洽商及隐蔽工程进行抽查。通过事前、事中的控制，提前核减了不合理报价，决算时的工程造价基本趋于合理，决算审减额的空间不断下降，减轻了决算审计的工作量。

学校全年完成老干部活动中心决算审计项目1项，审减金额18.5万元。正在实施全过程审计的项目2项：西南角综合科技楼和老4斋改造工程。此外，还对学校电改造、电维修及消防工程等18个项目进行了审计，审减额3万元。

③修缮项目审计。对需审计的重点修缮工程引入全过程审计管理流程，将事前、事中和事后审计相结

合。认真审查招标文件和工程合同，施工过程中深入现场了解情况，对隐蔽工程进行现场勘查，结算时对所有工程进行实地测量，对主材价格仔细确认，对工程结算造价20万元以下及未进行招标的工程按《北京科技大学房屋修缮工程结算编制及审核办法》（校发[2003]112号）核实其他直接费和间接费等。

全年共完成修缮工程结算审计项目46项，报审工程结算造价970万元（其中13项中标工程造价602.55元，5项包死工程造价46.23万元），审计审减额66.23万元，包含中标价和包死价的审减率为6.83%，扣除中标价和包死价的审减率为20.61%。全年学校工程和修缮审计共计审减额87.73万元。

④专项经费审核、内控审计和审计调查。对“重大工程材料服役安全研究评价设施”等专项资金的管理与使用情况进行专项审核，保证专款专用，提高资金使用效益。在经济责任和财务收支审计中，同时对内部控制制度的健全性和有效性进行审查和评价，督促被审单位进一步完善内部控制体系建设。做实审计调查，对部分经济合同和合作协议的重要条款进行了专项审计，同时对被审单位的合同项目进行了延伸审计，对审计中发现的重大项目进行跨年度审计关注，扩大审计范围，延伸审计时间和审计内容。

⑤日常审计检查工作。审计室全年认真完成例行审计任务，主要包括对科研报送的纵向和军工科研经费进行审计审签，对学校财务报送的银行对账单例行审签，审核基建和修缮招标文件16份（校本部12份，管庄校区4份），审查基建工程合同7份，修缮工程合同16份。

全年累计参加并确定工程招标项目的拦标价21次，参加管庄校区修缮工程招（议）标6次，参加工程竣工验收13次。审计人员有1人出行管庄校区进行实地修缮工程审计47天，1人被派往教育部发展规划司工作3个月，1人兼负责教育部“教育审计网页”的首页维护工作。

（刘淑华）

国际及港澳台交流与合作

【概况】 2010年，学校出台《北京科技大学关于推进国际化战略进程的若干意见》（校发［2010］27号），成立了推进国际化工作领导小组及学生海（境）外交流项目办公室，并开展学院国际化建设试点工作。

学校全年与17所国（境）外高校及国际组织签署了合作协议，选择美大区、欧洲区以及东亚地区的20所世界一流高校作为重点战略合作伙伴，与10所高校续签拓展了合作协议。全年共接待各类来访人员700余人，其中部长级3人，大学校长30人。

年内，学校共聘请来自亚、欧、美等30多个国家和地区的专家学者411人，其中长期外籍语言类教师19人，长期专家24人，来访短期专家384人；共聘请名誉教授1人，海外院士5人，国家“千人计划”人选人员2人。举办各类学术讲座100余场，主办6个国际会议以及2个双边学术研讨会，涉及材料、环境、自动化、生物化学、机械热能等重点领域。

年内，共执行各类学生海（境）外经历拓展项目35个，新洽谈成功各类项目16个。共计选拔、派出学生331人次，比去年增长65.5%，其中本科生218人，研究生113人。各类校际交流项目奖学金总额30000元/人次。

年内，共办理短期因公出入境手续457人次，其中，参加国际会议186人次，学术交流106人次，访问考察130人次，进修学者11人次，其他24人次。

（段晓芳）

【推进国际化进程】2010年，学校制定了《推进学生海（境）外学习校际交流项目实施办法（试行）》、《关于资助学院主办国际学术会议、资助教师参加国际学术会议的实施办法（试行）》和《留学生奖学金实施办法（试行）》3个政策性文件，明确师生在学校国际化建设中的主体地位。学校设立“学生（海）境外交流项目”、“资助院系主办国际学术会议项目”、“资助教师参加国际学术会议项目”、“资助聘请外国文教专家项目”4个专项项目，共资助院系及学术梯队主办“中埃新材料和纳米材料双边研讨会”等国际学术会议4个，资助中青年骨干教师出国参加各学术领域的重要国际学术会议并做主题发言，资助冶金学院15名师生组团赴日本东北大学参加创新课程交流。

（段晓芳）

【校际交流与合作】①突破美大地区合作瓶颈。新建立的校际合作伙伴中，超过1/3集中在美国、加拿大（美大）地区，创年度美大区新增合作伙伴之最，其中包括加拿大阿尔伯塔大学（世界大学排名43）、美国加州大学河滨分校（美国大学排名94）、美国爱达荷大学（美国大学排名153）、美国肯特州立大学（世界大学排名196）等。在筛选重点战略合作高校中，特别强化了与美大地区高校的深度合作：与麦克马斯特大学建立深度合作伙伴关系，集中资源，高效率开展相关工作；与滑铁卢大学在理科本科双学位项目的基础上，成功达成经济类及社工专业双学位项目，并拟进行师资交流，引进滑铁卢优质课程；积极与美国加州大学圣地亚哥分校、美国佛罗里达大学、美国迈阿密大学、美国匹兹堡大学、加拿大达尔豪斯大学等世界一流高校联系，为实现合作奠定基础。

②稳定欧洲合作重心。与德国亚琛工业大学和比利时鲁汶大学扩大合作层次及领域，从单向流动发展为双向流动，从工科领域向管理等领域拓展；与兰卡斯特大学在管理类项目合作的基础上，开始工科领域的全面合作；与法国保尔-萨巴蒂大学续签合作协议，继续输送本科及硕士研究生交流学习。英国邓迪大学将北京科技大学列为在京地区唯一理工科合作高校，每年集中选拔3+1+1本硕连读项目理工科学生，并开展师资交流项目。

③深化亚洲地邻合作。首次举办“北京科技大学日本大学日”活动，来自东京大学、名古屋大学、东北大学等日本14所世界顶尖高校的代表参加。集中强化与日本北海道大学的深度校际合作：两校召开第十二届双边学术研讨会，首次实现实习研究生项目合作，积极洽谈硕士双学位的合作，教师之间的科研合作从材料工学拓展至信息、工学及法学等领域。与中央大学等3所日本高校新签署了交换学生协议，集中开展日语专业学生的本科交换生项目，并首次与日本高校实现日语本科专业的2+2双学位项目合作。与九州工业大学、冈山理科大学续签合作协议，将分别在研究生联合培养以及资助短期学生交流领域开展合作。

与台湾大学、台湾科技大学等台湾地区的世界一流大学，在人员培训、师资互换、学术研讨、短期学生交流以及高层互访等方面，实现多层次全方位的交流与合作。首次向辅仁大学派遣挂职管理行政人员，首次与逢甲大学实现短期项目与交换生项目交流与合作，首次接收来自台湾大学工学院的硕士交换生。

（段晓芳）

【学生国际化培养】全年执行各类学生海（境）外经历

拓展项目35个，选拔、派出学生331人次，同比增长65.5%。校际交流项目共派出256人次，占派出总人数的78%，覆盖35个本科专业，其中工科类专业52.9%、经济管理类专业15.5%、人文社科类专业14.55%、理学类专业9.2%。项目学科比例趋于合理，以往较为薄弱的人文社科以及理学已接近25%。

①中外联合培养项目实现与世界一流高校强势学科的合作。新拓展与澳大利亚昆士兰大学、与美国加州大学河滨分校、加拿大阿尔伯塔大学等在工科本科交流项目，使优势学科所占项目比例达到60%。在东亚地区的交换生项目数量已增至23个，占校际交流项目数量的40%；年度交换生人数54人；新与德国汉诺威大学等4个欧洲大学达成交换生项目；共接收来自中国台湾、韩国、日本、以及德国的交换生32人。

②完善境内外双重培养环节模式。首次在材料国际班开设国际理解课程，计入学生学分体系，实现了国际化人才培养在境内环节的零突破；出台首份关于学生海（境）外项目的有效法律文件，由学校法人代表与学生签署；规范各类项目的工作流程，首次编排、印制《2010～2011北京科技大学学生海（境）外交流项目指南》、《行万里路，读万卷书——北京科技大学学生海（境）外经历心得》手册，并召开全校行前教育会及项目说明会，增强了师生对项目的了解。

③90%的项目实现奖学金覆盖，其中23个交换学生项目免除学费、部分免除住宿费，2个硕士项目提供全额奖学金，3个硕士项目免除学费，3个“3+1+1”本硕连读项目提供5万～10万元/人不等的奖学金；全额资助项目人均资助额度1万～1.5万元。

④学生团组356人，首次举办北京科技大学-里海大学夏令营、日本北海道大学实习暑期汉语夏令营、以及香港高校夏令营等系列活动。活动内容包括文化交流、汉语学习、实验室研修、企业参访等。继续举办德国亚琛工业大学实习团、台湾高校夏令营活动，交流水平与参与人数均有进一步提升。

（段晓芳）

【港澳台地区交流】 2010年，对港澳台交流工作不断突破创新：“2010海峡两岸节能减排科技论坛”获选教育部港澳台办及国台办重点交流项目；以“低碳生活，你我同行”为主题，首次邀请香港高校师生来校交流；通过“绿色家园”主题活动，首次与澳门大学达成合作协议。“节能减排”主题系列活动共计邀请港澳台地区师生300余人，其中教师占20%、研究生占40%、本科生占40%；活动收到两岸四地师生提交的创意设计作品60余件、高水平论文100余篇，评选出特等奖1名、一等奖2名、二等奖5名，获奖作品还首次参加了第三届全国大学生节能减排社会实践与科技竞赛。

（段晓芳）

【引智工作】 2010年，学校共聘请来自亚、欧、美等30多个国家和地区的专家学者411人，其中长期外籍语言类教师19人，长期专家24人，来访短期专家384人；共聘请名誉教授1人，海外院士5人，国家“千人计划”入选者2人。执行各类项目30余项，举办各类学术讲座100余场，主办6个国际会议以及2个双边学术研讨会，涉及材料、环境、信息自动化、生物化学、机械热能等重点领域。

①执行学校重点项目26项，30余位来自美国加州大学伯克利分校、英国邓迪大学、德国柏林洪堡大学、美国橡树岭国家实验室、日本北海道大学、东北大学等的知名专家来校访问交流。

继续开展大师进校园项目，2010年4月，爱丁堡皇家学院院士、世界知名生化学家、英国邓迪大学校长Peter Johnes应邀来校访问，签署两校研究生联合培养协议，并被授予名誉教授称号。

②“新能源与节能环

保技术创新引智基地”以及“先进金属材料结构和功能材料科学与技术创新引智基地”2项“111”创新引智计划成果显著，共聘请海内外专家40余人，包括教授、国际学术组织院士等高层次专家30人，来华总天数200余天，合作在国内外学术期刊发表论文25篇，派遣学校学术骨干到国际一流高校及科研机构出访交流12人次。

③全年共有1项学校特色项目以及1项名师引进项目、2项高层次专家引进计划获教育部批准。逐步规划建设院系引智平台，全年建设了国家材料服役安全科学中心、新材料领域及化学与生物工程学院三大引智平台，各平台均有1～2个重点引智项目，围绕科研及高层人才培养开展工作。

④举办第十二届北京科技大学-北海道大学学术研讨会等8个国际学术会议，涉及多个学科领域。来自世界30多个国家的一流高校、科研机构代表及中科院等国内科研院所共计800余位知名学者参加会议，与学校师生共同发表学术论文800余篇。

⑤全年共有120余位短期来访专家授课讲学500学时，24名语言类及专业类长期教师授课3600学时，联合培养50余名研究生。新聘语言类外籍教师19人，拥有博士学位的占42%。3名英语外教与学校教师合作撰写了《英语国家概况》、《大学体验英语——视听说教程》，《英语高级写作教程》等教材，部分被列入北京市精品教材。2010年度，学校支持化学系与美国南佛罗里达大学合作，邀请应用化学系的Michael博士来校与学校教师共同进行《环境化学》的双语授课，其讲义计划于2011年由高等教育出版社出版，通过该项目申请的“2010年度双语教学示范课程建设项目”获得教育部批准，成为精品课程。

（段晓芳）

【出访派出工作】2010年度，为贯彻落实推进国际化进程工作会议精神，学校积极推动教师出国研修及参加国际学术会议等，共办理短期因公出入境手续457人次，其中，参加国际会议186人次，学术交流106人次，访问考察130人次，进修学者11人次，其他24人次。

（李俊海）

附　录

北京科技大学2010年度授予外籍及中国台湾地区名誉教授

姓　名	国别/地区	单位、职务（职称）
约翰·多恩斯	英国	英国邓迪大学校长

2010年北京科技大学新增海（境）外合作高校一览表

序号	高校名称	国别/地区	合作项目	涉及专业领域
1	昆士兰大学 University of Queensland	澳大利亚	学生联合培养	材料

续表

序号	高校名称	国别/地区	合作项目	涉及专业领域
2	阿尔伯塔大学 University of Alberta	加拿大	学生联合培养	计算机
3	肯特州立大学 Kent State University	美国	学生联合培养	工学
4	加州大学河滨分校 California University, Riverside	美国	学生联合培养	工学、管理、外语
5	加州州立大学富丽通分校 California State University, Fullerton	美国	学生交流项目 游学项目	工学、管理
6	爱达荷大学 University of Idaho	美国	学生联合培养	冶金、材料、管理、机械等
7	加州大学董事会、劳伦斯伯克利国家实验室、UT斯达康巴特尔有限责任公司、橡树岭国家实验室 California University, etc	美国	科研合作	热能
8	德蒙特福德大学 De Montfort University	英国	攻读硕士项目	环境、建筑设备工程、土木工程
9	中央大学 Chuo University	日本	交换学生项目 师资交流	日语
10	城西国际大学 Josai University Corporation	日本	学生联合培养	日语
11	京都产业大学 Kyoto Sangyo University	日本	交换学生项目 教师互访	日语、法学等
12	澳门大学 Mocao University	中国澳门地区	学生夏令营	工学、管理
13	中兴大学 National Chung Hsing University	中国台湾地区	交换学生	工学
14	岭东科技大学 Ling Tung University	中国台湾地区	学生夏令营	工业设计、艺术设计
15	华梵大学 Hua Fan University	中国台湾地区	交换学生	工业设计
16	产业技术大学 Korea Polytechnic University	韩国	科研合作	工学
17	塔尔图大学 University of Tartu	爱莎尼亚	交换学生项目	外语、管理、工学

2010年北京科技大学续签协议海（境）外合作伙伴一览表

序号	合作院校	国家	合作类型	合作领域
1	保尔·萨巴蒂大学 L' Universite Paul Sabatier-Toulouse Ⅲ	法国	学生联合培养	工学
2	九州工业大学 Kyushu Institute of Technology	日本	科研、师资等	工学

续表

序号	合作院校	国家	合作类型	合作领域
3	冈山理科大学 Okayama University of science	日本	科研	工学
4	斯望西大学 University of Wales Swansea	英国	学生联合培养	管理、法学
5	鲁汶大学 Catholic Lvuen University	比利时	攻读硕士学位项目	材料、冶金
6	卧龙岗大学 University of Wollongong	澳大利亚	科研合作 学生联合培养	材料
7	邓迪大学 University of Dundee	英国	学生联合培养 高层次人才引进	计算机 工学
8	亚琛工业大学 Aachen University	德国	交换学生项目	管理
9	麦克马斯特大学 McMaster University	加拿大	学生联合培养	研究生项目
10	滑铁卢大学 University of Waterloo	加拿大	学生联合培养 国际理解课程	管理、社会学

2010年北京科技大学学生海（境）外交流项目一览表

序号	项目名称	派遣类型	奖学金	合作领域
1	加拿大麦克马斯特高端访学项目	校际交流	5000加元	材料
2	加拿大滑铁卢大学2+2双学位项目	校际交流		理科
3	英国兰卡斯特大学高端访学项目	校际交流		工科、经济管理、英语、理科
4	英国邓迪大学3+1+1本硕连读项目	校际交流	11000英镑	工学、理科
5	中国台湾大学交换生项目	校际交流	免学费	材料、土环、机械
6	日本北海道校长奖学金项目	校际交流	120000日元/月	工学
7	日本北海道交换实习项目	校际交流	100000日元/月	工学
8	日本北海道交换生	校际交流	免学费	工学、理科、日语
9	中国台湾成功大学交换生项目	校际交流	免学费	材料及相关工学专业
10	比利时鲁汶大学攻读硕士学位项目	校际交流	免学费	材料、冶金
11	德国亚琛工业大学攻读硕士学位项目	校际交流	免学费	材料、冶金
12	中国台湾逢甲大学交换生项目	校际交流	免学费	管理、理科
13	中国台湾辅仁大学交换生项目	校际交流	免学费	工业设计
14	日本东北大学交换生项目	校际交流	免学费，短期访学奖学金	冶金、材料、日语
15	SAF项目（美国普度大学等）	校际交流	30%–60%学费减免	所有专业

续表

序号	项目名称	派遣类型	奖学金	合作领域
16	美国蒙哥马利奥本大学3+1交流学习	校际交流	3000—8000美元	经济管理
17	美国德克萨斯大学阿灵顿分校2+2双学位项目	校际交流		数学
18	英国剑桥大学圣安德鲁学院夏令营	校际交流	人民币3000元	经济管理、理科
19	中国台湾科技大学交换生项目	校际交流	免学费	工业设计、土木工程等
20	法国图尔工程师项目	校际交流	免学费	信息、机械、数学、土木
21	韩国浦项工业大学短期实习项目	校际交流	全额资助	工科
22	韩国浦项工业大学交换生项目	校际交流	免学费、住宿费	工科、管理、理科
23	韩国浦项工业大学研究项目	校际交流	免学费，人民币1048元	工科、理科
24	日本室兰工业大学交换生项目	校际交流	免学费，短期访学奖学金	机械、信息、理学
25	中国台湾朝阳科技大学交换生项目	校际交流	免学费、住宿费	经济管理、工业设计
26	中国台湾华梵大学交换生项目	校际交流	免学费	管理
27	中国台湾静宜大学交换生项目	校际交流	免学费	数学
28	中国台湾屏东科技大学交换生项目	校际交流	免学费、住宿费	工学、人文社科
29	中国台湾台北科技大学交换生项目	校际交流	免学费、住宿费	社会工作
30	英国斯旺西大学2+2双学位、3+1+1本硕连读项目	校际交流	30%学费减免	经济管理、法学、英语
31	日本城西国际大学双学位项目	校际交流	10%学费资助	日语
32	韩国昌原大学交换生项目	校际交流	免学费，提供生活费	艺术设计
33	韩国国立顺天大学短期交流项目	校际交流	提供食宿、学习费用、文化参访费用	所有专业
34	沙特国王大学攻读硕士学位	校际交流	全额资助	理科、工科
35	国家建设高水平项目	国家公派	提供生活费、国际机票	所有专业
36	澳大利亚昆士兰大学3+1+1本硕连读	校际交流	每10人减免1人学费	材料
37	加拿大阿尔伯塔大学3+1本科交流项目	校际交流		计算机
38	澳大利亚卧龙岗大学高层研究生项目	校际交流	全额资助	材料
39	美国加州大学河滨分校本科学分项目	校际交流	按州内学生标准收费	工学、理科、经济管理、英语
40	美国爱达荷大学全额资助硕士项目	校际交流	减免学费	工学、理科
41	美国加州州立大学富勒敦分校本科学分项目	校际交流		所有专业
42	德国汉诺威大学交换学生项目	校际交流	减免学费	德语

续表

序号	项目名称	派遣类型	奖学金	合作领域
43	日本中央大学	校际交流	减免学费	日语
44	日本京都产业大学交换学生项目	校际交流	减免学费	日语
45	英国邓迪大学1+1双硕士项目	校际交流	30%学费减免	计算机
46	英国德蒙特福德大学硕士学位	校际交流	500英镑	土木工程、建筑设备与设施、热能、环境工程
47	加拿大滑铁卢大学双学位项目	校际交流		经济管理、社会工作
48	中国台湾中兴大学交换生项目	校际交流	免学费	工学
49	爱莎尼亚塔图大学交换生项目	校际交流	免学费	英语
50	爱莎尼亚塔林大学交换生项目	校际交流	免学费	经济管理
51	西班牙加泰罗尼亚大学交换生项目	校际交流	免学费	工学

安全保卫与校园综合治理

【概况】2010年，学校安全保卫与综合治理工作牢固树立“以人为本”的理念，扎实推进“平安校园”建设。学校先后荣获“首都国家安全工作先进集体”、“2010年度内部单位安防工作先进集体”、“海淀区高校治安管理工作先进单位”、“海淀区交通安全先进单位”、“海淀区先进义务消防队”等称号。保卫保密处被北京市公安局记“集体三等功”，并获评“海淀区人民调解工作先进集体”。1名保卫干部获评“北京市国家安全工作先进个人”；1名保卫干部被北京市公安局记“个人三等功”，4名保卫干部获评北京市公安机关“个人嘉奖”；1名保卫干部获评“海淀区消防安全先进个人”；2名保卫干部获评“海淀区交通安全工作先进个人”等。

（刘兴德）

【校园综合治理】2010年，学校认真贯彻中央综治委、教育部和北京市、海淀区等各级政府的工作部署，全面推进校园综合治理工作：①主动争取公安、城管、卫生防疫等政府执法部门的支持，共同开展校园及周边环境整治工作。对16斋违规商业摊点进行治理，清除堆放在楼道的杂物，畅通消防通道；配合城管对校园周边违规商业摊点进行治理；开展综合治理监督检查，对存在隐患的单位下发整改通知书，并督促落实整改措施；组织勤工助学学生对校园非机动车进行管理。②加强大型活动管理，指导校内各类活动主办单位、承办单位编制安全工作应急预案，审核、检查毕业生双选会、英语四六级考试、教职工出行活动等共计65次，并组织保安员协助做好安全工作。③做好重大活动和特殊时期的校园安保工作。“两会”、“中共十七届五中全会”、“武博会”等重大活动和国庆等节假日及重大敏感日期间，加强校园巡逻、门卫值班、重点人员防控、重要区域监控、矛盾纠纷排查、消防设备巡检、车辆出入管理等工作，实现了维护校园安全稳定的工作目标。

（赵姗姗）

【治安防范】2010年，学校

高度重视做好校园治安防范工作：①加大宣传教育力度，从源头上构筑安全防线。发放安全须知20000余份；对诈骗等典型、频发的案例进行分类汇总，编制警情提示5期，发放防诈骗须知4000余份；联合后勤做好捡拾物品认领工作；联合有关部门不定期对全校教学区、学生生活区及校园所有楼顶、平台等制高点进行检查和封闭；全年6次邀请民警来校对各楼宇门卫和保洁员进行警务培训。②主动出击，加大“平安校园”创建力度，严格落实安全责任制。全年20多次深入学校二级单位、科技园和方兴大厦等30余处校园管控区域，检查指导各教学、办公楼宇门卫管理制度，尤其是各楼宇制高点封闭情况，对治安隐患或问题给予协调解决和答复；重大节日期间，重点关注基层矛盾，及时报告问题。③树立“为民”情结，服务师生员工。充分发挥校园110巡逻车流动服务功能，在执行巡逻任务同时帮助老、弱、病、残、孕等解决各种困难60余次。发挥安防系统作用，安防控制中心为师生查看视频监控录像165次，其中能够作为破案线索的56件，为公安机关破案提供证据的15件，通过视频监控回放为学生查找追回被盗、丢失物品52件。④做好“三防”工作，提升校园整体防控和快速“处突”能力。加强对中控室在静态巡逻工作指导，较高程度达到“人防”、“技防”的有力结合。全年发生的突发事件均得到稳妥、可控处置。⑤积极配合属地公安机关协助调查取证和破案。全年协助公安机关查处各类案件共19起，其中移交公安机关处理的16起（治安拘留4人，刑事拘留1人）；抓获盗窃自行车违法人员7名；协助公安机关查处诈骗、斗殴案件4起；成功调处矛盾纠纷35起。

（刘　伟）

【消防安全】2010年，学校坚持“协调发展、依法治火、科技先行、预防为主、以人为本”的校园消防安全工作宗旨，深刻吸取重特大火灾教训，为教学、科研、生活创造良好环境。①通过校园网络向全体师生宣传《高等学校消防安全管理规定》并制定学习贯彻计划，修订《北京科技大学消防安全管理规定》并于2010年7月9日正式发布执行。②利用多种形式开展消防安全宣传教育，提高师生员工防控火灾及安全事故的能力。摆放各类消防安全宣传展板39块，悬挂横幅19条，发放光盘45张。③消防安全宣传周前夕，组织2800余名新生参加学生公寓火灾疏散演习。④认真开展“两会”、“武博会”、“校园安全月”、冬季火灾防控“百日会战”等校园火灾安全大检查，重点检查学生宿舍、危险化学品库、实验室、学生食堂等要害部位，对存在安全隐患的单位或部位下发《隐患整改通知书》33份。⑤全年共检测火灾自动报警设施23套，消防水泵36台、风机116台；检修室内外消火栓2442个、灭火器13640具，更换消火栓标牌91个、消火栓箱玻璃39块；经检测更换已损坏学生公寓限电器827个；对全校55个建筑的避雷装置进行了检测；补充报装19组消防联网专用电话，并为消防控制室联网控制主机安装了22个防雷电涌保护器；为学生公寓各楼层、房间制作疏散路线图和禁烟火标志等5500余块；为国际合作与交流处办公楼新装火灾报警烟感探头140个；为居委会办公楼配置安装消火栓2个。

（王　晨）

【安全生产】2010年，学校加大对安全生产及危险化学品监督管理力度，根据《剧毒危险化学品库技术防范标准》建设完成危险化学品库并通过验收。①积极协调各有关部门加强对施工现场的监督检查与管理，及时与各施工方签订安全生产责任书，明确责任。②进一步理顺实验室安全管理体制，强化危险化学品、特种设备管理，强化监管部门职能。

（刘文秀）

【交通安全】2010年，学校根据《关于加强教学区环境综合治理工作的通知》和海淀区《关于开展校园非法驾驶摩托车、电动车整治工作的通知》的文件要求，对摩托车、电动自行车进入教学区进行了集中治理，共滞留摩托车、电动自行车56辆。年内根据需要增加或更新交通设施：规划停车位1200个、3000余延米，翻新护栏200组，修理路桩44个，协助体育馆在场馆周边安装路桩14套，在学区安装减速带6.5米、路桩12组，新增交通管理警示牌18块，拆除家属宿舍楼前废弃车位锁80余个。新增公车年检时间按月提醒服务。

（贯秀芳）

【政保工作】2010年，学校根据国内国际安保形势，加强对各类重点人员的监控力度和校园巡逻检查工作，防止不法分子在校内散发非法宣传资料或进行各种破坏活动。加大校园各类信息安全管理力度，确保校园舆论环境和谐稳定。同时，努力做好重大政治活动、重大事件等敏感时期的安全稳定工作，确保了“两会”等重大活动期间校园的安全稳定。

（王叶波）

【保密工作】2010年，学校认真贯彻落实新版《武器装备科研生产单位保密资格标准》，深入开展保密宣传教育，组织涉密人员参加保密知识技能培训；加强动态管理，严抓保密审查审批工作；开展保密监督检查，落实保密工作措施；依法做好国家秘密及密级确定工作，加强保密要害部门、部位技防设施建设；对全校涉密计算机安全保密策略、系统设置等进一步调整和规范，加强涉密计算机、介质安全保密管理和审计，提升涉密信息管理水平，确保国家秘密安全。

（田　斌）

【户籍管理】2010年，学校户口办公室共接待处理日常户口管理问题12000余人次。办理毕业生等迁出户口3940人，新生、教职工及家属等落户4613人，办理新生及补办二代身份证4202人，办理其他事项300余人。同时全力配合学校进行全国第六次人口普查工作，逐一核对全校18000余人的集体户口。

（刘京民）

【科技创安】2010年，学校以进一步提升校园安全整体防控能力为目标，准确把握校园安全管理科技化、信息化、智能化的发展方向，继续深化校园科技创安建设，顺利完成视频监控和防入侵报警系统、门禁管理系统、消防中控室远程集中管理系统、电梯远程集中控制管理系统、车辆智能管理系统、电子巡更系统的改造、整合和升级，初步建成校园综合安全管理平台，对及时快速处置各类突发事件提供强有力的技术支持。

（何　伟）

后勤与基建管理

【概况】2010年，学校后勤基建管理部门紧密围绕学校中心工作，积极推进精细化管理，认真落实年初制定的工作计划，扎实做好廉政建设和安全生产，努力为学校教学、科研提供有力保障和优质服务，圆满完成各项工作任务，取得了显著成效。

（金仁东）

【制度建设】2010年，为进一步完善学校工程建设项目相关管理制度，规范建设项目前期的立项、报批、设计、施工、监理单位招标和施工管理工作，学校重新修订了《工程建设项目管理办法》、《工程建设项目校内招投标管理办法》、《工程建设项目建筑交易市场招投标管理办法》、《工程建设项目合同、预结算管理办法》、《工程建设项目前期管理办法》、《工程建设项目设计变更及工程洽商管理办法》、《工程建设暂估项目、暂估价材料及设备采购管理办法》、《工程建设项目档案管理办法》、《工程建设项目竣工、移交管理办法》、《工程建设项目公开（阳光）实施细则》、《工程建设项目标底确定管理办法》等规章制度。

2010年，学校经北京市招投标市场，由北京市招投标办公室抽取专家，组织招投标并在北京市标办网站上公示的基建项目有北京科技大学信息科技楼、综合楼、科技实验楼工程电梯采购及安装等9项。学校组织的校内招投标，由审计、财务、校内外专家等组成评标委员会进行评标，其招投标信息在学校校园网上公示的基建项目有北京科技大学信息科技楼、综合楼、科技实验楼工程中水处理设备采购等17项；修缮改造招标项目有科技园A座（学生公寓）改造等9项，保证了工程项目招投标工作的公平、公正、公开。

（金仁东）

【基建管理】2010年，学校西南角信息科技楼、综合楼、科技实验楼建设项目外立面全面封闭，完成了楼内供暖调试、试运行，基本具备初装修竣工验收条件；完成了所有暂估价材料、设备的认质认价及专业分包项目的招投标和合同签订工作；完成了项目功能调整、图纸修改工作；组织完成了室内精装修、外立面景观照明、中水系统、弱电和综合布线和综合管线等设计工作；初步完成了室外道路、绿化规划工作。

2010年5月21日，重大工程材料服役安全研究评价设施暨国家材料服役安全科学中心举行奠基仪式。学校前期积极落实昌平创新园地块的临时围挡方案并结合具体地块可施条件完成部分施工工作；积极调研，细化工艺设计和内部功能布局，不断优化昌平创新园总体规划设计方案，完成了园区规划方案报批工作；完成了“教育部材料安全服役科学中心”项目的环评、水土保持评价等审批手续；编制并上报了“教育部材料安全服役科学中心可研报告”，完成了教育部材料安全服役科学中心项目东区可研报告评估和批复及西区项目建议书申报和批复工作；编审昌平创新园勘察设计资格预审文件、招标文件，组织资格预审、开评标活动，完成了勘察设计招标和东区地块的详勘工作；积极同一级开发商沟通，论证昌平创新园东西区地下管线的联通方式，确定了详细的实施方案。

年内，学校还完成老干部活动中心工程的结算工作，完成机电信息楼、老干部活动中心的竣工备案工作。

（冯建明）

【后勤管理】2010年，学校进一步做好后勤管理工作，编制了2011年中央修购（修缮）计划文本6份，并通过了财政部组织的2011年中央修购（修缮）项目评估，评审确定资金共1907.12万元。学校通过了财政部组织的2011年中央修购（修缮）项目评估。

年内学校完成了科技园A座（学生公寓）的改造，金切实验室、固体电解质楼、腐蚀楼北段等电改造；供暖锅炉添置并投入使用；全校地下管网（线）勘测工程，地下管网综合信息管理系统的建设和基础数据复核工作。

按时完成2010年大修、专项维修工程：①土建工程：完成了学生公寓1～9斋雨棚及不锈钢大门维修；图书馆卫生间维修；图书馆楼板裂缝安全及抗震鉴定；逸夫教学楼大厅电梯石材、墙面、吊顶维修；居委会8栋周边绿化和道路铺设；学生公寓浴室吊顶更换；逸夫教学楼地下室装修改造；16斋、21～22栋周边道路翻修；51栋屋面防水维修；34栋屋面防水维修；35、37栋顶层阳台防水维修。组织完成了学生公寓新生宿舍、楼道粉刷。②水暖工程：完成了学生公寓暖气、上水立管及支管更换，家属区排水管道更换，工程训练中心西区地沟内暖气管道更换、金物楼地沟暖气主管道更换；锅炉房5#锅炉燃烧器及部分换配件、维修；19栋化粪池补建。③完成其他临时工作：根据学校基础设施和楼宇的情况，完成了学校污水主干线南部西侧临学院路处污水井塌陷抢修；经管学院外墙保温、幕墙玻璃维修；留学生4#楼维修粉刷；文法学院楼道、卫生间粉刷、维修；16斋、21栋、22栋周转房粉刷、装修；图书馆书库通风改造及窗户更换工程；腐蚀楼、工会活动中心道路、绿化；51栋、37栋部分道路维修；学生活动中心装修改造；两台20吨锅炉和一台6吨锅炉的烟火管及配件更换；附属小学抗震加固设计工作；16斋周边环境整治工作。

（仇安兵）

【节能管理】2010年，学校进一步加强节能管理，做好节能减排工作。7～10月，北京市发改委、北京市节能环保中心委托节能监测部门对学校进行了计量检查，取得了满意效果。此次检查对学校计量管理起到了极大的推进作用，通过对学校耗能设备的统计，进一步掌握了全校耗能设备的种类、型式、耗能特征等情况，为下一步制定具有针对性强、切实可行的节能改造措施奠定了基础，明确了建设节约型校园，节能减排的努力方向。11月，海淀区发改委委托能源监测部门对学校进行了能源审计，在审计过程中对配电室、食堂、锅炉房、试验室、学生宿舍、教室等进行了能源管理状况、能耗状况、室内环境状况、节能潜力进行了分析评价，肯定了学校几年来在节能方面所做大量工作及成效，并提出了建设性的意见。

年内，学校完成的节能改造项目有：①结合修购项目，完成了腐蚀楼北半段、固体电解室、金切试验室、北教学区平房配电改造工程，在增容改造的同时将所有房间都安装了计量装置，使学校的节能收费工作进一步完善。②对家属区1～11栋单元楼道的电路进行了整修，并对配电箱中短路电表的线路进行了恢复性整理，在消除安全隐患的同时，促进了学校计量收费工作。③建立了教学区10KV分配电室部分电力参数的监控平台，该工程的完成可分别在总配电室及节能办公室了解全校教学区的电力参数、运行状况及全校电能消耗情况，为下一步逐步向水、电、暖远程抄表、自动分析、自动统计能耗数字化管理迈出了可喜的步伐。④在办公楼、腐蚀楼、原学生宿舍10斋、图书馆、教学楼等地完成了财政补贴的节能灯管T5的更换，共8000多只。全年用水量195.4万吨，水费支出655万元，回收244万元；用电量4196万千瓦时，电费支出2040万元，回收929万元；供暖费用回收203万元。

（金仁东、姜春梅）

【房产管理】 2010年，学校进一步贯彻北京市有关深化住房制度政策的精神，对符合规定，且现居住在校内可售区和去年因学校西北角拆迁安置的西三旗、六道口住户，按房改成本价出售现住房，批准并办理购房手续107户，完成购房款和公共维修基金的缴款认证，房屋产权证在办理之中；按照《北京科技大学已购公房上市办法》（内部试行），本年度办理已售公房上市出售、过户及抵押手续33件（其中二手房上市28件，已成交17件，产权过户2件，房产抵押3件）；组织实施政策性住房的咨询、申请、初步审核以及材料的上报，并落实各项关于政策性住房的相关政策。全校共有约60人对该项政策进行咨询，17人领表申请，1人完成初步审核；对学校教职工住房档案进行了整理，健全了职工住房档案的纸质材料，并进行规范和归类。同时，学校对原有住房补贴管理系统和中央在京单位房屋信息管理系统进行了数据维护；在学校周转房房源进一步紧张的情况下，解决新入校青年教职工住房和调整教职工结婚等用房累计110人次；回收居委会用房6套，回收出国、调出等人员各类校内住房19套；腾空并装修16斋6套房屋作为博士后公寓，交付后勤集团管理使用；为改善周转房条件，累计修缮周转房20多套；累计审核发放学校职工供暖费、物业费和交通费370多万元；回收各项费用累计805.2万元，其中包含周转房房租572.3万元、有线电视费9.2万元、社会户房租12.7万元和闲置空房出租费用211万元；初步完成职工住房信息管理系统，开始进行数据整理和试运行阶段。职工住房信息管理系统的建成将有效整合职工住房的信息资源，提高职工住房规范化、程序化、科学化的管理水平。

（张东平、高牧野、吕瑞平）

后勤服务

【概况】2010年，后勤服务集团下设12个单位，其中集团直属4个机关单位包括集团办公室、财务部、调度督察室、人力资源部；下属8个中心包括饮食中心、学生公寓服务中心、物业服务中心、动力修建中心、科教服务中心、生活服务中心、幼教中心、会议中心，工作内容涉及餐饮、学生宿舍、物业维修、环境卫生、校园绿化、房屋出租、动力运行、幼儿教育、会议接待等多个方面。至年底，集团共有职工1137人（含会议中心职工156人），其中事业编制职工318人，非事业编制员工819人。

（陈　潇）

【党建工作】2010年后勤党委共发展党员10名，其中非事业编制党员4名；转正党员8名，其中非事业编制党员2名；15人参加了学校党校入党积极分子培训班并获得结业证书。至年底，后勤党委共有12个党支部，党员154人，其中预备党员10人、非事业编制党员24人。

2010年，后勤党委紧紧围绕中心工作抓党建，进一步健全理论中心组学习制度，以“创先争优”、实施精细化管理等活动为契机，不断创新形式，强化基层党支部的战斗堡垒作用，充分发挥后勤党委的政治核心和监督保证作用。1月8日，后勤党委召开了换届选举党员大会，12个党支部的125名正式党员参会，选举产生了新一届党委委员。

后勤党委在12个党支部152名党员中开展了民主评议党员和党支部评估工作。各党支部紧密结合本部门工作实际开展了形式多样、各具特色的主题党日活动，饮食中心党支部的“‘走出去、请进来’促进食堂精细化发展”活动被评为北京科技大学优秀基层党组织活动（优秀党日活动）二等奖。积极研究推进组织生活的有效途径，研究党员发展和积极分子培养的有效方法，探索在非事业编制人员中发展党员、开展党的工作，顺利完成2009年度党建课题研究报告《以科学发展观为统领，全面加强后勤基层党组织建设》。开展了题为《在外来务工人员中发展党员的机制探索》的党建课题研究，课题入选2010年北京科技大学优秀党建工作创新项目。

（童　华）

【财务管理】后勤服务集团是学校二级财务核算单位。集团有会议中心、饮食中心、物业服务中心、动力修建中心、学生公寓服务中心、生活服务中心6个单位实体和幼教中心、印刷厂、科教服务中心3个独立法人实体。会议中心实行独立经营、财务独立核算。

后勤服务集团实行“统一领导、集中管理”的财务管理体制。集团所属中心的主管会计由集团财务部委派，经济业务纳入集团集中管理。2010年集团制订了《后勤服务集团奖金补助发放办法》，规范后勤在编职工奖金及各项补助的发放范围及办法。制订《生活中心经营目标管理办法》、《科教中心经营目标管理办法》和《幼教中心经营目标管理办法》，实现经营单位经济效益与各相关中心奖金挂钩，鼓励各中心增收节支，提高增加经济效益的积极性。

集团加强财务管理，严格财务收支审批制度，加强收费管理，配合学校做好集团各项收费全面自查和对教育收费专项检查及上报工作，严格“收支两条线”。

2010年，后勤服务集团全年营业额7885万元（其中饮食中心营业额为5051万元），比上年度增加约629万。由于学校事业编制职工岗位薪调整、非事业编制最低工资标准和社会保障缴费比例提高、物价上涨等因素导致后勤服务成本增加，全年支出较上年增多，基本实现收支平衡。2010年集团资产总额为2481万元（不含幼儿园、会议中心）。

（卞　宁）

【创新机制】2010年，后勤服务集团认真总结后勤社会化改革近十年来的经验，对在学习、实践科学发展观活动中梳理出的后勤服务机制方面的问题，抓住重点结合学校实际进行创新，推动后勤服务工作科学发展。

①完善后勤服务管理体制。配合后勤基建管理处探索建立契约管理机制，以合同方式明确各项服务工作范围、服务及经费标准、考核方式、奖惩办法；以集团调度督察室为基础，扩大职能范围，建立起后勤系统统一的调度、督察体系；理顺维修审批程序，在急、重、险等应急项目上开通了审批、实施“绿色通道”。

②建立学生公寓管理与服务新机制。积极协调学生公寓管理委员会各成员单位，推动出台、实施《关于进一步加强和改进学生公寓管理工作的意见》（校发［2010］84号）。调整了学生公寓管理委员会及办公室，明确了各成员单位在公寓管理、服务工作中的职责，理顺了工作机制，加强学校相关职能部门在公寓管理与服务工作中的主导地位。通过学校出台的多项优惠政策吸引住宿学生参与公寓管理与服务，选拔了20名学生担任学生公寓楼长、95名学生担任学生公寓层长，建立起以“楼长—层长—宿舍长”为核心的公寓学生自律组织，完善了学生自我教育、自我管理、自我服务的工作体系。

③推进维修服务机制改革。在对北京地区高校、社会物业公司进行调研的基础上，结合学校实际确定水、电、土建等项目的维修内容及价格，确定了维修服务机制改革方案，并经校长办公会讨论通过《北京科技大学后勤维修收费管理办法》（校发［2010］105号）。以《办法》为依据，集团编辑、印发了《后勤服务集团维修手册》，全面推进维修服务机制改革。

（陈　潇）

【精细化管理】2010年，集团出台了《后勤服务集团关于推进精细化管理的意见》，提出精细化管理的总体目标及开展精细化管理的指导意见，在全体员工中树立“谋事思远、凡事规范、小事做细、细事做精”的精细化管理思想，全面推进精细化管理工作，大力推进管理水平的提高。一是管理工作规范化，推动内部管理机制改革，按照工作性质将集团下设实体分为服务类、保障类、经营类进行分类管理，出台各项制度实施细则，制定重要业务工作流程，狠抓落实，确保各项工作按照规章制度有序开展。二是监控考核科学化，完善监控机制，整合统一高效的接报、调度、服务、回访、监督工作体系，并聘请7名老干部为特聘督察员、40名学生为伙食专职督察员，全面做好监督检查工作。三是竞赛活动经常化，全年各服务主体单位以“比质量、比效率、比规范、比精细”为主题，分别开展了“优质服务月”、“百日优质服务竞赛”等竞赛，激发员工工作热情，增强岗位工作能力，提高管理水平和服务水平。四是服务手段信息化，建立起以安防监控系统、餐饮物流信息化系统、学生公寓信息系统、维修信息系统、后勤服务短信平台系统为核心的信息应用系统，全面推进后勤信息化建设工作。通过服务精细化工作的开展，有效提高了服务质量，根据年底集团进行的服务满意度调查，在1850户（室）的调查对象中，基本满意、满意的1740户（室），占94.05%。

（陈　潇）

【队伍及条件建设】 2010年上半年，集团顺利完成从中心经理到普通岗位全部人员的聘任工作，以全员聘任为契机，促进集团人力资源的合理配置与充分利用。以“人才工程”为平台，通过举办“人才工程”及后备人选培训班等活动，抓好骨干队伍培训，加强职工队伍建设。在对实体单位分类管理、考核的基础上，加强人员管理和岗位考核，坚持以考核为导向、以职责为准绳、以薪酬为杠杆，调动员工积极性，提高工作效率和服务水平。同时，集团着力改善自身条件，年初对办公条件、设备安全条件、职工住宿条件等进行全面调研，在此基础上制定了后勤条件建设规划，于年内启动了培训楼安置非事业编制职工住宿工作，至年底已在培训楼安置职工151人。

（陈　潇）

【服务工作】 ①食堂餐饮服务。面对2010年物价高涨、原材料及用工成本急剧上涨等困难，集团将外在压力内化为做好工作的动力，加强食堂管理，坚持集体办伙的宗旨，确保食堂以保障服务为经营方向；加强食堂日成本核算工作，严格控制各食堂间接成本，水、电、气、物料等各项费用率控制在较低水平；加强食品加工环节的管理，减少原材料的浪费，提高原材料的出成率，全年保持了饮食价格、质量、花色和品种的基本稳定。同时，积极主动做好与学生的沟通工作，每月都与学生伙食共建委员会（由校学生会组织）进行座谈，每周都听取学生伙食信息员关于伙食情况的反映。同时，集团在饮食中心开展“优质服务百日竞赛活动”，调动全员参与热情，在伙食质量、花样品种、饮食结构、卫生服务等方面下功夫，做到质、价、量相符，保证饭菜质量。坚持开展各项培训、日常检查及考核，规范操作，确保食品卫生及生产安全。此外，本年度还完成了万秀园食堂装修改造工程，改善食堂操作间环境及硬件设施条件，提高了卫生标准。

②学生公寓服务。围绕提高服务水平、建设学生温馨之家这一中心任务，集团以推进建设学生公寓管理与服务新机制为抓手，认真贯彻标准化学生公寓新标准，一方面就规章制度、岗位职责、安全工作等加强对员工培训，完善楼宇考核激励制度，开展“创先争优”服务月活动，加强员工基本素质的培养和锻炼；另一方面加强与住宿学生的沟通、交流，建立学生报修回访制度，开发学生公寓社区网站，指导学生自律委员会开展多项宿舍安全卫生文化活动，配合保卫部门和学院加强学生安全教育工作、开展消防疏散演练工作，加大宿舍防火安全及卫生检查力度。此外，本年度还做好了新生住宿需求分析，十斋宿舍准备，新生住宿安排，21栋、22栋外教及博士后公寓管理与服务交接等工作。

③绿化卫生服务。绿化工作方面，全年共改造绿地1646平方米，新增绿地852平方米，栽种大乔木108棵，灌木161棵。按照年初校园绿地布局规划，对西门、西南门道路两侧、主楼东侧、会议中心、校医院南侧、变

电站、外事办、培训楼北侧家属区等地进行绿化改造及环境整治。加强植物防涝、防虫、防冻等防护措施。环境卫生方面，继续推行校园卫生分片包干责任制，建立了专职保洁系统，保持校园整洁。全年共清运生活垃圾6570吨，清理落叶6000袋，清掏雨水篦子200多个。协助其他部门完成迎新送旧托运行李1789件，为学校大型活动提供桌椅30余场次，桌椅1500套。楼宇值班及保洁方面，负责土木、机电、管理、冶金、外语、金物楼6栋楼宇的值班工作，全年完成6027次访客登记、462次物品搬出登记、1745次代师生报修工作。负责土木、机电、管理、冶金、外语、教育经济信息网、理化、办公楼8栋楼宇及楼内101间教室、7018个教室座位的保洁工作，全年完成保洁面积117176平方米，专业擦拭2054平方米的户外大面积玻璃，为校机关等单位提供会议服务1020余次，配合各学院组织活动30余次。协助教务处做好教室管理、教学服务工作，承担逸夫楼、主楼、教学楼、实验楼、炼铁楼5栋楼宇的保洁工作，全年完成32349.8平方米的保洁面积，每天清扫102间教室、13313个座位，维修桌椅26000余次。

④校园维修服务。在推进后勤维修服务由福利型的拨款制向市场化的付费制转变、探索建立维修服务新机制的同时，集团维修部门认真完成校内各项维修工作。2010年，共完成大修计划23项，主要包括学生宿舍粉刷、屋面防水、教室地面改造、楼宇外墙封堵、家属楼上下水改造、9栋外檐大修、校园西南角围墙等工程。完成教学区、家属区零修维修11220人次报修量，学生宿舍区11398人次报修量。利用暑期对新增的10斋学生宿舍、21栋、22栋外教及博士后公寓的963间（套）房内家具进行了维修，圆满完成新学年开学前的准备工作。为保证冬季供暖工作的正常进行，自9月中旬开始提前对进户截门管线检修、更换，对锅炉房、换热站循环泵、电气设施全面进行检查，完成了锅炉及其附属设备的维护保养，换热器的拆洗，浴水容积式交换器打碱等大修工程。在上水供暖期间，认真查找暖气跑水问题，对发现的跑水点及时维修，同时排查出3栋、6栋、38栋等自来水管网老化腐蚀破裂跑水等问题，及时组织抢修，为学校节约了大量的水资源。

⑤幼儿教育工作。本年度幼教中心继续坚持特色培育，规范管理，运用“引导发现式教学”的教学模式，坚持开展幼儿早教研究交流活动，推进社区公益教育活动，创建园本教研长效机制，不断提高幼儿教育水平。在办园过程中，坚持为学校服务，确保学校教师子女优先、优惠入园，取得了良好的社会效益。

⑥其他服务。全年，集团做好了报刊、信函收发投递工作，共收发各类报刊信件162万多件，投送报纸信件53万多件，完成2011年报刊征订任务约40万元。同时，做好了学生假期返乡火车票征订工作，今年寒假共计订票10560张。此外，为全校学生新办补办公交IC卡6080张。

（李新义、荣维俊、李建达、姚　昕、张志民、宋玉梅）

【保障工作】①水电暖运行保障。生活用水供应方面，每日定时巡视水井供水情况，定期进行水质检验工作，控制供水指标，安全合理供水，满足学校教学、生活、科研的用水需求，并保证了浴水的稳定供应。电力供应方面，新的总配电室交付使用后，电站职工认真进行设备巡视，做好运行管理，实现全年为学校教学、科研、生活、大型活动安全送电18840710 kw。供暖运行方面，采取看天烧火，连续供暖，以质调节为主、量调节为辅的方式，保证供暖各项指标的实现，最大限度地节约能源，2009～2010供暖季学校供暖用气目标750万立方米，实际用气675万立方米，节约用气75万立方米（折合经费147万元）。

②教材、科研用品供应。教材供应方面，圆满完成2010年春秋两季教材的预定及发放工作，全年总计销售图书106758册，其中班级发放教材102439册，教师领用教材1319册，留学生教材3000册，全年课前到书率100%。另外，全年完成自印教材、行政公文印刷30万余册，试卷印刷30万余张，其他外校印刷制作10万余册。科研用品供应方面，顺利完成学校教学、科研使用的化学药品、实验用品、气体的采购和供应工作，全年，安全运送各类气体近4000瓶。

③重大活动安全保障。全年集团圆满完成各项重大活动的饮食、住宿、水电供应等后勤保障工作。全国大学生节能减排大赛在北京科技大学召开期间，集团为200多位参赛选手提供了住宿服务。首届世界武博会期间，集团为学校场馆提供餐饮服务7680人次、为76名安保人员提供了住宿服务。同时，全年集团还为学校各项重大活动做好了后勤服务，仅会场布置一项工作全年租摆各类花卉18500多盆。

（余　涛、李建达、荣维俊）

【经营工作】 2010年，集团认真梳理各项经营合同，加大经营性房屋安全检查管理力度，签订各类安全责任书30余份，并对合作单位人员进行了食品安全法、消防安全等内容培训，保障经营活动规范、安全开展。全年新签订合同8家、合同金额33.4万元，续签合同12家、合同金额12.65万元，各类房屋租金357.34万元全部及时、足额回收。同时，在保证行驶安全的前提下，集团车队全年共行驶105000多公里，出行1100多次，在保证学校交通需要的同时也取得了一定的经济效益。此外，全年会议中心圆满完成了各项接待工作，超额完成了学校确定的财务上交任务。

（张志民）

图书馆

【概况】 2010年，图书馆下设资源建设部、图书流通部、期刊部、信息咨询部、技术部和办公室6个部门；设有新书阅览室，保存本阅览室，电子阅览室，多功能学习室，中外文科技现刊、中文社科报刊、中文科技图书、中文社科图书、工具书阅览室，文献检索与学位论文、外文过刊（冶金、材料）、外文图书阅览室和外文过刊、外文书库（I、II）等开架书库。馆藏文献总量1612962册。图书馆每周开放时间为91小时，网上文献信息资源每天24小时对外服务。图书馆在职正式职工66人，其中研究馆员1人，副研究馆员10人，中级职称26人，中级职称以上的人数占56%；博士1人、硕士17人、本科21人，大专学历12人，大专以上学历人数占全馆人数的77%。

（季淑娟、田　园）

【文献资源建设】 2010年，总经费共计1123万元，其中文献资源购置费842万元。在保证纸质文献资源的基础上，新增购了SpringerLink电子期刊数据库和Springer电子图书数据库，丰富了学校网络资源。全年完成27844种90217册纸质图书、1784种纸质报刊、22种148个网络数据库等各类资源的采购任务，接收赠书545种1410册；完成9万册纸质图书、21329册期刊、6.5万份报纸及3452期刊合订本、277种DVD光盘等文献资源的编目、加工、典藏和上架工作；完成VOD视频64部节目的收集上传及标引发布；完成学位论文2716条的收集、全文上传、标引及发布；完成中文科技现刊篇名题录数据9369条。为了提高文献信息的保障能力，积极推广与深化BALIS馆际互借与原文传递服务，使读者足不出校园，就可以享受69所院校和国家图书馆丰富的文献。年内通过馆际互借方式互借图书349册，利用原文传递方式，满足读者604篇文献传递要求。

（季淑娟、田　园）

【对外服务】2010年，图书馆贯彻“读者至上，服务第一”的理念,探索专业化、个性化、人性化的服务模式。①积极推广读者自助式服务。从读者的角度出发，提供个性化的自我服务设施，满足读者个性化、人性化的需求，借助技术引进，自助服务系统实现与校园一卡通对接，系统界面友好、使用方便,读者凭借校园卡自助借、还图书，自助复印、打印、扫描，自助存包管理。同时，做好宣传培训工作，制定业务流程，使自助服务规范化、条理化，新的自助服务模式也日益得到读者的认可和好评。②成功举办了第七届读者服务月活动。本届读者服务月秉承“贴进读者，创新服务”的宗旨，开展了北京地区高校图书馆精品图书巡回展、纸质期刊使用专题教育、走进数字图书馆网络在线培训、7场数据库专题讲座、绿色还书日、漂流书架、机房上机优惠月和自助打印扫描服务等一系列活动，得到了读者的广泛关注和响应。③科技查新工作再创新高。为科研立项、成果鉴定做科技查新报告905项，为教师和学生提供文献检索和收录引用报告900项。为了提高科技查新工作水平，主办了北京地区高校科技查新业务交流会，来自17所高校图书馆的56名查新人员参加了交流会。④积极开展专题文献检索与服务。完成了北京华进创威电子有限公司委托的信息功能材料氮化镓（GaN）、氮化铝（AlN）、世林（漯河）冶金设备有限公司委托的高炉铁水沟盖、高炉三偏心蝶阀、高炉连杆式蝶阀等课题的国内外文献收集和检索服务。⑤读者服务工作收到实效，资源利用率提高。本馆外借图书量占可流通馆藏图书总量的61.6%，阅览图书占馆藏图书总量的23.5%，馆藏图书达到了较高的利用率和读者满足率。⑥利用图书馆网络互动平台，积极开展读者咨询、教育与管理工作；积极推进学科馆员走进各院系服务。全年举办21场数据库宣传培训，通过各种方式的培训宣传，网络资源的使用有明显提高。在2010年的馆际互借和原文传递服务工作中，图书馆又一次囊括了BALIS馆际互借和原文传递中心颁发的“BALIS馆际互借服务先进集体一等奖”，“BALIS原文传递服务先进集体一等奖”和先进个人一等奖等全部奖项共计11项，并被评选为BALIS原文传递学科服务馆。⑦开通使用20M电信通宽带，使图书馆形成校园网与电信通双路网络接入模式，提高了图书馆网络安全性，提高了整体网速。⑧保证了图书馆各类服务的31套应用系统、30余个底层支撑系统、3套远程应用服务系统等软硬件系统全年365天*24小时稳定运行，为读者提供了可靠优质的信息化服务平台。⑨完成图书馆325台工作和服务用计算机，70余台各类电脑外设，9台复印机等设备的维护工作，为图书馆各项工作的正常运行提供了有力的技术支持。

（季淑娟、田　园）

【内部建设】2010年，图书馆从多个方面积极加强内部建设。①完成2009年修购项目“网络环境及硬件平台的改造与升级”和“图书馆的机房扩容与设备升级”的总结、验收工作。②完成2010年修购项目“图书馆数字资源学习培训教室建设工程”，“图书馆文献信息资源建设”2个项目的前期论证、立项与建设工作。③坚持“按需设岗，公开招聘，平等竞争，择优聘用”的原则，配合学校在2010年1月份完成了图书馆职工的岗位聘任工作。④依据现有图书馆藏资源结构和使用统计分析，完成了《北京科技大学图书馆文献资源发展政策》讨论稿。⑤在总结前3年中文图书采购招标工作基础上，完成了2010年中文图书招标工作，有5家书商中标。⑥为加强职工的在职教育和培训，举办“一流大学图书馆建设——定位、探索、实践”等4期专题职工培训；举办了“BALIS联合信息咨询中心科技查新业务交流会”等北京高校图书馆学术交流活动3次；选派32人次参加全国各地有关图书馆工作的业务培训，开阔了眼界，提高了自身的素质和全面发展的能力。⑦积极开展学术与科学研究工作。2010年新立项科研项目9项，在图书馆与情报学领域的期刊上发表研究论文24篇。⑧由于图书馆建筑结构、地面承重等因素，学校决定改造图书馆夹层书库条件；调拨图书馆部分书刊运至天津学院，书刊资源两个校区共享。暑假完成了书库的改造，并于10月25日顺利完成向天津学院调拨书刊270326册。⑨年内图书馆分工会成立。在学校“二级建家评估”中，图书馆分工会破格晋升为“校级先进职工之家”。⑩积极探索用工机制，已形成了一个以正式职工为主体，合同制工为补充，研究生助管和勤工助学学生为辅助的4类人员联合协作的用工形式，同时还聘用了保安和保洁员承担图书馆的部分安全与物业管理。

（季淑娟、田　园）

附　录：

2010年各种文献资源的采购情况

项　目	2010年	
	种　类	册　数
中文图书	27509	89594
外文图书	335	623
中文报刊	1578	1578
外文原版刊	169	169
外文购权期刊	37	37
光盘、网络数据库	22	148（个库）

2010年读者服务情况

项　　　目	2010年
进馆人次（万）	160.1
图书馆主页访问量（万次）	114.23

续表

项　目	2010年
借书刊(万册)	55.22
还书刊(万册)	56.17
阅览图书（万册）	23.77
读者注册（人）	7356
上书（万册）	92.7
上刊（万册）	29.1
借还光盘（种）	12364
复印/打印/扫描（张）	72867
校外读者办证（个）	80
上机检索（万人次）	19. 5447
上机检索（万小时）	18. 8782
课题查新	905
检索与收录	900
数据库培训（场/人）	18/415
馆际互借（人/册）	242/349
原文传递服务（篇）	604
科技文献检索与计算应用（学时/人）	27*2/177

2010年网络数据库使用情况

数据库使用类别	2010	2009	2008	2007
外文电子期刊全文下载	731167	571280	385882	457372
中文电子期刊全文下载	2828995	3852386	2952310	3817289
外文学位论文全文下载	31749	17632	18955	23916
中文学位论文下载	618473	1816594	1555585	1758531
中文会议论文全文下载	155699	116423	103512	79921
外文文摘数据库检索	565377	536481	373305	422642

（季淑娟、田　园）

档案馆

【概况】2010年，档案馆下设办公室、综合档案室和人事档案室，定编9人。年末，档案馆在职正式职工8人，其中副研究馆员1人，中级职称4人，初级职称3人。年内，档案馆退休1人，新进硕士生1人。至年底，馆藏档案包括《高等学校档案管理办法》（教育部第27号令）规定所有12门类档案和干部人事档案、本—硕—博学生档案。馆藏案卷共计115278卷，其中综合档案2个全宗共79030卷，干部及学生档案共36248卷。

（罗明书）

【内部管理】2010年，档案馆积极开展“岗位创先争优”活动。在完成岗位聘任的基础上落实岗位职责，规范业务流程，加强服务能力建设，认真执行教育部和国家档案局制定的《高等学校档案管理办法》,规范廉政与财经纪律，对相关制度进行了梳理和修订。

2010年，档案馆综合库房拆建2组3×6×5密集架，新建1组4×7×13密集架，学生库房加装1列4×8×1密集架，总柜架长度增加180余米。年内更新复印机2台，增加A3幅面彩色扫描仪1台。在此基础上局部调整馆库布局，划出10平方米办公用房用于档案的数字化加工。全年档案馆完成并验收通过2009年立项的北京高校档案研究会重点科研课题1项，成果受到各校同行青睐。

（罗明书）

【综合档案管理】2010年，档案馆接收学校二级单位各类档案10025卷（件），其中案卷8473卷，与上年基本持平；完成电子文档和图片上传共计6271件，比上年翻一番。对24年的招生录取大表进行了数字扫描，完成扫描4557页。

2010年，档案馆配合学校各项管理工作、学校内外部审计以及个人查档利用，共接待档案查借阅1337人次，为上年的1.89倍；阅印档案11385卷（件），为上年的2.03倍；提供校内有关部门档案借阅服务127人次；借阅369卷（件），与上年持平；提供学历认证信息90人次，增加28%；查出假证9份，降比8%；提供档案材料复印1.5万余张次。

2010年，档案馆向北京市教工委提供《中国共产党北京市组织史资料丛书》高校卷有关北京科技大学的史料，参与学校组织史的编纂。为学校科研项目审计、干部经济审计提供大量财会档案和党群行政类档案利用。

（罗明书）

【人事档案管理】2010年，档案馆接收新入校教职工档案77卷，转出教职工档案24卷，归档各类档案材料 3559件，接待借查阅档案630卷次，288人次。按照中组部最新颁布的收集规定，档案馆重新全面复查处级干部档案201卷，已追补回档案材料52份，其中新任处级干部补回19份。

（罗明书）

【学生档案管理】2010年，档案馆共接收整理新生档案5951卷，其中研究生档案2601卷，本科生档案3350卷；共转递毕业生档案4803卷，其中研究生档案2006卷，本科生档案2797卷；日常接收学生档案材料47941份，转出材料1448份，除转入数据库的有关信息外，特殊事项变更信息共747人次，编制各种检索工具41册次。日常提供学生档案咨询、查档、调档和有关公证事项1000余人次。

（罗明书）

【业务合作与交流】2010年6月，档案馆与南京大学档案馆合作，成功举办高校档案信息化建设研讨会，与会者近100名，分别来自全国23省72所高校。这是北京科技大学归属教育部以来首次承办全国性档案工作会议。

2010年12月，学校档案馆经北京高校档案研究会会员大会选举，被推任为研究会理事单位。

2010年，档案馆业务人员分别参加了教育部直属高校档案学会和北京市高校档案研究会的年会和分组活动，先后对中国农业大学档案馆、华南理工大学档案馆、四川大学档案馆进行了业务调研，接待了北京多所高校的来访。

（罗明书）

现代教育技术中心

【概况】2010年，现代教育技术中心在编工作人员7人，其中高级职称1人，中级职称5人，初级职称1人，返聘退休教工5人，工作保研学生1人。拥有各类设备617台／套，固定资产1477万元。中心拥有完善的多媒体课件制作系统和电视节目制作设施、用于播放教学课件的教学区闭路电视系统、支持外语教学的境外节目播出系统、家属区数字化电视系统、72个设施齐全的网络化多功能教室。此外，中心还拥有相当数量的录音复制设备及课件刻录设备等。

（牛长山、杨　雄）

【教学服务工作】2010年，学校共有1200门类课程3300个讲台使用多媒体教室，其中公共服务体系多媒体教室使用总计约75554学时。为服务本科教学在北京科技大学视频服务系统上载课件6000余学时，接收传输12套IPTV，点击率60550次，为外语学院搭建数字化教学平台，提供BBC、CNN、NHK、DW、NGC、STARMOVIE六套卫星境外接收节目源，同时，积极搭建公共服务体系多媒体课件技术教学平台，为教学工作提供技术支持，完成教学素材编目310学时；复制、刻录教学软件156学时；为兄弟院校复制各类教学软件60学时。

中心利用2010年修购项目，更新多媒体教室投影机23台，中心还将阶梯教室换下的投影机大修后安装在学院小教室中，使即将报废的设备在教学活动中继续发挥作用；多媒体教室维修维护共计2600余次，安装各类教学软件百余次，保证了全校200余间多媒体教室设备正常运行，设备完好率达100%。年内为教务处注册中心更新服务器6台，注册中心购置学生查询及打印成绩系统1套。

（杨　雄、张　捷）

【精品课程和申报片制作】2010年，中心录制制作申报精品课程6门18学时，分别是《地质学与矿物学》、《大学生志愿服务》、《当代语言学导论》、《冶金工程实验技术》、《思想道德修养与法律基础》、《机电系统原理与应用》；完成精品课程上网7门75学时，分别是《游泳》、《篮球》、《拓展训练》、《岩石力学与工程》、《冶金物理化学序言》、《冶金热力学》、《冶金动力学》；制作教学名师课程申报2门，分别是《大学物理》、《岩石力学与工程》；双语教学申报课程2门，分别是《环境化学》、《机械原理》；以及《党课精品一课》2门。

中心积极服务于学院等教学机构，制作英语教学竞赛案例3门，应用学院化学系学生环保参赛片3部，研究生院教改项目《环境规划与管理实务》一部。制作外语实验教学示范教学中心申报、评比片4部，其中实验中心概况1部，典型教学案例3部；为申报国家重点实验室制作《高效钢铁冶金》录音课件一部。

（杨　雄、冀燕丽）

【有线电视】2010年，学校完成了家属区有线电视数字化，实现社会化管理。经与北京歌华有线公司多次商谈改造方案，改造工程于10月启动，年底前竣工。为满足广大教职工的文化生活，中心将学校自办的9套节目数字化后并入歌华有线电视网。年内，中心还完成有线电视系统前端机房设备测试30余次，测试与维修卫星地面站12次，对有线电视网络前端系统进行升级改造，对有故障的有线电视用户进行登记、调整、维修，更换损坏严重的线路并上门维修，共计 500余次；维修更换室外光站、放大器20次；更换学生区、教学区光站6台，维修故障90余次，保证了各系统的正常运行。

（段海涛、谢玉浩）

社区卫生服务中心（校医院）

【概况】社区卫生服务中心（校医院）始建于1954年，由医务室逐步发展而成，1989年新建成了建筑面积3586平方米、业务用房2000平方米的医院。1996年定为“一级甲等”医院，2002年4月通过市评审转型成为社区卫生服务中心，可承担对外服务。中心服务辐射面积为43万多平方米，服务人口约3.3万人，承担预防、医疗、保健、健康管理与教育、康复理疗、计划生育技术指导“六位一体”的医疗卫生服务。

中心设有急诊科、内科、药剂科、外科、妇科、中医科、眼科、耳鼻喉科、口腔科、推拿针灸科、防保科及护理部，另有药房、化验室、B超室、心电图室、放射科等辅助科室。有医务人员64人，其中在职48人、返聘3人、人事代理合同制13人；临床大夫23人，临床护士14人，医技人员17人，财务人员6人，党政管理人员4人；副高级以上职称10人，中级职称26人，初级职称16人；具有硕士以上学历5人，本科学历22人。

（艾　茹、马巧焕）

【医疗服务】中心不断加强业务培训和医德医风建设，强化服务意识、责任意识，端正服务态度，为师生员工提供了较好的医疗服务。①开展慢性病管理工作，开设高血压、糖尿病、脑卒中和知己门诊；整合资源，进行中西医结合服务。②规范中医药特色门诊服务，开展康复理疗、针灸按摩，治疗、咨询、指导等工作，深受患者欢迎，在社区“六位一体”的综合性服务中发挥了积极作用。③配合学校完成日常献血工作，年内累计报名献血500人次，成功献血334人次，其中包括成分血255人次、全血79人次。

2010年，中心完成门、急诊量117556人次，比去年同期增加了约10%，日门诊量500～800人次，处方总数111573张。肌肉注射6048人次，静脉输液10089人次，生化、透视、B超、心电图等各类特殊检查46110人次，代煎药50600付，开展“三伏贴”、“三九贴”1260人次。提供外出医疗服务近48次，参加服务的医护人员70人次。

（李素君、艾　茹）

【健康教育及预防保健】2010年，中心积极开展健康教育宣传，普及科学防病保健知识，在学校不同场合、不同人群开展各种健康教育讲座和宣传服务活动近20次，受教育人数近10000人次。同时，认真做好传染病防控工作，对出现的流感、结核、乙肝、水痘等传染病及时进行登记和网上直报。年内，共发现结核病人25例，在校采用DOTS（督导短程化疗）规范管理用药7人。同时，对3350名新生进行了PPD（结核菌素）的筛查，试验率为97.6%，复查率100%，强阳性386人，强阳性率12.3%，强阳性学生的拍片率100%，并对其中 279人开始预防用药，服药率72.28%。管理密接人员1起、共29人，并对其进行了讲座、拍片、预防用药等管理。对结核病管理人员、辅导员、督导员、密接人员、新生、居民进行了结核病的宣传、培训；对148例水痘、痢疾等传染病例进行了访视、消毒和宣教，并进行了肠道传染病、呼吸道传染病、鼠疫防控知识的宣传及培训。此外，中心还承担着全校学生、教职工、流动人口、居民、散居儿童等的计划免疫工作。2010年，中心坚持每周开设计划免疫门诊2天、流感疫苗接种4天，共管理散居儿童320人，接种疫苗11293人次，其中接种儿童强免麻疹疫苗679人次，为学生接种乙肝疫苗 5766人次，分别为2010级新生接种白破疫苗 3070人次、麻风腮疫苗 468人次、麻疹疫苗1248人次，同时免费为小学生接种流感疫苗422人次，为本社区及周边地区60岁以上老人免费接种季节流感疫苗1196人次。多年来，社区计免接种率均达到100%。5月20日，被评为“北京市免疫预防接种门诊A级单位”。

（李素君）

【内部建设】2010年6月，中心通过海淀区卫生局中医示范医院评审，成为海淀区10家中医示范中心之一。中医特色门诊包括中医专家门诊（外请专家）、中医门诊（校内）、多功能康复室、康复理疗室、针灸按摩室等诊室，设有独立的中药房、中药库，使用面积180平方米，中药饮片406种、中成药182种。中医特色门诊有副主任医师2名、技师1名、外聘专家6名；开展有针刺、火针、梅花针、耳针、穴位贴敷、艾灸、火罐、刮痧、推拿、按摩、手法正脊等中医传统治疗方法。

年内，校医院进一步加强信息化建设，取得明显成效。5月10日，中心被海淀区卫生局选为“综合管理信息系统”示范试点单位，也是海淀区高校社区卫生服务中心中唯一试点单位。9月份实现了门诊电子处方系统、门诊电子挂号系统、门诊收费信息化管理系统、门诊药房信息化管理系统数据共享。至年底，医院综合信息化管理系统运行稳定，病人看病、缴费、取药排队时间长的问题已经得到有效缓解。年内，医院还首次采用并推行“服务满意度评价征询系统”。通过就诊患者对医护人员在“服务满意度系统”显示屏上“满意”或“不满意”键的触按情况，将患者评价结果与医护人员绩效考核相挂钩，不断推动医院服务的提升。

（褚　洪、马巧焕）

体育馆

【概况】2010年，体育馆始终坚持“以加强队伍建设为基础，以完善规章制度为保障，以确保安全、服务学校、服务师生、服务顾客为重点，全面提高服务水平、服务质量”的工作思路，团结奋进，真抓实干，圆满完成了2010年度的日常运营工作，积极承办了多项大型赛事。各项大型赛事的顺利承办，对内促进了团队的建设，对外提升了场馆的品牌。年内，体育馆被授予了“武搏会突出贡献奖”、“北京市优秀体育场馆”及“第十三届北京市运动会优秀承办单位”等荣誉称号，实现了社会效益与经济效益双丰收。

（邹华东）

【队伍建设】2010年，随着体育馆各项工作的逐步完善，团队规模不断壮大，核心管理人员在体育馆的持续发展过程中发挥了骨干力量。

体育馆建立了“每周例会制度”。会上，各部门经理总结一周工作，并简述新一周工作计划，及时提出工作中遇到的问题，场馆主任对体育馆的一周工作进行全面部署，及时总结，统筹安排。周例会制度不仅增强了部门间的沟通交流，使问题得以及时解决，同时促进了团队的凝聚力，提高了处理问题的时效性。体育馆全年共组织开展12次员工培训活动，培养每位员工树立“场馆是我家，爱护靠大家”的主人翁意识。

（鞠　洋）

【安全运营】2010年，为了能够提供一个安全稳定的运营环境，杜绝麻痹思想，体育馆各项工作从“小事”入手，从细节抓起；针对安全巡查工作发现的问题，及时修正，并与安全培训工作相结合，依据巡查过程中发现的典型问题进行案例分析教育，使安全教育与实际工作相互促进、相互结合。2010年体育馆共组织了两次消防安全疏散演练，通过演练验证了相关应急预案的实用性，检验了员工对应急预案的掌握程度，提高了大家对突发事件的应急处理能力。

泳池管理工作的重点是保障泳客的安全，体育馆从源头抓起，严格执行深水证考核标准、认真查验深水证，杜绝不具备深水资质人员进入深水区；针对酒后、有传染性疾病等不适宜游泳的客人做到及时发现、及时劝阻并坚决禁止游泳；针对老人、儿童等敏感人群，提高警惕、多加关注、提前做好防范；针对突发事件，组织了顾客溺水事故模拟救生演练。

体育馆沿用奥运赛时行之有效、高标准的安全管理方式，时时处处重安全，确保万无一失。建立《消防安全培训制度》、《防火巡查制度》、《消防中控室值班管理制度》、《体育馆保安人员管理制度》、《消防器材定期巡检、维护制度》《泳池水质安全管理制度》等16项安全操作规程与一系列与安全有关的规章制度，明确了安全管理责任。执行制度规范的同时，体育馆加强安全意识的培训与教育。运营以来，体育馆持续开展“场馆安全专题”全员培训，确定每月“安全隐患定期排查”制度，包括消防设备、电器设备等进行逐项排查。进入秋冬季节，体育馆着重开展“防火、防盗安全月”教育。通过形式多样的安全教育和严密的安全检查，在防火、卫生、水质、财务、设备运行等各方面均实现零安全事故运行，取得了良好效果。

（李　龙）

【服务校内】2010年，体育馆共承办了11项校内大型活动：校园春季招聘会、校友会、名家讲坛、大学生CUBA联赛、2010年新生羽毛球、乒乓球、游泳比赛、毕业典礼、全国大学生柔道比赛、第三届全国大学生节能减排大赛、秋季校园招聘会。体育馆还承担了大一、大二学生体育教学及学校运动队训练的教学任务，共开设了羽毛球、游泳、乒乓球、柔道、跆拳道、健美操、艺术体操等9项体育课程，每周有76个教学班2241人次在体育馆上课，全年累计76194人次。同时，体育馆为学校篮球、羽毛球、跆拳道等代表队的日常训练提供场地支持。

（郑　璐）

【对外经营】在满足校内使用的基础上，体育馆合理利用场地资源，提高了场馆使用率，通过总结成功经验，继续积极开拓市场，与2009年比较，体育馆球类项目收入提高了3.1%，游泳馆收入提高了23%。2010年，体育馆接待校外顾客共计166477人次，共承接了15项校外大型活动：上品公司10周年店庆、“林德杯”中国叉车职业技能大赛、北京市第十三届运动会、首届世界武搏运动会、肯德基全国青春健身操大赛、北京移动歌友会、4家公司的游泳比赛、肯德基3人篮球赛等。通过承办各项大型活动为体育馆增加了经济效益，同时扩大了体育馆的社会影响。

2010年，体育馆加强了对外宣传力度，9月网站正式上线，利用网站拓宽宣传渠道，新闻稿、场馆活动图片、员工活动等多种形式的宣传不仅充实了网站的内容，更展示了体育馆团队的精神风貌。体育馆网站为体育馆对外宣传工作搭建了平台，合理利用网站资源，让更多的潜在客户了解体育馆，为打造体育馆卓越服务品牌打下坚实基础。

（邹华东）

【精彩武搏】2010年8月28日至9月4日，2010年北京首届世界武搏运动会（以下简称武搏会）的柔道、柔术、空手道、跆拳道、剑道五个项目在北京科技大学体育馆顺利举行。本次武搏会是继2008北京奥运会、残奥会后北京所承办的规模最大、影响最广的体育竞赛，大赛参照2008北京奥运会标准，继续秉持“有特色、高水平”

的办赛原则，在武搏会组委会及北京科技大学场馆运行团队领导的严密部署和指挥下，整个赛事得到了世界体育总会、13个国际单项体育协会及国内外各界的高度赞扬，同时也得到了各国参赛队伍的一致好评。作为三个正式比赛场馆之一，北京科技大学体育馆承担了13个比赛项目中的5个项目，成为本届赛会转场次数最多、转场时间最紧、产生金牌最多、赛事组织最严密的比赛场馆，学校各相关部门及场馆运行团队克服了时间紧、任务重等困难，经受住了各种考验，得到了锻炼，积累了经验。中共中央政治局委员、北京市委书记刘淇、中共北京市委副书记、市长郭金龙等领导同志莅临学校体育馆视察指导工作，并对大赛的各项工作给予了肯定。

武搏会期间，柔道比赛时间为2010年8月28～29日，为期2天，共进行3个单元的比赛，共有来自30个国家的45名运动员参与奖牌的争夺，产生2枚金牌；柔术比赛时间为8月29～30日，为期2天，进行5个单元的比赛，来自20个国家的60名运动员参与奖牌的争夺，产生了13枚金牌；空手道比赛时间为8月31日至9月1日，为期2天，进行4个单元的比赛，来自34个国家的75名运动员参与奖牌的争夺，产生了10枚金牌；跆拳道比赛时间为9月2日，共进行3个单元的比赛，来自31个国家的59名运动员参与奖牌的争夺，产生8枚金牌；剑道比赛时间为9月3～4日，为期2天，进行4个单元的比赛，来自20个国家的84名运动员参与奖牌的争夺，产生4枚金牌。武搏会期间，本比赛场地共进行了37次颁奖仪式，其中产生金牌37枚，银牌40枚，铜牌54枚，累计奖牌数量为131枚。在武搏会总结表彰大会上，学校体育馆被2010北京首届武搏会组织委员会授予了“武搏会突出贡献奖”。

（邹华东）

附属小学

【概况】2010年，北京科技大学附属小学在校学生734人，21个教学班。毕业学生119人，新招学生130人。教职工34人，其中，中学高级教师1人，小学高级教师31人；具有本科学历的教师29人；所有任课教师均达到国家规定学历。2010年，装修了专用教室楼，教室相关设施及环境更加适合学生学习。9～11月，接受了由海淀区教委、海淀区教育督学室组织的《小学规范化建设工程验收暨全面实施素质教育集中督导》及教学管理先进学校的检查评估，被评为北京市海淀区教学管理先进学校、海淀区三星平安校园。

（张美娜）

【德育工作】2010年，附属小学始终把学生的德育教育放在各项工作的重要位置，通过多项举措，切实提高德育教育工作的实效。

①把师德建设摆在首位，不断规范、提高教师的师德修养。有计划地组织教师学习《中小学教师职业道德规范》，认真落实教育部《关于加强教师职业道德建设的若干意见》；召开了《育德于教，注重实效》德育研讨会；组织开展了北京市、海淀区、北京科技大学师德先进个人的评选和学习活动。

②认真落实中央、市、区德育要求，坚持德育科学理念，提高德育工作效能，加强与改进德育工作。紧紧围绕“争当四好少年，做有道德的人”主题，规范基本言行，培养良好习惯；重新修订学校日常常规制度和班级评比制度，有效提高了学生的文明素养，促进了良好行为习惯的养成。

③注重抓住机遇，开展即时德育活动。通过美化校园

活动，培养了学生的合作创新意识。通过定期开展的中队日志、板报等文化阵地的评比，促进班级文化建设。文化部电影委员会还在附属小学建立了小影片评论员基地。

④树立环保意识，低碳生活从我做起。通过对环保之星的事迹宣传，倡议全校师生过低碳生活，做绿色公民，从现在开始、从点滴做起，积极成为绿色生活的倡导者，成为低碳理念的传播者，成为“低碳生活”方式的践行者，共同携手建设我们的绿色低碳新校园。科技月中还进行了科技手抄报的比赛，学生参与率90%以上。“六一”期间，还举行了班级、年级集体舞比赛。

2010年开学伊始，附属小学成立了“青少年邮驿站”，700多名学生收到了海淀区邮电局赠送的青少年报刊读物，为学生社会大课堂及德育实践活动增添了色彩。3月30日，组织了为西南旱灾地区捐款的“爱心一元捐”活动，表达了师生帮助灾区渡过难关的愿望。此外，附属小学还积极利用学校内外各种平台，例如通过组织学生参观科大图书馆、国家重点实验室等，不断拓展学生的视野。

（潘　翔、张　晋）

【教学工作】附属小学始终坚持以转变教师观念、夯实教师专业基础为切入点，以课程改革为核心，提高教师专业化水平，全面提高教学质量。2010年，学校召开了课堂教学中德育渗透研讨会，全体教师结合实例进行了交流。年内全体教师积极完成以下学习任务：①阅读教育教学著作，完成一月一篇读书笔记。②提高课堂教学实效性，思考教学过程，关注学生培养，完成一月一篇教学反思。③上好一节常态研究课，上交一篇作课教案及课件。④鼓励组内、校内听课，互相学习，期末完成一学期听课任务。⑤政治学习4篇。教学干部认真检查教师完成校本培训的情况，并将参加继教教师的校本培训成绩予以赋分。

教研方面，附属小学组织教师进行参加了海淀区“十二五”群体科研课题——变异理论与教学；新课标的重新学习，并针对每位教师所任学科进行了《教师基本功课程标准测试》，加深对新课程标准的理解和认识。各科、各年级开展有针对性和实效性的校本教研，加强集体备课、教研。梳理各学科教材中的知识点。挖掘各科、各年级的教学特色，通过教研组活动、教学展示活动，加强教师互动交流，提高备课、听课、评课的综合能力。教师们在教学研究中相互学习，互相启发，达到取长补短，资源共享的目的。学校充分利用大学游泳馆，联合建华游泳培训学校，为学生开设了游泳校本课程。游泳培训学校设置了培训计划和教学大纲，学生喜欢，家长欢迎。

2010年，附属小学接受了海淀区教学管理先进校的评审和小学规范化建设工程验收—暨全面实施素质教育集中督导，成绩良好。在北京市、海淀区对五年级各学科的质量监控工作中，附属小学较好地完成了监测任务。在全校全学科的质量验收中，教师们围绕教学大纲以及教学重点，自己命题，科学分析，认真总结，切实提高了教学质量。

附属小学注重加强学生日常学习习惯的养成教育。①向全体学生认真解读《科大附小课堂常规》，督促学生和老师严格执行。②注重培养学生认真倾听、会主动思考、学会质疑、提高动手实践能力。③学校领导进班听课将学生学习习惯作为评价的重点，并在全校总结，表彰。此外，附属小学注重加强各年级质量管理，把好年级关。教学干部坚持每个单元细致查阅每个年级，每个班，每个学生的试卷，做出教学漏洞的指导反馈与指导。学期中抽查了学生的各学科作业本，认真查阅，总结反馈。通过对学科能力进行重点专项验收竞赛等方式，激励和检验学生的学习效果。期中考试后，召开全校家长会，与家长沟通交流，达到共同提高学生学业水平的目的。期末验收经过分析，全校学生成绩稳中有升。

2010年，附属小学进行了六年级三好学生评选，小升初政策宣传，毕业生信息输录、核对，推优分配的落实，统一分配的志愿填报等毕业生系列工作，全体毕业生以优异成绩毕业；组织学生参加各类科技、征文、科幻画、体育等的竞赛，均有获奖；在中心学区组织的青年教师评优课活动中，两名数学青年教师参赛，分别获得一、二等奖和教学设计优秀奖。

（高　彦、王　旭）

附　录

2010年北京科技大学附属小学师生获奖一览表

序号	奖项名称	获奖级别	获奖者	授奖单位
1	第三届“环保之星”全国小学生科技大赛	国家级	一等奖：米　潇、杨之子、张大维、高东方、徐瑾宁、王玥萌、王子怡 二等奖：庞博思、王子瑜、李霁峣、王萱凌、王研研、冯力博、安　迪、张馨怡、刘一男、杨明萱、张欣宇 三等奖：宋　歌、陈思涵、顾逸飞、蔡　园、姚皓月、蔡心怡	中国地理学会
2	2010年度中央电视台英语演讲风采大赛	国家级	金奖：吴颖涵	中央电视台英语演讲风采大赛组委会
3	第十一届全国青少年“春蕾杯”征文比赛：	国家级	二等奖：徐瑾宁 三等奖：张颢议、李云龙、刘伯端、郑钧以、蔡书宁、孟天航 优秀奖：段雅萱、彭子瑞、周梦熊、吕伟昆、杨懿恒、崔梦宁、马君瑶、晏德翾、全　捷、谢　放	中国儿童少年基金会、全国青少年春蕾杯征文组织委员会
4	第十一届全国青少年“春蕾杯”征文比赛	国家级	园丁奖：魏　辉、张雅丽、乔俊玲、王秀兰、高　彦	中国儿童少年基金会、全国青少年春蕾杯征文组织委员会
5	第八届小学希望杯全国数学邀请赛	国家级	二等奖：孟天航 三等奖：王　悦、晏德翾、吕捷诚 优胜奖：陆佳伟、王　晟、徐瑾宁、宋沣原、吕伟昆、王泓凯、许文瑞、曾佳琦、邢必达、张芳汀	“希望杯”全国数学邀请赛组委会
6	第二届“巨人杯”全国中小学生听说读写大赛	国家级	二等奖：李雨欣、张天择 三等奖：安　迪、周子榆、施　然、于若溪、魏一海、李霁峣、方浩旭、程雪琪、孙冠慧、施天昊、刘　帆、李欣蕾、贾子禾、贺灏璁、张　彤 优秀奖：吴宇欣、金雪桐、龚玲雅、杨昕远、张鼎伦、邢洪伟、吕捷诚、王芯蕊、黄　哲、陈代安、徐若莹	“巨人杯”全国中小学生听说读写大赛组委会

续表

序号	奖项名称	获奖级别	获奖者	授奖单位
7	“可爱的中国”青少年英语全能王风采展示活动全国总展示	国家级	金奖：吕佳鹭 铜奖：张颢议、王紫垣、徐绍峰	全国青少年英语全能王大赛组委会
8	“可爱的中国”青少年英语全能王风采展示活动北京展区展示	国家级	一等奖：张颢议、彭祺辉、朱安琪、王泓凯 二等奖：段雅萱、李博威、徐绍峰、王艺沛、邱昱力、吕佳鹭、万升昊、柴心怡、王紫垣 三等奖：李昀桐、王秋硕、彭子瑞、王雨桐、徐瑾宁、柳东歌 优秀奖：邹沛萱、马可纯、廖圣元、韩萌萌	全国青少年英语全能王大赛组委会
9	“走进美妙的数学花园”中国青少年数学论坛—全国趣味数学解题技能展示活动	国家级	一等奖：孟天航、孙冠慧 二等奖：周禹轩、周子榆、柴心怡、吕捷诚、邢必达、邢洪伟、刘　帆 三等奖：王海露、蔡昕澎、赵林峰、王子良、程雪琪、晏德翾、白惠中、刘　铭、张大维、王研妍、吴晓彤、黄少晨、谢　放、郭　洋、鞠睿琪、杨懿恒、代　诺	第八届“走进美妙的数学花园”中国青少年数学论坛组委会
10	第八届小学希望杯全国数学邀请赛优秀教练	市级	田　颖、崔红梅、唐明华	“希望杯”全国数学邀请赛北京赛区组委会
11	北京市“十一五”创造教育研究先进集体	市级	附小	北京市创造教育学会
12	北京市中小学校徽校歌创作奖	市级	附小	北京市教委
13	北京市师德先进个人	市级	张美娜	北京市教育工会
14	北京市首届中小学心理健康教育优秀论文	市级	王秀兰	北京市教科所
15	北京市基础教育课程教材实验优秀论文	市级	张美娜	北京市教科所
16	北京市“十一五”创造教育研究先进工作者	市级	刘江山	北京市创造教育学会
17	全国英语超级联赛北京赛区优秀辅导教师	市级	杜向琳、张　荻	全国英语超级联赛北京赛区组委会
18	第三届“环保之星”全国小学生科技大赛优秀指导教师	市级	刘江山、张　晋	中国地理学会
19	“生物多样化与自然相连”中国儿童环保绘画赛优秀辅导员	市级	王忠艳	中国儿童环保绘画赛组委会

续表

序号	奖项名称	获奖级别	获奖者	授奖单位
20	北京市中小学生风筝比赛荣获团体第三名	市级	附小	北京市体委
21	2010“可爱的中国”青少年英语全能王风采展示活动优秀组织奖、优秀指导教师	市级	杜向琳、张　荻、洪　流、王群燕	全国青少年英语全能王大赛北京赛区组委会
22	北京市数字德育平台征文精品书吧	市级	一等奖：付月姝、薛博文 二等奖：王逸然、崔梦宁、高淳楠、吕伟昆、陈昂快、袁　昊、李呢喃、朱安琪 三等奖：陈可妍、王逸然	北京市教科所
23	北京市中小学数字德育——2010暑假征文	市级	一等奖：张天择 二等奖：王紫垣 吕伟昆、张天择、袁　昊、莫　非、蔡书宁、代树言、李云龙、李呢喃、谢　放 三等奖：李天娇、黄思远、王梓丞	北京市、海淀区教委德育工作领导小组、教育科学研究所、教育信息中心
24	全国英语超级联赛北京赛区	市级	二等奖：周一诺、许文瑞、贺灏聪	全国英语超级联赛组委会
25	北京市小学“三好学生”	市级	付月姝、孟天航、刘帆、崔梦宁	北京市教委
26	“育新杯”北京市中小学生网球比赛校园网球活力操	市级	一等奖：附小	北京市体委
27	北京市中小学生风筝通讯比赛	市级	一等奖：马婴宁 二等奖：朱安琪 三等奖：李国亮	北京市体委
28	第二届北京百校少年儿童外语艺术大赛	市级	一等奖：吴颖涵	
29	优秀辅导教师	区级	刘江山	海淀青少年活动管理中心
30	海淀区中小学生科技竞赛无线电测向比赛优秀辅导员	区级	梁　爽、刘江山	海淀青少年活动管理中心
31	海淀区中小学生“世纪杯”计算机比赛优秀辅导员	区级	沈　磊	海淀青少年活动管理中心
32	海淀区第十一届教育科研论文三等奖	区级	赖兆慧	海淀教委、海淀教科所
33	第二届海淀风筝节友好邀请赛风筝放飞最佳效果奖	区级	附小	海淀文化委员会
34	第八届海淀区英语风采大赛优秀指导教师	区级	附小	海淀青少年活动管理中心
35	海淀区青少年未来工程师竞赛奖优秀指导教师	区级	冯鑫鑫、张　尧、刘江山	海淀青少年活动管理中心
36	海淀区中小学生科技竞赛单片机比赛小学组编程优秀辅导教师	区级	刘江山	海淀青少年活动管理中心

续表

序号	奖项名称	获奖级别	获奖者	授奖单位
37	2010、6海淀区青少年未来工程师竞赛优秀组织工作奖	区级	附小	海淀青少年活动管理中心
38	2010海淀区“翠微杯”小学生篮球比赛最佳精神风范奖	区级	附小	海淀区体委
39	海淀区中小学航海航空模型	区级	优秀辅导教师：刘江山	海淀青少年活动管理中心
40	第八届海淀区英语风采大赛	区级	一等奖：吴颖涵、邢洪伟 三等奖：朱安琪 优胜奖：龙亦周、赵林峰、王子良、马君瑶	海淀青少年活动管理中心
41	海淀区“三好学生”	区级	付月姝、李雪菲、孟天航、周　原、宋雪儿、彭清怡、刘　帆、邢洪伟、崔梦宁、代　诺、林云志	海淀区教委
42	海淀区中小学生航空模型比赛	区级	一等奖：王　涛 二等奖：马婴宁、李昵喃、蔡梁珂 三等奖：李国亮、吕伟昆	海淀青少年活动管理中心
43	海淀区中小学航海模型比赛	区级	一等奖：鲁中岳、莫　非、王　涛、孙雨舒 二等奖：张有容、代树言	海淀青少年活动管理中心
44	海淀区中小学生无线电测向比赛	区级	三等奖：莫　非、赵明阳、刘鹏宇	海淀青少年活动管理中心
45	海淀区中小学生科技竞赛“世纪杯”计算机比赛	区级	一等奖：田昕妍、许文瑞 二等奖：郭　洋 三等奖：李　响、王　悦、严筠筠	海淀青少年活动管理中心
46	海淀区中小学生科技竞赛单片机比赛小学组编程	区级	一等奖：曹润泽、方浩旭、陈之初 二等奖：向君豪 三等奖：刘　铭、樊　星、张有容	海淀青少年活动管理中心
47	海淀区少先队	区级	红领巾奖章：代　诺、莫　非	海淀青少年活动管理中心
48	海淀区青少年未来工程师竞赛“绿色节能馆”	区级	三等奖：周　原、孟天航、付月姝	海淀青少年活动管理中心
49	海淀区“我和我的老师”征文活动	区级	一等奖：杨冬临 二等奖：吕捷诚、蔡书宁	海淀青少年活动管理中心

（高　彦、潘　翔）

社区居委会

【概况】社区居委会接受学校和学院路街道办事处的双重领导，既承担学校行政部门的职能又承担着部分政府部门的职能；既面向社区居民开展各项服务性工作，还具体负责退休工人的管理工作，社区老龄人、残疾人、低保户、优抚对象的帮扶工作，以及青少年、育龄妇女、失业人员、矫正对象的帮教等相关工作。

至2010年底，有社区居民3251户，10035人；60岁以上老龄人2200人，残疾人119人；享受低保14户21人，困补125人；孤老9人；空巢老人291户426人；优抚对象35人；帮教对象5人；矫正对象3人；在押人员1人；居住3个月以上流动人口 896人。

（杨　峰）

【社区党建】2010年，社区党委以创党建品牌为依托，以创先争优活动为契机，提出以“1+1党员亮相先锋岗，帮老助残促和谐”为主题的党建品牌创建活动，开展了“党员名片”进千家，“党员形象”进楼宇活动，形成“有事找党员”、“党员来帮忙”的良好氛围。以党建促社建，更好地发挥基层党组织的堡垒作用。在社区党员中开展了争当五好支部、五好党员活动，“七一”前夕隆重表彰了社区先进党支部、社区优秀党员；举办以“忆党绩、感党恩、作表率、当先锋”为主题的毛主席像章和画像展览；组建党员服务队，通过结对帮扶、党员义工等方式，做好老党员和生活困难党员关怀慰问工作。

（杨　峰）

【社区服务】做好社区服务工作是居委会工作重心。2010年，居委会以顺民心、献爱心、创和谐为目的，规范社区服务管理，扎实推进各项工作，认真做好承接社区管理和服务的民政服务、人民调解、治安保卫、公共卫生、计划生育、文化体育等工作，切实将党的惠民政策不折不扣地落实到居民中，详见《2010年社区居委会办实事一览表》。

（杨　峰）

【社区维稳】维稳工作是社区第一责任，社区综治委大力开展志愿者服务活动。在武搏会、十一、元旦、春节、两会等重大节日和敏感日期间，组织社区志愿者参加社区治安巡逻，切实做到防控全面、到位，劝导不文明行为，保证了社区的和谐稳定，做到了全年社区“零发案”。重大节假日前，社区还集中开展楼内可燃物清理工作，对社区消防通道内的堆积物进行了专项治理。

（杨　峰）

【社区环境】2010年，通过落实精细化管理，社区卫生状况有了较大改观。居民装修垃圾能够及时清运，私搭乱建现象也得到了有效治理。社区绿化工作中除了开展正常的绿化养护外，积极进行精品绿化示范点和个性化绿化示范点建设。经过几个月的精心施工，5个花园的精品绿化示范点已经初见成效，6个楼宇的绿化带已经初步形成“月季一条街”的个性化绿化效果。通过个性化绿化建设，遏制了部分居民在绿化带内私搭乱建的行为，提高了社区绿化的整体效果，改善了居民生活环境。此外，按照街道办事处的部署，组织开展了水法宣传、创建文明卫生社区、世界无烟日、“爱国卫生活动周”等宣传活动，并开展了大规模的统一布药灭鼠及灭蚊蝇活动，改善了社区卫生环境。

（杨　峰）

【人口普查】2010年，社区居委会承担了全国第六次人口普查工作。学院路地区北科大的任务最重，分为26个普查小区，户籍人口数量多，有学生2万多人，居民加周边单位流动人口1万多人，人户分离现象也很普遍，户口整顿与摸底和入户签字确认及信息录入工作十分繁重。学校成立了以副校长武德昆为组长的北京科技大学全国第六次人口普查工作领导小组，并将人口普查工作办公室设在社区居委会，全面负责北科大普查区的人普工作。居委会在保证正常的为居民办理各项事务不受影响的前提下，做到了每一个阶段都保质保量的按时上交数据，在校办、学生处、研工部、各学院等单位的共同努力下，完成了34787户的入户和信息录入任务。

（杨　峰）

【社区共建】2010年，社区居委会积极争取单位支持社区建设，学校划拨原工会8栋小楼给予居委会，街道、学校及相关职能部门在经费上给予了大力支持，经过重新装修改造，社区拥有了500多平方米的集办公、服务、活动为一体的综合楼，实现了居、站分设，被评为海淀区社区服务站标准化建设示范单位。此外，社区召开议事协商会，学校相关部门负责人，居住在社区的市、区人大代表、政协委员、教授代表、居民代表都积极参加会议，共商社区发展事务，共建和谐社区。

（杨　峰）

【特色社区建设】2010年，北京市提出创建“特色精品社区”，北科大社区积极响应，在扎实做好各项基础性工作的同时第一批申报了“服务突出型”社区，开展了一系列社区特色工作。①将大学生志愿者协会引进社区，在社区建立青年志愿服务基地，确立了“‘1+1’帮老助残促和谐”的社区特色项目，使“社区党员义工服务队”和“大学生义工志愿服务队”结对子，推动社区志愿服务领域逐渐向“个性化服务”延伸。②为进一步畅通和拓宽民意诉求渠道，设立了“心桥室”，接待居民来访或主动邀约，并提供心理辅导和法律咨询服务。心理慰藉与法律咨询双管齐下，为居民排忧解难，为社区构筑和谐。③加大社区社会组织的培育，社区拥有十四个民间社团，如太极拳队、柔力球队、模特队、居民合唱队等。居委会大力扶持这些组织，提供经费和活动场地的支持，搭建展示平台，丰富社区居民的精神文化生活，创建社区文化品牌。④打造“一刻钟生活服务圈”。以社区居委会为基点，周边辐射形成生活服务圈，打造集医疗、餐饮、娱乐、购物为一体的便捷宜居家园，一刻钟之内日常生活需求都可以在社区得到满足，方便社区居民的生活。⑤利用宣传手段加强精神文明建设。除继续做好《北科大社区之声》报的编辑、出版及发送工作外，社区还通过增设宣传橱窗、开办社区大讲堂和市民学校等，提高居民对社区事务的知晓率，为居民提供学习了解养生保健、政治时事、社会动态等多方面知识和文化的机会。

（杨　峰）

【获奖情况】2010年社区居委会获得“北京市先进社区居委会”、“北京市特色精品社区”、“北京市社区志愿服务优秀组织”共3项市级荣誉，获得“海淀区社区服务站标准化建设示范单位”、“海淀区社会治安综合治理工作先进社区综治委”、“海淀区人口和计划生育工作先进集体”、“海淀区优秀社区就业服务站”、“海淀区充分就业社区”、“海淀区优秀志愿服务项目”、“海淀区养犬工作先进社区”共7项区级荣誉，被评为学院路街道唯一一个“五星级和谐社区”。居委会委员一人获“海淀区2010年教育转化攻坚与巩固整体仗巩固帮教能手”，一协管员获“海淀区优秀残疾人专职委员”，另有6人获街道级先进个人奖项。

社区居民在北京市级“孝星”评选活动中有11人获市级“孝星”，3人获区级“孝星”；社区居民获“海淀区优秀治安志愿者标兵”、

"海淀区第四届社区'义工之星'两项荣誉称号；社区一服务商获"北京市为老服务先进单位"；社区两个家庭获得海淀区"和谐家庭"荣誉称号；一个家庭被评为"海淀区科协系统科普示范家庭"。社区柔力球队获"第二届久久星杯全国柔力球邀请赛集体套路表演奖"。

（杨　峰）

附　录

2010年社区居委会办实事一览表

类别	具体工作内容	惠及人数
民政工作	每月为80岁以上老年人发放居家养老服务券	3780余人次
	为80岁老年人新申请居家养老服务券83人	87人
	办理60岁以上老年优待证	38人
	办理65岁以上老年优待卡	95人
	春节为退休工人及低保、军烈属、固定补助、地退等各类人员发放困难慰问金及慰问品	470余人
	通知社区80岁以上老年人可配备小帮手，年内第二批正在统计中（65岁以上）	第一批已为56人配备
	申请办理低保待遇，为低保人员办理医疗救助申请4人。为低保家庭进行两次复审	5人
	为社区行动不便老年人免费发放轮椅	2人
	组织春雨抗旱捐款、为玉树灾区人民捐款、"送温暖献爱心"捐助等	37430元
计生工作	为失业、无业独生子女父母发放独生子女费	140余人
	办理独生子女证	21人
	为独生子女家庭办理意外伤害保险15份	13户30人
	为育龄妇女办理、审核《生育服务证》，进行产后慰问	39人
	走访慰问独生子女重残家庭	11人
	办理独生子女伤残家庭特别扶助	7人
	办理独生子女父母年老一次性补助手续	7人
	组织流动已婚育龄妇女参加街道孕检	32人次
	开展计划生育宣传及各类讲座活动	社区居民
	为困难独生子女家庭申请补助	1户
	为贫困独生子女家庭母亲免费进行体检	1人
	为户籍、市场、流动人口已婚育龄妇女免费发放药具800余盒	

续表

类别	具体工作内容	惠及人数
残联工作	春节、助残日、爱耳日慰问一级重残人员	29人
	为精神残疾人员办理免费服药手续	17人
	为16户肢残家庭及6处社区公用设施进行无障碍改造	41名
	为重度肢残人员申请、发放轮椅	5人
	为重残人员办理重残无固定补助手续	17人
	为重残无业人员申请居家养老（助残）券	38人
	新办理残疾证	9人
	为在校就读的残疾人及子女申请并发放助学补助金	5人次
	申请发放琴音水壶等多种辅助器具	多人
	为残疾人本人和家人做心理辅导工作	50余次
	为残疾人办理个体就业一次性补助手续	2人
	办理多重鉴定手续	2人
司法工作	全年调解居民纠纷103起，调解成功率达到95%以上	社区居民
	社区矫正对象3人，居委会每月找他们谈话做记录。节假日和重大活动前期，与社区民警一同找他们谈话，今年先后进行了6次家访	3人
	社区现有两劳帮教对象5人，帮教小组对这些刑释解教人员定期回访，了解掌握帮教对象现状	5人
	举办法律讲座2次，为社区居民提供法律咨询	30人
	进行法制宣传活动，共张贴法制宣传画14期，在各楼门洞3次张贴“谨防诈骗”宣传材料480份，谨防诈骗手册1000余份	社区居民
劳动及就业工作	对领取养老保险（障）待遇人员资格认证工作，及时将认证人员的基本信息输入认证系统	252人
	配合社保所完成参保人员2010年“城镇居民大病医疗保险”《告知书》领取工作	339人
	社会化退休人员认证工作	95人
	对社区内的失业人员进行全面摸底排查，编制了人户分离、出国人员、临时就业人员等各类失业人员档案	
	为帮助失业人员了解和掌握国家各项就业政策，尽快实现就业再就业，街道社保所在社区举办了“就业政策进社区”宣传活动，并接待失业人员和其家人的咨询	50人
	就业援助月活动，加强宣传工作，就业政策落实到人；组织参加招聘会，多方面提供就业途径；举行失业人员座谈会，深入了解情况；节前慰问，切实帮助解决实际困难	70人
文体工作	5月，为社区居民举办“五月鲜花激情广场活动”	210人
	10月，举办第四届社区文化广场活动	206人
	成立社区柔力球队，参加北京市少数民族柔力球协会	25人
	认真做好社区卫生防疫活动，对学龄儿童麻疹疫苗强化免疫宣传接种率达到了95%以上	156人
	组织居民参加学院路地区第八届“青岛胡姬花”杯中老年交谊舞大赛和第九届“迎十一·和谐社区杯”中老年象棋比赛	6人
	组织新年联欢会	560人

续表

类别	具体工作内容	惠及人数
妇联工作	妇女节时，组织居民代表、社区志愿者中的妇女到玉泉营花卉市场参观。	55人
	妇女节前夕，为55岁以上妇女举办骨质疏松症的治疗与预防讲座，并现场对参加人员的骨质疏松症危险因素进行评估初筛	150人
	“六一”儿童节慰问社区低保困难家庭	1人
	春节前慰问单亲家庭，因疾病经济困难妇女发放慰问金	5人
	参加区组织的妇女儿童权益法知识竞赛	6人
	评比社区五好家庭	1780户
住保工作	接待三类保障性住房咨询人员	400多人次
	21户领取经济适用住房表，15户材料已经上交，11户已经进行公示	21
	113户领取限价房表，93户已经填写并上交材料，72户已进行公示	113
	对现居住在社区的流动人口入户并进行异地公示	9人

（杨　峰）

中国教育经济信息网

【概况】2010年，中国教育经济信息网（China Education Economy Information Net，简称CEE）运行情况良好。年内，启动实施了CEE信息系统安全等级保护工作，完成了中心机房改造和网络架构调整，确保了各业务系统安全稳定运行。

2010年，CEE管理中心继续深化项目应用。根据教育部财务司工作需要，升级了“教育部直属高校资金监控系统”，全面推广实施了“行政事业单位资产管理信息系统”。至年底，CEE在线应用系统稳定在14个，县级及以上用户数量超过6000个，全年共完成教育部下达的常规和专项业务上报和数据汇总工作100余次，业务数量和用户数量稳步增长。

（高　杰）

【项目建设】2010年，CEE管理中心启动实施了CEE信息系统安全等级保护工作，同时完成了中心机房的系统性改造工作，调整了网络架构，确保了各业务系统安全稳定运行。

根据教育部的工作要求，CEE管理中心周密计划和部署实施了CEE信息系统安全等级保护工作，对CEE在线运行的各业务系统进行了认真梳理和自查，按照要求完成了定级、备案文件，初步确定了各业务系统和系统服务的安全等级，并选派人员参加了教育部组织的业务培训和经验交流，为即将进行的正式定级申报工作奠定了基础。

根据系统运行和业务扩展需要，年内，CEE管理中心参照信息系统安全等级保护工作要求，对原有的网络基础架构进行了重新规划和部署，在确保各业务系统正常运行的前提下，充分考虑机房的实用性和先进性、灵活性和可扩展性、机房标准化和可管理性，分步完成了中心机房的系统改造工作，改造工程涉及机房电气系统双路供电工程、UPS系统扩容项目、空调系统改造、综合布线、环境动力监控更新和相关服务器的内部迁移等工作。改造后，系统运行的安全性、可靠性和可扩展性有了显著提高。还对CEE系统网络基础架构进行了整体规划和重新部署。规划后的网络结构对主干链路进行了全冗余设计，添加了高性能硬件设备，针对系统的重要性差异对网络进行了区域设置管理，确保重点业务应用的稳定运行。

（孙辰宇）

【应用拓展】2010年，CEE各业务系统稳定运行，对部分应用系统进行了升级，扩展了实施范围。全年在CEE系统上运行的中央部委级应用项目为14个，应用项目主管部门涵盖了全国保障办、全国学生资助管理中心等多个中央级单位，以及财政部教科文司、教育部财务司、规划司、贷款办、信息中心等多个司局级单位。网络用户规模稳定，各业务应用系统的县级及以上用户共计6000余个。

在2009年资金监控系统升级工作的基础上，2010年，CEE管理中心根据财务司预审处的要求，详细总结了资金监控系统升级的工作情况，并建议逐步扩大试点范围，以便平稳推进资金监控系统升级工作。2010年9月16日，CEE管理中心召开资金监控工作研讨会，教育部财务司预审处刘玉光处长、北京科技大学武德昆副校长以及北京大学、中国人民大学等多所高校的财务处长参加了会议。会上，各位领导结合实际对资金监控工作的现状和问题进行了讨论，刘玉光处长明确指出了资金监控工作的重要意义，并对资金监控系统升级工作的进一步推广工作进行了指示。

2010年，教育部行政事业单位资产管理信息系统正式推广实施。作为技术服务单位，CEE管理中心组织完成了资产系统软硬件环境搭建、系统集成、系统维护、数据库备份以及数据上报组织和审核工作。5月，财政部下发《关于印发行政事业单位资产管理信息系统统计报表有关问题的通知》（财办行〔2010〕31号），对资产系统的数据上报进行了具体部署。根据财政部和教育部的工作安排，CEE管理中心采取现场上报和远程指导相结合的方式，协助各直属高校和事业单位完成了数据上报工作。至年底，资产系统数据上报工作已基本完成。

（杨绮雯）

【数据采集】2010年，CEE管理中心共完成教育部下达的常规业务和临时业务100余项。

常规业务包括：①完成教育部直属高校资金监控数据上报12次。②完成教育部直属高校财务月报数据上报11次。③完成“义保”系统数据上报8次。④完成“初中工程”系统数据上报12次。⑤完成“特教工程”系统数据上报12次。

临时业务主要包括：①完成2009年度教育部直属高校财务决算上报及审核汇总工作。②完成2009年度财政拨款结余资金情况上报及统计汇总工作。③完成2008年度直属高校和教育部门审计情况数据的上报及汇总工作。④完成直属高校申报中央级普通高校捐赠收入财政配比资金项目相关工作。⑤完成部分直属高校减轻债务负担工作方案的报送工作。⑥完成部分直属高校附属中小学校舍安全排查鉴定及规划建设情况统计。⑦完成直属高校2011年住房改革支出预算上报。⑧完成直属高校“防止小金库长效机制建设总结报告”上报工作。⑨完成《高等学校财务制度》、《高等学校会计制度》意见征集工作。⑩每月完成直属高校“重大项目财政拨款支出情况”上报工作。年内，还完成了拨款对账、专项资金结余情况调查、国库集中支付单位用款计划、“985工程”专项资金预算等多项上报业务。

（杨绮雯）

【数据分析】2010年，CEE管理中心深入加强数据分析和数据研究工作，在完成常规数据分析报告的基础上，整合研究资源，提高分析能力。

年内，CEE管理中心共完成教育部直属高校资金监控分析报告11期，组织编写了《教育部直属高校财务运行白皮书》（初稿）和《教育部直属高校财务运行简报》（初稿），完成了《教育部直属高校三年财务状况分析》等专项分析报告，为上级主管部门的管理决策提供了有力的数据支持。组织编辑了《中国教育经济评论》并出版，将成为我国教育理论界的四大评论之一，对提高学校国内和国际知名度有重要的学术价值。

2010年是教育经济与管理研究所并入CEE管理中心后正式开展工作的第一年，管理中心制定了《北京科技大学教育经济与管理研究所三年科研发展规划》，结合现行各业务系统的信息资源，明确了今后科研工作的方向和重点。6月，正式设立《北京科技大学教育经济与管理研究所科研基金》，每年拨出经费用于教育经济领域的科学研究工作，并将逐步面向全校和社会开放课题。

（杨绮雯）

【组织建设】2010年，CEE管理中心坚持制度建设和文化建设相结合，有效提升了管理中心的综合实力和工作水平。

年内，管理中心继续推进和完善制度建设，制定并下发了《中国教育经济信息网管理中心考勤管理制度》、《CEE外聘员工绩效考核及薪酬方案（内部）》等一系列内部管理制度，起草了《CEE设备及办公用品采购管理制度》，提高了管理效率和科学化水平。管理中心下设系统运行室、数据分析室、行政办公室、技术研发室和客户服务室以及教育经济与管理研究所1个直属研究机构。至年底，共有职工31人，其中校内正式职工17人。

CEE管理中心不断加强党组织建设，年内发展预备党员2名，发展积极分子2名。至年底，共有正式党员13人，预备党员1人。

（姜佳男）

党建与思想政治工作

组织工作

【概况】至2010年底，北京科技大学共有基层党委18个，党支部506个，其中直属党支部1个。共有党员10382名，占全校总人数的30.57%，其中干部党员636名，占干部总数的68.98%；教师党员957名，占教师总数的65.37%；工人党员60名，占工人总数的16.53%；其他专业技术人员党员227名，占其他专业技术人员总数的56.75%。学生党员7342名，占学生总数的25.37%，其中研究生党员4666名，占研究生总数的51.76%；本科生党员2673名，占本科生总数的13.61%。

全校共有在职校级干部12名。有处级干部204名，其中正处级干部62名，副处级干部142名；男156名，女48名；党外处级干部23名，占处级干部总数的11.27%；少数民族处级干部10名，占处级干部总数的4.90%；45岁以下处级干部118名，占处级干部总数的57.84%；具有硕士研究生及以上学历处级干部152名，占处级干部总数的74.51%；具有高级专业技术职务的处级干部150名，占处级干部总数的73.53%；专职管理干部98人，占处级干部总数的48.04%；“双肩挑”干部106人，占处级干部总数的51.96%。

（黄武南、史立伟）

【干部工作】①做好机构调整和干部配备工作。结合学校事业发展需要，完成了数理学院、化学与生物工程学院、高等工程师学院等5个二级机构和矿井避险技术研究中心、资产管理处技术安全科等22个三级机构的组建调整工作，并根据《党政领导干部选拔任用工作条例》和《北京科技大学处级干部选拔任用工作规定》有关要求，完成了新成立学院的班子配备工作。年内，共调整处级干部45人，其中提任正处级干部5人，提任副处级干部22人，调动任职8人，免去处级领导职务10人（其中调出学校7人）。

②积极探索干部选拔任用新机制。坚持民主、公开、竞争、择优的原则，面向海内外进行了公开招聘信息工程学院院长和经济管理学院院长工作。成立了由相关校领导、校内外知名专家教授等组成的公开选聘工作遴选委员会，制定了公开选拔工作流程，在《神州学人》等媒体发布了公开选拔公告，并通过自愿报名、资格审查、学术报告、答辩测评、党委票决等程序，完成了院长公开招聘工作。通过公开招聘，引进长江学者特聘教授、国家杰出青年基金获得者1人，国外高水平大学终身教授1人，进一步扩大了选人用人视野，为学校事业发展汇聚了人才、凝聚了力量。同时，在信息工程学院、文法学院等换届的二级党委，继续推行二级党委负责人“公推直选’工作，加强了干部选任工作中的民

主，树立了正确的用人导向，推进了学校的干部人事制度改革。

③加强干部监督管理和培养工作。根据上级党组织关于贯彻落实干部选拔任用工作四项监督制度的有关文件精神，组织全校处级及以上干部以二级理论中心组和知识问卷的形式对“四项监督制度”进行了专题学习，提高了干部的监督意识和自律意识。在此基础上，对学校自2008年12月第十次党代会召开以来的干部选拔任用工作情况向党委全委会做了专题汇报。同时，认真落实中央《关于进一步从严管理干部的意见》等有关文件精神，建立健全领导干部任职谈话、任期谈话、诫勉谈话、述职述廉、重大事项报告、离任经济责任审计、廉政风险防范管理等制度，对干部严格要求、严格教育、严格管理、严格监督。举办新上岗处级干部学习班，完善干部培训课程选修和网上自主学习形式，丰富干部培训内容，改进干部培训形式，提高干部培训质量。继续开展干部境外培训工作，年内选派4名同志赴台湾辅仁大学完成了挂职培训。还积极向国家教育行政学院、市委教育工委等上级部门举办的培训班选派学员40余人次。

④加大对后备干部的培养力度。举办第一期优秀青年干部培训班，各学院、机关部门、直属单位推荐的41名青年教师和青年干部参加了培训。培训班历时三个月，分为“理论学习”、“能力提升”、“实践调研”和“总结”4个阶段。在培训的过程中采取了案例教学、无领导小组讨论、拓展体验、实践调研等形式，建立了班主任、联络员、班委会多层次、立体式的自主管理模式，充分调动了学员自主学习、自主管理的积极性和主动性，取得了很好的学习效果。进一步加强学院与机关部处间的联系，选派9名一线教师和青年干部在校内各学院和机关部处开展双向挂职锻炼。进一步加强与政府部门及兄弟高校的联系，加大干部推荐交流和挂职锻炼工作力度，选派8名同志到上级部门和湖南湘西土家族自治州等地方政府、北京大学等高水平大学挂职。干部推荐交流和挂职锻炼工作成果初显，年内6名优秀年轻干部（其中3名女干部）被输送到中央有关部门和北京市任职。向北京市委组织部推荐优秀中青年教师，获得北京市优秀人才培养资助2人，获得“北京市优秀青年知识分子”称号1人。

⑤进一步完善干部年度考核办法，做好干部年度考核工作。召开干部考核工作座谈会，听取各方面代表的意见和建议，进一步完善体现科学发展观要求，组织评价、群众评价、自我评价有机结合、相互印证的处级干部考核评价体系，不断提高干部考核工作的科学化水平。在2009年考核办法的基础上，扩大了基层代表的测评范围，提高干部考核工作的开放性和民主化水平。近年来，学校干部考核的实践成果获2010年北京高校党建和思想政治工作优秀成果二等奖；根据实践成果总结的《建立完善体现科学发展观和正确政绩观要求的处级单位和干部考核评价体系的探索和实践》获2010年全国党的建设研究会“实践•探索•创新——提高高校党的建设科学化水平”征文活动二等奖。

（黄武南、史立伟）

【组织工作】①深入开展创先争优活动。根据上级党组织关于在党的基层组织和党员中深入开展创先争优活动的安排和部署，以“深入学习实践科学发展观，推进学校教育事业科学发展”为主题，以“固本强基工程、先锋引领工程、学风建设工程”为活动载体，精心组织、务求实效，深入开展创先争优活动，并结合新修订的《中国共产党普通高等学校基层组织工作条例》的新精神，以创先争优活动为契机，大力加强基层党建工作创新，扎实推进基层党组织建设和党员队伍建设。

②组织开展“双评”和评优表彰工作。在纪念建党89周年之际，在认真做好党员民主评议和党支部工作评估的基础上，组织开展了“先进党支部”、“优秀共产党员”、“优秀党务工作者”评选表彰活动，对31个先进党支部、124名优秀共产党员、15名优秀党务工作者进行了表彰。组织开展了“我身边的优秀共产党员”宣传活动，选取不同岗位的优秀党员和党支部的典型代表，通过校园网、校报、校刊等校园媒体和报告会等形式广泛地宣传他们的模范事迹，在学校努力营造“学先进、赶先进、当先进”的良好氛围。其中，国家科学中心党支部作为北京高校基层党支部的唯一代表，在北京高校纪念中国共产党成立89周年暨深入开展创先争优活动经验交流大会做经验介绍。积极参加北京高校育人标兵、成才表率和优秀党建工作创新项目评选，经济管理学院魏钧教授获“北京高校育人标兵”称号，材料科学与工程学院杨亚同学获“北京高校成才表率”称号，党建项目“二级党委负责人直接选举实践”获“北京高校优秀党建工作创新项目”。

③组织开展二级党委党建和思想政治工作评估。根据《关于开展对二级党委党建和思想政治工作整体评估的通知》的工作要求和安排，组建了党建评估专家组，完善了《北京科技大学党建和思想政治工作基本标准》，制定了《二级党委党建和思想政治工作评估具体实施办法》，从评估申报及时间安排、评估形式及工作程序等方面对党建评估工作做出具体部署。下半年，进行了数理学院、机关党委、材料科学与工程学院3个申报党委的党建评估工作。通过评估，系统梳理总结了党委近3年在党建和思想政治工作方面的好做法、好经验。评估专家通过听汇报、看材料、召开座谈会、实地考察、征求职能部处意见等形式，对评估的学院党委从6个方面按照15个大项、30个小项（机关党委5个方面10个大项24个小项）进行逐项打分并给出综合评价意见；同时，专家组针对长期困扰评估单位发展的重点、难点问题也提供了很好的建议和解决思路，得到了评估单位的一致好评。

④组织开展“标杆党支部”创建活动。结合创先争优活动，继续开展以“支部建设规范化、党建工作有特色、中心工作出成绩”为目标的“标杆党支部”创建活动。同时，积极采取“1+1”、“1+2”、“1+X”等帮建和共建“结对”形式，充分发挥“标杆党支部”的辐射带动作用。至年底，已创建表彰标杆党支部25个，第三批17个标杆党支部的创建活动正在开展。通过“标杆党支部”创建活动，提升了基层党支部工作的规范化水平，创新了党支部工作的思路、途径和方法，涌现了一批围绕中心开展党建工作的支部典型。如工商管理系党支部围绕教书育人中心工作，开展了“世界因我而不同——大学生成长发展规划”系列活动，指导工商管理系学生客观地分析自身的优势与不足，做出符合自身实际的成长发展规划；冶金物理化学系党支部围绕教风学风建设，以教风带学风，以活动促教学，并与冶本072党支部开展了“1+1”学风共建系列活动，取得了积极成效。《北京支部生活》、《现代教育报》等媒体对标杆党支部创建的做法和典型事迹进行了报道。

⑤组织开展基层党组织活动立项申报和优秀基层党组织活动评选。学校各基层党组织按照《关于开展2010年基层党组织活动立项申报工作的通知》和《关于深入开展“创先争优、从我做起”主题实践活动的通知》要求，紧密结合创先争优活动和本单位实际，特别是教师和学生党支部密切结合学风建设工程，精心选题立项，积极创新活动载体，改

进活动方式，开展了多项主题鲜明、形式多样、生动丰富、时代感强的组织活动。2010年各二级党委批准基层党组织立项活动409项，批准立项活动覆盖面占全校基层党组织的88.53%。年底，经基层党组织申报、专家评审，评选出“优秀基层党组织活动（优秀党日活动）”27项，基层党组织活动创新奖3项，冶金与生态工程学院党委等4个党委被评为“基层党组织活动优秀组织奖”。同时，为进一步调动基层党组织创先争优积极性，探索基层党建工作新思路、新方法、新举措，以项目品牌化推进基层党组织建设，确定了12个优秀党建工作创新项目予以重点实施，积极推进基层党建工作创新。

⑥加强研究生党支部建设。在对研究生党支部的设置情况进行充分调研的基础上，着力完善按梯队、实验室、专业班级等多种党支部设置形式，构建适应研究型大学研究生培养模式的支部设置模式。年内，在所有学院、研究院、重点实验室召开调研会11场，摸清学校研究生班级建制和党支部设置的基本情况，并针对研究生基层组织建设中存在的部分研究生班级和党支部规模过大、班级对研究生的有效覆盖不足、导师育人作用发挥不畅等问题，提出了研究生党支部设置的适度规模和继续保持横向班级、提倡建立纵向梯队班级、坚持党支部建在纵向班上等加强和改进研究生党建工作的措施建议，指导冶金与生态工程学院、土木与环境工程学院、冶金工程研究院等二级党委开展研究生梯队党支部建设，指导材料科学与工程学院、机械工程学院等二级党委进一步加强研究生梯队班级建设。至年底，形成了62个梯队党支部、110个班级党支部、24个年级党支部、6个专业党支部的分布合理的研究生党支部结构模式，进一步提高了研究生党建工作的有效性。

（黄武南、史立伟）

【党校工作】2010年，学校党校举办日常培训班6期，包括教职工入党积极分子党的知识培训班，中层干部岗位培训班，教职工党支部书记培训班，优秀青年干部培训班，机关科级干部培训班，暑期校、处级干部集中培训班，赴台湾辅仁大学挂职干部培训，培训人数共计540余人次。

①继续办好学生业余党校。全年举办培训班19期，培训人数总计3776人次。其中针对入党积极分子的中级党校9期培训1921人，针对入党后学生的高级党校8期培训1746人（含预备党员1期，新生党员1期、毕业生党员6期，学生党支部书记1期）。针对新上岗研究生党支部书记培训班1期培训109人。

②认真组织好各类培训班。7月19日至25日，举办第23期中层干部岗位培训班，对新提任上岗的30名处级正、副职干部和挂职干部进行岗位培训。校党委书记罗维东同志作了开班动员。学员们接受了领导干部素质建设、党风廉政建设、领导力专题和领导干部心理调适专题培训，学习了财务处、科技处、人事处等学校主要职能部门的工作要求和重要规章制度，赴台湾辅仁大学挂职培训的4名干部与大家畅谈了培训的收获与体会。理论培训结束后，培训班学员赴革命圣地延安进行了考察学习。10月29日至11月3日，举办第20期教职工骨干党的知识培训班，38位同志参加培训。学员们先后参加了“新党章讲解和党的基本知识辅导”、“人性、德性、党性”、“青年与党”等专题讲座。10月28日至11月4日，举办教职工党支部书记培训班，学习贯彻“中共十七届五中全会精神”，提高党支部书记特别是新任支部书记的业务工作能力。培训分三个阶段。第一阶段：理论教育与学习。邀请校内外专家前辈做专题报告，安排大家观看电影《第一书记》，学习沈浩同志的先进事迹。第二阶段：模拟

课堂。通过情景模拟体验党务工作流程。新任支部书记们针对“党员发展大会”、“预备党员转正大会”两方面党务工作进行了模拟展示。“模拟课堂”还邀请了校内党务专家老师对各组的模拟活动进行了点评，不仅指出了模拟过程中存在的问题，同时就如何更好的、规范的、有效地开展党务工作，给现场的党支部书记们提出了建议，清除了大家平时工作中的疑点、盲点。第三阶段：经验交流。邀请5名校内先进党支部做经验介绍与交流。通过观摩与交流，打开思维的闸门，拓宽工作思路。5月，4名处级干部赴台湾辅仁大学进行了对口交流培训，根据岗位性质挂职在辅仁大学教务处、图书馆、招生就业处，重点就台湾大学的管理运行体制、教学管理模式、学习资源分配等进行了深入了解。12月，举办了《国家中长期教育改革和发展规划纲要（2010～2020年）》远程培训暨北京科技大学机关科级干部培训。102名45岁以下的机关科级干部参加了培训。培训采用远程在线的方式，以中国教育干部培训网为平台，开展课程培训和班级讨论。

③继续实行“网上学习、学分管理”的干部培训方式。加强“处级干部在线学习系统”的课程建设和题库建设，不断充实网上在线学习的内容，增加课程数量。至2010年11月，共有视频、文本等网络课程54门，总计有976人次通过“北京科技大学干部在线学习系统”选修了网上课程。

（祝利克、李　宁）

宣传工作

【概况】2010年，学校党委宣传部设有办公室、校刊编辑部和广播电视台，有专职工作人员12人。有两支新闻宣传辅助队伍。其中，教师队伍是由机关部处干部、各学院党政干部、学生工作干部等50余人组成的宣传负责人、通讯员队伍；学生队伍主体为北科传媒理事会，是一支由百余名同学组成的学生骨干记者队伍。

（章东辉、李　洁）

【理论学习】2010年，理论学习突出校、院两级领导班子科学发展能力建设这一主题，制定了详细的年度学习计划，先后邀请朱小芹作《预防职务犯罪，防范廉政风险》、冯刚作《全面贯彻学习型政党建设的基本要求》、谈松华作《国家中长期教育改革和发展规划纲要》辅导报告、徐金梧作《学习教育规划纲要，谋划学校科学发展》等学习报告。围绕学校科学发展，校党委中心组还以教育规划纲要、学校发展战略规划、研究生教育、学校德育工作、工程建设管理规范等主题进行了深入的研讨。进一步落实《中共北京科技大学委员会关于进一步加强和改进党委中心组学习的实施意见》，不断完善两级党委中心组理论学习制度和考核制度，做到工作有计划、学习有记录、年终有总结、个人有文章，并作为2010年领导班子和处级以上领导干部的考核指标。同时，为全体处级以上领导干部配发了《六个“为什么”——对几个重大问题的回答》、《七个怎么看》、《国家中长期教育改革和发展规划纲要》等理论学习资料，以自主学习带动理论自觉。进一步办好《北科大工作》，促进处级以上领导干部发表或撰写理论文章，推进理论学习成果化，并在学校OA网实现《北科大工作》电子版共享。

注重调查研究，深入推进精神文明建设。按照教育部和北京市的统一部署，通过问卷、座谈和访谈等多种形式，开展教职工思想政治状况滚动调查，了解教职工思想政治状况，高质量完成和提交了调查报告。设立了舆情调研组和网络评论员，通过问卷、走访、网络等途径了解民情，把握舆情，汇总、编辑《舆情参考》。在遏制藏独、疆独、诺奖、突发事件等敏感期积极引导舆论正确方向，及时解决了教学区摩托车横行、高层宿舍楼坠物、研究生补助等实际问题，为学校发展稳定提供了决策参考和良好服务。按照北京市统一部署，学校成立了哲学社会教学科研骨干研修工作领导小组，选派17名骨干教师参加了9期研修班，推进师生精神文明建设的进程。加强党风廉政建设，配合党委组织部、党校、纪委等开展好党风廉政建设宣传月活动，推进校园“廉政文化”建设；落实“五五”普法规划，与法律事务中心、文法学院等配合，结合学校实际，以“弘扬法治精神，促进社会和谐”为主题，开展了第十届法律宣传周活动。

（章东辉、李　洁）

【新闻宣传】2010年，学校新闻宣传工作以“树立形象、凝聚人心、传播文化、促进发展”为目标，以学校中心工作为主线，精心策划、重点做好学习贯彻《国家中长期教育改革和发展规划纲要》、教代会、人口普查、党风廉政建设宣传月、节能减排大赛、法律宣传周等专题策划，展开全方位的对内、对外宣传。

①围绕中心工作，开展专题宣传。全程录像制作学校七届教职工代表大会暨第十五次工会会员代表大会开幕式实况、“春之声”北京科技大学2010年教职工合唱比赛、第五届风险工程研讨会等活动。积极配合、精心策划国家材料安全服役科学中心奠基仪式专题宣传，完成宣传画册、全程录像、图片拍摄、媒体接待、后期制作等宣传任务。策划拍摄制作2010届毕业生纪念片《永远的爱是你我尽在不言中》、师生MV《飞得更高》，多机位全程现场直播2010届学生毕业典礼。暑假期间，宣传部积极开展第三届全国大学生节能减排社会实践与科技竞赛的宣传报道工作，制作了大赛宣传片、直播开幕式，每天出版一期大赛特刊，制作大赛展板、作品集和媒体报道集。

②大力宣传创先争优，推进校风教风学风建设。按照建设高水平研究型大学的总体目标，以创先争优为契机，大力宣传教学名师、师德典范、科技人才、模范人物、杰出校友、学生精英、优秀团队。校报采访报道了28个先进个人和团队，用身边的故事、感人的事迹、渊博的学识、人格的魅力、崇高的精神带动全体师生员工形成良好的校风、教风和学风。通过广播电视台“银杏树下”访谈、校报《名师风采》、《我身边的榜样》、新闻网《人物》等栏目，让师生贴进身边的榜样，学习身边的榜样，成为身边的榜样。在中央电视台、《中国教育报》、《北京教育》杂志等校外媒体相关栏目中专题报道，用我们身边的榜样代言学校，引领社会风尚。12月，2010年十大新闻人物评选活动正式启动，在民主推荐基础上，14位候选人获得提名，将通过公开、公正的网络投票，最终评选出十大新闻人物。

③大力传播文化，推进校园文化建设。跟踪报道中国材料名师讲坛、星期四人文讲座、机器人大赛等学术科技文化活动，营造良好的学术氛围和校园生活气息。与相关部门紧密配合，整体策划，精心制作2010版中英文北京科技大学宣传片、招生宣传片、毕业生纪念片等。不断加强网络文明建设，与北京市公安局网监处、十四处合作，完善BBS等网络监管，共创

和谐的网络文化。牵头起草了《“十二五”校园文化建设规划（草案）》，承担校园文化建设课题，开展校园寻踪活动，构建北科大人的精神家园。积极适应需要，努力创新，编辑出版集文字、图片、视频、音乐于一体的多媒体文化载体——《幻想》电子杂志。贴近师生员工需求，提高宣传服务水平，寻求社会资源，免费安装了宣传栏60块，为教职工、离退休干部提供了宣传和展示的窗口。

（章东辉、李　洁）

【校刊工作】2010年，北京科技大学校报围绕学校工作重点，采访报道了魏钧、李长洪、马新桥等教师及学生中的优秀人物28人，策划了后勤工作、老干部社团等报道专题，开设了北科大人物、后勤人物、创先争优、我身边的榜样、校友风采、师者风范等专栏。其中，后勤人物专栏第一次全面采访了厨师、幼教、楼长、管道工等基层先进人物，引起读者强烈反响。在年度北京市好新闻评奖中共有3篇文章获一等奖，5篇获二等奖、1篇获三等奖。2010年4月，校报主编参加北京市新闻出版局主编培训班培训，获得主编上岗合格证书。

（章东辉、李　伟）

【网络宣传】采用新一代网络构架和技术，设计制作以内容管理系统（CMS）为核心的新闻信息网络，整合全校新闻信息资源，统一新闻把关、实现新闻同步，大大提高了新闻分布的及时性、准确性和权威性，增强新闻传播效果；继续提高新闻数量、质量和显示度，推进校报、广播、电视、网络等多媒体一体化，新闻网浏览数超过1100万人次，扩大新闻宣传幅射面，打造校园强势媒体。与北京移动合作，搭建网络短信平台（http://sms.ustb.edu.cn）,充分发挥网络短信作用，增强新闻信息传播及时性、互动性，创新新闻传播新途径和新空间。加强对北科传媒理事会、新闻传播社、摄影协会、学生广播台、学生电视台、幻想工作室等学生队伍指导，培养了一支政治可靠、素质过硬、业务精湛、工作负责的学生宣传和网络管理队伍。

（章东辉、李　洁）

【广播电视】年内，广播电视台共拍摄新闻素材约200条，全程摄制9次，现场直播2次。策划完成了《北科大新闻》68期、特别报道两期（新年贺词、《北科大新闻》700期）。成功地完成了北科大宣传片2010版、2010届学生毕业典礼及第三届节能减排大赛等宣传片制作。全程录像制作第七届教职工代表大会开幕式实况、“春之声” 2010年教职工合唱比赛实况和第五届风险工程研讨会等活动9次。现场直播2010届学生毕业典礼和第三届节能减排大赛开幕式。对学校大屏幕进行监管，制定播出计划并进行日常维护，按时保质完成各类播出任务。管理北科传媒学生电视台，认真审核学生节目的内容和质量，协助完成各类校内学生活动的宣传工作。安排新闻放像的值班工作，全年无播出事故。

（章东辉、刘明明）

【对外宣传】坚持理论外宣与新闻外宣齐头并进，以重大契机、重要事件、重点人物为线索，突出宣传主题，同步提高外宣数量和质量，加大对外宣传力度。引导并协助各单位中层以上干部和两课教师撰写并发表理论文章，加大理论外宣力度。加强与中央电视台、新华社、人民日报、中国教育报等媒体交流与合作，注重深度报道、人物通讯、新闻专稿，在《走进科学》、《科技人生》等专栏做好科技专题、人物专题，提升新闻张力。2010年，各主流媒体报道学校375条，其中中央电视台报道19条。在报道内容上，科研占47%，教学占27.3%，学生工作占16.3%， 其他占9.4%。同时，充分利用校内媒体平台，增设《媒体视点》电子杂志，固定专门橱窗，扩大对外宣传的影响力，提高师生的关注度。加强与社会网络媒体合作，开设并认证了新浪网北京科技大学官方微博（http://t.sina.com.cn/ustbnews），手机：http://t.sina.cn/ustbnews），搜狐网北京科技大学官方微博（http://ustbnews.t.sohu.com）、腾讯网北京科技大学官方微博（http://t.qq.com/ustbnews）、开心网北京科技大学官方微博（http://ustbnews.renren.com），拓展对外宣传新空间，优化新闻推送功能，扩大学校新闻传播的认知度、吸引力和影响力。

（章东辉、陈 捷）

附 录：

北京科技大学2010年1月1日至2010年12月31日对外宣传情况统计表

（电视广播报道部分）

序号	报道时间	报 道 媒 体	报 道 内 容
1	2010–01–09	中央电视台《焦点新闻》	研究生培养扩大到所有部属高校
2	2010–01–18	中国教育电视台《中国教育报道》	期待(1)
3	2010–01–18	中国教育电视台《中国教育报道》	期待(2)
4	2010–01–20	中央电视台《午夜新闻》	高校学生：缅怀英烈 继承遗志
5	2010–03–09	中央电视台《科技人生》	《中国院士》与祖国同行
6	2010–03–26	中央电视台《中国新闻》	中国古代钢铁技术展 传播中国古代文明
7	2010–03–28	中央电视台《新闻直播间》	高校辅导员任用制将有全新突破
8	2010–04–03	中央电视台《焦点新闻播报》	新技术让“地沟油”变废为宝
9	2010–04–04	中央电视台《焦点新闻播报》	昔日“冷门”专业今日好就业
10	2010–04–26	中央电视台《新闻联播》	新闻特写：我们相聚在北京
11	2010–05–19	中央电视台《焦点新闻播报》	按照自己兴趣 不从众不攀比
12	2010–05–21	北京电视台《北京新闻》	重大工程材料服役安全研究评价设施落户昌平
13	2010–05–21	中央电视台《晚间新闻》	刘延东强调加强重大科技基础设施建设，不断提升自主创新能力和国家竞争力
14	2010–05–21	中央人民广播电台	刘延东出席国家材料服役安全科学中心奠基仪式
15	2010–05–22	中国教育电视台《中国教育报道》	教育部：高考生交报名材料须签诚信书
16	2010–05–25	中央电视台《新闻联播》	各地高校积极推进马克思主义理论学科建设
17	2010–06–01	中国教育电视台	刘延东出席国家材料服役安全科学中心奠基仪式
18	2010–06–0	中央电视台《第一时间》	北科大音乐机器人走进科博会
19	2010–07–18	中央电视台《焦点新闻播报》	海峡两岸学生节能减排竞赛举行
20	2010–07–19	中国教育电视台	两岸学子手拉手 节能减排建家园

续表

序号	报道时间	报道媒体	报道内容
21	2010–08–18	中央人民广播电台	第三届全国大学生节能减排社会实践与科技竞赛开幕
22	2010–08–19	中央电视台《体育快讯》	再回奥运场馆
23	2010–08–20	北京电视台	节能环保大学生展风采
24	2010–08–25	中国教育电视台	第三届全国大学生节能减排社会实践与科技竞赛开幕
25	2010–09–03	中央电视台	中关村科学城首批项目启动
26	2010–09–24	中央电视台	“潮流”火炬诞生记
27	2010–10–21	中央电视台《朝闻天下》	井下避险系统三年内覆盖矿山企业
28	2010–11–10	中央电视台《新闻直播间》	明年硕士研究生报名今起现场确认
29	2010–11–18	中国教育电视台	《思想教育研究》创刊25周年座谈会在京举行
30	2010–12–13	中央电视台《新闻直播间》	应对食材涨价 校方雪中送炭
31	2010–12–18	中央电视台《共同关注》	2010年英语四六级考试 严阵以待防作弊 违规将入诚信档案
32	2010–12–30	中央电视台《走进科学》	保温的石头山

北京科技大学2010年1月1日至2010年12月31日对外宣传情况统计表

（报纸网络报道部分）

序号	报道时间	报道媒体	报道内容
1	2010–01–04	教育部网站	北京科技大学引导学生党员投身新农村发展
2	2010–01–11	北京日报	教育部属高校博士生寒假前将大幅度涨薪
3	2010–01–1	教育部科技发展中心	高校2009年度国家科技进步奖获奖名单(部分)
4	2010–01–12	教育部科技发展中心	高校获2009年度国家三大科技奖励项目统计排序(部分)
5	2010–01–14	中国冶金报	鞍钢已成为全球最具竞争力的造船用钢生产基地
6	2009–01–14	科技网	2009年度国家科学技术奖北京全面丰收
7	2010–01–19	科学时报	高校预防火患从此有法可依
8	2010–01–19	攀钢日报	攀钢提高钒钛磁铁矿配比炼铁试验成功
9	2010–01–20	北京考试报	北京科技大学在京安排两次艺术类专业考试
10	2010–01–20	北京青年报	国家科技奖　近三成来自北京
11	2010–01–21	人民网	重钢携手北科大组建科技研发中心 开发高附加值产品
12	2010–01–25	物流天下	“首届中国物流企业投融资高峰论坛”在京召开

续表

序号	报道时间	报 道 媒 体	报 道 内 容
13	2010-01-28	教育部网站	北京科技大学"大实践"特色模式培养创新型人才
14	2010-02-01	中国教育报	北京高校瞄准学生需求进行针对性精细化辅导
15	2010-02-03	财讯网	宣钢汽车用特殊钢科研项目全面启动
16	2010-02-04	中国经济时报	邯钢与北科大联合开发汽车面板
17	2010-02-06	中国教育报	高校杜绝火灾的"实用操作手册"
18	2010-02-09	科技日报	北京市科委推动产业技术联盟发展记事
19	2010-02-12	云南日报	探索：叩问澄江县金莲山之谜
20	2010-02-22	北京青年报	日本动漫热京剧欣赏冷
21	2010-02-28	太原新闻网	首场招聘会大学生就业出现"返乡潮"
22	2010-03-02	腾讯论坛	揭秘：12所985"优势学科创新平台"高校
23	2010-03-02	中国经济时报	宁波研发园：担起创新的龙头大任
24	2010-03-03	法制晚报	北科大附小启动"青少年邮驿站"
25	2010-03-03	江西日报	大城市竞争激烈 返乡找工作是个不错的选择
26	2010-03-08	光明日报	为民政府 人心所向——政协委员讨论政府工作报告侧记
27	2010-03-09	人民日报	高教如何走上质量提升之路
28	2010-03-11	安监总局网站	杨元元出席矿用可移动式救生舱关键技术研讨会
29	2010-03-13	中国煤炭报	给井下遇险矿工带来生的希望"矿用可移动式救生舱关键技术研究"通过验收
30	2010-03-13	中国安全生产报	生命呼唤科技 科技护佑生命——全国首个新型安全防护体系示范矿建在山西潞安集团拉开帷幕
31	2010-03-16	北京日报	刘淇：发挥科技条件平台作用加快科研成果产业化
32	2010-03-16	科技成果管理与研究	我国核聚变钨基面向等离子体偏滤器材料研究获得显著进展
33	2010-03-16	法制晚报	北科大"炒股课"最受捧
34	2010-03-17	中国新闻网	首届世界武搏运动会将在北京举行
35	2010-03-18	光明日报	握紧手 往前走
36	2010-03-22	光明日报	北京向社会招聘老干部担任大学生辅导员
37	2010-03-26	新华社	"古代钢铁技术发明创造展"走进首都高校
38	2010-03-29	东莞日报	东莞产学研考察团与北京高校签订38个合作意向
39	2010-03-29	新华社	北京：邮政知识讲堂进校园
40	2010-03-30	科学时报	《高等学校消防安全管理规定》是如何出台的？
41	2010-03-30	科学时报	中国古代钢铁技术发明创造展传播钢铁文化

续表

序号	报道时间	报 道 媒 体	报 道 内 容
42	2010-03-30	北京青年报	股票培训应先注重“心灵交易”
43	2010-03-31	人民网	本溪溪湖成为国内首个县区级资源综合利用实验区
44	2010-03-31	佛山日报	高明产学研项目一年增值30亿
45	2010-04-01	法制晚报	邮政大讲堂快乐进校园
46	2010-04-01	新华网	北科大研发成功“地沟油”制备选矿药剂的综合利用技术
47	2010-04-01	中国有色网	尾矿战略联盟成立大会暨高层论坛在京召开
48	2010-04-05	中国教育报	北京科技大学教授会推动教授治学 已试点两年
49	2010-04-06	科技部门户网站	北京市10家科技企业孵化器被确认为大学生科技创业见习基地试点单位
50	2010-04-09	国资委网站	中国钢研成为博士生联合培养试点单位
51	2010-04-13	科学时报	北科大提出“地沟油”制备选矿药剂综合利用技术
52	2010-04-13	京华时报	北京科技大学增两个大类招生
53	2010-04-13	北京日报	高校师生党员建起”网上支部” 及时进行理论学习
54	2010-04-14	科技日报	高校科研成果转化10年破题
55	2010-04-14	北京考试报	北京科技大学研招 “复试服务”温暖考生
56	2010-04-19	新浪网	“相约健康高校行”走进北京科技大学
57	2010-04-19	新华网	“相约健康高校行”活动在北京启动
58	2010-04-19	国际在线	2010地球日低碳环保文化周开启
59	2010-04-19	比特网	北京科技大学建设学生公寓安全防范系统
60	2010-04-21	北京娱乐信报	北京高校为玉树募集图书
61	2010-04-21	中国表面活性剂网	北科大用地沟油生产选矿剂
62	2010-04-25	中国教育报	“相约健康高校行”增进大学生健康知识和技能
63	2010-04-25	光明日报	大学生缺少排解困惑途径
64	2010-04-26	菏泽日报	广源铜带与北科大开展高精电子压延铜箔工程技术合作
65	2010-04-27	中铝网	中铝与北科大加强科研等方面合作
66	2010-04-27	中工网	“劳模进校园活动”受学子们热捧
67	2010-04-29	广州亚运会官方网	北科大刮亚运旋风 庞清/佟健祝亚运成功
68	2010-05-04	科学时报	我国核聚变钨基面向等离子体偏滤器材料研究获得显著进展
69	2010-05-04	科技日报	葛昌纯院士名师讲坛话“两弹一星”精神
70	2010-05-05	中国冶金报	首钢高品质板材开发及其产业化项目通过北京市科委验收

续表

序号	报道时间	报 道 媒 体	报 道 内 容
71	2010-05-07	人民日报海外版	乙种分离膜制造技术五十周年纪念启动
72	2010-05-11	法制晚报	理科高校热门专业:实验班 北科大竞争最激烈
73	2010-05-11	城市周刊	科大内的和谐家园 文化凝聚这里的居民
74	2010-05-11	山东国资委	山钢集团莱钢与北京科技大学合作研究氧气高炉炼铁技术
75	2010-05-13	中国化工报	化工行业可享尾矿利用“蛋糕”
76	2010-05-14	第一财经日报	大高炉挑战钢企未来 焦煤将步铁矿石后尘?
77	2010-05-14	中国青年报	“相约健康高校行”在京启动
78	2010-05-16	中工网	【每周快评】教授会，不只是教授的事
79	2010-05-21	中国政府网	刘延东:加强科技基础设施建设 不断提升创新能力
80	2010-05-21	新华网	刘延东出席国家材料服役安全科学中心奠基仪式
81	2010-05-22	人民日报	加强重大科技基础设施建设 不断提升自主创新能力和国家竞争力
82	2010-05-22	北京日报	重大工程材料服役安全研究评价设施落户昌平
83	2010-05-22	科技日报	加强重大科技基础设施建设
84	2010-05-22	中国教育报	加强重大科技基础设施建设 不断提升自主创新能力和国家竞争力
85	2010-05-22	光明日报	国家材料服役安全科学中心奠基
86	2010-05-22	中国宁波网	校企合作成为鄞州经济转型升级一大路径依赖
87	2010-05-24	中国能源报	国家煤监局局长：5年内实现井下避险系统全覆盖
88	2010-05-25	科学时报	重大工程材料服役安全研究评价设施项目在京启动
89	2010-05-25	北京市科学技术委员会网站	重点工程材料服役安全研究评价设施项目在昌平奠基
90	2010-06-01	今日北京	Robot Band Hits the Show
91	2010-06-01	三湘都市报	湖南自主创新技术接轨国际
92	2010-06-03	（香港）文汇报	时人时事：中大「无冷气日」报告在京获颁一等奖
93	2010-06-05	北京日报	贫困家庭请家教不花钱
94	2010-06-07	西藏日报	“既然来援藏，就知责任大”——记中组部第五批援藏干部、西藏大学副校长王维才
95	2010-06-07	人民网	“机器人乐队”闪耀“科博会”
96	2010-06-09	现代教育报	首都大学生能源辩论赛聚焦“低碳”
97	2010-06-10	新浪网	北京卫视《胜利百分百》校园争霸赛亮相
98	2010-06-11	中关村在线	云计算：从天上到人间 高处不胜寒
99	2010-06-12	新华网	北京卫视“胜利百分百”校园争霸赛正式启动

续表

序号	报道时间	报道媒体	报道内容
100	2010-06-13	TOM 体育	北京科技大学场馆运行团队召开办公会议
101	2010-06-13	安徽教育网	合肥学院在全国“青年科技创新竞赛”中获佳绩
102	2010-06-13	新浪网	《胜利百分百》校园争霸赛打响 高手超级比拼
103	2010-06-17	中国质量报	新型铸铁材料延长活塞寿命
104	2010-06-17	TOM 体育	国际剑道联合会副会长来京考察场馆
105	2010-06-18	网易	清华北大等重点大学热门专业排行榜
106	2010-06-18	中国能源报	首届“金风杯”首都大学生能源科技辩论邀请赛鸣锣
107	2010-06-22	科学时报	弘扬“两弹一星”精神 奋斗、钻研、合作、创新--北京科大纪念乙种分离膜制造技术启动50周年
108	2010-06-22	北京机械工程协会	第三届先进轧钢精整、包装及钢材加工配送技术学术研讨会顺利召开
109	2010-06-22	京华时报	大学生创业试水科技创新
110	2010-06-22	鹤壁日报	年产10万只石英陶瓷坩埚项目落户鹤淇产业集聚区纪实
111	2010-06-24	北青网	61所高校试点改革 工科生将在企业学习一年
112	2010-06-24	东南快报	北京科技大学 新增管理科学与工程类、能源动力类专业
113	2010-06-24	中国新闻网	京渝大学生推出两款机器人 可当导购、清洁工
114	2010-06-24	新华网	21世纪中英创业计划大赛中国赛区决赛 三团队将赴英
115	2010-6-25	人民日报教育视界	关注大学生创业
116	2010-06-25	凤凰网汽车	电动车投资冲动：山东电动车产业链样本还原
117	2010-06-29	人民网-教育频道	2010年中国大学50强排行榜
118	2010-07-03	中国教育报	党员骨干充分发挥凝聚示范作用 北科大机械工程学院：党支部成科研育人核心
119	2010-07-04	新华网北京频道	世界音乐教育大会将在北京举行
120	2010-07-09	北京市科委	市科委张虹委员调研京仪集团 推进优质科技成果落地
121	2010-07-12	新华社	“2010海峡两岸节能减排科技论坛”在北京开幕
122	2010-07-13	人民日报海外版	两岸节能减排论坛在京举行
123	2010-07-13	中国台湾网	北京：“两岸节能减排科技论坛”在京开幕
124	2010-07-13	光明日报	两岸大学生关注节能减排
125	2010-07-13	科技日报	北京科大与台湾院校共话节能减排
126	2010-07-13	科技日报	“节能减排 共同使命” 两岸大学生环保倡议
127	2010-07-13	科技日报	徐金梧：用现代方式诠释“天人合一”理念
128	2010-07-13	教育部	第一批“卓越工程师教育培养计划”实施高校名单

续表

序号	报道时间	报道媒体	报道内容
129	2010-07-14	佛山日报	北科大与高明区展开产学研合作
130	2010-07-14	北京考试报	北京科技大学研招 “复试服务”温暖考生
131	2010-07-19	北京体育管理中心	北京科技大学场馆运行团队 志愿者第一次通用培训
132	2010-07-19	教育部	经审批和复核的中外合作办学机构及项目名单
133	2010-07-19	中国环境报	两岸大学生关注节能减排 “2010海峡两岸节能减排科技论坛”近日在北京科技大学举行
134	2010-07-19	北京市体育竞赛管理中心	北京科技大学场馆运行团队 志愿者第一次通用培训
135	2010-07-20	科学时报	北京科技大学举办2010年海峡两岸减排科技论坛
136	2010-07-26	汴梁晚报	北京科技大学学生暑期探寻汴京文化调研朱仙镇木版年画
137	2010-07-27	北京青年报	北科大备好功能用房
138	2010-07-30	燕赵都市网	河北开办学历教育“劳模班” 设高起专专升本两层次
139	2010-07-30	北京青年报	武搏会跆拳道比赛将于九月二日在北京科技大学体育馆举行
140	2010-08-02	科学时报-大学周刊	校村党支部携手红色“1+1” 推进农村能源综合利用
141	2010-08-05	固始县人民政府	北京科技大学学生暑期来固始县宣传新农合政策
142	2010-08-06	东方今报	听梨园欢歌 看戏水长流
143	2010-08-16	吕梁日报	北科大学生来到咱农家
144	2010-08-18	新华网	全国大学生节能减排社会实践与科技竞赛决赛开幕
145	2010-08-18	人民网	全国大学生节能减排社会实践与科技竞赛在京举行
146	2010-08-18	新浪网	第三届全国大学生节能减排社会实践与科技竞赛决赛开幕
147	2010-08-18	北京青年报	智能灶台 自动调火候
148	2010-08-19	搜狐网	由教育部主办的第三届全国大学生节能减排社会实践与科技竞赛今日在北京举行
149	2010-08-19	网易	第三届全国大学生节能减排社会实践与科技竞赛今日在北京科技大学举行
150	2010-08-19	中国新闻社	全国大学生节能减排社会实践与科技竞赛决赛开幕
151	2010-08-20	中国教育报	第三届全国大学生节能减排科技竞赛举行
152	2010-08-23	法制晚报	“太阳能跑车”亮相北科大
153	2010-08-23	新浪体育	2010年北京首届世界武搏运动会 柔术比赛赛程
154	2010-08-23	凤凰网	2010年首届世界武博运动会：剑道比赛赛程
155	2010-08-24	北京日报	北科大今起铺设武搏赛场 人员和器材已基本到位
156	2010-08-24	北京晨报	开幕式要让武搏出彩

续表

序号	报道时间	报 道 媒 体	报 道 内 容
157	2010-08-24	中国红安网	北科大学生来红安县开展“红色足迹”暑期社会实践
158	2010-08-24	科学时报	第三届全国大学生节能减排社会实践与科技竞赛开幕
159	2010-08-25	法制晚报	“太阳能跑车”亮相北科大--晒五六个小时 可行驶60公里 无污染成本低
160	2010-8-25	千龙网	武搏会安保大演练 场馆周五起24小时封闭
161	2010-08-25	新疆日报	北科大EMBA新疆项目启动实施
162	2010-08-26	北京日报	传承奥运精神办一届成功的武搏会
163	2010-08-26	中国电子商务研究中心	梅绍祖：实践教学改革是老师可持续发展的动力
164	2010-08-26	北京日报	首都科技条件平台开放百亿资源
165	2010-08-27	第一视频体育	2010年首届北京武搏会 空手道比赛赛程
166	2010-08-27	新浪网	2010年首届武搏会场馆介绍--北京科技大学体育馆
167	2010-08-2	搜狐证券	国内首条自主设计铝带热连轧机组订单落户二重
168	2010-08-28	新华网	武博会精彩瞬间：力量角逐
169	2010-08-29	法制晚报	武搏会与新生报到 互不干扰
170	2010-08-30	北京青年报	本周中小学开学 周边车流量加大
171	2010-08-30	中铝网	中色非矿公司与北科大开展矿业合作
172	2010-08-30	中国消防在线	武博会期间 北京海淀不间断消防检查时刻在场馆进行
173	2010-08-31	北青网	柔术选手都有表演天赋
174	2010-09-01	中国环境报	大学生开展节能减排竞赛
175	2010-09-02	科技日报	大学生节能作品出彩 应用路太长
176	2010-09-02	北青网	团市委书记慰问志愿者
177	2010-09-02	中国教育网	北京科技大学两篇博士论文入选2010年北京市优博
178	2010-09-03	中国青年报	垃圾做农药大学生节能减排创意频出
179	2010-09-03	中国新闻网	武搏会跆拳道比赛高手云集 世跆联表演技惊四座
180	2010-09-03	中国教育网	2010年北京市优秀博士学位论文名单公布
181	2010-09-06	搜狐	新兴铸管依托北科大联合培养EMBA高层次人才
182	2010-09-06	国资委网	新兴铸管依托北科大联合培养EMBA高层次人才
183	2010-09-08	中国湘西网	北京科技大学为泸溪企业发展出谋划策
184	2010-09-10	中国湘西网	我州与北科大合作推动矿业发展
185	2010-09-16	千龙网	中关村科学城首推大学创新

续表

序号	报道时间	报 道 媒 体	报 道 内 容
186	2010-09-17	搜狐	奥运后场馆利用 北科大体育馆服务社会面向全国
187	2010-09-21	新浪教育	北科2011MBA教育 百人百万奖学金
188	2010-09-29	文登网	新兴产业科技促进周产学研对接洽谈会举行
189	2010-09-29	搜狐	英国兰卡斯特大学在中国发布合作办学新策略
190	2010-10-12	千龙网	顺义北务镇高校红色共建活动 志愿服务暖民心
191	2010-10-15	扬州晚报	一“跳”冲天的苏文佩
192	2010-10-16	IT商业新闻网	梅绍祖：网络隐私保护要靠企业自律 用户提高意识
193	2010-10-19	中华网	大学生从学习理论走向创业实战
194	2010-10-19	新浪网	北科商学院：2011年招生政策及MBA培养模式
195	2010-10-19	新浪网	六所在京重点院校自主招生完美解码（节选）
196	2010-10-20	中国教育网	北京科技大学青年科技工作者获中国金属学会表彰
197	2010-10-20	新浪网	北京科技大学调研报告节选
198	2010-10-20	新浪网	2010年调研中国首场校园报告会在北科大举行
199	2010-10-21	中国信息安全博士网	博士网专访：北京科技大学王昭顺教授
200	2010-10-22	中国教育在线	北京科技大学MBA：首个推出奖学金制度的院校
201	2010-10-22	中国江苏网	2010中国高校创业计划复赛在北京、上海两地3场同时上演
202	2010-10-22	兰州晨报	考古队对张掖遗址发掘 冶金技术问题破解
203	2010-10-24	河北新闻网	邢台“太阳城”角逐产业高端
204	2010-10-25	中国机械专家网	阿特拉斯·科普柯与北京科技大学合作专业人才培养计划
205	2010-10-26	中新网	刘仁生：“加快开发矿山生存救护体系更有现实意义”
206	2010-10-27	MBA中国网	北京科技大学MBA项目问答
207	2010-10-28	新华网	“管理棋”下进中国大学课堂
208	2010-10-28	新浪教育	日本的“管理棋”下在北科大课桌上
209	2010-10-31	网易财经	北京科技大学钢魂北科队MBA案例展示
210	2010-10-31	网易财经	北京科技大学山鹰队MBA案例展示
211	2010-11-01	中国教育网	北京科大参加国家级实验教学示范中心建设成果展
212	2010-11-04	广佛都市网	高明金属材料产业路线图开编 年内出初稿
213	2010-11-04	长治日报	长治市-京津高校科技成果暨项目推介会举行
214	2010-11-05	科技部网站	材料科学数据共享网项目正式启动

续表

序号	报道时间	报 道 媒 体	报 道 内 容
215	2010–11–06	网易	大学生读书节火热进行
216	2010–11–07	新媒体传播网	25届世界电动车大会 中文牌纯电动客车成焦点
217	2010–11–08	中国教育报	李长洪 培养学生“叛”“逆”思维
218	2010–11–08	羊城晚报	珠江巡游：十万观众夹“江”欢迎 为运动员喝彩
219	2010–11–09	新华网	承唐二期高速路通车：崇山峻岭织玉带 绵延山峦舞巨龙（节选）
220	2010–11–11	搜狐	第十三届CUBA联赛北京预赛成绩表(截止11月7日)
221	2010–11–12	新华社	高校思想政治教育界纪念《思想教育研究》创刊25周年
222	2010–11–12	千龙网	首届首都高校社工之友文化节开幕 将办16场活动
223	2010–11–13	四川新闻网	2010中国高校创业计划决赛将在北京举行
224	2010–11–13	解放军报	思想政治教育科学化论坛暨纪念《思想教育研究》创刊25周年座谈会在京举行
225	2010–11–13	新华网	甘肃河西发现四千年前冶炼遗址
226	2010–11–13	中国教育报	思想政治教育科学化论坛举行
227	2010–11–14	中国宁波网	国内专家聚鄞研讨金属材料产业发展
228	2010–11–15	辽宁新闻网	金达博士后科研基地揭牌
229	2010–11–17	光明日报	《思想教育研究》创刊25周年
230	2010–11–19	中国水泥网	“镁铁铝尖晶石砖开发及其应用”项目成功通过鉴定
231	2010–11–20	人民网	第四届“IET–方正大学校长奖”评选结果揭晓
232	2010–11–22	科技部	关于国家重点基础研究发展计划项目预算安排初步方案的公示
233	2010–11–23	新浪体育	第13届CUBA北京预赛落幕：清华男篮北师大女篮折桂
234	2010–11–24	北京考试报	毕业生谨防招聘“起潮早退潮快”
235	2010–11–25	中国教育网	北京科技大学4篇论文获2010年全国优博提名
236	2010–11–26	扬州网	明年自主招生又添两“联盟”
237	2010–11–30	北京青年报	北交大等五校联考开始报名
238	2010–11–30	腾讯高考	北京科技大学2011年自主选拔录取工作方案
239	2010–11–30	新浪教育	2010教育盛典：北京科技大学远程教育学院简介
240	2010–11–30	中国青年报	北京：学生课外作品进了学联会场
241	2010–12–01	新浪教育	新浪2010教育盛典：北京科技大学国际学院简介
242	2010–12–01	中国教育网	北京科技大学与澳门大学签署校际合作协议

续表

序号	报道时间	报 道 媒 体	报 道 内 容
243	2010-12-02	人民网	2011年高考自主招生出现四大联盟 考生时间省了、机会多了
244	2010-12-04	人民网	北京海淀区实施农民工健康关爱工程
245	2010-12-06	中国教育报	行业特色型大学发展的“法国经验”-教育部行业特色型大学发展考察团
246	2010-12-07	胶东在线	牟平一中成为北京科技大学优质生源基地
247	2010-12-07	新浪网	科技成果转化难有望破题
248	2010-12-10	中国教育报	自主招生从”单兵作战”到”联考”如何有序推进
249	2010-12-12	京华时报	北京19所学院路共同体院校合力打造辅修专业
250	2010-12-12	新华社	每年吸引2万学生参与 北京推进高校教学共同体发展
251	2010-12-13	宜宾晚报	何知礼教授回宜宾作成才励志专题报告
252	2010-12-13	中国教育报	发挥成员校集体优势加大辅修专业建设 北京推进高校教学共同体发展
253	2010-12-14	科技日报	大学生建筑文化节聚焦“大学生与世界城市”
254	2010-12-15	新华网	中国纯电动客车核心技术达到世界一流水平
255	2010-12-15	中国教育网	北京科大召开第七届钢铁冶金新技术发展论坛
256	2010-12-15	河北新闻网	邯郸复兴区40余家企业与科研院所“联姻”
257	2010-12-16	哈工大新闻网	“大科学工程”分支机构启动仪式在校举行
258	2010-12-16	法制晚报	智能汽车竞赛总决赛展开激烈角逐
259	2010-12-18	环渤海新闻网	科技创新引领玉田科学发展
260	2010-12-18	安徽日报	安徽院士工作站达11家
261	2010-12-19	新京报	8万余善款助新公民学校
262	2010-12-20	科技日报	新型水泥窑建材促进行业无铬化转型
263	2010-12-21	科技日报	用新一代流程提升传统产业——记钢铁可循环流程技术创新战略联盟
264	2010-12-22	千龙网	本市高校新兴产业新专业全球“招亲”
265	2010-12-23	中国IDC产业联盟	北京科技大学曾明：云计算助力数据中心绿色节能
266	2010-12-27	中国教育网	北京科大谢建新获年度中国产学研合作创新成果奖
267	2010-12-27	中钢协网站	《唐钢冷轧系统工艺优化与创新》课题通过省级鉴定
268	2010-12-29	青岛新闻网	青钢与北科大产学研深度合作举行签约仪式
269	2010-12-30	中国新闻网	2010中国赴新加坡护理奖学金公派第四批学生派出
270	2010-12-30	中国铝业网	第十九次金川科技攻关大会隆重召开
271	2010-12-30	北青网	井下移动救生舱质量让人难放心
272	2010-12-30	双鸭山新闻网	双鸭山市科技工作取得长足进步和发展
273	2010-12-30	北京商报	快递业打响人才储备战
274	2010-12-31	网易	电竞中心与北京211重点高校开设电竞培训班

（章东辉、陈 捷）

纪检监察工作

【概况】2010年，学校纪检监察工作坚持以邓小平理论、“三个代表”重要思想和科学发展观为指导，围绕学校中心工作，认真落实《中共中央纪委 教育部 监察部 关于加强高等学校反腐倡廉建设的意见》（以下简称《意见》）和北京市《关于推进廉政风险防范管理工作向局级领导班子和领导干部延伸的意见》，按照“围绕中心抓责任、风险防范促规范、责任检查看落实”的工作思路，整体推进学校各项工作，全面完成了反腐倡廉各项任务，为学校中心工作顺利开展提供了保障。

（夏秀芹、李霞飞）

【党风廉政建设】2010年初，协助学校党委制定并下发《2010年北京科技大学党风廉政建设和反腐败工作主要任务分工》，按照谁主管谁负责、一级抓一级的原则，明确领导班子成员的具体责任和各牵头单位、协办单位的工作目标及任务要求。任务共分9类39项，主要涉及责任制、廉政教育、重点岗位的监督和风险防范管理等内容。11月中旬，对全校贯彻落实党风廉政建设责任制情况进行检查。学校所有二级单位针对领导班子贯彻落实党风廉政建设责任制、推进惩防体系建设、党员干部反腐倡廉宣传教育和廉政风险防范管理情况进行了自查并提交了自查报告和自评打分表。在各单位自查基础上，结合干部经济责任审计开展情况，对11个单位进行重点检查。重点检查主要采取集中汇报的方式，各单位汇报了落实党风廉政建设责任制、加强廉政风险防范管理以及校务公开的工作情况。在此基础上，12月初，分别对学校图书采购和药品采购情况进行了专项检查。

（夏秀芹、李霞飞）

【反腐倡廉宣传教育】学校党委、纪委一直高度重视反腐倡廉宣传教育工作，把反腐倡廉宣传教育纳入学校宣传教育总体计划。年内，结合廉政风险防范管理工作开展了各种形式的廉政宣传教育活动，包括：①召开党风廉政建设工作会议。4月15日，学校召开2010年党风廉政建设工作会议，邀请北京市人民检察院党组成员、反贪局局长、检察委员会委员朱小芹同志作关于预防职务犯罪的报告。报告结合典型案例，重点介绍了当前贪污贿赂的特点、近年教育领域职务犯罪情况、职务犯罪原因分析以及如何预防职务犯罪，给领导干部上了一次很好的警示教育课。②组织各级干部学习《廉政准则》，并将《中国共产党党员领导干部廉洁从政若干准则》的学习纳入学校中层干部网上学习内容，同时利用学校媒体播放警示教育片，并为新任职中层干部进行廉政培训，提高干部廉洁从政意识。③参观反腐倡廉警示教育基地。5月27日，纪委组织学校中层及以上领导干部和重点单位科级干部130余人，参观北京市监狱警示教育基地，增强了警示教育的震撼力。④参观预防职务犯罪法制教育展。9月16日，组织全体中层干部及重点部处科级干部110余人，参观由北京市人民检察院、北京市教育纪工委、海淀区人民检察院和北京体育大学联合开展的“反腐倡廉预防职务犯罪法制教育展”，起到了很好的教育和警示作用。⑤召开党风廉政建设专题报告会。11月18日，结合廉政风险防范管理工作，学校召开党风廉政建设专题报告会。会议邀请教育部纪检组副组长、监察局局长李胜利作了关于高校预防职务犯罪的报告。报告通过对2003~2009年全国教育系统职务犯罪数据分析，重点介绍了高校案件发生的特点、原因以及预防对策，激发起各级干部的岗位责任意识，促进廉洁从政。

（夏秀芹、李霞飞）

【深入推进廉政风险防范】 2010年将廉政风险防范管理工作向校级和学院延伸，并在机关部处深化，全面推进廉政风险防范工作“向上”延伸至处以上领导干部、“向下”延伸至重点岗位，实现了廉政风险防范管理工作的“全覆盖”。各级领导干部和领导班子以规范集体决策制度和规范人、财、物管理岗位的权力运行为重点，通过细化工作流程，查找廉政风险点，制定和完善防控措施，按照“自己找、干部提、群众帮、集体定”的工作方式，扎实推进廉政风险防范管理工作。

①校级领导干部廉政风险防范管理工作。班子成员紧密围绕“三重一大”决策程序，带头查找廉政风险，制定和落实防控措施。经常委会讨论确定风险点48个，制度防控措施40条。班子成员结合分管工作确定了防控项目11项。在查找风险点的基础上，填写了《局级领导干部廉政风险识别防控表》、《北京市局级领导干部廉政承诺表》和《北京市局级领导干部风险防控重点项目表》；根据各自分工，进一步明确了岗位职责。在推进学校廉政风险防范工作中，充分发挥文法学院的学科优势，成立了由文法学院教授、纪委工作人员组成的校级领导班子和领导干部廉政风险防范管理研究课题组。通过查阅文献、调查问卷（在校级领导和校内外处级领导干部中发放调查问卷100余份）等，从工作角度查找机制上的风险，从理论角度分析校级领导干部岗位风险。在课题研究基础上，不断调整、完善校级领导干部廉政风险防范管理工作，为建立风险防范长效机制打下坚实的理论和实践基础。

②学院廉政风险防范管理工作。学院廉政风险防范管理工作采用在经济管理学院和管庄校区先行试点，后在各学院全面推开的方式进行。试点学院按照梳理工作流程、查找岗位风险、制定防范措施的工作思路，着重查找党政联席会的民主决策程序、人员招聘、招生考试录取、科研经费管理、仪器设备采购、职称评定、教育收费和学生管理等工作事项中存在的廉政风险，并绘制工作流程图，标识风险点，明确防范措施。在试点基础上，其他各学院借鉴试点学院经验，结合学院自身特点，全部完成了廉政风险防范管理工作，提高了工作效率，促进了廉政风险防范管理工作的全覆盖。

③职能部处廉政风险防范管理工作。2009年学校在职能部处开展了廉政风险防范管理工作，主要从人、财、物的重点岗位入手，采取了“二上二下”的工作方式。“一下”——纪委调研其他高校查找风险点的经验和做法，经过对各职能部处调研和纪委委员讨论，从人、财、物等重点部位和关键环节提出风险点，为各单位查找风险点提供参考。“一上”——各单位结合工作实际认真查找风险点，书面反馈纪委。“二下”——纪委对各职能部处查找的风险点材料进行汇总整理，召开纪委全委会，对各单位风险点查找是否准确、全面，关键点选取是否合适进行充分深入的讨论。根据充分讨论后的风险点，纪委专职干部与每一个职能部处进行深入沟通，最终确定各部门的风险点，完善和修订防范措施。“二上”——各部处修改调整后形成正式文件上交学校。全校29个职能部处查找63个风险点。2010年，机关职能部处围绕学校10项重点工作，进行廉政风险防范管理工作的深化，学校党办校办、组织部、人事处、财务处、科研部、基建处、后勤集团等16个重点部处对工作流程认真梳理，围绕科学决策、干部任免、人事招

聘、资金管理、招生、物资采购等重要部位和关键环节共绘制工作流程图25个，以流程的形式固化了重要岗位关键环节的工作规范。

通过推进廉政风险防范管理，结合制定防控措施，加大了制度建设的力度，使惩防体系制度建设进一步得到了完善。

（夏秀芹、李霞飞）

【监察工作】加强制度建设、加大对重点岗位监督的力度和提高制度执行的力度，是近几年工作的重点。2010年继续加强对以下几个方面的监督工作：①做好干部选拔任用工作的监督。年内对新提任的27名干部，从提名推荐、民主测评到谈话考察，纪委全程参与,并通过干部监督工作联席会议制度沟通工作。学校处级干部任用前书面征求纪委的意见。②做好修订基建管理制度工作。2009年学校决定由纪委监察牵头，基建审计配合，全面修订基建管理制度，加强对基建工程管理的监督。2010年在调研的基础上，从工程前期管理、过程管理、后期管理3个方面，修订和完善基建管理制度12项，主要包括“校内外招标”、“标底的制定”、“工程洽商”等制度，形成了基建管理制度体系。学校的这一做法，得到了教育部工程建设领域专项治理检查组的好评。年内，监察室参与基建招投标监督工作41人次，涉及金额6000多万元。③做好大宗物资采购招投标工作的监督。2010年，监察室参与大宗物资设备采购招投标35人次，涉及金额1300多万元。工作中注重总结经验，完善程序，努力提高工作效率。④做好招生“阳光工程”。从规范程序出发，重点加强对自主招生、艺术特长生和体育特长生等特殊类型招生的监督工作，完善特殊类型招生制度。在招生录取工作中，监察室严格督促落实“阳光工程”中“六公开”、“六不准”的工作要求。针对学校特殊类型招生，从考试报名、资格审查、专业项目测试和录取等各个环节，监察室全程参与，全面监督，保证了学校招生工作顺利进行。⑤严格学校财务管理，加强教育收费检查。为加强预算外资金管理和防止“小金库”问题发生，年内继续做好教育收费检查工作，严格各项收费工作。结合春秋两季教育收费检查，督促各单位严格执行各项规章制度，规范收费行为；学校42个二级单位全部进行了自查，学校对部分二级单位进行了抽查。

（夏秀芹、李霞飞）

【迎接检查】2010年12月，北京市教育工委、北京市教委首次启动对北京高校廉政风险防范管理工作和惩防体系任务完成情况进行检查。学校党委、纪委十分重视，组织各单位结合年终责任制检查认真进行自查，纪委协助党委认真进行总结，充分讨论，数易其稿，从开展廉政风险防范管理、推进惩防体系制度建设及做好信访和案件查处工作3个方面形成自查报告。组织学校各单位对工作进行全面梳理并进行自评打分，准备支撑材料331份。

12月20日，北京市教工委、北京市教委党风廉政建设责任制检查组对学校落实党风廉政建设责任制推进惩防体系工作情况进行全面检查。检查组听取汇报，结合考核项目与各部门负责人进行座谈交流，重点了解学校在招生考试、基本建设、科研经费使用管理、干部选拔任用、干部任期经济责任审计、风险防范管理、大宗物资采购招投标、教授会的作用、学生评优推优和产业管理等方面的具体做法及经验，并详细查阅了学校开展廉政风险防范管理及推进惩防体系制度建设情况的相关规章制度等材料。检查组通过听取汇报、互动交流和查阅材料，对学校落实党风廉政建设责任制推进惩防体系工作情况给予了充分肯定并提出建议。

（夏秀芹、李霞飞）

【信访工作】2010年，共有

14个信访件，其中来信10件，来电3件，来访1件，均按程序进行处理。在信访工作中，严格按照信访工作程序，做到信访件件有领导批示，事事有调查结果。对日常工作中反映的问题，深入分析，逐步探索“监察建议”和“监察决定”的工作方式，规范管理工作。同时，对信访中反映的制度上存在的问题，及时督促有关单位进行整改。

（夏秀芹、李霞飞）

【队伍建设】坚持纪委全委会制度，年内召开5次纪委全委会，讨论纪检监察工作，研究学校廉政风险防范工作推进情况，促进纪检监察工作全面推进，提高纪检监察工作水平。积极组织人员参加培训，开展理论研究，提高业务能力。两名同志分别参加中纪委培训中心学习和北京高校学习贯彻中共十七届五中全会精神培训班学习。学校纪委监察室撰写的论文《基于纪检监察视角构建我校基建管理制度体系的研究》获北京教育纪检监察工作研究会2009年度优秀调研论文三等奖。同时，积极申报北京市教育纪检监察工作研究会和学校党建课题，加强理论研究。

（夏秀芹、李霞飞）

统战工作

【概况】2010年，北京科技大学共有民主党派基层组织2个：民盟支部、九三支社。民主党派成员96人，其中中国国民党革命委员会7人，中国民主同盟46人，中国民主建国会3人，中国民主促进会1人，中国农工民主党1人，中国致公党3人，九三学社35人。党外高级知识分子396人，占全校高级知识分子总数的37.6%，其中正高职称116人，副高职称280人。党外中层实职干部23人，占全校中层干部总数的11.27%。归侨23人、侨眷131人；台属54人；定居台胞2人；港澳台侨在校学生1人；少数民族教职工140人；少数民族学生1738人。

（周永源、刘　晋）

【民主党派和党外代表人物工作】①支持和协助民主党派加强基层组织建设。加强与民盟支部、九三支社的联系与沟通，支持和协助民主党派基层组织加强思想建设、组织建设和制度建设。

②协助民主党派做好党派成员发展工作。在考察、发展民主党派成员的过程中，认真贯彻党对民主党派的各项方针政策，加强与各二级党委的沟通，按照各民主党派章程,做到有质量、有计划地稳步发展民主党派新成员。2010年共发展民主党派成员3人，完成考察2人。

③根据《北京科技大学党外代表人士队伍建设规划（2009～2013）》的有关要求，结合学校机构调整，及时调整党外代表人士后备队伍名单，对党外代表人士及后备队伍名单实行动态管理。

④坚持邀请统战人士参加学校有关会议、活动制度。教职工代表大会、学校工作会、校处级干部年终考评等学校重要会议和活动，坚持邀请民主党派负责人、党外代表人士或列席参加，使党外代表人士真正参与到学校的各项管理之中。

⑤积极选派党外代表人士参加中央统战部、北京市委统战部和北京市委教育工委组织的各类培训及考察，提高党外代表人士的理论水平和参政议政的能力。2010年5人次参加了培训。

⑥积极为民主党派开展活动创造条件，提供必要的经费支持。

（周永源、刘　晋）

【民族宗教工作】①开设《中外宗教概览》选修课，

课程共18学时，主讲教师：中共北京市委统战部副部长周伯琦。课程主要内容：以马克思主义宗教观为主线，贯穿世界宗教概况、宗教学原理、世界和中国主要宗教概况、中国的宗教现状，中国的宗教政策和中外宗教法规。有针对性地开展民族、宗教的宣传教育工作。

②坚持巩固和发展平等、团结、互助、和谐的社会主义民族关系，努力做好民族工作。在学校各项工作中，严格贯彻执行党和国家的有关政策，关心少数民族师生的工作、生活和学习。9月10日开斋节，学校为10个少数民族近500名穆斯林师生加餐，学校领导、学生工作部、研究生工作部、统战部负责人到清真食堂看望过节师生，向他们表示节日的祝贺。

③配合学校有关部门做好学校民族学生的安全稳定工作。

（周永源、刘　晋）

【港澳台侨工作】2010年，按照国家的有关规定，为符合条件的教职工办理归侨、侨眷身份认证手续，2010年认证归侨1人，侨眷2人。关心华侨学生，及时解决华侨学生在学习和生活中遇到的困难和问题。完成对学校港澳台侨学生信息统计工作。协助北京市政府侨办完成在京高校侨胞学生情况调查。协助侨联开展活动并提供经费支持。

（周永源、刘　晋）

【自身建设】①积极参加高校理论与实践研究会的课题调研工作，结合新世纪新阶段高校统战工作出现的新情况、新问题，开展调研，研究对策和提出建议，不断提高工作水平。2010年开展了“北京高校党外知识分子思想状况调研”，在学校党外知识分子中发放调查问卷100份，并与“北京高校党外知识分子思想状况调研”课题组共同完成了调研报告。②积极参加上级有关统战工作的培训班和各种会议，及时了解和掌握统战工作的方针、政策，不断提高统战工作的理论水平和政策水平。③完善统战工作网站，建立民主党派成员数据库。④结合学校干部培训，在新任中层干部中加强统战工作的宣传。年内，在学校第23期中层干部培训班上介绍学校统战工作现状和统战有关知识。

（周永源、刘　晋）

工会工作

【概况】2010年，校工会所属的学院、机关、后勤、产业分工会共有18个，其中新金属材料国家重点实验室、图书馆、附属小学为2010年新成立分工会。校工会共有146个工会小组，会员2933人。下设组宣部、文体部、生活部，工会办公室负责协调各部门工作并承担教代会的日常工作。校党委副书记张文明兼任工会主席，主管工会工作。工会有专职干部6人，其中常务副主席1人，专职副主席2人。

（李　芹）

【召开双代会】在学校党委的领导下，教代会制度作为学校管理体制的重要组成部分，推进了学校的民主管理工作，保障了教职工依法行使民主权利。3月11～18日，第七届教职工代表大会暨第十五次工会会员代表大会在教职工活动中心召开。大会选举产生了第十五届工会委员会、工会经费审查委员会，产生了新一届教代会常设主席团和民主、提案及福利3个专门工作委员会。在校工会指导下，各二级教代会、分工会按既定程序顺利完成换届选举工作。换届后分工会由原来的15个增加到18个。各单位二级教代会已经制度化、规范化，保证了教职工参与本单位民主管理，保障了教职工知情权、表达权、监督权的落实，推进了民主管理向基层延伸。

（李　芹）

【建设教职工之家】以“建家”为平台，营造和谐人际关系，促进和谐校园建设。11月，组织对学校二级小家进行考核评估，夯实建家成果，对全校17个申请验收的分工会进行了二级建家考核评估，通过自查总结、集中汇报、现场考察3个步骤，进行综合评估打分。学院二级小家中，土环学院等11个单位“保持”校级模范小家称号；2个单位“晋升”一级；3个单位“破格晋升”为先进教职工小家；1个单位小家验收合格。通过组织学校二级小家的考核评估，为迎接北京市教育工会对学校“全国模范教职工之家”的复验奠定了坚实基础。

（李　芹）

【师德建设】加强师德建设，评选表彰师德先进。①6月22日，校工会牵头，人事处、教务处、研究生院、宣传部共同组织第四届师德先进集体和先进个人评选，在各分工会推荐基础上，评选出师德先进集体5个，师德先进个人16名。在学校工会委员会审议通过的基础上，推荐2人参加北京市师德标兵和师德先进个人的评选。经管学院魏钧荣获“2010年北京市师德标兵”荣誉称号（高校系统共评选10名），附属小学张美娜荣获“北京市（普教系统）师德先进个人”荣誉称号。②9月10日，组织召开庆祝第26个教师节表彰会，表彰师德先进集体和个人。在全校树立师德先进典型，号召全校教职工向他们学习，教书育人，爱岗敬业。

（李　芹）

【劳模进校园】　为在全校范围内形成“崇尚劳模、学习劳模、关爱劳模、争当劳模”的良好氛围，激发和调动教职员工向劳模和先进工作者学习，爱岗敬业，组织劳模进校园系列活动。①组织推荐北京市先进工作者的评选。在学校推荐的基础上，经过全市范围选拔，机械学院热能工程系教授刘应书获得“北京市先进工作者”荣誉称号。5月11日，校工会在建龙报告厅组织2010年“北京市先进工作者刘应书先进事迹报告会”，各学院青年骨干教师100余人参加报告会。②五一国际劳动节、教师节前夕两次慰问学校劳动模范和先进工作者19人。③5月，邀请全国劳动模范洪茂椿、许杏桃作先进事迹报告，学校领导及500多名师生聆听报告会。④11月组织劳动模范到北京教工疗养院体检。

（李　芹）

【文体活动】2010年教职工文体活动成果丰硕，呈现出活动项目多，参与人数多等特点。①4月20日，组织全校教职工大众广播操比赛，全校14个分工会，近600名教职工参加了比赛。②4月24日，组织教职工第35届田径运动会，全校18个分工会，1000余名教职工参加比赛。③5月26日，组织“春之声”教职工合唱比赛，全校18个分工会，近1000名教职工参加合唱比赛。教职工合唱比赛提升了教职工的团队凝聚力，增强了团队协作精神，创造了和谐的校园文化。④10月8日，组织第九届教职工排球邀请赛，共有17个分工会组队、200多名教职工参赛，为期6天36个场次的比赛精彩激烈。⑤10月28日，组织第六届教职工男子篮球邀请赛，全校10个分工会报名参赛，100多名教职工参加。⑥10月17日，在凤凰岭组织教职工登山健身赛，来自全校的160多名登山爱好者参加了比赛。

（李　芹）

【自身建设】为提高工会干部服务学校中心工作、服务教职工的能力和水平，校工会切实加强工会干部培训工作。①7月17～18日，组织召开暑期工会干部培训会，新一届教代会代表、工会专兼职干部近100人参加理论培训和学习。北京市教育工会主席张青山应邀作了主题报告。全体工会专兼职干部重温了《中国工会法》和《中国工会章程》。②学校工会荣获2010年“北京教育工会工作先进单位奖”。

（李　芹）

【服务教工】扎扎实实地为教职工做好事、办实事。①长期开展送温暖、献爱心活动，对生病、生活困难的教职工做到及时了解、及时帮扶，为教职工解决实际困难，至2010年10月，发放困难补助89000元。②坚持每年11月为教职工办实事服务月活动，满足教职工生活需要。校工会积极联系，为全校教职工提供大米、粉条、大葱、红江橙、脐橙、柚子等物美价廉的过冬食品，深受全校教职工的欢迎。③组织“庆祝三八国际劳动妇女节100周年”系列活动。以“百年女性、百年风采、百年进步”为主题，为全校女教职工举办了肿瘤早期预警筛查活动。④为教职工办理互助保险，年内有1034人次参保，11名教职工出险，理赔金额124625元。⑤组织教职工暑期集体学车，60名教职工报名参加。⑥组织教职工境内外旅游，共有60名教职工及家属参加欧洲、西藏、山东等地的自费旅游。⑦为教职工办理京卡·互助服务卡，到年底共有960名教职工自愿办理。⑧管理好教职工活动中心，服务校园文化建设。2010年教工礼堂为学校大型会议提供服务10场次，各分工会使用17次，为全校教职工放映电影5次，各部处使用12次，为学生活动提供服务120场次。

（李　芹）

【其他工作】①组织召开青年教师代表座谈会。为了积极配合北京市总工会“北京高校青年教职工状况调研”工作，5月19日，组织召开青年教师代表座谈会，主要围绕青年教师基本工作及思想状况、青年教师职业发展、青年教职工关注的社会热点、难点问题等展开了充分、热烈讨论。②心系玉树，积极为灾区捐款。募集善款共计400173.62元，及时将捐款送到北京市指定捐款接收单位。③“爱心助学”关爱农民工子弟。在贯彻学习教育发展纲要过程中，开展“奉献爱心、扶贫助学”主题教育活动。11月17日，走进昌平区一所打工子弟小学——东方红小学。捐赠60台具有使用价值的电脑及文体用品若干。④关心青年教职工的生活和婚姻，组织参加北京市高校大龄青年教师联谊会。⑤工会与附属小学共同举办了以“金色童年，欢乐六一”为主题的庆祝活动，为孩子们赠送了纪念品并免费放映专场电影。⑥接待北京交通大学、中国矿业大学、东南大学3所学校的交流学习，并介绍工会工作经验。⑦组队参加北京高校“李宁杯”羽毛球比赛，学校羽毛球协会获得冠军。

（李　芹）

本科生工作

【概况】学校本科生学生工作由学生工作部（处）、武装部（合署办公）负责，主要内容包括本科生思想政治教育、学生党建、本科生日常管理、学生评优、家庭经济困难学生资助、学生心理咨询和心理健康教育、学生军训、国防教育、征兵工作、辅导员队伍建设等。

2010年，学生工作部（处）、武装部以邓小平理论和“三个代表”重要思想为指导，深入学习实践科学发展观，紧密围绕学校中心工作，深刻反思薄弱环节，建立健全工作机制，狠抓工作基础建设，加强工作联动，增强工作实效，努力减少基层事务性工作，提高服务意识和质量，为学生的健康成长成才和学校的改革发展稳定服务。年内，学校荣获首届“全国高等学校学生资助工作先进单位”称号，获得北京高校红色“1+1”示范活动一等奖和“优秀组织奖”，心理素质教育工作取得长足发展。

（何　进、董春阳）

【学生党建】2010年，学生工作部（处）以提高工作实效为出发点和落脚点，以贴近实际、贴近生活、贴近学生为原则，整合教育资源，设计教育项目，切实将学生党建落到实处。①加强党校组织管理。按照20人左右规模设置小班，由优秀辅导员担任班主任，按照培训计划开展活动。年内共开展中级党校（入党积极分子党校）9期1921人，高级党校9期1746人（其中预备党员党校1期477人，新生党员党校1期106人，毕业生党员党校6期1052人，学生党支部书记党校1期111人）。②改进党校教学形式。引入团体辅导、角色扮演等形式，让学生党员在参与体验中接受教育。2010年度开展“互助关爱、共同成长”团体辅导活动28场。③加强党员实践教育。创新实践教育平台，开展先锋引领计划，将学生党员组成团队，帮扶学业困难学生和宿舍，引导学生党员在学风建设和班级建设中发挥作用。全年累计600余名党员参与引领计划；深入开展红色“1+1”主题教育活动，学校19个学生党支部完成党支部结对工作并开展相关共建活动，取得良好的教育效果。学校获得北京高校红色“1+1”示范活动“优秀组织奖”，土环学院本091党支部获得一等奖。④推进学生党支部建设。通过召开党支部书记代表座谈会、党支部书记学习研讨会，讨论党支部建设及常规工作中存在的问题，明确党支部书记的工作职责，充分发挥党支部的引领作用。

（秦　涛、鲍　博）

【学生教育】学生工作部坚持以科学发展观为指导，从提高思想教育的实效性、针对性出发，根据学生成长规律，逐步培育参与广泛、特色突出、效果显著的教育项目。

（1）日常思想政治教育。①新生入学教育。2010年，新生入学教育以学风建设为核心，以大学适应为关键，坚持重心下移，推进全员育人，帮助、引导新生“认识大学”、“认识自我”，并在此基础上“学会学习”、“学会做人”、“学会做事”，促进新生“文明生活，健康成才”；推动各学院按照《2010级本科新生教育工作方案》，结合自身实际，制定学院新生教育方案；联合教务处，组织本科教学副院长和学生工作副书记，召开新生教育方案研讨会和新生教育工作汇报会，加强对新生教育工作的检查、督促和深入指导；编写《2010级本科新生辅导员重点工作实务指南》，帮助辅导员有计划、有步骤、有重点地做好新生教育工作。②毕业教育。重点开展爱校荣校教育、毕业生党员教育、毕业安全教育和心理健康教育，重点做好本科生毕业典礼工作。③推进形势与政策教育。制定形势与政策教育教学要点，指导学院开展教育活动；组织学生参加教育部、北京市主办的主题报告、展览活动，提高教育效果。全年累计组织1000余人次学生参加“全国大学生优秀集体事迹”等11场报告会、参观“玉树灾区重建图片展”等6场展览活动。④开展文明礼仪教育。动员学生参与中共北京市委宣传部、教工委组织的“做文明有礼的北京人”——“大学生杯”flash动漫大赛，引导学生反思身边的不文明行为，增强文明有礼的意识，学校共有70多件作品参赛，获得优秀组织奖。⑤加强党风廉政教育和监督机制建设。依托学生业余党校，加强学生党员、入党积极分子的党风廉政教育；在学生评奖评优、学生工作干部选拔等工作中，完善公示制度，建立监督机制。

（2）学生心理健康教育。①课程教学。开设全校公选课《班级心理辅导》、《心理训练与潜能开发》以及《情感心理学》，覆盖学生450余人；为2010级本科新生讲授《大学生心理健康》，并实现本科新生全覆盖。②宣传教育。承办“相约健康高校行”专题活动，从健康投资、健康储蓄、健康管理、阳光人生4个方面进行专题报告和现场互动。积极开展心理健康月活动，放映心理电影10余场，“心理健康快车”主持人培训12次，主题讲座6场，心灵氧吧1期，心理健康游园会1场，同时协同各学院心理协会分会，开展心理健康知识展板大赛、心理知识竞赛、情景剧大赛，并联合学院路邮局开展“一封亲笔信，孝心天下行”明信片传递活动，覆盖人数3000余人次。深入开展心理健康快车活动，心理咨询中心为2010级新生举办了113场心理健康快车活动，覆盖全部新生班级，满意率95.7%。精心策划并组织2010级新生到心理中心进行实践体验活动，活动覆盖本部所有本科新生班级（共计95个），91.9%的同学认为如果有需要，会主动到中心进行咨询。③加强心理咨询的规范化和专业化建设。年内，接待个别咨询1250人次，开展团体辅导和培训（新生党员，生涯规划，学生骨干，心理委员）92场。危机预防与干预工作中，春季排查共约谈467人次，其中43名学生（约占约谈人数的9.2%）存在一定的心理问题。秋季排查共研判学生643人，重点约谈28人。2010级新生参加约谈784人，其中本科生565人，研究生219人。中心将约谈情况反馈学院并将与学院一起做好关注和转介工作。为了提升危机干预与预防工作队伍的业务水平，中心组织为咨询师和辅导员开展危机识别与干预培训；为学生工作干部进行辅导员心理问题识别与干预技能培训；以学院为单位，为学生骨干提供26场心理健康教育培训，覆盖人数约2500余人。

（3）国防教育。深入开展国防教育活动，组织以国家安全为主题的“北京高校第三届国防教育演讲比赛”，参赛学生规模创北京高校历史之最，学校王拓同学获得一等奖；组织举办中国高等教育学会国防教育研究分会成立大会，教育部、总参谋部、国防大学、中国高等教育学会的领导出席大会，学校党委副书记谢辉当选理事长，学工部、武装部部长何进当选副理事长，武装部副部长曲涛担任秘书长；组建以军事教师为主体、国防协会、国防体育协会会员为成员的国防教育讲师团，为中国地质大学和中华女子学院开设国防教育课程，为123中学、钢院附中、管庄校区、天津学院等7所校（区）传播国防体育知识。

（曲涛、秦涛、房超、王艳、臧伟伟、鲍博、潘佳奇）

【学生管理】（1）家庭经济困难学生资助。①国家助学贷款工作。加强银校合作，确保家庭经济困难新生全部获得助学贷款，年内共向2722名学生发放助学贷款，贷款总额1591.115万元。②勤工助学工作。进一步拓宽勤工助学的渠道，增设勤工助学岗位。继续加强勤工助学“校院两级管理体制”建设。2010年与后勤服务集团开展深度合作，开发学生教室管理等新型勤工助学岗位200余个。③其他资助工作。通过迎新现场“绿色通道”活动为244名本科生办理了缓交学杂费手续，发放300～1000元不等的临时困难补助、学习生活用品，共计7万余元；做好学校第五届“冬季送温暖”活动，发放羽绒服300余件，价值8万余元；加强爱心商店品牌宣传工作，年内接受各类捐赠衣物2000余件，各类书籍3000余册，学生领取衣物100余件，书籍300余册，各类杂物500余件；评审出国家助学金获得者3000名，其中本科生2935人，高职生（专科）65人，中海油大学生助学基金获得者25名、德龙基金助学金获得者60名、曾宪梓助学金获得者50名，获奖总数3135人，约占全校本专科学生总数的23%，总金额885.2万元，实现对学校家庭经济困难学生的全面覆盖；经严格审核，为“西部助学工程”中29名学生办理了学费减免，减免总金额11万元。

（2）学风建设。①探索以学习为中心，全面发展的学生评价机制。修订《北京科技大学关于评选优秀（三好）本科毕业生的实施办法》和《北京科技大学民考汉、内地班学生奖学金评审办法》；做好2009～2010学年本科生评优工作，共评选出“校长奖章”获得者5名，特种奖学金获得者680名，人民奖学金获得者3245名，新生奖学金获得者1164名，民考汉、新疆内地班学生奖学金获得者43名，国防生“砺剑”奖学金获得者22名。北京地区高等学校优秀毕业生155名，北京科技大学三好毕业生617名，北京科技大学优秀三好学生476名，北京科技大学三好学生955名，北京科技大学优秀学生干部588名，北京市三好学生17名。②初步建立合格、优秀班级和宿舍的考核指标和监督机制。研究制定《合格班级、优秀班级评价指标体系》和《合格宿舍、优秀宿舍评价指标体系》，修订《学生宿舍达标创优评选办法》；4～12月开展2009～2010学年本科生先进班集体、优秀团支部、优秀学风班、文明宿舍、标兵宿舍评选活动，173个班级、团支部和381个宿舍参与创建，共评选出北京科技大学先进班集体、优秀团支部38个，先进班集体、优秀团支部标兵21个，优秀学风班10个，“麦思科”标兵宿舍20个；北京市优秀班集体7个。材料0703班作为学校先进班集体的代表参加了“我的班级我的家”北京高校学习型班集体创建示范活动班级风采展示和评比答辩活动，并被评为示范班级。③完善学风状况观测指标。组织开展两次期中学风状况调研和一次本科生转专业调研，通过学风调查问卷，深入了解学风状况，累计发放问卷2800份，广泛听取师生对学风建设工作的意见，召开学风建设座谈会、研讨会80余场，落实学生工作干部听课制度，累计听课210余门次。在调研的基础上，修改完善《本科生学风状况观测指标》。④健全家庭、社会和学校的联动机制。充分发挥“学校-家庭-社会”的育人功能，制定、实施《辅导员与学生家长联系工作方案》，发放《致2010级新生家长的一封信》近3400封，发放《致家长的一封信》10623封。⑤总结推广学风建设先进经验和有效做法。通过多种形式做好先进典型的表彰和先进经验的宣传，根据优秀毕业生事迹编写《2010年象牙塔里的足迹》，并发放给每一位2010级新生，在篮球场悬挂光荣榜、在学子在线网站建立“2010年优秀学子系列报道”版块，宣传展示先进集体和个人事迹。⑥努力扩大“校长奖章”评比工作的影响力和示范性。4月份启动第四届“校长奖章”评选工作。经过个人申报、学院推荐、学校学生评比表彰工作领导小组审核，并报校长办公会讨论通过，5名本科生获得第四届“校长奖章”。为扩大“校长奖章”的影响力，制作并悬挂“校长奖章”展板，在学校新闻网和学子在线网站开辟专栏进行宣传报道，在2010届学生毕业典礼暨学位授予仪式上对所有获奖者进行了隆重表彰。

（3）日常管理。①根据《普通高等学校学生管理规定》，结合学校实际情况，修订《学生手册2010版》。11月，全体2010级本科新生参加校规校纪考试，着重考察新生对校规校纪的掌握情况，强化学生对自己权利和义务的认识，内容以违纪管理、奖励评优、贷款、助学金、学位证、保险等与同学们切身利益相关的实际问题为主。2010年，共有22名学生因打架等行为受到违纪处理。②组织2010届学生毕业典礼暨学位授予仪式和2010级新生开学典礼，分别有四千余名2010届毕业生和三千余名2010级新生参加典礼。③向全体2010级本科新生发放《保险手册》，引导新生学习安全、保险及医疗相关规定，为3118名新生办理大学生人身意外伤害保险。年内，共为105名学生办理了保险理赔，理赔总金额14.8145万元。

（4）学生安全稳定。①完善学生安全教育机制，做好安全演练、消防疏散演习等工作。组织开展2010年春季安全卫生检查，全体学生工作干部深入学生公寓，对学生公寓安全、卫生等进行彻底检查，及时发现问题并进行整改；参与组织“北京科技大学2010级新生学生公寓火灾疏散演习”，学生公寓1斋、5斋、6斋、7斋、9斋2800余名新生参加演习，熟悉、掌握了紧急情况下的自护、自救常识。②完善学生稳定工作方案和学生危机事件预警机制。修订《北京科技大学学生安全知识手册2010版》和《学生工作系统突发事件应急预案2010版》；在寒暑假、元旦、五一、端午节、中秋节、十一等节假日和世界杯等特殊敏感时期，做好学生安全教育和学院值班工作；做好大型学生活动的安全预案，严格审核学生活动和学生集体出行活动审批、备案工作；重点做好违纪学生以及学业、心理危机学生的教育管理工作，并参与各类突发危机事件的处理；及时对安全事件案例进行分析、总结。③制定实施辅导员、学生安全员培训方案。通过讲座、光盘、展板等形式，做好辅导员、学生的日常安全教育工作，对130余名辅导员和470余名本科生安全员进行了培训。

（5）少数民族学生培养和管理。重视少数民族学生的培养和管理工作，在尊重其民族习惯的同时，充分发挥专职工作人员的作用，不断增强对学生的服务意识，及时了解学生的思想状态，不断加强对学生学习的帮助和引导。2010年，有43人次获得“民考汉”、“新疆内地班”学生奖学金，4名2011届少数民族本科毕业生获得免试攻读硕士学位研究生的资格。开斋节期间，组织400余名回族、维吾尔族、哈萨克族等10个信仰伊斯兰教的少数民族学生，共度节日。

（6）国防教育教学、征兵、国防生等工作。①做好军训和军事教学工作，以“注重教育，科学施训，团结协作，确保安全”为方针，合理安排军政教育比例，充分挖掘军训平台的教育功能；不断提高军事理论教学水平，推进军事理论教学与专业兴趣、创新能力和实践能力培养结合的“三结合”模式，提高军事理论课教学质量；加强教学研究，年内，武装部有3篇文章在核心杂志上发表，1篇论文被北京市教委高校军事课教学指导委员会评为2010年度学生军训工作学术研讨优秀论文一等奖。②认真做好冬季征兵工作，将征兵工作作为育人的重要环节，做到组织领导、宣传发动、质量意识、责任落实四到位。2010年冬季征兵中，10名同学获得入伍通知书；年内退伍的6名学生中，获得三等功2人次，获得“优秀士兵”荣誉称号12人次。

（曲涛、丁煦生、万玉刚、刘伟、杜学敏、李艳芳、于洋）

【学生工作队伍建设】（1）学生干部队伍建设。①完善学生干部相关工作机制建设。明确选拔条件和程序，做好公开招聘、资格审查、笔试面试和公示；加强对学生干部的工作监督，研究制定各类学生干部的退出机制。②明确学生干部的岗位职责与工作要求。编写“心理委员”、“安全委员”、“心理健康快车主持人”等工作指导手册，提高学生干部履行岗位职责的能力。③分类、分层次做好对全体学生干部的轮训。依托学生业余党校，做好学生入党积极分子、预备党员、新生党员、毕业生党员和党支部书记的轮训工作；依托团校，做好各年级班长、团支书、共青团干部、社团骨干、学生会干部等的轮训工作；依托职能部门，做好宿舍长、心理委员、生活委员、安全委员以及学生公寓楼长、层长等的专项培训。④探索有效的学生骨干队伍培养培训模式。丰富培训形式，引入团体辅导、素质拓展和角色扮演，让学生骨干在参与体验中接受教育；加强实践教育，实施先锋引领计划，让学生骨干在帮扶困难同学和加强学风建设工作中发挥模范作用，增强服务意识。

（2）辅导员队伍建设。①完善辅导员选拔、培训、考核和成长机制。制定《辅导员工作职责暂行规定》，从工作原则、工作制度和工作职责方面，对辅导员提出明确要求；加大辅导员表彰力度，设立“北京科技大学优秀辅导员”奖；将“专职辅导员比例”列入学院工作考核观测点指标。②系统规划培训项目和培训方案。组织校内专项培训，涉及“班级心理辅导”、“安全教育”、“班级建设技能”、“心理危机识别与干预技能”、“如何与学生家长有效沟通”等专题；选派50余名辅导员参加教育部、北京市等单位组织的研修班和专业化技能培训班。③加强“辅导员沙龙”和年级工作组的建设。成立本科生辅导员年级组，围绕学生工作的主题和重点，定期开展交流研讨；继续开展“辅导员沙龙”活动，促进不同年级、不同学院辅导员之间的沟通交流。④推进辅导员深度辅导工作。加强对辅导员的专项技能培训，提高辅导员开展深度辅导工作的能力；做好重点关注学生的情况研判，提高深度辅导工作的针对性；聘任老干部担任辅导员，发挥他们的政治优势和经验优势，配合辅导员做好部分重点学生的深度辅导；发挥学院领导、本科生班导师、研究生导师、心理咨询师和学生家长等力量的综合优势，保障深度辅导工作的有效开展。

（秦　涛、王　艳、臧伟伟、鲍　博、潘佳奇）

【学生工作调研与宣传】 ①学生工作调研。加强学生思想动态调查和舆情焦点、热点分析，做好大学生思想状况滚动调查、高校学生假期返乡调查、敏感时期学生思想状况调查及其他专项调研工作，及时掌握学生的思想动态和重要问题，加强工作的预见性和针对性。共开展问卷调查10余次，召开20余次学生座谈会，撰写调研报告和情况简报30余篇。②学生工作宣传。秉承“塑造形象、引导舆论、传播文化、促进发展”的工作思路，加强学生工作新闻队伍建设，充分运用校内外宣传载体，将学校学生工作的动态、经验和成绩及时准确地进行报道。年内，共发表学生工作快讯112篇，北科大简报转载51篇。中国教育电视台、北京电视台、《中国教育报》、新华网、中国教育新闻网等媒体和《教育部简报》对学校学生工作进行了6次报道。

（秦　涛、潘佳奇）

研究生工作

【概况】2010年，研究生工作部以贯彻落实科学发展观为主线，以造就拔尖创新人才为目标，坚持贴近实际、贴近生活、贴近学生的工作原则，努力促进研究生德育和培养的紧密结合，逐步建立特色突出的研究生工作体系，服务于研究生的健康成长成才，促进研究生全面发展和综合素质提高，为学校的改革发展稳定服务。

（张　颖）

【研究生管理】①结合实际情况，与研究生院联合对《北京科技大学研究生手册》进行全面修订。认真总结、完善和规范研究生年度评优工作，积极探索以评促建，加强学风建设的有效途径。②加强对大运村住宿研究生管理，做好大运村学生公寓学生的搬迁、入住、日常卫生检查和安全教育管理等工作。同时，指导大运村管委会组织大运村研究生积极开展各项活动。③组织全校2700余名2010级研究生新生签定了校规校纪承诺书，并配合心理咨询中心在全体研究生新生中进行心理测试和普查工作。测查收回有效问卷2444份，并从新生中筛查出200名可能存在心理问题的学生，配合心理咨询中心进行进一步的约谈工作，为建立学生心理健康档案，有针对性地开展心理健康教育打下良好基础。④完善研究生安全教育体系和危机应对工作机制，妥善处理研究生中出现的突发事件，维护校园稳定。研究生工作部和有关单位密切配合，妥善处理了10余起研究生突发事件。⑤充分发挥评优的导向和示范作用，形成“学习先进、争当先进”的良好氛围。2009～2010学年度，评选出优秀三好研究生300人，三好研究生904人，研究生优秀干部334人。研究生获特种奖学金64人，其中材料科学与工程学院杨亚同学获得“宝钢特等奖学金”和北京市“成才表率”荣誉称号；30个班级获得校级先进班集体、优秀团支部荣誉称号，15个班级获得校级先进班集体、优秀团支部标兵荣誉称号；评选出研究生十佳学术之星9人，提名奖11人，5个单位获得学术论坛最佳组织奖。在2010届春季毕业研究生中评选出优秀毕业研究生77人，夏季毕业研究生中评选出优秀毕业研究生53人，校长奖章获得者4人。⑥树立“以人为本”的思想，为在学习和生活中遇到实际困难的学生解决后顾之忧，如为学生办理申请困难补助、助学贷款、意外伤害保险、结婚、购买两限房和经济适用房等事宜。向全体研究生新生发放《保险手册》，2010年共计为51名研究生办理了意外伤害保险。至12月初，共受理56人，为51人办理了保险理赔，总金额33912元。

（宗燕兵、王　佳）

【研究生党建工作】①进一步优化研究生党支部设置。2010年，在对全校研究生党支部设置情况进行充分调研的基础上，着力完善梯队、实验室、专业班级等多种党支部设置形式，构建适应研究型大学研究生培养模式的支部设置模式。形成了62个梯队党支部、110个班级党支部、24个年级党支部、6个专业党支部。分布合理的研究生党支部结构模式，进一步提高了研究生党建工作的有效性。②加强对研究生党员的培训教育工作。一是积极开展研究生新生党员骨干培训工作，全年共培训159人。二是注重实效地进行研究生党支部书记培训工作，通过党务工作技能的培训，组织专家点评指导，增强支部书记工作的原则性和准确性。全年共培训109人。三是高度重视研究生预备党员教育工作。把好研究生党员培训关，对预备党员理想信念进行稳固提高。

（张　颖）

【研究生教育】2010年，学校继续有针对性地开展入学教育、毕业教育、形势政策教育和安全教育等工作。

（1）入学教育。2010年秋季入学的各类研究生共计2877人，其中硕士研究生2348人、博士研究生529人。本着“以人为本”的思想，研究生工作部与各学院一起开展了一系列新生入学教育活动。①学校历史及校风教育。引导研究生了解学校的历史、现状及前景，以学校的发展史、校友的奋斗史激起研究生对学校、对专业的热爱，增强作为科大学子的自豪感。②根据研究生群体的实际特点和成长规律，认真总结和探索研究生的教育方式，通过组织研究生学习新版《研究生手册》、开展校规校纪教育，增强研究生自我教育、自我管理意识。③组织高年级优秀研究生与新生座谈，组织研究生开展过好第一次党、团组织生活，开好第一次班会等活动，开展关于“如何做合格研究生”的深入讨论，明确一名合格研究生的具体标准，帮助学生树立正确的人生观和成才观。④与保卫处合作，组织全体研究生新生观看安全教育影片。⑤对新生进行学习生活指导。帮助研究生熟悉与其生活、学习密切相关的场所及其有关管理规定；宣传国家及学校对困难学生的资助政策，鼓励学生通过刻苦学习获取奖学金或通过参加勤工助学活动等方式解决一定的学习、生活困难。

（2）毕业教育。2010年春季，学校共有1617名研究生毕业，其中硕士1435名，博士182名；夏季共有1130名研究生毕业，其中硕士939名，博士191名。2010届研究生毕业离校之前，学校以“尊师、爱校、成才、报国”为主题，开展了“温情送别、文明离校”，“过好最后一次组织生活会”，“为学校发展献计献策”，“在创业中实现人生理想”等一系列活动，促进了毕业研究生文明离校、安全离校、有序离校。此外，精心组织2010年研究生毕业典礼，让所有毕业研究生在离校时真正感受到母校的感召力。

（3）利用各种契机，深化思想政治教育。为在研究生中树立良好的学风和文化环境，“七一”前夕，以“责任 成长 成才”为主题，采取宣讲、研讨、座谈、参观、演讲、辩论、竞赛、社会服务、主题征文等形式在全校研究生党支部中开展党日活动，以选修课形式开设人文素质课程。在玉树地震和舟曲特大泥石流爆发之后，第一时间组织研究生团委、研究生会的同学在校内开展为灾区捐款活动，得到了广大学生的积极响应。

（王　佳）

【研究生德育工作基层组织建设】①把好研究生辅导员入口关。到12月，研究生辅导员共有42人，其中专职21人，兼职21人。年内，从全国重点高校毕业的硕士研究生中，选拔了8名充实到专职研究生辅导员队伍；从本校博士生和高年级硕士研究生中选拔9名优秀学生充实到兼职研究生辅导员队伍。②加强辅导员队伍的交流与工作能力提高。全年共组织研工组长集体专项学习和座谈9次，外出调研1次，有效地促进了研工组长工作的开展。做好系统内、外不同层面的辅导员培训。③精心培育研究生骨干队伍。2010年4月，组织选拔推荐了113名基层班长、支书和研究生会、研究生团委的骨干，举办北京科技大学第三期研究生骨干培训班。④重视发挥研究生导师的育人作用。研究生工作部努力推进研究生师生互动平台的建设，和相关部门共同举办了“第六届研究生师生轻体运动会”，为广大师生在紧张的学习、工作之余搭建了一个相互沟通和交流的平台，共有800余人次报名参加运动会项目，其中研究生导师报名160余名。

（张　颖）

【科研学术及实践活动】 ①研究生科研学术活动。4月，正式启动第六届“研究生学术论坛”，在近一年的时间里，校院共举办学术活动200多场，收到学术论文1000多篇，其中101篇被收录到《第六届研究生学术论坛优秀论文集》，各学术论坛的参与研究生8000多人次。开展第六届研究生十佳“学术之星”评选活动，宋黎、潘宏伟、乔威、郭雯、吴凯、万亮、薛念涛、张国华、张宇9名同学被评为第六届研究生十佳“学术之星”；李纪恒、熊进辉、孙彬、曹天扬、杨雄、邬志君、杨旭、张亚萍、林昆勇9名同学获第六届研究生十佳“学术之星”提名奖；材料科学与工程学院、经济管理学院、国家材料服役安全科学中心、信息工程学院、文法学院获第六届学术论坛优秀组织奖。②研究生社会实践，挂职锻炼活动。组织工科学院学生开展有针对性的科技服务活动。一是通过广东研究院牵线搭桥，组织学生在佛山地区部分企业进行科技服务；二是利用学校专业特长，组织在唐山部分钢铁企业实习实践，为企业解决了一些实际性问题；组织文理科学生进行挂职锻炼。通过与朝阳区委组织部进行沟通协商，组织学生暑假期间在朝阳区所属4个街道和组织部、团区委等单位挂职实习，2010年11月，还与方庄街道办签订长期挂职协议。充分利用北京市组织选拔博士生、博士后和高校辅导员到北京市挂职锻炼工作的契机，选派11名优秀博士生参加北京市挂职锻炼。2010年首都高校《挂职锻炼通讯》的第一期上刊登北京科技大学研究生社会实践的经验专访—《崇尚实践，规范管理》一文。

（宗燕兵　王　佳）

【学生工作调研与宣传】 多角度开展学生调研，深入开展宣传工作。对在校研究生进行返乡调查，就时事热点问题进行座谈，第一时间掌握实时动态，为进一步开展研究生思想政治教育工作提供参考依据。5月，有针对性地设计了《北京科技大学2010年研究生调查问卷》，问卷针对教学科研、学风建设、学术道德、就业、党建工作等方面对在校研究生进行了全面调研，针对调研结果，提出相关改进措施。建设研究生工作部网站，加大网络宣传力度。

（张　颖　张亚洲）

【中国学位与研究生教育学会德育委员会工作】 中国学位与研究生教育学会德育委员会于1996年5月成立，秘书处设在北京科技大学，主任委员由北京科技大学副校长张跃担任，秘书长由北京科技大学研究生工作部张颖部长担任。学会有203个会员单位，涵盖全国“211工作”院校的78.4%，全国设有研究生院院校的92.9%。学会已成为教育主管部门的参谋和助手，全国研究生思想政治教育工作的重要桥梁和纽带，也成为学校展示研究生工作的重要窗口。2010年主要开展的工作有：

①发挥学会桥梁纽带作用和组织协调优势。3月13～14日，配合教育部思政司在海南大学举办2010年度全国学工部长、研工部长论坛。9月，召开德育委员会会员大会，完成德育委员会换届选举工作，张跃副校长再次当选主任。

②搭建学术研讨平台，促进学术交流和研究。9月27～28日，中国学位与研究生教育学会德育委员会第七届学术年会在上海召开，共有来自全国113所高校的215名代表参加了本次年会，收到来自全国83所高校的258篇论文。6月，组织力量承接国务院学位办委托研究重点课题“研究生教育的学风与学术诚信保障体系建设研究”。完成“未来十年我国研究生思想政治教育相关问题研究”课题研究任务。

③担任上级部门助手，提供决策参考依据。为《教育部关于进一步加强和改进研究生思想政治教育工作的若干意见》颁布提供意见参考。协助做好文件精神的进一步贯彻落实，做好意见反馈和收集工作。

（张　颖、张亚洲）

共青团工作

【概况】2010年，校团委下设办公室、组织部、宣传部、实践部、志愿者工作部、文体部、学术科技部、学生创业中心、素质拓展中心、社团部，共有学生团员19157人，学生社团83个。年内，北京科技大学共青团高举旗帜，服务大局，以邓小平理论和“三个代表”重要思想为指导，深入学习实践科学发展观，在学校党委和上级团组织的坚强领导下，紧密围绕育人中心工作和高校共青团根本职能，认真贯彻落实中共十七大、十七届五中全会和团的十六大等重要会议精神，以做好对大学生的思想引领和成长服务为重点，着力推进素质教育、骨干培养、校园文化建设和基层团组织建设，团结带领全校团员青年在建设高水平研究型大学的进程中展风采、做贡献、求成长，各项工作蓬勃开展。

（刘晓东、吕朝伟、吴　悦）

【思想政治教育与组织建设】2010年，校团委坚持育人为本、德育为先，全方位、创造性开展大学生思想政治教育工作。以“科技报国，创新强国”为主线，紧抓五四运动91周年、“一二·九”运动75周年等重大历史事件契机，先后举办“五四风云录、科技报国志、青年人物谱”及“科技报国志、创新强国梦”主题展览，展出图片、文字资料百余份。结合青年学生的实际需求和成长特点，开展“青春·使命”文艺汇演和“勿忘国耻、牢记使命”宣讲大赛等校级活动10余场，直接覆盖学生2000余人次。坚持重心下移，突出学院团委、团支部的主体性，累计举办集“思想性、教育性、灵活性”于一体的主题团日等活动300余场。

2010年，校团委依照《北京科技大学推优入党工作实施办法》要求，认真开展推优入党工作，指导各学生团支部严格按照推荐候选人、自我评述、民主评议和投票推选的形式，于每学期第3～5周集中进行推优入党，形成“时间统一、空间协调、形式生动、内容丰富”的全校一体化推进态势。年内全校近500个本科学生团支部集中开展了推优入党工作，10000余名学生通过自荐演说等形式申请成为党的发展对象，4000余名思想进步、素质全面的优秀学生通过团组织推荐，被党组织确定为入党积极分子。

在认真做好组织关系转接、推优入党、团员统计、团费收缴、评优表彰等常规性基础团务工作的同时，校团委坚持重心下移，注重工作实效，全面加强自身组织建设，建设学习型、服务型团委机关。结合学校“十二五”发展规划的制定工作，开展“解放思想大讨论”活动，认真学习《国家中长期教育改革和发展规划纲要》和学校相关文件，走访北京兄弟高校调研学术科技、志愿服务、本研结合等工作内容，进一步明确了“十二五”期间团委工作定位和各工作模块的发展思路。依托团委党支部，开展“争当育人标兵”创先争优主题实践活动，加强机关干部队伍理论学习，编辑下发内部学习刊物《思悟行进》10期，每周编辑一期人人网学生典型日志、状态摘录《青年思想正流行》，供专职干部实时掌握青年学生思想动态。努力加强工作研究，选取“大学生上网习惯”、“大学生宗教信仰”等工作难题进行调查研究；鼓励团干部积极在人人网开设个人主页，真正走进青年，融入青年，并探索通过社交网络等新媒体实现对青年的思想引领和成长服务。加强团委机关工作作风建设，进行党员公开承诺，开展岗位公开监督活动，设置“公示毡板”，明确部门工作职能、公开干部联系方式、公示工作流程和结果，全面接受广大青年学生和全校师生的监督。同时，校团委进一步加强对学院团委的工作指导与支持，梳理校院两级团委工作体制，坚持“给经费、给场地”的工作思路，通过校院团委工作例会、校院团委组织部长联席会、实践委员联谊会等形式加强工作指导和联系，对学院团委和基层团支部活动提供政策倾斜和资源支持。注重学院专职团干部的培养，输送干部参与优质专项工作培训，通过参与全国学联二十五大、北京市学联十一大、“中国大学生骨干培养学校”理论学习周等重大活动的组织工作，锻炼团干部队伍，加强校院团委干部交流。

（刘晓东、刘　丹、徐洪业、崔　睿）

【社会实践与志愿服务】2010年，校团委成功地推进《大学生社会实践》课程管理的全程信息化建设，完善大学生社会实践课程管理信息系统，实现了社会实践组队、申报、评审、管控的全过程上网。努力推进课程的全时段覆盖，强化学期中的社会实践培训与成果转化。2010年寒假，组织学生380人参与“面向中学生和中学教师的访谈”和“把我的大学带回母校”宣讲。暑假期间，以“走实践成才路·立创新强国志”为主题开展暑期社会实践活动，开展课堂教学45节次，组织23名教师完成90学时授课，组织专项培训5场、安全培训1场。组织全校本科08级、09级6671名学生、582支团队参与实践，279名教师参与指导。其中，125支实践团参加民生热点社会调查行动、47支实践团参加志愿服务行动、35支实践团参加三下乡与四进社区行动、375支实践团参加专业探寻职业发展行动。中央电视台、中国教育电视台、《北京青年报》、新浪网等新闻媒体对学生实践活动报道100余次。学校共收到实践单位感谢信20余封、实践单位意见近千份。“走进喀什经济特区”实践团事迹还得到教育部长袁贵仁同志的批示和高度肯定。2010年，学校获评“首都高校社会实践先进单位”、“2007～2010年大学生志愿者‘千乡万村’环保科普行动贡献奖”。

2010年，校团委以完善《志愿服务与公益劳动》课程体系为目标，加强服务基地管理、精品项目建设和志愿文化打造，促进志愿服务事业成为育人的长效手段和生动教材 。年内，建成志愿服务基地50家、志愿服务项目70余个，新建志愿服务基地13处。全校志愿服务活动参与人数累计5800人，24000余人次，累计认证12余万工时，人均志愿服务20.7工时，2006级学生结课通过率达到100%。此外，校团委还开展了以“奉献、友爱、互助、进步”为主题的“志愿四季”宣传活动，同时依托各志愿服务组织、结合公益节日开展主题教育、培训交流、实践、技能大赛等文化推广活动10场。出色地完成重大活动的志愿者组织工作，600名志愿者担任“两会”期间校园安保志愿者，累计提供志愿服务3262小时，200名志愿者参与2010年北京首届世界武搏会及2010年首届北京奥运城市体育文化节，赢得主办方一致好评。“构建大学生志愿服务长效机制，增强思想征集教育实效”项目获首都大学生思想政治教育工作实效奖二等奖。《弘扬校园志愿文化，深化创新大学生思想政治教育》正在参评2010年全国高校校园文化建设优秀成果。

（郗基辉、胡智林、高　蒙）

【学术科技与创业就业】2010年，校团委注重专业融合、本研结合，以开展学术讲座与科技竞赛活动为重点，促进学风建设和创新人才培养，进一步拓展科技创新平台。成功举办“名家讲坛”、“校友讲坛”等学术讲座，邀请校内外各界知名人士举办各类学术科技、创新创业讲座53场，累计参与学生9000余人次。其中，“名家讲坛”举办四场，邀请到中国当代著名作家莫言、著名主持人李咏、中国十大杰出志愿者宋志勇以及美国首位华裔州长黄锦波等社会名流；“校友讲坛”邀请到华林证券总裁李华强、英唐智能控制股份有限公司董事长胡庆周、北京时代凌宇科技有限公司董事长黄孝斌、首钢销售公司总经理刘建辉等10余位杰出校友。年内，校团委成功举办第十二届“摇篮杯”大学生课外学术科技作品竞赛、与工程训练中心等单位合办机器人大赛、第六届航模大赛等校内精品科技竞赛，积极组织学生参与“北斗杯”青少年科技创新大赛、中国机器博弈锦标赛等校外科技竞赛，参与学生2000余人次，其中获得国家级奖项的学生94人次，或省市级奖项46人次。依托学生科协等科技类学生社团，组织学生参观各类科技展、博览会，开展点子创意大赛、flash大赛、无线电测向赛、百科知识竞赛等科普活动，累计参与人数1500余人。各学院团委组织开展特色性学术精品活动，冶金学院炼钢模拟大赛、机械学院智能车大赛、土木学院建筑结构设计大赛、材料学院《材料名师讲坛》、文法学院《星期四人文讲座》等活动异彩纷呈，学生学术精神和创新意识得到提高。

2010年，校团委以促进大学生就业创业为重点，切实增强服务大学生成长成才的能力，结合学生实际需求，提供就业创业服务和支持。同学生就业指导中心达成学生就业见习基地共建合作意向，全年共建立青年就业见习基地8家，提供就业见习岗位145个，发布就业见习信息200多条，提供就业见习岗位近800个；编写完成《北京科技大学学生创业就业见习指导手册》。完成校园文化礼品店、复印店和咖啡屋3个创业实践基地招投标与管理工作，出台《学生创业实践基地管理办法（试行）》，规范指导创业实践基地运营，切实为学生自主创业提供支持。在成功推进就业创业基地建设的同时，大力开展创业和社会化技能培训。通过创业知识普及、创业竞赛体验、创业基地实践分层级开展创业教育。邀请校内外专家学者、知名企业家担任创业教育导师进行创业知识技能培训；与科技园合作开展第七届“科技园杯”创业计划竞赛，选送的优秀作品在第六届首都和全国“挑战杯”大学生创业计划竞赛中分获三金三银两铜和一银两铜的佳绩。还选送学生作品参与多项地方省市创业竞赛，累计参与学生1200余人次。探索学生乐于接受的社会化技能培训方式，开展“磁力魔方”技能培训活动22期，直接接受培训超过650人次。针对研究生就业需求，开展涵盖研究生简历大赛、主题讲座、实习基地参观交流、模拟面试大赛、贝壳精英汇等内容的“职业生涯规划月”活动。同时，指导各学生团支部积极开展学习经验交流、职业生涯规划等主题活动。

（刘　丹、陈霜玲）

【文化艺术与社团活动】2010年，校团委以提升学生艺术素质和大学文化品位为目标，积极发挥学生艺术团在学校艺术教育和艺术活动中的引领示范作用，实现艺术教育对学生的全面、多层次覆盖，艺术教育取得重要突破。全年开展“北京歌舞剧院民族乐团走进北科大综艺晚会”、“首都师范大学管乐团高雅艺术进校园专场演出”、话剧《油漆未干》专场演出、“夏之韵”专场音乐会、北京科技大学第三届展演汇报演出等大型演出活动和艺术沙龙、公开排练等系列文艺活动10余场。指导和联合各学院举办戏剧节、配音大赛、“春之声”晚会、毕业生晚会、新年晚会等文艺活动，极大地繁荣了校园文化。学生艺术团在第三届北京大学生艺术展演活动中，首次参加全部表演类比赛，8个参赛节目共获得4个一等奖、4个二等奖，并获得2个优秀创作奖，书法类2个一等奖、1个二等奖、4个三等奖，戏剧、艺术管理论文类1个二等奖、2个三等奖，学校获得“优秀组织奖”，获奖数量和层次均取得历史性突破。年内还完善了艺术特长生招考流程，对艺术特长生招生报名系统进行改版，顺利地完成艺术特长生的招生宣传、特长测试、录取等工作。

2010年，校团委按照“管理和服务并重，引导与支持并存”的思路，项目化管理全校学生社团活动，指导社团建设。规范学生社团的注册流程，完善考核评价体系，开辟学生社团活动阵地，全年指导开展社团活动134项；开设“社团骨干培训班”，通过专题讲座、素质拓展和经验交流等形式加强学生社团骨干的培养，覆盖学生社团骨干210人。指导全校83家学生社团凝练文化、突出特色、繁荣校园文化。举办“音符跃动 轻舞飞扬”北京科技大学社团活动月，开展铁流话剧专场、北京高校街舞邀请赛、吉他协会校园演唱会、西南学子抗旱感恩4场晚会、北京高校五子棋邀请赛、第九届健康文化节、理论星光活动月、环保文化节等深受青年喜欢的活动，吸引全校学生4000余人参与。

五四青年节期间，举办“贝壳青年节”户外活动，将五环广场划分为“中心舞台”、“心语茶社”、“青春站台”、“学院特区”、“活力街区”和“青年服务区”6个主题区，活动总面积5000平方米，吸引九大学院、学生会、研究生会以及二十多家社团、十余个班级团支部开设展览互动区域，进行文化、科技、文艺、体育等各类体验活动和师生互动活动，同时开展“电影会”+“音乐茶座”+“倾听日”五四特别活动。包括管庄校区新生在内的全校师生5000余人次参与此次活动，形成了学校规模最大的学生文化活动品牌。

（孙长林、吕朝伟、王　鹂、张雅洁、牛　拓、马红秀）

【骨干培养与宣传工作】 2010年，校团委突出青年马克思主义者培养工程特色，深入探索培养青年马克思主义者的工作规律，逐步建立起“全方位、多维度、立体式”的大学生骨干培养格局。坚持分类分层原则，创新团校运行模式，全年共举办校级骨干培训班、院级骨干培训班和新生班长团支书培训班等各类别团校13期，覆盖全校各类学生骨干2000余人次，学生骨干的工作能力和服务意识得到提高，团校学员满意率最高时为92%。实施“励志计划”，创新校友育人模式，打造拔尖创新人才培养“试验田”，首批从全校千余名报名者中选拔18名学员进行“点对点、精致化”培养，举办优秀校友讲座、校友企业实习及延安“红色之旅”调研实践等活动，强化学员的精英意识和“冒尖”能力。12月，学校团委承办了中国大学生骨干培训班，全国211高校的470余名学生会、研究生会主席光临北科大，在学校进行了为期10天的学习，北科大校主要团学干部在服务的同时一同参加了学习和讨论，聆听了高水平报告，与各高校的学生干部充分交流。团中央书记处第一书记陆昊、团中央书记处书记卢雍正也先后莅临学校，并与学校团学干部合影座谈，对学校的学生干部给予亲切勉励。

在宣传教育方面，校团委继续坚持“传播校园文化、引导学生思想、反映学生心声”的工作理念，按照团中央“红网”工程要求，着力构筑丰富多元的团属宣教体系。继续建设好5470网络阵地，全年上传各类新闻1716篇，中国共青团网刊发13篇，北京团市委网站刊发104篇，北科大新闻网选用243篇。推出学生“牛人系列”专题4期，刊发《北科大青年》网络报纸第13-26期，充分展现了学校青年和共青团工作的新风貌、新气象。积极利用校园SNS新媒体，打造思想动态观测引导平台，创建“E-北科大青年”人人网主页，帮助青年学生正确认识钓鱼岛事件、刘晓波事件等热点问题。网页现有好友1200余人，覆盖全校各个年级，浏览量2300余人次。提高传统宣传渠道的吸引力和覆盖度，利用篮球场铁丝网开展主题外宣，推出“开往青春的地铁”、“梦想行动倡议书”、“爱我中华”、“爱我北科”等展览10余个，引导学生胸怀祖国、了解校史、反省自身、畅想未来。

（刘晓东、刘　丹、徐洪业、崔　睿）

【素质拓展与个性评价】 2010年，校团委完善素质拓展运行机制，继续开展对兄弟高校的服务和技术支持。规范素质拓展认证管理系统和认证流程，改版素质拓展认证证书，向2006级毕业生颁发正式版素质拓展证书1148册；面向新生开展素质拓展计划宣传活动，借阅《大学生素质拓展指导手册》800余册，增强素质拓展计划的指导作用，形成学生主动参与素质拓展的积极导向；依托“全国大学生素质拓展计划网络管理系统管理与服务中心”，为中央财经大学、武汉科技大学等多所高校提供周到的服务和技术支持。探索学生乐于接受的社会化技能培训方式，开展“磁力魔方”技能培训活动22期，直接接受培训超过650人次。

在完善基础评优工作的基础上，以学生需求为导向，开展个性化评价活动，力求“让每一名人才都有发挥的舞台”。开展2009～2010学年度校园“十佳”优秀集体与个人评选活动13项，130名学生荣获校级“十佳”称号，近60名学生荣获“十佳”提名称号，近400名学生通过评比和答辩展示风采，3000余人次学生现场观看比赛、答辩会等活动。其中，“十佳团支书”技能竞赛活动获得了北京团市委书记王少峰的现场观摩与高度肯定。

（刘晓东、孙长林、崔　睿、刘　琳）

【学生会与研究生会】 2010年，学生会、研究生会在校团委的指导下，充分发挥其服务职能，完成了从“活动型”向“服务型”的转型。学生会成功地开展第十一届“我爱我师”评选活动、“名师面对面”活动，搭建师生沟通桥梁；建立户外工作日、部处见面会、专题调研、维权信箱等维权信息渠道，提高维权工作实效，举办第十二届校园歌手大赛、第六届主持人大赛、第八届新生辩论赛等品牌活动，营造校园文化气息和青春活力氛围。研究生会明确组织定位，增进师生交流和学术研究。举办第六届研究生师生轻体运动会、“舞研六色”周末舞会等活动，繁荣校园文化；举办“话说长江”、博士生沙龙活动，营造良好的学术氛围。

（刘晓东、孙长林、徐　佳、景小波）

离退休干部工作

【概况】2010年底，离退休干部处共有离退休干部1628人，其中离休干部133人，退休干部1495人。离退休干部党委有党员823名，有17个支部，其中离休支部4个，退休支部12个，在职支部1个。离退休干部处在职工作人员7人。

（杨　燕、刘淑红）

【组织及思想建设】①学习型党组织建设。年内，离退休干部党委在全体离退休党员中全面开展学习型组织建设。举办支部书记主题培训班，统一思想认识，明确建设目标，落实工作责任，把支部书记培养成为学习型党组织建设的骨干力量。党委和支部大力开展学习型组织建设的宣传工作，统一认识，凝聚合力。党委把学习型党组织建设工作纳入全年工作计划，分解于月工作计划，引导建设工作深入发展；秉持全员学习、全过程学习、终身学习、团队学习的学习理念，按着贴近老同志、贴近时代的要求，建立符合离退休干部实际的具有可操作性的体制、机制，创新学习制度、内容、方法和途径。全年党委集中播放《认真贯彻十七届五中全会精神》、《创先争优与党的基层组织建设的分析》等报告20场次；通过学校电视台放映学习报告14次；逐步建立学习资料库，为各支部订阅《大讲堂》、《支部生活》等刊物，利用本处内的刊物、网站开辟学习园地。经过探索和实践，2010年，离退休干部党委初步形成了具备自身特点的学习型党组织的建设模式——简称为“1234”模式。1—贯彻一个理念，即终身学习的理念；2—实现两个贴近，贴近时代，贴近老同志；3—三级驱动，即党委、支部、党员三级递推的运行机制；4—四维体系，即构建以学习内容、方法、途径、激励为变量的学习坐标系。6月，离退休干部党委将学习型党组织建设实践总结提炼，在高校老干部工作经验交流会上作为文字交流材料，受到工委领导和同行的好评。②开展创建“五好支部”、“创先争优”活动。7月1日，在“北京科技大学纪念中国共产党89周年暨深入开展创先争优活动交流表彰会”上，离退休干部党委退休第12支部被评为“先进党支部”，10名党员荣获“优秀共产党员”称号，1名党员荣获“优秀党务工作者”称号。11月，离退休干部党委发布《离退休干部党委关于开展创先争优活动的实施意见》，对创先争优工作进行部署，各支部按照党委部署结合本单位的具体情况进一步扎实开展“五好支部”、“创先争优”活动。③组织党员参观学习。6月11～12日组织离退休干部党员赴延庆开展系列参观学习活动，共有300多名老党员参加；10月21日，组织300多位老党员参观了北京798艺术区，感受现代艺术气息。④关心老党员生活。6月24～30日，离退休干部党委全体工作人员代表学校走访慰问特殊困难的离退休老党员63人，发放慰问金12600元。⑤党员献爱心活动。4月21～27日，在向青海玉树大地震赈灾捐款活动中，450多名党员自愿向灾区伸出援手，共筹得捐款近10万元。离退休干部党委在党员中开展“爱心助学”活动也取得实效，西三旗退休第10支部以实际行动加入到扶贫帮困的行列中，演绎出“发挥余热献爱心，捐资助学育新苗”的感人篇章，老党员捐款5000元资助学校一名贫困学生。⑥加强制度建设。离退休干部党委进一步加强制度建设，坚持每月一次支部书记工作会议、每月一次支部生活会、每月两次录像报告和两次有线电视报告、每月两份党建刊物、每月一次党员阅读文件制度。⑦加强对外宣传工作。离退休干部党委全年向外报送各种工作信息60余条，编辑《金色园地》10期，10万多字，发放8000多份，其中向校外老同志邮寄近3000份。多方面加强网站建设，进一步提升离退休干部处网站的对外宣传作用。

（张文平、乔 哲、杨燕）

【落实两项待遇】（1）政治待遇。离退休干部党委认真落实离退休干部阅读文件、走访慰问、参观考察等各项政治待遇。及时向离退休干部传达中央及上级的重要文件、会议精神等。坚持并完善阅文制度，每月9日下午为离退休干部按规定阅读文件时间，固定的阅文时间与地点，从制度上保证了离退休老同志政治待遇的落实。邀请校领导每月9号到铭德楼接待老同志，听取老同志们的意见与建议，现场办公解答老同志们提出的问题，成效明显。罗维东书记、徐金梧校长以及谢辉副书记两次专程到离退休干部处向广大离退休干部通报学校情况，并认真听取离退休干部的意见。结合离退休干部党员的思想和生活实际，经常走访慰问，及时掌握离退休干部党员思想动态，有针对性地做好思想政治工作。经常了解、听取并如实向有关部门反映离退休干部党员的意见、建议和要求，协助有关部门落实好离退休干部的政治、生活待遇，帮助他们解决实际困难，维护他们的正当权益。

（2）生活待遇。①学校自筹资金于2010年1月1日起，增加离退休人员生活补贴，补发2009年9～12月的补贴。补贴标准：局级、正高600元；处级、副高500元；科级、中级400元；科级以下及讲师以下350元；退职人员250元。②落实医疗待遇。5月26日，召开102人员政策落实会，为1996年认定的102位102人员落实医疗待遇，从2010年7月开始执行。9月份，为142位离休老同志变更就近医院，并报教育部备案。11月份，协助公费医疗科到北京市卫生局变更离休102人员的就近医院。年内，为退休干部变更就近医院96人次。4月9～19日，组织378位老同志（其中63名离休干部免费）进行春季体检活动。10月9～20日，组织154位102医疗照顾人员进行秋季体检活动。③慰问看望活动。元旦、春节期间，走访慰问老同志，为1600位老同志发放慰问品。重阳节慰问老同志，为老同志发放重阳节慰问券。举办北京科技大学“2010年度高龄离退休老人集体祝寿庆典”，为70位老寿星集体祝寿。全年为315位老同志发放生日慰问费，慰问看望65位住院老同志并发放慰问金，走访慰问56位老同志并发放困难补助。全年帮助70余位老同志报销医药费5万余元。

（庄心怡、刘淑红）

【筹建老年大学】4月19日，北京科技大学老年大学开学典礼在铭德楼多功能厅举行，校党委书记罗维东、党委副书记谢辉等领导出席了开学典礼。筹办老年大学是离退休干部处2010年的重点工作，为了把老年大学办出特色、办出水平，离退休干部处班子进行了认真研究和充分的准备。调查研究，走访兄弟院校，汲取开办老年大学的经验。分析离退休干部的学习需求，选择合适的专业。2010年老年大学共开设计算机、法律、国画3个专业，招收4个班学员。找准老年大学定位，老年大学兼有学习性和娱乐性，不以传授知识为唯一目的，努力把老年大学办成既是学习知识的课堂，也是丰富精神文化生活的平台。确定办学目标，在培养目标上，坚持宽进宽出，零起点，零要求。不断摸索教学方法，在教学内容上把实用性放在第一位，在教学方法上，强调案例教学，少理论、多实践，只要求知其然，不要求知其所以然。充分利用好校内资源为老年大学服务，借用校内丰富的师资，也发挥退休教师的作用。

（张文平、庄心怡、乔 哲）

【承办北京市教工委大型活动】9月15日，北京教育系统老教育工作者“建友谊，同欢乐”西北片高校老同志文艺汇演在学校教工活动中心举行。活动由北京市教育工委、市教委离退休干部处、市教育老干部活动中心和市老教育工作者协会主办，北京科技大学和清华大学承办。北京市老教育工作者协会会长马叔平、市委教育工委市教委离退休干部处调研员徐小珍和校党委副书记谢辉等领导出席，来自清华大学等北京市西北片区15所高校的530余名老同志参加了活动。

（庄心怡、乔 哲）

【日常活动】全年发放工资条2万余人次。全年发薪日集中办公十次，约有6000多位老同志参加活动。向住校外老同志寄送内部刊物3000余封，给住校外老同志发送电子邮件3000余人次。放电影10场，300多位老同志免费观看了影片。举办舞会10场，300多位老同志参加。每月邀请丰硕技术职业学校学员为老同志修脚，160多位老同志受益。另外，为了丰富老同志的晚年生活，增添生活乐趣，全年组织多场老同志个人书画作品展、摄影作品展、手工作品展、音乐会、联欢会、模特演出活动。4月28日，组织柔力球队28位老同志参加教工委组织的“康乐晚年，激情飞扬”活动，获才艺表现奖。10月11日至11月2日手工组老同志的56副作品，代表学校参加教工委组织的“绿色生活，和谐家园”北京教育系统老同志手工创意作品展，获优秀组织奖。1月，在铭德楼及西三旗育新小区举办新春游艺会，300余人参加。以“全民健身、与健康相伴”为主题，组织麻将牌比赛、乒乓球比赛、台球比赛、趣味运动会，使广大离退休干部始终保持健康的生活情趣和良好的精神状态。全年共组织22批次的参观游览活动，参加活动的老同志1439人次。4～12月，免费为离退休干部照相，收集电子照片约1600人次。年内，协助家属办理去世老同志的后事32起。9月，协助人事处发放25位去世老同志的三节费。

（高晓森、刘焕章）

【交流活动】①对外交流活动。4月14日、6月9日、10月14日，接待日本长野县日中友好高龄者大学学员，与之进行多种形式的交流活动。3月16日，接待中国政法大学10名离退休工作人员来访。12月2日，接待对外经贸大学5名离退休工作人员来访。②校内交流活动。4月，与信息工程学院合作，建立信息工程学院青年学生成长基地。5月，与文法学院合作，建立文法学院社会工作专业实习基地。

（庄心怡、刘淑红）

【工作人员获奖情况】7月14～16日，张文平、乔哲、刘淑红3位离退休干部处工作人员参加北京高校离退休工作人员培训班暨老干部工作及党建知识竞赛，获二等奖（第四名）。

（庄心怡、高晓森）

【关心下一代工作委员会】北京科技大学关心下一代工作委员会（以下简称关工委）坚持育人为本，德育优先，配合学校中心工作，做了以下工作：①认真学习贯彻教育部党组20号文件，市委教育工委48号文件精神。调整充实领导班子，加强了关工委集体领导和队伍建设；召开两次关工委主任办公会，研究和部署关工委工作。同时加强了关工委秘书处工作，配备了正副秘书长；召开了关工委工作培训会议，进一步统一思想，提高认识。②充分发挥老同志组织员的重要作用，协助提高学生党建工作水平。年内共发展学生党员1624人（其中本、专科生1206人，研究生418人）。关工委在全面调查研究的基础上，与党委组织部、学生工作部、研究生工作部共同召开了党建组织员工作交流研讨会，对进一步加强党建工作发挥了良好的促进作用。③本科教育教学督导组除完成日常督导工作外，十分重视总结督导工作经验，及时梳理成文，逐步形成了一套较完备的工作文件和程序。在教师节到来之际，出版了《倾注深情 创新督导》文集，共计30.2万字，涵盖了关于转变教育教学思想观念，教学督导制度建设、各教学环节的质量监控、教学方法指导和对青年教师的希望等内容。可供教学管理人员、青年教师和兄弟院校教学督导同行参考使用。④组建《大学生之友》工作指导组，其成员被学校聘为老干部学生辅导员。他们以“尽快适应大学生活，掌握人生新起点的主动权”为主题，深入开展新生教育巡讲工作。先后在7个学院共计73个班级巡讲23场报告，覆盖2300余名本科新生。老干部辅导员的主题巡讲得到新生同学的广泛好评，对于帮助和引导新生适应大学学习生活起到了重要作用。⑤针对学生公寓管理工作中出现的一些新情况和问题，关工委积极参与配合学生公寓的管理和思想教育工作。在工作中注重调查研究，主动与学生工作部、后勤集团沟通，并向学校领导提出了调整与充实学生公寓管理委员会，加强学生公寓管理的合理化建议。

（乔 哲、许炳春）

人　　物

知名专家学者

一、中国科学院院士（7人）

魏寿昆　柯　俊　肖纪美　高庆狮　周国治　陈难先　葛昌纯

二、中国工程院院士（4人）

陈先霖　胡正寰　陈国良　王一德（双聘）

三、国务院学位委员会委员（1人）

徐金梧(2008年4月19日起任职)

四、国务院学位委员会学科评议组成员（5人）

徐金梧　张　跃　蔡美峰　杨　荃　邢献然

五、国家千人计划入选者（6人）

胡国华　张学记　林建国　林　平　庄林忠　汪林兵

六、北京市学位委员会委员（1人）

张　跃

七、国家级突出贡献专家　（16人）

周国治　刘庆国☆　张公绪　高庆狮　胡正寰　李连诗☆　钟廷珍☆　傅　杰☆　葛昌纯
冯铭翰☆　朱允言☆　褚武扬☆　高泽标☆　杨天钧　王燕斌　高征铠☆

八、省部级突出贡献专家　（14人）

谢锡善☆　陈国良　陈景榕☆　李承基☆　林　实☆　管克智☆　周纪华☆　邹家祥☆　陈难先
张圣弼☆　周寿增☆　田乃媛☆　赵立合☆　王新华

九、“长江学者奖励计划”特聘教授　（13人）

乔利杰　张济山　曲选辉　朱鸿民　谢建新　姜建壮　杨　槐　邢献然　姜　勇　吴爱祥

吕昭平　林均品　隆克平

十、“长江学者奖励计划”讲座教授　(3人)

陈龙庆　张志良　王循理

十一、国家自然科学基金委员会“国家杰出青年科学基金”入选者(15人)

乔利杰　曲选辉　谢建新　张　跃　吴爱祥　郭占成　姜建壮　邢献然　王习东　吕昭平
姚　俊　杨　槐　陈龙庆　李庆峰　隆克平

十二、人事部“新世纪百千万人才工程国家级人选”(12人)

毛卫民　曲选辉　吴爱祥　谢建新　姜福兴　孙冬柏　张欣欣　邢献然　高永涛　郭占成
王习东* 吴顺川

十三、中组部、人事部、科技部第九届“中国青年科技奖”(5人)

王　立　曲选辉　吴爱祥　高永涛　张清东

十四、人事部批准享受政府特殊津贴人员(2000年以后)(38人)

曹国辉☆　范玉姝　何知礼☆　高永涛　李　阳　李华德☆　郭志猛　谢建新　王　立
李谋渭☆　张文明　唐　荻　刘应书　孙加林　乔　兰　孙冬柏　邢献然　林均品
纪洪广　王习东* 臧　勇　康永林　郗安民　朱鸿民　金龙哲　高学东　惠希东
姜建壮　吕昭平　王金安　王志良　李仲学　郭占成　高俊山　李晓刚　尹常治
蔡嗣经　王　京

十五、“高等学校优秀青年教师教学和科研奖励基金(简称青年教师奖)”(3人)

董建新　邢献然　何富连*

十六、教育部“跨世纪优秀人才培养计划”入选者(12人)

毛卫民　徐金梧　刘国权　田文怀　曲选辉　张　跃　张欣欣　孙冬柏　倪　文　惠希东
姜建壮　吴爱祥

十七、教育部“新世纪优秀人才支持计划”入选者(61人)

何维达　林均品　宋卫东　王新东　于广华　张波萍　谢谟文　高学东　顾　强　高克玮
姜　勇　张深根　宿彦京　王　戈　王西涛　张　勇　李　威　冯　强　耿文通　何新波
刘泉林　刘雪峰　吴顺川　于然波　袁文霞　彭庆红　曹文斌　常永勤　黄运华　刘　青
马　飞　梅建军　王洪江　张　梅　赵海雷　冯妍卉　王坤鹏　郭　敏　范丽珍　李立东
徐　科　李延祥　高学绪　何　伟　黄晓霞　李建玲　李希胜　李晓岑　刘杰民　闫小琴
叶　丰　班晓娟　边永忠　何安瑞　金　莹　李翠平　秦明礼　张海龙　张敬源　党智敏
张晓冬

十八、教育部“高校优秀青年骨干教师资助计划”入选者（17人）

葛昌纯 万发荣 李育苗* 原 魁* 王新东 徐金梧 李仲学 康永林 张欣欣 邢献然
吴爱祥 王 沁 倪 文 姜福兴 李 阳 乔 兰 肖建国*

十九、北京市高等学校青年学科带头人 （34人）

乔利杰 黄继华 童朝南 康永林 潘永泉 刘建平* 张宗贤* 黄典冰* 郑敏辉*
郜卫华* 万发荣 廖福成 张欣欣 杨 扬 李仲学 臧 勇 唐伟忠 刘增良*
丁玉龙* 张济山 谢建新 田文怀 王志良 韩建友 张晓丹 殷晓静* 翟启杰*
倪 文 温 治 王 沁 李 阳 张 跃 高学东 陆 俊

二十、北京市高等学校优秀青年骨干教师（105人）

周湘斌 董绍华 王志良 臧 勇 李仲学 王新东 尹怡欣 吴春京 权良柱 温 治
于晓红 郭志猛 马星桥 张晓丹 吴 平 申亚男 章荣江 李文军 冯 澎 李长荣
李维佳* 李毅红* 闫凤桥* 丁玉龙* 郑秋宝* 李明楚* 徐福昌* 胡 颖* 肖玉新* 翟启杰*
马中庭* 张 杰 任学平 高学东 龙 毅 王元玮* 杨晓明 齐慧滨* 夏德宏 王 平
杨海波 陈广平 程国全 包燕平 张少军 杜振民 黄效国 郗安民 储方杰 彭 漪
殷晓静* 邓 陟* 刘绍军* 高永生* 方 智* 何 评* 尹弘斌* 刘惠敏* 倪 文 杨 鹏*
成国光 张建良 王 立 韩静涛 张清东 李苏剑 王 沁 李 阳 张 跃 宋 波
何积铨 陈章华 王维才 何民庆 陈闽红 张 健 张 伟* 王新桥* 陈 清* 张文清*
何家接* 刘新宇* 夏 新* 许世静* 郑慧民* 王国彪* 张家泉 李京社 王忠民 徐 尔
尹 红 赵海雷 王爱红 周振平 贾志新 于 祥 董建新 毛卫民 戴淑芬 刘 克*
魏玉杰* 王晓萍* 田毅盛* 庞永军* 胡海萍*

二十一、霍英东青年教师奖及基金获得者（23人）

年度	青年教师奖		青年教师基金获得者	优选资助课题	基础研究课题资助	应用研究课题资助
	教学奖	科研奖				
1987			赵建国* 李育苗*			
1989	刘国权（一等） 李维佳（三等）					
1991		王 立（三等）	吕雪山*			
1993	廖福成（三等）	乔利杰（二等）				
1995	翟启杰*（三等）					
1997	夏 新*（三等）	温 治（三等）				
2001	于 文*（三等）		李江涛*			
2004			高克玮			
2006	袁文霞（三等）			顾 强 王 戈 于 浩		
2009					冯妍卉 苗 君	金爱兵 范丽珍 秦明礼

二十二、宝钢教育基金优秀教师奖（58人）

年 度	特等奖	优秀奖			
1994	刘国权	马星桥	申亚男	许世静*	
1995	苍大强	闵乐泉	张 健	彭 漪	
1996	王燕斌	吴 平	卢晋福	贾建华	
1997	[陈先霖]	温美娟☆	杨世成*	许纪倩☆	
1998	邹家祥☆	佟玉兰☆	管荻华☆	王维才	
1999		李 杰	王新华	王小萍*	桂玮珍☆
2000		潘礼庆	许三星☆	王志明	蔡美峰
2001		李文军	瞿国忠☆	康永林	
2002		汪飞星	张敬源	王 立	
2003		郗安民	高俊山	陆 俊	
2004		邱 宏	于晓红	张志刚	
2005		郗安民	戴淑芬	左 鹏	
2006	吴 平	袁文霞	周贤伟		
2007		张欣欣	张 群	郑雪峰	
2008		郭汉杰	尹常治	范玉姝	
2009		罗 胜	金龙哲	杨 平	
2010	蔡美峰	陈红薇	杜振民		

二十三、北京科技大学建龙讲座教授（11人）

乔利杰 张济山 曲选辉 朱鸿民 吴爱祥 郭占成 苏庆泉 吕昭平 耿文通 谢建新 杨 槐

注：带“*”者现已离校 带“☆”者现已退休 带“□”者现已去世

二十四、2010年在岗博士生指导教师名单（335人）

学 院	姓 名
土木与环境工程学院(43)	蒋仲安、金龙哲、吴宗之*、何学秋*、李仲学、蔡嗣经、胡乃联、徐九华、姜福兴、吴爱祥、李克庆、于润沧*、谢谟文、蔡美峰、高 谦、王金安、汪旭光*、宋存义、汪群慧、李子富、姚 俊、周北海、魏复盛*、谢玉玲、倪 文、孙体昌、林 海、冯雅丽、孙春宝、王淀佐*、孙传尧*、朱维耀、韩大匡*、乔 兰、高永涛、李长洪、纪洪广、宋 波、谭卓英、吴顺川、李成江*、刘杰民、闫 海
冶金与生态工程学院(55)	苍大强、杨天钧、王新华、陈伟庆、吴胜利、储少军、张建良、李京社、吴 铿、程树森、薛庆国、张立峰*、朱 荣、郭占成、崔 健*、郭汉杰、李 宏、李 晶、刘 青、王建中*、张炯明、朱立光*、孙彦辉、殷瑞钰*、赵 沛*、安胜利*、王 平、王中丙*、李延祥、梅建军、李晓岑、潜 伟、魏寿昆、周国治、王福明、王新东、朱鸿民、邢献然、宋 波、郭兴敏、李建业、郭 敏、于然波、张 梅、董元篪*、杨裕生*、杜嗣琛*、薛济来、苍大强、包燕平、刘建华、唐 荻、徐 科、何安瑞、刘 浏*

学院	姓名
材料科学与工程学院（99）	康永林、谢建新、韩静涛、刘雅政、吴春京、毛卫民、王自东、任学平、赵爱民、孙建林、李　俊*、王开坤、于　浩、赵志毅、王一德*、王燕斌、张　跃、万发荣、田文怀、杨　槐、高克玮、姜　勇、于广华、耿文通、刘泉林、尚成嘉、杨善武、李立东、王　戈、黄运华、李金许、卢云峰、闫小琴、杨　洲、詹　倩、王中林*、张统一*、朱思泉*、葛昌纯、孙祖庆、刘国权、毛卫民、龙　毅、杨王玥、黄继华、李长荣、杜振民、孙冬柏、孙加林、董建新、杨　平、张波萍、赵海雷、曹文斌、陈广超、张迎春、郑裕东、范丽珍、强文江、徐桂英、燕青芝、王金相*、吴其晔*、李惠东*、李惠琪*、张　弘*、奚廷斐*、徐滨士*、韩恩厚*、卢世壁*、朱国辉*、柯　俊、刘雪峰、肖纪美、乔利杰、宿彦京、曹江利、何业东、李晓刚、郭志猛、果世驹、曲选辉、唐伟忠、贾成厂、沈卓身、路民旭、孟惠民、张深根、何新波、李成明、徐利华、秦明礼、张　津、杜翠薇、郝俊杰、李　平、尹海清、冯　强、陆永浩
新金属材料国家重点实验室（14）	陈国良、张济山、林均品、惠希东、杨　滨、朱　洁、叶　丰、张　勇、王西涛、吕昭平、高学绪、宋西平、王艳丽、庄林忠
机械工程学院（32）	张文明、罗维东、马　飞、饶绮麟*、战　凯*、郗安民、冯　明、杨德斌、胡正寰、徐金梧、王长松、杨　荃、臧　勇、张　杰、韩建友、张清东、王宝雨、李　威、林建国、刘建平*、董绍华、翁海珊、李苏剑、曹建国、张欣欣、王　立、温　治、刘应书、苏庆泉、冯妍卉、殷晓静*、李红霞*
信息工程学院（36）	杨天钧、高庆狮、王　沁、郑雪峰、胡长军、曾广平、郝红卫、班晓娟、林　闯*、宋俊德*、周炯槃*、蓝金辉、余达太、童朝南、穆志纯、王志良、刘贺平、闵乐泉、杨卫东、尹怡欣、张朝晖、胡广大、付冬梅、李晓理、刘　玠*、李崇坚*、史建军*、巩馥洲*、王飞跃*、徐正光、杨　扬、周贤伟、谢　毅*、王建萍、李世鹤*、邬贺铨*
经济管理学院（22）	高学东、李铁克、张　群、王道平、杨建华、武　森、张晓冬、高俊山、佘元冠、何维达、刘　澄、赵　晓、戴淑芬、王维才、武德昆、肖　明、何　枫、魏　钧、张　剑、周天勇*、白津夫*、刘明忠*
应用科学学院（25）	党智敏、姜建壮、边永忠、弓爱君、袁文霞、陈飞武、胡国华、杨运旭、张学记、尚新春、陈章华、魏培君、林　平、廖福成、马万彪、陈难先、罗　胜、邱　宏、潘礼庆、吴　平、顾　强、马星桥、巨　新、陈龙庆*、郑连存
文法学院（9）	许　放、曲绍卫、冯　英、陆　俊、彭庆红、时立荣、李晓光、左　鹏、王民忠*

注：带“*”者为外单位专家聘为我校博士生导师

人大代表、政协委员

人大代表

北京市人大代表　　唐　荻

海淀区人大代表　　左　鹏　孙维约　范玉姝

政协委员

全国政协委员　　朱鸿民

北京市政协常委　　张济山

海淀区政协委员　　陈章华

2010年党发校发文件目录

2010年北京科技大学党发文件目录

校党发【2010】1号 关于同意冶金与生态工程学院党委选举结果的批复
校党发【2010】2号 关于同意材料科学与工程学院党委选举结果的批复
校党发【2010】3号 关于同意后勤党委选举结果的批复
校党发【2010】4号 关于同意土木与环境工程学院党委选举结果的批复
校党发【2010】5号 关于潘小俪等同志任职的通知
校党发【2010】6号 北京科技大学2010年工作要点
校党发【2010】7号 北京科技大学“两会”期间校园安保工作方案
校党发【2010】8号 北京科技大学2010年党委中心组理论学习安排意见
校党发【2010】9号 关于印发《2010年北京科技大学党风廉政建设和反腐败工作主要任务分工》的通知
校党发【2010】10号 关于张文明等同志任职的通知
校党发【2010】11号 关于董绍华等同志职务任免的通知
校党发【2010】12号 关于成立机构和干部任职的通知
校党发【2010】13号 关于张卫钢等同志职务任免的通知
校党发【2010】14号 关于公布各单位任期目标的通知
校党发【2010】15号 关于王春义同志任职的通知
校党发【2010】16号 关于开展民主评议党员、党支部工作评估和评选表彰先进党支部、优秀共产党员、优秀党务工作者的通知
校党发【2010】17号 关于印发《北京科技大学党建和思想政治工作基本标准（2010修订版）》的通知
校党发【2010】18号 关于同意新金属材料国家重点实验室党委选举结果的批复
校党发【2010】19号 关于印发《北京科技大学关于在校级领导班子和领导干部以及学院、部处推进廉政风险防范管理工作实施方案》的通知
校党发【2010】20号 关于成立信息工程学院第四次党代表大会筹备工作组的通知
校党发【2010】21号 关于成立科技产业集团第二次党员大会筹备工作组的通知
校党发【2010】22号 中共北京科技大学委员会关于深入开展创先争优活动的实施方案
校党发【2010】23号 关于学校领导班子成员分工调整的通知

校党发【2010】24号 北京科技大学关于建立健全维护稳定工作体系的意见
校党发【2010】25号 关于同意科技产业集团党委选举结果的批复
校党发【2010】26号 关于进一步加强和改进党建工作的实施意见
校党发【2010】27号 关于同意信息工程学院党委选举结果的批复
校党发【2010】28号 关于表彰先进党支部、优秀共产党员和优秀党务工作者的决定
校党发【2010】29号 关于命名表彰北京科技大学第二批标杆党支部和公布第三批标杆党支部创建支部的通知
校党发【2010】30号 北京科技大学关于表彰第四届师德先进集体、师德先进个人的决定
校党发【2010】31号 关于成立哲学社会科学教学科研骨干研修工作领导小组的通知
校党发【2010】32号 关于成立数理学院、化学与生物工程学院的通知
校党发【2010】33号 关于开展教育收费自查自纠工作的通知
校党发【2010】34号 关于成立工程师学院（暂定名）的通知
校党发【2010】35号 关于牛珩等同志职务任免的通知
校党发【2010】36号 关于王春义同志任职的通知
校党发【2010】37号 北京科技大学关于在学院推进廉政风险防范管理工作实施意见
校党发【2010】38号 关于李文军等同志职务任免的通知
校党发【2010】39号 北京科技大学建设“教职工之家”工作考核评估办法（修订）
校党发【2010】40号 关于刘晓东等同志职务任免的通知
校党发【2010】41号 关于机构设置及干部任免的通知
校党发【2010】42号 关于对全校处级单位贯彻执行党风廉政建设责任制加强廉政风险防范管理及校务公开情况进行检查的通知
校党发【2010】43号 关于加强涉密人员因私出国（境）管理的通知
校党发【2010】44号 关于季淑娟等同志职务任免的通知
校党发【2010】45号 关于组织机构成立、调整的通知
校党发【2010】46号 关于同意文法学院党委选举结果的批复
校党发【2010】47号 北京科技大学2010年处级单位和处级以上干部考核办法
校党发【2010】48号 北京科技大学规章制度管理办法（试行）
校党发【2010】49号 关于废止学校若干规章制度的通知
校党发【2010】50号 关于发布保密工作管理相关制度的通知
校党发【2010】51号 关于同意天津学院党委选举结果的批复

2010年北京科技大学校发文件目录

校发【2010】1号 北京科技大学关于提高博士研究生普通奖学金标准的通知
校发【2010】2号 北京科技大学教育教学工作奖励办法
校发【2010】3号 关于做好寒假期间甲型H1N1流感防控工作的通知

校发【2010】4号 关于做好2010年春节、寒假期间安全保卫工作的通知
校发【2010】5号 北京科技大学关于居民用水和非居民用水销售价格调整的通知
校发【2010】6号 北京科技大学人口和计划生育管理规定
校发【2010】7号 关于做好04、05、06级学生进入毕业设计阶段资格审定及学籍管理工作的通知
校发【2010】8号 关于对一名留学生自动退学处理的决定
校发【2010】9号 关于开展消防安全检查工作的通知
校发【2010】10号 关于对三名学生开除学籍处理的决定
校发【2010】11号 关于对三名学生留校察看处理的决定
校发【2010】12号 北京科技大学本科生毕业设计（论文）管理规范
校发【2010】13号 北京科技大学公共用房管理规定（试行）
校发【2010】14号 北京科技大学地下空间管理办法（试行）
校发【2010】15号 北京科技大学涉密研究生学位论文作者申请学位管理办法（试行）
校发【2010】16号 北京科技大学返聘人员管理暂行办法
校发【2010】17号 北京科技大学博士研究生奖助学金调整办法（试行）
校发【2010】18号 关于刘立同志职务任免的通知
校发【2010】19号 关于对两名学生留校察看处理的决定
校发【2010】20号 北京科技大学2010年计划外研究生收费办法
校发【2010】21号 北京科技大学关于做好2010年硕士研究生录取工作的通知
校发【2010】22号 关于对部分学生退学处理的决定
校发【2010】23号 关于李长洪等同志任职的通知
校发【2010】24号 北京科技大学关于进一步加强本科人才培养工作的意见
校发【2010】25号 关于做好2009~2010学年度第二学期本科期中教学检查的通知
校发【2010】26号 关于申报北京科技大学第24届教学成果奖有关事宜的通知
校发【2010】27号 北京科技大学关于推进国际化战略进程的若干意见
校发【2010】28号 北京科技大学关于资助学院主办国际学术会议、资助教师参加国际学术会议的实施办法（试行）
校发【2010】29号 北京科技大学推进学生海（境）外学习校际交流项目实施办法（试行）
校发【2010】30号 北京科技大学留学生奖学金实施办法（试行）
校发【2010】31号 北京科技大学博士研究生招生计划分配办法（试行）
校发【2010】32号 北京科技大学科技经费管理办法
校发【2010】33号 北京科技大学科学技术奖励办法
校发【2010】34号 北京科技大学关于2010年博士学位研究生招生录取工作的通知
校发【2010】35号 北京科技大学关于制订2010版本科培养方案的原则意见
校发【2010】36号 北京科技大学关于规范研究生延期毕业管理工作的通知
校发【2010】37号 关于成立北京科技大学推进国际化工作领导小组的通知
校发【2010】38号 关于姚俊同志挂职的通知
校发【2010】39号 关于成立北京科技大学工程建设项目工作领导小组的通知

校发【2010】40号 关于发布北京科技大学工程建设项目相关管理制度的通知
校发【2010】41号 北京科技大学关于做好2010年师德先进个人和师德先进集体评选活动的通知
校发【2010】42号 2010年度专业技术职务评聘工作的意见
校发【2010】43号 关于公布第二批“校级精品课程”评定结果的通知
校发【2010】44号 北京科技大学新增硕士专业学位审核办法
校发【2010】45号 北京科技大学博士、硕士学位授权一级学科点审核办法
校发【2010】46号 关于规范科研经费劳务性支出的管理办法(试行)
校发【2010】47号 北京科技大学会计委派管理办法
校发【2010】48号 关于开展好2010年“安全生产月”活动的通知
校发【2010】49号 关于给予一名研究生开除学籍处分的决定
校发【2010】50号 北京科技大学本科生国内交流管理规定（试行）
校发【2010】51号 北京科技大学关于2010年进一步规范教育收费工作的意见
校发【2010】52号 关于对部分研究生给予自动退学处理的决定
校发【2010】53号 关于公布2009～2010学年第二学期验收本科生校级以上科技创新项目获奖结果的通知
校发【2010】54号 北京科技大学短期因公出访管理规定
校发【2010】55号 关于印发《第六次全国人口普查北京科技大学普查区工作方案》的通知
校发【2010】56号 关于开展校园安全大检查工作的通知
校发【2010】57号 关于陈学军等同志挂职的通知
校发【2010】58号 关于公布2010届本科优秀毕业设计（论文）评选结果的通知
校发【2010】59号 北京科技大学消防安全管理规定
校发【2010】60号 关于做好2010年暑期安全稳定工作的通知
校发【2010】61号 关于发布《北京科技大学防汛应急预案》的通知
校发【2010】62号 北京科技大学本科生学籍管理规定（修订）
校发【2010】63号 北京科技大学关于评选优秀（三好）本科毕业生的实施办法
校发【2010】64号 关于印发《北京科技大学2010年迎新工作计划》的通知
校发【2010】65号 北京科技大学本科生成绩考核及成绩管理办法
校发【2010】66号 关于公布第24届“北京科技大学教育教学成果奖”评选结果的通知
校发【2010】67号 关于徐清梅等同志挂职的通知
校发【2010】68号 关于成立科技质量管理办公室的通知
校发【2010】69号 关于做好中秋、国庆假期安全工作的通知
校发【2010】70号 关于进一步加强因公出国（境）管理工作的通知
校发【2010】71号 北京科技大学关于进一步加强人才队伍建设的实施意见
校发【2010】72号 北京科技大学高水平拔尖人才引进计划实施办法
校发【2010】73号 北京科技大学高水平创新团队建设计划实施办法
校发【2010】74号 北京科技大学青年骨干人才培养计划实施办法
校发【2010】75号 北京科技大学教师出国访学研究计划暂行实施办法

校发【2010】76号 关于给予一名学生退学处理的决定
校发【2010】77号 关于发布《北京科技大学学术道德与学术规范（试行）》的通知
校发【2010】78号 北京科技大学学术不端行为处理规定（试行）
校发【2010】79号 关于成立北京科技大学期货证券研究中心的通知
校发【2010】80号 北京科技大学关于在学位授予工作中加强学术道德和学术规范建设的规定（试行）
校发【2010】81号 关于做好2010～2011学年度第一学期本科期中教学检查的通知
校发【2010】82号 关于成立学分制收费改革工作领导小组的通知
校发【2010】83号 关于学生公寓管理委员会人员调整的通知
校发【2010】84号 关于进一步加强和改进学生公寓管理工作的意见
校发【2010】85号 关于发布北京科技大学学生公寓相关管理制度的通知
校发【2010】86号 北京科技大学信息公开办法（试行）
校发【2010】87号 北京科技大学关于进一步加强和改进学校德育工作的意见
校发【2010】88号 北京科技大学辅导员工作职责暂行规定
校发【2010】89号 北京科技大学学生心理素质教育工作方案
校发【2010】90号 北京科技大学关于进一步加强研究生思想政治教育工作的实施意见
校发【2010】91号 北京科技大学本科生导师工作管理办法
校发【2010】92号 关于加强冬季校园安全工作的通知
校发【2010】93号 关于给予一名研究生开除学籍处分的决定
校发【2010】94号 关于公布2010～2011学年第一学期验收本科生校级以上科技创新项目获奖结果的通知
校发【2010】95号 北京科技大学国家助学金评审办法（试行）
校发【2010】96号 北京科技大学民考汉、内地班学生奖学金评审办法
校发【2010】97号 北京科技大学学生入伍、退伍和复学实施细则（修订）
校发【2010】98号 关于选拔优秀本科生充实到学生工作队伍的管理办法
校发【2010】99号 北京科技大学“卓越工程师教育培养计划”学生培养管理办法（试行）
校发【2010】100号 关于马飞等同志任职的通知
校发【2010】101号 关于调整北京科技大学第九届学位评定委员会及学位评定分委员会的通知
校发【2010】102号 关于做好2010年教职工年度考核工作的通知
校发【2010】103号 北京科技大学本科生校内转专业办法
校发【2010】104号 北京科技大学公房修缮工程（计划外）管理办法
校发【2010】105号 北京科技大学后勤维修收费管理办法
校发【2010】106号 关于成立机构的通知

2010年北京科技大学大事记

一 月

6日 北京市教委召开北京后勤2009年度工作总结会，学校后勤服务集团饮食中心被评为北京高校先进饮食中心，学生公寓9斋被评为北京高校先进学生公寓，另有5人分别被评为北京高校伙食工作、学生公寓工作先进个人。

7日 中冶建筑研究总院有限公司—北京科技大学合作交流座谈会在北科大举行。

8日 我国采矿工程界第一批博士生导师，中国岩石力学与工程学科创始人、奠基人与学科前沿开拓者之一，北京科技大学矿业工程学科主要创建人之一于学馥同志，因病医治无效，在北京逝世，享年91岁。

11日 2009年度国家科学技术奖励大会在人民大会堂隆重召开。北京科技大学获得4项科技进步二等奖，位居全国高校第10名。4个奖项为：李晓刚教授牵头完成的“钢铁材料及制品大气腐蚀数据积累、规律和共享服务”，贺信莱教授等参与完成的“高性能造船用钢制造技术创新与集成”，王新华教授等参与完成的“转炉流程生产优质特殊钢工艺技术的开发与创新”，张欣欣教授等参与完成的“干熄焦引进技术消化吸收‘一条龙’开发和应用”。

11日 校长徐金梧会见日本城西国际大学副校长石田益一行。

12日 举行2009年度体育工作总结表彰会，信息工程学院等4个学院获“体育工作先进学院”称号，机械工程学院获“体育最佳组织学院”称号。

14日 举行北京科技大学与华东理工大学、华南理工大学2009年交流生结业典礼，60名交流生结束了为期一年的学习生活。

15日 举行2009年度科技工作总结表彰会，张欣欣教授等参与完成的“干熄焦引进技术消化吸收‘一条龙’开发和应用”等4项国家科技进步二等奖，徐金梧教授牵头完成的“宽板带生产计划集成与动态调度系统研制”等3项省部级科学技术一等奖；获得“北京科技大学成果配套奖励”；材料科学数据共享网负责人和国家国防科技创新团队带头人曲选辉教授获得“科研贡献奖”；顾强、刘杰民、闫海、何伟、李怡等为第一完成人的5项科研成果获得“优秀科研成果奖”；张波萍教授、陈骏研究员等的研究成果获得“科技论文奖”；87名教师获得“科研贡献奖”。

18日 北京科技大学与重庆钢铁（集团）有限责任公司在渝建立战略合作关系，共同组建重钢—北科大科技研发中心。

20日 中国共产党优秀党员、党的优秀干部、北京科技大学（原北京钢铁学院）原党委副书记兼副院长李文同志，因病医治无效，在北京逝世，享年98岁。

20日 举行2009年度本科教育教学工作总结表彰会。

21日　举行2010届春季研究生毕业典礼暨学位授予仪式。1435名学生获得硕士学位，182名学生获得博士学位，77名学生被评为“优秀毕业研究生”，67名学生的学位论文被评为“优秀学位论文”，22名学生获得“志愿服务西部奖”。

22日　召开2010年北京科技大学德育工作会。

二　月

2月　在2009年首都高校暑期社会实践评比表彰中，学校荣获“首都高校社会实践先进单位”称号。

12日　校党委书记罗维东、校长徐金梧看望慰问一线教职工和寒假留校学生。

25～26日　召开2010年寒假常委扩大会议暨全校中层干部会议，研究和布置2010年学校主要工作。

三　月

3月　学校荣获“北京市厂务公开民主管理先进工作单位”称号。

3月　教育部办公厅授予学校“2009年度报送信息先进单位”称号。

2日　北京高校组织部长会议召开，校党委副书记谢辉在会上作了题为“高校院（系）党组织负责人直接选举的实践与探索”的经验交流。

3日　教育部科技司组织专家组对学校“复杂难采矿床高效开采理论与技术”创新团队进行现场考察，并宣布正式列入教育部“长江学者和创新团队发展计划”创新团队。

3日　华中科技大学—北京科技大学合作交流座谈会在北科大举行，双方围绕重大科技基础设施建设等有关问题进行了深入交流。

8～9日　举办第一届国家材料服役安全科学中心与日本国立物质•材料研究机构国际合作交流年会。

9日　校长徐金梧会见德国弗莱贝格工业大学副校长Schloemann教授一行。

10日　由国家煤矿安全监察局组织的“十一五”国家科技支撑计划——“矿用可移动式救生舱关键技术研究”项目验收会暨救生舱技术研讨会在北京科技大学召开。国家安监总局副局长杨元元出席会议并现场考察了学校“矿用可移动式救生舱”样舱。国家安全生产专家组通过查阅验收资料、考察样舱、听取汇报，并经质询和讨论后，同意项目通过验收。

11～18日　北京科技大学第七届教代会暨第十五次工代会，中共北京科技大学第十次代表大会二次会议隆重召开。北京市教育工会主席张青山出席大会开幕式。大会听取并讨论了校长徐金梧作的学校工作报告和工会主席张文明作的工作报告，审议了学校财务工作报告、上届工会委员会财务工作报告、经费审查委员会工作报告和上届教代会提案工作报告，选举产生第七届教代会常设主席团和三个专门工作委员会委员及第十五届工会委员会、工会经费审查委员会委员。

15日　中共中央政治局委员、北京市委书记刘淇，中共北京市委副书记、市长郭金龙，中共北京市委副书记王安顺，中共北京市委常委、海淀区委书记赵凤桐，副市长黄卫等领导以及北京市有关部门负责人莅临北京科技大学，就首都科技条件平台建设情况，进行“转变经济发展方式，增强自主创新和科技成果转化能力”专题调研。刘淇一行实地考察了冶金工程研究院材料性能与结构实验室和先进轧钢技术中试线车间，鼓励学校要充分发挥首都科技条件平台作用，最大化利用科技资源，为学校和企业发展提供有力支撑，服务首都经济发展。

15日　举办第五届北京科技大学—日本东北大学创新学术交流会。

16日　召开北京科技大学2010年度就业工作会。

19~23日　召开《国家中长期教育改革和发展规划纲要》征求意见座谈会，学校两院院士、长江学者、杰出青年基金获得者等党外人士代表参会。

23日 召开《大学生社会实践》课程建设成果总结表彰会，总结2009年学生社会实践工作，展示并表彰《大学生社会实践》课程五年建设成果，启动课程创新发展论坛。在《大学生社会实践》五年课程建设成果评奖中，党委宣传部等5个单位荣获“优秀共建单位奖”，土木与环境工程学院等9个单位荣获“先进工作组奖”。

24日 举办北京科技大学“名家讲坛”首场讲座，我国著名作家莫言以“小说在写我”为主题讲解小说创作并与在场同学交流。

26日 召开2010年党委工作会暨党务工作系统学习研讨会。

26日 广东省东莞市科技代表团来校访问，双方在电子信息、光机电一体化和新材料等11个方面达成意向并签订合作协议。

26日 举办2010届毕业生春季大型双选会，212家京内外用人单位参加，提供就业岗位4908个。

26日 举办国家文物局“指南针计划”项目内容之一“铸铁中国——古代钢铁技术发明创造展”。

31日 北京高校辅导员工作专项督查组来校督查辅导员工作。

四 月

4月 谢建新教授当选第六届教育部科学技术委员会委员及材料学部委员，孙冬柏教授当选国防科技学部副主任，曲选辉教授当选材料学部委员，吴爱祥教授当选机械与运载学部委员，张群教授当选管理学部委员。

1日 教育部成立新型飞行器联合研究中心，北京科技大学成为中心材料构件与实验评价分中心的依托单位。

6日 校长徐金梧会见韩国产业技术大学崔俊荣校长一行，双方探讨了教师交流、学生互换及科研合作等问题。

15日 召开2010年党风廉政建设工作会议。

15～16日 与湖南大学、中南大学签订《本科交换生培养协议》。

16日 中科院院士葛昌纯出席中国材料名师讲坛第39讲，作“发扬‘两弹一星’精神，奋斗、钻研、合作、创新的五十年”主题报告。

17日 举办86级校友毕业20周年纪念活动，来自海内外的500余名校友参加。活动上成立了86级校友基金，并颁发第一批“86级校友基金奖学金”。

17日 召开校友工作研讨会，校党委书记罗维东，校长徐金梧等学校领导同全国17个地区校友分会负责人讨论了加强校友工作、发挥校友作用，促进学生培养和学校发展等话题。

18日 举办2010年校园开放日暨高考招生现场咨询会，共接待考生及家长近2000人。

19日 由教育部体育卫生与艺术教育司、卫生部妇幼保健与社区卫生司支持，中国高等教育学会、中国健康促进与教育协会主办，北京科技大学、高等教育出版社、中国健康促进与教育协会学校分会共同承办的“相约健康高校行”活动在北科大启动。

19日 北京科技大学老年大学正式开学。

21日 经教育部批准，北京科技大学成为国家首批10所工程科研院和高校联合培养博士研究生试点高校，与中国钢研科技集团、北京有色金属研究总院、机械科学研究总院和北京矿冶研究总院4家工程研究院开展联合培养工作。

22日 举办北京科技大学—首钢集团工程硕士学位授予仪式暨开学典礼，40名学生获得工程硕士学位，30名新生入学。

23日 举办2010级公共管理硕士（MPA）专业学位研究生开学典礼，40名新生入学。

24日 举办学生第49届、教职工第35届田径综合运动会。

26日 以“学习劳动模范，励志成长成才”为主题的“劳模进校园”活动在北京科技大学举行，500余名师生聆听了全国劳动模范许杏桃、全国先进工作者洪茂椿的报告。

27日 2010年全国劳动模范和先进工作者表彰大会在人民大会堂隆重举行。学校采矿硕95级校友、现中铁十六局集团有限公司北京工程指挥部项目经理黄昌富，铁78级校友、现北京汽车工业控股有限责任公司董事长、党委书记徐和谊，冶博01级校友、现新兴铸管股份有限公司董事长刘明忠荣获“全国劳动模范”荣誉称号。

五 月

5月 学生代表队在首都高等学校第四十八届学生田径运动会上获得女子铅球等5个项目冠军，两破高校纪录，并分别取得男、女甲AB组、甲A组、甲B组第三名、第四名、第三名的成绩，同时还荣获“道德风尚奖”。

6日 中纪委办公厅副主任严维耀、教育部监察局副局长钟燕等领导来校就加强高校反腐倡廉工作听取意见。

7日 举行2010年青年干部培训班开班仪式。

9日 举办“贝壳青年节”活动，纪念五四运动91周年。

13日 举办2010北京科技大学—香港高校节能减排研讨会。

18日 与美国肯特州立大学签署校际合作协议。

21日 “十一五”国家重大科技基础设施建设项目之一，由北京科技大学作为法人单位牵头建设的“重大工程材料服役安全研究评价设施”暨国家材料服役安全科学中心在北京市中关村国家自主创新示范区奠基。中共中央政治局委员、北京市委书记刘淇，中共中央政治局委员、国务委员刘延东，教育部部长、党组书记袁贵仁，科技部党组书记、副部长李学勇，中共北京市委副书记、市长郭金龙等出席仪式并为项目培土奠基。刘淇、刘延东在仪式上发表重要讲话，项目专家委员会名誉主任师昌绪院士、国家发改委副主任张晓强和教育部部长袁贵仁分别致辞。

出席奠基仪式的还有国务院研究室副主任江小娟，北京市领导王安顺、李士祥、赵凤桐、黄卫，工业和信息化部党组成员兼人教司司长陈小筑，中国科学院副秘书长邓勇，以及中央有关部门的司局负责同志、北京市各委办局、昌平区负责同志和中科院金属所、西北工业大学、哈尔滨工业大学等项目共建、参建单位的负责人。

22日 校长徐金梧会见英国邓迪大学校长彼得·多恩斯并代表学校授予其名誉教授称号。两校签署信息科学领域研究生双学位合作协议。

25日 举办学习中共十七届四中全会精神专题报告会，教育部高等学校社会科学研究中心主任冯刚作题为“全面贯彻学习型政党建设的基本要求”的专题报告。

26日 首届中美能效论坛在北京举行，北京科技大学以中国工业节能减排大学联盟主席单位，同美国劳伦斯·伯克利国家实验室和橡树岭国家实验室联合签署《关于成立工业能源效率大学联盟合作谅解备忘录》。

29日 举办原北京钢铁学院首任院长兼党委第一书记高芸生同志百年诞辰纪念会，全国政协副主席、全国工商联主席黄孟复出席并讲话。

六 月

6月 学校58项国家自然科学基金项目全部通过国家自然科学基金委审核验收。项目总计发表论文1621篇，获得各类省部级奖项9项；申请专利54项，授权专利54项，出版专著5本；培养博士、硕士研究生600余人。

6月 学校“光电信息材料与器件”和“岩土工程”两个学科点被批准增列为北京市重点学科。

1～11日 校党委书记罗

维东随教育部“行业特色型大学管理考察团”赴欧洲进行考察和调研。

2日 校长徐金梧会见美国太平洋大学校长Pamela A. Eibeck一行。

4日 北京科技大学—承德钢铁集团有限公司研究生教育基地挂牌暨工程硕士课程开班仪式在承德举行。

4日 共青团北京市委书记王少峰来校看望团员青年。

12日 由教育部科技司主持的北京科技大学“先进板带生产装备及控制教育部工程研究中心”建设验收会在校召开，验收专家一致同意中心通过验收。

17日 举办国家“千人计划”入选者庄林忠教授聘任暨中国铝业公司—北京科技大学科技合作签约仪式。

18日 中国高等教育学会国防教育研究分会在北京科技大学成立，秘书处设在北科大，校党委副书记谢辉当选分会理事长。

23日 教育部联合工业和信息化部、人力资源和社会保障部、财政部等有关部门和行业协（学）会，共同启动实施“卓越工程师教育培养计划”。北京科技大学作为首批试点单位进入该计划。

24日 校党委书记罗维东会见古巴哈瓦那大学副校长迪亚兹教授一行。

28日 校长徐金梧会见瑞典布莱京理工大学工学院院长Nader Asnafi教授一行。

29日 中共北京市委常委、海淀区委书记、中关村科技园管委会书记赵凤桐来校听取北科大新兴产业技术研究院及学校西南角大厦建设使用情况汇报。

29日 中纪委驻教育部纪检组、监察部驻教育部监察局局长李胜利来校听取体育馆建设监督、赛后利用情况汇报。

6月29日至7月1日 校党委书记罗维东率团参加中石油装备制造技术交流座谈会。

七 月

1日 召开纪念建党89周年暨深入开展创先争优活动交流表彰大会，表彰31个先进党支部、124名优秀共产党员、15名优秀党务工作者等。

2日 徐金梧校长会见尼泊尔国家计划委员会秘书长Mainali率领的政府代表团一行。

2日 举行北京科技大学—北京金隅股份有限公司首期工商管理硕士课程班开学典礼。

2～6日 学生机器人队参加2010亚太大学生机器人大赛国内选拔赛并荣获亚军。

4日 举行北京科技大学—美国里海大学夏令营开营典礼。

4日 校团委举办首届“励志”计划开学典礼暨“青年与未来”主题论坛。

8日 举行2010届学生毕业典礼暨学位授予仪式。191名学生获得博士学位，939名学生获得硕士学位，2927名学生获得学士学位。

11～15日 2010年广西高校辅导员骨干培训班在北科大举办。教育部思政司司长杨振斌出席开学典礼并作“加强和改进大学生思想教育的形势与任务”主题报告。

11～18日 举办2010北京科技大学海峡两岸节能减排科技论坛。期间举行了北京科技大学—屏东科技大学节能减排学术研讨会，两岸学生节能减排竞赛等活动，发表《海峡两岸大学生环保倡议书》。台湾大学、台湾科技大学等台湾14所高校的200名师生代表参加活动。

19～25日 举办第二十三期处级干部岗位培训班。

20日 由教育部科技发展中心主办、北京科技大学承办的“中国高教学会科技管理研究分会2010年常务理事会”召开。教育部科技司司长谢焕忠，教育部科技发展中心主任李志民等出席会议。

27日 广东省召开省部产学研结合五周年总结大会，北京科技大学被评为“企业科技特派员工作先进单位”。

7月29日 举行社区综合服务楼启用仪式暨学院路街道服务核心区保障性住房高

校、科研院所网络宣传直通车启动仪式。

八 月

18日 北京科技大学数理学院、化学与生物工程学院成立。

18～20日 第三届全国大学生节能减排社会实践与科技竞赛“科信能环杯”决赛在北京科技大学举办。教育部高等教育司副司长刘桔，北京市教委副主任付志峰，中国科学院院士王补宣、柯俊，中国工程院院士胡正寰等出席开幕式。来自全国高校的1000余名大学生参加答辩和展示。

20日 与中国石油管工程技术研究院签订《战略合作框架协议》。

25日 中共中央政治局委员、北京市委书记刘淇，北京市委副书记、市长郭金龙来北京科技大学体育馆视察2010年北京首届世界武搏运动会筹备情况。市委常委赵凤桐，副市长刘敬民，全国政协教科文卫体委员会副主任蒋效愚，市政府秘书长孙康林等一同视察。

27日 天津高校安全工作专题学访团来校考察交流校园安全保卫工作。

九 月

9月 国务院学位办下发《关于下达2010年新增硕士专业学位授权点的通知》（学位〔2010〕32号），北京科技大学获得会计、翻译两个硕士专业学位研究生培养资格。

9月 谢建新教授负责的“高性能金属材料控制凝固与控制成形的科学基础”项目和林均品研究员负责的“轻质高温TiAl金属间化合物合金及其制备加工的科学技术基础”项目获得国家973计划正式立项。

9月 周国治院士负责的《冶金物理化学》课程获“国家精品课程”称号，强文江教授领衔的“材料学教学团队”入选“国家级教学团队”，弓爱君教授负责的《环境化学》课程获“国家双语教学示范课程”称号，张欣欣教授负责的“热能与动力工程”专业获批为“第六批高等学校特色专业建设点”。

9月 周国治院士指导的博士生侯新梅及张跃教授指导的博士生廖庆亮撰写的学位论文获评北京市优秀博士学位论文。

9月 学生代表队获第五届全国大学生“飞思卡尔”杯智能汽车竞赛全国总决赛特等奖1项，一等奖2项。

9月 学校完成的党建课题《建立完善体现科学发展观和正确政绩观要求的处级单位和干部考核评价体系的探索与实践》和《开创“321”模式 构建大学生志愿服务长效机制》分别荣获北京高等学校党的建设和思想政治工作优秀成果二等奖和三等奖。

1日 举行2010级新生开学典礼。

1日 共青团北京市委书记王少峰来校看望慰问北京首届世界武博运动会志愿者。

2日 中关村科学城首批启动建设项目签约大会在北京科技大学隆重举行。中共中央政治局委员、北京市委书记刘淇，北京市委副书记、市长郭金龙，教育部副部长陈希，中国科学院副院长丁仲礼，市委副书记王安顺，常务副市长吉林，市委常委赵凤桐等出席。北科大新兴产业技术研究院和海外高端人才创业大厦入选首批签约的建设项目。

6～7日 召开2010年党委（扩大）会暨处级及以上干部培训会议，学习和贯彻落实全国教育工作会议和《国家中长期教育改革和发展规划纲要》精神，统筹谋划学校教育事业科学发展。

10日 召开2010年教师节庆祝暨表彰大会，表彰北京市和学校师德建设先进集体及个人。

14日 校长徐金梧会见乌克兰科技教育部副部长尼古拉维奇·苏利马一行。

15日 召开2010级新生代

表座谈会，校党委书记罗维东、校长徐金梧同20名本科生、研究生新生代表进行了座谈。

23～24日 校长徐金梧出席第一届“轧钢设备新技术国际研讨会（2010年）并作“带钢轧制新技术与应用”专题报告。

29日 召开2010年研究生教育工作会议。

十 月

9日 举办2010级全日制工程硕士生交流座谈会，校党委书记罗维东、校长徐金梧及130余名工程硕士新生进行了座谈。

9日 举办聘任老干部担任辅导员仪式。

13日 召开专题会议部署推进创先争优和二级党委党建评估工作。

15日 国家“十一五”科技基础条件平台建设项目——材料科学数据共享网项目启动会在北京科技大学举行。

15日 举行2010北京科技大学日本大学日开幕式。

19～22日 由北京科技大学主办的第九届亚洲热物性会议在国家会议中心成功举行。

19～22日 由国家自然科学基金委和教育部资助，北京科技大学纳米材料与技术研究中心承办的“首届中国——埃及新材料和纳米材料双边学术研讨会”顺利召开。

22日 校长徐金梧会见美国加州大学河滨分校负责人，两校签署学生项目合作协议。

23日 举办2010级新生运动会。

26日 中国学位与研究生教育学会专项调研中期报告会在北京科技大学召开。

10月28日至11月4日 举办2010年教职工党支部书记培训班。

31日 举行北京科技大学期货证券研究中心成立暨揭牌仪式。

十一月

11月 蔡美峰教授荣获宝山钢铁（集团）公司“优秀教师”特等奖，材料物理与化学专业博士研究生杨亚同学荣获“优秀学生”特等奖。

11月 学生艺术团在第三届北京大学生艺术展演活动中荣获器乐类、声乐类和民乐类一等奖4项，学校荣获“最佳组织奖”。

1日 校长徐金梧会见美国爱达荷大学常务副校长贝克一行，并签署两校合作框架协议。

8日 成立北京科技大学高等工程师学院。

10日 举办第十二届北京科技大学—北海道大学学术研讨会。

11日 举行新生骨干培训班暨第160期学生业余党校、第37期团校开学典礼，中共北京市委教育工委副书记王民忠，校党委书记罗维东出席典礼。典礼结束后，王民忠副书记以“青年与党”为主题作首场报告。

14～19日 校长徐金梧率领大陆高等教育代表团一行22人访问台湾大学、台湾科技大学、台湾中兴大学、东海大学、南台科技大学等7所台湾知名高校。

15日 《北京科技大学年鉴》（2009）荣获全国地方志系统第二届年鉴评奖二等奖。

17日 召开学校“十二五”教育事业发展规划研讨会。

17～18日 第五届风险工程国际研讨会在北京科技大学召开。

18日 召开党风廉政建设专题报告会，教育部纪检组副组长、监察局局长李胜利作关于教育系统反腐倡廉形势的专题报告。

19日 校长徐金梧荣获第四届“IET-方正大学校长奖”。

22日 “国家能源与环境国际科技合作基地”在北京科技大学揭牌，科技部国际合作司司长靳晓明、教育部科技司副司长陈盈辉、匈牙利驻华大使Sándor Kusai、德国驻华大使馆参赞Matthias Hack、校长徐金梧等出席揭牌仪式。

23日 中共北京市委教育

工委常务副书记刘建率北京高校心理素质教育工作督导组来校督导评估心理素质教育工作。

25日 举办2011届毕业生秋季大型双选会，240家单位参会，提供就业岗位6000余个，到会学生近4000余名。

26日 校党委书记罗维东参加第四届行业特色大学论坛并作主题发言。

26日 师生代表出席曾宪梓教育基金会优秀大学生奖励计划十周年庆典，校党委副书记谢辉作为高校领导代表发言。

27日 与加拿大麦克马斯特大学签署校际合作协议。

29日 校党委书记罗维东会见澳门大学校长赵伟，两校签署校际合作协议。

30日 内蒙古自治区高校学生工作干部代表团来北科大交流访问。

十二月

12月 与日本中央大学签署校际框架合作协议。

2日 与日本冈山理科大学签署校际合作框架协议。

3日 由学校环境工程系和北京清水同盟共同主办的2010中国可持续生态卫生（排水）发展国际论坛在北京召开。校党委书记罗维东出席开幕式并致辞。

3日 北京高校创先争优活动阶段总结部署暨表彰大会召开，魏钧教授荣获“北京高校育人标兵”称号，博士研究生杨亚同学荣获“北京高校成才表率”称号，学校党建项目“二级党委负责人直接选举实践”获“北京高校优秀党建工作创新项目”。

7日 中信—CBMM吴宝榕铌钢奖学金颁奖典礼暨十周年庆典在北京科技大学举行。

8日 北京科技大学与中国钢研科技集团、北京有色金属研究总院、机械科学研究总院、北京矿冶研究总院联合培养博士研究生协议签字仪式隆重举行。中国工程院院长周济院士，中国工程院副院长、中国钢研科技集团公司董事长干勇院士，北京有色金属研究总院院长张少明，机械科学研究总院院长李新亚、副院长王德成，北京矿冶研究总院副院长战凯，校党委书记罗维东、校长徐金梧出席签约仪式。中国工程院院长周济在签约仪式上作重要讲话。

8日 与北京汽车股份有限公司签署战略合作框架协议。

8日 土木与环境工程本091党支部荣获2010年度北京高校红色“1+1”示范活动一等奖。

8～16日 由共青团中央、全国学联主办的中国大学生骨干培养学校第四期培训班理论学习周在北京科技大学举行，期间校长徐金梧会见了共青团中央书记处第一书记陆昊。

12日 举办庆祝周国治院士从教五十周年暨中国材料名师讲坛第四十三讲学术报告会，全国政协原副主席、中国工程院主席团名誉主席徐匡迪院士出席大会并致辞，周国治院士作了《化学冶金的进展和展望》专题报告。

15日 校长徐金梧会见尼泊尔博克拉大学校长Keshar J.Baral一行。

18日 11名学生荣获第21届北京市大学生数学竞赛一等奖。

20日 学校荣获首届“全国高等学校学生资助工作先进单位”称号。

20～21日 校长徐金梧出席第十九次金川科技攻关大会，会议期间，学校与金川集团签署《企校全面合作框架协议书》、《有色金属冶炼渣资源化再利用联合实验室协议》、《镍钴资源综合利用产学研战略联盟协议书》三项协议。

22日 谢建新教授主持的“铜包铝复合材料连铸直接成形技术及产品开发”项目荣获“2010年度中国产学研合作创新成果奖”。

22～28日 校党委书记罗维东率团赴赞比亚进行友好访问。

29日 与青岛钢铁控股集团公司签订产学研合作协议。

2010年毕业生名录

2010年本科毕业生名录

土木与环境工程学院

史燕清 袁 楠 王振国 吉 美 鲁明东 于 嘉 马 雯 尤 飞 王向前 王 娟
王 爽 王 萌 王琳琅 王 磊 邝 凯 刘宏兰 刘 雷 曲 健 次仁德吉 吴 凡
张振民 张 意 李 娟 李浩源 杜 焱 周晓琴 易 慧 唐雪源 商雪君 廖贤鑫
翟志龙 马尚宇 王小燕 王秀月 王海龙 王继冉 王 湘 刘 硕 刘 智 李天祎
李 岩 杨 光 杨 阳 沈 越 邹超鹏 陈姬红 陈霜玲 武 男 赵 嫱 郭 坤
曹 宇 熊鑫翔 蔡玮玮 薛秋玉 戴子迎 魏雪艳 马光达 王 明 王彦杰 王晶晶
王蓉慧 王 颖 王 鹏 王聪聪 邓 慕 史 阳 刘双柳 努力曼姑丽·艾合买提
吴 芸 张 真 李 刚 李 进 李雄伟 杨 畅 陈钊健 郑天龙 胡 文 胡 爽
赵 阳 赵芳妮 唐 雄 爱丽努尔·斯坎达尔 梁文涛 普 片 惠 美 马彦妮
方 玥 王 丹 王佳林 王海静 王 雪 邓芙蓉 刘月峤 刘永刚 刘 琦 李家齐
李 霞 杨 河 阿木力汗·苏里坦 周 瑱 林 夏 范 婧 唐安民 袁 丽 郭道平
郭黎卿 高瑞岭 崔慧霞 曾鲁哲 蒋依林 廖 承 潘 珑 魏刘巍 牛 奇 孟 樵
俞振洲 黄 峥 万晨晔 王理想 邓 斌 田幼萌 刘小楠 刘 旭 刘贺平 许 波
宋 达 张 松 张津铭 张家霖 张 然 杨鑫蕊 汪舒羽 和 睿 金 鹏 侯洁克
胡 波 唐淙明 徐 洲 郭 琦 高 婷 梅国栋 黄 辉 温圣蓝 韩 啸 鲁安玲
蔡正飞 潘 勇 于 慧 巴 桑 文 斌 王飞飞 王 旭 王 凯 王海涛 卢利金
古 维 刘秉祺 刘继新 刘静宇 许光斌 何秦龙 吴 洋 张秀凤 李国龙 李 昶
李祥红 陈凌鹏 岳世江 范高龄 郑 艳 金瑶瑶 赵庆祥 徐建超 郭又新 王墨林
吴 垠 卜 昊 于满满 马 赫 马 聪 田 宇 申 昊 刘 小 刘 丽 刘思凡
孙 宁 朱贤德 米建龙 阮 丹 何 波 张 龙 张 恒 张添渊 李施婵 李恩俊
李 硕 沈 洋 周海诚 官保华 林成虎 赵 超 章 弦 黄干华 彭 飞 缪鹏斌
毕鲁博 夏冬生 季作龙 胡任贤 吴小宝 王少博 王 杰 史 涛 艾克帕尔依米提
刘志军 刘芳标 孙中键 宋锦秋 张志勇 张继龙 李玉庭 李 昊 李鹏飞 杨明超
阿不都如苏·阿不拉 陈 余 陈 昕 孟祥君 林 木 姚 瑞 胡 杰 赵 博 郝 楠
秦庆锦 惠 斌 韩 庆 熊驭飞 穆楠楠 王治强 肉孜铁力瓦尔地 郑骆明 袁昊越
丁明龙 王旭耀 王 佳 王 雨 王晓波 王博功 王福缘 王 靖 田小龙 申旭鹏
刘 宇 刘国威 朱静静 衣 方 何 朋 张姝婧 李洪林 杨 威 杨 敏 汪 锐
郑瑶瑕 徐 坤 郭一娜 曹小双 黄广伟 曾文平 韩 威 臧 丽 马 松 包晶莹

田春阳 田晓燕 刘成军 刘 懿 庄惠静 张 哲 张益超 张敏杰 李 旭 李希雯
李佳梦 李 翔 陈津津 陈 莉 侯定勇 柯 可 类晓娟 赵晓杰 唐良勇 秦 帅
郭乔盛 郭 钰 郭 翔 梁乃跃 黄安之 董 川 张欣欣

冶金与生态工程学院

丁 佳 尤丽吐孜·阿尼瓦尔 王雪婷 刘维顺 朱勃欣 闫 杰 吴东升 吴孟骏 李 倩
李聪平 汪俊杰 陈 可 孟 晶 范雅静 宫慧婕 赵振海 徐 沁 徐啸雄 袁 雷
崔明惠 曹 玲 曾广圆 曾 华 温海涛 熊熙然 缪友萍 阳竞宇 马宏海 王乐川
伍格漫 刘佩佩 刘美明 刘鑫强 孙海政 朱 政 吴 昊 李梦奇 杜曼·卡马勒别克
杨晓玲 沈静伟 阿衣加玛丽·库都热提 房素珍 郑联丰 段 戈 赵洁玉 郝英君
聂 宁 郭应帮 顾晓朦 黄 跃 黄 腾 龚 珂 廖国庆 蒋 薛 于浩洋 王 乐
王 旭 王 砚 王 韬 车奕成 付国庆 田雨佳 刘 帅 刘伦江 朱 艳 许亚丽
闫炳基 张颜庭 李玉坤 李 鹏 杨 佳 陈怀冰 陈建飞 孟凡彰 屈文英 郝 鑫
徐诚澄 章 鸣 续飞飞 黄 强 蒋 波 韩东亚 韩 茜 李泽安 赵 强 毛 威
王永志 王松伟 王盛山 王 谦 邓 蔚 付 超 卢 杰 刘壮壮 刘 江 孙 超
初嘉怡 吴 昊 吴 彬 张 彪 杜昱萱 杨晓冬 沈盛东 陈 伟 周 丰 周 宇
饶芮芮 晏 轻 黄秋凉 傅源菘 鲍 翔 潘聪超 周 亮 吕 浪 荣 哲 黄学军
丁小明 王 伟 王传荣 王哲强 田 蜜 龙 坤 任鹤飞 刘云龙 许 顶 闯子荀
吴明星 李吉超 李林平 杜开平 杨照明 沈 炜 陈 钊 陈 超 陈 鑫 范文斐
郑汉良 党 杰 秦学跃 袁 骧 韩 斌 虞自由 刘志明 王之栩 王 旭 王宏雄
韦恩泽 宁立群 刘汉强 刘新亮 戎姜祺 张登超 张 曦 李峰光 杨小刚 沈 平
苏金丽 邱桂博 范树君 郑英亮 胡 飒 唐 禹 秦颐鸣 袁小东 袁 飞 曹 敏
彭 维 焦克新 谢恩敬 赖晓寒 雷少武 雷 超 翟方位 潘振东 马国宏 王 梦
冉宏波 卢 辉 任财轩 刘 岩 孙桂林 张乐朋 张 浩 张竟争 张 博 李 军
李 涛 肖义鸿 邹昆昆 周格格 林聪聪 范德球 郑儒敏 聂溪莹 郭大龙 崔 睿
曹维超 隋亚飞 黄 杰 黄焱辰 傅立伟 彭 劼 董 辰 裴 斐 刘 谨 王 帅
王军伟 王 娟 王腾飞 冯斯浩 石 鑫 任 浩 刘起航 刘富强 刘福海 向宏学
齐鹏程 张 瑞 李梦龙 杨尚堃 苏 瑞 陈志月 周 川 周 鑫 季益龙 屈俊杰
金桂香 胡清云 黄 帅 黄枝权 韩嘉辰 雷少龙 靖振权 蔡皓宇 王 强

材料科学与工程学院

张冬冬 王 琦 王 琳 王 锋 叶 煜 宁 静 刘 昊 刘 蕾 孙 信 江 凡
闫春和 吴 昊 张 朋 李华新 李佳兴 李家明 杨 兵 杨 硕 肖雪婷 陈 庄
周伟男 罗奎林 侯保顺 茶国吉 徐厚军 游超瑜 鲁 伟 戴 超 刘诗洋 向 娟
冯啸天 张伟杰 陈相旭 栾平山 王小珊 王 飞 代乐乐 冯 庆 冯熠涛 伍 伟
刘继伟 纪 经 时曼丽 李亚坤 李学敏 李潇骁 李鑫宇 陈晓龙 岳冰清 林少文
畅思夏 郑 伟 南 迪 赵庆贺 唐 超 郭 佳 崔 超 梁金明 黄文尧 蒯 振
蔡 培 王 琦 马 龙 王 旭 王甫霖 王曦兆 车星光 田崔钧 白亚东 石斯维
刘 刚 宋士佳 张 咪 张 博 李 娜 李 霄 李 蕾 杜 程 杨 柳 杨 强

陈永	陈亚东	周群飞	金淑俊	赵士腾	唐治	高鑫磊	崔绍华	阚迪	潘青
穆瑞军	吴坚	曲柳	于晓磊	牛强	王启操	王涵	邓伟	韦玉平	白云飞
刘志博	刘锐	孙久姗	孙璐	闫龙飞	张风帆	张林	张金辉	张霆	李江涛
李浩	庞锐	涂友欢	贾飞	郭静	郭耀	高蒙	梁盛隆	程灵	詹文俊
鲍星毅	谭化超	蒋金星	马国栋	马甜甜	王力	王延恺	王雨龙	付祎玮	史洪宇
刘婷婷	刘磊	何家林	佘鹏	吴斯倞	张佳琪	张昆鹏	张儒雅	李杨	杜志鸿
杨迎强	金召奎	贺鹏程	赵洁	夏凡	夏青	高勇	曹国鑫	葛林楠	韩腾
谭锦皇	龙文	肖开华	王力	王敏嘉	王雪婷	王惠	王锋	伊尔攀·艾尔肯	
刘畅	刘博维	朱月槟	严冬	吴赟	张先贵	李川	李志刚	杜晋龙	杨京
陈纯博	庞二帅	林守文	郑欣	俞军	徐慰	贾翼速	郭嘉铭	梁建功	龚奎
普布	曾雨吟	曾荃	董跃刚	雷智伟	吴韬	张耀珽	杨朝傑	王迎磊	王泽
王曼	卢相安	白沧源	刘晌	刘倩倩	毕成	江慧	余波	张旭	张明达
李文龙	李倩	李煦	杨大伟	杨忠慧	杨林	沈庚	陈一劲	陈捷	欧阳清
郑真	高李慧	梁晨希	董岳	董浩	路旭	冀萌	魏冠杰	张朋飞	朱乐琦
何珑	王玲	王跃	付航涛	卢祺	刘府明	李少龙	李纯	杨子秀	杨冰
杨富强	谷长城	邸邑都	陈达	周洋夙	柳明	赵海龙	徐红霞	袁浩淼	高祥
崔荣周	曹琦	梅鹏程	黄天宇	彭世广	潘龙	张军	谢振家	于福海	邓杨青
李航	丁源	于桐	王浩帆	王琦琛	王辉	朱博恩	吴允鑫	张帅奇	李灵
李倩	杨东兴	邹莹	陈薪羽	郑磊	赵力	钟路	崔兴达	章端婷	湛小琳
葛俊	蒋钰晖	谢锋	韩军	戴迎	张巍	王群	叶一帆	任为胜	刘东晨
刘亚勤	向青云	朱玉亮	吴振宇	张玥薇	李冲	李晨钰	李强	杨江	杨星
苏捷杰	陈列多吉	周国	赵四祥	徐冠楠	康明生	傅影	景鹤	焦竞仪	廖艳梅
裴宗洋	谭易明	薛俊鹏	魏怡心	李云婷	毛勍	梁祥祥	王艳杰	马铁宁	王刚
冯源	刘盛	刘新鹏	余羿	吴超昊	宋聆钰	张龙高	张辰振	张欣欣	张思省
张鹏	李波	杨春天	杨涛	杨萍	苏烨	陈泽民	卓兰	林雨溪	郑文茹
金锋	夏青	徐婕敏	莫贝	顾飞	高光耀	戴滔	张霄	李鑫	陈泽宇
丁晨晖	方鹏飞	牛雨农	王倩	王皓宇	邓善全	卢跃	任毅	刘尧	孙健
何建勋	何超	张晶	张熠飞	张鹤松	玛迪娜	陈志超	林淑凤	刺瑞	夏苑
徐辉	秦铭英	贾剑	傅时君	雷喆	燕燕	薄其伟	魏文静	魏宝举	周刚
陈四平	杜清	马妙	孔磊	毛伟吉	王云辰	王丽颖	王君山	王骆愚	兰俊杰
卢燕东	平发平	何洁	李明宇	汪清志	沙磊	邱雪松	陈重阳	陈晨日	罗杰宇
姚梦吉	胡雅	赵迎华	赵璞	钟锐	徐迪	徐磊	高原	曹鑫	梁库
龚春平	曾鲜	裴宇	张大湛	雷健康	王圣	王新奎	孙黎	祁新亮	吴志诚
张冬亮	张仲英	张逍然	张瑶	杨玲	杨健	陈文超	陈世坤	陈燕	武迪
罗文	罗诗瑶	段琼	胡伟华	胡宝军	徐思弋	聂品旭	郭俊国	郭琳	彭琳
蒋蓉蓉	蔡俊强	潘洪江	颜丞铭						

机械工程学院

刘翼	李明烁	卫金金	叶天慈	许思睿	吴荻	吴德健	张立超	张欢欢	张俊哲

张娜 张博 李元剑 李红杰 李玮敏 李楗楠 杨东坡 杨琦 陈立成 周先勇
周渝 殷玉明 高博华 高婷婷 康睿 董朝辉 韩松 霍志明 魏莎 段浩
马威 文仕辉 王子超 王有磊 王晓庆 邓鹏飞 付贤杰 刘强 朱龙锋 宋晓剑
张健 张虓 李大庄 李文娟 李江涛 李明 李荣鹏 杨楠 陈雷 陈磊
周琦 范素君 郑建源 施学晖 段丙旭 赵庭钰 赵慧 徐麦 黎源 王静进
黄俊 吴成江 夏力克提·夏德克 于佳 刘家琛 刘鸿清 刘碧雨 张蔺波 杨蕾
邱桂荣 陈福海 苑小军 郑悦 柳志明 胡红红 唐琦丽 程佳乐 要杨华 孙志鹏
张金 马佳宁 王鹂 王慈 王赛 邓袁圆 余滢 张彩云 李丹 杨浩
罗虹荣 夏梦超 陶宇 黄海涛 谢浩华 郭轶博 刘方杰 万弟龙 文通 王永山
王进成 邓雅麒 司东洋 孙晓军 许诺 吴小龙 张一凡 张东亮 张波 李华龙
李善姬 杨小松 杨培培 陈强 陈蕾 武晓婧 郑杰 祝童炳 赵锴 郭志远
陶富贵 崔景伟 曾令强 曾玉祥 董强 滕丰健 薛建华 戴伟 袁永力 张磊
于萍 马磊 卞春伟 王东 冯庆鑫 叶拉西 田付山 刘健 刘鑫韬 位天时
宋尚娜 张子龙 张鑫 李云刚 李磊 杨杰 汪浩鹏 周昊 居龙 岳翔
武晓威 郑剑 侯方 徐有啟 袁嵩 高翔宇 董超超 毛勍 周华 赖琦岩
燕琳琳 朱辉 南伟光 胡波 柯慧心 傅培城 张志从 王谨 功旦·吾图那生
白小静 买磊 任力 任洋 刘义平 刘颖 牟振 宋自立 宋威 张安吉
张阳 李翠平 沈阳 肖新航 邹天舒 陈建 陈晋培 屈斌 郎文博 祝显强
崔柳 隋秀明 黄照懂 雷庆春 雷洋 张大伟 黄欣宇 曲启伟 陈亮 崔翔
马晓彬 冯晨 叶欣 田维德 任凯 刘双 刘伟 邢俊杰 闫有智 张语
李军 李佳奇 李牧远 李娜 李树 杨攀红 玛尔旦·拜克提亚尔 陈松林 范路鹏
胡智林 赵亚妮 赵阳 聂炎君 常正则 曹竣 符益知 董新利 蓝天 廖静平
徐剑波 章洪强 马骁汉 尹辉 王志申 王良杰 王逗 王啸峰 王疆龙 王鑫
左斌 田强 刘士林 向阳 安庆虎 何一灵 张海天 张彬 李小康 李宝宁
杨江 邵琦敏 陈春艳 林立 范娜 徐剑 柴晓明 袁源玮 彭鑫 蒋铿
杨毕杏 马军 王克沛 王雅 刘志超 吴问才 宋双 宋学强 杨爽 杨超
杨瑶 邹腾兴 陈义 陈小姣 岳大川 林晓芬 赵龙飞 郝向龙 贾露露 高尚武
康海锋 曹润葛 曹冕 曹强 梁振国 蒲燕斌 樊悦 郭新宇 余志龙 徐海鹏
章达 迟钧瀚 马凯 马彪 毛泽伟 王云贤 王东晨 王淦 付文斌 叶强
刘若楠 刘博 刘磊 孙通达 许瑞蔚 吴文金 张龙 张俊贤 张星 张晓微
张涛 李兰兰 陈孙炬 陈福兵 侯映洲 徐朋福 爱新觉罗·鑫 贾壮 曾庆隆
潘映沛 颜磊 高璇 洪志明 蔡明辉 丁小平 黄克桦 丁恒富 马绍兴 牛凯
王文华 王悦 王浩苏 王祥吉 王晶 龙程彬 刘辰菼 刘赓 吕邑 米俊杰
何金涛 张万霖 张勇 张梦茜 陈川洪 陈正 金英俊 唐真 袁高伟 章华
隋建锋 程昌顺 魏国栋 蒋俊 裴文跃 于化龙 于航 尤戈 王克军 王学慧
王昊 王辉 付翀 卢兴福 史煜琳 刘星 闫辉 何柯 佟瑞鑫 张子强
张帆 李东雄 李辰 陈莎莎 周其武 尚涛 罗瑶 俞艳涛 赵树亮 饶志伟
梁顺可 缪鹏飞 谭俊 路艳齐 陈岳 宋瑞彪 马文慧 毛文强 王伟 王守鹏
王保健 王鑫 白星宇 伍招冲 张文彬 张欢 张丽娜 张拯 张强 李成伟

李龛 杜建中 肖文博 周靖 胡臬 赵林 耿欢 黄晨 强艳 谢云飞
蔡林智 潘冉 马东洋 邵辰东 霍景然 于国福 马越 方晓飞 王冬宇 王燚
刘伟 孙大勇 孙亚伟 安鹿颖 许宗冕 佟晓菲 张天韵 张阳 张建梅 张涛
张敏敏 张静洋 李泽鹏 李钟权 李海伟 杨贺 杨富成 陆连强 姚朝阳 程文祥
鄢光荣 黎鹏 鞠健 刘应 钱程 王龙 王宏宇 王志强 王舒 王鑫
兰洋 刘文博 刘溢溥 宇浩润 邢远 张静 李托 李艳琳 杜莹莹 杜钱洪
杨春雷 杨鹏 周一豪 庞泉 苑喜男 姜锋 柏维 赵应升 唐超 徐元庆
康乐 温大勇 蒋博 缪文俊 黎俊希 孙兴飞 张磊 刘昕 王洋 王富红
王毅 邓梁魁 邓博 占帅 白洋 刘健 刘高平 牟进 张克钊 张哲
张瑞婷 李大伟 李哲 李晨艺 束二洋 杨亚军 肖敬伦 陈西磊 林相杞 范有余
胡修浩 赵晋龙 高升 符铭铄 黄桥宝 董书君 于安世 滕晓光 肖尧 王邦志
王克妍 卢康 白洁 边文博 刘丕源 刘宇 刘研学 孙忠 朱森茂 吴峻瀛
张永新 张庆海 张延 李佳 李美谕 李继豪 狄英豪 陈六彪 陈实 金晓宇
姜浩 段建军 赵婷婷 高磊 商中新 梁明涛 盛兵 彭勃 王旭东 牛超
王星 王陶 刘立 刘彪 朱更青 但永国 余寒 初曜旭 吴楠 张俊
张滨 李正梁 李伟强 李瑞奇 杜时宇 杨明明 周鹏飞 孟朋军 孟宪龙 罗鹏
赵学克 徐英家 柴致伟 黄陈 童润泽 熊兆文 潘虹吉 穆春成 于德淼 王志超
王景仕 刘阿宝 刘阿俊 吕盟 严波 张勇 张斌 杨宝方 杨健 陈勇
宗志程 林森 欧阳叙鹏 范海涛 姜雷 赵玉龙 赵勋 钟标霖 莫钱中 康达
黄鹏 褚广海 翟士民 蔺都 魏俊楠 于倩 方志祥 王兴龙 王宇 刘益民
孙天雷 庄馨瑶 宋堃 张宏飞 张苗 张春光 张瑜 李洪 杨利香 杨卓
杨雷 邹坤坤 陈曦 郑晓蛟 金人杰 赵元 赵媛媛 郭珊 钱堃 黄凌锦
黄瑶 程新明 韩晓峰 冀如 马昕蕾 王文涛 王国华 王金保 王敏 王斌
王裔腾 田川 刘思园 刘莎莎 邢奇 何文娜 吴龙 张帅 张朝颖 李伟
邹世锋 郑妍 赵丁 徐晨 贾跃 郭忠伟 高胜男 曹东明 马明蕾 亓辰光
亓静 尹翠娜 王金杰 王震 许子龙 宋洪业 张运东 李帅 李宝江 李婷
陈思思 林园 郑雨欣 姚逸睿 施鲁航 费博 赵侃 赵梦 董俞杉 瞿绍成
孔凤辰 王伟 王阳 刘伟强 刘伟霄 刘峰丽 华妍婷 吴海超 宋端 张馨月
李伟 李椿雁 苏文君 苏皓 祝海洋 徐颖 高博 扈文杰 窦伟伟

信息工程学院

张椿意 马永生 王帅 王宇 王垚 冯权泷 刘荃 刘爽 孙黎 师瑜
闫胜旭 李婕慧 李潇 李熹临 杨振礼 杨婷婷 苏沫 易其刚 姚康平 姜微
桑尚铭 涂小龙 秦建成 郭江 舒恩 董齐 詹京晶 鲍秀娥 樊恩东 樊维维
魏鹏 张乾坤 黄国兴 马骏 王小涵 王旭田 王志龙 王惊霓 王琪 任蕾
艾尔肯江 刘凯俊 朱曼 朱梦慧 吴辉 宋磊 张海波 张琼 李大伟 李子明
李沂璠 李慈应 李璇 陈骋 欧阳希子 现小丽 郑新宇 胥志溦 赵学善 钱晨菲
解官宝 李玲 蒋丽芳 许治民 李逸凡 陈翔 李薇 苏畅 齐霁 刘纵横
刘京 孙明明 罗佳 李昕阳 王俊杰 孙猛 薛忠鹏 王腾 王靖 傅晓炜

甘　男	白羿卓	刘　颂	孙　琦	严　林	张习文	张　勇	张海东	张　博	旷　毅
杨　崴	陈海涛	易思涛	林　俊	郑　嘉	赵荣辉	栗　辉	高新星	高德阳	崔永男
黄　枫	解　天	刘立增	蔺常远	于　鹏	周炳延	曹　勇	云　峰	邓耀景	申　斌
石　宇	刘　磊	朱　莎	邢家国	吴　韬	张一丁	张　锐	李文超	李　皓	杨子博
杨炳闻	沈　鑫	陈　俊	姚　禹	唐　天	唐彩薇	唐　望	巢　俊	董　浩	蓝　天
詹　晶	管信雨	翟贺龙	潘　超	李子明	赵　翔	王子涵	王少飞	王铖聪	付　鹏
田　梦	孙　赛	张仕华	张　晨	李　阳	李　佳	李诗卉	李晓丽	杨云晴	杨　娜
陈志远	陈建立	孟　迪	苗桢壮	范　凯	俞　杰	胡　杨	赵王杰	高　伟	符立佳
黄立盛	韩　飞	余清炎	杨旺根	黄　柯	马晓云	王　力	王　洋	王　菲	邓东升
付　祺	刘运琦	刘　钊	朱京城	张伟龙	张国超	张富深	张　强	李一良	李文琦
陈　晨	陈碧丹	周　宽	姚　欣	姜　栋	赵　健	徐历春	郭玉娇	钱立冬	常晓航
董晨曦	裴亚波	潘　建	于一夫	王玉霞	王春雨	王振伟	王　嘉	许艳旭	余　航
张志峰	张　洋	张新伟	李弘恺	李　茁	李诗锦	李勋伟	李智渊	李　薇	杨　焘
沈一飞	邱晓峰	陈宇峰	尚　岩	练丁榑	俞小洋	赵　敏	钱　聪	续　睿	傅建龙
蒋　晔	马　冲	李　焜	王彦光	红　丽	刘龙涛	刘　波	刘晓艳	曲晓林	曲　翔
何　庆	张　艺	张毅泷	张　潮	李　平	李佳博	李鹏飞	杨　帆	杨　畅	杨　俊
杨春艳	汪　洋	陈小敏	宓碧军	罗　浩	贺　庆	赵秀洁	郭　雪	揭隆寒	潘星宇
薛铁恒	薛培培	尹世帅	王　冠	王智辉	韦　涵	田欣奇	田　洋	关　颖	刘正义
刘　冠	刘　璇	孙本文	宋　伟	张世鹤	张　乐	张建超	张　跃	李泽韬	沈　力
陆　凯	陈　川	季跃良	段海娣	赵晓琦	钟　亮	翁子人	郭靖宇	寇　飞	渠龙波
曾文璐	鲍容憬	苏植成	高　原	丁　一	马胜阳	王冰洋	王　刚	王　涛	王　斌
王　筝	史　敏	吕　振	许宇铭	何　鹭	张晓童	李庆磊	杨　霄	苏　轼	邱　雯
屈峰成	罗宇辰	郑　楠	金一男	姚　江	赵小俊	袁　涛	贾丽影	郭　一	高世来
常淑燕	彭晓兰	万凌云	王俊兰	王瑞洁	刘　丹	孙明高	朱　岩	闫治辛	张　珊
张寅亮	李明博	杨金龙	肖　雄	闰大磬	陈　云	陈　阳	陈　昊	赵金玲	徐恩来
钱　龙	高九州	崔元洋	崔　权	崔海辰	裴唯一	张小勇	丁　浩	于晓威	马梦多
王树雷	田　澍	刘　聪	吕世猛	孙雨丰	朱琰琳	汤成俊	许　征	齐　贺	吴江伟
张继承	李　昂	李思奇	杨晟凇	邵　婧	周向明	林　旭	赵　琦	黄　涛	湛　衍
鄢　懿	裴高允	薛　倩	魏　晴	马　玲	何海强	王　萌	史立光	田　劲	田峰源
刘玉琢	刘思晗	孙　弢	孙　婧	齐　轩	李云龙	李　俊	李海亮	李　超	杨　龙
肖里引	邱　璐	陆振平	郎　冰	洪　伟	赵　红	钟泽伟	徐　旭	徐群浩	秦浩军
郭明多	高　强	黄　伟	路长发	鞠书刚	张　寒	张　毅	王泽龙	王　畅	王　冠
车　龙	田　兴	白凌舟	刘昊霖	张　坤	张　斌	李　阳	李　娜	李　恺	李　想
杨　龙	沈　晴	周孟韬	林经纬	罗莎莎	姚倩燕	胡润泽	徐倚天	顾高骥	梁一峰
程　薇	董宇欣	董　翠	赖丹丹	颜楚轩	成　敏	邢斌斌	王　京	王泽龙	王　洋
全　力	刘文胜	江　洋	纪明达	齐方庭	张　伟	张　健	李　程	李　超	杨　诚
陈　莉	陈鹏利	罗　琮	郑　昊	郑　航	金明星	饶众博	耿玉磊	郭津廷	郭　斌
常　伟	程　珂	韩煜博	赖明哲	霍林林	王　靖	成　珏	余德华	冷　冰	王　雨
王海平	冉　冰	田　磊	任晓怀	刘艺奎	何　力	何　云	吴宗霖	吴若凡	张圣春

李　宁　李　希　杨　帆　邵　晨　周　帆　郑　浩　宫　毅　赵　权　倪善超　黄建斌
稂时楠　董治权　董　霖　韩菁菁　熊　铭　潘　超　鞠　航　陈　元　鞠娅莉　于海强
王　帅　王洁莹　王　舵　王冀东　王　璐　付保方　冯文阳　关晓烜　刘　佳　刘威歆
刘莹映　吴小勇　张传社　张　涛　李　飞　李云龙　李青滔　李　宇　邹东雪　陈文举
赵志强　赵紫玉　夏　翀　徐思雅　郭　凯　郭　萌　高　凡　马　暅　马小江　尹庆宇
王辰牧　王杰立　王维丽　刘昌昆　刘　畅　刘　浩　权晓娇　宋文进　宋　敏　张永明
张明旭　张春阳　李玉坤　李进德　杨　涛　陈晓芳　陈赛寒　周　巍　金峰宇　胡　余
荆　博　徐忠坤　黄　刚　曾　旻　蔡　硕　庄荣捷　马　洁　王小玲　王　晖　王　晨
申皓文　艾　伦　刘素维　吕博良　何霄雨　吴相甫　张金辉　张　海　张静波　李王军
李　明　李　钰　陈洪彪　陈　博　金永庆　姜　典　胡　钧　赵敏杰　徐　旭　晓虎尔
袁新平　曾永理　程　璐　薛　伟　支元杰　王冉莹　王旭晗　王冠宇　王智超　叶利峰
宁　静　刘小扬　孙　维　朱书迪　朱瑞晨　张国星　张晓森　李　琳　李　策　李　慎
杨环宇　杨惠婷　陈　博　林建华　徐晓娜　殷　鹏　高泽文　曹福勇　黄　轶　熊新星
黎丽丽　梁鹤锋　张　寅　杨　帆　耿　龙　钱有仁　支莎莎　王笑庭　刘宇翔　吴姗珊
吴　昭　张　军　张　旭　张　强　张　超　张　黎　李　可　李　博　杨　洋　肖世强
辛建宝　邹　能　陈旻翔　周正文　周　杰　姜姝慧　胡家林　胡晓曦　郝　磊　顾振华
龚圣钧　穆　兰　方育强　王龙飞　王　进　王晨阳　刘业龙　刘伟旭　闫利辉　严江杰
李小龙　李伟龙　李德春　沈　翔　花银平　谷宗原　房　凯　侯兴科　姚　迅　娄晓宇
赵　沛　高燕朋　韩锡翔　鲁丰姿　鲁　霏　甄　超　詹恺迪　王世鳌　王春波　兰　洁
冯红恩　包东旭　史耀飞　吕　冬　孙彩静　张虎峰　张　勇　张雪峰　李　宁　李　刚
李志勇　李　靖　肖旭东　庞正飞　施森林　郭盼盼　高　博　梁　磊　黄德鹏　雷佳良
熊　鹰

应用科学学院

张　玥　李　哲　程　鹏　张玉芝　马明宇　王可伟　冯振华　刘　丽　孙建伶　庄　媛
许佳佳　何　涛　吴秀霞　张　亭　张　霞　李广杰　李旭英　李凌燕　李　雯　周卫东
周　蔚　赵　婧　唐成寄　正　兵　彭秋囡　蔡　欣　蔺　菲　颜鲁春　戴建伟　魏　苒
魏　韬　刘敬萌　康媛媛　马青霞　尹婷婷　王冉冉　王宏煜　王凯丽　王忠维　王祥柯
王翰文　卢英红　刘　涛　刘　谌　张志明　李　燕　肖文静　苏　莉　苏循东　邵静怡
周璐明　范　颖　胡洪翠　贺　建　赵承德　柴庆凯　郭冰冰　高术美　黄春华　韩付金
雷　越　于　淼　方　虎　王天浩　王　佩　王　垚　王海建　王惠娟　王　锐　卢晓珅
关景洋　刘　虎　佟　莹　张　纯　张奎泽　张　洁　李密侠　狄　超　陈永立　陈威震
周　游　罗　佳　姚文清　赵泓键　徐　佩　黄昭洪　舒　桐　韩　忠　翟羽佳　王书琪
王玉明　王桂娟　王铁龙　王锦繁　付　斌　边英杰　龙加贝　刘玉凤　刘春霞　孙　逊
佟瑞雪　张　扬　张景然　李　鑫　杜海舰　杨元旦　陈　军　赵楚然　唐　喆　栗时锋
殷绍银　高　龑　曹雨腾　隋欣煜　温　彤　蒋　辰　熊凌霄　魏雅倩　赵金栋　韦仕伟
王　飞　马星博　孔庆伟　王必杰　王　典　王宝生　刘金倾　刘　洋　朱家平　吴　楠
宋泳贤　张　岩　张　橙　时　燕　李　惠　李嫪屾　李　璐　杜寿红　杨武忠　杨　诚
周一鸣　俞海洋　钟新华　康浩浩　曹　迪　曾治华　程林远　程　馨　弓清松　文　思

王伟	王欢	王琳洁	田龙	边缘	刘来比	刘超	刘阔	吕晓永	师冬冬
张首元	时克	李晓静	杨强	邵晓晨	陈艳辉	庞志坚	姜勇越	赵英华	徐燕
殷力鹰	高颖芝	鹿宝	彭璐	颜磊	赵鹏	夏明江	丁会宁	马稳龙	王坤
任跃龙	农大官	刘达	刘郑	江有波	江映青	佟德鑫	张辰	张洋	李天文
李岩	李欣	李鹏飞	范建军	贺王强	贺斌	赵亚楠	郭硕	康国成	黄志强
储明明	曾帅	陈暄	李源	赵吉阳	毛绍嵘	王丹恩	王润兰	史松松	任金东
刘爽	孙海超	余垚	张道平	李茂辉	杜朝钦	杨波	周强	周游	岳宏利
钦辉	高远	常兵	曹立朋	温树彬	蒋学兵	蒋炼	万之昂	万晓耕	王汉杰
王硕	王德安	冯飞	史雯婷	庄鑫平	张玉华	李方针	李培	李彬	杨威
杨紫昇	杨文	汪必建	沈晓明	孟令勋	郑珊	侯敬涛	段凯	胡静茹	赵雍
唐永康	夏华	高蕴	崔巍	曾莹莹	解俊	王彦玲	王朝辉	王超	王毅
刘文艺	刘宏伟	孙召重	许冰冰	宋博	张赛	李雨峰	李辉	杨旭	沈洁霖
肖影	周云淞	易云浩	苗沐	赵伟	赵健	徐蕊	聂世鹏	崔世阳	常晨
梁爱平	黄亮	黄晓帆	傅有严	蒋小波					

经济管理学院

王英美	王亦陶	王芳	王彦苏	田原	石晶	刘李龙	刘海龙	孙亚楠	孙晓丽
朱小萌	朱顺月	朱晨龙	吴少农	张贤	张琦琦	张超	张薇	李熙彤	杨婧
杨淋光	陈俊恺	陈超	周雨辰	赵红	赵苏	高显若	崔笑笑	黄妮娜	董潇
谭天海	王墨	马宁	王小柯	王岳芃	刘亚君	刘亚奇	刘阳	刘京宁	孙新
何思婧	吴通运	吴璇星	张栋	李贞宇	李晓楠	邹爽	陈玉龙	陈舟	陈韶韵
罗维	律师	赵悦珊	夏冰	袁晓慧	常雪菲	康洋	韩璐	蒲莹	谭越月
张楠	卜云霞	马劲涛	孔令慧	王曼	王雪飞	卢宇	刘彦玲	毕维	吴庚泽
张宇阳	张齐琳	张萌	张骥	李春江	李昭翼	李晓峰	杨翔	孟德宁	姜丽薇
姜建军	赵新媛	殷文	袁伟	郭雯	高婷	曹萍	萨茹拉	曾晶莹	蔡媛媛
戴宇	马璐璐	孔祥猛	牛拓	王嘉曦	王璐	邓海拓	卢磊	向体燕	齐晗廷
初帅	吴广霞	吴梦颖	李成	李宏涛	李罗兰	李洁	李晓飞	李澄	李薪莉
陈井晓	赵天然	赵珂	唐伟伟	徐妍	徐劼	曹曦	谢磊	甄时	霍胜男
魏文姬	谢思艳	刘文波	田飞	毛晓宇	占红艳	史泊宁	田园	邢琳	何文军
吴雪琴	张诚	李卓君	李强	杨叶萌	周吕锌	林凯	范启强	金云忠	姜利
赵雨思	卿科	袁炜	高华婷	高安宁	盖永飞	盘建斌	程文婷	程陈	谢晓晶
谢莹	韩亚军	韩晓娜	廉明鸽	潘贵国	张于	韩瑞楠	王林	王轶雄	王璐月
王耀武	叶俞飞	叶思雄	刘慧超	刘震宇	孙英乔	张灵燕	张潇	狄志岩	陈明明
陈亮	陈耘	周跃	周琪	金肖	姚玮	赵锴锋	郝文佳	唐飙	徐峰
高雪君	崔美玲	解芳	解雅岚	魏雯	张倩	金翊容	赵薇	郑建忠	王倩
王溪	刘静	刘璇	江峰	牟香善	吴悦	张子中	张晨	李扬	李晓龙
李潇	李颗	李骥	杨彩宏	苏叶	陈昊晴	单靖舒	周雨	林书忠	赵正
赵峥	徐京波	耿怡新	郭铮	崔龙	崔晓凌	黄飞云	黄熠	雷崇信	穆泽坤
吴栋	马晓燕	马琳	王立加	王青振	王冠	王楠	刘芳	刘虎琪	刘翌晨

孙昊鸿	庄健伟	朱迪	宋倩	张纯子	张晓辰	张桂琼	张曼迪	李一岚	杨璇
赵永琴	徐振超	陶兵兵	曹晓婷	黄霞	龚瑶	韩旭	韩硕	潘晓丁	张竹
王征	王彦芳	王新超	王颖	任建萍	伍冰舒	刘原野	刘锐	向浩	孙卫仿
邢进	吴倩	张丹	张宝仁	张甄奕	张靖怡	陈溪池	范博懿	饶培康	唐古达
夏月	袁秀梅	贾祎楠	郭宇辰	高雅	龚斌	温秀玲	董国翔	董惠敏	熊家莹
许琦	于戎	卫亚杰	马秋杰	王潇	白雪莹	石蕾	乔磊	刘潋	安琪
祁淑英	佘沛一	佟蕾	李天浩	李文艳	李秀林	李梦	杨雯	陈大元	姜征浩
唐一博	贾小可	高明宇	曾宪奇	焦奇	韩景玉	裘正升	路伟龙	蔡轶	魏萍
王茂森	田朕	伊群	刘鑫	孙国安	宋乃富	张昊	张智	李昂	李洋
李桐	李旋	李超	陈禹	陈晨	胡雪婧	赵维瑄	赵頔	唐琳	徐福祥
钱明明	隋惠								

文法学院

马红海	马晓楠	王国良	王英辉	王洁	乔纪丰	刘畅	刘洋	巩曰龙	张云波
张越	李欣	李烨涵	李婧雅	李馨雅	杨恩	周沫	周蕾	孟宪贵	郑玥玥
胡春明	赵展	钟丹	贾雅坤	韩婷婷	裴欣	李楷	王文文	王卉妍	王毅
车怡轩	申棋文	乔良增	朱慧颖	许淑彦	张若琳	李亚磊	李佳政	李茹萍	李浩
杨伊婷	杨杰	陈颖	金苗	赵微微	郝培根	徐金海	郭艳红	高晓琼	龚毅
彭一真	景画	温子涛	揭露	马菱	孔成华	王晓明	邓丹	卢小强	刘静
孙莉	许艳艳	张丽娇	张洋	张艳	李凤邦	杨梓	杨舒新	陈妍	屈伟楠
岳兵	赵兰	赵思思	唐寒非	徐美美	曾蕾	韩雪	鲁恒	黑雅麒	于文洁
马凤云	王丝丝	王晓琳	王涵阳	叶锦鸿	田园	刘欢	刘春	孙慧	佟潇
吴岚	宋姣姣	李玉凤	李园园	杨洋	杨涵钰	陆植	尚静	金律	侯红
赵云龙	赵静	贾效伟	高鹤	黄文香	薛媛	薛新莉	戴玉娇	杨帅	于柳
于茗	马玉韬	牛雅萌	王英婷	王浩	刘丽华	刘爱东	吕江	纪思宇	李欢
李希	李昕	李海姣	李颖	李飚	杨收梅	杨振铁	陈超	尚海龙	屈萌
查娜	徐永生	常文涛	梁印聪	裴东伟	方向	王子瑜	王守宝	王帆	王雯毓
王福磊	王雷	孙小琳	何希	余淼	张春光	张维熙	张菁菁	张翠珍	张鑫
李玮唯	李照男	杜凌波	周一萱	周鑫	胡西湖	胡群	奚彩春	袁沛	彭星
吴永芳	魏成瑶								

外语学院

崔雪飞	丁立群	尹鑫	张曼	张博浩	秦峰	张铖	王小瑾	王红艳	王艳春
王晶	邓蕊	韦嫣	吕苇	孙明莉	成鹏	吴思思	张本强	张辰丽	张倩倩
张晓阳	张敏璇	李芳	李嘉瑄	姜长昊	耿卉	贾茉	郭文岳	尉言	康鹏飞
智颖君	程莹	鲍婧婷	谭俊龙	郭夫	马静奇	王泳翔	王铭婧	王雅珺	邓爱丽
兰宇洁	冯如冰	任菲	刘晓林	孙业诚	吴子禾	张姚	张政阳	李祎	杨阳
杨波	邵雯玉	陆琳燕	姚天琪	姚雪	段玉亭	胡和晶	唐德祥	徐晶晶	袁野
梁彬	黄金	董周箐	潘建学	薛长玲	刘丽芝	张璨	汪宁	秦霞	张红梅

王　晋　嘉　祥　崔大洋　丁　雪　马　平　尹　航　王　深　冯　坤　冯海华　叶雨辰
田　赛　石　丽　刘　洋　吴雪芬　宋方哲　张宏钰　张陶然　李文璐　李玉芳　李　璐
陈佳琦　陈　凌　孟宪荣　姚　佳　姜天海　段建林　贺明华　秦　岚　聂　鑫　郭　旻
钱屹芝　崔　璐　彭　柠　蔡晶晶　薛　帅　王静雯　刘　昭　刘　菁　刘尊雅　朱东阳
朱彦琳　吴　瑕　张　璐　李希凌　李　硕　李博宇　杨　旸　杨　祎　贡倩倩　陆新爱
周悦生　岳莉媛　赵　辰　赵　欣　赵慧萍　栗　周　聂　鑫　焦丹丹　韩雨倩　鲁　夏
解　瑶　漆　睿　邢日明　张　钊　王晶晶　霍彩云

2010年毕业并获得博士学位的研究生名单

学科、专业	导师	博士研究生	导师	博士研究生	导师	博士研究生
安全技术及工程	宋存义	程铁华	蒋仲安	孙殿阁	吴宗之	许　铭
	金龙哲	栗　婧	蒋仲安	田冬梅	金龙哲	姚　伟
	蒋仲安	牛　伟	金龙哲	王　敏	魏复盛	张霖琳
	金龙哲	石　晶	何富连	谢生荣	宋存义	郑怀昌
材料加工工程	康永林	陈贵江	蔡庆伍	焦多田	王自东	宋卓斐
	康永林	陈继平	赵爱民	金光灿	唐　荻	田志强
	唐　荻	陈银莉	康永林	邝　霜	谢建新	王成铎
	黄继华	程东海	刘雅政	李亚欣	唐　荻	王崇涛
	唐　荻	代永娟	谢建新	李振亮	黄继华	王海涛
	任学平	郭青苗	康永林	刘光明	王自东	王强松
	黄继华	郝建军	韩静涛	刘均贤	黄继华	王　蔚
	康永林	杨柳青	康永林	刘文斌	王自东	王艳林
	蔡庆伍	杨跃辉	康永林	牛　涛	刘雅政	肖金福
	黄继华	张守全	吴春京	张　艺	蔡庆伍	熊自柳
	张波萍	赵翠华	王自东	郑亚虹		
材料科学与工程	毛卫民	安治国	陈国良	徐　勇	朱　洁	张从阳
	陈国良	裴　沛				
材料物理与化学	姜　勇	包　瑾	杨　槐	胡　望	贺信莱	聂
	尚成嘉	陈　超	刘泉林	黄常刚	乔利杰	沈连成
	于广华	丁　雷	万发荣	黄依娜	褚武扬	武　明
	乔利杰	杜晋峰	田文怀	冷文秀	田文怀	杨　峰
	张　跃	方　园	乔利杰	陆　俊	万发荣	杨伟光
	郭志猛	方哲成	王燕斌	罗庆洪	褚武扬	张　诚
	张　跃	张晓梅				

续表

学科、专业	导师	博士研究生	导师	博士研究生	导师	博士研究生
材料学	任学平	包卫平	路民旭	胡丽华	董建新	王　璞
	龙　毅	鲍　博	李晓刚	胡　洋	王金相	王战民
	董建新	毕中南	唐伟忠	姜春生	王金相	卫晓辉
	孙冬柏	曹利静	董建新	焦少阳	刘国权	吴晋彬
	王金相	曹喜营	李晓刚	李　磊	曲选辉	吴　茂
	贾成厂	陈晓华	郭志猛	李美霞	孙冬柏	徐　杰
	郭志猛	陈治安	葛昌纯	李　明	孙加林	徐延庆
	贾成厂	褚　克	张波萍	李松杰	贾成厂	徐自伟
	杜振民	高永亮	李晓刚	李　涛	李晓刚	杨仁春
	李长荣	耿　太	杨　平	李　萧	龙　毅	张　虎
	李晓刚	倪晓雪	刘国权	李星逸	孙加林	张　晖
	孙加林	彭西高	赵海雷	李　雪	李晓刚	张　新
	李晓刚	曲良山	杨　平	李志超	葛昌纯	张艳华
	孟惠民	王建升	王金相	刘辉敏	沈卓身	张毓隽
	曲选辉	王建忠	贾成厂	刘向兵	徐利华	仉小猛
	贾成厂	王　雷	吕反修	刘　政	张波萍	赵高磊
	张波萍	王　蕾	孙加林	禄向阳	赵海雷	赵越卿
	陈国良	王荣山	陈国良	吴　渊	李晓刚	周建龙
	林均品	王　兴	陈国良	张沛龙	惠希东	方华志
采矿工程	谢玉玲	陈　伟	李仲学	孙恩吉	蔡嗣经	王运永
	袁怀雨	赖亮光	杨　鹏	唐志新	吴爱祥	尹升华
	姜福兴	刘伟建	蔡美峰	王培月	胡乃联	曾康生
	胡乃联	潘贵豪	蔡嗣经	王文潇	袁怀雨	张士运
车辆工程	张文明	邓　勋	张文明	乔桂玲	张文明	王　涛
	石博强	郭朋彦	张文明	王　慧	张文明	薛　山
	石博强	侯友山				
钢铁冶金	张建良	安　钢	吴胜利	郝志忠	李士琦	孙　华
	吴胜利	陈东峰	张建良	蒋海冰	张家泉	孙立根
	吴　铿	陈洪飞	苍大强	金　翼	苍大强	王怀斌
	陈伟庆	陈　列	郭汉杰	李　闯	陈伟庆	王晓峰
	包燕平	杜松林	苍大强	李恩科	苍大强	王颖生
	陈伟庆	段贵生	张建良	李洪革	李士琦	吴华峰
	陈伟庆	丰文祥	李士琦	李　瑾	王新华	谢长川

续表

学科、专业	导师	博士研究生	导师	博士研究生	导师	博士研究生
钢铁冶金	李京社	付建勋	朱　荣	刘剑辉	张建良	尹慧超
	李士琦	付中华	李士琦	刘彦华	李京社	于　满
	李士琦	谷　林	杨天钧	刘征建	王福明	余　健
	安胜利	郭贵宝	张家泉	钱宏智	李士琦	郁　健
	吴胜利	韩宏亮	朱　荣	石绍清	储少军	曾世林
	陈伟庆	郝占全	李京社	宋延琦	程树森	张福明
	王新华	赵克文	程树森	赵宏博	吴胜利	张宗旺
	王新华	邹安华				
工程力学	李长洪	李廷刚	尚新春	秦立平	汪旭光	吴春平
	蔡美峰	李　伟	高永涛	曲兆军	高　谦	周　桥
	李长洪	郦　亮	蔡美峰	田　多	王金安	左　伟
	李长洪	王观石				
管理科学与工程	高学东	陈　敏	王道平	刘振刚	李铁克	王　晶
	周天勇	陈晓董	高学东	栾绍峻	李铁克	王　敏
	张　群	董晓民	张　群	罗兆慈	李铁克	王伟玲
	高学东	杜秀亭	王道平	欧阳强国	王道平	王　煦
	周天勇	胡　锋	李铁克	苏志雄	高学东	谢霖铨
	张　群	赖宁昌	张　群	孙建淼	王道平	杨永芳
	刘　澄	李　锋	何维达	孙　莹	刘　澄	张均东
	高俊山	刘丽平	何维达	万学军	高俊山	赵　祥
	何维达	郑世林				
环境工程	汪群慧	邓　琪	宋存义	汪翠萍		
机电测试技术	张朝晖	赵仕俊				
机械电子工程	王长松	曹军民	徐金梧	何　飞	徐金梧	吴秀永
	王长松	高凤翔	王长松	金学伟	徐金梧	赵秀宽
	郗安民	孙　梁				
机械工程	杨　荃	杜晓钟				
机械设计及理论	王宝雨	胡福生	杨　荃	孙文权	张　杰	许焕宾
	臧　勇	李立敏	臧　勇	孙玉杰	胡正寰	闫　波
	翁海珊	刘庆玲	杨　荃	王爱丽		
机械装备及控制	张康生	贾　震	杨　荃	王晓晨	张清东	张晓峰
	李谋谓	王向丽				

续表

学科、专业	导师	博士研究生	导师	博士研究生	导师	博士研究生
计算机应用技术	杨炳儒	崔　阳	胡长军	李华昱	郑雪峰	孙　华
	郑雪峰	邓忠军	杨炳儒	李晋宏	王　沁	万亚东
	杨　扬	高　昂	胡长军	李　扬	胡长军	翁　彧
	杨　扬	郭攀红	王　沁	梁　静	王　沁	许　娜
	杨炳儒	侯　伟	高庆狮	刘宏岚	周炯磐	薛　楠
	杨炳儒	贾美英	王　沁	潘光荣	杨　扬	于代荣
	王　沁	张　燕	王　沁	孙富明	郑雪峰	于　真
	郑雪峰	周　毅	杨炳儒	周　谆		
科技与教育管理	许　放	褚　洪	许　放	马　萱	许　放	张祥兰
	毛祖桓	关少化	许　放	牛金成		
科学技术史	梅建军	陈坤龙	柯　俊	刘建华	李延祥	谢乾丰
	柯　俊	林怡娴	李延祥	马赞峰	李晓岑	袁凯铮
科学技术史(工学)	李晓岑	厚宇德				
控制科学与工程	胡广大	祝　乔				
控制理论与控制工程	杨卫东	戴永彬	闵乐泉	刘金珠	王　京	魏　伟
	穆志纯	敦文杰	余达太	刘学忠	童朝南	肖　磊
	余达太	郭春霞	王志良	刘遥峰	穆志纯	谢朝霞
	李华德	郝智红	闵乐泉	孟　艳	王志良	余　军
	王志良	黄　莹	李华德	苗敬利	童朝南	张健欣
	闵乐泉	季　语	杨卫东	牛满科	王　京	张勇军
	童朝南	景　鹏	王志良	平　安	余达太	张智南
	王　京	李　静	王志良	乔向杰	穆志纯	赵海龙
	尹怡欣	李英杰	余达太	陶　源	尹怡欣	赵云丰
	尹怡欣	李颖宏	闵乐泉	王　慧	王　京	赵云涛
	杨卫东	李仲德	余达太	王祥宗	王志良	祝长生
	刘贺平	李壮举	刘贺平	王允建		
矿物加工工程	倪　文	封金鹏	倪　文	李　轩	倪　文	张旭芳
	孙体昌	寇　珏	孙体昌	杨大伟	倪　文	郑永超
	孙传尧	于宏东				
矿业环境工程	张　强	葛　鹏	林　海	李　萍	汪群慧	熊代群
	林　海	江乐勇	孙体昌	谢明辉	林　海	祝怡斌
	孙体昌	李　洁				
流体力学	朱维耀	王　明				
凝聚态物理	陈难先	陈　怡	顾　强	菅晓玲	顾　强	陶成君
热能工程	温　治	豆瑞锋	王　立	刘传平	温　治	苏福永
	王　立	李志远	张欣欣	史彧宏	郑连存	张　艳
通信与信息系统	周炯磐	林　琳	周炯磐	吴启武		

续表

学科、专业	导师	博士研究生	导师	博士研究生	导师	博士研究生
物流工程	李苏剑	梁合兰	董绍华	邵举平		
岩土工程	李长洪	范丽萍	宋　波	李　悦	乔　兰	叶洪东
	高永涛	郭建新	高永涛	卢宏建	李长洪	张立新
	蔡美峰	李　磊	谢谟文	王桂杰	高　谦	张梅花
	蔡美峰	赵星光				
冶金物理化学	张家云	宝金荣	周国治	郭　婷	王新东	王同涛
	王福明	程慧静	方克明	郝保红	王习东	王亚丽
	王新东	方　勇	宋　波	李　岩	王新东	叶　锋
	宋　波	郭宏海	朱鸿民	邱海龙	周国治	岳昌盛
	杨裕生	赵春荣	王习东	赵斯琴		
有色金属冶金	朱鸿民	高承君				
资源经济与管理	胡乃联	陈道贵	蔡嗣经	陈海燕	胡乃联	宋　鑫

2010年毕业并获得硕士学位的研究生名单

学科、专业	硕士研究生	导师	硕士研究生	导师	硕士研究生	导师
安全技术及工程	白凤美	刘双跃	欧奇峰	金龙哲	巫殷文	金龙哲
	陈　杰	吴宗之	皮希宇	张英华	谢槟宇	朱维耀
	耿　振	谢振华	盛建红	杜翠凤	徐　昊	谢振华
	郭倩倩	杜翠凤	宋富美	宋卫东	徐　君	汪　莉
	韩文书	谢振华	孙萌苑	蒋仲安	闫令宁	张英华
	吉　斐	黄国忠	王　丹	黄国忠	杨轶芙	孙春宝
	贾文先	黄国忠	王洪永	宋卫东	姚海飞	金龙哲
	李东华	金龙哲	王　靖	黄国忠	袁　斐	刘铁民
	李富荣	蒋仲安	王　珏	金龙哲	张恩铭	张英华
	李　艳	金龙哲	王璐明	谢振华	周　江	蒋仲安
	李毅飞	张英华	王　鑫	蒋仲安	朱灿灿	谢振华
	刘　金	张英华	魏传光	金龙哲	刘杨威	宋卫东
	刘连美	杜翠凤	文　晶	蒋仲安	马燕娟	金龙哲
	刘亚沁	何富连	乌日娜	孙春宝	毛荣军	蒋仲安
	苗　健	刘双跃				

续表

学科、专业	硕士研究生	导师	硕士研究生	导师	硕士研究生	导师
材料加工工程	曹　双	谢建新	盛　慧	韩静涛	卢尚文	任学平
	陈　昊	康永林	史建伟	于　浩	吕建崇	米振莉
	陈　杰	唐　荻	孙婷婷	唐　荻	罗登超	周　成
	陈　涛	余　伟	孙小军	刘雅政	马春梅	王开坤
	谌铁强	宋仁伯	孙有博	刘雅政	马　海	赵爱民
	成晓举	孙建林	唐家伟	黄继华	马鸿鉴	刘　航
	程　莉	蔡庆伍	田　冲	赵爱民	孟凡旺	李静媛
	崔海伟	蔡庆伍	王建华	林国标	孟庆雪	任学平
	丁克宏	林国标	王　孟	洪慧平	牛　枫	赵爱民
	丁瑞华	康永林	王　璞	刘雪峰	彭　杰	刘　靖
	董常福	孙蓟泉	王士庭	孙建林	钱亚军	余　伟
	杜　玉	吴春京	王　星	刘　航	邱朋军	韩静涛
	范广彬	刘雅政	王雪坤	张永军	权继锋	黄继华
	高小丽	刘雪峰	王玉珏	王自东	任李田	黄继华
	高小勇	毛卫民-材加	王月省	赵志毅	甄翠娜	陈雨来
	顾宏伟	康永林	文新理	宋仁伯	郑建华	赵志毅
	郭衍振	孙蓟泉	夏培培	康永林	郑念庆	周　成
	胡文峰	刘雪峰	熊小庆	刘雪峰	郑　仲	林国标
	黄秋群	于　浩	徐　峰	王开坤	周青峰	王自东
	黄　山	孙建林	徐绿婷	余万华	周欣科	孙蓟泉
	霍亮琴	于　浩	许望炎	孙蓟泉	左碧强	米振莉
	贾　松	刘雅政	杨易坤	任学平	林春坤	李静媛
	姜春咸	任学平	姚景文	毛卫民-材加	林兴明	韩静涛
	孔德才	张永军	姚丽苹	王自东	刘晓珂	王自东
	雷爱娣	蔡庆伍	殷安民	程知松	刘再旺	康永林
	李春锋	周　成	岳崇锋	余万华	张云涛	毛卫民-材加
	李大航	刘雅政	岳海燕	李静媛	章芳芳	任学平
	李　丰	唐　荻	詹合林	余万华	章小芳	赵志毅
	李　辉	周　成	张海波	黄继华	赵　辉	胡水平
	李慧远	康永林	张　鹏	于　浩	李卫东	谢建新
	李宁廷	孙建林	张双平	刘　靖	李　振	蔡庆伍
	李　强	唐　荻	张艳红	谢建新		

续表

学科、专业	硕士研究生	导师	硕士研究生	导师	硕士研究生	导师
材料科学与工程	蔡玉丽	黄进峰	卢　毅	杨　滨	熊　武	王西涛
	常　静	惠希东	尚小奇	孙祖庆	杨利斌	张济山
	程　亮	张茂才	孙　雯	冯　强	于　洪	张济山
	贺永芳	高学绪	王　建	张　跃	曾维虎	叶　丰
	胡聘聘	冯　强	王璐璐	张　跃	张慧贤	张茂才
	焦增宝	吕昭平	王　耸	张　勇	张利琴	郑为为
	李光燕	林均品	王文明	杨滨	张鑫伟	朱　洁
	李汝成	宋西平	肖月华	吕昭平	周　鹏	张来启
	刘胜男	惠希东	谢　伟	陈国良	朱海燕	孙祖庆
	邹　明	孙祖庆				
材料物理与化学	陈连康	滕　蛟	刘　涛	杨　槐	肖　鑫	万发荣
	陈　亮	王德仁	刘振伟	郭　晖	谢文静	沈卓身
	段方苗	孔祥华	马方容	李金许	许旭东	王丽萍
	付艳强	于广华	马宏图	王　戈	薛慧娟	刘泉林
	盖军辉	何业东	孟庆勇	杨　槐	杨　丹	沈卓身
	郜明文	高克玮	欧金凤	沈卓身	叶　宁	张　跃
	黄　琪	杨　槐	任彦波	曹江利	于	宿彦京
	姜　博	耿文通	宋　欣	尚成嘉	袁大勇	尚成嘉
	类衍明	王金伟	孙　乐	田文怀	张　恩	于广华
	黎　敏	滕　蛟	孙晓冉	郭　晖	张　帆	刘泉林
	李东东	高克玮	孙　宇	姜　勇	张国栋	尚成嘉
	李　敬	仇卫华	汪　栋	姜　勇	张　明	杨善武
	李培主	王学敏	王　帅	孔祥华	张天乐	刘泉林
	李　伟	于广华	王文山	王德仁	赵成明	王丽萍
	李　渊	王学敏	王志申	何业东	刘会景	海明潭
	李正军	李金许	王梓鉴	乔利杰	吴　为	王金伟
材料学	毕长禄	曹文斌	沈永娜	赵海雷	刘文龙	高　瑾
	曹瑜琦	俞宏英	师绍广	陈　冷	刘　烨	曲选辉
	陈春霞	李　勇	田光新	刘俊友	吕美懿	杨王玥
	陈丽娟	路民旭	佟金郁	柳　伟	罗坤杰	张麦仓
	陈　锐	林　涛	汪玲玲	杨　平	骆　鸿	董超芳
	崔会杰	曾燕屏	王宝川	杨　平	马国靖	杨　槐
	崔继红	贾成厂	王承阳	刘国权	马哈木提江	董超芳

续表

学科、专业	硕士研究生	导师	硕士研究生	导师	硕士研究生	导师
材料学	杜江涛	胡学晟	王浩强	燕青芝	马　宁	张波萍
	杜　宇	毛卫民-材料	王　璜	吕反修	马瑞莉	路民旭
	淦作腾	何新波	王　蕾	路民旭	马　涛	龙　毅
	高治山	林　涛	王亮亮	杜振民	马腾波	陈　宁
	葛婷婷	董建新	王晓辉	董建新	孟庆茹	王旭东
	顾鹏飞	王旭东	王晓亮	李长荣	钱晓龙	李晓刚
	郭　敏	郭志猛	王　兴	路民旭	张素伟	张波萍
	韩东霏	郑裕东	王莹莹	王　戈	张文华	杨善武
	贺　娟	刘俊友	王振永	沈卫平	张小兵	果世驹
	侯红梅	孙冬柏	吴荣归	徐桂英	张迎新	何积铨
	胡加学	刘国权	吴晓龙	徐晓伟	张有茶	贾成厂
	贾宝瑞	秦明礼	吴　旭	董超芳	张政敏	何新波
	靳岚峰	龙　毅	谢　静	薛文东	赵　丰	张麦仓
	旷峰华	燕青芝	邢桃峰	仇卫华	周　静	郑裕东
	赖仙红	官月平	徐龙娇	李晓刚	朱冠妮	董建新
	李　慧	孙加林	许迎利	周张健	廉　姣	孙加林
	李　慧	秦明礼	薛行雁	黄继华	梁冬磊	杨王玥
	李　顺	张波萍	闫润宝	赵海雷	刘　彬	董建新
	李　伟	李晓刚	叶　青	郝俊杰	刘芬斌	宿彦京
	李　兴	徐桂英	尹福正	张深根	刘　佳	路民旭
	李迎超	高　瑾	张建春	何积铨	张　倩	张波萍
	李月强	杜翠薇				
采矿工程	陈小伟	明世祥	阚晶晶	陈广平	邵　霞	胡乃联
	丁剑锋	高永涛	李海军	吴爱祥	王　辉	陈广平
	杜建春	宋卫东	李　剑	明世祥	王纪东	明世祥
	高保胜	吴爱祥	李　娟	李翠平	王永仁	姜福兴
	高　彬	姜福兴	李艳芬	刘胜富	吴榕林	王进强
	葛志虎	明世祥	刘东升	刘胜富	徐　雨	陈广平
	郭尚文	毛市龙	刘晓辉	吴爱祥	宇文志鹏	高永涛
	何　磊	吕文生	刘　颖	胡乃联	袁光明	李翠平
	何勇俊	何富连	罗飞侠	吴爱祥	袁　猛	明世祥

续表

学科、专业	硕士研究生	导师	硕士研究生	导师	硕士研究生	导师
测试计量技术及仪器	郭昊	李希胜	卢海锋	蓝金辉	颜艳桃	迟健男
	金　鑫	侯庆文	马肖锋	左昉	杨　晓	蓝金辉
	李宝成	李希胜	潘晓刚	张朝晖	于　杰	左　昉
	李　超	左　昉	孙　琳	李希胜	张　都	侯庆文
	刘凤梅	陈先中	肖　翔	蓝金辉	左　磊	陈先中
	徐思敏	李希胜				
产业经济学	陈茂果	赵　晓	刘雪婷	吕殿平	王珊珊	赵　晓
	林　婧	何维达	罗　兰	何维达	王　雪	赵　晓
	凌永鹏	赵　晓	欧阳霄	何维达	曾　辉	何维达
车辆工程	艾　宁	刘　立	李鹏英	冯雅丽	杨　瑜	冯茂林
	白忠飞	周志鸿	刘立达	冯茂林	翟大勇	周志鸿
	边秀毅	刘　立	刘　晓	刘　立	张聪杰	冯雅丽
	陈　曦	罗维东	刘懿鋆	张文明	张桂梅	周志鸿
	段红建	王　晶	刘元宇	冯茂林	张静伟	石博强
	高峰飞	冯雅丽	毛明旺	刘　立	张　琦	石博强
	郜晓娟	刘　立	缪树启	马　飞	张　锐	申焱华
	郭晓鑫	刘　立	王俊田	马　飞	张　魏	刘　立
	胡翠霞	冯茂林	王燕华	黄重国	张　益	张文明
	黄泽园	刘　立	王有刚	王　晶	张永堃	刘　立
	姜　爽	周志鸿	王自勤	张文明	赵　艳	冯茂林
	金乐娜	罗维东	魏　杰	石博强	周宏喜	毛纪陵
	李旦红	石博强	吴海磊	马　飞	朱利明	冯雅丽
	李海涛	石博强	吴任欧	张文明	宗光涛	周志鸿
	李　健	石博强	徐　亮	石博强		
电子科学与技术	艾吴卿	董　平	李　鑫	王　莉	王有华	王　沁
	边丽丽	谢　仑	刘旭东	李　刚	魏新南	谢　仑
	崔晓艺	董　平	罗晓玲	张　崎	温昌旺	王志良
	付晟森	谢　仑	漆　月	李　刚	徐焕东	迟健男
	耿秀利	曾宪钊	屈晏弘	曾宪钊	徐维涛	董　平
	黄晓丹	王粉花	孙黎明	张　崎	许银平	李　刚
	计卓尔	王粉花	王　冲	谢　仑	严涛涛	王　莉
	贾　嘉	王志良	王冬青	王　莉	杨先娜	王志良
	蒋　潇	王志良	王海明	董　平	杨　晔	李　刚
	康会娜	张　崎	王闰闰	张崎	张艳丽	张晓彤
	李　娜	王志良	王印玺	李　刚	赵璐璐	刘蕴络
	赵　琴	王　莉	赵铁军	王粉花		

续表

学科、专业	硕士研究生	导师	硕士研究生	导师	硕士研究生	导师
动力机械及工程	郭广栋	刘应书	乔　杨	冯俊小	张海军	林　林
	李建福	刘双科	王　雄	王立刚	郑双波	乐　恺
防灾减灾工程及防护工程	阿里木江.亚力昆	璩世杰	巩　丽	纪洪广	秦　娜	王金安
分析化学	白朝品	姜建壮	孔瑞蕾	范慧俐	王金蕊	邢献然
	白　芳	李文军	李宝芹	曹艳秋	杨宏捷	刘杰民
	丁友谊	刘世香	李　娜	袁文霞	袁　明	李文军
	郭　茹	李建强	李莎莎	张欣欣	袁庆丹	刘杰民
	韩伟伟	李　晔	梁丽丽	弓爱君	詹子宽	李文军
	胡俊杰	李建强	刘　园	王新东	张　博	范慧俐
	胡淑婉	李文军	吕　岩	王碧燕	张桂生	叶亚平
	胡晓静	叶亚平	潘　焱	陈飞武	张　义	姜建壮
	胡一江	李新学	舒木水	刘杰民	赵　美	姜建壮
	黄文军	弓爱君	孙晓飞	王桂华	赵燕华	刘世香
	贾玲玲	李新学	王会英	陈飞武	支晓芳	弓爱君
	朱铁飞	姜建壮	宗建平	叶亚平		
概率论与数理统计	高　雯	汪飞星	马　虎	赵立英	赵洪连	尚新春
	李晓洁	张志宏	王智干	汪飞星	周美娟	李安贵
	刘　燕	徐　尔	夏　炎	张志宏		
钢铁冶金	安航航	包燕平	刘国梁	薛庆国	武　珣	包燕平
	常国平	李京社	刘锦霞	李士琦	杨　超	李士琦
	陈　洁	殷瑞钰	刘一力	张建良	杨慧贤	薛庆国
	陈　军	高　斌	刘　原	田乃媛	杨士冬	吴胜利
	陈培敦	李京社	吕　冰	王新华	杨　阳	张建良
	储　莹	郭汉杰	马　昱	李京社	叶　伟	郭占成
	戴宇明	吴胜利	马泽军	张建良	易　操	朱　荣
	鄂琳琳	苍大强	倪碧帅	吴　铿	尹　娜	张炯明
	冯　艳	张家泉	齐　达	李　晶	尹晓莹	吴　铿
	高　攀	张炯明	区洪辉	王新华	张福利	郭占成
	龚必侠	杨天钧	饶添荣	成国光	张贺佳	陈伟庆
	龚雅林	张炯明	申永刚	陈伟庆	张慧宁	徐安军
	顾　琰	杨世山	沈世雕	王新华	张艳艳	王安仁
	郭晓东	李士琦	唐德池	包燕平	赵成显	吴胜利
	何海熙	吴　铿	汪国才	包燕平	赵　传	李士琦

续表

学科、专业	硕士研究生	导师	硕士研究生	导师	硕士研究生	导师
钢铁冶金	贺瑞飞	郭占成	王传琳	杨天钧	赵晶晶	程树森
	侯娜娜	李士琦	王慧霞	朱　荣	赵晓亮	孙彦辉
	胡祖瑞	程树森	王　建	王新华	甄新刚	张炯明
	黄书友	薛庆国	王龙岗	孙彦辉	郑亚旭	杨天钧
	鞠亚华	杨天钧	王　猛	陈伟庆	周　琦	吴胜利
	李光辉	刘　青	王先勇	刘　青	周振华	朱　荣
	李建军	赵　沛	韦少华	吴　铿	朱国峰	张建良
	李　景	张家泉	吴鹏飞	成国光		
高等教育学	韩　静	郭德侠	姜灵芝	杨晓明	赵媛媛	毛祖桓
	黄　娟	郭德侠	王　澜	曲绍卫		
工程力学	陈　刚	周晓敏	罗晓青	周晓敏	易汉斌	宋波-土木
	戴志胜	李长洪	马艳花	蔡美峰	袁任远	龚　敏
	黄正均	蔡美峰	米莉艳	王德胜	张大磊	李长洪
	李晓静	璩世杰	王欣儒	蔡美峰	张　磊	纪洪广
	陆卫国	高　谦	徐世钦	刘娟红	张　政	璩世杰
	赵　超	王德胜	郑金周	高　谦		
工程热物理	鲁建雄	夏德宏	彭　佳	张欣欣	杨雪飞	冯妍卉
	陆　规	冯妍卉	隋浩华	于　帆	张倩茹	张欣欣
工商管理硕士	艾勒姆扎伊	高俊山	徐　健	贾振全	李佩乾	杨建华
	曹广波	周晓光	徐利国	贾建华	李善钊	王未卿
	曹向宇	刘　澄	徐少菱	武德昆	李松涛	杨建华
	陈　锋	陈雪松	薛礼保	吕殿平	李志成	戴淑芬
	陈　榆	孙　莹	闫宝员	鲍新中	厉承林	武　森
	程广峰	鲍新中	阳　勇	何维达	梁文礼	李铁克
	程利超	瞿国忠	杨川茜	苏　玲	刘保华	高俊山
	储万红	王道平	杨　娟	武　森	刘常军	黄　瑛
	崔高文	肖　明	杨　磊	王道平	刘殿涛	李铁克
	崔　利	杨建华	杨　勤	何润宇	刘江妹	黄晓霞
	崔　卓	苏　玲	杨　硕	王道平	刘　婕	陈雪松
	樊江洋	吕殿平	姚小军	张文新	刘　钰	戴淑芬
	方红梅	佘元冠	殷雅娜	殷焕武	卢爱霞	樊彩霞
	付　娜	肖　明	尹大为	吕殿平	卢　昊	王道平
	甘　鹏	裴利芳	于百战	肖　明	卢喜成	殷焕武

续表

学科、专业	硕士研究生	导师	硕士研究生	导师	硕士研究生	导师
工商管理硕士	高欣竺	贾振全	袁　晖	张　剑	卢　艳	瞿国忠
	高永岗	胡　波	袁钦山	王道平	罗　峥	崔建双
	高　越	裴利芳	云　杉	张莲英	马传梁	杨建华
	龚　颖	韩良智	张　博	刘明珠	毛国栋	王立民
	郭长凌	杨建华	张　洁	魏　钧	孟凡一	高俊山
	韩霁凯	崔文娟	张　军	王道平	缪泽松	何　枫
	韩　杰	高俊山	张　轲	高俊山	裴苏玲	张　群
	何支峻	杨　青	张牧子	吕殿平	蒲爱琼	樊彩霞
	胡　艳	贾振全	张校民	黄　瑛	秦　垒	张　剑
	黄　涛	武　森	张秀玲	张　剑	秦　伟	瞿国忠
	黄兴丽	苏　玲	张亚博	马风才	曲莉莉	王宾容
	江　恬	王道平	张怿锋	佘元冠	邵强红	王道平
	江　游	赵　晓	张永丰	贾建华	孙景玲	李晓静
	姜　辉	刘明珠	张　勇	樊彩霞	孙敬然	殷焕武
	蒋基文	杨　青	张玉生	王立民	孙立明	刘　澄
	焦　阳	魏　钧	章　蓉	李晓静	唐　亚	裴利芳
	金振喜	马风才	章　阳	陈雪松	王　斌	赵　晓
	靳卫平	佘元冠	赵春凤	何　枫	王　斌	李明英
	孔庆恩	张文新	赵基	杨　青	王　兵	胡志颖
	黎国栋	苏　玲	赵　伟	高学东	王君言	王未卿
	李成光	李明英	赵　伟	刘明珠	王　亮	黄　瑛
	李冬戈	王立民	赵新喜	王未卿	王秋月	贾建华
	李　峰	李　军	赵雪峰	佘元冠	王伟科	杨建华
	李　俊	殷焕武	郑　蔚	阚　宏	王雪彬	何　枫
	李历军	杨　青	周崇毅	瞿国忠	王兆海	李　军
	李丽华	张　群	周明明	王道平	王自力	马风才
	李　璐	武　森	周永平	武　森	魏朝永	贾建华
	李明飞	赵　晓	邹小林	贾建华	吴成林	张　群
	邢跃跃	张　剑	肖常升	佘元冠	吴文育	刘明珠
	熊长强	裴利芳				
工业生态	陈　瑜	李　宏	齐道辉	白　皓	邬文鹏	李素芹
	蒋翠珍	苍大强	王姜维	李素芹	赵士学	李宏煦
	李　辉	苍大强				

续表

学科、专业	硕士研究生	导师	硕士研究生	导师	硕士研究生	导师
供热、供燃气、通风及空调工程	孟　桃	马　飞	张　淼	马　飞	朱旭颖	黄重国
	肖博为	黄重国	赵　羽	刘　立	邹大超	刘　立
	张洪祥	黄重国				
固体力学	陈博文	尚新春	李　璐	王建国	苑俊池	卢晋福
	陈晖强	陈章华	凌铭博	刘冬青	昝志龙	吴兰鹰
	陈　玮	陈章华	孙吉泽	魏培君	张　憬	卢晋福
	孔令超	陈章华	覃　敏	魏培君	张　锐	尚新春
	张志彪	尚新春				
管理科学与工程	安　飞	曹　勇	刘　涛	王道平	王兆刚	李铁克
	陈　磊	张　群	刘　伟	崔建双	王志明	马风才
	陈艳和	刘明珠	刘喜文	喻　斌	徐广军	黄　瑛
	陈　源	高学东	刘亚东	张　群	徐伶俐	张　群
	范川川	高学东	柳世达	张　剑	闫　彦	高学东
	侯春生	武　森	全海涛	魏　钧	杨　岑	王道平
	黄　忱	张　群	宋　斌	李铁克	于洪波	曹　勇
	黄慧敏	武　森	孙　明	吕殿平	俞晓莉	武　森
	贾　洁	王道平	孙　冉	高学东	原普雨	李铁克
	李　臣	鲍新中	孙学庆	贾振全	张成林	马风才
	李　贺	王道平	孙　洋	张文新	张恒岩	喻　斌
	李　慧	李铁克	谭一松	武　森	张锦诚	王宾容
	李丽丽	王道平	涂雪平	李铁克	张　敏	王道平
	李　享	武　森	王彩霞	李铁克	张鹏飞	何　枫
	刘　冰	高学东	王鑫明	崔建双	张荣光	何润宇
	张书文	杨建华	祝可珍	阚　宏	张士勇	杨建华
	钟　锋	谢　湲				
国际贸易学	安丽丽	阚　宏	高文辉	孙　莹	宁　涛	贾建华
	陈　茜	贾建华	何　德	何　枫	孙功秀	刘志伟
	崔彩艳	王宾容	侯圣勇	何　枫	万　艺	王　凯
	董俊杰	王宾容	贾培培	阚　宏	王　璁	孙　莹
	付倩红	何　枫	李　婷	王宾容	武越强	范小华
	张建华	刘志伟	刘　欢	贾建华	游坚固	何　枫
	赵　静	贾建华				

续表

学科、专业	硕士研究生	导师	硕士研究生	导师	硕士研究生	导师
环境工程	蔡珉敏	周北海	洪　涛	孙体昌	邱　露	宋存义
	陈　晶	周北海	胡瑞娟	杨慧芬	任　强	谢谟文
	陈　静	李子富	贾小宇	林　海	史晓雪	周北海
	陈　雪	蒋仲安	李　晨	孙春宝	宋文娟	周北海
	程世昆	李子富	李可及	汪　莉	万静生	林　海
	戴振中	宋存义	李　梁	周北海	王　丹	孙体昌
	范改娜	汪群慧	李　谦	金龙哲	王慧明	李子富
	付　雷	王化军	李　青	孙春宝	王智鹏	孙体昌
	高　宝	宋存义	刘彩彩	孙体昌	魏鹏程	汪　莉
	高美丽	孙春宝	刘立国	倪　文	魏　徽	黄国忠
	高玉萍	汪　莉	刘娉婷	周北海	吴　丹	甘一萍
	郭丽丽	林　海	卢晓君	林　海	武　洋	李子富
	郝　敏	汪群慧	马宇楠	王化军	徐　超	李子富
	何　赞	汪　莉	齐　峰	李子富	杨　朔	汪群慧
	于亚琦	杜翠凤	张　烨	黄国忠	杨雯雯	宋存义
	张丽娟	李子富	赵利国	朱维耀		
环境科学	陈祥荣	孙春宝	刘志虹	宋存义	吴川福	汪群慧
	冯媛媛	朱维耀	米方卓	周北海	薛玲玲	孙春宝
	关　亮	汪群慧	倪婷玉	孙春宝	阎　璐	孙春宝
	关志伟	李子富	孙　鹏	汪群慧	曾良子	周北海
	郭伟锋	周北海	王　雷	汪群慧	张　芸	汪　莉
	李　婷	朱维耀	王　颖	李子富	赵海燕	宋存义
	刘　春	宋存义	王颖茹	苍大强	周　强	汪群慧
会计学	陈　晨	韩良智	黄　丹	韩良智	申　颖	樊彩霞
	董　睿	刘欣华	黄　山	武德昆	施　词	鲍新中
	董志强	鲍新中	李海霞	刘亚莉	王　琛	樊彩霞
	付　盈	樊彩霞	刘小芳	武德昆	许　静	李晓静
	何光磊	肖　明	刘轶哲	何民庆	闫晨曦	武德昆
	何美丽	何民庆	罗玲玲	胡志颖	杨妍雯	刘欣华
	侯云翔	韩良智	倪　宇	肖　明	于丽娟	刘亚莉
	赵亚楠	李晓静	钟　啸	肖　明	张　丽	樊彩霞

续表

学科、专业	硕士研究生	导师	硕士研究生	导师	硕士研究生	导师
机械电子工程	毕崇强	朱超甫	李晓虎	刘　颖		
	范福军	朱超甫	林一川	吕卫阳	王红保	王长松
	郭淑卿	刘鸿飞	刘　丹	史小路	王　乐	朱超甫
	郭玉富	陈　工	刘佳音	杨德斌	王　伟	陈　工
	何　鹏	郗安民	刘　阳	徐金梧	王永付	王长松
	洪志奇	巩宪锋	任宏彪	张大志	奚卫宁	郗安民
	康乐俊	徐金梧	宋　杰	刘鸿飞	向星灿	王长松
	黎继忠	李　威	孙　述	王长松	徐伽诺	张　杰
	李国芹	吕卫阳	孙元波	徐金梧	许国亮	郗安民
	李丽石	王长松	覃思明	徐　科	杨希曦	史小路
	张　平	王长松	赵俊华	刘　颖	姚耕耘	王长松
机械设计及理论	曹新春	杨海波	刘晶鑫	吴迪平	姚瑞娟	于晓红
	陈东宁	万　静	龙思习	刘晋平	油红科	张少军
	丁	张康生	卢　倩	杨　荃	于邦超	王宝雨
	杜伸锋	何安瑞	罗　彪	曹　彤	于洪瑞	杨　荃
	高世卿	杨　荃	罗毅彪	韩建友	余乐文	苏兰海
	韩凯儒	张　杰	马　特	吴迪平	袁　琦	杨　竞
	何艳兵	杨海波	莫天生	张大志	张　栋	张清东
	呼小军	何安瑞	宋　莹	张康生	张后龙	韩建友
	胡宝富	翁海珊	陶钢正	闫晓强	张金涛	苏兰海
	胡树山	张少军	田　超	杨　竞	张　凯	韩建友
	纪　佳	张　杰	王　斌	张　杰	张向磊	苏兰海
	李　萌	卞致瑞	王建峰	尹忠俊	张新其	臧　勇
	李巧云	王宝雨	王　蔚	韩建友	张　勇	曹建国
	李　昕	翁海珊	吴国昌	邱丽芳	赵曹慧	张少军
	李新新	张少军	吴锦刚	张康生	赵顺亮	张清东
	刘　广	韩建友	杨　涛	边新孝	赵　涛	王小群
	郑光普	秦　勤	朱先兵	张清东	赵　威	李　威
机械制造及其自动化	白　雪	贾志新	刘建平	李　疆	王志坚	唐　英
	曹佛清	唐　英	马步川	刘北英	吴　权	唐　英
	陈　泽	唐　英	莫　莉	刘晋平	谢　博	刘北英
	杜莉婷	贾志新	钱永产	张锁梅	熊　祎	贾志新
	韩　冬	焦　让	唐传军	刘　江	杨仁硕	刘北英

续表

学科、专业	硕士研究生	导师	硕士研究生	导师	硕士研究生	导师
机械制造及其自动化	姜其成	刘　江	王桂林	冯　明	尹　敏	王宝雨
	蒋泽义	刘北英	王晓鹏	刘　江	张　鹏	贾志新
	刘　嘉	张锁梅	王　岩	贾志新	周舟帆	刘　江
机械装备及控制	包　淼	闫晓强	孟小明	曹建国	王燕萍	曹建国
	陈德来	尹忠俊	孙　洁	尹忠俊	吴雪兵	臧　勇
	范连东	闫晓强	王　晗	孙志辉	叶海丽	张大志
	李晶晶	秦　勤	王鹏飞	卞致瑞	尹滇平	孙志辉
	郑　武	张清东				
基础数学	龚佳佳	卫宏儒	何江华	张志宏	刘宝晶	赵立英
计算机科学与技术	白　莉	苏力萍	王　婧	杨炳儒	刘　茜	胡长军
	蔡思宇	郑雪峰	王　静	赵冲冲	刘　涛	杨炳儒
	柴建伟	赵冲冲	王融融	王昭顺	刘　玮	包　宏
	常　宁	王志明	王守坤	王成耀	刘　霞	王昭顺
	陈洪云	孙　义	王晓晓	郝红卫	刘珍珍	李建江
	陈文秀	班晓娟	王昕亮	刘宏伟	路　川	李建江
	陈　雪	刘　萍	王旭东	姚　琳	吕　强	班晓娟
	程大卫	张德政	王艳锐	孙　义	吕小龙	班晓娟
	崔　俊	王志明	王　赞	杨炳儒	罗艳辉	胡长军
	邓昌灏	王志良	王征宇	张德政	马凤霞	郝红卫
	邓　瑰	王成耀	温　博	郝红卫	马　莉	包　宏
	地里木拉提买买提	郑雪峰	文占峰	郑雪峰	马连刚	夏克俭
	董威一	艾冬梅	吴红梅	刘宏伟	马彦华	阿孜古丽
	董一鸣	王　沁	吴　婧	张德政	么克磊	吕志民
	杜少峰	夏克俭	吴　涛	曾广平	门山山	胡　玥
	高　盼	班晓娟	席凤环	刘　萍	彭笑艳	张德政
	戈振文	王昭顺	席　强	胡长军	秦正波	张晓彤
	耿　娇	胡　玥	谢益平	杨炳儒	热拉尔	班晓娟
	宫团基	夏克俭	辛之歌	杨炳儒	任晓谢	胡长军
	郭　昱	张晓彤	邢贵重	王昭顺	任　轶	胡长军
	韩东琴	班晓娟	薛成秀	李建江	申庆胜	王昭顺
	韩　辉	郑雪峰	薛亚飞	胡　玥	沈冠璞	班晓娟
	何　龙	赵冲冲	严　林	李建江	沈秀春	郝红卫
	何　霄	王忠民	杨丽涛	曾广平	时玉芳	包　宏

续表

学科、专业	硕士研究生	导师	硕士研究生	导师	硕士研究生	导师
计算机科学与技术	黑　眈	李建江	杨忠洪	郝红卫	史敏甲	王成耀
	胡希文	郑雪峰	姚　敏	王　沁	帅兰兰	刘宏伟
	黄金金	王昭顺	于复兴	郑雪峰	宋红玲	张晓彤
	靳惠阳	王成耀	余美强	张晓彤	宋宏宇	夏克俭
	李柏林	刘　萍	曾菁菁	王忠民	苏　凡	胡长军
	李道义	胡长军	张　辰	张德政	孙　丽	张德政
	李福霞	王忠民	张春晓	曾广平	孙治华	张德政
	李　刚	王忠民	张晋京	王昭顺	唐晓晓	张德政
	李浩然	胡　玥	张　凯	郑雪峰	唐云峰	郝红卫
	李　辉	胡长军	张利京	王成耀	田风革	胡长军
	李　娟	夏克俭	张淑娟	姚　琳	汪　琦	杨炳儒
	李俊丽	胡长军	张卫锋	阿孜古丽	王凤明	徐　科
	李琪美	刘宏伟	张卫亮	郝红卫	王浩森	王　沁
	李帅孝	王志明	张晓黎	郝红卫	王慧玲	赵冲冲
	李　涛	王昭顺	张学春	李建江	王江伟	王成耀
	李　响	阿孜古丽	张　洋	刘宏伟	刘春祥	班晓娟
	李晓艳	郝红卫	赵　欣	王昭顺	刘金福	曾广平
	李兴钢	李建江	赵兴贵	包　宏	刘立娟	包　宏
	李	王成耀	赵燕丽	孙　义	刘鹏春	苏力萍
	梁　晶	徐　科	赵志龙	刘宏伟	周大山	王忠民
	梁　蕊	刘宏伟	郑维亮	王成耀	周淑一	阿孜古丽
	林晓华	孙　义	郑显玲	胡长军	周祎欣	郑雪峰
	刘朝晖	郑雪峰	周博林	班晓娟	朱　斌	曾广平
计算数学	陈春霞	郑连存	刘　晓	张晓丹	张利平	张晓丹
	耿悦杰	张志刚	刘　洋	申亚男	张　柳	张晓丹
	贺国伟	陈明文	倪春青	胡志兴	赵　丽	巩馥洲
	李　倩	谢铁军	王丽娟	郑连存		
技术经济及管理	崔凯旋	戴淑芬	黄建美	杨　青	于　婧	戴淑芬
	高　飞	王维才	李　淼	殷焕武	曾祥云	刘明珠
	宫月玲	殷焕武	蔺志成	殷焕武	朱含蓄	戴淑芬

续表

学科、专业	硕士研究生	导师	硕士研究生	导师	硕士研究生	导师
教育经济与管理	曹志花	郭德侠	韩新春	李　梅	王国龙	毛祖桓
	陈　红	曲绍卫	侯晓敏	郭德侠	王红帆	曲绍卫
	丁　强	曲绍卫	吉　祥	杨晓明	王宇涵	毛祖桓
教育经济与管理	段绍晖	杨晓明	贾丹丽	曲绍卫	闫　红	毛祖桓
	龚　楠	李　梅	刘有珍	杨晓明	张　洁	李　梅
	郭　晶	李　梅	孟　婧	毛祖桓	张晓丽	杨晓明
	周　琼	李　梅				
结构工程	关　华	牟在根	谭福平	牟在根	许晓慧	宋波-土木
	郭传军	王树和	田秀英	刘娟红	薛一鸣	宋波-土木
	李春霞	宋波-土木	汪志远	纪洪广	于　淼	谭文辉
	李立容	纪洪广	王立伟	纪洪广	张　蕊	刘娟红
	李平安	牟在根	魏鸿林	李建平	张永恒	刘娟红
	梁毅山	龚　敏	肖　坚	牟在根		
金融管理工程	戴　晨	张　群	宋杨红	黄晓霞	杨婷婷	张莲英
	李晓林	潘永泉	孙　静	李　军	俞敏超	张莲英
	刘梦欣	张莲英	王　瑾	王立民	詹翠翠	王未卿
	苗　耕	谢　湲	王颖佳	王立民	张华超	刘　澄
	任爱玲	胡　波	肖欢欢	张莲英	郑晓如	王未卿
	邹继秋	王立民				
经济法学	车园园	王宾容	王承恩	石　雁	郑　铁	魏增产
	马　庆	郑瑞琨	肖玉坤	王宾容	周　峰	石　雁
	秦纪伟	石　雁	杨　虹	石　雁	周　琳	张　颖
	杨　科	魏增产				
科学技术史	李欣欣	潜　伟				
科学技术史(工学)	巢云霞	李晓岑	刘培峰	潜　伟	王丽莉	潜　伟
	程　瑜	李秀辉	刘人滋	潜　伟	徐建炜	梅建军
	韩绍坤	李延祥	马　粹	潜　伟	于永平	李延祥
	李永春	李延祥	孟祥伟	梅建军		
科学技术哲学	陈　越	颜　锋	刘海青	刘文霞	王　苗	孙雍君
	郝宏虎	孙雍君	尚　龙	刘文霞	夏永红	颜　锋
控制科学与工程	艾琳婷	穆志纯	汪晓风	王　京	马雪明	董　洁
	曹桂水	彭开香	汪　勇	穆志纯	孟　传	刘冀伟
	曹思飞	李希胜	王丹丹	穆志纯	闵军虎	彭开香
	曹训训	刘贺平	王福闯	孙　铁	牛	王　京
	曹亚青	童朝南	王海彬	杨卫东	欧为军	付冬梅
	陈　洁	付冬梅	王俊霞	徐正光	秦　超	杨卫东

续表

学科、专业	硕士研究生	导师	硕士研究生	导师	硕士研究生	导师
控制科学与工程	程庆阳	付冬梅	王　磊	王　京	饶一峰	蓝金辉
	丁　闪	尹怡欣	王丽萍	蓝金辉	任治潞	张勇军
	董秀伦	刘文仲	王　萍	刘贺平	申　凯	蓝金辉
	傅振铎	付冬梅	王伟星	石中锁	沈卓勋	蓝金辉
	高瑞宏	穆志纯	王潇晨	付冬梅	石中州	刘贺平
	高　婷	杨卫东	王　哲	潘月斗	史卓亚	童朝南
	高　鑫	杨卫东	王智雷	高　海	宋明明	李　刚
	高　颖	张朝晖	王卓君	王　京	孙　超	穆志纯
	郭　婕	刘冀伟	韦职英	孙　铁	孙　武	郭　强
	郭　静	穆志纯	吴　娱	高　海	田海波	李　果
	韩君鲁	杨卫东	夏　筱	穆志纯	涂承明	徐正光
	郝国梁	王志良	邢宝佳	尹怡欣	周北略	徐正光
	何　溟	刘贺平	徐　翔	石中锁	周　聪	刘冀伟
	何小芸	张维存	徐银梅	王志良	周亚棱	张朝晖
	胡　平	童朝南	许晋元	张朝晖	周振华	刘贺平
	黄　丽	徐正光	闫晓风	张晓彤	朱苗苗	陈先中
	黄　伟	尹怡欣	杨　东	徐正光	朱永磊	左　昉
	贾　硕	孙昌国	杨　玲	陈先中	祝　彦	王志良
	贾侦财	侯庆文	杨　影	高　海	邹　虹	康瑞清
	孔　静	刘贺平	于　政	陈先中	邹学渊	王　京
	况丽丽	尹怡欣	余朝发	孙昌国	吕　勇	刘冀伟
	李　波	李希胜	余尚志	彭开香	罗　扬	李　擎
	李峰俊	董　洁	原增泉	尹怡欣	罗毅欣	胡广大
	李　锋	王　京	张　超	郭　强	马俊艳	孙　铁
	李　琳	付冬梅	张大伟	石中锁	马凯蒂	童朝南
	李　蒙	杨卫东	张　帆	童朝南	马　宁	李　擎
	李　敏	陈先中	张　帆	穆志纯	马世海	张维存
	李　明	张朝晖	张　寒	迟健男	张　颖	刘冀伟
	李晓辉	王志良	张　宏	胡广大	张子璐	穆志纯
	李　瑶	潘月斗	张　俊	董　洁	赵　倩	孙昌国
	李　圆	刘文仲	张　岚	刘冀伟	种大林	高　海
	林　萍	孙　铁	张玲玲	杨卫东	刘万鹏	穆志纯
	刘本玉	石中锁	张　敏	王　京	刘　洋	迟健男

续表

学科、专业	硕士研究生	导师	硕士研究生	导师	硕士研究生	导师
	刘国君	李希胜	张圣彦	王志良	吕　强	张维存
	刘　锐	谢　仑	张　文	李晓理	张兴兴	杨卫东
	刘　颂	徐正光	张晓丹	彭开香	张旭莉	彭开香
矿产普查与勘探	陈彦亭	李克庆	冯建荣	张树泉	林天懿	徐九华
	房金伟	徐九华	李金龙	张树泉	任晓曦	陈德平
矿物加工工程	曹志成	孙体昌	刘　旭	王化军	王旭高	王化军
	陈京玉	林　海	马　佳	肖宝清	王延兵	王化军
	黄雪洁	肖宝清	石　磊	林　海	仵晓丹	杨慧芬
	黄　屹	倪　文	宋　振	倪　文	邢方丽	肖宝清
	解　琳	王化军	王静静	杨慧芬	杨　琨	王化军
	刘　杰	孙体昌	王晓莉	王化军	杨伟光	倪　文
	郑美娟	倪文				
矿物学、岩石学、矿床学	褚海霞	徐九华	李　冰	李克庆	许道学	谢玉玲
	郭振华	谢玉玲	刘云飞	谢玉玲	许为峰	陈德平
	贾　璐	谢玉玲	王悠然	於晓晋	杨菁华	倪　文
	朱　明	李克庆				
理论物理	孟庆超	冯　澎				
流体机械及工程	耿子海	刘双科	刘晓东	刘向军	王瑞雪	夏德宏
	李　杰	乐　恺	刘晓珂	刘向军	杨永昌	王　恒
	林　超	刘向军				
流体力学	陈　伟	石博强	王　华	朱维耀	原文龙	王化军
	马丽楠	朱维耀	夏　卿	朱维耀	张　运	谢振华
	隋志平	谢振华				
马克思主义基本原理	白立峰	刘静珠	李　豪	冯秀珍	马继德	陆　宁
	陈　飞	王志明	李　惠	李晓光	孟艳玲	陆　宁
	陈泉池	陆　宁	李　馨	杨彦强	苏　纳	张北根
	方鹏飞	张北根	李　洋	李晓光	王永利	王志明
	周　钱	张北根				
民商法学	蔡晓慧	张　颖	马华骏	郑瑞琨	王学聪	李婉平
	段祥伟	魏增产	任俏瑛	郑瑞琨	魏　微	侯登华
	顾耘宇	石　雁	孙婉仪	李婉平	吴　迪	郑瑞琨
	贺　诚	杜晓智	田艳芳	王竹青	谢　丹	王竹青
	胡红蕊	郑瑞琨	王冬丽	李婉平	许　萍	王竹青

续表

学科、专业	硕士研究生	导师	硕士研究生	导师	硕士研究生	导师
民商法学	兰雅丽	杜晓智	王　娇	李婉平	阎　枫	杜晓智
	李钟洙	魏增产	王竟隆	魏增产	于龙洋	杜晓智
	张祎慧	侯登华	赵茁茏	魏增产		
凝聚态物理	樊　超	巨　新	李歌天	丁红胜	石　领	马星桥
	黄　菊	孟凡研	李晓香	李　阳	孙　伟	吴　平
	雷　涛	申　江	李新连	吴　平	孙云花	邱　宏
	冷　皓	巨　新	李有霞	潘礼庆	王光月	张国华
	张　赏	邱红梅	刘　帅	巨　新	张　明	申　江
企业管理	蔡安雅	权良柱	韩　冰	裴利芳	刘　礼	高俊山
	曹世晶	陈雪松	计慧敏	戴淑芬	陆晓慧	瞿国忠
	常寅仲	高俊山	李东奇	瞿国忠	马诚慧	高俊山
	陈　东	黄　瑛	李跟东	刘　澄	马婧文	佘元冠
	陈剑星	张文新	李吏豫	魏　钧	马丽丽	张　群
	陈　卿	佘元冠	李学良	高俊山	任晓红	高俊山
	邓海丹	苏　玲	李　跃	张　剑	孙　佳	张剑
	董　荔	张　剑	梁晶晶	裴利芳	檀丽娅	高俊山
	付立辉	樊彩霞	刘碧竹	王道平	王　兰	瞿国忠
	公　强	裴利芳	刘　凯	魏　钧	王　荣	瞿国忠
	徐洪伟	裴利芳	赵　雪	陈雪松	谢　芳	陈雪松
	杨　娜	裴利芳	周　霞	张　剑		
桥梁与隧道工程	曹光华	谢谟文	李君伟	吴顺川	王晓振	吴顺川
热能工程	陈远飞	温　治	李　冰	姜泽毅	薛　坤	于　帆
	程　庆	苏庆泉	牟仁玲	冯俊小	张　材	冯俊小
	邓　玲	刘应书	彭杨焜	苏庆泉	张　烨	苏庆泉
	丁建亮	温　治	尚迎春	夏德宏	章　帅	刘柏谦
	范　帆	夏德宏	佟　薇	刘柏谦	章新波	刘应书
	郭珊珊	夏德宏	王静静	王　立	焦艳梅	刘柏谦
	姜方宁	姜泽毅	肖琳姝	夏德宏		
设计艺术学	曹　然	陶　晋	姜　波	魏　东	王福恒	李　威
	常天娲	陈　键	刘　辉	陶　晋	郗小超	魏　东
	冯　春	陶　晋	牧　洁	陶　晋	许清晓	魏　东
	朱庆祥	陶　晋				

续表

学科、专业	硕士研究生	导师	硕士研究生	导师	硕士研究生	导师
社会学	董雪蕊	陆　俊	蒋卓晔	时立荣	史　桓	周湘斌
	杜秀萍	陆　俊	李　明	刘　莉	孙　静	郇建立
	郭　燕	时立荣	娄缤元	张北根	王安岩	时立荣
	黄　刚	陆　俊	邵艳军	彭庆红	徐英俏	左　鹏
	季玉伟	彭庆红	史国欢	刘向英	殷素丽	周湘斌
	袁富民	陆　俊	赵晓明	左　鹏		
生物化工	程　琳	林　海	倪锦俊	闫　海	张　洁	杜宏武
	刚　刚	黄国忠	聂智华	常雁红	张京京	冯雅丽
	关珊珊	闫　海	孙　浩	叶亚平	张文思	弓爱君
	冀春苗	周北海	卫海珍	常雁红	张　轩	常雁红
	景建克	闫　海	杨晓静	闫　海	张　艳	林　海
	李　娟	孙春宝	于昕蕾	林　海	赵　慧	林　海
	赵晶晶	周北海	郑　瑾	汪群慧	祝向伟	罗　晖
生物化学与分子生物学	包有霞	闫　海	刘　畅	胡继业	吴　莉	杜宏武
	蔡怀涵	宋　青	马　雪	弓爱君	薛　伟	罗晖
	陈　娟	时国庆	乔　宁	罗　晖	闫　震	闫　海
	高　明	闫　海	孙　清	时国庆	杨　帅	闫　海
	郎序菲	弓爱君	王小伟	杜宏武	于立涛	张　怀
	李鹏飞	王海鸥	王小岩	宋　青	张　莉	罗　晖
	李　雪	宋　青	王子敬	闫　海	张　敏	闫　海
	郑智新	胡继业	支　蕊	王海鸥		
市政工程	陈　阳	汪群慧	林　晔	汪群慧	许延祺	牟在根
	胡爱兵	李子富	刘　璐	林　海	杨　柳	林　海
	李宇琛	谢谟文	齐　继	李子富	杨庆峰	宋存义
	张星星	宋存义	汪　君	宋存义		
思想政治教育	蔡征超	王爱红	李　鹏	时立荣	石国华	彭庆红
	陈艳秀	周湘斌	梁　帅	时立荣	苏　航	彭庆红
	邓　波	赵　锋	刘　帆	周湘斌	王旭平	闫拓时
	高春霞	左　鹏	刘金利	彭庆红	王云花	刘向英
	李　磊	刘　莉	马爱荣	陆　俊	杨　阳	左　鹏
	尹玉红	陆　俊	郑建锋	彭庆红	易　娟	刘　莉
	岳亚飞	刘向英				

续表

学科、专业	硕士研究生	导师	硕士研究生	导师	硕士研究生	导师
外国语言学及应用语言学	白　艳	彭　漪	蔺天娇	何　沂	杨梅如	梁素芹
	曹　杏	梁素芹	刘琛波	张敬源	于　鑫	彭　漪
	冯月梅	赵　纬	罗　娜	张敬源	于志欣	外教1
	高　飞	王　娜	庞丹丽	何　沂	余瑞瑞	王　娜
	郭　莉	张敬源	史蓉蓉	何　伟	袁维春	赵　纬
	韩青玉	刘立华	孙素芬	杨　子	翟金隽	何　伟
	孔媛媛	张敬源	王佩佩	王　娜	翟　萌	梁素芹
	李　华	刘立华	武永丽	何　伟	张淑娜	杨　子
	李天影	刘立华	杨海燕	彭　漪	张雅琳	杨　子
	李亭亭	赵　纬	杨洁茵	何　伟	张志新	杨　子
	郑　烨	彭　漪				
文艺学	白玉静	邓双林	李晓睿	丁　放	杨学良	刘静珠
	陈尖一	刘静珠	刘　杰	刘静珠	袁仁意	丁　放
	顾　林	邓双林	王　蕾	李　怡	张会群	丁　放
	张　艳	邓双林				
无机化学	邓娟娟	王明文	韩大明	李文军	张慧燕	孙长艳
	丁　针	闫宏亮				
物理电子学	陈小波	丁红胜	韩晓晶	田　跃	马　禹	王凤平
	崔　云	李　杰	李　慧	邱　宏	孙宇舟	李　杰
	高雅彬	田　跃	林宝正	邱　宏	汪　晖	吴　平
	张俊军	田　跃				
物理化学	董　博	陈飞武	吉丽霞	袁文霞		
物流工程	陈恭玖	冯爱兰	李媛媛	王　转	戚大华	程国全
	陈　琳	董绍华	李云锋	程国全	任丽娜	吕志民
	封保霞	李苏剑	廖　放	张庆华	石　凯	王　转
	姜　磊	丁文英	刘　钢	程国全	宋津晶	李苏剑
	李小娜	董绍华	吕运强	丁文英	王　玉	王国华
	李　颖	程国全	裴　超	王　转	魏　俊	张庆华
	张　蕊	程国全	赵姗姗	张庆华	杨秀明	王国华
	张园园	李苏剑	邹雪丁	王　转	张丽莉	张庆华
系统工程	李海霞	艾冬梅	赵　婧	艾冬梅		

续表

学科、专业	硕士研究生	导师	硕士研究生	导师	硕士研究生	导师
信息与通信工程	艾　京	陈月云	路　遥	杨　扬	张继光	周贤伟
	比尔托蒙	黄旗明	潘超平	王建萍	张明东	周贤伟
信息与通信工程	陈静毅	刘蕴络	彭　莱	刘蕴络	张仕宇	周贤伟
	陈小勇	杨　扬	乔士俊	王建萍	张　旭	林　闯
	郭帅旗	陈月云	申　悦	周贤伟	张　英	林　闯
	郭　勋	杨　扬	苏　获	杨　扬	张志华	周贤伟
	郭彦辰	王建萍	孙　勇	周贤伟	赵丹萍	周贤伟
	郭　营	王建萍	汪　洋	周贤伟	赵　良	杨　扬
	贺　彪	周贤伟	王　莉	陈月云	赵　明	杨　扬
	侯国梁	周贤伟	王　蒙	周贤伟	赵　骞	周贤伟
	黄芳芳	刘　丽	王　尧	周贤伟	赵荣芳	杨　扬
	黄　欢	刘蕴络	吴婧娜	王志良	周　玲	刘蕴络
	惠　宁	周贤伟	吴友胜	曾广平	周　旺	王建萍
	贾翠霞	陈月云	谢丽艳	杨　扬	朱　林	王建萍
	姜朋娟	王建萍	辛　庆	刘　丽	刘希玲	杨　扬
	晋　津	周贤伟	杨　光	周贤伟	刘妍妍	陈月云
	李　丹	王建萍	杨　柳	杨　扬	刘臻臻	周贤伟
	李　维	王建萍	杨世明	杨　扬	杨　桢	班晓娟
	李晓亮	王建萍	廖　榕	王建萍	袁　媛	王建萍
行政管理	白　璐	崔　英	思　德	张小明	殷　卫	何晓前
	邓春秋	崔　英	孙慧娟	何晓前	岳晓芸	汪淑珍
	丁年和	许　放	谭　春	俞文华	张　静	冯　英
	丁　倩	崔　英	田娜娜	张小明	张俊磊	吴群芳
	范晓璐	吴群芳	田　宇	俞文华	张民阔	王育杰
	冯佳楠	陈闽红	王　超	陈闽红	张茗程	许　放
	古丽扎提.托汗	陈闽红	王春梅	俞文华	张晓光	黄耀杰
	何　畅	汪淑珍	王　丹	陈闽红	张晓慧	黄耀杰
	侯　博	崔　英	王家仁	俞文华	赵洪沣	冯　英
	孔令晨	崔　英	王　珏	张小明	赵轶南	王育杰
	李　芳	王育杰	王钦正	何晓前	朱丽丽	黄耀杰
	李　梦	何晓前	王　伟	吴群芳	朱庆瑞	陈闽红
	李　倩	俞文华	王向伟	黄耀杰	杨　怡	冯　英
	李　燕	汪淑珍	吴新龙	王育杰	杨　英	冯　英
	李志峰	吴群芳	邢巨东	何晓前	杨兆霞	冯　英
	刘　辉	黄耀杰	徐先治	黄耀杰	任雨佳	崔　英

续表

学科、专业	硕士研究生	导师	硕士研究生	导师	硕士研究生	导师
	卢　健	张小明	颜翠翠	汪淑珍	史　晶	吴群芳
	任晶萍	张小明				
岩土工程	蔡海波	吴顺川	刘　玲	乔　兰	王　玥	周晓敏
	陈　杨	蔡美峰	马　聪	高永涛	吴维伦	谢谟文
	丁录董	高永涛	孟　超	李长洪	杨靖韬	高　谦
	冯晓轩	谢谟文	盛志战	王金安	杨晓炳	高　谦
	姜银华	乔　兰	孙映霞	王金安	张　蕾	纪洪广
	林　晨	明世祥	王　斌	周晓敏	张　巍	吴顺川
	朱占东	王金安	邹超群	李长洪		
冶金物理化学	曹瑞芳	王福明	李山梅	王新东	魏浩杰	王新东
	柴国强	王福明	彭	郭　敏	徐　冉	宋波-冶金
	杜光宝	张梅-冶金	王小伟	于然波	杨宝斌	宋波-冶金
	胡晓鹏	于然波	王中磊	唐惠庆	张增召	郭兴敏
	赵　晶	宋波-冶金				
应用化学	廖明霞	李　晔	张群芳	王明文	邹永振	张欣欣
应用数学	曹淑鹏	李安贵	刘晓霞	许三星	王康宁	郑连存
	曹晓林	严加安	吕静琳	闵乐泉	王　丽	徐　尔
	陈　葵	张志刚	聂永丽	马万彪	王轶男	陈明文
	成　星	徐　尔	彭锦玲	胡志兴	魏述强	廖福成
	冯学芬	谢铁军	强芳玮	范玉妹	魏婷婷	汪飞星
	郝奉宇	闵乐泉	邱冠男	范玉妹	温业棻	苏永美
	贾瓦拉	汪飞星	任艳芳	胡志兴	吴德利	王　辉
	姜明霞	尚新春	商亚静	马万彪	夏英英	赵立英
	蒋　晗	陈明文	邵　帅	张晓丹	徐　亢	张志刚
	李　茜	汪飞星	沈照敬	孙玉华	薛　莲	胡志兴
	梁东娟	郑连存	苏婕妤	闵乐泉	颜　瑞	范玉妹
	梁智昊	范玉妹	孙晓悦	王　辉	姚素辉	谢铁军
	刘富芳	许三星	铁　铮	徐　尔	游小菊	马万彪
	刘祥东	王　辉	王　菲	孙玉华	于　宝	马万彪
	张绍娟	汪飞星	赵向辉	谢铁军	于晶晶	张志刚
	张志强	赵立英	赵媛媛	马万彪	于晓庆	廖福成
	赵芳芳	郑连存	左勇勇	卫宏儒	翟辽阔	李安贵

续表

学科、专业	硕士研究生	导师	硕士研究生	导师	硕士研究生	导师
英语语言文学	郭雅雯	杨英军	李　兵	陈红薇	唐小彬	杨英军
	何田田	杨英军	李　芸	杨英军	张　玲	陈红薇
	江　丹	陈红薇	林　青	杨英军	张　娜	陈红薇
有机化学	高伟玲	杨运旭	宋　磊	范慧俐	王伟力	杨运旭
	刘　卉	杨运旭	王　芳	范慧俐	周　跃	范慧俐
有色金属冶金	黄珊艳	朱鸿民	宋云霞	薛济来	张　娟	朱鸿民
	刘　宇	邹　兴	王江廷	朱鸿民	张　晓	邹　兴
	苗　壮	朱鸿民	王目孔	马瑞新	郑一方	薛济来
运筹学与控制论	曹　丽	闵乐泉	李　红	廖福成	刘　敏	李安贵
	柴方勇	卫宏儒	李　韦	廖福成	孙雪莲	范玉妹
制冷及低温工程	陈　超	王　立	孙立佳	孙淑凤	徐根花	王　立
	胡志彬	孙淑凤	王大陆	孙淑凤	张　珍	童莉葛
	李海燕	童莉葛	王玉莲	孙淑凤	赵　杰	王　立
	楼黎虹	刘应书	吴建福	童莉葛		
资源经济与管理	陈　轶	胡乃联	王　倩	李翠平	杨忠敬	明世祥
	何　丹	杨　鹏	吴　峰	李克庆	张　静	宋卫东
	李　伟	陈广平				

2010年获得学位的研究生或毕业的研究生名单

姓名	导师	学科、专业	备注
李　伟	王金安	工程力学	获博士学位
陈晓华	陈国良	材料学	获博士学位
张竞扬	何　枫	国际贸易学	获硕士学位
崔娟娟	张莲英	金融管理工程	获硕士学位
孙正霞	陈广平	资源经济与管理	硕士生毕业
刘　健	朱维耀	环境科学	硕士生毕业
江成忠	刘北英	机械制造及其自动化	硕士生毕业
焦　锂	刘　澄	工商管理硕士	硕士生毕业
陈对业	殷焕武	工商管理硕士	硕士生毕业

2010年以同等学历获得硕士学位的在职人员名单

学科、专业	学位	姓名	导师	姓名	导师
采矿工程	工学	赵 峰	高永涛	谢碧祥	李京社
采矿工程	工学	孙建波	高永涛	孔维功	付冬梅
钢铁冶金	工学	才仁拉吉甫	李京社	马莉莉	王志明
思想政治教育	法学	李宇杰	时立荣	刘君宇	彭庆红
思想政治教育	法学	伍 力	彭庆红	陈文武	刘 莉
思想政治教育	法学	徐 丹	周湘斌	周必宁	王爱红
思想政治教育	法学	曾 晖	左 鹏	李 辉	左 鹏
思想政治教育	法学	赖 仿	刘 莉	虞新学	时立荣

2010年获得硕士专业学位的在职研究生名单

学位类别	专业、领域	姓名	导师	姓名	导师	姓名	导师
工程硕士	矿业工程	陈 轲	陈广平	李朝学	胡乃联	马云艳	胡乃联
		董金奎	李长洪	李国平	纪洪广	庞明海	刘 立
		范才兵	李长洪	林建奎	明世祥	齐宝军	蔡美峰
		阚晓平	明世祥	陆 颀	明世祥	齐悦刚	张文明
		孔凡正	明世祥	罗新霞	纪洪广	孙振华	明世祥
		张志华	王化军	马宏志	刘 立	田宽心	胡乃联
		赵连双	纪洪广				
	环境工程	朱立新	孙体昌				
	冶金工程	白东坤	王福明	黄 重	张家泉	刘玉江	贾彦忠
		白延明	李京社	吉立鹏	陈伟庆	吕 斌	宋波-冶金
		边美柱	储少军	纪永增	张建良	吕金华	贾彦忠
		曹 盛	成国光	姜文豪	白 皓	马占诚	高 斌
		曹太平	王福明	焦虎丰	张宗旺	毛尽华	程树森
		程科兵	李 晶	李 飞	陈伟庆	孟传峰	王福明
		崔全法	王福明	李 建	成国光	牛会敏	包燕平
		邸雪飞	白 皓	李 杰	孙彦辉	潘洪涛	李 宏
		董光欣	薛庆国	李金柱	薛庆国	齐宏涛	程树森
		都青山	王静松	李明儒	李 晶	秦延华	高 斌
		高现刚	张宗旺	李 娜	李京社	任彤旭	张宗旺
		高新军	张家泉	李 锐	张家泉	石立光	朱 荣
		高旭晖	刘建华	李世	程树森	石树东	朱 荣
		顾红琴	宋波-冶金	李素芳	王福明	史 俊	郭汉杰
		关治国	李京社	李晓伟	张炯明	宋万平	李 晶
		郭天永	程树森	李玉奇	贾彦忠	苏晓峰	陈伟庆
		韩桂印	郭汉杰	廉 华	张宗旺	孙晓双	刘建华
		贺俊霞	王福明	刘吉涛	贾彦忠	万 雷	程树森
		胡显堂	王福明	刘 瑾	高 斌	王冰民	陈伟庆

续表

学位类别	专业、领域	姓名	导师	姓名	导师	姓名	导师
工程硕士		夏焱	王福明	张爱国	杨世山	王克玉	薛庆国
		徐建良	吴胜利	张红丽	高斌	王尚华	高征铠
		徐莉	刘青	张立国	张宗旺	王双龙	王静松
		许东利	李晶	张立国	朱荣	王艳莉	王福明
		闫魁红	张建良	张卫东	朱荣	魏建全	张炯明
		闫欣	成国光	张占军	张建良	魏前龙	包燕平
		杨晓山	张炯明	张昭	宋波-冶金	沃树堂	高斌
		杨义	郭汉杰	赵鸣	白皓	吴善兵	徐安军
		姚家华	李京社	赵铁良	张建良	郑全振	李晶
		叶小叶	郭汉杰	赵学义	成国光	朱殷翔	许中波
		喻黄海	陈伟庆	曾立	陈伟庆		
	材料工程	薄涛	任学平	李恩旺	宋仁伯	王嘉盛	刘雅政
		陈建刚		李继康	黄进峰	王文生	周成
		陈江涛	高瑾	李健	任学平	王修宾	何业东
		崔新亮	吴春京	李军	吴春京	王铮	刘雅政
		丁琳	吴春京	李维	董建新	王中学	宋仁伯
		丁燕勇	周成	梁辉	任学平	文建军	刘靖
		杜显彬	薛庆国	刘滨	孙建林	吴兵	王福明
		鄂志英	王燕斌	刘敏	刘靖	吴兆军	于浩
		付薇	刘雅政	刘义学	周成	吴志刚	周成
		高春红	郭晖	彭正全	孙建林	徐慎勇	余万华
		郭文东	张跃	乔占栾	毛卫民-材加	杨静	何业东
		郝少锋	刘雅政	邱姣	赵志毅	张健	宋仁伯
		侯金龙	吴春京	曲辉祥	赵志毅	张利平	王静松
		黄文初	赵志毅	史晓旭	周成	张秀山	宋仁伯
		黄细阳	吴春京	苏洪英	尚成嘉	张有余	杜振民
		姜世勇	宋仁伯	孙慧元	杜振民	赵爱军	尚成嘉
		蒋智金	毛卫民-材加	孙丽荣	刘雅政	赵林	宋仁伯
		晋玉猛	刘航	孙庆亮	孙加林	赵昱臻	任学平
		李道刚	刘雅政	王海良	韩静涛	郑毅	毛卫民-材料
		周延枝	周成				
	机械工程	崔杰	张少军	司小明	闫晓强	王震	朱超甫
		董梅	曹建国	檀长松	董绍华	王宗明	张杰
		韩旭	张清东	王保胜	郗安民	吴保桥	秦勤
		胡士幸	张清东	王强	张杰	吴林	臧勇
		马江静	尹忠俊	王卫远	张清东	徐志强	闫晓强
		裴令明	孙志辉	王晓东	秦勤	张四方	苏兰海
		沈新玉	张少军	王莹	卞致瑞	张维国	史小路
		赵海燕	吴迪平	朱广宏	闫晓强	赵海山	孙志辉
	动力工程	李俊义	王立	逯凤霞	王立		
	物流工程	李清刚	李苏剑	王玲飞	张庆华	郑芳	丁文英
		刘杰	张庆华				
	控制工程	车兰	杨卫东	梅蜀妍	张维存	徐绍良	徐正光
		陈春香	孙昌国	孟伟	董洁	杨建学	孙昌国
		范铁锤	刘贺平	牛大勇	李晓理	杨振华	尹怡欣

续表

学位类别	专业、领域	姓名	导师	姓名	导师	姓名	导师
工程硕士		部海明	李　擎	申凌云	张维存	郁　人	穆志纯
		关云鹏	刘贺平	宋逢春	张维存	张　澄	吴并臻
		郝全田	尹怡欣	宋钢石	董　洁	张春侠	胡广大
		何俊正	胡广大	宋　萍	孙　衢	张红强	董　洁
		李　刚	刘冀伟	宋艳敏	徐正光	张洪涛	刘冀伟
		李　珂	孙　铁	宋冶秋	彭开香	张孝强	高　海
		李　坤	杨卫东	孙桂梅	李晓理	张治国	穆志纯
		李　鲲	童朝南	田晓霞	童朝南	赵宗超	孙　铁
		李　磊	孙　铁	王桂新	董　洁	周宝佟	穆志纯
		李　明	李　果	王　磊	胡广大	朱继锋	李　擎
		李　娜	付冬梅	王淑其	孙　衢	吴　红	杨卫东
		刘凯军	徐正光	王文杰	彭开香	项　君	高　海
		刘晓丽	潘月斗	温　莉	穆志纯	马顺平	李　果
		马军强	刘贺平				
	计算机技术	卜建设	王成耀	刘　洁	胡长军	徐柏权	王昭顺
		冯玉芬	班晓娟	刘　卿	王成耀	翟　音	胡　玥
		郝天鹿	郝红卫	罗　萍	王志明	张晓珲	王成耀
		鞠宏军	王成耀	王　鑫	王志良	吴建月	曾广平
		李建茹	包　宏				
	项目管理	鄂盛国	杨　青	李浩刚	张俊光	孙承兵	杨建华
		郭如燕	樊彩霞	李健伟	崔建双	王　路	李　军
		郝俊岭	殷焕武	廖建民	张文新	王雪垠	张俊光
		胡淑姬	高学东	彭　友	瞿国忠	魏　峰	裴利芳
		胡晓杰	何润宇	钱宏峰	魏　钧	武凌云	刘明珠
		江华南	李晓辉	钱文亮	张文新	张松涛	苏　玲
		张廷哲	陈雪松				
	软件工程	杜　巍	张志刚	申存斌	谢铁军	徐　锴	陈章华
		李　斌	张晓丹	孙文斌	陈明文	朱爱华	张志宏
		黄　乐	王成耀	李璇璇	孙　铁	王　晢	孙　铁
		李志明	廖福成	魏家斌	魏培君	戎　杰	汪飞星

续表

学位类别	专业、领域	姓名	导师	姓名	导师	姓名	导师
	化学工程	李文义	弓爱君				
	生物工程	金海明	杜宏武				
工商管理硕士	工商管理	鲍彦丽	李明英	黄建军	鲍新中	卢朝晖	杨　青
		常广申	刘　澄	蒋华中	杨　青	牛德材	胡　波
		陈占军	武德昆	李春民	张俊光	宋曙光	陈雪松
		从建学	王道平	李　钢	武　森	王晨龙	佘元冠
		丁素环	李铁克	李顺贤	潘永泉	王栋朝	张　剑
		段　慧	殷焕武	李耀强		王少杰	裴利芳
		高永国	刘　澄	梁传智	鲍新中	王　新	鲍新中
		郝旭东	刘　澄	刘玉旺	陈雪松	王增强	裴利芳
		黄春杰	黄　瑛	刘志强	何民庆	尤善晓	陈雪松
		张绍华	李铁克	张占辞	张文新	张　敏	李铁克
公共管理硕士	公共管理	曹向阳	陈闽红	姬长宏	时立荣	谭　强	冯　英
		柴秋玲	冯　英	江　佳	刘向英	唐　涓	张小明
		褚　颖	黄耀杰	李佳勋	黄耀杰	陶从江	陈闽红
		戴贺霞	魏增产	李尚军	许　放	田　静	黄耀杰
		丁大鹏	张　颖	李试诚	吴群芳	田小荷	张小明
		董昌良	时立荣	刘韶华	陆　宁	王建芬	曲绍卫
		冯庆余	陈闽红	刘新华	黄耀杰	王　晶	孙雍君
		高　敬	时立荣	罗　静	崔　英	王丽君	时立荣
		韩　霞	曲绍卫	马　莉	曲绍卫	王利艳	李晓光
		何虎啸	俞文华	马买臣	冯　英	魏亮瑜	吴群芳
		贺红燕	吴群芳	穆　屹	陈闽红	吴　斌	张小明
		黄家新	张小明	潘建华	吴群芳	肖　鹏	李晓光
		霍建新	吴群芳	庞道耕	李晓光	许爱君	吴群芳
		苑　东	陆　俊	邵明君	陆　宁	杨福丽	冯　英
		翟　政	左　鹏	申　纬	左　鹏	杨建沛	俞文华
		张德武	许　放	施　灿	吴群芳	杨　敏	孙雍君
		张　盟	吴群芳	隋晓杰	彭庆红	于　欣	许　放
		张秋婷	时立荣	孙　巍	何晓前	俞长盛	陈闽红

续表

学位类别	专业、领域	姓名	导师	姓名	导师	姓名	导师
		张先亮	吴群芳	赵双琳	吴群芳	周媛媛	曲绍卫
		张玉峰	左　鹏	郑剑波	许　放		

附　　录

北京科技大学校董会组成

（2002年）

名誉主席：

王光英　全国人大常务委员会副委员长
刘　淇　北京市市长
徐匡迪　中国工程院院士、中国工程院党组书记
吕　东　中国工业经济协会会长、原国家经委主任
师昌绪　中国科学院院士、中国工程院院士、原中国工程院副院长

主　席：

钱伟长　全国政协副主席

副主席：（11人）

吴溪淳　中国钢铁工业协会会长
刘　玠　中国工程院院士、鞍山钢铁（集团）公司总经理
罗冰生　首都钢铁（集团）公司董事长
刘本仁　武汉钢铁（集团）公司总经理
刘汉章　邯郸钢铁（集团）公司董事长
徐乐江　上海宝钢（集团）公司副总经理
白葆华　中国钢铁工贸（集团）公司总裁
杨长恒　中国冶金建设集团公司董事长
陈传禄　澳洲三科企业、北京三科集团有限公司总裁
刘建平　北京科技大学党委书记
杨天钧　国务院学位委员会委员、北京科技大学校长（常务副主席）

特邀董事：（以下按姓氏笔划为序）（47人）

才鸿年　中国工程院院士、中国兵器装备集团公司顾问
马仲才　原山东省人大常委会副主任
马锡广　宁夏回族自治区常务副主席
王　军　甘肃省委常委、兰州市市委书记
王永明　浙江省人民政府副省长

王汀明　湖南省株洲市市委书记
王守祯　山西省运城市市长
王宏民　江苏省人大常委会副主任、原南京市市长
王崇愚　中国科学院院士、北京钢铁研究总院教授
付双建　河北省人民政府副省长
冯炯华　宁夏回族自治区副主席
叶恒强　中国科学院院士、原中国科学院金属研究所所长
孙本先　四川省攀枝花市人大常委会主任
孙建群　河北省廊坊市市委书记
关　杰　中国工程院院士、西安重型机械研究所副总工程师
朱新均　全国政协委员、原国家教委党组成员、原国家语言文字工作委员会党组书记
应文华　原国内贸易部副部长
吴自良　中国科学院院士、中科院上海微系统与信息技术研究所研究员
张永汕　美国工程科学院院士、威斯康辛大学教授
张兴钤　中国科学院院士、中国工程物理研究院研究员
张吾乐　中纪委常委、原甘肃省省长
李克成　中国石油天然气集团总公司监事会主席
李克清　深圳科技电镀公司总经理
李依依　中国科学院院士、原中科院金属研究所所长
李登柱　中纪委常委、原中直机关工委书记
沈国俊　中纪委委员、四川省委常委、纪律检查委员会书记
陆　江　原国内贸易部副部长
陆叙生　原冶金部副部长、原中国华通物产企业集团董事长
邹世昌　中国科学院院士、中科院上海微系统与信息技术研究所研究员
单亦和　中国保利集团公司董事长、党组书记
周邦新　中国工程院院士、上海大学教授
周荣昌　原内蒙古自治区人大常委会副主任
范维唐　中国工程院院士、原煤炭工业部副部长
郝振贤　四川省政协常务副主席
钟　掘　中国工程院院士、中南大学教授
桂中岳　陕西省人大常委会副主任
袁　隐　国务院办公厅（副部级）
殷瑞钰　中国工程院院士、北京钢铁研究总院名誉院长
徐祖耀　中国科学院院士、上海交通大学教授
涂铭旌　中国工程院院士、四川大学教授
赵公卿　重庆市副市长
贾锡太　福建省人民政府副省长
龚世萍　全国政协常委、辽宁省人大副主任
崔　崑　中国工程院院士、华中科技大学教授

雷廷权　中国工程院院士、哈尔滨工业大学教授
楼大鹏　国际田联副主席、中国田协主席、奥运会组委会体育主任
靳善忠　山西省人民政府副省长

常务董事：（以下按姓氏笔划为序）（29人）

马鸿烈　酒泉钢铁（集团）公司总经理
毛小兵　中国西部矿业公司董事长
王天义　唐山钢铁（集团）公司总经理
白葆华　中国钢铁工贸（集团）公司总裁
刘　玠　中国工程院院士、鞍山钢铁（集团）公司董事长
刘本仁　武汉钢铁（集团）公司总经理
刘汉章　邯郸钢铁（集团）公司董事长
刘建平　北京科技大学党委书记
沈文荣　江苏沙钢集团有限公司董事长、总裁
李长顺　济南钢铁集团总公司总经理
李殿禄　辽宁省泰隆集团公司董事长
朱昌逑　马鞍山钢铁股份有限公司总经理
何季麟　中国工程院院士、宁夏东方钽业股份有限公司董事长
吴溪淳　中国钢铁工业协会会长
张志祥　唐山建龙实业有限公司董事长
杨长恒　中国冶金建设集团公司董事长
杨天钧　国务院学位委员会委员、北京科技大学校长
陈川平　太原钢铁（集团）有限公司董事长
陈传禄　澳洲三科企业、北京三科集团有限公司总裁
林东鲁　包头钢铁（集团）有限责任公司董事长兼总经理
罗冰生　首都钢铁（集团）公司董事长
罗泽中　攀枝花钢铁（集团）公司总经理
俞　兵　联想集团有限公司高级副总裁
赵　沛　北京钢铁研究总院副院长
施　设　北京钢铁设计研究总院院长
徐乐江　宝钢集团公司副总经理
屠海令　北京有色金属研究总院院长
董晓民　内蒙烟草专卖局（公司）局长
魏　新　方正集团董事长

董事：（以下按姓氏笔划为序）（50人）

王　檀　河北省冶金工业办公室主任
王长勇　昆明钢铁集团有限责任公司党委副书记、总经理
王剑志　四川川投长城特殊钢股份有限公司副总经理
王新国　原中国第一冶金建筑公司副总经理

冯炳文　广东韶钢（集团）公司副总经理
史济春　安阳钢铁集团公司副董事长、总经理
申铁勋　中国冶金设备总公司副总经理
乔贵祥　宣化钢铁集团公司董事长、总经理
刘　宇　大连钢铁集团有限责任公司副书记、副总经理、总工
刘　铭　西安冶金机械有限公司副总经理
刘克忠　承德钢铁集团有限公司董事长兼总经理
刘同有　原金川有色金属公司副总经理
刘明忠　新兴铸管股份有限公司总经理
宋　力　福建省烟草专卖局（公司）局长
吴仁宝　华西集团　董事长、党委书记
吴健民　中国铁合金工业协会会长、原吉林铁合金集团公司董事长
张　俊　中国华北冶建总公司副总经理
张振纲　天津钢管公司董事长
李　健　北京冶金设备研究院副院长
邹　健　中国冶金矿业公司总经理
邹世昌　原中国科学院上海冶金研究所所长
陈人贞　宝钢集团常州冶金机械厂厂长
沈克林　原中国重型机械总公司总经理
周　方　新冶高科技集团有限公司副总经理
周　康　冶金自动化研究院院长
周荣阁　吉林省油田管理局副局长
罗忠琳　陕西精密合金股份有限公司董事长
胡清熊　宝鸡钛业股份有限公司董事长
施嘉良　新余钢铁有限责任公司总经理
赵　侠　新疆八一钢铁（集团）公司总经理
赵永和　南京钢铁集团有限公司副总经理
赵克斌　重庆钢铁设计研究院院长、党委书记
饶绮麟　北京矿业研究总院副院长
党　歌　长治钢铁（集团）有限公司董事长、党委书记
唐飞来　南昌钢铁有限责任公司副董事长、总经理
唐民伟　重庆钢铁(集团)有限责任公司董事长、党委书记
殷文忠　衡阳钢管厂厂长、党委书记
董文军　冶金部建筑研究总院院长
袁世臻　邢台钢铁股份有限公司董事长
顾强圻　舞阳钢铁有限责任公司总经理
高　崇　北钢集团有限责任公司
　　　　北满特殊钢股份有限公司董事长兼党委书记
高成涛　原洛阳铜加工厂厂长

曹俊江　陕西钢厂党委副书记
曹慧泉　湘潭钢铁集团有限公司常务副总经理、总工程师
梁林宝　江苏沿山实业集团总公司董事长
阎胜科　石家庄钢铁有限责任公司董事长兼总经理
董中浩　香港明彩控股有限公司集团主席
谢裕生　中国科学院过程工程研究所学位委员会主任、原所长
赖潮泰　香港合俊控股有限公司董事长
魏佑山　莱芜钢铁集团有限公司副总经理

秘书长：
李宝林　北京科技大学党委副书记

副秘书长：
谢　辉　北京科技大学校长助理

办公室主任：
刘　晋

北京科技大学教育基金会组成

名誉理事长：徐匡迪
名誉理事：徐乐江（宝钢集团有限公司董事长、党委常委）
张晓刚（鞍山钢铁集团公司党委书记、总经理）
邓琦琳（武汉钢铁集团公司总经理、党委副书记）
朱继民（首钢总公司党委书记、董事长）
理 事 长：罗维东
副理事长：徐金梧　王维才
理　　事：罗维东　徐金梧　权良柱　武德昆　王维才　周永源　何民庆
秘 书 长：王维才
副秘书长：周永源
监　　事：涂纪明

北京科技大学校友会组织机构及人员组成

名誉会长：魏寿昆　王　润　李静波　杨天钧　李宝林
会　　长：徐金梧
副 会 长：权良柱　王维才　赵续生　李宝林　蔡希亮
秘 书 长：王维才
副秘书长：周永源

与北京科技大学建立合作关系的国外及港澳台地区学校、研究机构（113所）

（截至2010年12月）

学校/科研机构	国家/地区	建立时间
亚琛工业大学（Aachen Technical University）	德 国	1979
东京工业大学（Tokyo Institute Technology）	日 本	1980
麦克麻斯特大学（Mcmaster University）	加拿大	1982
里海大学（Lehigh University）	美 国	1982
宾夕法尼亚大学（University of Pennsylvania）	美 国	1982
九州工业大学（Kyushu University of Technology）	日 本	1984
皇家工学院（Royal Institute of Technology）	瑞 典	1984
律尼奥大学（Lulea University）	瑞 典	1984
神奈川大学（Kanagawa University）	日 本	1985
乌龙冈大学（University of Wollongong）	澳大利亚	1985
北海道大学（Hokkaido University）	日 本	1986
西里西亚工业大学（Silesian Technical University）	波 兰	1986
保尔·萨巴蒂大学（Paul Sabatier University）	法 国	1986
冈山理科大学（Okayama University of Science）	日 本	1987
蒙特利尔工学院（Ecole Polytechnique Montreal）	加拿大	1987
加利福尼亚大学（Califonia University）	美 国	1987
多特蒙德大学（University of Dortmund）	德 国	1987
玛丽皇后学院（Queen Mary College）	英 国	1988
利物浦大学（University of Livepool）	英 国	1988
密西根工业大学（Michigan Technical University）	美 国	1989
莫斯科钢与合金学院（Moscow Institute of Steel & Alloy）	俄罗斯	1989
顺天国立大学（Sunchon National University）	韩 国	1993
密道尔赛克斯大学（Middlesex University）	英 国	1994
河内百科大学（Honoi University of Technology）	越 南	1996

续表

学校/科研机构	国家/地区	建立时间
台北技术学院(Taipei Institute of Technology)	中国台湾	1996
巴拉那联邦大学（Universidade Fderal do Parana）	巴　西	1996
昌原国立大学（Changwon National University）	韩　国	1997
弗赖贝格矿业技术大学 （Technische Universitat Bergakademie Freiberg）	德　国	1997
鲁汶工程技术学院（Louvain Institute of Technology）	比利时	1997
拉塞雷纳大学（The University of La Serena）	智　利	1997
九州大学（Kyushu University）	日　本	1997
皇家墨尔本理工学院 （The Royal Melbourne Institrte of Technology）	澳大利亚	1998
南洋理工大学（Nangang Technological University）	新加坡	1998
国立塔什干理工大学（Tashkent State Technical University）	乌兹别克斯坦	1998
朝阳科技大学（Chaoyang University of Technology）	中国台湾	2001
昆山科技大学（Kun Shan University）	中国台湾	2002
德克萨斯大学阿灵顿分校 （University of Texas at Arlington ）	美　国	2002
东北大学（Tohoku University）	日　本	2002
浦项工业大学（Pohang University of Science and Technology）	韩　国	2004
室蘭工业大学（Muroran Institute of Technology）	日　本	2004
橡树岭国家实验室（Oak Ridge National Laboratory）	美　国	2004
韩国浦项产业科学研究院 （Research Institute of Industrial Science & Technology）	韩　国	2004
乌迪内大学（University of Udine）	意大利	2004
香港科技大学（HongKong University of Science and Technology）	中国香港	2005
牛津大学材料系 （Department of Materials, The University of Oxford）	英　国	2005
汉诺威大学　（Universitaet Hannover）	德　国	2005

续表

学校/科研机构	国家/地区	建立时间
维多利亚大学 （Victoria University）	澳大利亚	2005
凯斯-西保留地大学 （Case Western Reserve University）	美 国	2005
杜维嘉大学 （University of Tor Vergata）	意大利	2005
台湾成功大学（Taiwan Cheng Kung University）	中国台湾	2006
德国考古研究所（Deutsch Archeology Institute）	德 国	2006
台湾屏东科技大学 （Taiwan Ping Tong University of Science & Technology）	中国台湾	2006
剑桥大学材料冶金系 （Dept. of Materials & Metallurgy Cambridge University）	英 国	2006
澳大利亚塔斯马尼亚大学（University of Tasmania）	澳大利亚	2006
斯图加特应用技术大学（Fachhochschule Stuttgart, Hochschule der Medien）	德 国	2006
瑞典布京理工学（Blekinge Institute of Technology）	瑞 典	2006
德国马普学会（The Max Planck Society）	德 国	2006
美国莱特大学(Wright University)	美 国	2007
塔林技术大学(Talline University of Technology)	爱沙尼亚	2007
英国斯旺西大学(University of Wales Swansea)	英 国	2007
克里特大学(University of Crete)	希 腊	2007
卧龙岗大学(University of Wollongong)（工学院-材料学院）	澳大利亚	2007
蒙古科技大学(Mongolian University of Science and Technology)	蒙 古	2007
东北大学(Tohoku University)（续签）	日 本	2007
乌克兰国立航空大学(National Aviation University)	乌克兰	2007
美国田纳西大学(The University of Tennessee)	美 国	2007
台南大学(National University of Tainan)	中国台湾	2007
国立顺天大学(Sunchon National University)	韩 国	2007
龙华科技大学(Longhua University of Science and Technology)	中国台湾	2007
蒙哥马利奥本大学(Auburn University at Montgomery)	美 国	2007

续表

学校/科研机构	国家/地区	建立时间
天主教鲁汶大学(Katholieke Universiteit Leuven)	比利时	2008
天主教辅仁大学(Fu Jen Catholic University)	中国台湾	2008
爱尔兰格里菲斯学院(Griffith College Dublin)	爱尔兰	2008
布鲁塞尔自由大学(VUBVrije Universiteit Brussel)	比利时	2008
蒙哥马利一奥本大学(University of Auburn at Montgomery)	美　国	2008
底特律大学(University of Detroit Mercy)	美　国	2008
阿拉斯加矿业大学(University of Alaska)	美　国	2008
巴尔的摩大学(University of Baltimore)	美　国	2008
金门技术学院(Kinmen Institute of Technology)	中国台湾	2008
东京理科大学(Tokyo University of Science)	日　本	2008
蒙特利尔大学(Taiwan University of Science and Technology)	加拿大	2008
蒙纳士大学(University of Monash)	澳大利亚	2009
台湾大学(University of Taiwan)	中国台湾	2009
滑铁卢大学(University of Waterloo)	加拿大	2009
兰卡斯特大学(University of Lancaster)	英　国	2009
赫尔辛基工业大学(Helsinki University of Technology)	芬　兰	2009
邓迪大学(University of Dundee)	英　国	2009
利莫瑞克大学(University of Limerick)	爱尔兰	2009
图尔大学(Université Francois Rabelais)	法　国	2009
海外学习基金组织(The Study Abroad Foundation)	美　国	2009
加泰罗尼亚理工大学(Universitat politecnica de catalunya)	西班牙	2009
东京电机大学(Tokyo Denki University)	日　本	2009
电气通信大学(University of Electro-Communications)	日　本	2009
逢甲大学(Feng Chia University)	中国台湾	2009
台湾静宜大学 (Providence University)	中国台湾	2009

续表

学校／科研机构	国家／地区	建立时间
明志科技大学(Ming Chi University of Technology)	中国台湾	2009
昆士兰大学（University of Queensland)	澳大利亚	2010
阿尔伯塔大学（University of Alberta)	加拿大	2010
肯特州立大学（Kent State University)	美 国	2010
加州大学河滨分校（California University, Riverside)	美 国	2010
加州州立大学富丽通分校（California State University, Fullerton	美 国	2010
爱达荷大学（University of Idaho)	美 国	2010
加州大学董事会、劳伦斯伯克利国家实验室、UT斯达康巴特尔有限责任公司、橡树岭国家实验室（California University, etc)	美 国	2010
德蒙特福德大学（De Montfort University)	英 国	2010
中央大学（Chuo University)	日 本	2010
城西国际大学（Josai University Corporation)	日 本	2010
京都产业大学（Kyoto Sangyo University)	日 本	2010
澳门大学（Mocao University)	中国澳门	2010
中兴大学（National Chung Hsing University)	中国台湾	2010
岭东科技大学（Ling Tung University)	中国台湾	2010
华梵大学（Hua Fan University)	中国台湾	2010
产业技术大学（Korea Polytechnic University)	韩 国	2010
塔尔图大学（University of Tartu)	爱沙尼亚	2010

与北京科技大学建立全面合作关系的国内政府机关、企事业单位

（截至2010年12月）

序号	单位名称	合作内容	签订时间
1	上虞市人民政府	科技开发与成果转化、技术咨询与服务、人才培养等	1999.10
2	北京市宣武区	科技、经济、社会诸方面开展全面合作	2000.01
3	江苏华西集团公司	建立华西集团—北科大冶金工程技术冶金所；建立人才培训基地；共同申报科研课题及成果等	2000.05
4	包头钢铁公司	技术合作、科技攻关、人才培养等、	2000.06

续表

序号	单位名称	合作内容	签订时间
5	青海省人民政府	科技开发与成果转化、技术咨询与服务、干部培训和人才培养等	2000.06
6	宁夏回族自治区人民政府	科技开发与成果转化、技术咨询与服务干部培训和人才培养等	2000.06
7	青海大学	学科建设、人才培养、学术与工作交流等	2000.10
8	北京有色金属研究总院	科技开发、成果转化、人才培养、信息交流等	2000.12
9	包头钢铁学院	学科建设、科技攻关、人才培养等	2001
10	二重机械(集团)公司	技术合作、科技攻关、人才培养等	2001
11	济南钢铁(集团)公司	技术合作、科技攻关、人才培养等	2001
12	江苏八菱集团公司	技术合作、科技攻关、人才培养等	2001
13	长治钢铁（集团）有限公司	科技攻关、教学实习、人才培养等	2003.01
14	唐山建龙实业有限公司	厂方在学校设立建龙奖学金并提供教学实习、实践基地；学校为厂方提供人才培养、技术支持、进行科技合作等	2003.04
15	海南力气大实业投资有限公司	双方共同组建稀土超磁致伸缩材料有限责任公司	2003.06
16	山东墨龙特钢有限公司	技术合作、人才交流、教学实习等	2003.06
17	石家庄钢铁有限责任公司	双方共同建立汽车用钢（棒材）研究中心	2003.07
18	邯郸纵横钢铁有限公司	资金、人才、技术等方面的交流与合作	2003.10
19	中国工商银行北京市分行	银行为学校提供贷款，学校为银行提供科技开发、人才培训、技术支持等	2003.12
20	黄冈源昌石政石材有限公司	共同组建公司推进“各向异性粘结钕铁硼技术”产业化	2003.12
21	抚顺罕王实业集团有限公司	人才培养、新技术应用和新产品开发等	2004.02
22	武警北京指挥学院	人才培养、教学实习等	2004.03
23	教育部	教育部与四大钢铁公司共建北京科技大学	2004.03
24	上海宝钢集团公司		
25	鞍山钢铁集团公司		
26	武汉钢铁集团公司		
27	首钢集团总公司		
28	安徽省马鞍山市政府	共建新材料产业化基地	2004.04
29	苏州建兴置业有限公司	共同组建公司推进“金属粉末注射成形技术”产业化	2004.04
30	第二炮兵	学校每年为第二炮兵输送优秀毕业生；第二炮兵在学校设立国防奖学金，并对学校的有关教学科研工作和国防教育给予支持	2004.05
31	广州南沙开发区建设指挥部	共建研究生教育培养基地	2004.07
32	北京伟豪集团公司	共同组建公司推进“智能玻璃制备技术”产业化	2004.06

续表

序号	单位名称	合作内容	签订时间
33	贵州省贵阳市人民政府	共建研究生教育培养基地	2004.09
34	厦门市湖里区人民政府	科技合作、人才交流等	2004.10
35	中国银行北京市分行	银行为学校提供贷款，学校为银行提供科技开发、人才培训、技术支持等	2004.12
36	深圳市东恒投资发展有限公司	共同组建公司推进“电容器用纳米钽粉制备技术”产业化	2004.12
37	河南纳士科技股份有限公司	共同组建公司推进“纳米复合稀土特种功能材料制备技术”产业化	2005.03
38	太原钢铁(集团)公司	技术合作、科技攻关、人才培养等	2005.04
39	北京冠亚时代科技研发中心	共同组建公司推进“高海拔变压吸附制氧技术”产业化	2005.04
40	邯郸钢铁集团有限责任公司	共建研究生教育科研基地	2005.04
41	中钢集团洛阳耐火材料研究院	共建研究生教育科研基地	2005.04
42	首钢总公司	共建研究生教育科研基地	2005.04
43	江阴兴澄特种钢铁有限公司	共建研究生教育科研基地	2005.05
44	宁波市北仑区人民政府	联合培养冶金材料专业工程硕士学位研究生	2005.06
45	包钢（集团）公司	共建研究生教育科研基地	2005.09
46	首钢总公司	科学研究、技术开发、教学实习、人才培养、科技公共、成果转化等；共同建设汽车用钢联合研发中心；联合培养研究生	2005.09
47	北京市顺义区人民政府	科技合作、技术支持、成果转化、学生实习、挂职锻炼等	2005.10
48	重庆科技学院	人员交流、人才培养、科研帮扶等	2005.11
49	金隅通达耐火技术公司	共建研究生教育科研基地	2005.12
50	唐山建龙实业有限公司	设立“北京科技大学建龙基金”、人才培养、学术交流和科研合作	2005.12
51	武汉钢铁（集团）公司	科研开发、人才培养、人员交流等。双方还将联合成立“产学研合作委员会”	2006.01
52	邯郸钢铁集团有限公司	科学研究、新产品和新技术开发、成果转让、人才培养和教学实习等	2006.05
53	中国铝业集团	铝型材加工、铝冶炼技术、综合节能、铝轧制工艺设备等	2006.07
54	香港科技大学	建立“北京-香港科大联合研究中心”，就技术成果转化、技术开发、企业孵化、资讯交流与技术服务以及人才培养等五个方面开展工作	2006.08
55	广州中科院工研院	建立材料与加工技术研究中心，围绕珠三角企业需要的材料制备加工技术开展研究，探索产学研合作。	2006.10
56	宝山钢铁股份有限公司	科研开发，博士生、硕士生培养，毕业生培养和选拔等	2006.10
57	广州钢铁集团有限公司	建立联合研发中心。针对高技术含量、高附加值的新一代集装箱板、家电板、汽车板等进行联合开发，培养人才	2006.11
58	佛山市政府	合作建设创新平台，实施合作项目，培养人才	2006.11

续表

序号	单位名称	合作内容	签订时间
59	中国兵器装备集团公司	材料科学与技术、腐蚀与防护、先进制造、车辆动力、信息化技术方面的基础与应用研究	2006.12
60	兵器第59所	成立“大气环境效应与防护联合实验室”	2006.12
61	河南省巩义市人民政府	科技合作、人才培养	2007.09
62	莱芜钢铁公司	板带钢联合研发中心、特殊钢联合研发中心、转底炉联合研发中心	2007.04
63	河南通宇冶材集团有限公司	耐火材料、连铸配件技术联合研发中心	2007.04
64	建龙钢铁控股有限公司	特殊钢技术联合研发中心	2007.04
65	江苏万泰集团	气体研究与应用联合研发中心	2007.04
66	中国海洋石油总公司海油（北京）能源投资有限公司	科技合作	2007.11
67	佛山市石湾镇人民政府	共建华南不锈钢创新中心	2008.01
68	佛山南海区人民政府	产学研战略联盟	2008.03
69	佛山高明区杨和镇人民政府	产学研战略联盟	2008.03
70	佛山市生产力促进中心，禅城区生产力促进中心，石湾街道科技办	技术创新与应用型人才培训网络平台	2008.03
71	莱芜钢铁集团有限公司	转底炉联合研发中心、特殊钢联合研发中心、带钢联合研发中心	2008.03
72	卢龙县人民政府	共建绿色冶金试验示范基地	2008.05
73	本溪钢铁（集团）有限责任公司	汽车板用户技术联合实验室	2008.06
74	通化钢铁集团股份有限公司	联合共建合作实体	2008.06
75	广东省佛山市高明区	与高明区签署全面产学研战略合作	2009.04
76	广东省佛山市高明区更合镇人民政府	共建“不锈钢成果转化基地”	2009.04
77	江苏省无锡市锡山区人民政府	产学研创新联盟	2009.05
78	中国有色金属协会	“金属铅锌产业联盟”成立，谢建新副校长当选为联盟理事	2009.05
79	北京市科委	“首都钢铁服务产学研联盟”成员单位；“首都新能源产业技术联盟”光伏、光热和核能三个联盟理事单位；“首都新农村建设科技创新服务联盟”理事单位	2009.06-07
80	广西桂东电力股份有限公司	共建“桂东电子-北科大新材料技术联合研发中心”	2009.07
81	广东三A不锈钢制品集团有限公司	联合组建科技创新服务平台——“广东三A集团与北京科技大学产学研基地”	2009.08
82	广州冶金工业研究所	成立北京科技大学材料先进制备技术教育部重点实验室广东分实验室	2009.09
83	广东省梅州市	学校加盟“梅州市铜产业产学研创新联盟”	2009.11
84	河北钢铁集团	战略合作	2009.12
85	中国绝热节能材料协会	建筑用酚醛泡沫产业技术创新战略联盟	2010.01

续表

序号	单位名称	合作内容	签订时间
86	中国资源综合利用协会	尾矿综合利用产业技术创新战略联盟	2010.01
87	三门峡化工机械有限公司	车载式热泵流化床谷物干燥技术及装置产业化开发	2010.02
88	常州三鑫轧辊有限公司	特种钢与轧辊冶金技术科技合作	2010.03
89	常州三鑫轧辊有限公司	常州三鑫轧辊-北科大校企产学研合作基地建设	2010.03
90	丹阳市政府等五方共建	共建江苏高性能合金材料研究院	2010.04
91	菏泽广源铜带股份有限公司	菏泽广源铜带股份有限公司-北科大年产5000吨高精电子压延铜箔工程技术合作	2010.04
92	四川省盐边县人民政府	盐边县人民政府-北科大钒钛磁铁矿综合利用战略合作	2010.05
93	北京高技术创业服务中心	共建本科生实践教学基地	2010.05
94	北京希克斯科技有限公司	共建本科生实践教学基地	2010.05
95	北京青云联合空调设备有限公司	共建本科生实践教学基地	2010.06
96	北京同方人工人工环境有限公司	共建本科生实践教学基地	2010.06
97	北京振利高新技术有限公司	共建本科生实践教学基地	2010.06
98	国家室内环境与室内环保产品质量监督检验中心	共建本科生实践教学基地	2010.06
99	蒙特空气处理设备（北京）有限公司	共建本科生实践教学基地	2010.06
100	北京九阳实业公司	共建实践教学基地	2010.06
101	聊城市中级人民法院	共建本科生实践教学基地	2010.06
102	承德钢铁集团有限公司	共建研究生教育科研基地	2010.06
103	京东方科技集团股份有限公司	共建北京科技大学-京东方新型显示技术联合实验室	2010.10
104	扬州龙川钢管有限公司	建设海洋工程管线管防腐技术开发应用企业院士工作站	2010.10
105	贵州省黔南州科学技术和知识产权局	北京科技大学-贵州省黔南州科学技术和知识产权局科技合作	2010.12